Franz Tumler
Das Land Südtirol

SERIE PIPER
Band 352

Zu diesem Buch

Eine der schönsten europäischen Landschaften voller Spannung in den Gegensätzen zwischen der schroffen Bergwelt und den grünen, fruchtbaren Tälern, der österreichisch-ländlichen Kultur und der italienisch-urbanen Lebendigkeit, den gewachsenen Traditionen und der heutigen Dynamik von Wirtschaft und Tourismus – das ist Südtirol, die Heimat des Schriftstellers Franz Tumler.

Dieses Sachbuch fügt sich in den Zusammenhang seines erzählerischen Werkes ein, mehr noch: es geht aus ihm hervor. Von der frühen Erzählung »Das Tal von Lausa und Duron« (1935) über den Roman »Aufschreibung aus Trient« (1965) führt ein direkter Weg zum »Land Südtirol«.

Zugleich als Einheimischer und als Fremder, aus Nähe und Distanz, mit Gefühl und Intellekt erschließt Tumler sein Land. Er geht den Spuren der Geschichte und Kultur nach, begeistert sich für die vielfältigen Landschaften, Städte und Dörfer, macht mit den Menschen bekannt, ihrer Arbeit, ihren Lebensgewohnheiten, ihrer Kunst, ihrem Denken und ihrer Sprache. Eine ausführliche Zeittafel bietet weiterführende Informationen für den Leser.

»Tumlers Südtirolbuch nimmt eine Ausnahmestellung ein. Es hat die alten Werke überholt und wird von heutigen schwer einzuholen sein. Es setzt einen Maßstab ›über‹ allen Richtungen.« Süddeutsche Zeitung

Franz Tumler, geboren 1912 in Bozen, lebt in Berlin. Mitglied der Akademie der Künste in Berlin und der Bayerischen Akademie der Schönen Künste; Ehrenbürger von Laas/Südtirol. Schrieb unter anderem: »Ein Schloß in Österreich«, »Nachprüfung eines Abschieds«, »Sätze von der Donau«, »Pia Faller«.

Franz Tumler
Das Land Südtirol

Menschen · Landschaft · Geschichte

Piper
München Zürich

Von Franz Tumler liegen in der Serie Piper außerdem vor:
Ein Schloß in Österreich (652)
Pia Faller (807)
Sätze von der Donau (869)
Aufschreibung aus Trient (1019)

Für Hubert Mumelter

ISBN 3-492-10352-9
Neuausgabe 1984
6. Auflage, 20.–24. Tausend April 1991
(3. Auflage, 10.–14. Tausend dieser Ausgabe)
© R. Piper & Co. Verlag, München 1971
Umschlag: Federico Luci
Foto: Bildagentur Mauritius
Gesamtherstellung: Clausen & Bosse, Leck
Printed in Germany

INHALT

Anmerkung zur Neuausgabe 1984 7

ERSTER TEIL
  1. Veränderung der Namen 9
  2. Zwei Namen für einen Paß *oder*
     Das Bild der Natur 13
  3. Ciao Covelano 18
  4. Der Zug auf die Höhe *oder*
     Veränderung der Perspektive 26
  5. Die Landschaften und das Mehrerlei in ihren Namen .. 33
  6. Chèlavena 37
  7. Eine Versammlung im Gasthaus 43
  8. Das Klima und ein Kunstbau für hohen Ertrag 46

ZWEITER TEIL
  9. Wie entsteht eine Sprachgrenze 59
 10. Der Tag von Bozen 66
 11. Die zwei Naturen des Landes 73
 12. Die Bayern in Tirol 79
 13. Wie entsteht ein Aufstand 97

DRITTER TEIL
 14. Wodurch ein Volk zum Volk wird 107
 15. Andreas Hofer *oder* Der Weg nach Mantua 123
 16. Wie Kriege zu Ende gehen 152

VIERTER TEIL
 17. Umgang mit einem Sprachforscher 171
 18. Vor dem Schneefall 182
 19. Zugänge zur Kunst 204
 20. Ladinisch 223

FÜNFTER TEIL
21. Am Beispiel des Martelltals 247
22. Die Erschließung des Gebirges – Julius Payer 275
23. Beim Birnenpflücken 287
24. Ein Band vom Herzen 300

SECHSTER TEIL
25. Ein Buch ›Abrogans‹ 329
26. Zweimal ein Adeliger aus Tirol 339
27. Ein Hütbub aus Brixen 353

SIEBTER TEIL
28. Ein Kardinal und eine Äbtissin 369
29. Landkarte, Straßen und Pässe 378
30. Erinnerung der Gegenwart 384

Notizen am Schluß 409
Zeittafel bis 1945 422
Chronik der jüngsten Entwicklung seit 1945 449
Register 475

ANMERKUNG ZUR NEUAUSGABE 1984

Dieses Buch wurde vor mehr als zehn Jahren geschrieben. Es ist in der Substanz wie in den meisten Einzelheiten gültig geblieben. Statt der Bezeichnung »Region Tiroler Etschland« aber ist der Name »Südtirol« eingeführt worden. Und eine Szene, wie sie in dem Kapitel »Eine Versammlung im Gasthaus« geschildert wird, wird man heute kaum noch erleben können: Die Bewässerung durch die alten Waale (oder wie es sprachlogischer heißen müßte: Wale) ist, auch im Vinschgau, weitgehend durch Beregnung aus zentral gesteuerten Leitungen ersetzt; so gehören die im Taktschlag sich drehenden Spritzfahnen aus den Düsen dieser Leitungen zum Landschaftsbild wie vordem das gemauerte Bett der Wale; es ist an vielen Orten zugeschüttet.

Die Zahlenangaben unterliegen natürlich der ständigen Veränderung in den Geldwährungen, auch die Wirtschaftsdaten der Produktion ändern sich. Diese Angaben stimmen heute nur noch bedingt. Da sie vermutlich immer neuen Wandel erfahren, wurden sie beibehalten, um einen Anhalt zu geben. An der »Wahrheit« des Buches ändert dies nichts.

Eines tiefergehenden Blickes auf die Entwicklung bedürfte der Abschnitt über den Alpinismus; hier sei stellvertretend nur auf den Bergsteiger Reinhold Messner verwiesen.

Januar 1984   *Franz Tumler*

ERSTER TEIL

1. Veränderung der Namen

Wenn ich hier ein Bild des Landes Südtirol und des Lebens seiner Einwohner geben soll, muß ich zuerst etwas zu meiner Person erklären. Ich bin von Geburt Südtiroler, Jahrgang 1912, und ich bin es von Vaters Seite der Abstammung nach, aber bin in dem Lande nicht aufgewachsen. Mein Vater starb früh, 1913; meine Mutter, die aus Wien stammte, ging zurück nach Österreich, da war ich anderthalb Jahre alt, und dort, in Linz an der Donau, wurde ich groß. Natürlich gab es Verbindung zu den südtirolischen Verwandten, in meinem Fall bekam sie einen besonderen Akzent: alles, was ich von Südtirol erfuhr, gehörte für mich zu dem Bild, das ich mir von meinem Vater machte; daher hatte es für mich Bedeutung wie eine mir eigene Sache.

Etwas anderes kam hinzu: Südtirol wurde 1918 nach dem verlorenen Krieg von Österreich abgetrennt und zu Italien geschlagen; das rückte für mich das Land in eine noch größere Entfernung, aber gab ihm erhöhte Bedeutung mit Betonung von Zeit und Politik. Diese politischen Dinge sind in Südtirol bis in unsere Tage Gegenstand der Auseinandersetzung zwischen den einheimischen Deutschen und den nach 1918 eingewanderten Italienern, umsomehr mußten sie – bei dem lebhaften Anteil, den man in Österreich an dieser Auseinandersetzung nahm – für mich zu einem wichtigen Zug des Landes werden. Man wird in dieser Darstellung etwas davon finden.

Aber hier möchte ich zunächst von einem anderen Zug, den meine Darstellung notwendig hat, sprechen: ich schreibe von Südtirol nicht wie jemand, dem das Land durch Einheimischsein vertraut ist, sondern der es kennt durch Besuch und Aufenthalt. Das mag ein Nachteil sein: manches wird mir entgehen. Es kann auch ein

Vorteil sein: Abstand und freierer Blick bei Zugehörigkeit und Liebe. So habe ich zunächst meinen Ort des Schreibers bezeichnet und habe nun die Wahl zwischen einer Darstellung nach herkömmlicher Einteilung: Natur, Landschaft, Volkstum, Geschichte, Kunst; und einer, die dem persönlich Erlebten folgt. Ich will versuchen, beides zu geben: die Gegenstände nach ihrer Ordnung, und dazu jeweils ein Bild meiner Erinnerungen und Erfahrungen, und in ihnen aufspüren, was zu dem genauen und wirklichen Bilde gehört.

Meine erste Station in Südtirol ist für gewöhnlich ein altes Gasthaus nicht weit hinterm Brenner und noch hoch im Gebirge. Es steht dicht neben der Straße und hat eine breite Front unter dem flachen Dach. Die hinteren Zimmer gehen gegen ein Seitental, in das die schneeigen Berge blicken; auf der vorderen Seite rauschen die Lastautos mit Gemüse und Obst von Süden die Steigung herauf. Sie fahren die ganze Nacht. Hinten ist von dem Lärm nichts zu hören. Dort stehen auf geräumigem Flur die geschnitzten Kasten und Truhen, dort gibt es auch ein Musikinstrument aus der Biedermeierzeit: eine Harfe mit hochgezogener Rückwand und Saiten.
Ich sah mir das letzte Mal dies alles an und ging auch ein Stück in das Seitental. Dort wurde eben eine Straße gebaut, ein Güterweg für die Bauernhöfe in den höheren Lagen. An dem hellen Abend sah ich die Bauernkinder vor den Häusern stehen. Sie riefen auch mir, dem Fremden, einen Gruß zu. Eine Weile sah ich einem jungen Burschen zu, er war mit einer Drahtmaske vorm Gesicht auf einen Baum geklettert, um einen Bienenschwarm einzufangen. Sein älterer Bruder mit schwererem Körpergewicht, das die Äste nicht mehr getragen hätten, war unten geblieben und zündete Feuer an, der Rauch sollte die Bienen niedertreiben. Als ich ins Gasthaus zurückkam, dämmerte es, die Leute saßen in der Stube. Es waren dreierlei Leute: die Ansässigen, die nach Feierabend an ihrem Holztisch neben dem Ofen saßen, den hellen roten Wein in den Gläsern. Sie redeten in der Mundart, die fast in jedem Tal Abweichungen hat, ich hatte Mühe, sie zu verstehen. Eine zweite Gruppe waren die in den Ort zu ihrem Dienst abgeteilten Italiener: Carabinieri und Leute von der Post und der Eisenbahn. Sie standen an der Bar und tranken dort ihren Wein. Eine dritte Gruppe waren die Arbeiter vom Güterweg. Sie wohnten im Gasthaus und hatten

hier auch ihre Abendmahlzeit an einem besonderen Tisch. Auch sie waren Italiener und bekamen ihr Essen nach der Art ihrer südlichen Heimat, der Vorarbeiter teilte es aus. Dann kam eine vierte Gruppe: Leute von der Baufirma, die den Güterweg errichtete, sie kamen aus Innsbruck.

Die Kellnerin hinterm Schanktisch sagte: Eine Kommission, sie hat den Bau in Auftrag, und manchmal sehen sie nach. Die Kellnerin kannte alle Besucher. Mit diesen sprach sie deutsch, mit den Arbeitern italienisch, mit den Bauern in der Mundart. Ich beobachtete die Gruppen und machte mir Gedanken. Das war beinahe wie Zusammenleben, aber es war doch auch Getrenntsein und Unterschied dabei. Schließlich kam noch eine letzte Gruppe: Fremde auf der Durchreise, aus dem Norden. Sie tauschten ihre Meinungen über das Land aus, es waren Meinungen, wie man sie in Zeitungen liest.

Da nahm auch ich die Zeitung. Sie war ein Tagblatt, das in der Hauptstadt der Provinz, in Bozen, in deutscher Sprache gedruckt wurde. Ich hatte seinen früheren Redakteur gekannt, einen Geistlichen, in den Jahren noch vor dem Krieg, 1935; und auch nach dem Krieg. Nun war ein Neffe von ihm sein Nachfolger, ein Advokat. Eine Zeitlang war er Abgeordneter in der römischen Kammer gewesen, Senator. Er hatte bei der letzten Wahl nicht mehr auf der Liste gestanden, nun war er nur noch Redakteur. Ihn wollte ich am anderen Tag besuchen. Ich wollte mit ihm sprechen, weil ich erfahren wollte, wie das Leben in dem Land nun geworden war. An diesem Abend, ehe ich über den Flur mit der Harfe in mein Zimmer ging, dachte ich noch an die Eindrücke unten: an dieses Nebeneinander, Verschiedenheit und Unterschied, Gegenwart und Vergangenheit.

Das ›Nebeneinander‹ findet man schon in den Namen. Das Wort ›Südtirol‹ hatte in der Zeit vor dem ersten Weltkrieg allgemein die Bedeutung ›Tirol südlich des Brenners‹; in Schriften aus dieser Zeit kommt, als darin inbegriffen, zuweilen die Bezeichnung ›Welschtirol‹ vor; sie galt, zum Unterschied von ›Deutsch-Südtirol‹, für den unterhalb der salurner Klause beginnenden rein italienischsprachigen Teil des Landes.

Heute versteht man unter ›Südtirol‹ die jetzige Provinz Bozen, während sich für das Wort ›Welschtirol‹ der bei den Italienern

schon lange gebräuchliche Name ›Trentino‹ eingebürgert hat. Beide Provinzen, Bozen und Trient, bilden die ›Region Trentino – Tiroler Etschland‹.
Diese regionale Einteilung, 1945 begonnen, ist für Italien etwas Neues. Damals wurden, außerhalb der ›alten‹ italienischen Provinzen, bestimmte Gebiete wegen ihrer besonderen ethnischen oder sozialen Struktur zu Regionen zusammengefaßt; so das Gebiet von Friaul und der julischen Mark zur ›Regione Friuli – Venezia Giulia‹; auch Sizilien ist eine eigene Region. Ab 1970 soll die regionale Einteilung für ganz Italien gelten.
Das Kennzeichen dieser Regionen ist ein so genanntes ›autonomes Statut‹, das heißt eine in gewissen Zweigen der Verwaltung weitgehende Selbständigkeit, wie man sie in den alten Provinzen Italiens nicht kannte. Dort war, nach der in Italien herkömmlichen Tradition, die öffentliche Verwaltung stark zentralistisch orientiert. Die Einrichtung des ›autonomen Statuts‹ ist für Italien eine *schwierige* Neuheit. Das ist mit ein Grund für die Hemmungen, sie durchzusetzen.
Hierzu kommt in der ›Region Trentino – Tiroler Etschland‹ noch eine besondere Schwierigkeit. Man hat hier den beiden Provinzen Trento und Bozen wegen der Verschiedenheit der Sprache noch eine Art Sub-Autonomie oder Landeshoheit zugestanden; und eben in diesem Punkt: was zur Provinzialautonomie und was zur Regionalautonomie gehören soll, gibt es Reibungen. Es sind konkrete Reibungspunkte: Abgrenzung der Finanzhoheit oder Oberaufsicht über Institutionen wie Kindergärten und Wohnungsbeschaffungsprogramm. Die vorwiegend deutschsprachige Provinz Bozen will möglichst viel Eigenrechte für die Provinz haben; die Regionalverwaltung – und hinter ihr der italienische Staat – wehrt sich gegen weitgehende Übertragung, weil sie von ihr Entfremdung befürchtet und – in Hinblick auf das benachbarte österreichische Nordtirol – eine Verstärkung von Tendenzen, die auf Loslösung Südtirols überhaupt zielen.
Man sieht, daß die scheinbar trockene Aufzählung der ›Namen‹ einen lebendigen Hintergrund hat. Hinter ihrer Differenzierung stehen festgezielte Interessen. In ihrem Wechsel von Bedeutung verbirgt sich die Zerrung der Politik, die dieses Land ›Südtirol‹ seit mehr als 50 Jahren nicht zur Ruhe kommen läßt, und die es mitprägt in seinem gegenwärtigen Bild.

2. Zwei Namen für einen Paß *oder* Das Bild der Natur

Die Politik ist ein Teil der Geschichte, sie hat in Südtirol ihre Spuren und Denkmäler hinterlassen. Aber wenden wir uns nun seinem Bild außerhalb der Geschichte zu, seinen nach menschlicher Zeitrechnung scheinbar unveränderlichen Zügen. Das sind: Stein, Erde, Flußlauf – das Bild seiner Natur. Auch hier müssen wir eine vergleichsweise trockene Einteilung vorausschicken. Südtirol ist im großen Alpenbogen ein Teil der *Ostalpen*. Es hat Anteil an ihrer mittleren Zone: *den Zentralalpen*. Sie sind durchwegs durch Täler gegliedert und in einzelne Gebirgsstöcke zerlegt. Wir zählen in Südtirol von West nach Ost in einer ersten Reihe: die *Ötztaler Alpen*, den Südteil der *Stubaier*- und *Zillertaler Alpen* und die Begrenzung des Landes durch die *Venedigergruppe*. In einer zweiten südlich der Etsch liegenden Reihe ist Südtirol im Westen von den schon schweizerischen *Münstertaler Alpen* eingefaßt, dann folgt der *Ortler* mit seinen Nebengruppen. Die Gipfel fast aller dieser Berggruppen übersteigen 3000 m Höhe, und der Ortler selbst ist mit 3902 m sogar die höchste Erhebung der gesamten Ostalpen. Zwischen den eisbedeckten Kämmen gibt es nur wenige Einschnitte, die einen Übergang erlauben. Die zwei wichtigsten sind der *Reschenpaß* und der *Brenner*. Der Reschenpaß wird in älteren Werken auch ›Reschenscheideck‹ genannt, aber das war – wie der schweizer Sprachforscher Friedrich Metz vor kurzem klargelegt hat – eine willkürliche Zusammenziehung zweier Geländenamen durch einen – schweizer Topographen des 19. Jahrhunderts. Neuere Forschungen haben ergeben, daß das Wort ›Reschen‹ von einem sehr alten Hofnamen deutschen Ursprungs nahe dem Paß stammt. Der Reschen ist mit seinen 1504 m Seehöhe etwas höher als der Brenner mit 1375 m. Er ist aber mit breiten Anstiegen leichter zu überwinden als der Engpaß Brenner; das war in früher Zeit bei dem Strömen der Siedlungsvölker von Bedeutung. Für das Wort ›Brenner‹ gibt es eine Ableitung aus einem vermutlich vorrömischen Namen ›Pirene‹. Auf sie berief sich im 19. Jahrhundert der italienische Sprachforscher Gambeli: er polemisierte gegen seine chauvinistischen Kollegen, indem er sagte: haben wir es nötig, für ›Bruneck‹ ein ›Brunopolis‹ zu erfinden, wenn wir wissen, daß ›Brenner‹ von ›Pirene‹ kommt?

Zwischen Reschen und Brenner liegt noch ein dritter Übergang: das *Timmelsjoch*. Aber es geht immerhin auf 2497 m Höhe, und eine, wie behauptet wird, aus strategischen Gründen in ihrem Bau hingezögerte Straße ist erst in jüngster Zeit, 1968, fertiggestellt worden und für den Verkehr frei.
Der Zufall wollte es, daß wir bei einem südtirolischen Aufenthalt im September 1968 eine Woche vor dieser Freigabe aufs Timmelsjoch kamen. Wir hatten einen guten Tag, klares Wetter; das hatte uns dazu gebracht, die Auffahrt von St. Leonhard im Passeier zu versuchen. Die Strecke geht hier von Meran aus an einem Stück tirolischer Landesgeschichte vorbei; es sind die *Schildhöfe*, die, mit dieser Bezeichnung und zugehörigem Namen versehen, an der Straße stehen. Ich glaubte zuerst, es handle sich um eine Auszeichnung der durch wehrhaften Bau schon auffälligen Höfe aus der Zeit der tiroler Freiheitskriege von 1809, wurde dann aber belehrt, daß die Einrichtung älter ist. Sie gründet sich auf frühe Adelsrechte, die wieder auf Zollfreiheit gegründet waren. Sie wurden 1317 durch König Heinrich von Böhmen bestätigt.
Die Pflichten der Inhaber der Schildhöfe waren: ›mit Pferd zu dienen‹, daher der Ausdruck ›Schiltleit‹ in den Urkunden. Diese Schildleute unterstanden seit 1581 dem Adelsgericht des Burggrafen zu Tirol. Ihre Vorrechte waren besonders das Recht auf Jagd und Fischerei. In einem Kriegsaufgebot 1407 nahmen sie für den Herzog Friedrich mit der leeren Tasche die Stadt Trient ein. Heute ist ihnen ein bestimmtes Eigenrecht auf Fischgewässer geblieben und eben der Name als Aufschrift und die Führung eines landadeligen Titels. Es gibt 12 Schildhöfe. In der Gemeinde St. Martin sind es die Höfe Saltaus, Haupold oder Obersaltaus, Kaltbaur, das Pseirer- oder Turngut, Bamkirch, Gereut und Steinhaus. In der Gemeinde St. Leonhard die Höfe Gamion, Kappberg–Kolber und Buechenegg–Gadenacker.
Nicht zu den Schildhöfen gehört das Geburtshaus des Andreas Hofer, dem eigentlich die Bedeutung eines solchen Hofes zuzuschreiben wäre, und das davon auch in seinem Ansehen etwas bewahrt. Das verdankt es der *Tiroler Adelsmatrikel*, in deren Eigentum es steht und nach deren Bestimmung nichts im Haus geändert werden darf. So ist an ihm auch nur die Gedenktafel in alter Schrift, innen die getäfelte Stube und ein größerer Raum, eine Art Tenne, alles einfach Holz. Das Mädchen hinter der Espressomaschine hat mit

stumpfnasigem Gesicht ein wenig Ähnlichkeit mit der gutmütigen
Physiognomie des Freiheitshelden; befragt, ob es von ihm abstamme, schüttelt es den Kopf. Aber nun erscheinen auf dem Söller zwei
wirkliche ›Andreas Hofers‹, bärtig und in Tracht, sie winken leutselig herunter. Sie sind das einzige Zugeständnis, das man der
Schau- und Fotografierlust der Vorbeireisenden macht. An dem
Brunnen gegenüber wäscht ein Mann aus Kassel sein Auto. Er
nutzt die Gelegenheit fließenden Wassers. Die zwei Andreas Hofer-Gestalten haben sich zu ebener Erde begeben, sie erteilen ihm
Ratschläge für die Auffahrt aufs Timmelsjoch. Denn hier zweigt
die Straße nun bald ab.
An ihrem Anfang gibt es kurzen Halt. Ein Militärjeep steht als
Hindernis da, in seinen Anhänger werden Suppentöpfe gepackt.
La prima colazione, fragt der Fremde. Nein, la seconda, erhält er
zur Antwort, für das erste Frühstück wäre es zu spät. Der Vetter
weist auf ein halbfertiges Haus, das in der Straßengabelung steht.
Das wird ein Kindergarten, sagt er, und er wird errichtet von der
›Stillen Hilfe‹. Der Besucher erfährt: die ›Stille Hilfe‹ ist ein gemeinnütziger Verein, der in München von einem Bundestagsabgeordneten gegründet wurde und in Westdeutschland Gelder zur Errichtung solcher Heime sammelt, die staatlichen Zuschuß brauchten, ihn aber nicht erhalten. Mit dem Bau hier ist der Vetter nicht
zufrieden, er kennt andere Heime, die besser geplant und angelegt
sind. Nun aber hinauf aufs Timmelsjoch, der Militärjeep ist inzwischen vorausgefahren. Vorbei an dem letzten Schildhof ›Gamion‹
rechts der Straße. Sie hat ihre Tücken. Zuerst führen ihre Kehren
noch durch Wiesengelände, und hier wird der Blick gefangen
durch ein hochblühendes Feld mit bläulich-rosa Schimmer. Das ist
Buchweizen, eine Frucht zweiter Ernte, die nach der Roggenernte
gebaut und eingebracht wird. Der Anbau dieser Nachfrucht ist weithin abgekommen, aber noch vor 30 Jahren standen auf den Feldern
meiner Verwandten die kleinen dunkelstengeligen Pyramiden der
Buchweizengarben, aus ihnen wurde der ›Schwarzplenten‹ gedroschen, eine Getreideart, in der immer etwas von Sand mitzuschmecken war. Wir müssen es auch einmal wieder damit versuchen, erklärt der Vetter. Ihm fallen die schmalen Rechtecke der
Mohnfelder auf. Diesen Anbau haben die Bauern nicht aufgegeben. Sie wollen die Frucht für den Haushalt nicht missen, für die
Bereitung der ›Mohnkrapfen‹ im Winter. Ganz verschwunden hin-

gegen ist der Anbau von Flachs zur Herstellung von Leinen. Während wir uns so durch die verschiedenen Kulturen hochziehen, bald durch Tunnels, bald unter, wie der Einheimische sagt, ›ausgeschröften‹ Hängen, liegt Schutt auf der Straße, der Regen vom Vortag hat ihn heruntergeschwemmt, die Fahrbahn ist noch nicht wieder geräumt. Erst auf ihrem letzten Stück ist sie an der geschützten Hangseite wieder gefestigt. Sie ganz fest zu machen, braucht noch viel Arbeit. Wir merken es an ihrem Ende, auf dem provisorischen Abstellplatz. Hier haben die Italiener zwei Baracken errichtet: Holz und wärmehaltender Kunststoff. Daneben hängt die Zollschranke in einer Drahtseilschlinge, daneben weht die Fahne vom Mast.
Auf der österreichischen Seite sieht es besser aus. Dort wird über einem asphaltierten Parkplatz in einem Kiosk auch eingekauft: Schokolade, Branntwein, Kaffee. Die Besucher wechseln hinüber und herüber. Die italienischen Soldaten haben anderes zu tun als den Inhalt der Handtaschen zu kontrollieren. Zwei sitzen vor einem Funkgerät und versuchen Verbindung herzustellen. Tortolani, sagt der eine. Dann: San Silvestro – das ist das Deckwort. Dann: Passo del Rombo. Aber mit der Verbindung will es nicht klappen. Nur ein Pfeifen kommt aus dem Apparat.
Passo del Rombo, hören wir, als wir die Grenzstangen entlanggehen. Es hat an dieser Scheidestelle eine Kuriosität der Grenzziehung gegeben. Die Österreicher steckten als Übergangspunkt die niedrigste Stelle des flachen Felssattels aus: 2497 m. Die Italiener legten auf ihrem von Süden angepeilten Horizont eine andere Stelle fest und erklärten sie zum eigentlichen Paßübergang, ungeachtet der zwei oder drei Meter zum tiefsten, für sie, vom Standort ihres Theodolithen, nicht sichtbaren Hauptscheidepunkt. Mit Verrückung der Grenzstangen konnte man der verschiedenen Ansicht nicht beikommen. Es blieb eine Frage der Perspektive, wo man den wirklichen Grenzpunkt zu passieren habe: ob an der österreichischen Kote mit 2497 m, oder an der italienischen. Man erfand dementsprechend zwei Namen; und während die Österreicher also auf ihrem Timmelsjoch halten als dem für sie wirklichen Grenzpunkt, bleiben die Italiener auf ihrem Passo del Rombo. Dieses Sistieren auf dem Namen hat ihnen die Schwierigkeit erspart, den anderen Namen übersetzen zu müssen.
Ließen sich doch alle Schwierigkeiten an Grenzen so leicht aufheben wie hier durch Namengebung! Wenn eines Tages der Funker

unter dem Deckwort ›San Silvestro‹ die Verbindung zum Tal hergestellt haben wird, werden zwischen den geöffneten Schranken die Autos fahren, und dann kann für den Mann drüben, der vorsorglich das ganze Gelände vom Ötztal herauf schon aufgekauft hat, für den Hotelier aus Innsbruck, das große Geschäft beginnen: Sessellifte, Weihnachten im Schnee, die Bevölkerung des Winters. Über den Ort St. Martin am Schneeberg, 2365 m hoch, darauf weist der Vetter bei der Talfahrt noch hin, ging früher der Erzbetrieb ab, Bleierz, nach Sterzing hinaus. Die Gewinnung ist auch heute nicht erloschen, das Wort ›Erzaufbereitung‹ steht als Ortsname auf der Landkarte.

Die Karte zeigt das ganze Tirol und zeigt auch eine zweite – und von den Zentralalpen – wesentlich verschiedene Gebirgslandschaft, mit ihr hat Südtirol an den *Südlichen Kalkalpen* teil. Das Wort ist ein Sammelbegriff. Wenn man die zum Trentino gehörigen Berggruppen Presanella und Adamello hier außer acht läßt, bleibt für Südtirol nur das Gebiet der *Dolomiten* im weiteren Sinn. Ihr Gesteinsstoff ist vorwiegend das aus der Zeit des Trias stammende Sedimentgestein: Kalke und Dolomit.
Der Name ›Dolomiten‹ kommt von der am häufigsten anzutreffenden Gesteinsart ›Dolomit‹, die wegen ihres Verhaltens bei der Abwitterung die berühmten steilen Felstürme der Gebirge erzeugt hat. Sie wurde in diesen Besonderheiten als eigene Gattung unter den Kalken zum ersten Mal Ende des 18. Jahrhundert von dem Franzosen Déodat Gratet de Dolomieu erkannt. Dieser Dolomieu, ursprünglich Angehöriger des Malteserordens, hatte nach einem verbotenen Duell mit noch dazu für seinen Gegner tödlichen Ausgang den Orden verlassen müssen. In weltlichem Stand, als Offizier mit gelehrten Neigungen, war ihm südlich des Brenners das eigenartige Gesteinsmaterial aufgefallen, er schickte Proben an seinen Freund Saussure in Genf, mit der Bitte um Analyse. Saussure stellte ein Mineral aus kohlensaurer Magnesia und kohlensaurem Kalk fest und nannte es zu Ehren seines Entdeckers ›Dolomie‹. Das war 1801. Dolomieu schrieb einen aufsehenerregenden Bericht über das von ihm entdeckte Gestein. Sein Name wurde in der Form ›Dolomit‹ aus einem Fachwort unter Gelehrten bald zum Namen der Landschaft. Man sieht, daß es bei Benennung von Landesteilen auch in einem historisch so spannungsreichen Gebiet nicht im-

mer nur um ethnische oder politische Reibungspunkte geht – sie kommen auch aus dem privaten – wie aus dem Zufall.
Als ein drittes selbständiges Gesteinsmaterial – außer dem Urgestein der Zentralalpen und den Kalken der Dolomiten – kommen in Südtirol *Porphyrgesteine* vor. Sie entstammen einem aus der glühenden Erdtiefe während einer Mobilisierung des Untergrundes im Zeitalter ›Perm‹ ans Licht geschleuderten Gesteinsblock und bestimmen mit ihren massigen abgerundeten Formen und ihrer rötlichen Farbe besonders in der Gegend von Bozen das Landschaftsbild.

3. Ciao Covelano

Wir haben bisher nur den Stoff selbst: die Arten des Gesteins, vorgestellt und nicht den Vorgang, der ihn geformt hat. Dieser Vorgang, den man ›tektonische Entwicklung‹ nennt, ist schon eine Art ›Geschichte‹ – nur eben des Bodens und nicht der Menschen. Er sei im folgenden kurz umrissen:
die ›orogenetische Beanspruchung‹ – so heißt der wissenschaftliche Ausdruck, der übrigens wie ein Ausdruck aus der technischen Welt in seiner Nüchternheit sprachlich seinen besonderen Reiz hat – hat die am Ort ursprünglich ruhenden Gesteinsmassen tiefgreifend verändert:
durch Verschiebung und ähnliche Einwirkung (das gehört ins Gebiet der ›Tektonik‹) und durch Verwandlung in der Substanz (das nennt die Wissenschaft ›Metamorphose‹). Die Geologen haben den Vorgang in eine Unmenge Teilvorgänge gegliedert: sie sprechen von mesozonaler und epizonaler (an der Oberfläche stattfindender) Metamorphose, von ›Intrusionen‹ oder ›Effusionen basischer Gesteinsschmelzen‹, von ›Schwärmen phlegmatischer Gänge‹ – ich führe diese Ausdrücke an, um hinzuweisen auf das scheinbar tüftelige, in Wahrheit präzise und hier wie bei jeder wissenschaftlichen Arbeit notwendige Nachspüren des Forschers bis in das für den Laien kaum bemerkbare Detail.
Für uns muß eine vereinfachte Darbietung genügen. Es gab ein ›Kristallwachstum‹ und es gab vor allem Faltungen, bei denen der Fossilinhalt (d. h. der tierische versteinerte Einschluß) zerstört wurde. Die aufgefalteten Gebirge fielen zum Teil wieder der Ero-

sion (d. h. der Abtragung durch Witterung) zum Opfer. Es gab eine Wiederholung dieser Vorgänge, und schließlich eine die ganze Zone treffende Senkung auf eine Art Meeresbereich.

Man wird mir, dem Laien, diese zusammenhanglose Aufführung der Vorgänge vergeben – ein Gedanke allerdings drängt sich mir auf: daß diese Erdgeschichte ähnlich der späteren Menschengeschichte durchaus den Charakter der ›Historie‹ hat und nicht den der bis vor kurzem noch schulmäßig gelehrten Naturwissenschaft, die für ihre mittleren Größen vorauszuberechnende gesetzmäßige Prozesse kennt. Ich will sagen: wie die neue Naturwissenschaft bei ihrem Umgang mit, unter anderem, kleinsten Größen zu Vorgängen mit unbestimmbarem Ergebnis kommt, ist sie dem, was wir ›Historie‹ nennen, wieder näher; so ist auch die Erdgeschichte ein abenteuerlicher, durch Kriege, Frieden, dialektische Abläufe und plötzliche Ausbrüche fortgesetzter Prozeß; sie folgt nicht den für mittlere Größen errechneten Naturgesetzen, die Beschaffenheit ihrer Abläufe läßt sich anschaulich nicht überblicken.

In kurzer Zusammenfassung läßt sich die tektonische Entwicklung in unserem Gebiet Südtirol so notieren:

es gab erste Faltungen des Urgesteins in den Erdzeitaltern Kambrium und Karbon. Die größte Auffaltung während dieser ganzen, nach unseren Begriffen über unendlichen Zeitraum sich erstreckenden Gesteinsbewegungen fand im Zeitalter des mittleren Tertiärs (nach wissenschaftlicher Untergliederung ›Oligozän‹ genannt) statt.

Das Gebiet der Dolomiten war von dieser Faltung ausgenommen. Die in der Landschaft auch heute auffällige Trennlinie zwischen Bewegung und Ruhe führt vom Tonalepaß (im Trentino, südlich des Cevedale) über Judikarien (Val di Sole und Nonsberg, ebenfalls trentinisches Gebiet) nach Meran und von dort über den Ort Mauls an der Brennerstrecke ins Pustertal. Für diese Zeit des Tertiärs müssen wir uns die Dolomiten als Hochland vorstellen, es wurde gehoben und in Platten zerbrochen, aber nicht gefaltet. Dieses so zerbrochene Hochland war wegen seines empfindlichen Gesteinsstoffes, eben des ›Dolomit‹, allen Angriffen des Klimas ausgesetzt.

Wir hatten den Porphyr das dritte selbständige Gesteinsvorkommen in Südtirol genannt. Dieser Porphyr entstand aus dem ›Magma‹, dem feurig fließenden Stein, wie er heute noch aus den Vulkanen dringt. Der Feuerfluß des Magma brach in Südtirol im

westlichen Ortlergebiet herauf: im Suldental; dann in dem Ort Töll bei Meran, und hinüber bis nach Bozen. Die Geologen unterscheiden hier wieder besondere Arten und benennen den Porphyr nach den Orten: so ›Suldenit‹ oder ›Töllerit‹ oder ›Tonalit‹ (nach dem Tonalepaß im Trentino). Zu bemerken für uns ist, daß an diesen Stellen heiße Quellen sind: Solfatale, Schwefel- und Wasserdampfquellen. Eine dieser Quellen ist mir aus der nächsten Heimat meiner Verwandten bekannt: das bei Laas gelegene Schwefelbad Schgums, das im Mittelalter benutzt wurde und heute verfällt, und im Volksmund ›Stinkabrunn‹ heißt. Ja, auf dem Platz, auf dem einer meiner Vettern knapp außerhalb Laas in Richtung Schgums seinen neuen Hof gebaut hat, mit eigener Quellenbohrung, hat das Wasser leicht schwefeligen Geschmack.
Noch wichtiger für unsere Landesdarstellung ist ein geologisch auf kleinen Ort beschränkter Vorgang. In dem schon genannten westlichen Ortlergebiet liegt auf altem Gneis eine Schicht mineralreichen Schiefers. Aufgrund eines Zusammenspiels von Verschichtung und Metamorphose haben sich hier Züge von Marmor gebildet. Man findet sie in zwei Seitentälern der Etsch: bei Göflan und Laas. Die Marmorschichten ziehen sich dort über der Talsohle in etwa 2400 m Meereshöhe hin. Die marmorführende Schicht tritt in ›Bänken‹ und, wie der Fachausdruck heißt, ›Linsen‹ zutage, deren Mächtigkeit, d. h. Höhe, sogar 100 m übersteigen kann. Der laaser Marmor ist ein fester, sehr reiner, zuckerkörniger Kalkmarmor, diese Eigenschaften kommen seiner Schönheit und technischen Brauchbarkeit zugute, ihnen verdankt er seinen Weltruf. Zum Teil hat er reinweiße Farbe, und diese Blöcke eignen sich besonders für die Bildhauerei. Wenn er abgebaut ist, nimmt er unter Lufteinwirkung allmählich einen gelben Schein an, der dem warmen Ton des alten griechischen Marmors ähnelt. Der laaser Marmor wird seit Jahrhunderten abgebaut. Früher geschah das einfach, mit Pferd- und Menschenkraft. Heute geschieht es durch moderne Sprengtechnik, durch groß ausgebaute Maschinen-, Förder- und Transportanlagen.

Ich bin am Schluß meines Kapitels über Erdgeschichte in Südtirol. Dem aufmerksamen Leser wird ein Blick auf ihren jüngsten Abschnitt: das Quartär, fehlen; eine Darstellung der Veränderungen in dieser letzten erdgeschichtlichen Zeit: der diluvialen in der Eis-

zeit, und der alluvialen der Aufschüttung. Diese Veränderungen sind für das Landschaftsbild Südtirols wichtig. Aber ich möchte sie an einen späteren Ort stellen: zu einem Bild der Flußläufe und Täler, und möchte jetzt – wie ich's zu Anfang dieser Arbeit versprochen habe – die allgemeine Darstellung unterbrechen durch eine aus persönlicher Erfahrung: ich bin mit dem südtirolischen Ort Laas, wo der Marmor aus dem Berg geholt wird, bekannt, weil ich dort Verwandte habe. Ich war 13 Jahre alt, als ich mit meinem gleichalterigen Vetter aus Laas zum ersten Mal in den ›Bruch‹, wie man dort sagt, hinauffuhr. Damals war gerade die Seilbahn und die ›schiefe Ebene‹ gebaut worden. Dieses Fachwort war ein im Dorf auch von den ganz ungelehrten Leuten gebrauchter Ausdruck; für mich interessant als Beispiel des Eindringens fester Wörter aus einem speziellen Sprachbereich in die allgemeine Sprache.
Aber es gab auch noch den Zutaltransport mit Pferden. Ich habe eine schwache Kopie einer Fotografie davon: wie ein großer weißer Marmorblock, in Seile gespannt, auf einer Art Kufenschlitten, der mit schweren Bremshölzern versehen war, zu Tal über den steilen Hang gelassen wurde – gebremst und gezogen zugleich. Gebremst durch die das Erdreich in Gleisen aufreißenden Hölzer, sonst wäre er davongesaust; gezogen aber – vorsichtig und doch mit aller Kraft, die für sein Gewicht nötig war – durch sechs Paar vorgespannter Pferde. Ein solcher Transport dauerte oft einen Tag. Ich habe auch eine Fotografie von den droben im Berg ausgehauenen Höhlen, in denen der Marmor zu Blöcken losgesägt wurde; und eine von dem Stapelplatz, dem ›Lager‹ der Marmorblöcke herunten am Dorfrand, es stach weiß heraus neben den aus grauem Stein erbauten Häusern.
Das Bild ist heute ähnlich, nur ist alles größer: neben den engstehenden Häusern im Ort steht fast wie ein zweiter Ort aus weißglatten Häusern, mit Straßen auch für die Kranschienen, das Marmorlager; an dem turmhohen Kran hängen die Blöcke wie leichtes Gewicht.
Der Marmorbruch hat mit Unterbrechungen in den Jahrzehnten seither gearbeitet. Einer seiner merkwürdigsten Aufträge war um 1950: gegen 100 000 Kreuze für die amerikanischen Kriegerfriedhöfe in Italien und Afrika herzustellen. Sie mußten aus dem ›statuario‹ sein, dem rein weißen Marmor ohne farbige Einschüsse, daher die Amerikaner dann nur 86 000 Grabkreuze abnahmen; aus

dem Rest Platten wurden die Einfriedungsmauern für den Lagerplatz errichtet. Dort, am Eingangstor des Lagers, verabredeten wir uns zu einem Besuch des Marmorbruchs jetzt, im Herbst, davon will ich erzählen.

Wir hatten zuerst die Strecke der Talbahn zurückzulegen, dazu bestiegen wir ein Elektromobil, das eine dreischienige Geleisebahn hatte wegen der verschiedenen Spurweite für den Kran, der auf der gleichen Bahn fuhr. Unsere Begleiter waren der Chef des Betriebes, dazu Interessenten aus dem Tessin und aus Chiasso. Die Attraktion der Auffahrt war noch immer die ›schiefe Ebene‹, eine an Seilen über Rollen laufende Plattform, die mit einer Steigung von maximal 70% den Hang hochging. Das obere Seilwerk war durch ein Haus geschützt, über dem die Wohnung des Stellwärters lag; die ganze Anlage stammte aus den 20er Jahren und war durch die Firma Bleichert aus Leipzig errichtet worden; die Maschinenteile, auch die riesigen Wellen, hatten seither nicht ausgewechselt werden müssen. Diese Maschinerie gehörte noch zum alten Teil des Betriebs, ebenso die ›Waldbahn‹, die mit Diesellok ohne Steigung auf dem Hang nach hinten führte. Wir setzten uns auf die offenen Loren, unsere kleine Gesellschaft hatte Zuwachs bekommen. Ein Bauer aus dem Tal mußte wegen eines kranken Viehs auf die Alpe, die Fahrt hier konnte ihm den Weg abkürzen. Wenn er Glück hatte, konnte er dann mit uns zurück. Denn uns stand nun das Umsteigen auf die Seilbahn bevor. Sie überquert als Eisengerüst mit einem Boden aus Holzbohlen das Tal. Das Mitfahren von Personen ist verboten, daher nun auch der Trupp Arbeiter von unten ausstieg. Wir sahen sie später, wie sie auf Zickzackwegen das Schuttfeld emporstrebten, da schwebten wir schon hoch über ihnen. Für uns hatte der Chef eine Ausnahme gemacht, er hatte es mit donnernder Stimme verkündet. Das war in der Tat eine Eigentümlichkeit an ihm; der kleine Junge, Sohn meines Vetters, der mitfuhr, sagte: Der S. hat eine Stimme, als wäre ihm ein Lautsprecher eingebaut. Dem Jungen fiel auch sonst manches auf. Mit Herrn S. war auch seine Cousine gekommen, aber er nannte sie beharrlich ›zia‹ – Tante, als wolle er sich jünger machen. Die Zia trug ein Körbchen Feigen, dazu weiße Spitzenhandschuhe bis zum Ellbogen. Das schien zu dieser Tour nicht zu passen. Aber es war bei ihr nicht das erste Mal, daß sie mitfuhr. Ich merkte es an ihren in lebhafter Rede vorgebrachten Kenntnissen. Sie zeigte auf die draußen liegende nördliche Etschtalseite. Dort war deutlich eine Stufe auf dem Hang zu erkennen. Von ihr sagte sie, daß an dieser Stelle früher die Straße gegangen sei, nicht nur in früheren Jahrhunderten, sondern schon in vorgeschichtlicher Zeit. Funde hätten es bewiesen, und anders könne es ja auch nicht gewesen sein bei der Versumpfung des Talbodens. Ich war auf solche Belehrung nicht gefaßt gewesen, aber nun stellte mir Herr S. seine Tante als Kapazität vor: sie war Professorin in diesem Fach an der ›Sopra Intendenza Antichità di Lombardia‹ in Milano.

Diese Unterhaltung fand statt, während wir über tiefrauschende Wasser glitten, von Vögeln umkreist, und dann jäh auf der oberen Ladebühne aufsetzten. Nun erst bemerkte ich, daß Herrn S.'s Tante auch ihren Pudel mitgebracht hatte, er war solche Fahrten gewohnt und wußte auch gleich die Richtung, in der es weiterging, jetzt mit einem Lastwagen. Die Straße führte sieben Kilometer lang mit ziemlicher Steigung durch Tunnels bis an die Stelle unter dem Bruch. Dort war auf einer Höhe von 2050 m ein Haus für die Arbeiter gebaut. Es war ein weitläufiges Haus, zwei Stockwerke, oben die Unterkünfte, alles ein wenig an militärische Unterbringung erinnernd, aber alles großzügig, Waschräume, Dusche, von Ölheizung durchwärmt. In der Kantine hatte uns Herr S. den Essenstisch richten lassen und ließ es sich nicht nehmen, an seiner Seite die Zia, dem Mahl zu präsidieren. Jedes bekam sein Stück vorgelegt, aufmerksam wanderten seine Augen über den Tisch, damit niemand zu kurz kam. Ich hatte den Eindruck, daß ihm der Aufenthalt hier Freude mache, er war gern hier oben. Ich erfuhr ein wenig von seinen Verhältnissen im Betrieb: er hatte außer dem Marmorbruch hier noch einen andern in der Nähe von Triest, aber lieber war ihm dieser. Die freie Luft, die hohe Stelle im Gebirge, hier hätte er ganze Tage verbringen mögen. Die Geschäfte gingen nicht, wie sie sollten, er selber war nicht ganz freier Eigentümer in dem vom Staat gestützten Betrieb, und wie er dazugekommen war, es zu werden, wußte niemand genau: da hatte es Beziehungen zur ›Ente delle tre Venezie‹ gegeben, und diese Gesellschaft, die Staatsvermögen, vor allem früheres österreichisches Eigentum, nur verwaltete, hatte einen Fachmann gesucht, der war er, allein schon wegen des Besitzes der ›Cave d'Aurisine‹ nahe Triest; und eines Tages eben war er auch hier gewesen und hatte begonnen;

die Erweiterung von der Seilbahn herüber war sein persönliches Werk. Aber die Stützung durch den Staat war weiter notwendig. Die Interessenten aus Chiasso hörten zu, als es ihnen Herr S. erklärte: der Verkaufswert des Steins im Block ist pro Kubikmeter je nach Sorte zwischen 40 000 und 100 000 Lire. Aber er muß im Durchschnitt 80 000 herauswirtschaften, wenn der Betrieb rentabel sein soll. Er kann es nur *hier* sein an dieser entlegenen Stelle, wo die Lagerung der Flöze unter dem dicken undurchlässigen Schiefer der Bergwand den Marmor vor Poröswerden infolge Einsickerns von Wasser sichert. Trotzdem bleibt das Risiko, daß löcherige Flächen angeschnitten werden, man kann die Qualität des Steins bis in die Tiefe des Berges nicht durchschauen. Dazu kommt das Risiko der stilliegenden Zeit, in der Regel von Weihnachten bis Mai. – Aber man darf nicht aufgeben, sagt Herr S., man muß die Brüche noch höher treiben. – Er tritt ans Fenster, und nun ist für den Jungen wieder der Lautsprecher in seinem Brustkasten zu hören, als er, mit abschätziger Gebärde, und ohne die dröhnende Naturstimme eigens zu erheben, versichert: Hier, die Rückseite der Jennewand – was Sie außen gelb sehen, ist innen unbegrenzt Marmor!

Wir sind der Einladung ins Freie gefolgt und sehen, um ein paar hundert Meter höher, wie sich das alles in Wirklichkeit abspielt. Es sind zwei Arbeitsvorgänge dabei: Bohren und Sägen. Die Preßluftbohrer mit verschiedenen Stärken: 80 cm bis 40 cm, spalten die Blöcke; die Schläuche, die ihnen Luft zuführen, kommen vom Kompressorhaus herauf. Von dort laufen auch die Drahtsägen hoch. Es sind Stahlsägeseile von etwa 4 mm Querschnitt, nicht sehr hart, und sie laufen in unendlichem Zug über kleine Rollen bis an die Stelle, an der sie schneiden. Dort wird ihnen Wasser und Quarzsand zugegossen, dieser graue Brei fließt ununterbrochen auf die Schnittseile. Der Quarzsand kommt aus Viareggio, nur dort gibt es ihn in genügender Härte. So fressen sich die berieselten und dank Verstellung der Rollen stets auch rotierenden Sägen je nachdem senkrecht oder waagerecht in den Berg. Die Schnittwände sind glatt, und es ist ein seltsames Gefühl, in eine solche Höhle einzutreten, man geht über nur dünner Schlammspur wie auf poliertem Marmorfußboden in ein Palastzimmer.

Einen dritten Arbeitsvorgang: das Anheben des Blocks, übernimmt der Kran der Firma Belutti aus Genua. Er hebt 17 bis 18 Tonnen, ist auf 15 Tonnen kollaudiert. Manchmal braucht er Zuhilfe, dann nämlich, wenn ein Block zu dicht am Berg sitzt. Er muß dann ›gelupft‹ werden. Das geschieht durch Sprengung mit Schwarzpulver. Drei oder vier Schwarzpulverladungen werden durch Röhren in die Schnittfläche geführt, sie werden gezündet und *schieben* den Block nach außen. Bei einem Block, den wir sahen, 21 m lang, war das immerhin um eine Breite von 12 m geschehen. Nur Schwarzpulver hat diese schiebende Wirkung. Dynamit würde den Stein zerreißen. Leichtere Blöcke werden durch Seilwinden vom Berg weggezogen, bei untergelegten, von Ruck zu Ruck stärkeren Keilen, so fallen sie nach außen.

Und die Förderung bei solchem Betrieb? Sie hängt von der Zahl der Arbeiter ab. An der Jennewand liegen acht Höhlen oder ›Caven‹. Nicht an allen wird zu gleicher Zeit gearbeitet. Das ginge schon wegen der Einteilung der Schichten nicht, 12 Stunden Arbeitszeit, dazwischen Mittagspause, das sind zwei Schichten, und jeder Trupp arbeitet durchaus eine Woche. Der Bruchmeister, ein einheimischer Deutscher, führt die Aufsicht. Er führt auch die Verrechnung. Und hier hapert es. Der Lohn ist 5000 Lire im Tag, das sind nicht ganz 40 Mark, wenn man die Verpflegung – und sie ist reichlich, dreimal am Tag warm, Brot nach Belieben – und die Unterkunft nicht rechnet. Wer über 10 Jahre Dienst hat, bekommt 16 Tage Urlaub im Jahr. Ältere Arbeiter sind besser dran, sie arbeiten ›sistematico‹, wie der Bruchmeister eine Art Akkordrechnung ausdrückt. Schlimm ist die Stilliegezeit; in ihr wird, wenn es nicht im Tal Ersatzarbeit gibt, der Lohn von der Versicherung nur zu 60 % gedeckt. Auch das war nicht von Anfang an mit drin, vor Jahren haben die Arbeiter einmal gestreikt und diese Deckung erreicht. Die Stilliegezeit – das ist überhaupt das Problem, sagt wieder Herr S. Ihm schwebt etwas wie eine Erneuerung früherer Gepflogenheiten vor. Da gab es, lange vor seiner Zeit, eine Fachschule für Steinmetzen in Laas. Sie hatte etwa 50 Schüler, und Werkstätten, in denen sie ausgebildet wurden. Oder es müßte etwas anderes kommen: die Zeit, in der die Arbeiten aus laaser Marmor Mode waren. Die Bilder davon hängen in der Kantine. Da gab es den Moltke-Block, eine 80 t schwere Steinmasse; sie wurde 1903 geliefert und in Berlin an der Siegessäule aufgestellt. Im Zug der Lieferung mußten die Brücken auf der Straße nach Meran verstärkt werden. Oder hier: nach 1866 das Denkmal für die Seeschlacht bei Lissa, als der österreichische Admiral Tegetthoff die italienische Flotte besiegte. Oder: 1903 wieder das Königin Viktoria-Denkmal in London, und im selben Jahr drei Grabmäler für die Menelik-Familie in Addis Abeba.

Der Plan einer Fachschule ließe sich verwirklichen, sagen die Interessenten aus Chiasso. Sie sind wegen ähnlicher Pläne, die Ansiedlung von Arbeitskräften erlaubten, hergekommen. Aber nun sind sie unruhig wegen der Zeit, die Herr S. in der Kantine versäumt. Er trennt sich schwer von dem Ort, zumal jetzt, vor Anbruch der winterlichen Ruhezeit. Auch seiner Zia ist er ans Herz gewachsen. Ciao Covelano! ruft sie, als wir auf den Lastwagen steigen. Unten, an der Ladestelle der Waldbahn, sehen wir von weitem schon im blauen Schurz den Bauer, der von der Alpe zurück ist. Er hat das kranke Vieh soweit herausgebracht. Nun kann er ihm das letzte Stück Heimweg ersparen. Aber nun empfängt er auch gleich einen Rat. Herrn S.'s Schwager ist mitgefahren, man hat ihn oben nicht beachtet, hat es ihm auch nicht angesehen: ein dürres Nußknackergesicht, gegerbte Haut, eine zerdrückte blaue Mütze, aber Sohn eines Veterinärs aus Vicenza, daher weiß er Bescheid in Tierkrankheiten wie dieser: einer Geschwulst zwischen den Klauen. La povera mucha, sagt die Zia, während sie ihren Pudel hochhebt. Sie hätten sofort einen scharfen Schnitt machen müssen, sagt der Nußknacker. Sein Rat ist richtig, daran kann er sich aus Jugendtagen, die er in Vicenza gelebt hat, noch erinnern, obwohl er dann selber nicht Veterinär geworden ist, sondern Marineoffizier, und jetzt, pensioniert, seine Sommer auf dem Bruch in Göflan verbringt.

4. Der Zug auf die Höhe *oder* Veränderung der Perspektive

Der Zug auf die Höhe ist den Menschen im Gebirge eigentümlich. Ich habe von Straßenzügen in einer Mittellage gesprochen. Dieser Trassierung kam der Bau der Gebirge entgegen. Stellt man ihn sich im Querschnitt vor, so folgt auf einen steilen Anstieg vom Talboden jedesmal eine Abflachung, oft beinahe waagerecht, und dann folgt der nächste oder letzte Anstieg. Die Abflachung ist ziemlich

Der Zug auf die Höhe oder Veränderung der Perspektive

breit, und manchmal ist sie zum Sockel einer Mittelgebirgslandschaft mit eigenem Namen ausgebildet. Von den verschiedenen Arten solcher Mittelgebirgslandschaft soll am Schluß dieser Arbeit noch die Rede sein. Hier gebe ich nur ein Bild davon, wie sie sich in schwächerer Ausprägung am Seitenhang eines Tales zeigt.

Das Beispiel ist das Dorf Tanaas in 1454 m Seehöhe auf dem ›Dörferberg‹, einem Teil des Berghanges, der das Etschtal im Norden begleitet. Tanaas hat wegen seiner günstigen Sonnenlage trotz seiner Höhe Getreideäcker, an ihnen ist die Abflachung auch von der gegenüberliegenden Seite deutlich als helles breites Band zu erkennen. In gleicher Höhe stehen andere Höfe und Ortschaften, und wer sich da hinauf begibt, glaubt plötzlich, nicht im Gebirge zu sein, zumindest nicht in der ihm zugeschriebenen Enge, sondern in einem ebenen Land, das zwar begrenzt ist, auf dem er aber einen Streifen zu wohnen und zu gehen hat.

Es ist eine Veränderung der Perspektive, und sie gilt nicht nur für diesen Siedlungsstreifen in 1400 bis 1600 m Höhe. Sie wiederholt sich in größerer Höhe weiter innen, so am Talschluß eines Seitentals nach Übersteigung der Felsstufen. Ein besonders deutliches Beispiel ist das letzte Stück des Martelltals. Hier öffnet sich hinter einem Horizont von 2000 m Seehöhe, mit dem es zu Ende zu sein schien, plötzlich eine weitgedehnte Fläche, die man sich als eine Landschaft für sich von einer Stadt besetzt denken könnte; in Wirklichkeit ist sie von Stein, Blumen oder angesammeltem Wasser erfüllt, und das geht so fort – mit spärlicher, gelber oder silbriger Flechte und unter dünnen Vogelstimmen – bis zu den Gletscherböden, die kaum noch ansteigen, außer mit ihren Eisbrüchen, und dann wieder ihre flachschrägen Felder und Gipfelwölbungen haben. Die ebene Erstreckung ist im Maßstab viel größer als es von unten aussieht, und so kommt man zu dem Schluß, daß das Gebirge eigentlich gar kein Gebirge ist. Man hat es eben für gewöhnlich nur als Kulisse vor sich und überblickt die Tiefe des Raums nicht. Und man muß gewiß mit den Stufen und Mauern rechnen, mit denen es sich absetzt; aber sie führen, so zeigt sich, nur in obere und wieder gangbare Stockwerke. Die hochdrohenden Kulissen und Abstürze sind, wenn man nachforscht, auch später entstanden: Verschüttung oder wie durch Messerabschliff tiefe Einrisse – diese Verschärfung der Oberfläche war die Arbeit des Quartärs.

Zu ihr hier nur abgekürzte Notizen: die ersten Werkzeuge des Quartärs waren in den Perioden der diluvialen Eiszeiten die *Gletscher*. Sie sind es heute noch – im Alluvium. Die Schneegrenze, oberhalb der sich Gletscher bilden, liegt in den Ostalpen bei 2800 bis 3000 m Höhe.

Einiges von den Wirkungen: Druck- und Spaltenfrost zerstören den Untergrund. Durch Abhobelung des Gesteins entstehen Schrammen. Die Eiszeitgletscher fraßen tiefe Becken ein, und aus den flachen Stellen an ihrem Anfang, wo zuerst der Schnee zu Firn wurde, entstanden später oft ›Kare‹, von denen manche, mit Wasser gefüllt, heute die ›Karseen‹ bilden. Bergkuppen und gewölbte Rücken wurden scharfe Grate. Die Talsohlen wurden übertieft, Durchflußtäler zu Trogtälern ausgehobelt, Gefällsknicke verstärkt, so daß steile Stufen entstanden. Wegen der Vertiefung der Haupttäler liegen die Einmündungen der Nebentäler viel höher, so daß der Höhenunterschied in Wasserfällen und ›Klammen‹ ausgeglichen werden muß. Das sind Merkmale des alpinen Stufentals.

Durch Ablagerung der Gesteinsmassen kam es zur Bildung von Moränen. Bei dem Rückzug der Gletscher bildeten sich Schuttkegel, die sich über große Teile des Haupttals ausbreiteten und den Fluß an den gegenüberliegenden Hang zwängten. So ist das zweite Werkzeug der Oberflächenbildung im Quartär das *Wasser*. Die Talbildung hängt dabei von der Härte des Gesteins ab. Ist es sehr hart, entsteht ein Kerbtal. Verringert sich die Wassermenge, so läßt der Fluß die seitlichen Talstücke als Terrassen liegen.

Die *Verwitterung* als drittes Werkzeug des Quartärs arbeitet durch Temperaturschwankungen, Wasser und Wind. Auch hier ist die Materialbeschaffenheit wichtig. Granit verwittert schwer und langsam, Kalk dagegen schnell und leicht. Das ist eine der Ursachen der Unterschiede in der Oberflächenformung der Zentral- und der Kalkalpen. In dem Urgestein der Ötztaler- und Ortlermassive hat die schwächere Verwitterung sanfte Oberflächenformen hinter der alpinen Vertikalen geschaffen. Hier kommt es zu dem erwähnten Bild des ›Nichtgebirges‹ im Gebirge.

Das Dolomitengebiet mit dem oft zu kühnen Formen verwitterten Dolomit bietet einen anderen Anblick: ein weites Hochland mit großen Becken, die durch relativ sanfte Pässe verbunden sind; darauf einzeln ragende Bergmassive, oft in Türme zerlegt.

Der Zug auf die Höhe oder Veränderung der Perspektive

Was ich hier aufgeschrieben habe, klingt wie eine ›Definition‹ des Landschaftsbildes. Von seiner umfassenden Großartigkeit bekam auch ich erst bei einem meiner letzten Besuche in Südtirol einen anschaulichen Eindruck. Ich will das Bild möglichst nüchtern beschreiben, ich glaube, daß ich dadurch auch dem Leser am ehesten etwas von seiner wirklichen Größe vermitteln kann:
es war an einem Augusttag bei schönem Wetter, wir waren am Fuß der Seiseralpe nahe dem Ort Völs bei einem Freund über Nacht geblieben. Am andern Tag machten wir den Ausflug auf den Berg Puflatsch, der mit 2002 m Meereshöhe die Seiseralpe überragt. Wir fuhren mit dem Auto bis Kastelruth, das in alter Zeit der Hauptort des Gebietes war. Der Name ›castel rotto‹ deutet es an: eine lange Vergangenheit und Existenz schon *vor* geschichtlicher Zeit. Auch das Ortsbild mit Tor, Platz und Gruppierung der Häuser zeigt etwas von dieser früheren Bedeutung. Wir kamen mit Zwischenstationen und einem Sessellift in die Höhe; das letzte Stück hatten wir zu Fuß zu gehen.
Ich zeichne zuerst das Bild in der Nähe: der Puflatsch hat auf seinem Steingipfel ausgehauene Treppen und Sitze, die ›Hexenstühle‹. Aber sie haben mit Hexen oder sonst verschollenen Resten verdrängter Kultausübung nichts zu tun. Sie lassen erkennen, daß hier ein befestigter Punkt war, der einen Überblick über das ganze Land erlaubte, eine Überwachung jeder Bewegung und Annäherung. Tief unter dem Gipfel, in schräger Fallinie, liegt Kastelruth; und es läßt sich denken, daß die Stellung auf dem Puflatsch von dort aus als Beobachtungsposten zum Schutz des hochliegenden Siedlungsgebietes eingerichtet und besetzt wurde.
Der Blick geht dann wie auf hintereinander gestellte Kulissen weiter: zunächst in das Eisacktal und auf seine gegenüberliegende Seite, dort liegt mit steilgrünem Anstieg und Alpenrosenflächen das ›Rittnerhorn‹, das mit seiner kahlen Grüne wie ein häusliches Gegenstück zu dem wildsteinigen ›Schlern‹ auf unserer Seite wirkt; und unter dem ›Rittnerhorn‹ hat sich der Mensch auch schon lange mit Sommerfrische-Orten häuslich eingerichtet: Lengmoos, Klobenstein, Dreikirchen – verstreuten Nachbardörfern auf dem besonnten Hang. Man muß sich dazu herüben, am Fuß des Puflatsch, die unbesiedelte Hochfläche der Seiseralp denken; sie ist hier in ihrer ganzen Ausdehnung zu sehen.
Aber der Blick in die ›Kulissen‹ geht weiter: hinter dem rauchigen

Talkessel von Bozen erstreckt sich die Felsstufe der Mendel mit grauem geschichteten Gestein und Nadelwaldbesatz über den westlichen Horizont. An einer Stelle ist sie unterbrochen: hier führt das Gampenjoch in das jenseits der Mendel liegende Hochland des Nonsberges und des Val di Sole, in dem schon italienisch gesprochen wird. Der Freund weist mich auf die Stelle hin und fragt mich, ob ich auch die andere Stelle knapp vor dem Joch sehe:
mit dem Lawineneinriß unter der Laugenspitze, an dem vor Jahren eine Gruppe Alpini ums Leben kam, jetzt sichtbar als sandfarbene Ritze;
ich sehe sie sofort, ich erinnere mich, wie ich vor acht Tagen dort hinaufgefahren und mir das Schild aufgefallen war: Lawine, und der breite verwüstete Streifen des wie von einem Haumesser amputierten Berghangs; aber das Ausmaß der Katastrophe hatte ich nicht geahnt, und auch nicht
diesen Zusammenhang der Prägung im Landschaftsbild und im Gedächtnis, daß jemand hinsieht und davon spricht – ich lernte: das gehört zum Leben in einem Gebirgsland, dessen Ausblicke voller unverwischter Spur von Ereignissen sind;
damals war ich vorbeigefahren wie an einem gewöhnlichen Warnschild, hatte bei Dämmerung in dem letzten deutschen Haus an der Sprachgrenze übernachtet. Anderntags war ich in den großen Rührkessel des Nonsbergs weitergefahren – mit seinem Kreisel von Schluchten, Waldstücken, Stellen industrieller Ausbeutung des Gesteinsbodens, Ackerbau und daneben dürren Strecken der vom reißenden Fluß zerstörten Talhänge.
Jetzt lag das ausgehöhlte, zugleich fruchtschwere Land gedeckt von der Stufe der Mendel weit drüben. Die nächste Kulisse sind die Hochalpen, sie sind die Grenze dieser zum Trentino gehörigen Gebiete am Nonsberg, die mir nun wie das westliche Gegenstück des östlich der Etsch gelegenen, deutsch-ladinischen Dolomitengebiets erschienen.
An diesem Tage war der weite große Hochalpenbogen klar zu sehen; und der einheimische Freund konnte uns die Namen der Gipfel und Bergzüge, wie sie in der Ferne nebeneinanderlagen, sagen:
das ging südlich vom Adamello und der Presanellagruppe bis zu einem dunklen auffälligen Einschnitt; ich fragte ihn um den Namen, er nannte ihn: Das ist der Tonale-Paß.

Der Zug auf die Höhe oder *Veränderung der Perspektive*

Dahinter schwebten die Eisfelder des Ortlers, des Cevedale, der Königsspitze, mit, je länger man hinsah, um so deutlicher kennbaren Umrissen
– zugleich wie künstlich verkleinerte Bildchen ihrer selbst auf diese Entfernung, aber in treuer Wiedergabe;
und hie und da, als wäre es Zutat, von weißgrauem Haarflockenkranz still beiwohnender Wolken umlagert. Aber das war nur ein Teil dieses Landes-Horizontes, der dann im Norden weiterging bis zu den Zillertaler Alpen.

Stärker noch fesselte uns der Blick in das näher liegende, eigentliche Dolomitengebiet. Hier waren auch viele Einzelheiten zu erkennen: rechts der Schlern mit den Santnerspitzen, und in den Waldzungen zu ihren Füßen die Burgruine Hauenstein des Oswald von Wolkenstein, von denen er in seinem Gedicht sagt:

>ich hör die voglin gros und klain
in meinem wald umb Hauenstain.‹

In der Mitte sperrten Plattkofel und Langkofel als großer Block mit nahe aufsteigenden Felswänden den Blick nach dieser Seite, vielmehr teilten ihn in zwei Hälften:
da war nördlich das Grödnerjoch wie ein sanft in die Tiefe geschwungenes Fenster geöffnet, es gab den Blick auf die ›Drei Tofanen‹ frei, auf deren einer unser Freund im ersten Weltkrieg gelegen und dort die Sprengung der Lagazuoi-Platte miterlebt hatte; dann kam der Durchblick auf den Monte Cristallo und auf die wieder nähere Kulisse des Sellastockes mit dem Berg Boè;
südlich aber war an der Seite des Plattkofels eben noch ein Stück Eishang der Marmolèda sichtbar, und dann ging die Öffnung ins Weite über ungenannte Berge zu dem entfernten Gipfel des Cismon. Dahinter begann die italienische Ebene.
Der Blick, wieder in die Nähe gezogen, traf auf die Rückseite der Rosengartengruppe; und rechts von ihr, in der Freie und Ferne über dem Taldunst, wieder die Mendel – so war der Horizont geschlossen, wie wir ihn an diesem Tag sahen; und wie er ähnlich von vielen Hochpunkten der Dolomiten aus zu sehen ist.
Ich habe ihn von dieser Stelle aus der noch frischen Erinnerung nachzuzeichnen versucht; mit Erinnerung auch der Namen, und

der Ahnung einer eigenen Welt, die hier in den Dolomiten von altersher eine Welt für sich war, eingeschlossen wie der Blüten-Hohlraum des Kristalls in der dichten Kugel unscheinbaren Steins.
Wir sahen am selben Tag noch in der Dorfschule von Seis unterhalb des Puflatsch in einer Mineraliensammlung aus diesem Gebiet solche Steine: geschlossene und aufgeschlagene mit den Kristalleinschlüssen. Dabei fiel mir der Vergleich ein, anders als Definition diese Bild-Ähnlichkeit: wie das Teil-Land der Dolomiten als etwas Besonderes eingeschlossen in den südlichen Alpen liegt – in einem Land mit einer Vielfalt an Gestalten wieder, und wie ich einiges an dem Tag auf dem Puflatsch sah: Augusttag, weiter Rundblick, Tirol.

Mein Bericht könnte zu Ende sein, wäre durch ein persönliches Moment nicht noch eine Vertiefung in der Sache hinzugekommen. Wir fragten den Mineraliensammler, wie er dem geschlossenen Stein ansieht, ob er einen Kristall enthält: da war außen die Hülle, dann innenzu Luftraum mit Spießen oder aus einer Art Milch geronnenen Kissen und Zacken, dann der Kristall. Er könne es nicht genau sagen, antwortete der Sammler, es geht nach dem Gefühl. Er war Lehrer. Über den Pulten der ausgelegten und mit Fundort datierten Steine hing an der Wand ein Foto seines Bruders, der im Frühjahr beim Steinsuchen abgestürzt war. Der Lehrer sprach nicht davon. Der einheimische Freund machte uns aufmerksam: das war bei beiden eine Leidenschaft; auch dieses Suchen nach dem Stein, und Treffen, der ›Fund‹ geht nicht ohne Leidenschaft.
Wir verließen den Raum. Ich fragte mich, wie viele Horizonte das Land hat, den von oben gesehenen, den aus Tälern gesehenen, und den innen im Stein. Ich fragte mich: wie viele ungesehene Horizonte, und welcher Teil den Teil überwiegt, der offen liegt; und um wieviel in diesem offenen Teil der abseits unbekannte, kaum je von einem Blick betretene, den überwiegt, mit dem wir uns begnügen müssen und uns zurechtfinden: hier die Straße, Richtung, Einteilung des Landes auf seinem uns zugänglichen, unvollständigen Teil.

5. Die Landschaften und das Mehrerlei in ihren Namen

Auf diesen Berggruppen und Landschaftsgebieten nun bewegt sich der Mensch, er lernt sie kennen und benennt sie. Wir dürfen annehmen, daß die ältesten Namen die Flußnamen sind. Aber nicht immer ist der Flußname auch der Name für das Tal. Bei diesen Landschaftsbezeichnungen hat sich der Mensch nach ganz unterschiedlichen Gesichtspunkten orientiert.

Jemand wohnt ›auf dem Reschen‹ oder fährt zum Reschen hinauf – das heißt, wir treffen ihn dort, im Quellgebiet der Etsch an. Wohnt er ein Stück weiter unten, ist er ein ›Staudenvinschger‹, auch wenn ihm diese etwas wegwerfende Bezeichnung nicht behagt, oder er kann sich einen ›Krautvinschger‹ nennen, er ist dann, um eine Klasse besser, im *oberen Vinschgau* zu Hause, in der Gegend, aus der das Kraut exportiert wird. Der *Mittel-* und *Untervinschgau* schließen sich an. Alle diese Namen bezeichnen Landschaften im oberen Etschtal bis zu dem Knick, den es kurz vor Meran macht; dort ist man ›auf der Töll‹ zu Hause, von wo der Fluß nach einem deutlichen Einschnitt in südöstlicher Richtung weitergeht.

Der Einschnitt ist ein Durchbruch zu dem ebenen Land, das den Namen *Burggrafenamt* hat. Aber dieser Name ist aus einer späteren politischen Einteilung gezogen, er sitzt nicht so tief wie die auf Naturlandschaft gegründeten Namen. Entsprechend sind seine Grenzen unauffällig: das Burggrafenamt umfaßt mit seinem Hauptort Meran das Gebiet, das früher unter der Herrschaft des Schlosses Tirol stand; man rechnet es von der Töll bis in die Ebene halben Wegs Richtung Bozen: *Gargazon*. Eine landschaftliche Gliederung zeichnet sich nicht ab. So gibt es auch für die Gegend um Bozen keinen strengen Landschaftsnamen, man nennt sie den *bozener Kessel*. Der Zufluß dagegen, den die Etsch bei Meran erhält, weist wieder auf einen deutlichen Namen: der Zufluß ist die Passer, und wer aus ihrem von Norden kommenden *Passeiertal* stammt, darf sich einen ›Pseirer‹ nennen. Ähnlich deutlich liegen auch die Landschaften unterhalb Bozens nebeneinander. Das ebene Land an der Etsch nach Süden heißt das *Unterland*. Es wird rechts von einem Mittelgebirge begleitet, das nach anfangs steiler Stufe zur Mulde des ›Kalterer Sees‹ abgeht, es heißt *Überetsch*.

Nicht ganz so einfach ist die Einteilung der Landschaften, die Bozen im Rücken hat. Da kommt zunächst von Norden das *Sarntal*. Es ist in seiner breiten Erstreckung überhaupt das eigentliche Hinterland Bozens, wie denn auch die ›Sarner‹ mit ihrer bunten Tracht und ihrem regen Bedürfnis nach Handel und Eintausch landwirtschaftlicher Geräte noch heute das bozener Stadtbild bestimmen. Sonst ist Bozen nach Norden zu eher abgeklemmt, und mit einer Aufzählung der Landschaften aus dieser Richtung der Brennerstraße beginnt man besser umgekehrt, am Brenner selbst.
Hier zeigt sich auch sofort eine Eigentümlichkeit der tirolischen Namengebung. Das obere Eisacktal, vom Brenner herab bis Sterzing, heißt *Wipptal*, denselben Namen hat aber auch das von Innsbruck gegen den Brenner heraufführende Tal des Flusses Sill. Daraus folgert man, daß der Brenner nicht als Scheide empfunden wurde, sondern als ein Glied der Verbindung zwischen diesem gemeinsamen Namen. Man folgert daraus weiter etwas über den Charakter eines solchen Alpenpasses, der stets Verbindung und nicht Trennung war. Tirol als ein Paßstaat, diese Bezeichnung leuchtet ein. Sie gilt ähnlich auch für die Verhältnisse am Reschen, wo der Vinschgau ursprünglich nicht bis zur Wasserscheide, sondern bis zu dem nördlich davon liegenden Ort Nauders gerechnet wurde; sie hat ihre Parallele in den Paßlandschaften der benachbarten Schweiz. Da nun aber die Geschichte den Brenner zur Grenze gemacht hat, bleibt nichts übrig, als diese politisch begründete künstliche Landschaftseinteilung zu akzeptieren. Ein Stück politischer Einteilung ohne Gründung auf Natur steckt übrigens auch in der Zugehörigkeit des *Pustertales* zu Südtirol. Hier wurde eine sehr alte Grenze, die vorgeschichtliche Bedingungen hat: die zwischen Rätia und Noricum, durch eine mittelalterliche Herrschaftseinteilung überdeckt. Am Charakter des Pustertals ist dieser späte historische Zuschlag zum südtirolischen Gebiet noch heute zu merken.
Das Eisacktal hat den Namen Wipptal bis oberhalb Sterzing. Das *sterzinger Moos* als eigenes Landschaftszentrum unterbricht die Namengebung. Hinter ihm erst bekommt das Tal den Namen *Unteres Eisacktal*. Es behält ihn nach seiner Ausweitung bei Brixen und seiner schluchtartigen Fortsetzung bis Bozen.
Auf den Umstand, daß die Linien der Pässe nicht zu Linien für Grenzen vorherbestimmt sind, soll hier noch eigens hingewiesen

werden. Er gilt nicht bloß für die Hauptpässe Reschen und Brenner sondern auch für die anliegenden Seitentäler. So beginnt das langtauferer Tal unterhalb des Berges ›Weißkugel‹ (der eine mißverständliche Schriftsprachenotierung seines wirklichen Namens ›Weißkofel‹ ist) nicht weit von dem Anfang des nebenan ausgehenden Planeiltals, und den Anfängen des matscher Tals und Schnalstals entfernt. Während die Mündungen dieser Täler in die Etsch weit voneinander entfernt sind, gibt es zwischen ihren oberen Enden Übergänge. Sie sind seit langem bekannt und werden auch benutzt. In unseren Tagen sind hier die hohen Durchstiege für die Schafherden, die ins nordtirolische Ötztal zur Sommerweide getrieben werden. In früheren Jahren, auch nach 1945, dienten sie als Steige für Schmuggler: die im Stubaital hergestellten, den südtiroler Handwerkern und Landwirten unentbehrlichen Eisenwaren wurden von Trupps, die nach genauem Plan losgeschickt wurden, über die Jochwege nach Süden gebracht. (Etwas Anekdotisches: einer dieser Träger war allerdings erstaunt, bei besserer Verschnürung seiner Last statt Hämmern und Zangen 50 gutgeölte Pistolen in seinem Rucksack zu finden.)
Ein Spiegelbild der Landschaftsform sind die Täler auf der südlichen Etschseite. Auch sie treffen sich im Zentrum ihrer Ausgangsstellen: am Ortler und Cevedale. So gibt es Übergänge von dem im Ultental gelegenen St. Gertraud ins anliegende Martelltal und Suldental. Diese Übergänge spielten im ersten Weltkrieg eine Rolle. Hier war ja die Front unter der hohen Doppelspitze des Cevedale. Die Italiener hielten die Stellung darunter nahe dem Schutzhaus am Gletscher. Die österreichischen Stellungen lagen gegenüber ein Stück oberhalb der Stelle, wo heute eine auffällige Mauer quer durch das Schuttkar geht. Die Frontstellungen änderten sich während der Kriegsjahre nicht, wohl aber gab es gegenseitige Erkundungen. Zu einem solchen Versuch gab sich ein Wirt namens Duano aus dem südlich des Cevedale gelegenen Ort Sa. Caterina her. Er sprach deutsch, kannte sich in der Gegend aus, verkleidete sich als Kapuziner und wanderte in dieser Verkleidung unerkannt zu den österreichischen Stellungen im Martelltal. Er bekam nach dem Krieg als Belohnung die Bewirtschaftung der Casatihütte, die sein Sohn noch heute inne hat.
Wie sehr aber bei den einfachen Leuten das Gedächtnis für solche Orte und Begebenheiten schwindet oder verdeckt wird, merkte ich

bei einem Ausflug ins Martell. Mir war jene Mauer in 2400 m Seehöhe aufgefallen. Sie zog sich als doppelte Stufe quer durch das Vorfeld des Gletschers, so daß man wie auf einem gepflasterten Weg, an eine Brüstung gelehnt, auf ihr gehen konnte. Auf dem Rückweg fragte ich die Sennerin auf der darunterliegenden Alpe, was diese Mauer für einen Zweck gehabt habe. Sie sagte: Das ist von den Standschützen aus dem ersten Weltkrieg. Ich nahm an, sie wisse Bescheid, denn sie war in der Gegend zu Hause, wirtschaftete den ganzen Sommer hier und war die Tochter des Mannes, der die Alpe verwaltete. Unten im Tal, bei der Tankstelle, kam ich wieder auf die Sache zu sprechen. Da erklärte mir der Tankwart, mit Krieg habe die Mauer nichts zu tun, wie sollte sie das auch, man möge sich doch nicht vorstellen, daß sich die Standschützen bei ihrer Verteidigung einer neben dem andern hinter einem solchen Steinwall aufgestellt hätten. Das hatte auch mir nicht einleuchten wollen. So gab ich mich fürs erste mit der Erklärung des Tankwarts zufrieden, diese Mauer habe in alter Zeit – er sagte, im 17. Jahrhundert – eine Hochwasser-›Stube‹ gedeckt, d. h. den Ausbruch einer ›Tschött‹ (von lat. conceptum, einer Wasserstauung), die sich im Gletschervorfeld gebildet habe, zurückgehalten. Erst als ich meinen Vetter fragte, erfuhr ich, daß auch diese Auskunft nur halb richtig war. Es gab vielmehr präzise Angaben dazu: im Jahr 1880 hatte ein Ausbruch des Wassers stattgefunden. Daraufhin war noch in der Zeit vor dem ersten Krieg eine breite Schutzmauer von den Österreichern errichtet worden. Im Jahre 1920 war sie dann von den Italienern erhöht worden, aber nicht in ihrer ganzen Breite, sondern so, daß auf ihrer dem Tal zugekehrten Seite die gepflasterte begehbare Stufe, einer Straße ähnlich, freigeblieben war.
Ich erzähle die Sache hier als Beispiel für den Verfall der genaue Erinnerung produzierenden Kraft der Geschichte, dafür, wie Geschichte vielmehr ungenau in den Menschen fortlebt, wie sie überhaupt lebt in dem, was sie ist und bedeutet.
Mit manchen Notizen könnte ich mehr dazu beibringen; hier an Ort und Stelle wurde es mir plötzlich deutlich. So hatte ich auch die Tatsache der Verbindung zwischen den hochliegenden Tälern gemeint: Saumpfade, Hirtenpfade, Schmugglerwege, für die es ein anderes Gedächtnis gibt als es uns die Landkarte einprägt. Oder die abrupte umgekehrte Prägung wieder durch Geschichte, die

einen durch Natur vorgegebenen Zusammenhang zerreißt, aber das dann einzelne, Unzusammengehörige in eine Form und Folge bringt.

6. Chèlavena

In Tirol geschah das allezeit: Das Vieh steht im Stall. Es wird ausgetrieben, es legt sich wiederkäuend nieder. Es braucht den Futterstock oben, die Ernten müssen eingebracht werden. Die Ziegen haben ihren eigenen Verschlag, sie dürfen zu bestimmten Jahreszeiten auf bestimmten Strecken frei gehen. Die Schafe kommen im Herbst in ihren Pferch. Sie sehen alle gleich aus. Aber sie haben ihre Marken ins Ohr geschnitten, und wer mit ihnen umgeht, kann sie auch sonst unterscheiden. Die eine große — wenn sie den Kopf wendet, sehen auch die anderen in diese Richtung. Auch die Kühe haben ihre Kennzeichen und Namen: Gamsa, Brauna, Zita, Ziera — die Namen pflanzen sich im Stall fort.
Jede Kuh hat ihre kleine, an die Wasserleitung angeschlossene Klappe zum Trinken: wenn sie mit der Schnauze dagegenstößt, fließt das Wasser. Die Hühner müssen vorm Marder verwahrt werden. Die Melkzeit ist eine eigene Zeit, dann kommt das Abseihen, dann der Gang in die Sennerei. Dort beginnt das Rechnen nach Leistung und Lieferung. Das Rechnen gehört auch zur Futtergewinnung, der Ertrag der Wiesen ist abhängig von der Bewässerung, der Anteil an der Bewässerung muß errechnet werden.
Der Hof steht voller Maschinen, aber vom Stall führt ein dunkler Gang durch den Keller in das Haus. Dort wird gekocht und gegessen. Der Ofen in der Stube wird vom Flur aus geheizt. In der Stube liegt die Zeitung, um halb acht kommt der Wetterbericht, er muß abgehört werden. Pferdetränken, Zurichten für den Morgen, dann geht es weiter. Was von der Zeitung hereinkommt, wird aufmerksam gelesen. Alles Lug, sagt die Stimme einer alten Frau, aber die Einzelheiten hat sie doch behalten im mitdenkenden Kopf.
Der ›Rädermacher‹ klopft an die Tür. Er wird so gerufen, weil er früher für die hölzernen Leiterwagen der Bauern die Räder gemacht hat: Nabe, Speichen und eisenbeschlagenen Reifen. Heute steht auf dem Nachbarhaus mit ausgebrochenem großen Fenster

und Fertigware dahinter der Firmenname *mobili etschländer möbel*. Der ›Rädermacher‹ hat die Filiale hier, hat aber auch noch die eigene Werkstatt, und an der Person ist der Name geblieben. Er hat Telefon; ein Anruf ist gekommen, daher hat er geklopft.
P. T. steht auf dem Schild vor der Bar, neben der das Postamt ist. In der Bar flimmert der Fernsehkasten, die Carabinieri sitzen davor. Schneegrenze auf 1200 m, da weht es schon auf dem Reschen. Erinnerst du dich, wie wir voriges Jahr durch die Schneefahnen fuhren? Da war auf einmal nichts mehr zu sehen. Und herunten dann klitschnasse Pelerinen der Carabinieri, die auf Straßenwacht stehen.
Eine Baustelle, hier sank der Traktor auf schlecht geschüttetem Grund ein. Ein Lastwagen mit Obststeigen, er muß noch in die Genossenschaft abgefahren werden, dort ist am anderen Morgen Versteigerung. Aber Schneetreiben nun auch im Dorf, und nichts zu sehen von den schweizer Bergen, nichts von Aussicht auf Paß und Gebirge. Die paar glimmenden Lichter noch an der Auffahrt zum Marmorbruch, die oberen verschwinden im Nebel. Du kannst froh sein, daß du dein Pensum hinter dir hast. Jetzt ist dort niemand mehr.
Der Riegel vors Tor, der Weg durch den Stall wieder, die Kühe, Gamsa, Brauna, das trockene Futter, die alte Nähmaschine Pfaff, Milchgeruch im Flur, eine Meldung aus dem Radio: die Tschechoslowakei, eine Meldung vom ligurischen Meer: nuvoloso. Was draußen ist, geht draußen vorüber. Jetzt klopft jemand mit einem Stock auf die Stubendecke. Das ist die alte Mutter, sie ›telefoniert‹, jetzt ist es Zeit, ihr das angewärmte Federbett, die ›Tuchent‹, vom Ofen hinaufzubringen.

Ich frage mich, zu welcher Zeit wieviel hier anders war. 868 m Seehöhe, ein Platz alter Siedlung, heißt es; draußen bei St. Sisinius sind noch die Wälle zu sehen. Aber die Kirche St. Sisinius ist vergleichsweise spät, 7. oder 8. Jahrhundert, die Wälle auf dem Bühel sind älter. Oder die Wälle auf dem Bühel von Tartsch, der so vorzüglich auffällig aus dem Gelände hochsteigt, prähistorischer Siedlungsplatz, in dessen Geländefalten wir neulich den Alpini zusahen, als sie Unterricht am Maschinengewehr erhielten.
Sie waren kaum zu sehen in ihren grünfleckigen Uniformen, aber sie hatten doch das Mädchen erspäht, das durch das Gras ging,

waren abgelenkt gewesen, und ›alta voce‹ rief der Unterrichtende dem Mann zu, der erklären sollte; der legte die Hand an die Hosennaht. Und daneben, grünfleckig auch und kaum zu entdecken als Vorstoß aus Beton, die Reste der Bunker, mit denen Mussolini diesen prähistorischen Hügel bestückt hatte, um einen Angriff, den er sich von Norden dachte, abzuwehren. Und dahinter auf dem scharfen Felszahn die Trümmer der Burg, auf der die Vögte von Matsch gehaust und das Tal durchplündert hatten. Sie waren besonders interessiert an der Überwachung des Verkehrs ins Veltlin, der über das Stilfserjoch ging. Und dann das Zickzack der Stilfserjochstraße von heute, bis zu deren Scheitelpunkt sich einst, als es nur einen Saumpfad gab, Kaiser Max hatte tragen lassen.

Das war eine besondere Geschichte aus der Zeit: Maximilian wollte die Maria Sforza, die Tochter des Herzogs von Mailand, heiraten. Aber weil Franz Sforza nur ein hochgekommener Condottiere war und ein so ungleicher Herr bei der Bekräftigung nunmehr gleichen Ranges in nichts nachgeben durfte, hatte die Brautwerbung an der Grenze seines mailändischen Machtbereiches stattfinden müssen, das war das Stilfserjoch gewesen, 2757 m über dem Meer, und da hinauf hatten einheimische Träger ihre Herren in einer Sänfte bringen müssen, zu Bruderkuß und Einleitung der Ehe, mit der Maximilian das lombardische Erbe an sich zu bringen hoffte. Die Hochzeit war dann 1494 in Innsbruck.

›Und nun muß‹, schreibt der Chronist (es ist der Historiker Hans Kramer aus Innsbruck), ›die große Schlacht an der *Calwen* (rätoromanisch, wie es damals an dem Ort gesprochen wurde, *Chèlavena*) im Jahr 1499 beschrieben werden. Zu ihrer Vorgeschichte: Graubünden grenzte an Westtirol, aber es verband sich den östlichen schweizerischen Kantonen. Die Bündner wurden aber nicht als gleichwertige Eidgenossen angegliedert, es waren eher Freundschaftsverträge, die aber faktisch die militärische Hilfe der Eidgenossen für die Bündner mit sich brachten. Ein schwieriges Problem waren die ziemlich zahlreichen ›Gotteshausleute‹ im Vinschgau. Sie waren Untertanen des bündnerischen Hochstiftes Chur, aber ihre Güter lagen auf tirolischem Boden. Sie waren nicht verpflichtet, dem tiroler Landesfürsten Steuern zu zahlen oder Kriegsdienst zu leisten.‹

Es herrschte hier ein Schwebezustand, den Fritz René Allemann in seinem Buch über die Schweiz treffend charakterisiert. Es gab unterhalb der Staatshoheit andere Schichten von Zugehörigkeit. Allemann zitiert den schweizer Autor Sererhard, der noch 1742 vom tirolischen Vinschgau als von den ›1618 von Graubünden abgeschränzeten vinschgauischen Vorlanden‹ spricht.

1499 war die Situation so: Maximilian wollte seine Herrschaft in dem fluktuierenden Gebiet festigen. Er wollte die Bündner und auch die Gotteshausleute zwingen, sich von den Eidgenossen fernzuhalten. Er wollte die Rechte des Bischofs von Chur aufsaugen, wie die der Bischöfe von Brixen und Trient. ›Aber‹, so schreibt Kramer, ›die Bündner hatten an den Eidgenossen das beste Vorbild, was die erfolgreiche Abwehr des Hauses Habsburg betrifft. Sie wollten nicht sozusagen im letzten Augenblick der Macht Habsburgs anheimfallen.‹

Man sieht aus dieser Darlegung, welche Interessen im Spiel waren. Kramer kommt nun zur Schilderung der Schlacht. Ich zitiere aus ihr:

»das bündnerische Heer hatte 8000 Mann. Die Bündner dürften gewußt haben, daß ihr Gegner Ulrich von Habsberg (nicht ›Habsburg‹), ein Protektionskind Maximilians, rund 12 000 Mann hatte. Sie dürften auch unterrichtet gewesen sein, daß Maximilian selbst mit 8000 Mann in einigen Tagen ankommen und die Offensive ergreifen werde. Sie mußten ihm zuvorkommen. Habsberg hatte an der Calwen vier gewaltige Basteien erbauen lassen, die das ganze Tal sperrten. In dieser Schanze waren neben den Artilleristen 2500 ›Etschländer‹. Wenn unter ihnen Gotteshausleute waren, die sich als unzuverlässig erwiesen haben sollen, war die Besatzung nicht richtig ausgewählt. Der größte Fehler Habsbergs war, daß er sich vor jeder Umgehung sicher fühlte. Das Glurnserköpfl rechts war von Natur unübersteigbar. Dagegen war der Schlinigerberg links keineswegs unzugänglich. Die Bündner griffen zu dem bewährten Mittel, den Feind zu umgehen. Dazu hatten sie 2000 Mann und ortsansässige Anführer, die sich am Schlinig gut auskannten. Der Marsch in der Nacht über den Berg war nicht leicht. Sprecher rechnet aus, daß ein Höhenunterschied bis zu 2000 m zu überwinden war. Sprecher (Theophil von S., ›Kriegsgeschichtliche Studien‹ hgb. vom eidgenössischen Generalstabsbureau, 1895) schreibt über die Umgehungskolonne:

›sie ließ sich gegen das Avignatal hinein, ein Teil ging nach Schlinig, ein anderer Teil ließ sich am Berghang direkt herunter. Derart

gelangten sie in Flanke und Rücken der Österreicher – bis zum eigentlichen Angriff auf das Lager, 11 Uhr vormittags oder mittags.«
So weit läßt der Chronist dem Fachmann das Wort, er fährt fort: ›Das Haupttreffen war bis 11 Uhr entschieden. Es war ein schweres Versäumnis, daß die 500 Reisigen (Kavallerie, das Gelände wäre für Reiterei günstig gewesen) untätig stehenblieben. Soziale Feindschaft zwischen dem Adel und dem bäuerlichen Aufgebot sei der Grund gewesen. Die Lage der Königlichen war so, daß die Niederlage fast unvermeidlich war. Nach dem Kampf griff die Panik um sich. Die Flucht war allgemein. Und nun wüteten die Bündner furchtbar. Streifscharen zogen bis Schlanders. Die männliche Bevölkerung wurde ausgerottet. Es wurde möglichst große Beute in Wagenkolonnen nach Bünden geschafft. Hierauf wurden die Dörfer und Weiler bis Schlanders in Brand gesteckt. Die Bündner zogen nach drei Tagen zurück. Maximilian kam am 29. Mai nach Glurns auf das noch mit Leichen bedeckte Schlachtfeld, er soll vor Schmerz geweint haben. Die Königlichen sollen 4000 bis 5000 Gefallene gehabt haben (die Bündner erschlugen wohl jeden Verwundeten). Es war dem Wüten der Bündner zuzuschreiben, daß Flüchtlinge aus der Schlacht 30 bündnerische Geiseln in Meran töteten. Die meraner Bürger wollten sie schützen. Das Elend war so groß, daß alte Frauen Kinder, die beide Eltern verloren hatten, wie Vieh auf die Weide trieben, dort sollten sie Kräuter aus der Erde verspeisen. Der nürnberger Humanist Willibald Pirkheimer, Hauptmann einer Abteilung, will das selbst gesehen haben. Der Friede von Basel dann, vom 22. September, war für Maximilian überraschend günstig. Wohl mußte er allen Untertanen, die gegen ihn gekämpft hatten, Amnestie gewähren. Aber Österreich verlor kein einziges ›Gericht‹ in Bünden. In der Frage der Rechte des Bischofs von Chur blieb alles ungeklärt, da ein im Friedensschluß vereinbartes Schiedsgericht nicht zustandekam.‹
So weiter der Chronist: ›Ich besuchte im Herbst 1966 das Schlachtfeld an der Calwen. Es ist eine unverbaute schöne Wiese. Die damals umkämpfte Marengbrücke ist eine kleine hölzerne Brücke. Der Böschawald, durch den die Bündner herabgekommen waren, ist ein Lärchenhain.‹
Dies ist ein Gesichtspunkt. Einen politischen Gesichtspunkt gibt Allemann. Er schreibt:

›daß die vereinigten Bündner durch ihren Sieg an der Calwen im damals noch zum rätischen Verband gehörigen Vinschgau einen bedeutenden Beitrag zur faktischen Herauslösung der Schweiz aus dem Reichsverband leisteten‹.

Ich, als Leser, habe diese Punkte vor mir: den politischen Gesichtspunkt Allemanns, den auf Chronik des Landes gerichteten Kramers, ich frage mich nach dem für mich wirklichen Gesichtspunkt der einfachen Leute damals und heute, die nicht adelig sind, nicht bürgerlich, nicht mit einem Grund versehen, daß ihr Haus brennt, weil es diese anderen Gesichtspunkte gibt außerhalb ihres Lebens, das ich zu Anfang beschrieben habe: Stall, Stube, Futter für das Vieh, Maschinen für die Arbeit, Erleichterung der Arbeit, mehr Ertrag wenn möglich, dazu Organisation, und die Heimat als Arbeitsort – nicht als Wort ›Heimat‹ oder als etwas, aus dem Geschichte entsteht.

Ich habe noch eine Frage: In der Nähe der Calwen liegt das Dorf Laatsch. Ihm, in seiner Armseligkeit, glaubt der Chronist anzusehen, daß es sich von dem kriegerischen Ereignis damals nicht habe erholen können. Aber am Dorfeingang von Laatsch steht die gotische St. Leonhardikapelle mit einem ausgezeichneten Flügelaltar, schönen Figuren der Verkündigung und Mariae Geburt. Sie sind vom Ende des 15. Jahrhunderts, aus der Zeit des Kampfaufmarsches und der Kriege an der bündnerischen Grenze. Ich frage mich, wie diese Dinge zusammengehen: das gewöhnliche Leben und die Ereignisse mit geschichtlicher Perspektive, für die ja die Schlacht von Calwen/Chèlavena nicht das einzige Beispiel ist; und die immer gleichzeitige Produktion von Kunstwerken, die Schulen, Schüler und Stiftungen von auswärts voraussetzt. Ich frage mich noch einmal, wie das gewöhnliche Leben und die Hervorbringung von Kunst die höhere Geschichte überdauern. Ich antworte mir, daß

dieses scheinbar ›untere‹ Leben von dem Leben der geschichtlichen Welt getrennt ist. Es entfaltet sich anders, zäh und oft unkenntlich. Es bleibt dabei nicht bei einem simplen Bauernleben stehen. Ein Beispiel dafür bringe ich im nächsten Kapitel.

7. Eine Versammlung im Gasthaus

Es war im Mai vergangenen Jahres, als ich nach Ankunft bei meinen Verwandten zu einer Versammlung in einem Gasthaus zurechtkam, über deren Art: wie sie geführt wurde und wie man zu Ergebnissen kam, ich mir trotz Beobachtung nicht klar wurde. Meine Cousine nahm mich mit, sie ging stellvertretend für meinen Vetter; diese Vertretung war möglich, da die erschienene Person nichts anderes zu tun hatte, als ein Los zu ziehen. Es mußte aber von bestimmten Häusern im Dorf eine bevollmächtigte Person zugegen sein. Diese Häuser standen in einem alten Register, ihre Besitzer waren Eigentümer von Grundstücken, für die nach Aufschreibung im Grundbuch ein ›Wasserrecht‹ eingetragen war.

Mir war das Komplizierte der Einteilung nicht deutlich. Ich sah die Geladenen da sitzen, 30 oder mehr, meist Männer, zu beiden Seiten des Tisches; sie erlaubten sich nicht, wie sonst im Gasthaus üblich, laufende Bestellung; jeder hatte sein Glas, trank mäßig und verhielt sich schweigend. Am Kopfende des Tisches saß ein Konsortium von Sachverständigen: ein Mann mit Brille, ein früherer Lehrer, den ich im Dorf schon gesehen hatte; und neben ihm ein zweiter wichtiger Mann, er war der ›Waaler‹, wie mir meine Cousine erklärte, er hatte die wirkliche Aufsicht über die Wasserleitungen. Die Leute daneben schienen die Aufgabe zu haben, eine Sache von Fall zu Fall zu überprüfen; wenigstens wurden Zettel herumgereicht, deren Abgegriffenheit man den oftmaligen Gebrauch ansah; ihnen zugrunde lagen handgeschriebene Bücher großen Formats, in denen geblättert wurde.

Die ganze Prozedur war langwierig. Die Gespräche wurden leise geführt, auch Einwürfe nur leise und nach wiederholter Nachschau vorgebracht; keiner aber, der sich zu Wort gemeldet hatte, wurde übersehen; diese Aufmerksamkeit des Vorsitzenden zog die Sache nochmals in die Länge.

Ich hatte zuerst den Eindruck, daß die Schwerfälligkeit der doch einfachen Leute an dem langsamen Fortgang schuld sei. Aber dann, bei der Lautlosigkeit und den Pausen nach jedem Einwurf, wurde mir klar, daß die Beteiligten jedesmal gründlich über die Sache nachdachten: mit Rückgriff auf Geschriebenes oder auch auf Gedächtnis; sie waren ununterbrochen mit ihr beschäftigt, bis der Vorsitzer das Zeichen gab, daß sie geklärt sei. Er schrieb dann etwas auf, schob den Wust der Zettel zur Seite und schlug ein neues Blatt auf.

Das kann noch lange dauern, sagte meine Cousine und versuchte, mir die Ursache zu erklären: da gibt es verschiedene Nebenableitungen bei jedem Waal, und wir haben zum Beispiel bei dieser einen Nebenableitung vier Parzellen, die aber weit auseinander liegen, so daß zu einer von ihnen das Wasser nicht mehr in gleicher Güte kommt. Dann sind nicht nur wir allein mit unseren vier, es sind andere Besitzer mit ihren Parzellen dazwischen, das ist also alles unregelmäßig. Dazu kommt noch die Unregelmäßigkeit der Zeit, der Waal ist nicht zu jeder Tageszeit gleich ergiebig. Daher muß bei der ›road‹ auch in den Tageszeiten gewechselt werden, wir sagen: die ›Nachtweile‹ und die ›Tagweile‹; und über die Reihenfolge in der ›Weile‹ entscheidet das Los.

Der Ausdruck ›Weile‹ leuchtete mir ein. Von dem Wort ›Waal‹ wußte ich schon, daß es aus der römischen Zeit kommt: vom vulgärlateinischen ›aqualis‹. Über das Wort ›road‹ konnte mir meine Cousine, die als Lehrerin nicht nur das Ortsgeschichtliche kennt, Auskunft geben: es stammt von lateinisch ›rota‹ – Kreis, Reihe, und es zeigte mir mit dieser Ableitung wieder etwas von dem hohen Alter dieser Einrichtung an.

Während wir so unser Gespräch führten, ging die Ausrechnung an dem langen Tisch zu Ende. Und nun ging alles schnell. Namen wurden aufgerufen, Zettel gezogen, die Einteiler fingen inzwischen schon an, ihre Papiere wegzuräumen. Dann kam meine Cousine, zog ihr Los, hatte ihren Zettel.

Ich wunderte mich über das schnelle Ende nach so langer Vorarbeit. Aber so war es eben. – Jetzt sind wir fertig, jetzt ist nichts mehr, sagte die Cousine. Daheim sagte sie dem Vetter, daß er für dieses erste Mal die Tagweile habe, ab halb drei Uhr früh. Da es noch andere Tagweileninhaber gab, war ich nicht mehr erstaunt, daß die Leute im Wirtshaus so schnell auseinandergegangen waren. Das war eine Arbeitssitzung neben der sonstigen Arbeit gewesen.

Am übernächsten Tag sollte der Vetter die zweite Tagweile haben, da kam etwas dazwischen, aber das wurde erst am späten Abend zuvor klar. Bei drohendem Unwetter wird der Waal ›abgekehrt‹, d. h. nicht in sein auf die Felder führendes Bett gelassen, dann steht die Rodordnung still, bis die Bewässerungszeiten neu ausge-

Eine Versammlung im Gasthaus

geben werden. An diesem Abend drohte Unwetter. Die Unterbrechung wird auf die denkbar einfachste Weise verlautbart. Schau einmal hinauf, sagte der Vetter zu seinem kleinen Sohn, ob die Tafel schon ausgehängt ist! – Ich ging mit. Wir gingen zu einem Haus mit Freitreppe in einer Seitengasse. Jeder im Dorf kannte diese Einrichtung. Ist noch nichts da! kam uns in der Dämmerung einer entgegen. Aber eine halbe Stunde später hing an der Treppe des Hauses die schwarze Schiefertafel, und auf ihr war mit Kreide der Ausfall angeschrieben.

Ich habe noch eine zweite und dritte direkte Bemerkung von der Sache. Die eine, als ich beim nächsten Mal den Vetter beim Wassern draußen aufsuchte. Er trug Gummistiefel und hatte die nötigen Geräte bei sich: die Wasserbretter aus Holz oder Eisenblech, mit denen das Wasser gestaut wird und nun über die Wiese hin ausfließen kann. Dann die Waalhaue, eine Art Harke: unten Spaten und auf der Seite ein Sporn, mit der er dem Wasser den Weg räumen oder es stoppen kann. Er war in steter Bewegung bei dem Umsetzen der Stauwehrbretter und der Handhabung dieser Geräte. Und die Arbeit, von der ich einen schematischen Begriff mitgebracht hatte, erfuhr ich nun anders: da war in den berieselten Stücken wirklich alles voll Nässe und Rauschen bis auf den Grund, als stünde man in einem starken Fluß und leite ihn ab, und es erforderte Kraft.

Meine dritte Erfahrung ergänzte diese von der Kraft des Wassers. Ich war mit meiner Cousine in den Pflanzgarten gegangen, ein Stück Gemüseland, das von einem Obstgarten abgezweigt war. Die Cousine hatte Salat gesetzt und mußte die Pflanzen begießen. Wir nahmen das Wasser aus einem den Grundstückrand entlang führenden Waal. Er hatte wenig Wasser, so daß wir die Blechdose dicht an den Grund drücken mußten. Dieser Waalgrund sah von weitem aus wie ein Bett mit schotterigem Untergrund. Nun, als ich das Blech auf ihn drückte, merkte ich, daß er anders war. Was wie Schotter ausgesehen hatte, war ein Grund fest in den Boden geschlagener Steine unregelmäßiger Form und Farbe, meist Schiefer, auch Quarz, ohne Mörtel fixiert, einfach durch Festschlagen unverrückbar und fugenlos dicht gemacht.

Das hatte ich nicht erwartet. Ich mußte mir sagen lassen, daß die meisten Waale, in Länge und Verzweigung viele Kilometer, so verkleidet waren und daß dieses Schlagen des Waalbodens eine Arbeit war, die nicht jeder konnte. Drei oder vier Leute im Dorf verrichteten sie als Beruf, andere hatten sie nebenbei erlernt; es galt als Vorzug, sie zu beherrschen. Es gehörte eigenes Werkzeug dazu, und Erfahrung: man mußte einem Stück Schiefer ansehen, ob es zu splittern neigte oder sich angepaßt einschlagen ließ, und man mußte – wegen der Kraft des herunterschießenden Wassers – den Grund nicht nur dauerhaft machen, sondern auf einen Neigungswinkel achten, der dem Wasser Strömung mit Druck gab – aber andererseits nicht zu reißende Strömung, und der umgekehrt nicht Stellen von zu trägem Fluß zuließ, an denen sich die feinen Mineralteilchen hätten absetzen können.

Als ich dies alles erfuhr, erkannte ich, daß diese Arbeit nicht ein einfaches Ziehen von Wassergraben war, sondern ein Kunstbau; und als ich mir dazu vorstellte, daß das Waalausbessern nur ein Hilfswerk in dem weitläufigen Betrieb war, in seiner Beaufsichtigung und Anlage von langer Überlieferung, ging mir auf, daß ich hier einer Hauptsache in der landwirtschaftlichen Nutzung dieses Gebiets auf der Spur war, einer Sache, von der ich nun verstand, daß sie auf sehr alte Zeit zurückging, und daß ihre Errichtung von einer streng nötigenden Bedingung der Natur gefordert war – einer seit jeher gleichen Bedingung: dem Klima. Mit ihm und seiner Besonderheit in diesem Landesteil hatte man hier von Anfang des ersten Ackers und der ersten Wiese an zu rechnen gehabt.

8. Das Klima und ein Kunstbau für hohen Ertrag

In Südtirol berühren sich zwei verschiedene Klimabereiche. Bis zu bestimmten Punkten nimmt es an dem *mittelmeerischen Klima* teil, nördlich davon an dem allgemein *mitteleuropäischen Klima*. Aber es unterliegt diesem Klima in seiner reinen Ausprägung nicht. Es liegt mit seiner nördlichen Hälfte in einer Übergangszone zwischen den zwei Groß-Klimabereichen.

Solche Behauptungen beruhen auf Beobachtungsreihen vieler Jahre hindurch und ähnlich diffizilen Befunden wie in der Geologie. Das ist die Akribie der Detailwissenschaft, ohne die sie nicht zu einer reellen Überschau vordringen kann. Ihr gegenüber ist der Abriß zu dem Thema ›Klima‹, den ich hier notiere, wieder nur eine laienhafte Vereinfachung. Etwa so:

Das Klima und ein Kunstbau für hohen Ertrag 47

bis Meran und Bozen, und weiter bis Brixen, im Etschtal bis Schlanders, wirkt in Südtirol das mittelmeerische Klima herein. Die Gegenden nördlich gehören zu jenem Übergangsgebiet, das schon viele Merkmale des mitteleuropäischen Klimas hat. Der Hauptunterschied dieser zwei Klimastreifen liegt in den verschiedenen Regenzeiten: Sommerregen im Norden, Frühjahrs- und Herbstregen im Süden des Landes. Diese Äquinoktialregenzeiten sind ein typisches Merkmal mittelmeerischen Klimas. Aber es gibt in Südtirol noch einen anderen Unterschied als diese Zweiteilung Süd–Nord. Das Land liegt nicht nur südlich des Hauptkamms der Alpen, der die Wetterscheide ist, es gehört außerdem geographisch zu den Ostalpen. Über diesen Punkt hat ein Flora-Erforscher von Rang, Helmut Gams, eine Arbeit veröffentlicht, die das Bild, das man sich vom Ostalpenklima gemacht hat, revidiert. Nach Gams stellt sich das etwa so dar:
für gewöhnlich zieht man die Grenze zwischen West- und Ostalpen vom Comersee zum Bodensee. Aber nun haben floristische Untersuchungen ergeben, daß bestimmte, für die Westalpenflora typische Pflanzen auch weiter östlich vorkommen, im Engadin und sogar im Eisacktal. Gams zieht daraus den Schluß: ›Es gibt also auch hier nicht Grenz*linien*, sondern Grenz- und Übergangs*zonen*.‹
Das ist für den Laien eine winzige Veränderung. Aber sie ist wieder ein Beispiel für die strenge Naturerforschung. Ich glaube, daß ein Versuch, wie ich ihn hier mache: ein Gesamtbild zu entwerfen, stets die Rückbesinnung auf dieses wirkliche Forschen nötig hat.
Die Arbeit, die Gams vorlegt, heißt ›Pflanzengrenzen um den Brenner‹. Schon aus dem Titel ist die Beschränkung auf das zuverlässig Übersehbare zu spüren. Gams erlaubt sich keine Überschreitung, unversehens gewinnt dabei seine Darstellung Poesie. So schreibt er zu der Frage, wie es möglich war, daß bestimmte Pflanzen aus den Zwischeneiszeiten die nachfolgende Eiszeit überdauert haben, den Satz:
›Während alle diese wärmeliebenden Arten durch die Täler über niedrige Pässe gewandert sind, viele auf den Schwingen des Föhns, sind die alpinen Arten wohl auch durch Winde, vorwiegend aber mit dem Gestein, seiner Beschaffenheit, gewandert.‹
Er zählt dann westliche Pflanzen auf, die auch in den Ostalpen zu finden sind: ›Solche Arten sind beispielsweise Aquilegia einselea-

na, Saxifraga burseriana und sedoides, Stachys alopecurus und Homogyne discolor.‹ Es klingt aus diesen Namen etwas wie verschlüsselte Poesie. Gams schreibt zuletzt: ›Eine der altertümlichsten Korbblütler der Westalpen, der ›Aberraut‹ (Senecio abrotanifolius) hat eine gelbblühende Unterart auf den östlichen Kalkalpen und eine rotblühende (S. tiroliensis) auf Urgestein westlich des Brenners.‹

Gegen eine solche, auf zarte Unterscheidung gestellte Erforschung mutet eine andere Darstellung, die von Nord nach Süd das jeweils erste Auftreten mittelmeerischer Flora in Südtirol festhält, beinahe volkstümlich an. Ich entnehme sie einer 1935 in der bozener Zeitschrift ›Schlern‹ gedruckten Abhandlung von Hubert Hager über ›Mittelmeerflora im Eisacktal‹. Hager zählt, nach Standorten, das Hereingreifen dieser Pflanzen nach Südtirol auf:
er nennt zuerst die Xerophyten, Hartlaubgewächse, und beschreibt anschaulich ihre Zunahme im Eisacktal. So findet er schon weit oben am Brenner eine besondere Distelart (Carduus acanthoides Rhaeticus) und in ihrer Gesellschaft den Lerchensporn und das Labkraut. Ab Gossensaß südlich kommt die langblütige Primel zum ersten Mal vor, und die Alpenlilie. Das nächste sind drei Orchideen im sterzinger Becken. Dieses Gebiet ist eine deutliche Stufe in der Flora. Es gibt von hier an den Kugellauch, den roten Zahnborst, die Gänsekresse, die goldgelbe Schafgarbe und den Baldrian. Von diesen Pflanzen sagt Hager, sie seien in der Zwischeneiszeit schon da gewesen, aber erst nach der letzten Eiszeit wieder neu eingewandert, nachdem sie von ihr bis an die Küste des Mittelmeers zurückgeworfen worden waren.

Der auf Sterzing folgende Punkt ist die ›Sachsenklemme‹, ein aus den Franzosenkriegen bekannter Eisack-Engpaß oberhalb der Öffnung des Tals zu dem Kessel von Brixen. Hier bricht nun die südliche Flora mit Macht herein. Von hier an gibt es Edelkastanien und Weinbau. Hager zählt ihre Begleitpflanzen auf, sie gehören mit zu dieser entscheidenden Flora-Stufe. Er nennt den Ginster, den Perücken- und Blasenstrauch, den Goldregen, die Federnelke, den klebrigen Gänsefuß, den gelben Fingerhut, schwarzen Geißklee; und dazu ab Brixen die ersten wilden Feigenbäume. Auf den Berghängen findet er die blasse Schwertlilie, die Herbsthyazinthe, die Steinlinse, und die Bergkuhschelle. Damit ist alles da, was wir an Pflanzen zum mittelmeerischen Klima in Südtirol rechnen.

Hager hat die Aufzählung für das Eisacktal gegeben, man kann die Parallele zum Etschtal ziehen. Hier entspricht die Talschwelle von Schlanders der von Brixen. In Kortsch bei Schlanders, in 850 m Seehöhe, steht die erste Edelkastanie. Kaum 100 m daneben beginnt der Weinbau. Im Etschtal aber gibt es dann noch einen zweiten Punkt der Flora-Erweiterung: auf der Talstufe von Töll oberhalb Merans. Von dort an wachsen Feigen, Granatäpfelbäume und die breitästige Zeder.

Unterhalb Merans tritt dazu eine Art lichten Dickichts, das Hager die ›illyrische Buschformation‹ nennt. Sie ist ein Gemisch von Pflanzen: mittelmeerische Eichenarten, Manna-Esche, Zitterpappel, Alpengoldregen, Pfaffenkäppchen, Steinbirne und Steinweichsel, Stechpalme und wieder Blasenstrauch. Der letzte Zuwachs kommt im ›Unterland‹ südlich Bozens. Es ist der Stechdorn (Paliurus australis).

Mir hat die Hager'sche Aufzählung bei Erinnerung an das durchwanderte Gebiet Bilder lebhafter Anschaulichkeit hervorgerufen. Ich hatte die Umgebung Bozens vor mir – die Strecke bis zu dem unromantisch wirkenden Gemäuer der Ruine Sigmundskron, dabei ein Abzweigen in Pfade zwischen Weinbergen. Dort das Zikadengeräusch, dazu die dunstige Silhouette der Porphyrberge, das Graublau des Berghorizontes der Mendel, das Graugrün des raschen Flusses Etsch, das blauschillernde Öl auf dem Schienenstrang, der mitten durch diese Wein- und Obstlandschaft geht; dazu auch das Grauschwarz der Spritzmittel für Schädlingsbekämpfung, das Vitriol auf dem Weinlaub, der blasige Schmutzschaum an den Steinen der ausgetrockneten Bäche, das schmutzige Weiß von Hühnerfedern, Pfauengeschrei, das graue harte Laub, das abgestreift knistert, dieses immer Schwimmen in Trockenheit und grauem Licht, bei dem es in diesem von südlich-mittelmeerischem Klima bestimmten Gebiet keinen Sommerregen gibt.

Etwas von dieser Stimmung hat sich mir stets auch in die Alpen hinein fortgesetzt, über Meran in den Vinschgau. Aber nur die Erscheinungen sind ähnlich: Trockenheit und Graugrün. Die Ursache ist eine besondere Ausprägung des alpinen Klimas, die aus dem Tal eine Insel von Trockenheit macht. Die Erklärung ist:
die vorherrschenden Winde sind, durchaus nach Art des mitteleuropäischen Klimas, Nordwestwinde. Aber auf ihrem Weg durch

den Kontinent, dann am nördlichen Alpenrand, haben sie Feuchtigkeit verloren, beim Aufsteigen über die hohen Gebirgskämme regnen sie sich fast völlig ab. Vom Vinschgerbauern einfach ›Oberwind‹ genannt, bringen sie entgegen ihrer ursprünglichen Natur schönes Wetter. Die wenigen Wolken lösen sich auf oder ziehen über das Tal weg.

Regenbringer könnte der vom Mittelmeer wehende Südostwind sein. Aber auch er hat sich an den lessinischen Alpen östlich Veronas meist schon abgeregnet. Er bringt Feuchtigkeit, nicht viel Regen. Auf diese Art wird der Vinschgau zum trockensten Gebiet der Ostalpen mit einer jährlichen Niederschlagsmenge von rund 550 mm, gegenüber Niederschlägen im Hochgebirge sonst, die 1400 und 1600 mm sind.

Das ergibt unter Umständen Trockenheitsperioden bei langer Sonnenscheindauer und intensiver Bestrahlung. Die Sonnenseite des Tals wird stärker erwärmt als die Schattenseite. Die beiden Hänge sind daher ganz verschieden. Der Hang flußabwärts rechts, auf der Seite von Ortler und Cevedale, steht voll Wald. Der Hang links, vor den Ötztaler-Alpen, ist kahl. Er trägt außer stachligen Pflanzen nur Wacholder. Ohne Schutz von Pflanzenboden ist er von Erd- und Steinrissen durchfurcht. Seine Farbe ist ein helles Gelbbraun. Und doch hat mich diese fahle und erschreckend tote Farbe einmal eigentümlich berührt. Es war, als ich vor diesem Hintergrund einen der vorromanischen, noch aus der karolingischen Zeit stammenden Kirchtürme sah, wie sie von der inzwischen berühmt gewordenen Prokuluskirche bei Naturns im Vinschgau heraufgehen bis zu St. Sisinius in Laas, bis zu dem Turm auf dem tartscher Bühel und den drei Türmen von Mals aus dieser Zeit. Es war dieselbe Farbe: eine Art weißer Ocker, wie Seide, die ihre Färbung verloren hat. Ich sah sie an den Türmen – und sah sie dann auch an dem vorromanischen Steinrelief, das an der Pfarrkirche von Laas aufgedeckt worden ist: mit Löwen, Flechtwerk und eingesägtem Ornament – und sah sie dahinter auf dem Hang. Die Farben hätten in eins gehen können.

Man hat auf dem kahlen Berg in den letzten Jahrzehnten Aufforstungsversuche gemacht. Sie kommen nicht recht voran. Ein Versuch, diesem ›vinschger Sonnenberg‹ eine Pflanzendecke zu geben, wäre aussichtslos. Die künstliche Bewässerung im Vinschgau zielt daher nicht auf diesen Hang, sondern auf die Böden im Tal, vor

Das Klima und ein Kunstbau für hohen Ertrag

allem auf die Flanken der großen Schuttkegel, die der beste Ertragsboden sind.

Ohne Bewässerung wären bei dem Klima auch diese Böden nur eine dürftige Trockengrassteppe. Siedlung wäre unmöglich. Die erste Siedlung mußte daher auch die erste Bewässerung schaffen. Erste Siedlungen aber gab es nach Funden auf jenem Bühel von Tartsch, und in Eyrs, Schlanders und noch mehr Orten, schon um 2000 v. Chr. Die Bewässerung kann nur primitiv gewesen sein, nicht über die Schuttkegel hinaus, auf denen die bevorzugten Siedlungslagen waren. Auch in der vorrömischen Zeit der ›Venosten‹, die damals das Volk im Vinschgau waren, mag das nicht viel anders gewesen sein. Die Ankunft der Römer, die aus ihrer Mittelmeerheimat Erfahrung in Dingen der Bewässerung mitbrachten, hatte vermutlich eine Ausbreitung der Anlagen zur Folge. Die Spuren in der Sprache: aqualis – Waal, rota – road, conceptum – Tschött, habe ich schon notiert. Aber größere Anlagen sind erst später, nach der Vermischung der romanischen Einheimischen mit den zugewanderten Deutschen ausgeführt worden.

Die ersten Urkunden über Bewässerung stammen aus der Zeit um 1200, von da an werden Bewässerungsanlagen sehr oft in Urkunden genannt. In einem der ersten Nachweise von 1227 schenkt ein Ulerich, Graf von Ulten, ein ihm gehörendes Wasserrecht dem Kloster Steingaden bei Meran. Bis etwa 1300 ist mit besonderem Eifer am Ausbau der Bewässerung gearbeitet worden. Seit 1300 stand dem Landesfürsten das Recht auf die fließenden Gewässer zu, von da mußte man ihn um die Bewilligung eines geplanten Baues bitten. Nach einer Urkunde von 1314 war die Benutzung der Gewässer schon steuerpflichtig.

Von den Kosten der Errichtung einer großen Bewässerungsanlage kann man sich an Hand eines Beispiels einen Begriff machen. Im Jahre 1730, also zu schon späterer Zeit, machte ein Laienbruder der Kartause Schnals, Frater Thomas, der Gemeinde Marling bei Meran den Vorschlag, eine Bewässerungsanlage zu errichten, die auf der Töll oberhalb Merans anfangen, und dann nach Marling und weiter bis zu einem Weingut der Kartäuser führen sollte. Der Vorschlag wurde angenommen und der Bau im Jahre 1737 begonnen. Die Kartäuser wollten die Baukosten von 12 000 fl. (das sind ›Florentiner‹, soviel wie ›Gulden‹) allein übernehmen. Die Gemein-

de Marling ging nicht darauf ein. In der Folge sah sie sich bitter getäuscht, denn die Kosten, an denen sie nun mittragen mußte, waren auf 100 000 fl. gewachsen. Aber als sich die Wasserleitung auch für die Marlinger als äußerst vorteilhaft erwies, legte sich der Unmut bei ihnen wieder.
Die Wasseranlagen waren Werke, deren Ausbau über Generationen ging. So wurde ein *vor* 1333 schon bestehender ›Plarserwaal‹ in diesem Jahr 1333 bis Algund erweitert und 1734 noch einmal weiter geführt bis zu dem Ort Gratsch.

Was die technischen Voraussetzungen bei der Waalerrichtung angeht, so war zunächst der Mineralgehalt des Wassers wichtig, da von ihm eine Art Düngung kam. Kalkreiches Wasser war schlecht, es magerte den Boden aus. Die Wasser aus Schiefergestein waren besser als die aus Gneisen, die eine Menge sterilen Quarzes mitführten.
Ich gebe nun ein Bild, wie eine solche Bewässerungsanlage aussieht und wie sie funktioniert:
sie hat drei Teile: die Fassung, die Zuleitung und das Verteilungsstück. In der Fassung wird ein bis dahin wild laufendes Wasser eingefangen. Im Zuleitungsstück soll es ohne Verlust durch Schäden oder Versickerung bis zur Kulturfläche ›getragen‹ werden. Dieses Stück heißt deshalb ›Tragwaal‹. Im Verteilungsstück schließlich wird es an die Grundstücke abgegeben.
Die Fassungsstelle heißt bei den Einheimischen die ›Einkehr‹. Das Wasser kann aus einem Fluß kommen, aus einer Quelle, oder auch oben in den Bergen aus einem kleinen See. Die meisten Fassungsstellen liegen sehr hoch: im Vinschgau zwischen 1700 und 2000 m, im Burggrafenamt zwischen 1000 und 1400 m. Die größten Höhen haben sie, wo mangels Quellen in der Nähe eine weite Herleitung nötig ist. So wird im Vinschgau unter einem Gebirgshang, der ›Hühnerwand‹, in 2670 m das Wasser aus einem See gefaßt, über das Niederjoch (2658 m) auf den Sonnenberg geleitet und dient dann unterhalb im Etschtal der Gemeinde Goldrain zur Bewässerung. Das ist ein extremes Beispiel. Es gibt ähnliche: in Schnals wird aus dem Grafbach in 2520 m Höhe der ›Forcherwaal‹ über ein 2380 m hohes Joch ins Schnalstal geführt.
Die Ableitung des Wassers geschieht meist durch einen Damm aus Steinen oder Beton. Dieser staut das Wasser, damit stets eine un-

gefähr gleiche Menge in den ›Tragwaal‹ kommt. Er darf nicht überlaufen, andererseits braucht der Landwirt eine stetig fließende Wassermenge. Sie wird an der ›Einkehr‹ genau reguliert. Dazu dient eine verstellbare Schleuse, sie gibt einen bestimmten Einströmungsquerschnitt frei.

Meist muß das Wasser von Geröllen und Sanden gereinigt werden, denn sie könnten den ›Tragwaal‹ verstopfen. Dazu ist hinter der ›Einkehr‹ ein ›Sandfang‹ eingebaut: ein Becken mit einer Aufzugsschleuse. Sie wird von Zeit zu Zeit geöffnet. Dann wird die Geröll- und Sandmasse durch das heftig ausströmende Wasser hinaus in den ›Absandwaal‹ gespült, durch ihn kommt es wieder in das natürliche Bachbett. Manche Waalwasser führen sehr viel Sand, so der ›Kästenwaal‹ in Schlanders, an ihm muß die Absandschleuse täglich zweimal geöffnet werden. Bei großen Steinblöcken muß der Aufseher mit einem Eisenhaken nachhelfen, unter dumpfen Poltern strömt dann die ganze Masse ab.

Der Bau des ›Tragwaales‹ erfordert viel Arbeit. Sicherheit der Leitung ist der erste Grundsatz. An manchen Stellen brauchen die Waale Schutzdächer vor Steinschlag, an anderen gefährdeten Stellen werden sie unterirdisch geführt: früher unter mit Erde bedecktem Mauerwerk, heute durch Zementrohre. Zuweilen muß der Tragwaal über Schluchten durch eine Brücke geleitet werden. Er liegt dann als hölzerne Rinne auf der Brücke. Ein solches, frei durch die Luft geführtes Tragwaalstück heißt ›Kandl‹. Es gibt auch ›Kandlwaale‹, die außen an Felswänden geführt werden, gestützt durch in den Stein geschlagene Eisenhaken. Eine schmale Ganglatte daneben dient dem Wächter als Weg. Schwierige Stellen, an denen ständig Gefahr ist, werden durch Tunnelbauten umgangen. So hat der ›Tscharserwaal‹ einen 400 m langen Stollen durch reinen Fels. Seine Ausmaße sind so, daß ein Mann leicht hindurchgehen kann. Ist die Felswand bruchsicher, begnügt man sich mit einer Halbgalerie mit Raum für den Waal und einen Fußweg.

Eine besondere Schwierigkeit war beim Waalbau für den Gadriaschuttkegel unterhalb von Laas zu überwinden. Der Sonnenhang ist hier fast ohne Wasser. Man kam auf den Gedanken, das Wasser von der gegenüberliegenden, bewaldeten südlichen Etschseite herüberzuführen. Dazu errichtete man eine Reihe mächtiger Pfeiler quer durch das Tal und führte den Tragwaal als ›Kandlwaal‹ auf ihnen herüber. Diese Anlage, die an römische Aquädukte erinnert, wurde 1790 erbaut. Kurz vor dem ersten Weltkrieg, 1907, wurden die hölzernen Kandl durch Brand zerstört. Man legte nun aus mächtigen Eisenrohren unterirdisch einen neuen Waal bis zur Etsch, zog die Rohre dann freischwebend über den Fluß und führte sie unterirdisch wieder bis zu einer auf gleicher Höhe mit der Einkehrstelle drüben gelegenen Ausflußstelle des Verteilerstücks hoch; die Leitung arbeitete so ohne von außen zugeführte Energie nach dem Prinzip der kommunizierenden Röhren. Um ein Versanden der Rohre zu verhindern, baute man an ihrer tiefsten Stelle: dem Rohrstück über der Etsch, einen Verschluß ein. Durch ihn wird bei Öffnung der Sand mit dem ausströmenden Wasser direkt in den Fluß gespült. Die Anlage ist als technische Leistung vollkommen. Man sieht sie von weitem an den nach dem Brand stehengebliebenen Mauerpfeilern, die, das Ufer überragend, quer durch das Tal gehen.

Der Bau des ›Tragwaales‹ ist bei diesen Bewässerungsanlagen immer der schwierigste Teil. Das kommt nicht nur von Hindernissen im Gelände. Die meisten Waale sind sehr lang. So hat der ›tscharser Schnalswaal‹ 10 800 m, der ›Etschwaal‹ von Tabland 10 400 m, der ›Wiesenwaal‹ bei Matsch 9800 m. Der längste ist der ›Marlingerwaal‹: 12 000 m.

Auf solchen langen Strecken kann das Wasser nicht ohne Aufsicht bleiben. Es wird ein ›Waaler‹ bestellt. Er muß für die ›Einkehr‹ der richtigen Wassermenge und für ordentlichen Durchfluß sorgen. Er hat alle Reparaturen zu beaufsichtigen. Zu seinen Pflichten gehört es, täglich die Leitung zu begehen, um Störungen auszuschalten. Weil er ständig auf dem Posten sein muß, hat er bei schwierigen Kanälen eine ›Waalerhütte‹, in der er die Nacht verbringt.

Der Waaler hat Hilfseinrichtungen, so eine Alarmeinrichtung, ›Wasserglocke‹ oder ›Wasserschlegel‹ genannt. Ein in den Kanal eingesetztes Wasserrad wird gedreht und hebt bei jeder Umdrehung einen Holzhammer, der beim Niederfallen auf eine Glocke schlägt. Die regelmäßigen Töne sind, besonders nachts, weit durch das Tal zu hören. Ertönt die Glocke unregelmäßig oder verstummt sie, ist das ein Zeichen für Leitungsschaden. Der Waaler muß dann sofort die Leitung entlang gehen und die dringlichste Ausbesserung machen. Der Waaler erhält seinen Lohn: in bar, und zum Teil in Naturalien.

Die Waale haben Namen. Manche Namen lassen die romanische Herkunft erkennen. So gibt es auf der malser Heide einen ›Ladinerwaal‹ und einen ›Fosseswaal‹ (fossa – Graben). In Schlanders gibt es einen ›Zaalwaal‹ (vom romanischen sala – Rinne).
Die Wasserrechte richten sich heute noch nach den alten Urkunden. Sie sind in dem Verkaufswert von Grundstücken ausführlich beschrieben. Wenn ein Bauer seine Bewässerungsstunden nicht ganz benötigt, kann er sie verkaufen. Vom Wasserrecht selbst darf er nichts verkaufen. Dagegen kann es durch Hypothek wie eine Realität belastet werden. Im Grundbuch ist für jede Parzelle das zugehörige Wasserrecht eingetragen, es kann nicht gesondert verkauft werden. Welchen Wert dieses Recht hat, geht aus seinem Preis hervor. Wird im trockenen Vinschgau ein Feld ohne Wasser verkauft, verliert es ²/₃ seines Wertes. In der mit Wasser besser gestellten meraner Gegend würde es die Hälfte seines Wertes verlieren.
Durch die künstliche Bewässerung hat es der Landwirt in der Hand, jeder Kulturart das nötige Wasser zu geben. Dazu muß er die Wassermenge kennen, die der Boden braucht. Das ist bei jedem Grundstück nach der Zusammensetzung des Erdreichs anders. Ein Zuviel an Bewässerung würde ebenso schaden wie ein Zuwenig. Die Wiesen werden je nach Bodenart jährlich 4 bis 8 mal, in besonders trockenen Lagen 10 bis 12 mal bewässert. Die Äcker werden 2 bis 3 mal im Jahr bewässert; das Getreide, wenn es etwa 30 cm hoch steht und bevor es blüht.

Die Bewässerungszeiten sind streng geregelt. An dem Abend im Gasthaus, von dem ich erzählt habe, bekam ich davon einen Begriff. Die Kompliziertheit der Wasseraufteilung ist ein Zeichen jahrhundertealter Tradition. Dabei sind auch eigentümlich anschauliche Namen für die Zeitfestsetzung aufgekommen. Sie sind bis heute erhalten. So werden die 12 ›Weilen‹, in die ein ›roadtag‹ eingeteilt ist, mit Sonnen- und Schattenzeichen benannt. Die Zeitpunkte heißen: 1. ›Metten‹ (Tagesanbruch). 2. ›Sonnendetsch‹ (Sonn auf der Etsch), wenn die Strahlen der aufgehenden Sonne die Etschbrücke treffen. 3. ›Sonn auf Tappein‹ (Tappeinhof). 4. ›Sonnenterz‹ (wenn die Sonne einen auffällig vorspringenden Geländeknick am Nördersberg trifft). 5. ›Sonnenquart‹ (wenn der Sonnenschein einen Felsblock bei Allitz erreicht). 6. ›Sonnenweg‹ (wenn

die Sonne eine Kapelle oberhalb der göflaner Wiesen erreicht). 7. ›Wassermittag‹ (um ½ 12 Uhr), dieser Zeitpunkt trennt die Vormittags- und die Nachmittagsweilen.
Nun beginnen Schattenzeichen: 8. ›Schatt am Stock‹ (wenn der Bergschatten einen Geländepunkt oberhalb des Fairhofs erreicht). 9. ›Schatt auf Staud‹ (wenn der Schatten bis zu einer Lärchenstaude im Allitzwald kommt). 10. ›Schatt auf Platt‹ (wenn der Schatten auf ein ebenes Gelände im Allitzwald kommt). 11. ›Schatt auf Ritsch‹ (so heißt ein Buschwald oberhalb der allitzer Säge). 12. ›Schatt auf Patsch‹ (Patschhof heißt ein Anwesen am Nördersberg). Von diesem Zeitpunkt an beginnt die ›Nachtweile‹.
Ich habe ältere Leute oft diese Bezeichnungen gebrauchen hören, auch jüngeren sind sie durchaus geläufig.

Mit der künstlichen Bewässerung hat der Mensch das Bild der Landschaft verändert. Er hat eine Kulturlandschaft geschaffen, im Gegensatz zur Naturlandschaft. So ist im oberen Etschtal der Bewässerungskanal die scharfe Grenze zwischen Ödland und grünen Kulturen. Besonders am vinschger Sonnenberg prägt sich das aus: mitten durch den öden gelben Hang ziehen, beinahe horizontal, schnurgerade Streifen grünen Buschwerks. Dort sind die Kanäle. An ihnen hängen, in Terrassen abgestuft, die Kulturflächen.
Zuletzt noch eine statistische Angabe: in ganz Südtirol werden 17 780 Hektar Land durch diese Anlagen bewässert. Im Vinschgau sind es 62,1 % der Kulturfläche. Einzelne Gemeinden haben einen hohen Anteil an Obstanbaufläche: so Schlanders mit 12 % des Ertragsbodens. Latsch, Kastelbell, Naturns und Plaus sind Obstbaugemeinden mit einem Anteil der Obst- und Weinfläche von über 25 % der landwirtschaftlichen Nutzfläche.
Man möchte nun etwas über den Ertrag dieser intensiv bewässerten Böden erfahren. Auf ihnen stehen vier Millionen Bäume. Der Ertrag ist etwa 150 000 Tonnen Äpfel, 35–45 000 Tonnen Birnen und 20 000 Tonnen Aprikosen. Der Produktionswert liegt bei 8 Milliarden Lire, wovon die Produktionskosten, besonders der hohe Aufwand für Spritzmittel zur Schädlingsbekämpfung, 5,5 Milliarden Lire verschlingen. Es bleibt ein Nettoertrag von 2,5 Milliarden Lire, etwa 150 000 Waggons. Wichtig bei dem Kalkül für Ertrag und Verkauf ist der Sortenwechsel. Er ist aus natürlichen Gründen notwendig: gewisse Sorten erschöpfen sich; er unterliegt aber auch

der Mode: Sorten sind ›im Kommen‹. Der Landwirt muß sich, da das Ergebnis der Umstellung ja einige Jahre braucht, bis er ernten kann, rechtzeitig informieren. Er kann es an Hand der deutschen und italienischen Fachzeitschriften. Zuletzt eine Verkaufsrechnung: 70 % der Ernte gehen ins Ausland. Dieser Export ist zu 96 % in südtiroler Händen. Eine besondere Rolle hat dabei das Genossenschaftswesen: 130 Genossenschaften haben 11 524 Mitglieder, jeder Hofbesitzer ist im Durchschnitt in mehr als zwei Genossenschaften. Ihnen gehören die großen Obstlagerhäuser: je zwei in Latsch und Naturns, je eines in Kastelbell und Partschins.

ZWEITER TEIL

9. Wie entsteht eine Sprachgrenze

Für ein Kapitel über Besiedelung und Anfänge der Siedlung in Südtirol muß ich einen *eigenen* Gesichtspunkt finden, der mir erlaubt, in das Thema einzudringen. Der Grund: es hat mich früh beschäftigt, ich fühlte mich persönlich beteiligt, ich spürte etwas Besonderes, für das ich nur schlecht einen Ausdruck fand, das ich mir aber durch Angelesenes nicht überdecken lassen wollte, weil es für mich etwas durchaus Reelles war, das ich sofort erkannte, wo es mir begegnete. Ich könnte es mir leicht machen und ein nach dem Stand der heutigen Forschung gültiges Bild entwerfen, etwa so:
es waren jene sagenhaften Ligurer, von denen man nicht weiß, woher sie kamen, als sie in der ausgehenden Jungsteinzeit um 2000 v. Chr. von Süden in die Alpen drangen. Den Funden nach zu schließen, haben sie wenig später, in der Bronzezeit, den Reschenpaß begangen und am Ofenpaß mit den dort an sie grenzenden ebenfalls ligurischen Rudusken Handel getrieben. Zu Ende des 2. Jahrtausends, gegen die Hallstattzeit, drangen die Illyrer in das heutige Südtirol ein. Von da an verschwinden die Ligurer. Um 500 v. Chr. sind die Illyrer das vorherrschende Volk. In der Folge, in der La-Tène-Zeit, finden sich keltische und etruskische Einflüsse. Aber die Illyrer waren da. Diese Spätillyrer mit etruskischen Einflüssen fanden die Römer 15 v. Chr. in den Alpen vor und nannten sie ›Räter‹. Diese Räter hatten, wie Cäsars ›Tropäum Alpinum‹ vom Jahr 7 v. Chr. ausweist (es steht in La Turbia an der ligurischen Küste), viele Unterstämme: die Venosten, die Isarcen etc. etc.; 46 *nach* Chr. baute dann Kaiser Claudius die Alpenstraße etschaufwärts über den Reschen nach Augsburg. Davon wurden in Südtirol zwei Meilensteine gefunden, einer in Rabland oberhalb Me-

rans, ein anderer in Eyrs. Außerdem gibt es ein Bruchstück eines Dianaaltars des Zöllners Aetetus, das heute im innsbrucker Museum ist (Aetetus war Leiter eines römischen Zollamtes, das uns noch beschäftigen wird, es lag auf dem Boden Merans); dann gibt es einen in Partschins oberhalb Merans gefundenen Eutropiusstein und einen vom selben Ort stammenden Nemesisstein.

An dieser ganzen Darstellung (in der ich z. T. dem bozener Forscher Georg Innerebner folge) ist nichts falsch, und sie kann durchaus einen Blick auf die Vorzeit und erste geschichtliche Zeit in Südtirol geben. Aber ich erinnere mich, daß noch vor wenigen Jahrzehnten eine andere ›Illyrertheorie‹ die allein herrschende in der Fachwissenschaft war; später entdeckte man die Ligurer und hat den Gesichtskreis erweitert. Ich erinnere mich, daß noch einige andere Theorien ihr vorangegangen waren, und ich erinnere mich an eine höchstpersönliche einschlägige Theorie des vor kurzem in Bozen verstorbenen Karl Felix Wolff, eines Außenseiters. Ich lernte ihn 1935, als ich mich, nicht viel älter als 20, um ladinische Sagen kümmern wollte, in Bozen als einen mißtrauischen Mann mit unendlichem Wissen kennen. Mißtrauisch war er, weil die innsbrucker Fachgelehrten ihn mit linker Hand abtaten. Aber er schrieb und schrieb weiter an seinen Theorien und Sagensammlungen; und er hat mir noch kurz vor seinem Tod, 1967, einen langen in Bozen in Fortsetzungen gedruckten Aufsatz zu dem Thema geschickt. Karl Felix Wolffs anfängliches Siedlungsvolk waren – so wie für die andern die Illyrer oder Ligurer – die Euganeer. Ich bin kein Mann vom Fach und kann die verschiedenen Theorien nicht beurteilen. Ich weiß auch nicht, ob Karl Felix Wolff, der immer ein eigensinniger Mensch gewesen sein soll, sich mit seiner Euganeer-Theorie nicht in etwas verrannt hat, von dem ihm jeder Fachgelehrte nachweisen kann, daß es nicht stimmt. Es kann ebenso sein, daß er mit dem genialischen Blick des Außenseiters unbeachtete Zusammenhänge erkannt hat und daß sich dies eines Tages erweist. Bei ihm fließt alles, was von andern über Illyrer, Ligurer, Veneter und Tyrrhener gesagt wird, in den Strom der Euganeer. Und am Ende meinen sie alle dasselbe: ein vorrömisches, mittelmeerisches Urvolk, das sich dann durch Zustrom einer zweiten Komponente jeweils zu Ligurern oder Etruskern usw. verdichtete. Wir sind in einem Reich der Fantasie, von dem die Wissenschaft kaum etwas Bezeugtes weiß. Für Südtirol wird beispielsweise auch eine Urkultur angenommen, die sich, besonders im ladinischen Teil der Dolomiten, in Höhen entfaltet habe, die heute nicht mehr bewohnt sind. In dem allem steckt vielleicht ein Kern Wahrheit. Mir hat in diesen Dingen ein vorgeschichtlicher Fund immer besonderen Eindruck gemacht: es ist der Inschriftenstein vom Monte Pore.

Dieser Stein ist im städtischen Museum in Bozen zu sehen. Er wurde etwa 300 m unterhalb der Kuppe des Monte Pore (der im Gebiet des ladinischen Tals Buchenstein ist) im Jahr 1866 in 2095 m Meereshöhe gefunden: eine 40 cm hohe Steinstele mit einer Inschrift in einem nordetruskischen, veneto-illyrischen Alphabet.

In diesem Stein zog sich mir alles zugehörige Wissen, das gesicherte und ungesicherte, zusammen. Aber auch von ihm kann ich keinen Ausgangspunkt nehmen. Dringender beschäftigt mich noch eine andere Frage:

ich habe aus mancher Anschauung im Land, an Menschen, Kunstwerken, die Ansicht gewonnen, daß sich bei so vielen Völkernamen, Wegzügen und Zuzügen, im Grunde genommen etwas überhaupt nicht geändert hat, so als wäre ein bestimmter Typus immer gleich geblieben: ob er in der Jungsteinzeit war, oder in der karolingischen Zeit, als die Prokulusfresken entstanden, oder heute; er ist immer noch da.

Diesen Gesichtspunkt will ich nicht aus dem Auge verlieren, auch wenn ich nun der Reihe nach von der Vorzeit zur geschichtlichen Zeit weitergehe. Er hat etwas von dem Bild der Welle und des Wassers. Die Welle geht, bildet immer neue Formen aus, das Wasser bleibt stehen, es wird nur scheinbar mitgeformt von den Wellenzügen.

Das wäre mein Punkt, von dem aus ich auf die Ablösung der Namen in der Geschichte sehe, auch der Völkernamen und Wanderungen. Gewiß, es gibt Einwanderungen, die ein neues Substrat gebracht haben: die germanische Einwanderung beispielsweise, oder der vorangegangene römische Vorstoß. Aber etwas Stoffliches, das ich in den Augen der Gesichter auf den Prokulusfresken in Naturns erblicke, und in den Augen von Menschen, die mir heute in dieser Landschaft begegnen, bleibt gleich.

Ich müßte mich nun wiederholen und noch einmal von den Ligurern über die Illyrer zu den ›Venosten‹ fortschreiten – *sie* waren

das Volk, mit dem, laut dem ›Tropäum Alpinum‹, auf dem sie verewigt sind, die Römer zusammenstießen, als sie ins Land kamen.
Der Satz, den man dann für gewöhnlich zu lesen bekommt, ist: im Gegensatz zu anderen Völkerschaften wehrten sie sich und setzten den Römern zähen kriegerischen Widerstand entgegen.
Mich hat ein Aufsatz des Gelehrten Richard Heuberger, den ich in der bozner Zeitschrift ›Schlern‹ in einem alten Heft aus dem Jahr 1932 fand, über Details dieses Zusammenstoßes belehrt, die wenig bekannt sind.
Da heißt es, daß im Jahr 95 v. Chr. der Konsul Lucius Licinius Crassus mit einem Vorstoß in die Alpentäler auf die Zerstörung von Comum (heute Como) antwortete. Es war eine Strafexpedition. Como aber war von den später allgemein als ›Räter‹ bezeichneten Alpenstämmen zerstört worden. Sie wohnten im Bergell, Veltlin, im Sarcatal, im Nonsberg, in der bozner Gegend und im alpinen Etschtal. Sie standen in friedlicher Verbindung mit den Städten der Po-Ebene, trieben Handel dahin, aber unternahmen mit gewisser Regelmäßigkeit Plünderungszüge in das reiche Kulturland. Die Maßnahmen, die Rom gegen diese Einfälle traf, waren unzureichend. Auch Strafexpeditionen blieben ohne nachhaltigen Erfolg. Der Vorstoß des Lucius Licinius Crassus ist dafür ein Beispiel.
So konnten die inneralpinen Stämme ihre Unabhängigkeit bis zur Zeit des Augustus bewahren. Dieser Herrscher hatte 25 v. Chr. die im Aostatal ansässigen Salasser vernichtet. Nun ging er daran, die Räter zu unterwerfen. Der erste Schlag traf die in der Val Camonica sitzenden Kamnuner und die Venosten. Cassius Dio erzählt in seinem Geschichtswerk, daß diese Stämme 16 v. Chr. zu den Waffen gegriffen und von Publius Silius Nerva unterworfen worden seien. Zu solcher Unterwerfung gehörte die von Cassius Dio bezeugte Abführung der Jungmannschaft dieser Stämme, so daß ihre Widerstandskraft geschwächt wurde. Ganz ausgerottet wurden sie nicht. Das Weiterbestehen beispielsweise der Venosten beweist ein Marmorgrabstein aus Chur von 700 n. Chr; auf ihm wird ausdrücklich auf sie Bezug genommen. Sie waren also noch da, wenn auch als Unterworfene. Man darf annehmen, daß sie Militärdienst bei den römischen Auxiliartruppen und der rätischen Landwehr zu leisten hatten, das mag die Verbreitung der lateinischen Sprache bei ihnen gefördert haben. Aber wirklich romani-

siert wurden diese Alpenstämme erst im Lauf des 4. bis 6. Jahrhunderts, und zwar dadurch, daß damals zahlreiche romanische Bewohner des heutigen Bayerns und Schwabens ihre von germanischen Scharen überschwemmte Heimat verließen und in den Alpentälern Zuflucht suchten.
Man sieht aus dieser Darstellung, daß ein Vorgang, von dem man zu sagen gewohnt ist: sie wurden unterworfen und romanisiert, in Wirklichkeit ein Hin und Her verschiedener Einflüsse war. Trotzdem bleibt er der Grundvorgang in diesen rätischen Alpentälern, von denen einige heute ein Teil Südtirols sind. Durch den Feldzug des Drusus und Tiberius wurde die Unterwerfung vollendet, und das Land einem römischen Verwaltungsgebiet eingefügt, mit dem Namen Raetia als Provinz.

Für unser Gebiet ist die Straße wichtig, die Kaiser Claudius 46 n. Chr. zur via Claudia Augusta ausgebaut hat. Sie führte vom Po durch das Val Sugana nach Trient, und von da durch das Etschtal über den Reschenpaß nach Norden. An ihr wurde nahe der rätisch-italischen Grenze ein Zollamt errichtet. Es war das Zollamt auf dem Boden Merans, von dessen Inhaber Aetetus wir das Stück seines Dianaaltars haben. Es hieß: ›statio Maiensi quadragesimo Galliarum‹. Es wurde später befestigt und bekam den Namen ›castrum Maiense‹. In dieser Gestalt als befestigter Platz bestand es nach dem Zeugnis des Bischofs Arbeo von Freising noch im 8. Jahrhundert. Es lag hart am felsigen Ufer der Passer und hatte ein Tor, also auch eine Ummauerung. Der Name ›castrum Maiense‹ lebt in dem Ortsnamen Obermais, das ein Vorort Merans ist, weiter.
Ich habe den Ort so genau beschrieben, weil er in der Zwischenzeit, ehe ihn Bischof Arbeo zu Gesicht bekam, in einem für Südtirol wichtigen Vorgang eine Rolle spielt. Um auf ihn zu kommen, will ich die sonstigen Veränderungen nur kurz notieren. Sie sind: die Auflösung der Provinz Raetia. Sie war zunächst von den Römern selbst geteilt worden in eine Raetia prima und Raetia secunda; die südtirolischen Gebiete gehörten zu der ersten Hälfte mit der Hauptstadt Chur. Diese Verwaltungseinheit blieb lange intakt. Sie überdauerte den Zusammenbruch des römischen Reiches, denn das nachfolgende italienische Ostgotenreich löste die Provinzeinteilungen nicht auf. Diese Auflösung kam erst mit der Vernichtung des Ostgotenreiches durch Byzanz. Zu dieser Zeit saßen

im Norden die Franken. Sie benützten den ostgotisch-byzantinischen Krieg (535), sich des rätischen Gebiets in der Ostschweiz und in Tirol, und auch der oberitalienischen Ebene in Venetien zu bemächtigen. Dieser Vorstoß der Franken war 539. Dann drückten die siegreichen Byzantiner die Franken wieder zurück. Sie nahmen ihnen Venetien und auch Tirol wieder ab. Nur aus dem Etschtal oberhalb Merans, dem heutigen Vinschgau, der hinter dem ›castrum Maiense‹ lag, konnten sie die Franken nicht verdrängen. Das Rad drehte sich weiter. Es kam zu dem Vorstoß der Langobarden nach Italien. Sie kamen von Osten, besetzten Friaul und das Po-Tiefland. Das war 568. Sie kamen sofort in Konflikt mit den im alpinen Etschtal sitzenden Franken. Es gelang ihnen nicht, sie zurückzudrängen. Im Gegenteil griffen die Franken wieder nach Süden aus und wurden sehr unbequeme Nachbarn für die Langobarden. Und nun komme ich zu dem Vorgang damals, den ich wegen seiner Folgen bis heute erzählen will:
die Römer hatten eine ›regio Tridentina‹ als Verwaltungseinheit gegründet. Die Langobarden übernahmen diese ›regio‹ und machten sie zu einem Herzogtum. Das war die Lage im Jahr 575. In diesem Jahr nun stieß ein fränkischer Herzog mit Namen Chramnichis mit seinem Heer aus der alpinen Stellung oberhalb Merans nach Süden vor. Wie man sich das anschaulich vorzustellen hat, läßt sich schwer sagen. Vermutlich war es ein Feldzug ähnlich den Plünderungszügen, die früher die Venosten gemacht hatten. Dem Chramnichis jedenfalls gelang es, bis vor Trient zu kommen; er besetzte auch das Val Sugana. 15 Jahre später, 590, folgte ihm ein fränkisches Hauptheer; und nun schien es, daß die Besetzung des trentiner Gebietes durch die Franken von Dauer sein würde. Da gab es eine plötzliche Wende. Noch ehe das fränkische Hauptheer da war, kam es zu einem Zusammenstoß zwischen Chramnichis und den Langobarden. Und nun, so heißt es in der Untersuchung von Richard Heuberger,
›endete der Plünderungszug des Chramnichis und seine vorübergehende Besitznahme des Trentino mit der Vernichtung des von ihm geführten Heerhaufens bei Salurnis, und die Franken vermochten das von ihnen 590 eroberte Gebiet nicht zu behaupten‹.
Salurnis ist der heutige Ort Salurn und der Ort der Sprachgrenze zwischen deutsch und italienisch.

Ich möchte nun sagen, daß diese bis heute bei geringfügiger Verschiebung immer feste Sprachgrenze mit dem Zug des Chramnichis und seiner Niederlage an diesem Ort zu tun hat. Denn nach diesem Ereignis trat dort Ruhe ein. Wenigstens in den Bewegungen der Bevölkerungen und in Vorstößen dieser Art, die auf Plünderung oder Gewinn eines Landstriches zielten. Das wurde von keiner Seite mehr versucht: weder von den später italianisierten Langobarden noch von den Franken und ihren Nachfolgern, den eingewanderten Baiern. Es gab noch Kämpfe, aber auf der Ebene des herrschaftlichen Rechts über ein Gebiet. Das waren Kriege, wie sie für das Mittelalter charakteristisch sind. So wechselte auch das ›castrum Maiense‹ in der folgenden Zeit mehrmals den Besitzer. 710 wurde es von bairischen Kriegern besetzt, 725 von langobardischen Kriegern. 732 war es wieder im Besitz der Baiern. Aber das waren nicht mehr Besitzveränderungen nach Art der Völkerwanderungszeit. Das wird deutlich bei einer nun folgenden Besitzfestlegung im Jahr 769. In diesem Jahr wurde die bairische Besitzergreifung von 732 gewissermaßen vertraglich sanktioniert, d. h. der Landstrich bis Meran und die bozener Gegend wurde von dem Langobardenkönig Desiderius durch ausdrücklichen Vertrag an seinen Schwiegersohn, den Baiernherzog Tassilo III., abgetreten. Man merkt die neue Art Politik: Verheiratung, Verträge, Erbrecht, Erbstreit, Bündnisse. Eine Unternehmung wie die des Chramnichis, der auf Einverleibung des Gebietes für seinen Stamm oder Volksteil aus war, gab es nicht mehr.

Ich weiß nicht, ob der Zusammenhang der salurner Sprachgrenze mit dem Chramnichis-Zug allgemein bekannt ist. Berührt hat mich dabei, daß dieser Zug des Chramnichis ein vergleichsweise unbedeutendes Ereignis ist, im Grunde genommen nicht mehr als das Häuptlingsunternehmen eines vermutlich ehrgeizigen Mannes: er saß da oben und wollte herunter mit seiner Schar und für seine Leute. Irgendeine Rolle sonst spielt er in der Geschichte nicht. Eben nur die, daß – wenn meine Schlußfolgerungen stimmen – von seinem Gefecht mit wahrscheinlich kleinen Kräften, das man gar nicht eine Schlacht nennen kann, der Punkt gesetzt wurde, durch den eine Sprachgrenze entstand.

Das geschah nicht mit Bewußtsein oder erkannter Verbindlichkeit. Wir wissen von dem friedlichen Ausgreifen bairischer Siedler in die südlichen Gebirge und dem Fortbestand ihrer Sprachinseln der ›sieben Gemeinden‹ und ›dreizehn Gemeinden‹ bis ins 19. Jahrhundert. Wir wissen, daß es auch im Etschtal nicht sofort eine Grenze wie eine Linie gab, sondern einen fluktuierenden Streifen bis zu dem acht Kilometer südlich Salurn gelegenen Ort Lavis. Aber so lange sich auch die bairischen Sprachinseln hielten – eine Verbindung zum kompakten Siedlungsgebiet herzustellen, gelang ihnen nicht. Und etwas von ›Scheidung‹ lag auch im Etschtal in der Luft, in der Bauart der Häuser, der Verwitterung der Erdkrume, und allmählich pendelte es sich dort ein an dieser ›Salurner Klause‹ genannten Felsnase, auf dem Platz des stattgehabten Gefechts wie an schon vorher bestimmtem Ort.

Ein solches Verhältnis zwischen Ereignis und Wirkungen, die nicht berechnet werden können, erscheint mir bemerkenswert für Zusammenhänge in der Geschichte überhaupt.

10. Der Tag von Bozen

Die eigentliche Geschichtsforschung ist ein fortgesetztes Kramen in schwer lesbaren Dokumenten. Da spürt beispielsweise ein Mann in einem Archiv ein Schriftstück auf, in unserem Fall ist es das ›Österreichische Archiv für Geschichte‹, ein im Jahr 1861 gedrucktes Buchwerk, und findet in Band 27, Seite 344 die Urkunde, die er sucht. In ihr ist die Rede von einem ›locum nuncupatem India quod vulgus Campogelau vocantur‹, d. i. von einer ›Örtlichkeit Innichen, die im Volksmund Frostfeld genannt wird‹. Unser Forscher setzt in seiner später gedruckten Abhandlung hinter das Wort ›Frostfeld‹ ein Fragezeichen, er ist sich der Bedeutung nicht ganz sicher. In dieser Urkunde wird der Auftrag gegeben: ›in aedificatione monasterii‹, ein Kloster zu erbauen, und zwar zu jenem Zweck, der lateinisch ›propter incredulam generationem *Sclavanorum* ad tramitem veritatis deducendam‹ heißt, wir können deutsch kurz sagen: ›für die *Slawenmission*‹.

Der Forscher liest die Urkunde weiter. Das fällt ihm nicht leicht, er kann sich nicht enthalten, in einer Fußnote seiner Abhandlung zu sagen: ›Das Latein der Zeit strotzt von Fall-, Zahl- und Geschlechtsfehlern‹. Aber er muß sich durch dieses Dickicht, das hier sogar in Faksimile abgebildet ist, hindurchwinden, denn er braucht

Der Tag von Bozen

diese Urkunde, weil er einen bestimmten Vorgang klären will, der zu einem größeren Komplex, mit dem er sich beschäftigt, gehört. Der Vorgang ist die Gründung des Klosters Innichen im Pustertal, der größere Komplex die Besiedlung Tirols. Für uns Leser ist das dann leicht zu überblicken. Wir erfahren, daß
im Jahre 769 der schon erwähnte Baiernherzog Tassilo III. auf der Rückreise von seinem Besuch beim Langobardenkönig Desiderius (der ihm, wir erinnern uns, das Land um Bozen vertraglich übergab) in Bozen haltmachte, und ›umgeben von seinen Großen‹ dem Abt Atto des Benediktinerklosters Scharnitz diese Örtlichkeit Innichen schenkte mit dem Auftrag, ein Kloster zu errichten zur Bekehrung der Slawen.
Bekehren hieß auch germanisieren. Aber bleiben wir bei der Sache. Als Abt Atto 14 Jahre später, 783, Bischof von Freising wurde (als Nachfolger des berühmten Bischofs Arbeo), brachte er das inzwischen erbaute Kloster Innichen der bischöflichen Kirche Freisings zu, es wurde ein ›Eigenkloster‹ von Freising, d. h. alles, was es besaß oder erwarb, wurde Eigentum der bischöflichen Kirche Freising. Der Forscher sagt, das sei eine für die Entwicklung der Herrschaftsverhältnisse besonders wichtige Tatsache, und erwähnt dazu ein ›Sammelblatt des historischen Vereins Freising‹ von 1931. In diesem auf Heimatkunde gerichteten Blatt wird durch Aufführung einer Urkunde der Rechtsstand belegt: nämlich die ausdrückliche Benennung des Bischofs Hitto (Nachfolger Attos) von Freising als ›rector monasterii sancti Candidi martyris Christi‹. Der heilige Candidus war der Patron des Klosters Innichen, weshalb der heute zu Italien (aber zum zweisprachigen bozener Teil der ›Region Trentino–Tiroler Etschland‹) gehörige Ort zu deutsch Innichen, italienisch San Candido heißt. Aber dann geht der Forscher ins Allgemeine. Er schreibt:
›schon um 600 hatten die Baiern, wohl von den Franken veranlaßt, den Brenner überschritten und waren durch das Pustertal den Slawen entgegengezogen, die, von den Awaren vor sich hergetrieben, in die Alpen eingedrungen und bis ins lienzer Becken gekommen waren. So gehörte das Drautal östlich Lienz zum Herzogtum der slawischen Karantanen, die Gegend westlich zum deutschen Herzogtum der Baiern‹.
Man sieht aus dem Zitat, wie unanschaulich die Diktion solcher ›zusammenfassender‹ Darstellung ist, ›von den Franken veranlaßt‹

oder ›von den Awaren vor sich hergetrieben‹ – wie habe ich mir das vorzustellen? Auch eine folgende Tatsache wird ähnlich schematisch festgehalten. Der Forscher sagt, ›die Grenze zwischen den beiden feindlichen Stämmen war ein mehr oder minder breiter Waldgürtel‹. Der Leser bekommt den Eindruck einer geringfügigen Sache. Wie dieser ›Waldgürtel‹ wirklich ausgesehen hat und wie er entstanden ist, erfuhr ich später von einem einheimischen, mit Sprachdingen befaßten Gelehrten.
So sind auch die folgenden Feststellungen nur durch Vergleich mit ähnlichen Vorgängen in unserer Zeit voll zu verstehen. Der Forscher schreibt, daß in der Folge
›die Karantaner von den Baiern *Schutz* gegen ihre awarischen Oberherren erbaten und erhielten‹
und daß daraufhin Tassilo III. Karantanien unterworfen und auch noch andere Klöster an der Slawenfront gegründet habe. Er schreibt:
›er tat dies aus der Überlegung heraus, welche hervorragende Bedeutung die kirchliche Organisation für die Machtausdehnung des Baiernstammes besaß‹
und schließt:
›so steht die Gründung von Innichen an der Schwelle einer Entwicklung, die im Wege der missionarischen, politischen und kolonisatorischen Ausbreitung den ganzen Ostalpenraum unter die Herrschaft des Westens bringen sollte‹.
Er schreibt dann den Satz:
›es gab noch *Land in Hülle und Fülle*‹.
Er erwähnt die entsprechend großräumige Ausstattung Innichens mit weitem Gebiet. Er folgt da wieder genau den Urkunden, und seine Schreibweise entfernt sich dabei von Gemeinplätzen. Die Urkunden bringen ihn auf ein merkwürdiges Detail. Nachdem er gefunden hat, daß als westliche Grenze des innicher Gebiets ein Erlbach angegeben ist (usque ad flumen Affoltrubach) und demnach ein östlich des Erlbaches gelegener Berg Anras zu Innichen gehört, gibt ihm eine Urkunde aus wenig späterer Zeit Auskunft, daß der Berg Anras dem Hochstift Brixen gehört. Daraus schließt er, daß das Kloster Innichen-Freising an dieser Grenze durch das Hochstift Brixen verdrängt worden sei. In dieser Ansicht bestärkt ihn eine wieder in eine Fußnote verwiesene Mitteilung:
›auf Verdrängung Freisings durch Brixen scheint auch die St. Cor-

Der Tag von Bozen

binianskapelle östlich des Berges Anras hinzudeuten. Corbinian ist der Patron Freisings, die Kapelle wäre hier Besitzanzeiger im Grenzgebiet gewesen.‹
Der Leser erkennt, daß es nicht nur Verdrängung der Slawen gab sondern auch gegenseitige Verdrängung geistlicher Herrschaften.
Dazu noch ein für uns merkwürdiges Detail. Es fällt bei Durchforschung eines von Innichen beanspruchten Vorrechts auf: der ›Immunität‹. Sie war das Vorrecht, ein Gebiet nicht als Teil der übergeordneten Grafschaft, in dem Fall des Pustertals, zu betrachten sondern selbst die Grafschaftsrechte auszuüben. Der Forscher schreibt:
›es ist anzunehmen, daß das innicher Gebiet im 12. Jahrhundert, als man die Ottonendiplome fälschte, auf den Bereich von Welsberg eingeschränkt war. Es gibt kein echtes Immunitätsprivileg, aber es gibt ein auf Kaiser Otto I. lautendes, im 12. Jahrhundert hergestelltes *Falsum* von 965, das die Immunität verleiht und das Appellationsrecht Innichens an den kaiserlichen Hof ausdrücklich feststellt. Nicht zuletzt wegen dieses Diploms galt Otto I. als zweiter Gründer des Klosters und wurde seiner bis in die jüngste Zeit gottesdienstlich gedacht.‹
Man muß diese Sätze zweimal lesen, ehe man das Befremdliche der aufgeführten Tatsachen versteht. Nur die kühle Sprache des Wissenschaftlers, die ohne Ironie ist, gibt ihnen das richtige Gewicht.

Ich habe diese Zitate so ausführlich gebracht, weil sie wieder zeigen, welche genauen Nachforschungen auch in dieser Wissenschaft nötig sind. Nur *sie* sind aufschlußreich. Und wir erhalten eine Menge Aufschlüsse. Zwar kann ich mir kein Bild vorstellen, wie Tassilo III. in Bozen ›umgeben von seinen Großen‹ die Schenkung macht. Die Stadt stelle ich mir damals, 769, so vor, wie heute ein Dorf ist: ohne Pflaster, mit Handbrunnen, Hütten, ein paar befestigten Wällen, Pferden in Scheunen – aber bei den Gefolgsleuten Tassilos vielleicht auch Kostbarkeiten, Gold, Edelstein, Tuch. Ich finde, man kann sich am ehesten eine Vorstellung machen, wenn man auf ein heute dem Stand von damals paralleles Gebiet geht, und den Vergleich von dort holt: frühes Stadium der Staatenbildung, Verwandlung kriegerischer Haufen in feste Truppen, dazu in der Oberschicht Verfeinerung, Übernahme von Dingen der untergegangenen, das wäre die römische Kultur. Trotzdem läßt sich doch alles schwer vorstellen: Ausfertigung der Urkunden bei des Lesens und Schreibens unkundigen Leuten, Auftrag an Landfremde, die Schenkung in Tat umzusetzen.

Aber es lassen sich aus dem Fall auch Schlüsse auf die Epoche ziehen: Christianisierung als Ausbreitung des Machtgebiets, eine Macht wird zum ›Schutz‹ angerufen, schon unterwirft sie das Land. Dann der Zug, die Herrschaft zu festigen, sofort ergibt sich Rivalität. Von solchen Rivalitäten, Fehden, ist die Geschichte des frühen Mittelalters erfüllt. Man will Vorrechte und belegt sie mit dem, was der Forscher ein ›Falsum‹ nennt. Man darf hier nicht von heute aus moralisch urteilen: Fälschungen von Urkunden gehörten zum Stil der Zeit.

Ich habe in der Abhandlung über Innichen (sie ist von dem namhaften Gelehrten Franz Huter aus Innsbruck) noch einen Satz gefunden; er hat mir erklärt, warum dies alles: Streben, den Besitz zu vergrößern und eigene Leute auf ihm zu haben – unter ›Immunität‹, d. h. von niemand geschmälertem Recht, so sehr die Richtung des Zeitalters war. Huter spricht von der mittelalterlichen Vorstellung des Königsvorrechtes, nach dem der König über allen Boden und die zu ihm gehörenden Menschen (Eigenleuten) verfügt und entweder selbst kolonisiert oder sein Recht an geistliche oder weltliche Große weitergibt. Er sagt dann:

›dieses Recht ist lukrativ, weil aus der Beurbarung des Bodens, aus dem Ansetzen von Menschen auf bisher unbebautes Land dauernd neue Zinsleistungen entstehen und durch Errichtung neuer Bauernstellen der Bestand an Eigenleutefamilien vermehrt wird.‹

Ich halte diesen Satz für wichtig, denn ich will dem Vorgang, wie er wirklich war, möglichst nahekommen. Ich werde mir dann unter dem Satz ›ein Kloster wurde gegründet und Slawen wurden bekehrt‹ mehr vorstellen als in dem Satz ist. Ich werde wissen, daß er Ausdehnung des Machtbereiches bedeutet und Zuwachs an Besitz. Ich werde dann auch einen Satz ›es wurde gerodet und neue Siedlungen wurden gegründet‹ so verstehen: als Zuwachs an Zinsleistungen, die abgeliefert werden mußten, und auch hier als Zuwachs an Kapital. Ich werde verstehen, warum es zwischen Grundherren Streit gab um Gebiete, und warum diese Streitigkeiten bis zum Kaiser hinauf ausgefochten wurden, und warum sie der Inhalt der innerdeutschen Geschichte jener Jahrhunderte sind.

Der Tag von Bozen

Huter zeigt an dem Beispiel Innichens, wie die Entwicklung weitergeht. Ich gebe hier nur einen kurzen Abriß:
das Kloster brauchte (wie jeder geistliche Besitz nach einem grundsätzlichen Rechtsstand der Zeit, einer Art ›Gewaltenteilung‹) für sein Gebiet einen ›weltlichen‹ Arm, einen ›Vogt‹. Die Rechte, die zunächst im Namen des Klosters ausgeübt worden waren, gingen beim Aufkommen adeliger tiroler Dynastenfamilien an die ›Vögte‹ verloren: an die Grafen von Andechs, die Grafen von Tirol. Diese Vögte wurden selber zu Herren. Besonders waren es die Grafen von Tirol, die schließlich durch eine Folge von Verträgen ein Gebiet zusammenbrachten, das ein ›Land‹ war, ein staatsähnliches Gebilde: Tirol.
Wichtig ist dabei, daß der rechtliche Titel für die tatsächlich ausgeübte Macht noch immer die ›Vogteigewalt‹ war, d. h. das von den geistlichen Besitzträgern delegierte Aufsichtsrecht über alles Kirchenland. Diese Beschränkung wollte Graf Meinhard II. von Tirol loswerden. Zu dem Zweck brachte er im Januar 1282 eine mündliche ›Kundschaft‹ des Bischofs von Chur, daß Meinhard nicht nur Vogt des Bischofs sei sondern ein eigenes ›Tiroler Landrecht‹ habe. Mit dieser Selbstlegung von Recht drang Meinhard nicht sofort durch. Er hatte nicht nur den in jedem Vertrag formulierten Rechtstitel der Bischöfe von Brixen, Trient und Chur abzustreifen. Es gab auch noch ein nominelles Oberrecht des Herzogs von Bayern über das Land: es stammte aus dem Anfang der Besiedlung, als sich die staatlichen Gebilde erst festigten; danach war Tirol ein Teil des Herzogtums Bayern. Und dieses Oberrecht war keineswegs nur nominell, die Herzöge von Bayern hatten reichen Besitz im Inntal.
Wir sind jetzt in der Zeit, als Rudolf von Habsburg über Ottokar siegte. Meinhard war auf Seiten Rudolfs gewesen und sollte Herzog von Kärnten werden. Bayern wollte das verhindern. Es berief sich auf sein altes Oberrecht über Tirol – nicht um es wahrzunehmen, sondern um darzutun, daß Meinhard unter den Dynasten nicht ranggleich sei, daher auch nicht Herzog werden könne. Meinhard legte erneut sein aus Chur bezogenes ›Tiroler Landrecht‹ vor, diesmal schriftlich. Darauf entschied König Rudolf die Landrechtsfrage auf dem Tag zu Ulm im Mai 1282 zugunsten Tirols. Damit war die tiroler Landeshoheit auch staatsrechtlich anerkannt.
Meinhard wird als weitschauender Staatsmann betrachtet. Es ge-

lang ihm vier Jahre später auf dem Reichstag zu Augsburg, entgegen dem beharrlichen Widerspruch des Herzogs von Bayern, auch das Herzogtum Kärnten zu Lehen zu bekommen.

Auch die von ihm getroffene innere Ordnung des Landes hat bemerkenswerte Züge. Er schaltete die feudalen Zwischengewalten aus. Eine in Tirol nie gebrochene Tradition: die Mitwirkung des Volkes in den Landesangelegenheiten, kam ihm zustatten. Meinhard begünstigte diese Richtung. Seine Heranziehung der Bürger und Bauern zur Selbstverwaltung hat im deutschen Rechtsbereich nur in der schweizer Eidgenossenschaft ein Gegenstück.

Meinhard hatte auch Glück. Der zunehmende Verkehr über die Brennerstraße brachte dem Land Reichtum. Die Einnahmen dabei waren Einnahmen in Geld. So kam es in Tirol zu einer frühen Umstellung von der Naturalwirtschaft zur Geldwirtschaft. An der Brennerstraße entstanden Leihbanken, die von Florentinern und Juden im Auftrag des Landesfürsten betrieben wurden. Diese Entwicklung der Geldwirtschaft hatte Folgen: die Naturaliensteuern wurden auf Geldsteuern umgestellt. Mit Geld wurden Grundherrschaften angekauft.

Dann gab es in der Geschichte Tirols eine Wende. Auf Meinhard folgten seine Söhne, dann seine Enkelin Margareta Maultasch. Den Namen Maultasch gab ihr das Volk nicht wegen Häßlichkeit, Zeitgenossen nannten sie sogar ›nimis pulchra‹ – überaus schön, sondern wegen der aus ihren beiden Ehen entstandenen Wirren. Ihr zweiter Mann war ein Markgraf Ludwig von Brandenburg. Nach seinem Tod war Tirol in einer schwierigen Lage. Margareta Maultasch war kaum regierungsfähig. Zwei Mächte griffen nach dem Land: die Wittelsbacher wollten den Anschluß an Bayern, die Habsburger brauchten Tirol als Brücke zu ihren schweizerischen Besitzungen. Tirol entschied sich für die Habsburger. Herzog Rudolf von Österreich reiste mitten im tiefen Winter in das Land, um den Bayern zuvorzukommen. In der großen Versammlung zu Bozen am 26. Januar 1363 huldigten ihm Tirols Vertreter als rechtmäßigem Landesherrn.

Da ein solch kurzer Abriß nun fast doch wie ein Auszug aus einem Schulbuch aussieht, will ich nicht vergessen, zu sagen, daß diese Ereignisse immer von den kleinen Ereignissen begleitet waren: von Streitigkeiten, Schlichtung, Machtbehauptung, wie sie der Leser zu Anfang des Kapitels am Beispiel des Klosters Innichen ken-

nengelernt hat – und daß sie vom gewöhnlichen Leben begleitet waren.
Der 26. Januar 1363 war für die Geschichte Tirols ein folgenschwerer Tag. Vermutlich haben die Teilnehmer der Versammlung in Bozen das nicht vorhergesehen. Es gibt Leute, die behaupten, daß in Tirol alle Voraussetzungen gegeben gewesen seien, daß es ein Staat für sich, wie die Schweiz, hätte werden können. Am 26. Januar 1363 wurde gegen diese Möglichkeit entschieden. Man kann vielleicht sagen: es wurde gegen die Natur des Landes entschieden. Die Verbindung mit dem habsburgischen Österreich brachte das Land in einen politischen Zusammenhang, der alle seine Verhältnisse änderte: das zu Italien, zur Schweiz und zu Bayern. Nach nicht viel mehr als 100 Jahren hatte das Land zwei Aufgebote zu Kriegen hinter sich: zu einem in Venetien, zu einem mit den Randgebieten der Schweiz. Von dem zweiten Krieg und seinem Höhepunkt: der Schlacht an der Calwen, habe ich schon berichtet. Beide Kriege hatten nicht viel mit den Interessen des Landes zu tun. Sie kamen von den Rivalitäten zwischen der Macht Österreichs und den anderen Mächten.

11. Die zwei Naturen des Landes

Ich habe nach einem Schlüssel gesucht, wie die Geschichte Tirols in der neueren Zeit als folgerichtiger Zusammenhang ›entziffert‹ und gelesen werden könnte. Ich glaube, ihn gefunden zu haben. Er erschließt wenigstens die Kriege, in die das Land verwickelt wurde. Diese Kriege haben zwei Gesichter. Sie entstanden aus den europäischen Konflikten des Hauses Habsburg. Für die Tiroler aber waren sie Heimatkriege, derart daß man kaum einen Ort in dem Land findet, der nicht ein solches ›Kriegs-Andenken‹ hat als ein Ort, wo der Feind eingedrungen war oder man ihn abgewehrt hatte, oder durch ein ›nicht von der Stelle Weichen‹ bewiesen hatte, wie standhaft man war.
Bei Übertreibung des Gesichtspunktes könnte man die tiroler Geschichte als eine Sache für sich betrachten: fast jede Generation hatte ihr Aufgebot an den Grenzen und hatte sich – so sagt man – ›für das Land geschlagen‹. Dieses Bewußtsein ist in vielen Tirolern

lebendig. Zu ihm gehören die Begriffe ›Landwehr‹ und ›Landsturm‹. Den Grund für solches landespatriotische Bewußtsein hatte Kaiser Maximilian gelegt. Er hatte im Jahr 1511 ein so genanntes ›Landlibell‹ erlassen. In diesem Landlibell entband er die Tiroler von aller Verpflichtung, außerhalb der Landesgrenzen Kriegsdienste zu leisten. Dafür verpflichteten sich die tiroler Landstände, bei Kriegsgefahr zur Verteidigung des Landes vier Aufgebote bis zu 20 000 Mann aufzustellen und zu bewaffnen. In höchster Gefahr wurde zusätzlich der ›Landsturm‹ aufgerufen: alle noch zu Hause gebliebenen Männer.
Diese Ordnung der Landesverteidigung hatte ihre Wurzel in den zwei Naturen Tirols seit dem 26. Januar 1363. Damals verband sich Tirol mit Österreich, aber es konnte seine natürliche Bedingung, daß es ein geschlossenes Land im Gebirge war, nicht aufheben. Diese Landesnatur kam immer zum Vorschein, besonders im Krieg.
Ich bringe dazu drei Beispiele, die in jedem Geschichtsbuch stehen, zuvor aber eines aus eigener Anschauung.
Als ich im Herbst vergangenen Jahres ins Martelltal fuhr, ein Seitental der Etsch, das am Cevedale anfängt, kam ich nach dem vorderen Tal mit Bauernhöfen durch ein Waldstück, hinter dem die ›Alpe‹ lag, wie man die Viehweide für den Sommer dort nennt. In diesem Waldstück, schöner dicker Forst, steht eine Kapelle S. Maria in der Schmelz. In ihr sind Votivtafeln für Gesundheit, Heilung, Errettung. Eine fiel mir auf. Sie hatte kein Bild, nur eine Inschrift: ›Dank für das Friedensjahr 1917‹. Das kam mir sonderbar vor, da 1917 noch Krieg gewesen war. Aber vielleicht, dachte ich, war auch die Hoffnung auf Frieden schon so lebendig gewesen, daß jemand diese Tafel gestiftet hatte.
Am selben Platz, am Rand der Lichtung für die Kapelle, war ein Denkmal für die einheimischen Soldaten, die ›Standschützen‹. Es waren zwei Birkenkreuze und ein eisernes Kreuz und, in den Felsen gepreßt, eine Gedenktafel. Ich habe den Wortlaut der Inschrift nicht behalten, aber mir den Namen auf der Tafel notiert. Sie war dem Standschützenhauptmann aus dem Hauptort Schlanders draußen gewidmet. Da stand also ›Standschützenhauptmann‹ und darunter ›Johann Müller, 1868-1939‹.
Was mich dabei bewegte, war zweierlei. Das eine: ich wußte, daß die Einrichtung der ›Standschützen‹ nicht nur für den Krieg war.

Sie bestand auch im Frieden. Es gab sie an jedem Ort Tirols, gibt sie auch heute in Südtirol wieder nach dem Ende der faschistischen Zeit; und es ist in dem Zusammenhang interessant, daß im obersten Rang der südtiroler Standschützen in den vergangenen Jahren der Schützenmajor Georg Klotz aus Passeier war, derselbe, der dann als Anführer der ›Bumser‹ – wie man in Südtirol die Bombenattentäter nennt – den Italienern zu schaffen machte; dem man nachsagt, daß er die Bewegung von Österreich geleitet habe, und der später in Österreich im Gefängnis war. Die Standschützen waren zu keiner Zeit etwas wie ein Veteranenverein, sondern ein Bund von Aktiven, jüngere und ältere Leute. Sie waren sozusagen das Depot, aus dem sich für den im ›Landlibell‹ des Kaisers Maximilian vorgesehenen Kriegsfall das Aufgebot formierte.

Das zweite, das mich bewegte, war die Lage des Ortes. Das Martelltal war im ersten Weltkrieg der Nachschubort für die Front an dieser Stelle gewesen. Ein paar Stunden weiter, auf 2400 m Höhe, *war* diese Front. Herüben in den Felsen die österreichischen Unterstände, von denen noch heute die Holzstämme unverwittert dicht an den Steinwänden liegen; drüben auf dem Eishang des Cevedale die italienischen Stellungen. Von den Soldaten bei den Österreichern waren vermutlich die meisten Einheimische, draußen von Schlanders und den Nachbarorten. Man darf annehmen, daß es auf der italienischen Seite nicht anders war: dort lagen die Täler Val dello Mur mit dem Ort Peio und Val del Forno mit Sa. Caterina. Und nun war für den Standschützenhauptmann Müller, der damals hier oben gewesen war, in dem Waldstück die Gedenktafel da.

Die Italiener hatten ihre Gedenkstätten höher im Gebirge. Dort war nach dem Hauptmann Casati, der hier im Eis gefallen war, das Schutzhaus Rifugio Casati benannt. Und das auf dem früher österreichischen Gebiet liegende Haus ›Zufallhütte‹ hieß nun nach dem ebenfalls hier gefallenen italienischen Alpini-Leutnant Rifugio Nino Corsi. Eine Fotografie von ihm mit zugehörigen Daten, ein dickes Jungensgesicht, vergilbte Buchstaben, hing im Vorraum der Hütte.

Man begreift an dem Beispiel – wenn man sich den Krieg, wie er hier war, vorstellt – den Charakter ›Heimatkrieg‹. Unten war der Ort, in dem man mit Grundstücken und Obstbäumen zu Hause war; hier heroben, fünf Stunden Fußmarsch, war die Grenze und der Krieg. Heute wird das Vieh heraufgeschickt, auf derselben Straße.

Aber nun zu den Beispielen aus der Geschichte: Das erste ist aus dem ›Spanischen Erbfolgekrieg‹ 1703. Worum es ging, müssen auch wir heute erst im Geschichtsbuch nachlesen. Die Tiroler damals wußten es kaum mehr genau. Aber im Zug der Kriegshandlungen rückten unerwartet auch der bayrische Kurfürst Max Emanuel von Norden und die mit ihm verbündeten Franzosen von Süden her nach Tirol ein. Die kaiserlichen Generale und Behörden in Innsbruck waren so überrascht, daß der bayrische Kurfürst am 2. Juli 1704 kampflos in die Stadt einziehen konnte. Die tiroler Landesregierung leistete ihm den Treueeid, aber die Bauern in den Tälern riefen zum Sturm auf. Sie vernichteten eine bayrische Kolonne an der Pontlatzbrücke bei Landeck (das ist einer der ›Kriegsnamen‹, die in Tirol, schon wegen des späteren Ereignisses 1809 dort, jedes Schulkind lernt), dann versperrten sie den Bayern bei Rattenberg den Rückzug. Unter schweren Verlusten konnten die Bayern mit ihrem Kurfürsten über die Scharnitz, nahe Garmisch-Partenkirchen, entweichen. Am 27. Juli zogen die Tiroler als Sieger in Innsbruck ein. Zum Dank für die Befreiung durch das Bauernaufgebot errichteten die Landstände die Annasäule als Mahnmal in der Hauptstraße der Stadt.

Das zweite Beispiel ist die napoleonische Zeit, das dritte der erste Weltkrieg. Zu den napoleonischen Kriegen einiges für den patriotischen, gleichwohl unabhängigen und nie duckmäuserischen Charakter der Tiroler:

in den Jahren 1796 und 1797 waren tiroler Schützen an den Grenzen eingesetzt. Die in Oberitalien siegreichen Franzosen wurden in Südtirol bei dem Ort Spinges oberhalb Brixen, und in Gefechten bei Bozen abgewehrt. Die Erzählung ›Das Heldenmädchen von Spinges‹ berichtet von dem Mut einer Bauernmagd, die den Feind zurückschlug. Sie war eine Ladinerin aus dem Tal Buchenstein und lebte nach dem Ereignis, als ob es sie nichts anginge, noch viele Jahre als Magd unbeachtet in ihrer Heimat.

Im Februar 1799 begann der 2. Koalitionskrieg. Die Franzosen marschierten von der Schweiz ein. ›Die Österreicher‹ – so lese ich in einer einschlägigen Abhandlung – ›von volksfremden, meist hochadeligen Generalen geführt, erlitten viele Niederlagen‹.

Die Abhandlung (sie ist wieder von Hans Kramer, Innsbruck) beschränkt sich auf die Vorgänge in Tirol. Das verstärkt den oben angegebenen Gesichtspunkt, daß der Krieg, bei nur beiläufiger Kenntnis der Zusammenhänge, im Bewußtsein der ihn Erleidenden ein Vorgang war, bei dem es um das Land ging.

Es heißt da, die Franzosen schienen schlecht versorgt gewesen zu sein. Sie hätten aus Frankreich nur Waffen und Munition erhalten. Nicht nur Lebensmittel und Wein, auch Wäsche, Strümpfe, Schuhe seien begehrte Beutestücke gewesen. Weiter aber: dieselben französischen Soldaten seien auf Gebirgsmärschen ausdauernd gewesen: schwer zu besiegende Gegner, zahlenmäßig unterlegen und doch über die schwierigsten Pässe hin von ihren Generalen Lecourbe und Dessolle bemerkenswert geschickt gelenkt.

Dagegen hätten die schlecht ausgewählten österreichischen Generale eine merkwürdige Gleichgültigkeit gezeigt, als sei Tirol ein fremdes Land. Diese Generale, so Alcaini und Knesevich, hätten die tiroler Schützen verachtet, sich aber von den weit unterlegenen Franzosen besiegen lassen. Es ist dann von einem Gefecht die Rede, auf demselben Platz wie die Schlacht an der Calwen. Es habe nur eine halbe Stunde gedauert: Umgehung durch die Franzosen, Panik bei den Österreichern. Bei ihnen 1200 Gefallene und Verwundete, bei den Franzosen 60 Gefallene und 400 Verwundete. Es heißt dann weiter: ›Die Tiroler waren nicht von Panik erfaßt, sie wollten weiterkämpfen.‹

Dann wird über die Franzosen geklagt. Man kann verstehen: als Kinder der Revolution waren sie Kinder des Teufels. Es heißt da: ›Die Gotteshäuser wurden geschändet und ausgeraubt, selbst die Hostien ausgestreut.‹

Dann kam der Krieg zum Stehen. Die Franzosen errichteten auf dem schon oft erwähnten tartscher Bühel ein Lager. Es ist merkwürdig, wie solche Orte, wegen ihrer Stelle in der Landschaft, stets die Geschichte auf sich ziehen. Unten waren die Wälle aus der Vorzeit, jetzt waren die Franzosen da, später baute Mussolini seine Bunker in den Bühel.

Den Österreichern wird vorgeworfen:

›das Schicksal von tiroler Dörfern war ihrem Befehlshaber Bellegarde gleichgültig. Das blieb durch Jahrzehnte in der Bevölkerung unvergessen. Es war lange nach dem Krieg, 1823, als Bellegarde

mit dem österreichischen Thronfolger Erzherzog Ferdinand das Schlachtfeld besuchte. Da trat der Gemeindevorsteher von Taufers, Fliri, vor den Prinzen und beklagte sich über Bellegarde, der daneben stand, und den Fliri nicht erkannt hatte. Im Juli 1837 reiste Feldmarschall Radetzky über Finstermünz nach Südtirol. Der Postmeister von Mals, Johann Greil, klagte wieder über Bellegarde, worauf Radetzky sagte: Bellegarde war allzeit unglücklich.‹
Auch der Verfasser der Abhandlung erklärt sich gegen Bellegarde, weil er nach Rückschlägen der Franzosen 1799 sie *nicht bis an die tiroler Grenze* verfolgt habe. Er schließt seinen Bericht mit dem Neujahrstag 1801, an dem nicht mehr Krieg war, nachdem die Franzosen und Österreicher einen Waffenstillstand geschlossen hatten.

Dieser Bericht, obwohl er nur nachgeprüfte Tatsachen enthält, zeigt, wie die zwei Naturen des Tirolers eine Eigenschaft sind, die immer wieder zum Vorschein kommt. Auch hier, in einer wissenschaftlichen Arbeit, lassen sie sich nicht verleugnen. Im Kopf des Mannes arbeitet der Verstand, der ausgerüstet und fähig ist, die Zusammenhänge zu überblicken. Aber irgendwo hat er in sich den landespatriotischen Punkt, für den gut ist, was für das Land gut ist. Das ist aller Ehren wert. Ich führe es als Beispiel für diese Richtung des tirolischen Denkens an, das mit den Dingen von außen oft nicht fertig wird, sie auch nicht will und sich mißbraucht fühlt, das aber zu Kraft kommt, wenn es um das eigene Land geht.
Das große Beispiel ist das Jahr 1809. Aber in dem Hochgefühl, mit dem es als Heldenzeit gefeiert wird, steckt auch ein Stück Kompensation. Ihre Grundfigur ist: das Land hat standgehalten, die Welt hat es verraten. Das ist nun damals auch tatsächlich geschehen. Aber solche Grundfiguren haben die Neigung, sich zu verfestigen. Man sagt: so war es damals, so ist es auch heute. Das ist eine gefährliche Verfestigung des Denkens, und soviel ich gesehen habe, entgeht man ihr in Tirol nicht leicht. Nur die jüngeren Leute denken neu.

12. Die Bayern in Tirol

Von diesem Neudenken und Sichabsetzen vom gewohnten Geschichtsbild merkte ich einiges bei einem meiner letzten Aufenthalte in Südtirol. Ich erzählte einer Lehrerin und einer Schülerin, die in die letzte Klasse der Mittelschule ging, daß ich bei meiner Arbeit über Südtirol nun zu dem Kapitel ›Andreas Hofer‹ gekommen sei; da sagte die Lehrerin: Ja, der ist auch bei uns jedes Jahr dran, so im Februar, da haben wir eine ganze Woche ›Andreas Hofer‹; und die Schülerin sagte: Ja, und es ist immer dasselbe, das wissen wir schon auswendig, das war auch so ein ›Zach‹. Sie gebrauchte damit einen Mundartausdruck, der ungefähr ›Popanz‹ bedeutet; ich merkte, wie sie sich distanzierte.

Das erinnerte mich an eigene Erfahrung aus Kindheitsjahren: da gab es in Innsbruck den obligaten Besuch auf dem ›Berg Isel‹ mit seinem Denkmal des Freiheitshelden, und in der Stadt gab es einen Rundbau, auf den Innenwänden war ein Diorama der Berg Isel-Schlacht aufgemalt. Ich begegnete ihm mit derselben Reserve, die ich an der Schülerin heute bemerkte und die sich immer einstellt, wenn einem Figuren aus der Geschichte wichtig gemacht werden. Ich empfand sie auch, als mir vor kurzem ein Freund ein Buch über das Jahr 1809 gab und sagte: Aber du mußt darin den Abschiedsbrief des Andreas Hofer lesen, da merkt man nach dem Gewimmel zweifelhafter Charaktere – das war ein Mann.

Ich las das ganze Buch ›Tirols Erhebung im Jahre 1809‹ von Josef Hirn, 1909 in Innsbruck erschienen. Ich fand darin die Nähe der wirklichen Ereignisse, deren unübersichtlicher Fortgang in Gesamtdarstellungen leicht vergessen wird. Aber ehe ich auf das einzelne eingehe, will ich auf zwei Hauptdinge hinweisen:

das erste: jenes Doppelgesicht jedes Krieges in Tirol, daß er ein Heimatkrieg war, zugleich ein Krieg zwischen Kräften außerhalb, ist auch 1809 deutlich. Aber hier kommt hinzu, daß die Entscheidung außerhalb nun auch auf das Land zurückfiel, so daß der Kriegserfolg in Tirol mit allen heldenmütigen Anstrengungen seiner Einwohner nicht nur nichts gegen den Mißerfolg außerhalb nützte, sondern daß die wiederholte ›Freischlagung‹ des Landes zuletzt zu seiner Niederschlagung führte, als die Feinde zurückkehrten und erklärten, daß hier nicht Krieg gewesen sei, sondern Insurrektion. Das ist der tragische Punkt in der Erhebung Tirols 1809.

Er zeigte sich als Möglichkeit früh an, vier Jahre zuvor. Der Vorgang 1805, als Napoleon sich, von Ägypten zurückgekehrt, der dritten Koalition seiner Gegner stellte, ist mit seiner Regung tirolischer Kriegsbereitschaft und dann Enttäuschung von außen dem Vorgang 1809 ähnlich. Zu Kriegsbeginn war der kaiserliche Prinz Erzherzog Johann in Tirol gewesen und hatte eine Mobilmachung der Schützen zuwege gebracht. Aber dann hatte Napoleon die kaiserliche Armee bei Ulm zur Kapitulation gezwungen, und die bewaffneten Tiroler bekamen Befehl ›ruhig in ihre Heimatorte zurückzugehen‹. Nicht alle erfuhren es früh genug: am Strubpaß versperrten kaiserliche Soldaten und Schützen den Bayern den Zugang. Aber deren Verbündeten, den Franzosen, war am Scharnitzpaß der Eintritt nach Tirol gelungen, und am 5. November 1805 waren sie unter ihrem General Ney in Innsbruck.

Das zweite Kennzeichen, das dem Leser eines Berichts über den tiroler Aufstand bewußt wird, ist:
ein Aufstand entsteht nicht von selbst oder als Folge unerträglicher Lebensbedingungen, die sich das Volk vom Hals schaffen will, sondern er wird kräftig geschürt. Die Erhebung ist nicht spontan, sondern mit festem Datum das Ergebnis berechneter Vorbereitung. Der scheinbar impulsive Ausbruch hat so seine kalkulierte Vorgeschichte. Beim tiroler Aufstand vermutet man am ehesten Urtümlichkeit. Vielleicht zeigt die Darstellung, wie er in Wirklichkeit wohlorganisiert wurde, gerade deshalb besonders deutlich, daß alle Vorgänge solcher Art vom Kopf reguliert, von Gliedern und benutzten Mitgliedern ausgeführt werden.

Ich war immer dankbar für eine Übersicht der Daten, wenn man von mir erwartete, daß ich mich in die Historie zurückversetzen sollte. So habe ich hier eine eingefügt:

26. Dezember 1805: der Friede zu Preßburg. Eine seiner Bedingungen: Tirol kommt zu Bayern.
Das Jahr 1806: der Krieg Preußens gegen Frankreich, die Niederlage von Jena. Während dieses und der folgenden Jahre ist Tirol unter bayrischer Herrschaft.
Das ändert sich im Jahr
1809
es beginnt mit dem

8. April 1809: Proklamation Erzherzog Carls, Kriegsbeginn, *nur* Tirol erhebt sich.
12./13. April 1809: erste Befreiung durch die Bauern.
Aber am
19. Mai 1809: nach Rückzug der Österreicher an der Donau neuerliches Einrücken der Bayern in Tirol.
Am
25./29. Mai 1809: nach dem Sieg der Österreicher bei Aspern *zweite* Befreiung Tirols nach Schlacht am Berg Isel.
5./6. Juli 1809: Schlacht bei Wagram, Niederlage Österreichs und als Folge am
12. Juli 1809: Kabinettswechsel in Österreich: an Stelle der Kriegspartei unter Stadion tritt Metternich, der den Frieden mit Frankreich sucht. Während seiner Bemühungen aber am
13./14. August 1809: dritte Befreiung Tirols. Als Folge ab
15. August 1809: Hofers Regiment in Tirol. Indessen laufen Metternichs Bemühungen weiter, ihr Ergebnis ist am
14. Oktober 1809: der Friede zu Wien. Seine Folge am
21. Oktober 1809: Ende von Hofers Regiment in Tirol. Kurz danach am
1. November 1809: Versuch einer *vierten* Befreiung Tirols durch Schlacht am Berg Isel. Tiroler unterliegen. Es folgt ein letzter ungeregelter Aufstand. Sein Ende am
27. Januar 1810: Hofers Gefangennahme in Tirol. Am
20. Februar 1810: Hofers Erschießung in Mantua. Am
18. Februar 1810: Teilung Tirols. Nordtirol wird bayrisch, Südtirol italienisch. Kleine Teile ans ›Königreich Illyrien‹.

Ich habe mir in meinen Notizen zu dieser Aufführung von Daten ein Nebenblatt mit einer Aufzeichnung der den Aufstand bewirkenden Motive gemacht.
Da fällt zunächst auf, wie lange doch die bayrische Herrschaft in Tirol gedauert hat: drei volle Jahre. Das war kein auf vorübergehenden Gebrauch gerichteter Zustand wie eine militärische Besetzung, sondern eine Einrichtung von Regierung und Verwaltung. Um so tiefer mußte sie als Eingriff in das hergebrachte Leben empfunden werden.
Auffällig ist auch, daß die handelnden Personen meist adelige Namen haben. Die Verhandlungen bei der Ablösung der östereichi-

schen Ordnung durch die bayrische wurde also unter Standesgenossen geführt. Das schwächt die aufrührende Wirkung ab. Sie tritt erst auf, wo der gemeine Mann sich betroffen fühlt; das war sofort der Fall, als die Bayern darangingen, zahlreiche religiöse Bräuche abzuschaffen und ihre Ausübung mit Strafen zu belegen. Hier wurde das Volk zuerst rebellisch.

Es machte sich in Tirol wohl kaum jemand Gedanken, daß die Bayern ihre kirchlichen und sonstigen Reformen nicht mit vorsätzlicher Bosheit betrieben, um ausgerechnet die Tiroler vor den Kopf zu stoßen. Sie wurden in ganz Bayern als Teile der von dem bayrischen Minister Montgelas erstrebten Reform durchgeführt, die auf Herstellung einer straffen, von Beamten und Polizei kontrollierten Staatsmaschine zielte. Der Widerstand dagegen war in Altbayern nicht klein. Er mußte in Tirol um so größer sein, als es nicht Einheimische waren, die einem etwas aufzwangen, sondern Fremde.

Der Hauptpunkt, der die Tiroler aufrührerisch machte, war der Versuch der Bayern, mit Aushebung von Rekruten ihre Wehrverfassung einzuführen. Das hatte man in Tirol nie gekannt, und hier kam es zu den ersten Zusammenstößen: Vorboten des Aufstandes – setzte man nicht voraus, daß der Aufstand ein von außen errichteter Plan war, für den im ganzen Land längst andere Vorbereitungen getroffen wurden.

Daß der Aufstand eine Art Naturereignis wurde, liegt, glaube ich, an dem Manne Andreas Hofer. Von seinem Vorleben ist wenig bekannt. ›Was man weiß‹, schreibt Josef Hirn, ›zeigt ihn voll beschäftigt als Wirt und Händler mit Wein und Vieh. Gerichtsakten behandeln mehrere seiner Prozesse, in denen Fristen erstreckt werden, weil der Sandwirt dringender Geschäfte wegen nicht erscheinen kann.‹

Es gibt noch eine andere Notiz zu Hofer aus der Zeit vor dem Aufstand. Sie ist vom 22. Oktober 1805. Der churische Bischof Karl Rudolf Graf Buol-Schauenstein, der in Meran eine zweite Residenz hatte, kehrte in Hofers Gasthaus ein. Der Sandwirt widmete die Zechschuld des bischöflichen Gastes Meßstipendien. Das wird ausdrücklich als Zeichen kirchenfrommen Sinnes aufgefaßt. Dieser Sinn war in Tirol stärker als anderswo. Er ist dort auch heute noch, nicht ganz zum Heil des Landes, fest wie eine Mauer gegen alle Bewegung der Zeit. Man darf sagen, daß ihn die Niederschlagung des

Aufstandes 1809 eher gestärkt hat. Man hatte viel verloren, da konnte sich, aus Bedürfnis nach Halt, die Neigung zu Frömmigkeit vertiefen und auch – versteinern.

Für den Übergang Tirols an Bayern sind zwei Zeugnisse bemerkenswert. Das erste ist aus den ›Denkwürdigkeiten‹ des Grafen Montgelas. Nach ihnen habe Napoleon den Bayern zuerst nur Nordtirol als Ersatz für Würzburg angeboten. Als Bayern ablehnte, sei ihm ganz Tirol geboten worden. Auch darauf sei man in München nur eingegangen, weil Tirol um 200 000 mehr Einwohner als Würzburg gehabt und man sich daraus ein erhöhtes Ergebnis für die Militärstellung versprochen habe.

Das zweite Zeugnis stammt unmittelbar aus der Zeit. Es ist die Eingabe eines oberinntaler Richters, Johann Michael Senn, an die ständische Vertretung des Landesviertels. Senn, Berater seines Viertels, erörtert in einem gescheiten Beamtendeutsch die Möglichkeiten, Tirol ungeteilt zu erhalten. Nachdem er die ihm vermutlich schon gewisse Trennung von Österreich als etwas ihm Unvorstellbares beruft, schreibt er:

›wenn aber das Land wirklich von Österreich getrennt werden sollte, würde es wünschen, daß es mit Zuschlagung der benachbarten, ebenmäßigen Bergländer Salzburg und Vorarlberg entweder als selbständiger Freistaat anerkannt oder der Eidgenossenschaft einverleibt würde, denn wie diese Grafschaft Tirol meist nur aus einem Hirtenvolk besteht und seit Jahrhunderten nichts von Leibeigenschaft wußte, so hat der Tiroler mit dem Graubündner auch an Klima, Nahrung und Gewerbe, Charakter und selbst Sitten und Gebräuchen weit mehr gemein als mit den angrenzenden flachen Ländern.‹

Aus dieser Anregung Senns spricht eine Strömung, die in Tirol alt ist. Sie ist von den tiroler Ständen beim bozener Tag 1363 zugunsten der Verbindung mit Österreich aufgegeben worden. Ganz erloschen ist sie als Gedanke nie, und sie hatte auch ein Stück Realität in der churischen Zugehörigkeit der westtirolischen Pfarren. Eben diese geistliche Gewalt des Bistums Chur machte nun auch den Bayern am meisten zu schaffen; mehr als ihr Streit mit den Bischöfen von Brixen und Trient.

Zu den Erinnerungen des Grafen Montgelas ist wenig zu sagen. Daß die Staatenlenker ein Land als Tauschobjekt ansehen, erscheint

bloß uns heute merkwürdig, obwohl wir uns sagen müßten, daß es noch in unserem Jahrhundert nicht viel anders geschah.
Der Unterschied der zwei Zeugnisse aber muß uns nachdenklich stimmen: wir lernen, wie verschieden ein Ereignis von den Mächtigen und den – Ohnmächtigen bedacht wurde. Die der Zwischenschicht angehörten, hatten wenig Zeit nachzudenken, so die bayrischen Beamten, denen der General Ney am 5. Dezember 1805 das Land übergab. Sie hatten ihre Sorgen – zuerst wegen der Franzosen, dann wegen der Österreicher. Wegen der Franzosen, weil deren Kriegskommissar ihnen am Weihnachtstag den Befehl zur Kenntnis brachte, wonach das Land Tirol von der den kaiserlichen Erblanden auferlegten Kontribution neun Millionen Franken zu tragen habe.
Im nächsten Augenblick schon begannen die Franzosen, die öffentlichen Kassen und das Bergbauvermögen zu beschlagnahmen. Den bayrischen Beamten, die eben noch mit ihnen zu Tisch gesessen hatten, war jedes Mittel recht, soviel wie möglich dieser Werte für Bayern zu retten. Bezeichnend ist: weder Bayern noch Österreicher nahmen Anstand, hier Hand in Hand zu arbeiten. So schloß der bayrische Polizeidirektor Carneri mit dem österreichisch-tirolischen Landesbuchhalter Tschiderer einen Scheinvertrag über den Verkauf der Salinenvorräte in Hall ab. Als die Franzosen die Silber- und Kupfervorräte in Schwaz beschlagnahmen wollten, sprang der zufällig anwesende Johann Roscher, Kommis einer nürnberger Firma Wägner, ein und schloß, ohne von seinem Herrn autorisiert zu sein, einen Kauf ab, durch den er Metall in einem Wert von 90 000 fl. rettete. Er bekam von Bayern später ein ansehnliches Geldgeschenk.
Auch auf der österreichischen Seite war, kaum daß die Festtafel vorüber war, von Geld und Sachwerten die Rede. Kaiser Franz betraute schon am dritten Tag nach dem Friedenschluß seinen bisherigen Landesgouverneur, den Grafen Brandis, mit der Führung der Verhandlungen. Es ging zunächst um das Mobiliar der Erzherzogin Elisabeth, die in Ambras gewesen war, dann um die Kunstgegenstände im Schloß Ambras. Über diese Forderungen hatte der bayrische Hofkommissar für Tirol, Graf Arco, schon Genaueres erfahren und hatte an die ambraser Schätze Sperre anlegen lassen. Sein Herrscher Max Josef, der eben zu Neujahr den Königstitel angenommen hatte, genehmigte diese Haltung und be-

auftragte Arco, dem Grafen Brandis zu eröffnen, man würde es dankbar begrüßen, wenn Österreich die Akten über Post-, Salz-, Berg- und Hüttenwesen schnell herausgäbe. Brandis entgegnete, augenblicklich sei nicht bekannt, wo die Papiere liegen. Arco fand die Antwort hinhaltend und gab dazu an, daß außerdem tiroler Stiftungskapitalien bei der wiener Stadtbank hinterlegt seien, was alles auch Gegenstand der Rückforderung sein müsse. Arco schlug ein Liquidationsgeschäft vor. Sein König wollte nichts davon wissen; denn nach seiner Erfahrung sei bisher kein einziges solches Geschäft mit österreichischen Behörden durchgeführt worden, wenn daraus dem österreichischen Fiskus ein Nachteil zu erwachsen drohte. Die Stiftungskapitalien in Wien hatten einen Wert von 900 000 fl. Der König war härter als Arco, er beauftragte ihn, Brandis nahezulegen, gleich abzurechnen und abzureisen. Arco war höflicher, er lud zu schneller Abrechnung ein. Die beleidigende Landesverweisung hielt er zurück.

Bei diesem monatelangen Verhandeln wuchs zwischen beiden Parteien gegenseitige Erbitterung. Graf Brandis hatte in Innsbruck viele Bekannte, mit denen er weiter verkehrte. Dabei wurden österreichische Erinnerungen aufgefrischt. Es war wohl auch Brandis, der die tirolischen Stände am 29. Dezember 1805 zu einem Dankschreiben an Kaiser Franz inspirierte.

Er vermittelte es nach Wien mit den Worten, daß er sich oft habe überzeugen können, wie schwer dem Volk die Trennung von Österreich falle. Schon eine Woche später hatte er die Antwort des Kaisers, darin von der schmerzlichen Pflicht, sich von einem so treuen Lande zu trennen, gesprochen wurde. Als Arco von diesem Briefwechsel erfuhr, forderte er Brandis das Schreiben ab. Er legte es in München vor. Dort gebot man ihm, für die Zukunft jede solche Korrespondenz hintanzuhalten.

Arco tat dem König zu viel und zu wenig. Er wurde darauf verwiesen, daß mit dem wiener Hof bald diplomatische Beziehungen hergestellt sein würden. Der künftige Gesandte werde auch die tiroler Angelegenheiten vertreten. Es war für Arco eine Demütigung, daß erst eine energische Vorstellung des österreichischen Ministers Stadion den bayrischen König dazu brachte, die Herausgabe der Schätze von Ambras zu verfügen. Einen anderen Verlust konnten untergeordnete Leute verhindern: der Baumeister Barago hatte den Auftrag bekommen, die Kosten für den Transport der Statuen Peter Vischers in der innsbrucker Hofkirche nach München zu berechnen. Barago zog die Sache hin, so kam es zu nichts.

Aber auch die bayrische Beamtenschaft hatte ein gutes Gedächtnis: Während der Verhandlungen über Ambras wurde Max Josef vom münchener Stadtarchivar von Pallhausen daran erinnert, daß bei der österreichischen Okkupation Bayerns im spanischen Erbfolgekrieg 1703 neun kostbare Gemälde aus der Residenz nach Tirol überführt worden seien, darunter van Dycks ›Karl Stuart zu Pferd‹, drei Bilder von Rubens und Tintorettos ›Jüngstes Gericht‹. Eine eigens bestellte Kommission nach Ambras konnte nichts davon finden.

Ich könnte hier mit einer Liste von Kunstgegenständen fortfahren, und ich finde es eigentümlich, daß bei Abtretung eines Landes zuerst von solchen Gegenständen die Rede ist. Aber das Verhalten ist begreiflich: Kunstwerke sind Trophäen. Außerdem ist man auf materiellen Wert aus und hat zugleich Sinn für Kunst. Man verschmerzt Verluste nicht leicht. Das ist kein schlechtes Zeichen für den mit der Sache befaßten Beamten. Manchmal scheint mir der Grimm zu weit zu gehen. So lese ich in einer erst 1962 in Südtirol erschienenen Schrift über die Gemäldesammlung des Klosters Neustift bei Brixen:

›daß während der kurzen bayrischen Gewaltherrschaft einige sehr kostbare Bildwerke durch Beschlagnahme oder Raub dem Stift entrissen wurden, darunter die Tafeln des Kirchenväteraltars von Michael Pacher, sie finden sich in der Alten Pinakothek in München.‹

Ich war überrascht, ich hatte nicht gewußt, daß diese Tafeln in Neustift gewesen waren.

Ich erinnere mich an den Nachmittag meines Besuchs in Neustift. Ich kam an die Pforte und sah, daß, wie üblich, die Pförtner auch Handwerker waren. Hier in Neustift waren sie Schneider, sie bügelten die Habits der residierenden Chorherren und maßen auch neue an.

Ich war zu früh gekommen. Der Pater Bibliothekar sei eben zu Tisch gewesen, hieß es, und dann pflege er ein wenig zu schlafen. Um drei Uhr empfing er mich mürrisch: Das habe ich mir gleich gedacht, daß Sie die Bilder sehen wollen! – Es ist Ihnen nicht angenehm? fragte ich. – Nein, nicht angenehm, antwortete er. Allmählich aber kam er zu Leben und erzählte und zeigte mir, was ich nicht gekannt hatte.

Da war vor allem die Handschriftensammlung unter Glas in der Mitte des Saales. Die älteste Handschrift ist vom Ende des 11. Jahrhunderts und ist ein einziges Blatt. Sie wurde in dem Ort Natz als Einband einer Urkundenreihe gefunden. Der Bibliothekar wies mich auf eine winzige Stileigentümlichkeit hin, er nannte sie die ›E-Schwänzchen‹. Dieser Ausschwung unten am ›e‹ hörte mit dem 12. Jahrhundert auf, er erlaubt die genaue Datierung.

Das unscheinbare Blatt liegt zwischen den großen Choralbüchern aus dem 15. Jahrhundert. Sie haben farbenprächtige Initialien. Auch über die Eigenart und Herkunft der besonderen Farben erklärte sich der inzwischen gesprächiger gewordene Bibliothekar. Da gab es ein scharfhelles Gelb, er vermutet, daß es von der Wurzel der Berberitze stammt, und hatte auf der Vitrine auch gleich eine solche geschälte Berberitzwurzel liegen. Sie war von demselben Gelb. Dann wies er mich auf ein sanftes Grün hin und sagte, wie das Gelb aus dem Absud der Berberitzwurzel komme, so dieses Grün aus dem Absud von Birkenlaub, und er fügte, als ein Sohn des Landes, hinzu, er wisse, daß die Bauernweiber noch heute mit solchen Absüden die Leinwand färbten: die Wurzel, die unter der Erde ist, wird bei losgeschabter Rinde in eine Wanne kochenden Wassers gelegt, oder für Grün das Birkenlaub; und je nach Dauer des Liegens in der Wanne habe die Farbe ihre Intensität.

Damit sind wir am Ende der alten Stücke. Die weiteren sind aus dem 17. Jahrhundert – soviel dageblieben ist nach dem, was die Bayern 1807 nach Innsbruck zogen. 1920 wurde dieser entführte Teil von der italienischen Regierung zurückgefordert. Die Blätter aus Neustift wurden als Kunstgut aus dem inzwischen an Italien abgetretenen Südtirol bezeichnet, die Republik Österreich als Rechtsnachfolgerin des einst napoleonisch gegründeten Bayern und der dann wiederhergestellten Monarchie. Die damals schwache Republik mußte der Forderung stattgeben, immerhin handelte sie den Italienern einiges ab. Man einigte sich dann, bei Erfüllung der diplomatischen Form aber Außerachtlassung der Materie, auf eine symbolische Zahl: *99 Stück* kamen wieder nach Neustift.

Ich habe mir dann noch das interessante ungarische Detail aus den

Erzählungen des Paters notiert: von einer Handschrift fehlten zehn Blätter. Da habe vor einigen Jahren ein ungarischer Priester bei einem Besuch hier Ähnlichkeit mit Blättern entdeckt, die in Estergòm bei Gran in Ungarn lagen. Der ungarische Priester habe Filme geschickt, man habe sie hier entwickelt. Ein solches farbiges Foto eines Blattes lag neben dem Blatt, auf das es im Original gefolgt war. Wir haben gesehen – es stimmt! Wir haben nachgeforscht: diese Blätter waren 1746 nach Ungarn gekommen, aber weiß Gott, warum!
Über eine enge Wendeltreppe ging es zur Bildergalerie. In ihr war der Friedrich-Pacher-Altar, er füllte den kleinen Raum fast aus. Es war ein Katherinenaltar, und der Pater gab mir Fingerzeige: auf einer Tafel war der menschliche Körper in Verkürzung à la Mantegna dargestellt. Dieser Friedrich Pacher, vermutlich ein Verwandter des Michael, sagte mein Führer, war ein Mann, der ›verschiedene Errungenschaften anderer Maler verwendet hat, aber er konnte sie nicht immer in einer Harmonie vereinen‹. Ich habe den Satz in diesem Wortlaut in meinem Text stehen. Dabei wird mir bewußt, daß der Pater die Sache nicht in diesem schon auf Ausgleich und Verständnis gerichteten Wortlaut gesagt hatte, sondern in einer anderen Sprechweise, abschätziger, nüchterner, in der ich sie mir auch notiert hatte. Er sagte es so:

›der sich Verschiedenes zusammengeholt hat, aber es ging ihm nicht immer ganz aus. Die Perspektive konnte er noch nicht, und die Figuren wurden ihm zu groß für den Raum‹.

Ich sah es jetzt auch: die gemalten Figuren und die gemalte Decke – sie stießen oben durch.
Darauf sagte der Pater noch einen Satz: ›er war stets von *einer* Sache besessen, da kam er zu keinem Ausgleich‹. – Der Pater war ein gebildeter Mann, aber das tirolisch Kurze, das ein Ding ›abmacht‹ (in dem Sinn: ja, es ist besprochen, jetzt fertig), schlug bei ihm durch. Da hatte ich etwas von südtirolischem Temperament. Jetzt, beim Hinschreiben, wo ich mir den Pater genau vorzustellen versuche, fällt mir ein, daß ich diesem Temperament auch bei anderen Leuten begegnet war: bei Bauern, einfachen Leuten; einem Verwandten, der den Mann begrüßt, der zu ihm in die Wirtsstube kommt; einer Lehrerin, wie sie mit ihrem Vorgesetzten verkehrt; überhaupt: beim Verkehr mit Amtsträgern – da war es mir aufgefallen: das Nichtgeduckte, Nicht- hinter- einem- Herrn- Herbet-

Die Bayern in Tirol

telnde. Ich notiere mir als Frage, woher dieser Unterschied kommt. Diese Art des Sprechens zeigte mir auch ein anderes Verhältnis zur Sache an. Ich suchte nach einem Wort dafür: freie Zustimmung aus einem Stand Unabhängigkeit, oder: Vorliebe für Freiheit – diesen Ausdruck hatte ich in einem in dieser Arbeit noch zu zitierenden Text stehen. Er paßte auch zu diesem Punkt Sprechton und Sinnesart. So fand ich hier schon bei der Charakterisierung des Temperaments der Tiroler, wie später bei vielen Ereignissen der Geschichte ihres Landes, ein Wort, das mir dann mehr und mehr zutreffend erschien als *erster* Gesichtspunkt für alle Verzweigungen tirolischen Lebens und (nicht im engen Sinn politisch gemeint) als brauchbares und wahres Wort für eine Überschrift zu dieser Darstellung.
Aber nun zurück zu dem Nachmittag in der neustifter Galerie, zu ihren Bildern.

Auf der Rückwand kam ein Hauptstück: der Meister von Uttenheim. Man hat ihn so genannt, weil der Altar aus Uttenheim war. An meinem Erklärer fiel mir auf, daß für ihn jeder Fortschritt in der Kunst auch ein Fortschritt in der Erfassung des Gegenstandes war. Bei den Tafeln aus Uttenheim machte er mich aufmerksam: die Figuren haben persönliche Attitüden, so die hinter dem Rücken eines Lesenden auf das Buch spähende Frau. Das haben *vor* dem Meister von Uttenheim schon viele gesehen, dieser hat es gemalt, da ist es wie das erste Mal gesehen, das ist der Fortschritt in der Kunst.
Ich überlegte mir: das schon von vielen Gesehene, jetzt vom Maler Gemalte; seither existiert es, vorher nicht, vorher blinder Stoff vor blindem Auge. Aber nun, einmal zum Bild geöffnet, gab es eine neue, zuvor nicht gekannte Schwierigkeit: einen Abstand zwischen dem Gegenstand, wie er wirklich war, und dem Gegenstand, der gemalt war. Dieser Abstand war erst durch die Absicht, Kunst zu machen, in die Welt gebracht worden. Er war ein beunruhigendes Moment, aber war nicht aufzuheben, außer es wurde der gemalte Gegenstand zum wirklichen Gegenstand; dann aber hörte die Kunst auf, außer *sie* war dieser Gegenstand, d. h. man stellte nicht das Abbild einer Maschine oder Rose in eine Ausstellung, sondern die wirkliche Maschine und Rose.
Ich überlegte beim Hinausgehen, wieviel mehr ich hier, an dem

Ort selber, sehe als in einem Museum. Da unterbrach mich der Pater mit noch einer Erklärung: *alle* Bilder in der Galerie waren in der *alten* Stiftskirche. Mit der hat man es sich einfach gemacht: die Gurten und Rippen abgeschlagen, die Kappen und Zwickel ausgefüllt. Dann ließ man sich den 30jährigen Maler Matthäus Günther (er starb in diesem Alter) aus Augsburg zur Ausmalung der Gewölbe kommen; dann die ›wessobrunner Stukkateure‹, Meister und Gehilfen (eine berühmte Werkstatt damals), die die Wände mit ihrem Gipsschaum überzogen. Das war schon bayrisch, dem Stil nach; das war nicht wie der brixener Dom, den Paul Troger aus Welsberg im Pustertal ausgemalt hat – ein Einheimischer; fast war er schon ein Wiener geworden, da kam er zurück.
Der Pater wunderte sich, daß ich immer mehr von ihm hören wollte. Aber mir war nicht nur der Inhalt dessen, *was* er sagte, wichtig. Ich hatte seinen Sprechton im Ohr und spürte den Abstand zu dem gewöhnlich auch gesprochenen Schreibton; mich beschäftigte dieses Unvereinbare: *sprechen – schreiben*. Daher unterscheide ich in dieser Aufzeichnung die wörtlich gesprochenen Sätze des Paters nicht von anderen Sätzen; daher dies einfach Herunterrollen des Textes, ob direkte oder indirekte Rede oder Zusammenfassung. Für mich war alles, was aufs Papier zu bringen war, gleich. Das, dachte ich, heißt ›schreiben‹. Des Paters Halbdialekt – wenn ich ihn als etwas Besonderes hervorhob, kam nichts dabei heraus. Er hatte gesagt *die Wurzel, die unter der Erde ist* – das war *seine* Sprache: die tirolische, sich an den Gegenstand saugende Sprache, die produktiv werden konnte. Für mich genügte das Wort ›Wurzel‹. Es war ausreichend für den Gegenstand, ich konnte durch Hinzufügung nicht mehr aus ihm machen. Ich *mußte* Schriftsprache schreiben, und je besser ich es tat, um so mehr war auch vom Dialekt drin und von dem kurzen Temperament und seinem Charakter. Ich sagte mir: wenn mir die Schriftsprache vollkommen gelang, brauchte ich keine Hinzufügung, dann deckte sich das Wort mit der Sache. Dann war ich über jene Schwierigkeit des Malers hinweg: den Abstand zwischen dem gemalten und dem wirklichen Gegenstand.
Ich machte mir diese Gedanken nicht aus Überfluß, sondern wegen meiner Arbeit hier, sie sollte ein ›Bild des Landes‹ geben. Wenn ich mir klar wurde, was das war, mußte ich mir sagen: es war nicht möglich. Außer so: ich durfte nicht ›abmalen‹, abschreiben, auch das

Anschauliche nicht. Mit *nur schreiben* mußte es gehen. Ich konnte Benennungen von Orten geben, die als ›Namen‹ schon im Schwange seienden Wörter, kaum mehr. Ich konnte Sätze bilden, sie füllten kein ›Bild‹ aus. Und wenn ich, wie jetzt, ins Historische ging, mußte ich's auch mit dem *nur schreiben* tun. Ich konnte von dem Ereignis, das erzählt wurde, so wenig Wirklichkeit hereinbekommen wie von dem kurzen Tonfall des Paters. Ich konnte nur sagen: ein Ereignis – jetzt verändert sich etwas, und es geht ohne Kontrolle vor sich, und anders, als du es aufschreibst.

Montgelas spricht das mit den tirolischen Bedürfnissen Unvereinbare der bayrischen Herrschaft in seinen ›Denkwürdigkeiten‹ nüchtern aus:
›dem Großstaate der Habsburger konnte es genügen, in Tirol eine verläßliche natürliche Feste zu besitzen, in die man lieber etwas hineinzahlte, als daß man ihr mehr, als sie zu leisten im Stande war, entnommen hätte. Das neue Königreich, dem der französische Protektor erhöhte Lasten aufbürdete, mußte trachten, aus seiner jüngsten Vergrößerung jene Vorteile zu ziehen, die den für deren Erwerbung gebrachten Opfern entsprachen.‹
Demgemäß waren die ersten Verfügungen der bayrischen Regierung: Ende März 1806 der Vorschlag zur Einführung einer Kopfsteuer. Von ihrer Notwendigkeit konnte Arco die tiroler Stände überzeugen. Aber je länger er im Lande war, um so mehr stellte er sich in München als beredter Anwalt Tirols vor. Als er in dem Etat für 1808 darauf hinwies, daß der Staat den tirolischen Gemeinden die Auslagen für Militär und Straßenbau abnehmen müsse, und er zwei Monate ohne Antwort blieb, ließ er eine scharfe Eingabe los:
›wenn ich nicht gehört werde, kann ich keine Straße mehr bauen. Oder es wird das Militär nicht gezahlt, oder man zahlt nicht mehr die Gehalte und Pensionen; das wäre besonders gefährlich für die öffentliche Stimmung zu einem Zeitpunkt, wo die angefangenen religiösen Reformen die Volksstimmung ungünstig machen. Das würde eine allgemeine Abneigung erzeugen. Ich warne beizeiten‹.
Die Diktion hat hier Figur, man kann sich den Mann vorstellen, wie er diese Sätze zum Diktat losläßt.
Die einschneidendsten Veränderungen machte Bayern in der politischen Verwaltung. Tirol hieß ›Südbayern‹ und wurde einem Ge-

neralkommissar unterstellt: das war Arco. Es wurde in drei Kreise gegliedert: die Kreiskommissare waren Graf Lodron für den Innkreis in Innsbruck, Georg von Aretin für den Eisackkreis in Brixen, Graf Welsperg für den Etschkreis in Trient.
Das war natürlich mehr als eine Einführung neuer Namen auf der Landkarte, es war eine neue Einrichtung innen. Ein absolutes Staatswesen wie Bayern vertrug sich nicht mit dem ständisch angelegten Tirols. In München war man sich darüber bald klar. Man berief sich auf die Länder des Rheinbundes, in denen die alte Verfassung abgetan worden sei, und leugnete die Kautelen des preßburger Friedens für ihre Erhaltung in Tirol. Am 1. Mai 1808 wurde die bayrische Konstitution eingeführt.
Die Wirkung in Tirol war die beschriebenen Papiers. In einem einzigen Ort des Landes, in dem nicht dumpf empfunden, sondern schnell gedacht wurde, zeigte sich eine Reaktion: das war Bozen. Die geistigen Führer der Stadt waren aus der Familie Giovanelli; Josef von Giovanelli, Vater und Sohn. Ihr Haus war bald Zentrum und Agens des Widerstandes gegen die bayrische Ordnung. Aber dieser Widerstand erschöpfte sich in Gesprächen und Briefen. Demgegenüber arbeitete der bayrische Staatsapparat von Anfang an mit Vollkraft – wie Josef Hirn bemerkt:
›die Beamten wurden gut gezahlt, aber hatten das Ihrige zu leisten. Ein Richter, der ein größeres Landgut in eigenem Betrieb hatte, wurde, weil er sich zu sehr damit beschäftigte, ohne weiteres seines Amtes enthoben. Wurde ein Mangel entdeckt, folgte Versetzung.‹
Weiter:
›zur Überwachung der Gesundheitspflege wurde ein Medizinalkollegium eingesetzt. Auf Grund von Erhebungen brachte man es auf eine Liste von genau beschriebenen 294 Kurpfuschern. Ein Greuel in den Augen des bayrischen Forstmannes war die vernachlässigte Waldwirtschaft. Der bayrische Forstkommissar von Herder wirkte hier segensreich durch Anlage detaillierter Forstkarten der Reviere.‹
Wir können hinzufügen: mit der Ungereimtheit der Geschichte war dieser verdienstvolle Mann dann einer der ersten bayrischen Beamten, die von den aufständischen Bauern ergriffen und denen übel mitgespielt wurde.
Nach den Darstellungen, die vorliegen, waren die meisten bay-

rischen Beamten tüchtig, aber Vollbürokraten. Auf der Mittelstufe war die Qualität gemischt. Das ist überall so. Aber im fremden Land stechen die schlechten Fälle hervor. Zu einer für den Frieden im Land verhängnisvollen Figur wurde der Kreishauptmann Johann von Hofstetten. Er kam auf den ungünstigsten Posten, den man sich wegen seiner religionsfeindlichen Anschauungen denken konnte: Arco machte ihn bei der Verschärfung des Kirchenkonfliktes im churischen Teil Tirols zum Spezialkommissar.

Diesen Kirchenkonflikt zu schildern, verlangte, ein Zeitgemälde zu entwerfen. Prinzipiell ging es um die Durchsetzung des staatlichen Hoheitsrechtes über die Kirche. Die Bischöfe sollten ein Vorschlagsrecht haben, drei Kandidaten zu nennen; der König aber konnte, nach seiner ausdrücklichen Erklärung, einen anderen, vierten einsetzen.
Im Jahr 1806 war der Streit ein Briefstreit mit königlichen Verordnungen und bischöflichen Gegenvorstellungen. Da kam Ende 1806 ein Ereignis hinzu, unscheinbar, aber bedeutsam in der Folge: das Verbot der Christnachtmesse wegen angeblicher Sittengefährdung der Teilnehmer. Auch das Rosenkranzgebet verbot Hofstetten. Die Bauern behalfen sich, indem sie den Rosenkranz allein beteten, nachdem der Pfarrer vom Altar getreten war. Die Bittgänge zu Wallfahrtskapellen, die auf alte Gelöbnisse zurückgingen, wurden abgeschafft, weil sie Arbeitszeit wegnähmen. Zu einem solchen Wallfahrtsort pilgerten am Jakobitag 1807 gegen 1500 Gläubige. Sie kamen aus 19 Orten. Schon überlegte Hofstetten, ob er sie durch Militär auseinandertreiben lassen solle. Er begnügte sich dann, die 19 Dörfer nach Größe der Einwohnerzahl mit Strafen von 25 bis 100 Gulden zu belegen. Über zwei Mädchen, die bei solcher Gelegenheit das Geläute besorgten, verhängte er die Strafe öffentlicher Prügelung.
Die Haltung der Bischöfe war unterschiedlich, am entschlossensten zeigte sich Chur. Daher gab Hofstetten zu bedenken, ob ›hier ein ausländischer Bischof aus seiner Kirche eine Gegenmacht im Staate bilden wolle‹.
Er riet zur Landesverweisung.
Buol-Schauenstein, der zu der Zeit in Meran war, versammelte dort am 13. August 1807 seinen Klerus. Nun war auch Arcos Prestige berührt, er bestellte die drei Bischöfe zu einer Konferenz nach

Innsbruck. Es waren der Bischof Graf Lodron aus Brixen, Buol-Schauenstein aus Chur, und der Bischof Graf Thun aus Trient. Nachgiebig zeigte sich nur der brixener Bischof. So handelte Arco nach einer vom 17. Oktober datierten Weisung seines Königs:
›Bischof Emanuel Thun sei an die salzburgische Grenze abzuschieben, Buol-Schauenstein habe nach Chur zu gehen, gegen den brixener Bischof Graf Lodron sei nichts vorzukehren, als daß man auf seine Ratgeber einwirke.‹
Am 24. Oktober 1807 erfolgte die Deportation. Sie bewirkte Aufruhr. In Landeck, wo Buol-Schauenstein auf seinem Weg nach Martinsbruck nächtigte, rotteten sich trotz polizeilicher Bewachung Bauernhaufen zusammen. Inzwischen schritt Bayern zur Aufhebung der Klöster. Die Einziehung des Klostergutes setzte ein bürokratisches Räderwerk in Bewegung. Kunstsachen und Münzen wurden zum Transport nach München verpackt.
Aber noch waren die von den verwiesenen Bischöfen bestellten Priester im Land. Buol-Schauenstein hatte Vikare eingesetzt. Der Staat verfolgte die Vikare, auch die Pfarrer, die mit ihnen Verkehr hatten. Dagegen wandte sich ein ›Bauernkonvent‹ in dem Wirtshaus des Peter Mayr in der Mahr bei Brixen. Eine Adresse an den König wurde verfaßt, und hier wird auch Andreas Hofer genannt: als Unterzeichner, und dann als Person, die ›unter besondere Surveillance der Obrigkeit gesetzt sei‹.
Zugleich gab Arco seinem Kommissar Hofstetten einen Sitz in Bozen mit dem Auftrag, die Orte der Unzufriedenen zu kontrollieren, notfalls mit militärischer Beihilfe. Sie war bei Hofstettens Gesinnung rasch nötig: am 3. Dezember rückten 170 Soldaten in Meran ein. Am 25. Dezember rief Hofstetten die südtiroler churischen Geistlichen nach Bozen und verlangte von ihnen Unterwerfung unter das augsburger Dekanat. 20 weigerten sich, Hofstetten ließ sie deportieren. Die Lage spitzte sich 1808 zu. Hofstetten besuchte Klöster der Kapuziner, seine Soldaten luden die Mönche auf Wagen zur Konzentrierung in andere Klöster. Das zusammenlaufende Volk ließ er mit Gewehrkolben auseinandertreiben.
Hofstetten setzte ihm ergebene Geistliche ein. Ihre Gottesdienste wurden vom Volk gemieden, nicht einmal Lebensmittel wurden ins Pfarrhaus geliefert. Selbst die Taufe eines Neugeborenen durch einen ›Staatspfarrer‹ wurde abgelehnt. Schließlich kam es zu turbulenten Szenen zwischen einem von Hofstetten eingesetzten Geist-

lichen und den Einheimischen. Das war in St. Martin in Passeier. Der Geistliche schlug bei einem Streit auf der Straße mit dem Stock zu. Hofstetten schickte 80 Soldaten nach St. Martin. Der Ortschirurg Klotz machte sich zum Wortführer der Bauern gegen das Betragen des Pfarrers. Er bekam einen Verweis von Aretin. Das war am 19. Oktober 1808.

Dies ist der Verlauf des Kirchenkonflikts. Er endete mit Zusammenrottung. Dasselbe Ende hatte der zweite Konflikt: die Militärstellung.
Bayern hatte sich mit der Einführung der Militärpflicht Zeit gelassen. Zu Anfang wollte es nur ein Bataillon Jäger durch freie Werbung. Als diese tiroler Jäger im Juli 1808 zum ersten Mal auf altbayrischen Boden kamen, hatten sie schon bis Weilheim einen Abgang von 300 Fahnenflüchtigen. Der Kommandant fürchtete, schwerlich mehr als ein Viertel bis Augsburg zu bringen.
Die förmliche Konskription kam auf Ordre von Montgelas am 8. Februar 1809, als jedermann schon von Krieg sprach. Da traf noch eine unerwartete Meldung aus dem Vinschgau ein. Sie wurde als Protokoll vom 21. Februar 1809 im Gerichtshaus Schlanders aufgenommen. Vertreter von 15 Gemeinden gaben diese Erklärung ab:
›im 8. Artikel des Friedensschlusses zu Preßburg ist die Bedingung gestellt, daß Tirol seine alte Verfassung behalte, und 1806 hat dies der König noch feierlich versprochen. Wir sind ihm zum Gehorsam verpflichtet, aber wir sind Vertreter unserer Gemeinden und müssen deren Willen ausführen. Man kann uns daher nicht übelnehmen, wenn wir bei einer Sache nicht mittun, die unseren Gemeinden so verhaßt ist.‹
Wenn ich dieses Protokoll lese, höre ich die Leute aus dieser Gegend, der Tonfall ist echt: ›nicht mittun‹, und dann kurz angebunden: ›die uns so verhaßt ist‹.
Die Vinschger blieben nicht allein. Auch in Nordtirol erklärten drei Gemeindevorsteher unter Berufung auf die tirolische Verfassung, daß sich ihre ›Bursche‹ zur Beschreibung nicht stellen würden.
Die Bayern schickten aus München herbeigerufene Strafbataillone in die sich weigernden Gemeinden. Außerdem mußten Militärpatrouillen in den Städten die beschäftigungslosen jungen Leute in den Gasthäusern ausheben. Für die Konskription war dadurch

nichts gewonnen. Das zeigt ein Bericht des Landgerichtes Innsbruck:
›auch hier wurde die Suche in den Gasthäusern vorgenommen, das hat in den Dörfern einen solchen Schrecken verbreitet, daß die jungen Leute noch am selben Abend in die Gebirge flohen, wo sie trotz Kälte auf freier Weite in kleinen Abteilungen kampieren. Das Gerücht, daß diese Bursche bewaffnet seien, ist übertrieben, aber aus kleinen Funken entstehen oft große Flammen‹.
Im Trentino, und vorzüglich in dem ans Ladinische grenzenden Gebiet, war es nicht viel anders. Dort hatte sich noch aus mittelalterlichen Tagen in Privilegien (angefangen mit den ›Patti Gebardini‹) eine selbständige Kantonalsverwaltung erhalten, der ›Scario‹ hatte für diese ›Magnifica Comunità della Valle di Fiemme‹ die politischen und Polizei-Gegenstände geschlichtet, der landesfürstliche Richter hatte neben ihm wenig zu bedeuten.
Die Fleimstaler trugen die bayrische Bevormundung schwer. Was sie noch mehr erbitterte, war deren Beamter Torresanelli, ein früher bischöflicher, dann österreichischer, nun bayrischer Richter in Cavalese. Als er am 13. März in Predazzo mit der Rekrutenaushebung anfangen wollte, kam lauter Protest auf. Torresanelli wurde festgehalten, und um durchgelassen zu werden, ließ er sich einen Revers abtrotzen, daß Predazzo von der Konskription frei sein solle. Um sein Ansehen gebracht, fühlte er sich auch in Cavalese nicht sicher und ging nach Trient. Das ermutigte die Leute von Predazzo. Sie besetzten Cavalese und konfiszierten die ärarischen Pulvervorräte. Der bayrische Kommissar Welsperg rief Soldaten, sie wurden in Predazzo beschossen und mußten sich zurückziehen. Erst am dritten Tag war Ruhe. Welsperg schickte 15 Männer als Anstifter in die Festung Mantua, von dort kamen sie nach der Insel Elba.
Zu einem parallelen Vorgang kam es im Inntal. Dort weigerten sich in sechs Orten die Stellungspflichtigen zu erscheinen. Militär wurde ausgeschickt. In dem Dorf Axams wurde es von den Bauern umzingelt und entwaffnet und mußte ohne Gewehre nach Innsbruck zurück.
Auf den Vorfall beschloß der Kommissar Lodron, die Konskription einzustellen und seine Truppen nach Innsbruck zu ziehen. Er fühlte den Zustand völliger Ohnmacht, als in der Nacht des 26. März 50 Bewaffnete zur königlichen Pulvermühle in Achenrain kamen und ohne Verhandeln die mitgebrachten Säcke mit meh-

reren Zentnern Pulver füllten. Als sie fertig waren, sagten sie, sie wollten die Ware bezahlen und gaben dem Müller einen Empfangsschein. Als er am nächsten Tag ins innsbrucker Zeughaus kam, trug ihm ein Offizier auf, das Geld einzukassieren. Der Müller sandte eine Rechnung an die Gemeinde Angerberg. Darauf erschien, wieder nachts, ein unbekannter Mann und händigte ihm 232 Gulden aus, so war auch das Pulver taxiert. Der Müller lieferte das Geld im Landgericht ab.
Mit solchen Umständen hatte man in München nicht gerechnet. Die königlichen Befehle lauteten jetzt,
›man möge mit der wirklichen Aushebung innehalten, die vorbereitenden Anstalten aber fortsetzen, das Vermögen Flüchtiger konfiszieren‹.
Das war die Sistierung der Konskription. Montgelas hat die Folgen überblickt und in seinen ›Denkwürdigkeiten‹ beschrieben:
›die Truppen fanden sich durch die ergebnislosen Verfolgungen der Bauern gedemütigt, während die Bauern, stolz auf den geleisteten Widerstand, nichts mehr für unerreichbar hielten und von jeder ihrer Unternehmungen Erfolg hofften.‹

13. Wie entsteht ein Aufstand

Eine Zusammenfassung der inneren Ursachen des tiroler Aufstandes ist von einem unverfänglichen Zeugen, dem bayrischen Feldmarschalleutnant Wrede, gegeben worden. Er schreibt am 22. Mai 1809 an seinen König:
›ein fanatisiertes Volk wie die Tiroler hängt an äußeren Kirchengebräuchen, nur nach und nach läßt sich etwas erzielen, nicht auf einmal. Den Tirolern geht es nahe, wenn ihre früheren Beamten von allen Stellen entfernt werden. Vielleicht war dann auch der Fall, daß junge hitzige Köpfe bestellt wurden, die den Charakter des Volkes nicht studiert hatten. Die Einteilung der Landgerichte war nicht mit genügender Kenntnis der Orte entworfen worden. Manche waren ein paar Tagreisen vom Gerichte entfernt, während sie bisher gewohnt waren, täglich ihren Zivilrichter zu sehen. Der Adel hat mit der Aufhebung der Verfassung viel verloren und horcht daher leicht auf Österreich. Die Handelsleute klagen über

Erschwerung des Handels mit Italien, Bozen hat die Flamme der unzufriedenen Handelswelt weiter ausgebreitet.‹

Die Nennung Bozens durch Wrede ist interessant für uns, weil sie etwas Wahres trifft, aber doch undifferenziert ein Urteil von außen ist. Ein direkter Impuls des Aufstandes ist von Bozen nicht ausgegangen, und die beiden Giovanellis, Vater und Sohn, haben Gerüchte über eine bozener Verschwörung energisch zurückgewiesen. Ihr Einfluß war von feinerem Stoff als ein Militär wie Wrede ihn wahrscheinlich hat sehen können. Giovanelli, der Sohn, war kurz vor Tirols Übergang an Bayern in den österreichischen Beamtendienst getreten. 1807, nach seiner Heirat mit der Tochter eines schweizer Diplomaten, kehrte er aus Wien zurück. Er hatte dort mit dem ihm blutsverwandten Hormayr Umgang gehabt, auch bei Erzherzog Johann hatte er wiederholt vorgesprochen. Er hatte eine Schrift gegen Hofstetten verfaßt, anonym zwar, aber er war bald überall als Verfasser genannt worden.

Von den Dingen, die sich in der Gesellschaft abspielten, ist eines noch bemerkenswert: der Casinobesuch des Grafen Aretin in Bozen.

Das ›Bozener Casino‹ war eine 1804 gegründete Vereinigung, in deren Räumen sich bozener Herren zu treffen pflegten. Aretin, gegen das bozener Patriziat gestimmt, wollte sich diese ihm unangenehme Gesellschaft näher besehen. Im Februar 1809 traf er zu einem angemeldeten Besuch ein. Er wurde von den Anwesenden brüskiert, die Casinoherren waren extra gestiefelt erschienen. Aretin erklärte später

›das sei ein österreichischer Club, in dem die Mitglieder ihm, dem obersten königlichen Beamten, nicht die geringste Achtung erweisen, ein solcher Club könne nicht geduldet werden‹.

Er bauschte die Sache gewaltig auf und brachte sie bis vor den König. Aus eigenem verfügte er die Schließung des Casinos, ließ die Räume aber nach fünf Tagen wieder öffnen, nachdem aus Innsbruck Graf Lodron auf ihn eingewirkt hatte. Lodron hatte die Reaktion der bozener Gesellschaft vorausgesehen und fürchtete bei nächsten Schritten Aretins mit Recht weitreichende Folgen.

Josef Hirn erwähnt die ›Casinoaffäre‹ als Beispiel der Aufregung, die ein ›gewissermaßen literarisches Unternehmen‹ – wie er sich ausdrückt – haben kann. In der Tat war sie, so nahe vor dem Aufstand, ein starker Anstoß.

Hierher gehört auch das Erscheinen einer Zeitschrift, deren Urheber ein im Grunde unpolitischer Beamter war: Dipauli. Er gab ein Heft ›Der Sammler‹ heraus. Durch Mitarbeiter erhielt er Verbindung mit Wien, vor allem mit Hormayr, der eine ›Geschichte der Eppaner Grafen‹ beisteuerte. Im ›Sammler‹ schrieb auch Giovanelli d. J. über frühere, für das tiroler Volk ehrenvolle Kriegsereignisse. Im November 1806 sandte Dipauli mehrere Nummern des ›Sammlers‹ an Giovanelli mit der Bitte, sie dem Erzherzog Johann zu unterbreiten. Giovanelli gelang es dann, den Erzherzog zum Mitarbeiter zu gewinnen, unter der Bedingung, man möge seine Arbeit so bringen, daß man den Verfasser nicht vermutet. Mit dem erzherzoglichen Elaborat trat Giovanelli im April 1807 die Heimreise an. Er erbot sich weiterhin als Vermittler, und Ende 1807 war das ganze Manuskript des Erzherzogs in seinen Händen.

Ein Stich ins Politische lag dem Unternehmen Dipaulis fern; aber es mußte ihn nach der Natur der Dinge bekommen: ein Ideenaustausch der drei Männer: Johann, Giovanelli, Dipauli, war zu dieser Zeit brisant. Es dauerte auch nicht lange, bis der Spürsinn Aretins hinter die Verbindung kam, er eröffnet darüber dem König:

›es ist schon lange bekannt, daß diese Korrespondenz aus Bozen vom Club der Giovanelli über Innsbruck ging, über Dipauli.‹

Dipaulis Absichten waren mehr literarisch, die Giovanellis mehr politisch, er schreibt dem Erzherzog am 6. Juli 1808:

›ich bitte, die Sache *mir* zu senden, denn so gelangt sie weit sicherer nach Tirol, weil ich in Bozen zuhause bin, wo man nicht streng im Untersuchen ist, und weil ich in keinem bayrischen Dienste stehe.‹

Verbindungen dieser Richtung, sich Tirol nicht entfremden zu lassen, gab es in Österreich in allen Schichten der Bevölkerung. Geschäftliche Beziehungen, Freundschaft, Verwandtschaft ergaben einen regen gegenseitigen Verkehr. Hofstetten kam 1807 dahinter, daß Briefschaften durch heimliche Boten in das Zillertal gebracht wurden. Aber wollte die kaiserliche Regierung mit Tirol Verbindung erhalten, durfte der Kontakt nicht bloß Zufall sein. Ein regelmäßiger Kundschaftsdienst wurde eingerichtet. Hier operierten salzburgische Beamte, sie eröffneten im Sommer 1808 einen solchen Dienst zwischen Innsbruck und Zell am See und führten so dem kaiserlichen Statthalter Aichold in Salzburg wöchentliche Rapporte zu. Mit 1000 Gulden im Jahr wurde dieser Dienst in Gang erhalten.

Schon 1806 war ein ständiges Korrespondenzbüro in Klagenfurt errichtet worden. Sein Leiter war der dortige Polizeidirektor Pausinger. Er schickte seine Berichte an das wiener Polizeiministerium. Er hatte einen Stab von Korrespondenten unter Decknamen wie Lena, Ondo, Cossu und Tinto. Nur von einem einzigen lüften die Akten den Schleier des Geheimnisses, er war freilich der merkwürdigste: der königlich bayrische Gubernialrat Trentinaglia. Die Aktennotiz des kärntner Statthalters Saurau ist vom 17. März 1807 und ist ganz nüchtern:
›die Zahl unserer Korrespondenten in Tirol ist durch Herrn von Trentinaglia vermehrt worden, der schon von heute an unter dem Namen Tinto erscheint.‹
Einzelne scheinen das Kundschaften auf mehr als auf Personen erstreckt zu haben. So berichtet Lena am 31. Dezember 1806:
›nachdem ich erfahren, daß aus Kufstein viel Geschütz fortgeführt wurde, ging ich hin. Der Eintritt in die Festung wurde mir versagt. Ich kaufte ein Faß Äpfel und bestach einen Unteroffizier mit 10 Gulden. So verschaffte ich mir Eintritt, damit ich in der Festung meine Ware besser verkaufen könne. Ich sah nur 15 Geschütze leichten Kalibers. Von schweren Geschützen nur *ein* Stück. In der Festung sind nur zwei Kompanien, und nicht komplett. Proviant ist dort für drei Monate und höchstens für 3000 Mann.‹
Im Mai 1807 bereiste Polizeikommissar Schleicher von Linz unter falschem Namen Tirol. Um dieselbe Zeit unterbreitete der Kriminalrat von Apperger, ein gebürtiger Tiroler, der kaiserlichen Regierung ein Projekt, wie man in abgelegener Gegend, im Pfitscher-Tal, ein Depot für Waffen anlegen könnte,
›dazu wolle der Förster in Sterzing, Alexander Weller, erfüllt von enthusiastischer Liebe für den Kaiser die Hand bieten.‹
Im Sommer 1808 entsandte Pausinger den angeblichen Bediensteten einer Eisenhandlung in Klagenfurt, Johann Türk, um die Verteidigungskräfte der Bayern auszuspähen. Ein bayrischer Gesinnungsfreund, Baron Reinhart, gab ihm einen Wink, ehe ihn die Bayern, schon auf seiner Spur, fangen konnten. Ebenso glücklich absolvierten die kaiserlichen Offiziere Hauptmann Bianchi und Major Stephing eine versteckte Bereisung Tirols.
Man sieht hier, wie die Vorbereitungen real werden und reelles Gewicht bekommen. Der erste Mann in Wien, der konkrete Pläne für den Krieg vorlegte, war Minister Philipp Graf Stadion. Er hielt

Wie entsteht ein Aufstand

dem Kaiser am 8. August 1808 Vortrag über Kriegsvorbereitungen und nimmt darin ausdrücklich auf, es sei mit den Unzufriedenen in Tirol anzuknüpfen. Derselbe Gedanke taucht bei einer wiener Konferenz, angeblich über Grenzberichtigungen zwischen Salzburg und Bayern, auf. Teilnehmer waren da Erzherzog Johann und Hormayr.

So haben wir Beziehungen des Erzherzogs zu Giovanelli und Dipauli, auch zu dem erwähnten Baron Reinhart; dieser bayrische Beamte lieferte Kopien der Arco'schen Korrespondenz. Ein aus Schlanders stammender Tabakverleger in Klagenfurt, Martin Teimer, ließ dem Erzherzog Berichte aus Tirol zustellen. Auch mündlich unterhielt sich Teimer mit dem Erzherzog und wies ihn auf eine in Bruneck liegende Liste der in aller Stille vereinigten Scharfschützenkorps hin.

Wer das Land kennt: mit seinen Eingängen von Pässen und immer wieder durch Engstellen und ›Klausen‹ unterbrochenen Tälern, wird verstehen, wie durch den Kopf eines Einheimischen Gedanken wanderten, wie ein Feind hier hinauszuwerfen oder dort einzuschließen sei. Der Erzherzog selbst enthielt sich einstweilen der Worte, wenn ihm solche Gedanken vorgetragen wurden. Anders wurde das in der zweiten Hälfte des Jahres 1808. Um diese Zeit rückte in Wien der schon genannte Josef Freiherr von Hormayr in des Erzherzogs Nähe.

Hormayrs Bekanntschaft mit dem Erzherzog ist aus dem Jahr 1801. Damals stand Feldmarschalleutnant Chasteler im Scharnitzpaß, unter ihm diente als Leutnant Hormayr. Chasteler machte einen Entwurf über die militärische Wichtigkeit Tirols, der gescheite Hormayr gab ihm Details.

Als Erzherzog Johann in Scharnitz durchkam, stellte ihm Chasteler seinen Liebling vor. Hormayr wurde in ein Gespräch über die Defensionsverhältnisse des Landes gezogen. Die Bekanntschaft wurde in Wien fortgesetzt. Hormayr entwarf dem Erzherzog (der es wiederum dem Kaiser vorlegte) eine Art Aufwiegelungssystem. Sein Grundsatz war, zu vermeiden, daß alles von *einem* Punkt ausging. Man wählte ein Schneeballensystem und nannte es ›geometrische Progression‹. Zuerst wirbt man zwei an, von denen keiner den andern wissen darf; jeder wirbt in gleicher Weise zwei und so fort. Der Kaiser erteilte seine Genehmigung:

›ich bin einverstanden in der Hauptsache. Aber Einleitungen zu einem Aufstand können jetzt noch nicht Platz greifen, auch Flugschriften und Aufrufe sind nur vorzubereiten.‹
Nach der Zustimmung des Kaisers baut der Erzherzog an seinem ›System‹ für Tirol weiter. Briefe genügen nicht mehr. Es wird eine Beratung in Wien angesetzt: mit den ›Allervertrautesten‹ und solchen, deren Reise am wenigsten auffällig war. Die Auswahl überließ der Erzherzog einem tiroler Kundschaftsmann, dem Cafétier Nessing aus Bozen. Nessing erhielt von einem Mittelsmann Steger einen Brief in Bildersprache. Darin ist von der Braut und ihren Brüdern im Etschland die Rede,
›auch von den Brüdern im Inntal nebst dem Bartigen‹.
Der Uneingeweihte kann daraus nur den Sandwirt als den Bartigen erkennen. Insgesamt vier Männer kamen in Frangart, im Haus des Freiherrn von Eyrl, zusammen. Sie einigten sich, daß drei, unter ihnen Andreas Hofer und Nessing, nach Wien reisen sollten. Nessing nahm, angeblich um Kaffee einzukaufen, den Umweg über Triest. Vor der Abreise erhielten die drei 500 Gulden zur Deckung der Auslagen zugestellt. Das war am 16. Januar 1809. Ende Januar trafen sie in Wien ein.
Ihr erster Gang war zu dem Mittelsmann Steger, ihr zweiter zu Hormayr. Der führte sie noch am selben Abend zu Erzherzog Johann in die Burg. Der Erzherzog wohnte im Amalientrakt hinter einer wenig bemerkten Stiege dem Ballhausplatz zu. Dort traten die Besucher ein. Wegen der ›seltenen, bärtigen und kräftigen Erscheinung Hofers‹ war Vorsicht geboten. Hormayr nahm ihm das Wort ab, sich bei Tag nicht sehen zu lassen. Hofer meinte, das könne für die Dämmerstunde nicht gelten, und erstand ein Billett für die Abendvorstellung in der Oper. Das nicht alltägliche Erscheinen eines Passeirers im Theater wurde sogleich dem Minister Stadion gemeldet, der zitierte Hormayr, dieser lief ins Foyer und ließ Hofer, um ihn schnell herauszubekommen, sagen, ein Landsmann sei da wegen eines Pferdehandels. Als Hofer herauskam, ließ ihn Hormayr schnellstens abführen. Seinen Tadel parierte Hofer: ›zur Winterszeit sei's zu solcher Stund doch schon stockrabenfinster.‹
Während sechs Tagen hatten die Delegierten drei lange Unterredungen mit dem Erzherzog. Gegenstände waren: die Unterhaltung der ins Land zu sendenden Truppen, die Notwendigkeit, Magazine zu errichten. Die Tiroler beriefen sich auf die Wirte und

Krämer in jedem Ort, die ohne Aufsehen Vorräte anlegen könnten. Sie baten um Vorschüsse und wurden umgekehrt um eine Liste vertrauenswürdiger Männer für einen Landesausschuß gebeten. Sie präsentierten die Liste. Der Erzherzog war befriedigt, daß auch Giovanelli genannt worden war, weil

›kenntnisreich in Kommerz- und Finanzsachen, immer voll Ressourcen in augenblicklichen Geldverlegenheiten‹.

Sehr verständig fand der Erzherzog, was seine Freunde über die Befestigung der wichtigsten Sperrpunkte vorbrachten. Auf seine Frage nach Kriegsvorrat antworteten sie, man hätte genug Gewehre, aber nicht viel Pulver. Johann trug ihnen auf, an sicheren Orten Pulver zu sammeln und ein Auge auf die Pulvermühlen zu haben. Als letzter Punkt wurde das Datum festgesetzt: Losbruch am 12. März, vorher Verbot aller schriftlichen Avisos; wer unvorsichtig sei, und wär's nur im Rausch, solle auf Einöden entfernt werden; der Verkehr zwischen Stadt und Land sei von jetzt an auf das Notwendigste einzuschränken; alles sei bereit zu halten, um Brücken abzutragen oder wiederherzustellen.

Hofer arbeitete schon während seiner Heimreise durchs Inntal an den Aufträgen. Auf sein Betreiben machten sich drei Vertrauensleute auf die ihnen vorgesetzten Wege. Trotz Vorsicht war etwas von der Reise durchgesickert. Aretin fragte beim bayrischen Gesandten in Wien an. Der meldete:

›einige Tiroler waren hier, einer, der einen Mann mit einem langen Bart begleitete, dessen Äußeres die Frauen sehr interessierte.‹

Nach dieser Angabe suchte die bayrische Polizei in Tirol den verdächtigen Bärtigen. Sie entdeckte drei Männer, auf die das Attribut paßte, darunter einen namens Metz aus Klausen, und auch den Sandwirt. Die Behörde schloß zuerst auf Metz, so daß ein königlicher Befehl erging, er sei zum Militär zu stecken. Bald erwies sich der Irrtum. Aretin fahndete weiter und kam zur Gewißheit, daß Hofer der gesuchte Bärtige sei. Er gab den Namen nach München weiter. Dazu seine Notiz:

›eine Gefahr der Entweichung scheine bei Hofer als einem sehr vermögenden Manne nicht vorhanden zu sein.‹

Der König war ungehalten, daß Aretin Nachrichten gab, statt einzugreifen. Es ist dann trotzdem kein Versuch zu Hofers Verhaftung unternommen worden.

Die Quellen über die unmittelbar vorbereitende Tätigkeit sind verständlicherweise spärlich, zeigen aber, daß Hofer die weitaus erfolgreichste Agitation machte. Das konnte er bei seinem großen Bekanntenkreis von häufigen Marktbesuchen und vom Wein- und Pferdehandel. Er warb in Hall Speckbacher an und traf Martin Teimer, der vom Erzherzog Johann aus Klagenfurt in gleicher Mission geschickt worden war.

Hofers Mittel waren geheime Konferenzen, mehrere im März. Er brachte alles in Fluß, in allen Landesteilen, auch in Nordtirol. Martin Teimer, ein Mann anderen Schlages, sprach auch bürgerliche Kreise an. Im ganzen wirkte die ›geometrische Progression‹ des Erzherzogs auf mehr als 200 Beteiligte. Die absamer Pulvermühle lieferte unter Vorwänden nichts mehr ab und hielt ihren Vorrat zurück. Den Bayern blieb alles verborgen. Nur einmal, in Lienz, entdeckten sie ein ihnen bedenklich erscheinendes Waffendepot. Bei den Österreichern gab es eine Verschiebung des Termins: vom 12. März um einen Monat. Am 14. Februar wurde Erzherzog Johann zum Kommandanten der Armeekorps, die nach Tirol zu gehen hätten, bestimmt. Johann gab dem Kaiser einen Bericht und hob hervor, daß Tirol von Österreich abgetreten worden sei mit den Rechten, die es unter Österreich genossen: ›so und nicht anders‹
– der Urheber dieser Formel war Hormayr, dem es darauf ankam, die Rechtmäßigkeit der Erhebung festzustellen, da Bayern diese Klausel nicht beachtet habe.

Psychologisch günstig war für die Tiroler die Fernwirkung des spanischen Aufstandes. Die Spanier sandten ihre Aufrufe nach Österreich; nach ihrem Vorbild verfertigte Hormayr Proklamationen für Tirol. Er ließ in Wien 3000 deutsche und 2000 italienische Abzüge drucken, in Graz 6000 deutsche. Erzherzog Johann verzeichnet Geldauslagen dafür: 7858 Gulden.

Die Verbreitung der Proklamationen in Tirol war für den letzten Moment vorgesehen: bei Eintritt der Armee in das Land.

Martin Teimer ging in General Chastelers Auftrag am 5. April über die Grenze. Er hatte genaue Ordre: die mühlbacher Klause (die vor dem Eisacktal und vor Brixen ist) sei von den pustertaler Bauern, der ›Kuntersweg‹ (die Passage durch das Eisacktal nach Bozen) von den Bauern am Ritten zu sperren.

Der Grund, daß die Bayern so wenig im Bild waren, ist einfach der, daß es nicht viel Detail gab, das zu verraten gewesen wäre.

Es gab nur allgemeine Abmachungen über die Abfolge der Dinge. Daher waren auch die Bayern nur allgemein argwöhnisch. Sie fühlten sich auf unterwühltem Boden, hatten aber wenig Greifbares.
Ungünstig für Bayern war auch Napoleons System, mit aller Stärke auf *einen* Punkt zu wirken, den Nebenpunkt scheinbar gleichgültig zu behandeln, bis der Hauptschlag seine Wirkung dahin von selber erstrecke. So wies Napoleon den bayrischen Divisionen andere Aufgaben zu als die Behauptung Tirols.
Im letzten Augenblick, am 26. März 1809, gab Napoleon doch Befehl, daß 5000 Franzosen unter Bisson und Lemoine, die von Italien an die Donau zu gehen hatten, unterwegs zur Beruhigung Tirols verwendet werden dürften. Ehe sie in Marsch waren, war schon Aufstand.

DRITTER TEIL

14. Wodurch ein Volk zum Volk wird

Ich unterbreche hier meine Darstellung und will versuchen, zu sagen, warum ich das tue. Die Antwort ist: aus Scheu vor den Dingen, die nun kommen. Ich frage mich weiter: woher diese Scheu? Ich muß mir antworten: weil in die Dinge nun eine Dimension kommt, die ich nicht vorhergesehen habe. Oder genauer: ich habe mich mit meiner Erzählung von 1809 in eine Sache eingelassen, die mich mehr angeht, als ich zu Anfang glaubte.

Ich habe zu Anfang von einer Reserve gegenüber historischen Gestalten gesprochen, von Eindrücken und Erinnerungen, und habe nicht gewußt, daß ich damit an einen Punkt gekommen war, nach dem sich das Kapitel ›Andreas Hofer‹ nicht mehr einfach wie ein Kapitel vorbringen ließ, das ›nun einmal dran war‹ – so wie die Lehrerin es ausgedrückt hatte: ›der ist auch bei uns jedes Jahr dran‹; oder wie die Schülerin: ›das war auch so ein Zach‹. Ich hätte in dem Abschätzigen der Antwort das Hinwegschieben wahrnehmen müssen; statt dessen hatte ich es mir in einem halb widerwilligen Aufnehmen der Erzählung selbst zu eigen gemacht; in der Furcht auch, den Leser zu langweilen; und zuletzt in der Beschränkung auf das bloß Tatsächliche; und um wenigstens hier noch einen interessanten Punkt zu finden, in der Drehung auf das Formale: hier wird gezeigt, so wird ein Aufstand gemacht.

Ich hatte nicht bemerkt, daß mir diese Wahrheit nur zur Verkleinerung des Themas diente und zu weiterem Wegschieben, bis ich den Gegenstand nicht mehr zu sehen brauchte. Vielmehr – und hier muß ich mir als Schreiber Rechenschaft geben – hatte ich bei fortschreitendem Erzählen, sehr wohl bemerkt, daß mich da etwas einholte, von dem ich nichts wissen wollte, und das nicht nur eine Sache der tirolischen Geschichte war, oder auch nur meine persönliche Sache (die war es auch), sondern daß sich da etwas nicht Begreifbares von diesem Land Tirol zu Wort meldete, das nie ganz zur Sprache gekommen war.

Ich sage Tirol und meine Österreich, und meine zugleich etwas von geschichtlichen Bedingungen Unabhängiges, durch das ein Volk zum Volk wird, indem es seinen Vater erkennt.

Nur wenige Völker genießen dieses Glück, das ihre Geschichte aufhebt; den meisten ist es wie ein Schimmer, aber dann durch Verdrehung festgehalten zu Figuren, an denen sie bis zu ihrem Ende zu fressen haben. Ich kann mir die Unmäßigkeit dieses Vorgangs in dem kleinen Tirol, dieses Aufwallen von Patriotismus und dieses schmerzliche gegenseitige Verfehlen der Liebe (zwischen Tirol und Österreich) nicht anders erklären – und endlich dann Beruhigtsein bei vergrößert starrer Figur als durch einen Irrtum am Anfang (beim ›Tag von Bozen‹ 1363); das Ausblasen der Revolution (davon wird in dem Kapitel über Michael Gaismair noch die Rede sein) war der Fehler von gestern, er wirkt bis heute.

Ich habe es beim Erzählen bemerkt und es mir durch beinahe pedantisches Aufzählen zu erklären versucht; ich kann es auch jetzt nicht anders machen, als daß ich so fortfahre. Aber der Held wird mir dabei zur hilflosesten und ärmsten Figur.

Am 7. April 1809 saßen Erzherzog Johann, Chasteler, Hormayr und ein General Buol in Villach. Am folgenden Tag unterzeichnete der Erzherzog ein Besitzergreifungspatent mit Bestimmungen über die Absetzung bayrischer und Einsetzung österreichischer Hauptbeamter. Zugleich wird jedermann eingeladen
›Anzeigen zu erstatten über das Verhalten der Staatsdiener, wofür ihm Dank und verhältnismäßige Belohnung werden soll.‹
Zur Verfassung wurde gesagt:
›die getreuen vier Stände Tirols sind der Erwerbungsurkunde von 1363 gemäß wiederherzustellen; da die Verhältnisse einen Landtag nicht gestatten, wird zunächst ein Kongreß ernannter Stimmführer für den 1. Mai nach Brixen gerufen.‹
Das Patent ist die Verwirklichung der wiener Besprechungen. Aber erlassen, wo noch kein österreichischer Soldat auf tirolischem Boden stand, war es eine Voreiligkeit, abgesehen von der häßlichen Einladung zur Angeberei. Verfasser ist Hormayr. Erzherzog Carl, der in Udine stand, verlangte Änderungen. Erzherzog Johann ver-

sprach sie, kam aber zu spät, der hormayrsche Entwurf war gedruckt schon in aller Händen.
Der Kriegsbeginn war von der Formelhaftigkeit alter Zeit: am Abend des 8. April ritt ein österreichischer Trompeter bis zum ersten bayrischen Vorposten und übergab ihm im Namen des Erzherzogs die Kriegsansage.
Für den Aufstand charakteristischer ist ein anderer Vorgang: am selben Abend rührten sich im Pustertal die ›Vertrauten‹, in Obervintl war es der Postmeister Guggenberg, er bat den Pfarrer um Boten: am nächsten Tag hätten sich alle Schützen in einem bestimmten Waldstück außerhalb des Dorfes zu versammeln. Von Obervintl ist der Vorgang überliefert. Ähnlich haben wir ihn uns an vielen Orten zu denken.
Wie bei allen Dingen zeigen sich die Hauptprägungen eines Vorgangs (der noch Zukunft ist) vom ersten Moment an auch hier: am 9. April hielten Chasteler und der zum Intendanten bestellte Hormayr ihren Einzug in Lienz. Hormayr begann sofort mit Deportationen. Ohne Verhör ließ er den Mautbeamten, der nur seinen Dienst getan hatte, nach Kärnten abführen. Bei Hormayr war Johann von Kolb, Sohn eines angesehenen innsbrucker Advokaten, aber auf Abwege gekommen: er hatte Steuergelder veruntreut und seine Stelle verloren. Er spielt im Aufstand eine wichtige Rolle, an seinem Ende war er der größte Aufhetzer Hofers. Aber er war auch mehr, und ihn so einfach abzuurteilen in dieser Rolle, ist er der Mann nicht.
Am 11. April rückte Chasteler an die mühlbacher Klause. Hier war der erste kritische Punkt. Ein bayrischer Offizier wollte die St. Lorenzer-Brücke zerstören. Er gab den Bauern, die das verhindern wollten, zum Schein nach, legte dann doch Hand an die Brücke, wurde von den Bauern attackiert und mit 12 Mann gefangengenommen.
Auf höherer Ebene sah, wie es fast immer der Fall ist, die Sache anders aus als an dem konkreten kleinen Punkt: dort drohte Feldmarschalleutnant Wrede den Bauern mit den Franzosen, den aus Italien anrückenden Abteilungen Bissons und Lemoines. Bisson war am 10. April in Brixen.
Aber nun zeigte sich die in jedem Krieg so merkwürdige Eigengesetzlichkeit des militärischen Mechanismus: Bissons Truppen waren nur zum Durchzug abgeordnet als quasi Schreckbilder, waren

ohne Weisungen für Eingreifen; sie setzten, den Bayern nicht helfend, die Bauern nicht herausfordernd, ihren Marsch fort. Der in seinen Hoffnungen getäuschte Wrede marschierte hinter ihnen, 200 Mann von ihm wurden von den Bauern gefangen. Auf diese Nachricht hin ging die zweite französische Kolonne Lemoine nach Bozen und nach Trient zurück.

Aus den hier berichteten Vorfällen wird klar, wie unbedeutend sie in dem ganzen Verlauf waren. Trotzdem wollte ich sie nicht auslassen, weil sie beinahe wie Musterbeispiele Situationen zeigen, die in dem Vorgang ›Krieg‹ immer wieder vorkommen. Dem Leser, der Überblick erwartet, mag ihre Erwähnung entbehrlich erscheinen. Aber den wirklichen Vorgang würde er ohne sie nicht kennenlernen; denn dieser Vorgang setzt sich zum größten Teil aus dergleichen ungereimten Situationen zusammen:

der Fall des Johann von Kolb: Teilnahme zwielichtiger Typen; der Fall Wrede: Rechnung auf große Perspektiven, die dann nicht verwirklicht werden, weil die Teilnehmer, in dem Fall die durchziehenden Franzosen, nicht als bloße Idee vorhanden sein müßten, sondern ein schwerfälliger Körper von Menschen und Material sind, ›auf Kampf nicht vorbereitet‹, wie es heißt; und mit einer nicht im Handumdrehen zu ändernden Ordre. Ich will auch im folgenden dem Leser durch Vorbringen von Details nicht diese Details für sich, sondern in ihren typischen Zügen den wirklichen Vorgang nahebringen.

Ein solcher typischer Zug ist das tatsächlich Neue der bäuerlichen Kampftaktik. Das Beispiel dafür: am 10. April kam Hofer nach Sterzing; Bauern nahmen, nach erfolglosen Angriffen, Deckung hinter Heuwagen, die von Mägden gezogen wurden; dank diesem überraschenden Vorgehen eroberten sie die Sterzing beherrschende bayrische Artilleriestellung.

Dann die nicht koordinierte Einschätzung der Lage bei den Beteiligten: am 11. April glaubten die innsbrucker bayrischen Behörden noch immer, sie hätten es mit einem Aufruhr wie in Axams zu tun, während in Wirklichkeit die Bauern Innsbruck schon einschlossen, es am 12. April um fünf Uhr angriffen und um zehn Uhr erobert hatten.

Schließlich ist das Durcheinander in solcher Lage weniger bei den Verlierern als typisch bei der siegreichen Partei, die einen so raschen Erfolg nicht erwartet hatte. Das Beispiel: in Ermangelung

kaiserlicher Offiziere mußte der durch nichts autorisierte Martin Teimer die Kapitulation bayrischer Abteilungen entgegennehmen. Er zog sich dazu, wie bei einer Theaterverkleidung, eine österreichische Majorsuniform an.
Weiter: man nimmt ein allgemeines Durcheinander in solchem Zeitpunkt als selbstverständlich an. Aber es muß doch als etwas nicht nebenbei Abzutuendes erwähnt werden. Außer den kämpfenden Bauern tauchten sofort streunende Haufen auf, wurden gegen die Bayern tätlich; die Schützenkompanien mußten Sicherheitsgarden aufstellen. Hierher gehört auch dieses Beispiel: der französische General Bisson, ein ehrwürdiger Greis, wurde in Innsbruck von solchen Herumstreunern angefallen, dann von Bauerngarden geschützt.
Dann als typische Erfahrung: das Durcheinander nimmt in der Richtung völlig unlogischer Vorgänge zu. Das Beispiel: die Rolle des als Major kostümierten Martin Teimer. Er mußte auch die Kapitulation Bissons und seiner französischen Truppe zustandebringen, das war schwieriger als die Verhandlung mit den Bayern, dazu gehörte unnachgiebige Haltung. Teimer brachte sie auf – trotz der Kostümrolle, die ihm jeden Augenblick bewußt war. Aber noch schwieriger wurde schließlich seine Stellung gegenüber den eigenen Leuten. Sie kamen bald dahinter, daß er nicht *mehr* wußte als die andern; und da sich noch immer kein Österreicher zeigte, wurde er ihnen in seiner ausgeborgten Uniform verdächtig. Bald jagte ihn eine mißtrauische Menge mit Rufen: Ein Verräter, aufhängen, erschießen! durch die Stadt.
Es gelang Teimer, in das Kloster der Serviten zu fliehen. Dort rettete ihn der Priester Danej vor der Menge. Danej brachte das zustande, weil die Menge ihn kannte. Auch das ist ein typischer Zug: Teimer, den niemand kannte, wurde trotz seiner Verdienste bei der Kapitulation gejagt – der Unbekannte wird immer verdächtig. Danej, wenn auch nur einigen wirklich bekannt, gewann durch Geflüster von Kopf zu Kopf Autorität über die anonyme Menge. Die Situation ist grotesk, besonders die Teimers; aber sie zeigt das Chaotische, das sofort aufbricht, wo Ordnung aufhört. Es kommt in dem Schulbuchereignis ›Befreiung des Landes von der fremden Besatzung‹ nicht vor.
Der Priester Danej spielt in der Geschichte des Aufstandes bis ans Ende eine Rolle. Daher hier seine Biographie: wie Teimer aus Schlan-

ders, geboren 1782; im Jahre 1809 also 27 Jahre alt, trat er nach den Gymnasialstudien in den Kapuzinerorden ein. Bald trat er aus, zerwarf sich mit seinem Vater wegen lockeren Wandels und ging nach Rom, wo er die Priesterweihe empfing. In Schlanders feierte er seine Primiz und lebte anfangs wie ein strenger Büßer. Bald verfiel er in sein früheres Wesen und begab sich wieder nach Rom (1806), wo ihn der bayrische Gesandte Häffelin beschäftigte. Aus seiner franzosenfeindlichen Gesinnung machte er kein Hehl und mußte die Stadt bald verlassen. Er war nun Hilfspriester im Vinschgau. Als solcher stand er auf der Seite des churer Bischofs; aber innerlich war es ihm auf dem Lande unbehaglich und er ging nach München, um eine ihm von Häffelin in Aussicht gestellte Kaplanwürde zu erlangen. Er wurde abgewiesen und traf in Innsbruck eben ein, als der Aufstand losbrach. Seine Sprachkenntnisse kamen ihm zustatten. Aber seine Neigung, sich geltend zu machen, bereitete ihm wenig Freunde. Dipauli nennt ihn einen lästigen Schwätzer, auch das bayrische Ministerium läßt kein gutes Haar an ihm. Giovanelli sagt von ihm:
›Danej fraternisierte mit den Stadtherren, meinte aber auch Einfluß auf das Volk zu haben, weil er Priester und Vertrauter Hofers war. Er verdarb sich sein Spiel, weil er die Rolle des Friedensvermittlers mit zu viel Anmaßung gab.‹
Ähnlich ist das Urteil Erzherzog Johanns. Danej, der in der Endphase des Aufstandes von Hofer als Verräter zum Tod verurteilt wurde und dem nur ein Zufall das Leben rettete, hatte seine lebendig geschriebenen ›Erinnerungen an 1809‹ (in Briefform) schon 1814 vollendet. Montgelas las die Schrift und fand sie
›bedenklich, weil sie wirklich manche wenig bekannten Umstände aufdeckte, er wolle aber nicht einschreiten, solange sie Handschrift bliebe‹,
– sie ist es geblieben. Eine Gedenktafel an Danejs Geburtshaus in Schlanders preist ihn als Retter des Ortes. Tatsächlich hatte er es (weshalb Hofer ihn verfolgen ließ) durch Verhandlungen mit den Franzosen erreicht, daß der Vinschgau von der Racheausbeutung nach der Niederschlagung des Aufstandes verschont blieb.

Eine kurze Notierung des inzwischen abgerollten Kriegskalenders: in Nordtirol waren die Österreicher von Salzburg her am 13. April endlich in Straß an der Zillermündung. Chasteler dagegen hielt noch immer an der mühlbacher Klause. Ein Stück zurück, in Welsberg, übernahm er die von den Bauern in St. Lorenzen gefangengenommenen bayrischen Soldaten. Und hier nun wieder ein typisches, für den Aufstand und für jeden Volks- und Partisanenkrieg schwieriges Detail: unter Chastelers Offizieren entstand eine Auseinandersetzung über das Schicksal der Gefangenen. General Marschall sagte, diese gegen das Völkerrecht gemachten Gefangenen seien freizugeben. Hormayr fuhr heftig dazwischen. Chasteler befahl dann Absonderung dieser Gefangenen von denen der kaiserlichen Truppen.

Hier habe ich ein Beispiel für die Spannung zwischen regulärem Militär und Volksaufgebot im Jahre 1809. Von ihr ist in der allgemeinen Gloriole dieses Jahres nicht die Rede. In Wirklichkeit war sie ein Hauptpunkt, wie es bei einem Heer aristokratischer Struktur nicht anders sein kann. Sie führte mehrere Male zu kritischen Situationen, ja zu solchen absurder Formelhaftigkeit, in denen die österreichischen Offiziere, anders als die bayrischen in ähnlichen Fällen, kläglich versagten.

Beim Fortgang im Kalender kommen zwei Personen in den Vordergrund: Chasteler und Hormayr. Chasteler schlug sein Lager nach Überwindung der mühlbacher Klause auf der Höhe von Schabs bei Brixen auf. Dieser unbedeutende Ort Schabs wird wegen seiner Lage im Mittelgebirge in der Folge zu einem Drehpunkt des Kriegsgeschehens. Einstweilen erhielt Chasteler dort eine Depesche des Erzherzogs Carl mit der Ordre zum Marsch nach Bayern. So mußte Chasteler weiter, während Hormayr in Brixen einziehen konnte. Er verhängte über Hofstetten, der sich vor dem Zorn des Volkes in die bischöfliche Burg geflüchtet hatte, Arrest.

Die nächste Phase zeigt einen nicht nur für Kriegszeiten von damals typischen Unterschied in der Aufführung des Berufsmilitärs und des zivilen Beamten: Chasteler machte auf seinem Marsch am 16. April in Innsbruck Station und übernahm formell die Regierung des Landes. Der bisherige bayrische Kommissar Graf Lodron sprach bei ihm vor und bat um Sicherheit für seine Beamten. Chasteler empfing ihn höflich. Da kam am 18. April von Hormayr eine Deportationsliste mit den Namen Lodrons und einer Reihe bayrischer Beamter. Die Frist war 24 Stunden, Klagenfurt war das Ziel. Dem Beispiel Hormayrs folgten seine unteren Beamten, es waren immer mehr Leute zu deportieren.

An Chasteler zeigte sich zum ersten Mal seine für alles Militärische ungeschickte Hand. Er ordnete zur Eintreibung von Kontribution Streifzüge nach Bayern an. Den regulären Truppen durften sich Schützenkompanien anschließen. Praktisch war das so, daß bei einer ›Militärmacht‹ von nur 800 Mann ein Vielfaches an Bauernschützen bis Tölz und Holzkirchen ein wildes Plündern und Beutemachen veranstaltete. Man fragt sich, ob Chastelers Fehler nicht einfach vom eng geschlossenen Horizont des Offiziers kam: er hatte keine Ahnung, wie sich das ›Volk‹ benehmen würde. Er sollte es bald am eigenen Leib zu spüren bekommen.

Mag sein, daß Chasteler überhaupt ein ausgetrockneter Mann war, den man auch in der Armee hin- und herschob. So jetzt: kaum auf dem Weg nach Bayern, wurde er am 20. April nach Südtirol dirigiert, da das Land Bozen abwärts noch nicht vom Feind gesäubert sei.

In Bozen selbst herrschten hormayr'sche Zustände. Bayrische Parteigänger saßen im Arrest. Hormayr wohnte bei den Giovanellis und machte das friedliche Haus zu einem Gerichtsort. Er ließ sich den österreichischen Offizier Graf Khuen als der Spionage verdächtig vorführen. Die Bauern mußten ihm die Uniform vom Leib reißen. Hormayr zwang ihn, in die Knie zu sinken, während die Bauern die Gewehre anschlugen, und rief: Bitten Sie diese Bauern da um Ihr Leben, als Christen werden sie es Ihnen schenken! – Die Dazwischenkunft der jungen Frau Giovanelli machte der Szene ein Ende.

Ein für die tiroler Erhebung entscheidender militärischer Umstand trat hier, gleich bei ihrem Anfang, auf. Auch er kann typisch genannt werden, weil er ähnlich immer wiederkehrt. Bei diesem ersten Mal, am 15. April, war es so: die ganze österreichische Bewegung nach Süden, auch Chastelers Marsch dahin, war notwendig geworden, weil die Franzosen unter Lemoine in Trient nicht mehr allein waren.

Die Bewegung im großen war: der Vizekönig Eugen Beauharnais hatte nach Nachrichten über den tiroler Aufstand zwei Regimenter unter dem General Baraguay d'Hilliers nach Trient gesandt. Alle diese Namen werden den Leser dieser Kriegsgeschichte bis zu ihrem Ende begleiten. Er wird sie in verschiedenen Rollen sehen. Zu dieser Zeit, April 1809, war Baraguay d'Hilliers entschlossen, das Trentino zu halten. Gegen seine Macht konnte Chasteler nichts

unternehmen. Aber schon der nächste Augenblick brachte eine plötzliche Wendung. Dazu schreibt Josef Hirn den folgenden Satz: ›bereits hier erwahrte es sich, daß das Schicksal des Landes vom Gang der Dinge auf den großen auswärtigen Schlachtfeldern abhänge. Am 16. April hatte Erzherzog Johann den Vizekönig bei *Sacile* geworfen. Dies bestimmte Baraguay, seine Detachements an sich zu ziehen und Trient zu verlassen.‹
Nichts stand dem Einzug der Kaiserlichen in Trient im Weg. Und nun gibt es ein letztes Beispiel einer in diesen Kriegen typischen Situation: der Selbsttäuschung der Inhaber auch hoher Posten. Das Beispiel liefert Chasteler. Er lebte in der Täuschung, daß sich die Franzosen vor *ihm* zurückzögen. Er wußte nicht, daß Baraguay in geordnetem Rückzug in jedem Ort, ehe er ihn verließ, in fester Stellung stand. So ließ Chasteler bei dem Ort Volano seine Bataillone im Sturm vorgehen. Es war ein Gefecht für nichts, am Morgen begonnen, am Abend abgebrochen: mehr als 100 Kaiserliche waren gefallen. So rückte Chasteler voran: am 26. April nach Rovereto, am 27. bis an die Grenze; kein Bayer und kein Franzose mehr stand auf tirolischem Boden.

Bei Erfolgen meldet sich sofort das Bedürfnis nach höfischer Formelhaftigkeit, das vielleicht zum alten Militärwesen, aber wenig zum eigentlichen wilden Charakter des bäuerlichen Landkrieges paßt. So folgte Chasteler am 21. April einem Ruf Hormayrs nach Bozen und quittierte den ruhmredigen Ton, in dem der Intendant ihn, den Marquis und Befehlshaber, in seinen Aufrufen herausgestrichen hatte, indem er ihm bei feierlichem Wiedersehen den Säbel des gefangenen Generals Bisson überreichte.
Interessant ist für uns zu dem Punkt ›Adelsverflechtung‹, daß dieses Gewebe bei schweren Gründen der Politik doch nicht hält: Graf Enzenberg macht Vorschläge für die Besetzung der Landesregierung, er schlägt u. a. seinen Neffen Schneeberg vor, dagegen ›gebe er seinen anderen Neffen Welsperg (der als bayrischer Kommissar in Trient gefangen wurde, von Hormayr deportiert übrigens) als zweideutigen Mann ganz preis‹.
Tiefer Eindruck der Befreiung Tirols in Wien: man hatte eine Armee in Bewegung gesetzt, aber ohne deren Eingreifen hatten die Tiroler den entscheidenden Schlag geführt.
Hofers Bedeutung wird erkannt; man spricht in Südtirol von ei-

nem Generalkommandanten Hofer; und in Nordtirol leiten einzelne Hauptleute ihre Berichte an Hofer.
Da tritt ein Umschlag im Krieg ein: Erzherzog Carl wird in Gefechten: Abensberg, Landshut und Regensburg, zurückgedrängt. In diesen Tagen kommt es, am 25. April 1809 in Regensburg, zu einem merkwürdigen Gespräch Napoleons mit dem schweizer Altlandamann Reinhard. Der schweizer Historiker Oechsli vermerkt es in seiner ›Geschichte der Schweiz im 19. Jahrh.‹. Nach ihm hat Napoleon gesagt:
›Mir gegenüber ist eure Neutralität ein Wort ohne Sinn, sie kann euch nur so lange dienen, als ich will. Wie wäre es, wenn ich euch an deren Statt durch die Vereinigung Tirols mit der Schweiz Kraft und Konsistenz verleihen würde? Eigentlich sollte ich dieses Land (Tirol) verbrennen; sollte ich es aber in Ordnung bringen, ohne es zu grund zu richten, so würde ich diesem Ausweg den Vorzug einräumen. Es hat Ähnlichkeit mit euch in Sitten und physischen Mitteln, es besitzt den nämlichen Freiheitsdurst wie ihr und würde sich mit eurer Verfassung gut vertragen.‹
Oechsli sagt dazu: ›diese alpine Eidgenossenschaft wäre nicht die unglücklichste der napoleonischen Gründungen gewesen.‹
Wir erinnern uns der Eingabe, die der tiroler Landrichter Johann Michael Senn vier Jahre zuvor, 1805, gemacht hatte. Der Leser dieser Darstellung wird den Autor immer wieder auf diese Strähne zu den Möglichkeiten tirolischer Geschichte zurückkommen sehen. Sie ist auch heute ein Wort wert: in einer Zeit, in der die Technik die alten staatlichen Grenzen in Westeuropa zu einem Formalismus macht, in der die historischen Staaten ihren eigenen Körper zu verlieren scheinen, treten die außerhistorischen Zusammenhänge wieder hervor. Die Stärkung des Rätoromanischen in der Schweiz, das Aufwachen des Ladinischen in Südtirol, der Hang zu halbstaatlichen autonomen Gebilden sind ein Zeichen solcher Entwicklung.
Die obige Notiz gilt einem Gespräch am Rande: es zeigt Napoleon als einen Mann, den Gedanken durchflogen, die weit über dem Durchschnitt waren. Aber zurück zu den Ereignissen:
die Unglücksbotschaften von der Hauptarmee brachten das eben befreite Tirol mangels Geld und Zufuhr in eine schwierige Lage. Ihr abzuhelfen, waren in den letzten Apriltagen die Deputierten Huter und Straub beim Kaiser in Ebelsberg bei Linz. Schon war die

Armee Carls auf dem Rückzug. Aber die beiden Deputierten wurden glänzend empfangen. Mehr als 200 000 Gulden und drei Munitionskarren Pulver und Blei wurden ihnen überwiesen. Allerdings mußten sie die Rückreise wegen der nachrückenden Franzosen durchs Gebirge nehmen. Straub kam mit dem Geld, Huter führte die Munition mit. So erreichten sie über den noch tief verschneiten radstädter Tauernpaß Kärnten und das Pustertal.

In Tirol wurde das Unglück der österreichischen Hauptarmee auch militärisch spürbar. Die französische Division Rusca drängte den Oberstleutnant Leiningen, dessen Mannschaft die einzige österreichische Besetzung im Trentino war, zurück, und war am 4. Mai in Trient.

Auf österreichischer Seite verbrauchte man, statt unter solchen Umständen alle Kraft nach außen zu wenden, das vorhandene Potential in einem Zwiespalt innen: in der schon erwähnten Unstimmigkeit zwischen Berufsmilitär und bäuerlichem Aufgebot. Der Streit kam wieder von dem General Marschall, der sich schon nach St. Lorenzen dagegengestellt hatte, daß die Bauern Gefangene behielten. Er forderte Hofer auf, die Bauernmacht abdanken und auseinandergehen zu machen. Hofer stellte sich dagegen auf das Recht eines selbständigen Kommandanten, der dazu erst Ordre vom Erzherzog haben müsse.

In Nordtirol trauten sich umgekehrt die Bauern zuviel zu. Dort nahm Teimer mit Genehmigung Chastelers die Ausfälle nach Bayern wieder auf. Das war verhängnisvoll: Napoleon war dadurch beunruhigt und wollte, entgegen seiner sonstigen Regel, noch *vor* der Entscheidungsschlacht in Österreich das hinter seinem Rücken liegende Tirol unterwerfen. Hier sind drei Namen zu merken: *Lefebre,* französischer General; und zwei bayrische Namen: *Wrede* und *Deroy.* Napoleon vereinigte die Truppen der drei zum Angriff auf Tirol.

Die Tiroler waren völlig überrascht. Das brachte sie, als Lefebre ins Land eindrang, zu einem hartnäckigen von Ort zu Ort hochgereizten Widerstand; das brachte wieder in Lefebres Vorrücken eine grausame Kriegsführung mit Einäscherung und Füsilierung. Chastelers Korps wurde bei Wörgl zerschlagen, da er es in militärisch ungünstiger Position aufgestellt hatte. Er wurde in Hall von dem wütenden Volk wild insultiert und konnte mit knapper Not in Richtung Brenner entweichen.

Währenddessen stießen die Vorrückenden auf Widerstand in Schwaz. Es kam zu Ausschreitungen gegen Kampfteilnehmer, Schwaz wurde angezündet, glaublich nicht auf Befehl, sondern durch Exzesse von Soldaten. Am 16. Mai war der Ort, 420 Häuser, eingeäschert. Bekannt ist der Brief, den Bettina von Arnim darüber am 18. Mai von München aus an Goethe schrieb:
›Vorgestern glühte der Himmel über den Alpen nicht vom Feuer der untergehenden Sonne, sondern vom Mordbrande. Da kamen sie um, die Mütter und Kinder, die wehrlosen, in den Flammen. Hier in München lag alles in schweigendem Frieden, der Tau tränkte die Kräuter, und dort verkohlte die Flamme den mit Heldenblut getränkten Boden. Ich stand die halbe Nacht auf dem Turm im Englischen Garten und betrachtete den roten Schein. Das Schloß der blinden Tannenberge haben sie verbrannt, Greise und Kinder getötet, und die Bayern haben sich dessen jubelnd gerühmt.‹
Die Wirkung der Exzesse auf das Volk war zunehmende Erbitterung. Die Bauern verlangten, gegen den Feind geführt zu werden. Sie wandten sich an General Buol, aber der war ohne Befehl Chastelers, der am Brenner saß und schließlich auch ihn, Buol, dahin beorderte. Die Stimmung der Bauern wurde dadurch nicht niedergeschlagen, sie wollten es auch ohne Militär mit Lefebre aufnehmen.
Mit solchem Widerstandswillen hatte man auf bayrischer Seite nicht gerechnet. So kam es auf Veranlassung Wredes, der Buol noch anwesend glaubte, zu einem Waffenstillstandsgespräch. Es wurde von tirolischer Seite dann nicht von Buol, sondern, wie schon einmal, von Martin Teimer geführt. Wrede nahm keinen Anstand, mit ihm und anderen nicht regulären Militärs zu verhandeln. Er verlangte die Auflösung des Volksheeres. Teimer lehnte ab. Aber während eines 36stündigen Waffenstillstandes (Wrede gewährte ihn, weil er hoffte, die Bauern würden sich in der Zeit ›verlaufen‹) mußte sich Teimer auf einer Blitztour zu Buol am Brenner überzeugen, daß von der österreichischen Armee nichts zu hoffen war. Chasteler wollte nach der Mißhandlung in Hall von einer Berührung mit dem Volk nichts mehr wissen. Teimer zog die Konsequenzen und brachte in Innsbruck eine Entschließung zustande, die als Kapitulation an Wrede ging. Der Mann, der sie redigierte, war ausgerechnet jener Herr von Trentinaglia, den wir als bayrischen Gubernialrat und österreichischen Spitzel Tinto

kennengelernt haben. Ich erwähne es nicht wegen Auffälligkeit, sondern als Beispiel: das Auftreten von Personen dieses Schlags in solchen Situationen ist wieder ein typischer Zug. Auf Grund der Kapitulation kamen die Bayern und Franzosen am 19. Mai in die Stadt. Lefebre nahm Wohnung in der Hofburg.
Es folgt eine eigenartige und folgenschwere Wendung, die sich der Außenstehende zunächst nicht erklären kann. Es schien, als betrachte Lefebre mit der Besetzung Innsbrucks die Unterwerfung Tirols als vollendet. Er schickte Patrouillen auf die Brennerstraße. Sie wurden beschossen und fanden beim Rückzug die Straße mit Bäumen verlegt. Nach militärischem Verstand hätte Lefebre daraufhin gegen den Brenner rekognoszieren müssen. Statt dessen schickte er sich an, Tirol innabwärts auf dem Weg zu verlassen, den er gekommen war. Sein Grund war eine am 17. Mai im französischen Hauptquartier in Schönbrunn gegebene Ordre, möglichst bald nach Salzburg zu gehen und nur die Division Deroy in Innsbruck zu lassen – zur vollständigen Unterwerfung des Landes.
In Tirol wußte man dafür keine Erklärung. Die Ursache war wohl eine Phase von Schwäche, in der, nach großer Anstrengung, die Verhältnisse stärker sind als der Mann. Nicht nur in Innsbruck, wo sich die österreichischen und bayrischen Beamten Tür an Tür als Anmaßende, Zweifler, Mitläufer und Überläufer bewegten, machte sich diese Erschlaffung breit. Sie ist ein eigentlich bürgerlicher Zustand: die Reserven sind aufgebraucht. Diesmal griff sie auch nach den höheren Köpfen: der Bayer Wrede, der sich mit dem Franzosen Lefebre schwer vertrug, hatte an den Kaiser Napoleon die Bitte um Abberufung gerichtet; und Napoleon, vielleicht in einer Spur aus einem gleichen Stoff Schwäche gemacht, hatte dem Gesuch bereitwillig stattgegeben. Wredes Division durch eine andere zu ersetzen, war er nicht geneigt. Aber er wollte Lefebre wenigstens die Demütigung ersparen, nun nur noch die einzige schwache Division Deroy zu befehligen. Deshalb entfernte er auch Lefebre.
In einer ähnlichen Phase aufgebrauchter Kraft befand sich auch die österreichische Seite. Das zeigte sich in der plötzlich puppenhaft erscheinenden Existenz der Generale. Chasteler war abgetan, auch von Marschall wollten die Bauern nichts wissen. Überdies hatten sie sich angewöhnt, im passeirer Hauptmann Hofer ihren Kommandanten zu sehen. Von ihm ging nun auch die *zweite* Befreiung aus.

Am 16. Mai war Hofer in Kaltern. Mit dem Entschluß, Nordtirol Hilfe zu bringen, ging er nach Sterzing. Er bestimmte es zum Sammelpunkt. Von den Jaufenhäusern erließ er seine ›Laufzettel‹. Kurz wie Schlag und Stoß enthielten sie Richtung und Motiv, was geschehen solle. Gerichtet an
›gut schießbare Leute‹
bestellt sie der Befehl, nein, ›die Bitte‹ nach Sterzing und
›das ohne Verzug, da alles Militär retiriert; auch haben wir vernommen, daß die Bayern alles verbrennen, sie verschonen kein Kind‹.
Unterschrieben:
›Hofer, Euer Freund, ach trauernder‹.
Hofer traf am 19. Mai im Posthaus am Brenner den General Buol. Der war eben Empfänger eines Befehls Chastelers, nach Brixen zu gehen, außerdem einer Nachricht, daß der Erzherzog ihm, Chasteler, anheimgestellt habe, Tirol zu räumen.
Hofer war ein unbequemer Mahner. Es gab ein hitziges Wortgefecht. Ein Hauptmann Welling erwirkt bei Hofer, daß er Buols Abmarsch nicht hemme, dafür der ihm ein paar Geschütze überläßt. Daraufhin sucht Hofer Chasteler, trifft ihn in Bruneck. Auch Hormayr war da. Unter Einwirkung aller gibt Chasteler einen Gegenbefehl und beordert Buol auf den Brenner zu gemeinsamem Sammeln auch der Bauern. Aber kaum ist Hofer weg, widerruft er den Befehl und fordert Buol zur Fortsetzung des Rückzugs auf.
Nach diesen Schritten Chastelers verlieren die Bauern das Vertrauen zu den kaiserlichen Offizieren. Sie sehen in Hofer den Oberkommandierenden. Er nimmt zögernd an. Er wäre glücklich gewesen, einen Mann aus der Armee als militärischen Führer zu haben.
Nun kommt General Leiningen durch Sterzing. Hofer begrüßt ihn als ›Kommandant von Tirol‹. Für Leiningen, der sich wie die anderen österreichischen Generale von den Bauern distanzieren will, konnte das nur eine Verlegenheit sein. Auf der Rückreise weicht er Hofer aus.
Inzwischen wird Hofers Aufruf im Inntal verbreitet:
›viele Etschländer stehen am Brenner. Erzherzog Johann hat erlaubt, daß wir Leiningen zum Kommandanten haben. Ersuchen, erst am 25. anzugreifen.‹
Die Schützenkompanien stellen sich der Reihe nach ein. Bei Hofer in Sterzing und bei Buol am Brenner gibt es getrennte Kriegsbera-

tungen. Aber es muß zwischen ihnen zu Vereinbarungen kommen. Buol hat Nachricht über bayrische Patrouillen bis Steinach, und bei Hofer wachsen die Massen bis zum Brenner hin an. Zum ersten Mal wird hier der Adjutant Hofers genannt: Major Eisenstecken, daneben sein Berater Graf Hendl. Eisenstecken vermittelt und erreicht bei Buol Mitwirkung des Militärs. Er verweist zwar die Bauern an
›ihren eigenen Oberkommandierenden Hofer‹,
gestattet aber seinen Truppen, mit den Bauern zu operieren. Er beruft sich dabei auf das Recht,
›da doch ursprünglich Chastelers Korps nach Tirol gesandt worden war, um mit den Bauern gemeinsam zu operieren‹.
Am 24. Mai befiehlt Hofer den Marsch nach Innsbruck. Es sind organisierte Kompanien, die Elite des waffenfähigen Bauernvolkes. An der Straßengabel stellt sich Hofer auf und weist den vorbeidefilierenden Kompanien den Weg. Ein anschauliches Bild dazu gibt Hirn:
›beide Hände in den Ledergurt gesteckt, erhob er bald den einen oder andern Fuß, um die Flügel zu formieren, und begleitete durch Gebärden seine Befehle: auf die Bayern loszuschlagen und sie den Berg hinunterzuwerfen.‹

Dem General Deroy war die Ansammlung am Brenner nicht verborgen geblieben. Am 25. Mai kam es zu ersten Zusammenstößen auf den Höhen um Innsbruck. Ein starker Regenguß trennte die Fechtenden. Ähnlich ohne Entscheidung waren die folgenden Tage. Die Bayern blieben im Besitz der Ebene, die Bauern behaupteten die Höhen. Die lange Dauer ermüdete sie. Hofer erwog den Rückzug zum Brenner. Der Vorschlag wurde verworfen, als angeblich ein Greis in der Versammlung erschien und zu Angriff anfeuerte: ein Verlöbnis zum Herzen Jesu werde helfen. Der fromme Sandwirt folgte dem Rat, schickte neue Laufzettel aus, und die Hauptquartiere arbeiteten an den taktischen Plänen zu dem für den 29. Mai angesetzten Angriff. Die Dispositionen waren dieselben, nur bei viel stärkeren Volksmassen: auf der österreichischen Seite 1300 Mann Militär und 12 000 Bauern. Deroy hatte 6000 Mann. Die Kämpfe begannen frühmorgens. Gegen ein Uhr, im wichtigsten Augenblick, erschien Hofer. Die tapferen Bayern müssen aus dem Wald und Hohlweg am Berg Isel zurück. Der österreichische Oberstleutnant Ertel ließ Deroy zur Kapitulation auffordern. Die Besprechung zerschlug sich. Die Bauern bereiteten sich für den nächsten Tag vor. Deroy aber richtete alles zum nächtlichen Abzug her. Die Ursache: er wollte sich nicht einschließen lassen, die Innseite gegen Hall war noch offen. Deroy ließ die Verwundeten zurück, das war ein Zeichen des Zutrauens zu den Tirolern. Kanonenräder und Pferdehufe wurden, um Lärm zu vermeiden, umwickelt. So passierte die Division mitternachts die mühlauer Brücke. Um ein Uhr war alles vorüber.

Die Überraschung bei den Bauern war groß. In den ersten Morgenstunden kamen ihre Trupps in die Stadt. Um sieben Uhr rückten die Passeirer ein, in militärischer Ordnung, dann Ertel mit den Soldaten. Nachmittags kam Hofer. Er unterschied sich von seinen Landsleuten nur durch den Ehrensäbel, einem Geschenk Chastelers, und durch das feinere Tuch der grünen Jacke.

Von weiterer militärischer Initiative verlautet nichts. In Innsbruck war Teimer der erste, der an Verfolgung dachte, und Hofer fuhr noch am 30. Mai nach Hall, den folgenden Tag bis Rattenberg; aber Deroy war stets um eine Tagreise voraus. Am 2. Juni betrat er altbayrischen Boden.

Als Deroy Innsbruck verließ, ging noch ein anderer General aus dem Land: Chasteler. Er war nach Lienz gezogen. Dort saß er unentschlossen. In Tirol, das fühlte er, war er unmöglich, andrerseits war seine Bestimmung noch immer, sich im Lande zu halten. Am 28. Mai befreite ihn ein Befehl Erzherzog Johanns aus der Ungewißheit: er hatte durch Kärnten zum Erzherzog durchzubrechen. Leiningen war zu der Zeit in Trient. Eine falsche Nachricht von einer Bedrohung südlich hatte seine Rückkehr beschleunigt. Auch die Bozener fanden, daß er am Brenner bessere Dienste geleistet haben würde; und die Einwohner Trients hätten auf die Anwesenheit des Grafen, dessen autokratisches Auftreten sie sich gefallen lassen mußten, gern verzichtet.

15. Andreas Hofer
oder Der Weg nach Mantua

Ich will im folgenden den Fortgang möglichst nur in Stichworten geben, das Charakteristische hervorheben – und auch das Problematische an einer Stelle.

Festzuhalten ist: in den Augen der Mitwelt erschienen die Tiroler als die Sieger am Iselberg.

Bezeichnend für Hofer ist: er löst sofort das getane Gelübde, der Abt von Wilten hält ein Hochamt am Herz Jesu-Fest. Auch die ›Ausrufung der Ehre Asperns‹, die Feier zum Sieg Erzherzog Carls über Napoleon, wird religiöser Staatsakt: am 4. Juni als Tedeum in der Hofkirche mit Ehrenstühlen für Ertel, Hormayr, Hofer, Teimer, Speckbacher und Hofers Adjutanten Eisenstecken.

In den nächsten Wochen gibt es überall Festlichkeiten, Prozessionen vor allem, aber nicht mehr mit ganz freier Lust am Glück wie im April. Ursache ist das Elend der abgebrannten Orte.

Die Intendantschaftsnachfolge Hormayrs ist zweifelhaft. Es war bekannt geworden, daß er sich in den entscheidenden Tagen nahe der Schweiz aufgehalten habe. Das macht ihn verdächtig. Hofer erläßt, als ob es einen Intendanten nicht gäbe, am 2. Juni ein Mandat: ›die Mannschaft vom Etschland geht nach Hause, die übrige bleibt, die Grenzgemeinden haben Kundschafterdienst, die Pässe sind mit Verteidigungsanstalten herzuhalten.‹

Hofer unterschreibt als

›Oberkommandant von Passeier im Namen des k. k. Landesverteidigungskommandos in Tirol‹.

Charakteristisch erscheint der Unterschied zwischen Hormayrs und Hofers Verhalten bei einer Reise zu den zerstörten Orten. Während sich Hormayr gefällig einschmeichelt, begegnet Hofer den Unglücklichen mit naturwüchsiger kalter Resignation:

›es geat bisweiln halt a so‹ (es geht bisweilen eben so).

In der Folge regiert Hormayr als oberster Zivilkommissar nicht ohne Widerspruch. So meldet sich der erfahrene Landrichter Senn wieder. Er befürwortet

›eine *nicht* bedingungslose Rückkehr unter Österreichs Szepter, das würde dem Schlendrian des ›gelben Hauses in Innsbruck‹ (des Landhauses), in dem bloß Adelige regieren, Vorschub leisten‹.

Senn wendet sich dabei an Hofer, er wünscht Hormayrs wegen

Aufsehen zu vermeiden und bittet Hofer um eine Unterredung in Meran. Aber Hofer war langatmigen staatsrechtlichen Darlegungen nicht zugänglich. Er ist, scheint es, der Einladung nicht nachgekommen.

Hormayrs Hauptschwierigkeiten waren Geld und Versorgung. Seine Hilfsquellen waren die Bergwerke: Salz und Messing. Vom kaiserlichen Hof hatte er wenig zu erwarten. Erzherzog Carl wollte nach dem Sieg bei Aspern auf die bevorstehende Entscheidung zwischen den großen Armeen auf dem Marchfeld warten. In der Zwischenzeit dachte Hormayr an mögliche Hilfe durch England. Er schrieb an den englischen Gesandten Bathurst in Budapest, dieser ließ einen Kurier nach London abgehen.

Aber auch nach Tirol gingen in dieser Zeit Briefe. Keiner hat eine so mächtige Wirkung ausgeübt wie das

Wolkersdorfer Handbillett

des Kaisers. Es ist vom 29. Mai:

›Im Vertrauen auf Gott und meine gerechte Sache erkläre ich hiemit meiner getreuen Grafschaft Tirol mit Einschluß Vorarlbergs, daß sie nie mehr von dem Körper des österreichischen Kaiserstaates soll getrennt werden und daß ich keinen anderen Frieden unterzeichnen werde als den, der dieses Land an meine Monarchie unauflöslich knüpft.‹

Das Handschreiben ging an Erzherzog Johann zur Beförderung nach Tirol. Johann erschrak über den Leichtsinn, daß der Kaiser eines Tages wortbrüchig dastehen könnte. Er schickte das Billett nicht ab. Zu seinem Ärger hörte er, daß es in Tirol schon von Hand zu Hand gehe. Es war irregulär entstanden. Nicht Stadion, der leitende Minister, hatte es dem Kaiser vorgelegt, sondern Graf Bubna und Baldacci, die größten Franzosenhasser bei Hof; und sie hatten es noch in Unkenntnis der zweiten Befreiung des Landes getan mit der Absicht, die Tiroler noch mehr anzufeuern. In der Furcht, Johann werde es zurückhalten, verbreiteten sie es hinter seinem Rücken. Hormayr besorgte gern die Verbreitung; und hier läßt sich nun schwer sagen, wie weit sie nicht doch in der Richtung der kaiserlichen Politik lag. Dies ist der eingangs von mir problematisch genannte Punkt. Er wurde deutlich nach der entscheidenden österreichischen Niederlage bei Wagram am 5./6. Juli und dem in der Woche darauf geschlossenen Waffenstillstand. Er stellt sich mir so dar:

es gibt über den Waffenstillstand einen wenig beachteten Briefwechsel zwischen dem Kaiser und dem Erzherzog Carl, und darin eine Differenz zwischen dem Gedanken an den Friedensschluß, den der Kaiser erwog, und dem Waffenstillstand, der schon Tatsache war. Carl hatte ihn am 12. Juli angeboten, Napoleon hatte sofort unterzeichnet. Der vierte Artikel war: Tirol und Vorarlberg seien von den österreichischen Truppen zu räumen. Dieser Artikel erschien dem Kaiser als der anstößigste. Carl belehrt ihn in einem Brief vom 13. Juli, daß die 2000 Mann in Tirol
›ohne Möglichkeit einer Unterstützung in den notwendigsten Kriegsbedürfnissen und von der Monarchie ganz abgeschnitten früher oder später würden verloren gewesen sein, indessen:
da wir keine Kommunikation mit Tirol haben und das Landvolk diese wenigen Truppen nicht wird abziehen lassen, Tirol aber überhaupt im Frieden einbegriffen sein muß – *so scheint diese Räumung, ohne sich einem wesentlichen Vorwurf auszusetzen, in die Länge gezogen werden zu können*‹.
Dieses hier etwas holprige Übersetzungsdeutsch des scharfblickenden Feldherrn scheint der Kaiser sehr wohl zu verstehen, indem er von Bedingungen spricht,
›die zu erfüllen nicht in unserer Macht steht‹.
Er habe daher vorläufig allen Kommandierenden untersagt, einen Waffenstillstand,
›der nicht von mir eigenhändig unterzeichnet ist, anzunehmen. Ich gestehe ein, daß ein Waffenstillstand ein hohes Bedürfnis war. Ich finde nicht, daß wir uns über die Bedingungen erfreuen können. Das Schmerzlichste ist die Kompromittierung meiner Ehre, da ich die Tiroler, die alles aufgeopfert haben, fast im nämlichen Augenblick ihrem Schicksal hingebe, als ich ihnen kaum die Zusicherung meiner kräftigsten Unterstützung gab‹.
Der Waffenstillstand war in Znaim geschlossen worden, das kaiserliche Hoflager war in Komorn, so daß der Kaiser erst am fünften Tag von dem Abschluß erfuhr. Zögernd fügte er sich. Die ihn umgebende Kriegspartei ließ ihn an dem Gedanken ›Krieg‹ festhalten. Kam es dazu, dann war zu wünschen, daß die Bewegung in Tirol fortdauerte. Diese die Waffenruhe begleitenden Umstände hatten verhängnisvolle Mitteilungen an die Tiroler zur Folge. So erging noch am 16. Juli an Johann ein kaiserliches Schreiben, das der Erzherzog am selben Tag an Buol weitergab:

›da es sein kann, daß ein feindlicher Parlamentär Ihnen den Befehl bringt, Tirol zu räumen, so haben Sie diesem Befehl nicht nachzukommen, außer er wäre von mir unterfertigt.‹
Das waren keine Vorbereitungen, daß das Volk sich in einen Waffenstillstand zu schicken habe. Umgekehrt hatten es die Franzosen und Bayern eilig mit der Publizierung. Schon am 18. Juli überreichte ein bayrischer Bauer bei Kochel dem österreichischen Vorpostenkommandanten Taxis die ›Münchener Zeitung‹ mit dem Abkommen von Znaim.

Hofer war in diesen Tagen im Pustertal. Inspiriert von dem leidenschaftlichen Kolb machte er sich zum Wortführer gegen einen Waffenstillstand. Buol war in Brixen. Französische Generale forderten ihn auf, das Land zu räumen. Buol konnte als österreichischer Offizier nicht von dieser Seite Weisung entgegennehmen. Er schickte einen Kurier an den Erzherzog.
Für Johann stand fest, daß mit Napoleon abgeschlossen worden war. Wenn er mit seiner Ordre an Buol denen recht zu geben schien, die an Waffenruhe nicht glaubten, entsprach das wohl den Intentionen des Kaisers, aber nicht seiner eigenen Überzeugung. Über diesen Widerspruch hat Josef Hirn nachgedacht. Er findet in Aufzeichnungen Hormayrs eine plausible Deutung. Er schreibt:
›Hormayr hat vermutlich recht, wenn er sagt, der Befehl Johanns habe eine andere Wirkung hervorgebracht, als er erzeugen sollte. Nicht der Waffenstillstand sollte in Frage gestellt werden, sondern es sollte verhindert werden, daß die österreichischen Truppen das Land schnell verließen. Dieser Gedanke wird in den folgenden Tagen nicht ohne eine gewisse Hinterhältigkeit fortgesponnen.‹
Hirn nennt einen erzherzoglichen Offizier, er kam aus dem Hauptquartier mit einer Abschrift des Stillstandsvertrages ins Pustertal, war aber auch Träger eines Schreibens an Buol und den General Schmidt und an Hormayr. Nach ihm finde Johann
›in dem Artikel über die Räumung Tirols nicht gesagt, ob es von Franzosen oder Bayern besetzt werden solle. Der Kaiser wolle, daß ein Friede geschlossen werde, durch den er entweder in den Besitz Tirols gelange, oder doch zu hindern hoffe, daß es für seine Anhänglichkeit bestraft werde. Vor allem gelte es, Zeit zu gewinnen. Der Stillstand solle vier Wochen dauern. Schon seien neun Tage verstrichen, die Verhandlungen würden bald zeigen, ob Frie-

de werde oder Krieg. Einzelne Punkte ermöglichten eine Verlangsamung in der Ausführung des Waffenstillstandes. Ohne Aufforderung vom Feind sei überhaupt nichts zu räumen. Unter Vorwänden sei der Abzug zu verzögern. So vergehe Zeit, und vielleicht finde der Augenblick die Truppen noch im Lande, wenn der Krieg sich erneure. Von Schießvorrat sei alles, über den nötigen Bedarf hinaus, unter die Bewohner auszuteilen. Sollten sich Einheimische den abziehenden Soldaten anschließen wollen, sei es zu gestatten, vorsichtshalber aber unter dem Schein eines in kaiserlichem Dienst stehenden Jägerkorps. Hauptsache aber bleibe, Zeit zu gewinnen, ohne den Vertrag zu verletzen, möglichst langsamer Auszug. Deshalb werde auch General Schmidt unabhängig von Buol gestellt, weil so einer sich auf den andern berufen könne, wodurch eine Menge Umtriebe geschehen können, die wieder Zeit gewinnen machen‹.

Johann empfiehlt Klugheit und Verschwiegenheit, damit niemand die Absicht errate. Man sieht aus diesem Brief: die Wünsche des Erzherzogs decken sich genau mit denen des Kaisers – das Land als wichtige Position für den Kriegsfall so lang als möglich halten.

Die österreichische Seite rechnete nicht mit Napoleon. Das Wort ›Räumung‹ enthielt nur die Hälfte seiner Vorsätze für Tirol. Es sollte nicht geräumt, sondern noch während des Waffenstillstandes unterworfen werden. Kaum eine Woche nach Vertragsschluß ergingen seine Dispositionen. Von vier Seiten sollten seine Generale das Land umklammern und besetzen: von der salzburgischen, bayrischen, italienischen und kärntner Seite. Er rechnete: abgesehen von den 2000 Österreichern könne es 12000 Bewaffnete aufbringen; gegen sie müßten 18-20000 Mann ausreichen. Der Erfolg ist ihm nicht zweifelhaft. Seine Ordre an Lefebre ist:
›Ich hoffe, Sie werden mir bald zu wissen tun, daß Sie dieses Volk geschlagen, zerstreut und entwaffnet haben.‹
Napoleon beschränkt sich nicht auf allgemeine Direktiven. Ein erstes Mandat lautet:
›Die Chefs sind als Geiseln nach Straßburg zu schicken, die wichtigsten Orte den Flammen zu übergeben.‹
Noch genauer ist ein nur vier Tage jüngerer Befehl:
›meine Absicht ist, daß Sie bei Empfang des Gegenwärtigen in den tirolischen Bezirken 150 Geiseln fordern und wenigstens sechs gro-

ße Orte sowie die Häuser der Führer plündern und niederbrennen lassen, und daß Sie erklären, das Land würde in Blut und Eisen aufgehen, wenn nicht alle Gewehre, wenigstens 18 000, abgeliefert würden.‹

Ein letzter Satz erklärt das Ziel dieser Befehle:

›Sie haben die Macht, seien Sie schrecklich und handeln Sie so, daß man einen Teil der Truppen aus dem Land ziehen kann, ohne fürchten zu müssen, daß sie wieder anfangen.‹

In der letzten Juliwoche sammelte sich in Salzburg das Gros. Der Vormarsch ging nicht glatt; der bayrische General Deroy kam erst nach Brechung örtlichen Widerstandes am 1. August nach Innsbruck. An diesem Tag wurde Lefebres Manifest angeschlagen. Es forderte Unterwerfung, Ablieferung der Waffen binnen zehn Tagen, Vorlage der Listen aller Kompanien, persönliche Stellung der führenden Männer, namentlich Hofers.

Lefebre tat sich viel zugute auf sein diesmaliges rasches Vorrücken. Aber plötzlich wendete sich das Blatt. Er hatte kaum Zeit, den aus München zu ihm gesandten Dipauli zu begrüßen. Das war am Vormittag des 5. August. In der Mittagsstunde rückte er mit einer Division dem Brenner zu. Eine kleine Affäre, so wurde ausgegeben, sei dem Sachsenkorps an der ladritscher Brücke begegnet.

Dipauli, eine zur Vermittlung geeignete Person, war der Vorläufer einer bayrischen Hofkommission, die sich als zentrales Organ für Tirol einrichten sollte. Sie hielt am 9. August ihre einzige Sitzung. Am 10. flüchtete sie über die Grenze, um dem mit ungeahnter Plötzlichkeit aufsteigenden Sturm des Aufstandes zu entrinnen.

Es begann mit der Sperrung der lienzer Klause gegen Rusca aus Kärnten. In der Klause knallte es ihm so unheimlich entgegen, daß er nach kurzem Durchbruchsversuch abließ. Nachschübe kamen den Bauern zu, und Rusca, nachdem er mehr als 300 Tote hatte, zog nach Kärnten zurück.

Die Bauern in der lienzer Klause hatten nicht nach dem Operationsplan eines Hauptquartiers gehandelt. Den Feind nicht ins Land zu lassen, war ihre Parole. Wo sie ihm erfolgreich begegnen könnten, wies ihnen der natürliche Sinn. Genauso war es im Tal des Eisack und Inn, ohne daß ein Teil vom andern wußte. Nie hat sich die instinktive Taktik des Gebirgsschützen glänzender bewährt als in diesen Tagen.

Hofer war am 31. Juli im Eisacktal. Er schrieb wieder seine bekannten Zettel. Auch den herannahenden Feind beschickte er. In einem schwerfälligen Deutsch gab er zu verstehen, daß er vom Waffenstillstand wisse, aber gerade deshalb nicht begreife, was der fremde General in Tirol wolle: der solle stehenbleiben, dann wolle man sich ruhig verhalten.
Ich habe mir überlegt, ob hinter Hofers Worten nicht auch List steckte. Seine Natur war naiv und vielschichtig zugleich. Sein Schreiben traf die französische Division beim Vormarsch durch Gossensaß. Es war die Division Rouyers, hauptsächlich sächsische Kontingente.
Lefebre hatte im Mai die Lehre erhalten, daß mit der Hauptstadt nicht auch das Land erobert war. Er hatte Rouyer über den Brenner geschickt, daß er sich mit den über Pustertal und Trient vorrückenden Truppen vereinige. Auf Hindernisse stieß Rouyer nicht. In Ordnung, ein spielendes Musikkorps voran, zogen die unter ihm stehenden Sachsen am 2. August in Sterzing ein.
Unterdessen hatten Hofers Botschaften gewirkt. Die Bauern zündeten Kreidefeuer an, sie waren das Signal
›daß binnen fünf Minuten jeder Streitbare auf allen Berghütten sein Arbeitszeug wegwarf und zum Sammelplatz lief‹.
Am 3. August begann sich das schluchtartige Tal von Unterau bis Mittewald mit Bauern zu füllen. Aber die Nennung der Orte gibt keine Anschauung. Man muß die Strecke genau kennen oder sich von ihr eine Zeichnung machen: oben ein Kreis, das ist das Feld von Sterzing, die linke Hälfte von Sumpfpflanzenzeichen erfüllt, das ist das schwer gangbare sterzinger Moos. Nach Süden eine Zickzacklinie, die Zacken deuten das sich verengende Tal an. An seinem Ende wieder ein Kreis, die obere Hälfte mit Zeichen für Kiefern, das ist der sandige Waldboden von Franzensfeste und Vahrn, der dem Fahrer auf der Straße auch heute auffällt, ehe er in den freien Kreis mit Weinbergzeichen, in das Becken von Brixen kommt. Die Zickzackstrecke der Schlucht ist 15 km lang. In ihr gibt es Plätze für Leute, die sich festsetzen, keine Bahn für Durchziehende.
So war es am Nachmittag des 3. August: Leute, die zuströmten und sich festsetzten, aber noch kein Kommando hatten. Erst am Abend war in Unterau ein Hauptquartier dreier Männer: Haspinger, der Mahrwirt Peter Mayr und Speckbacher. Spät nachts trennten sie sich,

um talaufwärts die Anlegung von Verhauen und die Aufschichtung von Steinlawinen zu betreiben.

Der Vorgang ist nun durchzuspielen: am Morgen rücken in die Zackenschlucht zwei sächsische Bataillone ein. Hinter den ersten Verhauen verengt sich die Schlucht zu Felsen, die nur der Straße und dem tosenden Eisackfluß Platz lassen. Hier lösen sich die Steinlawinen, die Blöcke donnern durch die für Holzbringung angelegten Rinnen auf die Straße. Unter schweren Verlusten windet sich das Sachsenkorps durch die Absturzstellen bis zum Dorf Mittewald. Von hier geht nur ein Saumpfad neben dem reißenden Fluß weiter für das Passieren von Mann hinter Mann. Diese lange Zeile ist das Ziel der an der Bergseite schwärmenden Schützen. Die Soldaten müssen zurück nach Mittewald, nach Sterzing. So war die Eisackschlucht zur ›Sachsenklemme‹ geworden, das Haus an der Brennerbahn hat heute noch diesen Namen.

Der zweite Vorgang ist: Rouyer verständigt Lefebre von dem Hindernis. Lefebre bricht mit 7000 Mann von Innsbruck auf. Eine andere Abteilung schickt er ins Oberinntal: sie soll über Landeck und den Reschen nach Südtirol.

Lefebre kommt über den Brenner, aber in der Zickzackschlucht vermehrt sich die Sturmmasse. Hofer war im Anzug. Er kam nicht sofort, sondern nach Nachdenken. Danej hebt das ausdrücklich hervor. Hofer konnte sich den Waffenstillstand und die fortschreitende Landesokkupation, dazu des Kaisers Versprechen, sich nie von Tirol zu trennen, nicht zusammenreimen. In einem einsamen Versteck

›beim Schindleregg im Wald unter einem hohlen Stein‹

wollte er den Erfolg seiner Laufzettel abwarten. Auch in der Einsiedelei setzt er sein Aufrufen fort. Aus einer Höhle

›dermalen wo ich bin‹

oder

›dermal unwissend wo‹

erinnert er an die ergangenen Befehle und verspricht, das Kommando zu übernehmen, sobald er Gewißheit habe. Er brauchte nicht zu warten. Durch Speckbacher erfuhr er, wie es in der Klause ging, und schon am 5. wurde die Berghöhle mit der Wirtsstube vertauscht; Hofer selbst war wie elektrisiert.

›Viel Volk und schnell‹

ist der Inhalt seiner Befehle.

›Alles Volk herüber, nur geschwind, geschwind‹
lautet eine zweite Ordre. Er meint: herüber über den Jaufen. Sein Quartier ist schon am 6. auf der sterzinger Seite, im Weiler Kalch. Den 7. August hatte Lefebre zum Durchbruch nach Brixen bestimmt. Was er jedoch beim Eintritt in den Engpaß zu sehen bekam, war
›eine Straße durch übereinander gehäufte Steine gesperrt, nicht die Eingänge, sondern die ganze Straße auf eine halbe Stunde so gesperrt‹.
Das berichtet der bayrische Oberst Epplen dem König am 9. August. Lefebre mußte zurück nach Sterzing. Dort vereinte sich um Hofer alles. Aber zu Kämpfen kam es nicht. Eher zu einem Abklang: Lefebre mußte, da die Bauern das Vieh noch auf den Almen hatten, Abteilungen um Fourage ausschicken. Das führte zu Einzelkämpfen in entlegenen Regionen. Hofer wieder mußte wahrnehmen, daß sich seine Leute gegen den vorstoßenden Feind nur schwer behaupteten. Das bewog Lefebre, sich mit dem Gegner in Verbindung zu setzen: mit der Aufforderung, sich zu ergeben. Von Unterwerfung wollten die Bauern nichts wissen, höchstens von kurzer Waffenruhe. Sie sollte den 10. August über dauern. Aber dann war es Lefebre, der um Verlängerung bis 11. August, 9 Uhr früh, ansuchte. Er brauchte diese Zeit zu dem beschlossenen Rückzug. Ihm war eine Nachricht zugekommen, die ihn dringend nach Innsbruck rief – die Nachricht von Pontlatz.

Es ist derselbe Vorgang wie in der Zickzackschlucht des Eisack, nur: der Kreis ist Landeck, der Fluß der Inn, aufwärts Richtung Reschen. Wenn ein Ort den Namen ›Sack‹ verdiente, wäre es die Stelle der pontlatzer Brücke nahe Landeck. Eine Felsmasse stürzt zum Wasser ab, aus dieser Klemme geht die Brücke auf das andere Innufer. Die Straße ist aus der theresianischen Zeit, es gab aber von dem Ort schon von 1703 her die militärische Erinnerung an die Einschließung des Feindes. Der Vorgang wiederholte sich, aber verschärft unter Anlegung von Verhauen und Auftürmung von Steinmassen. Unbedingte Übergabe bei guter Behandlung war nach einem bayrischen Kapitulationsangebot das Ergebnis der Verhandlungen, bei denen 800 Mann mit 100 Pferden zu Gefangenen der Bauern wurden.
So wurden durch den Kampf in der lienzer Klause, der Sachsen-

klemme und bei Pontlatz drei Unternehmungen des Feindes vereitelt. Überall hatte das Volk dieselbe Methode der Abwehr geübt, mit demselben Erfolg.
Keine Meldungen kamen von Lefebre aus Sterzing, indessen wirkten Hofers Zettel schon nahe Innsbruck. So war die Lage am 11. August: General Drouet in Innsbruck wußte nichts von Lefebre, der in der Nacht zum 11. in Sterzing aufbrach. Er wurde unterwegs angegriffen, bei Zunahme der Störungen bis Innsbruck. Der Marschall selbst, für manchen Schützen Zielpunkt, marschierte in dem Mantel eines gemeinen Dragoners zwischen den Pferden. Ankunft in der Stadt drei Uhr nachmittags.
Die Wirkung auf das bayrische Korps war demoralisierend. Dazu kam Hofers Aufbieten in der intensivsten Weise durch Laufzettel. Sie wurden in alle Täler getragen. Kurz und bündig bestellten sie
›alle liebe Lantss Prieder. Wo es euch ihmer befindet, will ich euch durch Iber Pringer disser par Zeillen zu wissen gemacht haben, dass am 13. der angriff gemacht wehren soll‹.
Unterschrift:
›schen Perg am 12. Abentst 1809. Andre Hofer Ober- comandant in Diroll von Passeyer.‹
Die militärische Situation war wie bei der Maibefreiung. Die Stärke der tirolischen Wehrmacht kann auf 15 000 Köpfe angeschlagen werden. Ihr hatte Lefebre in Innsbruck 10 600 Mann zu Fuß nebst 1200 Reitern und in Hall 4000 Sachsen entgegenzustellen.
Der 13. August war ein Sonntag. Lefebre glaubte nicht, daß die Tiroler an einem Sonntag angreifen. Aber um zwei Uhr morgens hatte ihnen Haspinger in Mutters die Messe gelesen und die Absolution gegeben. Durch den Hohlweg am Iselberg sollte auf die Bayern vorgebrochen werden. Brust an Brust wurde gerungen. Lefebre selbst wurde verwundet. Zwölf Stunden dauerte der Kampf. Er endete wie am 29. Mai: die Bauern behaupteten die Höhen, nur war der Erfolg diesmal gegen eine ums Doppelte stärkere Macht erstritten.
Um so größer war die Niedergeschlagenheit bei den Bayern. Der 13. ging nicht zu Ende, ohne daß Lefebre die Nachricht von einem schweren Unfall erhielt. Am Abend zuvor war Oberst Arco, ein Verwandter des vormaligen bayrischen Statthalters, mit seinem Korps Richtung Unterinntal gegangen. Bei Pill war die Straße ver-

baut. Arco ritt vor, wurde aus dem Wald beschossen und fiel tot vom Pferd. Diese Nachricht sagte Lefebre, daß seine einzige Rückzugslinie, den Inn hinunter, bedroht sei. Seine Verfassung hat er vor dem bayrischen König ausgesprochen:
›nachdem der Feind meine rückwärtigen Verbindungen hatte unterbrechen lassen, griff er mich am 13. bei Innsbruck an. Ich behauptete meine Stellung, aber der Kampf kostete eine Menge Offiziere und beeinflußte die Moral der Armee. Die Gerüchte, daß der Feind unsere rückwärtigen Verbindungen besetzt hätte, machten einen so starken Eindruck auf die Armee, daß ich nicht Gefahr laufen wollte, sie ganz zu verlieren. Diese Erwägung hat mich, ebenso wie die Schwierigkeit, Lebensmittel zu beschaffen, bestimmt, eine rückgängige Bewegung anzutreten.‹
Lefebre bereitete den Abmarsch vor. Das Land feierte seine dritte Befreiung.
Kein Ereignis hat damals in der Welt mehr Aufsehen erregt. Nicht ein bayrischer Divisionsgeneral wie Deroy, sondern ein Marschall des französischen Kaiserreiches, ›Herzog von Danzig‹, war von den Bauern bezwungen worden. Hofer machte in Deutschland von sich reden. Aber die Schwierigkeit wartete zu Hause auf ihn. Eine staatliche Autorität gab es nicht. Bayern war abgetan, und Österreich trat nicht an seine Stelle. In Innsbruck machte sich zügellose Pöbelherrschaft breit. Hofer schlug sie dank seiner Autorität nieder. Er sollte sich an die Spitze der Regierung stellen. Der Wunsch war ihm fremd, er mußte ihm folgen. Hilfe hatte er an einem in Graz gebürtigen Studenten Kajetan Sweth. Der half in Schreibsachen; meist arbeitete er bei ›Vater Hofer‹ in der Kanzlei.
Damit begann das Bauernregiment, wie nicht anders denkbar: die politische Macht mußte auf den übergehen, der die militärische hatte. Das war Hofers Gesellschaft in der Burg: ›auf die Joppe‹, das Kleid des Bauern, hatte er Vertrauen. Geistliche waren stets willkommen. Von den vielen Räumen belegte er nur einen kleinen Saal. Auf dem Tisch lagen die Akten, an ihm wurde Rat gehalten, gespielt und gespeist. Hier gab Hofer auch Audienzen, und wie Sweth gebrauchten die Ankömmlinge die Formel: ›Herr Vater‹.
Der Tageslauf Hofers war der eines frommen Bauern. Um fünf Uhr früh stand er auf und ging zur Messe in die nahe Pfarrkirche. Nach dem Frühstück kamen die Geschäfte. Der einfache Haushalt wurde in der kaiserlichen Burg fortgesetzt. Es gab ein kräftiges ›Fuhr-

mannsmahl‹, die Wirtin beim ›Moll‹ nächst der Burg hatte es zu besorgen. Wer zur Essenszeit da war, setzte sich mit zu Tisch. Das Getränk lag in Gebinden aus der heimischen Weingegend, ›aus dem Land‹, bereit. Am Abend wurde der Saal zur Plauderstube. Zuvor aber durfte der Rosenkranz nicht versäumt werden. Hofer war Vorbeter, Gäste und Wachen knieten im Kreise. Nach der Andacht kam die Unterhaltung: Kartenspielen, Erzählen, auch im Chor wurde gesungen. Um elf Uhr war in der Burg tiefe Ruhe.
Seit Mitte August war Hofer Regent ohne kaiserliche Bestellung. In einem Schreiben erinnert er den Kaiser an das feierliche Wort, Tirol nie von Österreich trennen zu lassen, und an die Opfer, die das Land gebracht hatte. Er schreibt:
›da ersuchen wir E. M. um Hilfe. Sollten die Umstände Hilfe unmöglich machen, so wollen E. M. dem getreuen Lande die Lage der Dinge mitteilen, ob weiterer Widerstand die Rettung des so teuren Vaterlandes oder den gänzlichen Untergang desselben herbeiführen würde.‹
In diesen Worten war abwägender politischer Verstand. Eine Antwort solchen Charakters blieb aus. Hofer sah sich auf sich selbst gestellt. Daher nun dieser Fortgang der Dinge:
um die Regierungsmaschine in Gang zu halten, genügte die bäuerliche Gesellschaft nicht. Die Wiederherstellung der Behörden und des Geschäftsganges war notwendig. Die Ordnung stammt von Giovanelli d. J. – Hofer reiste, um ihn zu gewinnen, Anfang September nach Südtirol. Er bekam ausweichende Antwort. Von Innsbruck richtete er dann eine schriftliche Aufforderung an Giovanelli. Um ihr Nachdruck zu geben, sandte er seinen Hauptmann Peter Thalguter mit der Weisung nach Bozen, sich so lang in Giovanellis Haus einzuquartieren, bis dem Befehl genug getan wäre. Diesem Druck gab Giovanelli nach. Es fiel ihm nicht leicht. In den Augen eines wiederkehrenden Feindes konnte die Zentralbehörde als Revolutionstribunal erscheinen und ihr Reformator als Hochverräter und Staatsverbrecher. Vater und Sohn Giovanelli wurden sich schlüssig, daß die Administration ihre Erlässe nur im Namen des Landes herausgebe als eine gegen Anarchie notwendige Stelle. Wenn Hofer Verordnungen im Namen des Kaisers herausgebe, sei das eine Sache für sich. Zwei Wünsche gab der Vater dem Sohn mit: Einsetzung neuen Regierungspersonals, und Verlegung der Zentrale in eine andere Stadt.

Schon am zweiten Tag in Innsbruck wurde dem jungen Giovanelli klar, daß die väterliche Direktive über seine Kräfte gehe. Es gab eine Differenzierung zwischen Nord- und Südtirol. Nur allmählich konnte sich Giovanelli durchsetzen. Aber er war bald die Seele der politischen Verwaltung. Maßregelung wegen anrüchiger Gesinnung gab es weit weniger als unter Hormayr; und die bespöttelte Modepolizei, die sich an dekolletierten Damen ärgerte, ging nicht einmal auf Hofer, sondern auf Anregung eines alten Herrn v. Stadler zurück.

In den Akten von 1809 findet sich der Gedanke, Tirol müsse eine Festung für sich sein. Dieser Zustand war durch Giovanellis Vorsorge für Ausrüstung mit Geschützen und Kaderabteilungen nun wirklich eingetreten.

Tirol war abgeschnitten von Nachrichten. Es gab eine diplomatische Korrespondenz zwischen Innsbruck und München wegen Hofers Bemühung für Gefangene, aber bei diesem Annäherungsversuch waren dem bayrischen König die Hände gebunden; Napoleon erklärte Verhandlung mit den Tirolern als unschicklich. Für ihn selbst bestand die Rücksicht nicht. Die unentschiedene Kriegslage brachte ihn auf einen Gedanken, wie er die tirolische Frage ohne Waffen lösen könne. Durch einen im Auftrag Berthièrs geschickten Offizier sollte Rusca die Chefs der Aufständischen wissen lassen, Napoleon sei zu Beilegung bereit; nur eines sei ausgeschlossen: Vereinigung mit Österreich. Hätten die Tiroler Wünsche, wollten sie etwa nicht mehr bayrisch werden, stünde einer Vereinigung mit dem Königreich Italien nichts im Weg, auch nicht der Gewährung von Freiheiten und einer ihnen zusagenden Verfassung. Das Schriftstück wurde später aus Archiven abgedruckt. Zu Bedeutung kam es nicht, da das Original abgefangen wurde.

Österreich hätte in dieser Zeit, bei loyaler Auslegung des Waffenstillstandes, die Verbindung zu Tirol abbrechen oder nur in beschwichtigendem Sinn wirken dürfen. Beides geschah nicht. Für Wien war der Waffenstillstand ein Schwanken zwischen der Entschließung die Waffen wieder zu ergreifen oder niederzulegen. Erzherzog Johann notiert dazu am 22. August 1809:
›die Kaiserin sieht wie ich: sie möchte den Krieg, weil sie an keine Möglichkeit des Friedens glaubt; aber sie wünscht den Frieden, weil sie weder Fähigkeit noch Willen für Krieg bei uns sieht. Der Kaiser wünscht den Krieg, schiebt aber den Entschluß hinaus.‹

Das Zünglein der Waage neigte häufig zu Krieg. Da lag es nahe, das Eisen in Tirol warm zu halten. In Tirol selbst war das Streben, mit dem Kaiser und Erzherzog Johann Kontakt zu halten, unvertilgbar. Die erste Kunde aus Österreich erhielt Hofer durch seinen Freund Trogmann, der den Erzherzog in Czakathurn getroffen hatte. Sie hieß: die Tiroler sollen ausdauern, es ist kein Friede angenommen.

In diesem Augenblick versuchte der frühere Unterintendant für Tirol, Roschmann, sich an Stelle Hormayrs zu setzen. Er entwarf einen Organisationsplan, nach dem u. a. verkleidete Artilleristen jetzt schon ins Land zu schicken seien. Der Kaiser erklärte, das zu tun, vor Kündigung der Waffenruhe, sei er zu ehrlich. Aber er gab Roschmann am 14. August unter Hinweis auf schweizerische Kreditanweisungen 3000 Gulden mit, dazu eine Ehrenkette für Hofer und ein Diplom über Ernennung Roschmanns zum ›Armeekommissar für Tirol‹. Das war eine Maßregel voll Widerspruch. Johann fühlte sich zur Seite gesetzt, die Tiroler glaubten, die österreichische Intendantschaft beginne wieder und mochten an Friede um so weniger denken.

Man sieht, wie sich Mittels- und Dienstmänner geschäftig machen, gegen die selbst ein Hormayr anderes Format aufgebracht hätte. Eine Nebensache – aber sie ist charakteristisch für eine solche, schon bedenkliche, Phase einer Unternehmung: auch Hofer kommt in ein nicht recht faßbares Zwielicht. Sie sprechen ihn mit ›Vater‹ an, fesseln ihn aber an ihre Phantasien mit schwülstigen Redensarten wie ›Gott, der Allmächtige, hat Hofer und mein Herz schon lange zusammengekettet, und zwar ohne Interessen‹,

so Kolb am 19. September. Meine vorausgeschickte Notiz ist eine Feststellung zum Stil, kein Urteil. Der Schreiber heute muß auch einen Mann wie Kolb in seiner gesellschaftlichen Funktion sehen und ins Licht rücken gegen eine wie verabredet erscheinende Voreingenommenheit früherer Autoren. Mir ist sie verdächtig, weil nichts einfacher ist, als einen Sündenbock zu haben.

Es ist bezeugt, daß Hofer die Boten aus Wien nicht gern vorließ und daß sein Empfang frostig war. Aber wie sollte er kalt bleiben, wenn sie ihm nun die Dukaten auf den Tisch rollten und ihm die Kette überreichten mit der Versicherung, der Kaiser nehme den Krieg wieder auf; und Tirol, das Hormayr in Wien verleumdet habe, wolle er reich unterstützen. Giovanelli war zugegen und selbstverständlich Schatzmeister Holzknecht, der, während Hofer die Quittung schrieb, sich von Eisenstecken die 3000 Stücke herunterzählen ließ. Aber schon gab es andere Stimmen: in einer passeirer Kompanie diente ein Georg Hofer, ein bäuerlicher Tyrtäus, der an diesem Tag ein ›Ehrenlied auf Vater Hofer‹ anstimmte:

›Gott zieht nicht die Hand zurücke
und sie weckt zum schnellen Glücke,
die den Held Tirols beseelt.

Von dem gemeinen Bauernstande
Vater Hofer in dem Lande
ordnet gleich den kleinen Rest.‹

An den Kaiser schickte Hofer ein Dankschreiben mit einer Darstellung der Lage. Er gibt den Zustand mit allen finanziellen Details. Er will einen Intendanten,
›wenn schon einer notwendig sein sollte, als praktischen Geschäftsmann mit ausgedehnten Vollmachten, um der unter der vorigen österreichischen Intendantschaft eingetretenen Verwirrung zu steuern.‹
Der Erzherzog gab dem Kaiser ein zweites Exemplar der Denkschrift. Es war der Augenblick, in dem der Kaiser seinem Hoflager persönlich diese mündliche Erklärung gab:
›da zu viele Feinde gegen mich aufgestanden sind, bin ich gezwungen worden, Frieden zu machen, und hege den Wunsch, die Tiroler möchten sich ins Unvermeidliche fügen und sich nicht unnützerweise opfern.‹
Roschmanns Absendung spürte der Kaiser nun als Verlegenheit, der Erzherzog sollte ihn unterrichten. Selbst Metternich trat vor den Kaiser, ihm nahezulegen, was gegenüber Tirol jetzt seine Sache wäre. Er brachte ein Konzept:
›Ich höre, ihr wollt noch Widerstand leisten, bis ihr von mir erfahrt, daß wirklich Friede ist. Ich erteile euch die Versicherung, der 10. Artikel des am 14. Oktober unterzeichneten Friedens sichert euch vollständige Amnestie.‹
Ein kalter kaiserlicher Einspruch verhinderte die Absendung:
›da man von der eigentlichen Lage Tirols nichts gewisses weiß, hat dieser Gegenstand auf sich zu beruhen, wenigstens für jetzt.‹

Die Beruhigungsaktion blieb dem Erzherzog überlassen, der ja allerdings auch die Erhebung bewirkt hatte. Er schickte einen Boten, Josef von Lichtenthurn. Ihm war zugesichert worden, daß er die Friedensnachricht frei verbreiten könne.
Er fand Tirol in heilloser Gärung.

Von dem Tag der Unterzeichnung des schönbrunner Friedens datiert Napoleons Befehl an den Vizekönig Eugen Beauharnais zur Unterwerfung Tirols. 6000 Mann unter Rusca hatten von Kärnten einzumarschieren, General Vial von Süden. Für Nordtirol waren drei bayrische Divisionen unter Lefebres Stabschef Drouet bestimmt. Es waren im ganzen 50 000 Mann.
In dieser Zeit durchwanderte der neu ernannte Armeekommissar Roschmann ganz Tirol. Er lud Hofer zu einer Unterredung nach Sterzing. Hofer kam nicht. Er hatte über den Tag schon verfügt. Im Ursulinenkloster war die seltene Feier eines goldenen Priesterjubiläums, er hatte die Einladung dazu angenommen. Was von ihm berichtet wird, erscheint mir bemerkenswert. Es heißt:
›er setzte sich mit den übrigen Gästen zum fröhlichen Klostermahl. Es war der letzte Tag, an dem er gut gelaunt war.‹
Die Klosteroberin, Gräfin Franziska Khuen, stand dem Jubilar als geistliche Braut zur Seite. Ausdrücklich wird bemerkt, daß Hofer nicht durch Krankheit gehindert war, nach Sterzing zu gehen.
Dort kam Roschmann mit den Giovanellis nur zu einer unfruchtbaren Verhandlung wegen des bei der schweizer Gesandtschaft angewiesenen Geldes. Bei der Fahrt über den Brenner malte er sich seine künftige Rolle aus. In Innsbruck sah er die Wirklichkeit. Der Feind war in Rattenberg. Wagenzüge fliehender Leute füllten die Straße; andere, so Danej, mit einem Schwert umgürtet, predigten wütend Kampf. In der Hofburg wurde gepackt. Am 21. Oktober verließ Hofer, begleitet von Roschmann, die Stadt.
Seine Lage war, militärisch gesehen, nicht so schlimm. Um Innsbruck zu entlasten, fingierte Danej einen Befehl Hofers und führte die Stürmer, gegen 10 000, auf den Berg Isel. Nicht an Zahl fehlte es, sondern an Ordnung; auch bei Speckbachers Leuten. Sie machten, während die bayrischen Divisionen Kronprinz und Wrede im Tal vorrückten, die neugierigen Zuschauer. An diesem Tag, dem 24. Oktober, marschierten die Bayern durch Hall. Die folgenden Ereignisse notiert ein Chronist, Knoflach, nach der Uhr:

›1 Uhr, die Bayern rücken gegen Mühlau. 2 Uhr, die Bayern sind auf der Hauptwache. ½ 3 Uhr, allgemeines Vivat, weil der Kronprinz vorbeiritt. 3 Uhr, Wrede und ein französischer General sitzen in der Neustadt auf zerlumpten Sesseln und trinken Wein. 6 Uhr, die Bayern haben die Stadt verlassen. ½ 8 Uhr, die Bauern sind wieder in der Stadt, lärmen und schießen wie wahnsinnig.‹
In der Tat machten die Bauern, statt einem Aktionsplan zu folgen, den Hofer für eine Schlacht in der Talbreite ausgearbeitet hatte, nur zwecklose Ausfälle in die Stadt. Es gelang nicht, sie vom Friedensschluß zu überzeugen. Auch ein Aufruf Drouets an Hofer war ohne Wirkung. Das lag an Roschmann, der auf seine erzherzoglichen Verhaltungsmaßregeln wartete.
Er bekam sie von Josef von Lichtenthurn, der sich gegen Verdacht und Insulte, er sei bloß als kaiserlicher Offizier verkleidet, nach Schönberg hatte durchschlagen können. Der trockene Befehl des Erzherzogs, das Land zu verlassen und die Darlegung der Unmöglichkeit weiteren Widerstands wurde von den Versammelten wie eine Erlösung empfunden. Auch Hofer erklärte sich bereit, zu gehorchen. Roschmann hielt es nicht für nötig, die Friedensstimmung zu befestigen. Aber ehe er abreiste, konnte er wahrnehmen, wie wenig fest diese Stimmung war.
Die Ursache war Haspinger. Kaum hatte er von dem Stillstandsbefehl gehört, war er auf dem Schönberg und sah, daß Hofer sich zu einem noch bedeutenderen Schritt entschlossen hatte: er wollte persönlich mit dem bayrischen Kronprinzen sprechen. Haspinger schrie: Lüge und Verrat; er sei gewiß, daß Erzherzog Johann heranziehe. Dem hätte Roschmann widersprechen müssen. Man hat ihn entweder ignoriert, oder er wagte es nicht; er nahm noch am 31. Oktober Extrapost, um in die Schweiz zu kommen.
Hofer war zu schwach, um Haspinger standzuhalten. Statt zum Kronprinzen zu gehen, ließ er sich bereden, das Hauptquartier nach Matrei zu legen. Damit hatte ihn Haspinger von Innsbruck entfernt.
Das Quartier in Matrei füllte sich mit Leuten, unter ihnen Kolb. Er sorgte, daß die Gutmeinenden nicht zu Hofer vorkamen. Einer, der durchkam, versicherte, Hofer sei berauscht worden, mit Branntwein in den Wein. Bezeichnend ist ein Vorgang, den Türk überliefert:
vor dem Haus stand eine Schildwache. Im Torweg, auf einer Ha-

fertruhe, lag Haspinger. Aufgerüttelt fuhr er Türk an, er möge den ermüdeten Kommandanten nicht stören. Da pochte es wieder ans Tor: es war eine Ordonnanz Drouets mit Verlangen umgehender Antwort. Haspinger legte die Depesche ab, morgen habe es auch Zeit. Um fünf Uhr früh wurde das Haus lebendig. Türk staunte über die vielen Einquartierten: fast 150. Hofer rief sie zum Meßgang, bei dem er vorbetete. Türk mahnte an Drouets Depesche. Hofer: Jetzt haben wir Gott geopfert, nun müssen wir frühstücken, die Bayern sollen warten. Man trank Kaffee, oder nach Landessitte Rotwein zu Würsten oder kaltem Braten. Türk brachte es endlich zur Verlesung des Schriftstücks. Drouets Erklärung: ein Waffenstillstand wird nicht bewilligt; entschied den Sieg der Kriegspartei.
Die Absicht, möglichst bald zum Kampf zu kommen, hatten die Bayern und die Tiroler. Die taktischen Vorbereitungen der Bauern waren schlecht. Drouet konnte an diesem 1. November ungehindert seine Angriffsdispositionen treffen. Gegen neun Uhr eröffneten die Bayern die Kanonade. Die Geschosse zerstörten die Schanzwerke, die Bauern flüchteten durch das Silltal. Nach zwei Stunden war alles vorüber.
Hofer saß in der Zeit in Matrei, vier Stunden vom Gefechtsplatz entfernt, wie in träumerischer Resignation. Nach den ersten Meldungen zog er sich nach Steinach zurück. Dort fand ihn Danej ›ganz verwirrt‹.
Das war spätabends, als ein Eilbote Danej zu Hofer rief. Ein französischer Stabsoffizier namens Sevelinges war in Hofers Hauptquartier gebracht worden. Danej sollte von ihm mitgeführte Depeschen verdeutschen. Es waren Schreiben des Vizekönigs Eugen Beauharnais an Max Josef, den Kronprinzen und an Drouet, darin der Friedensschluß bestätigt und Schonung des Landes, wenn es sich füge, empfohlen wurde. Danej wurde dadurch zu Friedensgedanken gebracht, er wurde von dem Schützenmajor Sieberer bestärkt. Sevelinges riet zu einer Gesandtschaft zum Vizekönig. Es gelang, Hofer zu bekehren. Seine wortkarge Weisung war:
›schreiben Sie halt, man möcht uns a bisl mit zahlen verschonen, uns unsern alten Glauben lassen, und die Kapuziner und die andern Pater müssen wir auch haben‹.
Danej machte den französischen Text, Hofer unterschrieb. Hier beginnt etwas, das ich das ›Wachstum seiner Figur‹ nennen möchte; obwohl scheinbar Schwäche sichtbar wird, hat er sich in Abstand

gezogen, und fast möchte ich meinen, er habe sich schon bei dem seltsamen ›Tafeln‹ bei der Klosterfeier in Innsbruck dahin gerichtet; da war er zum letzten Mal fröhlich.
Eine Verbindung stellt sich her zwischen ihm und Drouet, der die Friedensbotschaft Hofers zur allgemeinen Kenntnis bringt:
›das wird euch Tirolern doch alle Zweifel lösen.‹
Fast war es Einverständnis, man hört von Drouet die Worte:
›bayrische Beamte und bayrisch Gesinnte seien von der Verwaltung ausgeschlossen, da Bayern schwerlich mehr Tirol erhalten werde.‹
Das klingt politisch, aber bei Hofer traf es wohl ein anderes, auch hier sich entziehendes Element in diesen Tagen, als seine Heimkehr nach Passeier bekannt wurde. Sie war eine Falschmeldung.
Über Hofers dann nach kurzer Zeit plötzliches Umschwenken gibt es kein Urteil. Der Vorgang ist, was die Personen betrifft:
die Friedensboten Hofers, Danej und Sieberer, trafen im Pustertal am 4. November Rusca, wovon Danej an Hofer berichtete; Rusca setzte ein paar freundliche Worte bei: Einladung, sich zu stellen,
in Villach empfing sie Eugen Beauharnais mit Fragen, was das Land für Klagen habe; und entließ sie mit Pässen für Abgeordnete und einem teilnahmsvollen Gruß an Hofer, ›den braven Mann‹.
Was die Volksstimmung war, so dehnte sich die Gärung in den schwer erreichbaren Seitentälern immer noch aus. Das allein war es nicht:
die zwei Gesandten waren noch nicht zurück an der tirolischen Grenze, als sie hörten, Hofer habe neu losgeschlagen. In Bruneck empfing sie Baraguay d'Hilliers mit Vorwürfen über Hofers Wortbruch. Danej entschuldigte ihn mit seiner Unselbständigkeit. Baraguay wollte die beiden nicht ziehen lassen; es würde sie bei den wütenden Bauern das Leben kosten. Sie passierten nächtlich den Troß des fluchenden Rusca. Im Bauernlager konnten sie sehen, daß Kolb angesehene Hauptleute zu Bundesgenossen gewonnen hatte, so den Mahrwirt Peter Mayr; und überall hinfliegend Aufruhr erzeugte mit Nachrichten auch wirklicher Teilerfolge. Er erweckte nicht Begeisterung, sondern massive Wildheit. Sie spricht aus dem von Speckbacher am 5. November verkündeten Befehl Hofers:
›jeder müsse mittun. Wer nicht mitgehe, soll mißhandelt und angezeigt werden. Er wird eingeliefert und sein Gut wird fiskalisch.‹
Für das rasche Umschwenken Hofers zwei Beispiele:

eine offene Ordre aus Steinach, 4. November: ›man ist nicht imstande, sich zu verteidigen. Die Mannschaft soll sich zurückziehen und ruhig nachhause gehen‹,
die Notiz eines Zeugen Purtscher, Teilnehmer des Kriegsrats, der ausdrücklich den Mahrwirt für Hofers Gesinnungswechsel verantwortlich macht: ›wir wurden da überstimmt von Leuten, die nichts zu verlieren hatten.‹
Danej und Sieberer kamen nach Sterzing. Zwischen Danej und Hofer kam es zu einem Wortwechsel, an dessen Ende Hofer gebrochen war:
›jetzt macht mir nit lang Vorwürfe. Jetzt geht und macht, daß das Volk heimgeht.‹
Danej und Sieberer entwarfen ein Manifest. Hofer unterschrieb. Es zeigt wieder jenen ›Abstand‹ der Person, angewandte Religion: ›ich kann euch nicht mehr befehlen und könnte für weiteres Unglück nicht mehr gutstehen. Eine höhere Macht leitet Napoleons Schritte. Sieg und Staatsumwälzungen gehen aus den unabänderlichen Flammen der göttlichen Vorsicht hervor.‹
Den geschriebenen Worten folgte diesmal die Tat. Hofer ging mit seinem Stab noch am 9. November von Sterzing über den Jaufen. Am Abend erreichte er sein Wirtshaus am Sand. Die erste Zeit dort sah ihn als Friedenshelfer. Schlachtvieh wurde requiriert, er achtete, daß es ordentlich abgeliefert werde.
Solche Ruhe war nicht überall im Lande. In der mühlbacher Klause stellten sich die Bauern unter Kolb dem vorrückenden Rusca entgegen. Viermal mußte er stürmen, ehe er durchkam. 500 Gefallene kostete ihn das Unternehmen. Der Ort Mühlbach hatte die Last. Er wurde ausgeraubt.
Über das Betragen der Soldaten sonst hatte niemand zu klagen. Am 11. November erließ Baraguay eine Proklamation:
›daß die Tiroler die versprochene Nachsicht verdienen, und nur noch Landstreicherbanden, die eigentlich keine Tiroler sind, sich bemerkbar machen. Jeder, der nach fünf Tagen mit Waffen betroffen wird, ist zu erschießen‹.

In eine andere Region von Handlungen führt am 15. November die Ankunft des ersten bayrischen Beamten, Graf Thürheim, in Innsbruck. Er fand die bayrische Herrschaft nicht mehr von den Tirolern, sondern den Franzosen bedroht. Drouet, von Thürheim

angesprochen, entgegnete reserviert, über die Absichten Napoleons wisse er nichts. Thürheim wollte Sicherheit haben und reiste nach Mailand. Es dauerte ein halbes Jahr, bis ihn Eugen Beauharnais dort mit dem Bescheid entließ, Südtirol sei für Bayern verloren.
Inzwischen war Hofers Haus zum Stelldicheinsort für Leute geworden, die ihm zu Krieg zusetzten. Ein Kaufmann Oberrauch, der von Hofer wegen kaiserlicher Wechsel in die Schweiz geschickt worden war und ihm berichten wollte, fand um ihn eine laute Versammlung, von der die Mehrheit dem Widerstand das Wort redete. Der unerschrockene Kaufmann sagte ihnen, daß er auf seiner Reise jedermann vom Friedensschluß überzeugt gesehen habe. Sein Zuspruch galt Hofer, er dachte an die Gefahr, die ihm bei erneuertem Aufstand von den Franzosen drohte. Zu seinem Schrecken sah er ihn in gleicher Gefahr schon im Kreis seiner Landsleute. Es wurden Rufe laut, er sei gut genug für eine Kugel, wenn er ein Verräter sei. Dazu kam Haspinger. Zuletzt sandte auch Kolb Briefe über glänzende Siege.
Hofer konnte nicht lange widerstehen. Der Übergang – nun schon das zweite Mal – zum kriegerischen Entschluß ist sein Aufruf an die ›Geistlichen und Vorsteher‹ im Vinschgau:
›fast alle Gerichte Tirols ersuchten mich, gegen den Feind auf zu sein. Brüder, es ist nur um ein Kleines zu tun. Wenn wir nachgeben, ist Glaube, Religion, Volk und alles hin. Wer widerstrebt ist ein Feind.‹
Als erster machte Danej diese Erfahrung. Er hatte im Vinschgau zunehmend Kriegslustige angetroffen und trotzdem Frieden gepredigt, da überfielen ihn die Bauern, und ihr Hauptmann Franz Thalguter (Bruder des Peter Th.) brachte ihn als verhaftet nach Passeier. In den gleichen Fall kam sein Mitgesandter Sieberer im Inntal bei wachsendem Aufruhr. Die Bauern hielten ihm Hofers neueste Befehle vor und stellten ihn als Spion nach Passeier.
Das Vorspiel zum Ende ging von Bozen aus: Baraguay d'Hilliers hatte in der völlig friedlichen Stadt von der Unruhe in Passeier gehört und schickte Rusca am 13. November nach Meran. Rusca fand das untere Passeiertal ruhig, er lud Hofer für den nächsten Tag nach Meran zu Gast. Hofer kam nicht. Es hieß, er werde von ›schlechten Leuten‹ unter Todesdrohung zurückgehalten. Rusca schickte 1000 Mann weiter innen nach Passeier. Sie wurden angegriffen und mußten unter Verlusten zurück. Am nächsten Tag ging

es etschaufwärts ebenso. Rusca stieß bei einem Versuch, ins Vinschgau einzudringen, auf solche Massen, daß er noch vor Abend umkehrte.

Als sich der Aufruhr bis vor Meran, Schenna und Mais, ausdehnte, verlegte auch Hofer sein Quartier vor in den ›Schildhof‹ Saltaus. Er schickte leidenschaftliche Befehle aus. Aber bezeichnend fährt er fort:

›das muß ich euch melden, wenn ich nicht selbst ein Opfer der eigenen Leute werden will.‹

Solche Stellen stehen zwischenhinein immer wieder in seinen Aufrufen:

›wenn die Patrioten die Sache nicht verstehen, wird es ihnen ergehen wie mir: hätte ich nicht mitgewirkt, hätten sie mir warmes Blei angetragen. So wird es jedem gehen, der nicht mit der guten Sache halten will. Also tut was ihr könnt, damit wir miteinander leben und sterben.‹

In diesen Zeilen ist die *eine* Wahrheit. Die andere ist in äußeren Ereignissen, die von den Geschichtsschreibern über 1809 meist abgetan werden: für sie ist Hofer der ›Held‹, solang er seinen ›Volksaufstand‹ für Österreich machte; von dem, was er dann machte, heißt es ›unter Zwang‹ oder ›verwirrt‹. Daß aus ihm ein Partisan ohne Rückhalt geworden wäre, und daß bei einem Mann seiner Art ein solcher innerer Prozeß nicht ohne Hin und Her und ohne Schwanken vor sich gegangen wäre: ein Umsturz in der Seele, paßt nicht zum Schulbild. Aber äußere Ereignisse passen: ein Kampf direkt vor Schloß Tirol, ein tagelanger Häuserkampf in St. Leonhard in Passeier mit Einschließung von 1200 Franzosen, die zuletzt vier Tage standhielten, ohne Wasser, in Dorfkirche und Friedhof gedrängt.

Ich habe diesen Absatz nachträglich eingefügt, als ich mit der Erzählung von 1809 fertig war, sie mich aber in Abstand noch immer beschäftigte. Dieses Glied fehlte mir. Ich kann und will eine innere Veränderung in Hofer nicht behaupten, die Stellen seiner Aufrufe sprechen für Zwang von außen. Aber Aufrufe werden erlassen; und dazwischen liegen viele Stunden, die dem Mann nicht erlassen werden. Mir erscheint ihm Unrecht getan, wenn man ihn zu einem schwachen Charakter herabsetzt, oder zu einem Täter, der sich in Hausmauern verkrallt.

Ich habe noch einen anderen Grund, dieses Stück Historie hier ge-

nauer zu betrachten. Bei solcher Betrachtung schwindet seine Bedeutung als zeitgebundenes Ereignis; die Sache wird konkret, sie geschähe eben jetzt; so kommt es beim Zufassen an dem Stück Historie selbst zur Aufhebung und Außerkraftsetzung dieser Kategorie ›Historie‹, in die unser Denken gepreßt ist. Der Leser wird mich sofort verstehen. Es geht in diesem Stück um Tirol. Ich sage dem Leser, nimm die Landkarte und lies die Orte ab von dem Ende 1809: da ist Meran, Mais, die Passerschlucht, der Eingang ins Vinschgau, d. h. ins innere Gebirge. Ich sage ihm, nimm die Karte von 535, wo es heißt: nur aus dem oberen Etschtal, das hinter dem ›castrum Maiense‹ lag, konnten die Byzantiner die Franken nicht verdrängen. Oder die Karte um 730 mit einem schwankenden Band: Meran abwechselnd von bairischen Kriegern besetzt, dann von den südlich hereindringenden langobardischen Kriegern, dann fest bairisch, gebirgisch. Oder leg die Karte des Jahres 7 vor Chr. des ›Tropäum Alpinum‹ darauf, vielmehr weise den auf ihm ›verewigten‹ Namen den Platz auf der Karte an, dann decken sich die Plätze, weil es diese Plätze sind, von denen es heißt: im Gegensatz zu den anderen Völkerschaften wehrten sich die Venosten und setzten den Römern zähen kriegerischen Widerstand entgegen.
Zur Zeit war es Rusca, der mit ihnen diese Erfahrung machte; und ich denke, das war auch über der dünnen Eisdecke nicht anders, als nach dem Rückzug der Gletscher die Leute aus dem Vinschgau über den Ofenpaß hin Handel trieben mit den ›Rudusken‹; auch nach Süden Handel, auch Krieg. Was ich außer Kraft setzen will, ist nicht nur die Geschichte, auch die von ihr erzeugte Geographie. Was ich in Kraft setzen will, ist das von Hofer richtig ›Diroll‹ geschriebene Land, Sprachwurzel ›tiralli‹, ununterbrochen Sprache auf hochliegendem Platz: Haus: Stall, Vieh; jemand, der es melkt, auch 1809, und betroffen ist von Krieg.

In diesem Gebirgsland voll unruhig gewordener Leute kam Ende 1809 auch das Freundespaar Danej und Sieberer nochmals vor Hofer. Zunächst Danej: er wurde unter Beschimpfung und Verhängung der Todesstrafe mit Vollzug nächsten Tag in ein kaltes Loch in St. Martin gestoßen. Dann wurde Sieberer vorgeführt. Er traf Hofer – und wieder heißt es: ›als wäre sein Geist umnachtet, Blick und Gebärde gestört‹. Er wollte den, so schien es ihm, Verblendeten aufklären, da wurde er abgeführt in das Loch, in dem Danej schon saß. Am anderen Tag wurden sie ins Freie gestoßen: zur Exekution; da erst sahen ihre Bewacher, wie sich ein ausgebreitetes Lager französischer Soldaten formierte, die eskortierenden Bauern flüchteten, sie waren frei.

Die Soldaten waren Truppen des Divisionschefs Barbou, der wegen der 1200 nach der tagelangen Einschließung vermißten Franzosen über den Jaufen gekommen war. Nun zeigte sich, wie so oft im Volkskrieg, der plötzliche Wechsel zu Erschlaffung. Von Hofer war nichts zu sehen. Danej und Sieberer gingen nach Meran. Nun konnte Danejs Friedensstiftung wieder einsetzen. Aus Schlanders schickte er eine Deputation zu Baraguay. Er erreichte – wie schon in seiner Biographie erzählt – Schonung für den Vinschgau, der nun glücklicher war als das Pustertal, in dem der General Broussier mit Bluturteilen wütete, bis die Zahl 25 voll war.

Danej sprach bei seiner Entsendung auch für Hofer. Baraguay versprach, Begnadigung zu erwirken, wenn sich der Geächtete gleich stelle.

In diesem Fall ging es um Hofer. Aber die Besatzung suchte auch nach anderen Häuptern der Bewegung. Einer war der Mahrwirt Peter Mayr, er wurde entdeckt und Baraguay zur Aburteilung übergeben. Man versuchte, ihm zu helfen. Baraguay selbst nahm Anteil. Er verkehrte im Haus der Giovanelli, dort suchte man nach einem Ausweg: wenn der weithin geachtete Mann erklärte, daß ihm der entscheidende Befehl des Vizekönigs nicht bekannt geworden sei, sollte sein Prozeß wieder aufgenommen werden. Peter Mayr wollte sich nicht mit einer Lüge helfen. Er erklärte: die Kundmachungen habe er gekannt, aber nicht geglaubt. Er wurde am 20. Februar 1810 auf der bozener Tuchbleiche, dem Platz heute hinter der Pfarrkirche, hingerichtet.

Ich habe von dem schlechten Ruf Kolbs bei den Geschichtsschreibern gesprochen. Lügenberichte werden ihm vorgeworfen, das Hasardieren, das Überglühen der Phantasie, seine Vergangenheit. Ich habe keine Dokumente, um seine Handlungen nachzuprüfen, ich bin auf eine genaue und glaublich ungefärbte Darstellung angewiesen. Wenn ich sie Stelle für Stelle zusammensetze, fällt mir Kolbs unwahrscheinliche Fähigkeit auf, durch Schilderung auch sonst nüchterne Leute zu entflammen. Dann ist die Rede von sei-

ner Einsiedelei in Lüsen, von Zeiten, in denen er wie verschwunden war. Dann von seiner Fähigkeit, zu schreiben: Flugblätter – der Inhalt Erfindung, aber glaubhaft dargestellt. Aber wie sollte er sie nicht schreiben, wenn er selber noch spät, erste Hälfte November, Briefe erhält wie diesen:
›schmerzlich ist uns Tirols jetzige Lage, und ich habe dem Kaiser eine Schilderung übergeben. Was der Kaiser darüber entschließen wird, bleibt abzuwarten. Ich empfehle dich und jeden Tiroler dem Schutz dessen, in dessen Hand das Schicksal der Menschen liegt.‹
Der Brief ist von Erzherzog Johann. Hirn bemerkt dazu: Was konnte ein Träumer vom Schlag Kolbs aus diesen Worten nicht alles herauslesen! Mir fällt auf, daß das Wort ›Träumer‹ versöhnlich-einfühlender klingt als ›Lügner‹. Mir fallen dazu noch andere Namen ein: Danej mit seinem merkwürdigen Lebenslauf, und der fanatische Haspinger. Vielleicht war zwischen diesen Naturen Ähnlichkeit, ich frage: welche. Wäre sie nicht gewesen, wie hätte dann Kolb von Anfang bis Ende des Aufstands, in jeder Phase, seine immerhin nennenswerte Rolle behaupten können?
Schließlich werden Kolbs Erfolge gemeldet: von Ende November, Anfang Dezember 1809; einer Zeit, in der die Vernunft den Aufstand verloren gab. Diesmal waren es keine Übertreibungen: Kolb brachte mehrere hundert Stürmer zum Angriff auf Brixen auf; und als der fehlschlug, zu einer schnellen Wendung nach Klausen, wo dann ein Reitertrupp in stundenlangem Gefecht die Bauern aus den Gassen treiben mußte. Schließlich besetzte er die mühlbacher Klause, zum ersten Mal seit langem war sie wieder in tirolischer Hand; und von diesem Schlüsselpunkt aus blockierte er mit 1800 Mann die ganze Gegend um Brixen, die Stadt selbst, das Pustertal bis Bruneck. Er scheiterte nicht nur an der militärischen Überlegenheit der Gegner, auch an dem Einfluß der Geistlichkeit, die mit Verheißung einer Amnestie einer unterwürfigen Gesinnung allgemeinen Eingang verschaffte. Als alles zu Ende war, gegen Mitte Dezember, rettete er sich in die Berge. Auf seiner Flucht und seinem weiteren Weg, von dem wir wenig wissen, kam er bis Konstantinopel. 1832 entdeckte man unter dem Kirchendach in Asling seine verborgenen Schriften. Auf der ersten Etappe seiner Flucht ließ er im ladinischen Enneberg einen Mantelsack Briefe zurück. Sie wurden dem französischen General Moreau übergeben. Auch in Platsch fand sich Korrespondenz, von der es hieß, daß durch sie

andere Leute kompromittiert würden. Ich kann nur diese Einzelheiten geben, kaum ein Bild und – wie früher gesagt – kein Urteil. Aber die Person Kolbs wäre eine Untersuchung wert. Er gehört zur unbekannten Seite der tirolischen Geschichte, wie bis vor kurzem noch Michael Gaismair. Es gibt diese Seite mit weißen Flecken auf der Landkarte der Jahrhunderte, es gibt sie auch im Tirol von heute.

Hofer war lange nicht aufzufinden. Er hatte mit seiner Familie und mit Kajetan Sweth ein Haus in der Kellerlahn aufgesucht. Die Rekognoszierung trieb ihn in die Höhe: im Brantacherhof fand er Unterkunft. Er hatte Verbindung zu Anhängern; so besuchten ihn Geistliche, um ihn zur Ergebung zu bereden. Auch Baraguay soll Kapuziner zu ihm gesandt haben, um ihm Pardon zu versprechen, wenn er an der Beruhigung des Volkes mitwirke. Zuletzt kamen Gemeindemitglieder, unter ihnen Hofers Beichtvater. Er setzte ihm auseinander, wie es zu seinem und des Tals Heil wäre, wenn er sich stellen, oder wenn er das nicht wollte, schleunigst nach Österreich fliehen möchte. Hofer unterbrach ihn mit einem ›Was beschlossen ist, ist beschlossen‹.
Der Kurat verwahrte sich, unfreundliche Worte flogen hin und her, bis Hofer die Unterredung abbrach.
Ich habe mir notiert: Unterwerfungsprotokoll der Gemeinden, Unversöhnliche bringen es vor Hofer, er zerreißt es unter Zornesworten. Anschließend bewaffnete Ansammlungen in Saltaus. Barbou zum zweiten Mal nach Passeier. Baraguay verkündet die Acht über Hofer und setzt einen Preis: 1500 G. auf seine Ergreifung.
Hofer fand den Ort nicht mehr gut. Die ungebetene Vorsprache der Friedensboten, das verhängte Urteil trieben ihn weiter. Frau und Kinder sandte er in die Taleinsamkeit. Er selbst ging mit Kajetan Sweth auf die Alphütte seines Unterstandsgebers, des Pfandlerbauern auf Brantach, im Awalde. Ein Vorrat Gewehre zeigte ihm, daß der Ort als Unterschlupf bekannt war. Die Höhenwildnis war kein bequemes Quartier. Gegen die Kälte mußten die Lücken zwischen den roh gefügten Bäumen verstopft werden. Nicht zum Kochen, schon des Wärmens wegen mußte tagsüber das Feuer unterhalten bleiben. Der Rauch aus der Hütte konnte zum Verräter werden.
An der Übung stillen Gebets hielt sich Hofer noch eifriger als

sonst fest. Dabei verlor er nicht das Interesse an den Vorgängen in der Welt. Ein Botendienst wurde unterhalten. Die Sendungen wurden in einem vertrauten Haus in St. Leonhard niedergelegt oder abgeholt. Aber gegen Beredungen zur Flucht blieb Hofer taub.

Gegen Jahresende kam seine Frau mit dem Sohn Johann. Das machte den Ort nicht sicherer, und wenige Tage später gab es neuen Besuch – keinen willkommenen. Nach Fußspuren und Rauch war Franz Raffl zur Hütte aufgestiegen, ein Mensch schlechten Leumunds. Hofer erschrak, mit einem Geldgeschenk wollte er das Schweigen des Unheimlichen erkaufen. Raffl sagte es zu, aber der ausgesetzte Preis wollte ihm nicht aus dem Kopf. Am 5. Januar suchte er den zum Ortsaufseher in St. Martin bestellten Peter Ilmer auf: er wisse den Hofer, auf ihn seien 1500 Gulden gesetzt, sie beide könnten das Geld gebrauchen. Sie sollten zur Nacht nach Meran gehen, beim General die Anzeige machen, mit dem Lohn heimlich zurück, und kein Mensch hat etwas bemerkt.

Ilmer versuchte, Raffl zurückzuhalten. Sie sollten jedenfalls erst die Sache bedenken. Wenn Raffl aber daran wolle, solle er zum Richter in St. Leonhard gehen, nicht gleich nach Meran. Der Richter werde ihm Rat geben. Ilmer verwahrte sich zuletzt:

›Ich bin einmal nicht dabei!‹

Raffl hielt ihm seine Amtspflicht vor, Bericht zu geben; gehe er nicht mit, möge er sehen, was ihm geschehe. Ilmer gab nicht nach, bis Raffl versprach, den Richter Auer zu befragen. In Unruhe ging er selbst zum Richter und machte ihm insgeheim Mitteilung.

Auer beschied ihn: niemandem sei etwas zu sagen; sollte Raffl nochmals kommen, sei er an ihn, den Richter, zu weisen. Ein paar Wochen blieb Ilmer unangefochten. Da begegnete er am 27. Januar Raffl vorm Sandwirtshaus und hörte ihn sagen: Nun hab ich's wohl in der Tasche.

Raffl war inzwischen zum Richter gegangen, nicht um Rat, sondern um so bestimmte Angaben zu machen, daß der Richter, um sich selbst zu salvieren, alles zu Papier brachte und Raffl damit zu dem in Meran kommandierenden General Huard sandte.

Mir ist hier die Verflochtenheit zwischen spionierender Tätigkeit und amtlicher oder scheinamtlicher Macht, nicht zu richterlicher Unabhängigkeit eingesetzten Vollmacht, sondern zu polizeilicher abhängiger Stellung aufgefallen; Kriegsrecht als Nichtrecht, weil

Militär- und Besatzungsrecht. Dergleichen kommt nicht oft zutage. Raffl, der Judas – so einfach wie diese Formel ist die Wirklichkeit nicht.
Inzwischen verbreitete es sich, Hofers Versteck sei gefunden, es werde ihm nahegehen. Das trieb selben Abend einen Freund, zur Flucht zu mahnen. Hofer sagte für nächsten Tag zu. Da war es zu spät. Noch in der Nacht schlich eine Militärabteilung, geführt von Raffl, an das Versteck.

Die Erzählung ist bekannt, wie Hofer unter Mißhandlung nach Meran geschleppt wurde. Militärmusik empfing den Zug. Öffentliche Plakate verkündeten den Fang. Das Volk wurde an dem Tag nicht auf den Straßen geduldet. Nur wenige sahen den gefesselten Hofer, totenbleich, aber lebhaften Auges herumblickend. Beim Verhör bekannte er sich ohne Umschweife zur Urheberschaft des Aufstandes, anfangs habe er der Aufforderung des österreichischen Kaisers, zuletzt den Todesdrohungen seiner Landsleute nachgegeben. Nur einen Tag war er in Meran, der 29. Januar brachte den Gefesselten nach Bozen. Von da an wurde Hofer leidlicher behandelt und, zusammen mit Sweth, in die Festung Mantua geschafft.
Der Vizekönig Eugen Beauharnais machte seinen Bericht. Schon in diesem ersten Rapport ergreift er das Wort zugunsten Hofers: er habe in Tirol eine wichtige Rolle gespielt, es sei aber gewiß, daß er überall, wo er sich Gehorsam verschaffen konnte, Unordnung und Unglück verhütet habe. Auch von Hofers Menschenfreundlichkeit spricht der Vizekönig. Aber Napoleon trifft mit einer Eile, als gelte es Versäumtes nachzuholen, seine Entscheidungen. Die erste ist, Hofer sei nach Vincennes zu liefern. Dann kommt ein zweiter Befehl:
›da Hofer nun einmal in Mantua, geben Sie Befehl, eine Kriegskommission zu seiner Verurteilung zu bilden und ihn an Ort und Stelle zu erschießen, und das alles binnen 24 Stunden.‹
Am 17. Februar 1810 kehrte Eugen nach Mailand zurück, gab Napoleons Befehl weiter, das Militärgericht war am 19. Februar. Es sollte richten
›über Hofer, genannt Barbone, 5 Schuh 8 Zoll groß, von länglich rundem Gesicht, rötlicher oder befleckter Gesichtsfarbe, offener Stirn, schwarzen Augen und langem schwarzen Bart‹.

Der Verteidiger Bassevi, ein weit angesehener Jurist, verweist auf die Sonderbarkeit eines Gerichtshofs, dem das Urteil vorgeschrieben sei. Mit Eile drängt der Vorsitzende zum Schluß. Den Votanten wurden zwei Fragen vorgelegt:
Ist Hofer schuldig, welcher angeklagt ist, nach der durch die Proklamation vom 12. November bewilligten Begnadigung als Anführer die Waffen ergriffen und die Tiroler zum Aufstand gereizt zu haben?
Zweite Frage: ist Hofer schuldig, da er am 27. Januar in einem Stall mit ein paar Pistolen und einem Degen getroffen wurde, obgleich der Befehl vom 12. November die Ablieferung der Waffen binnen fünf Tagen aufgetragen hat?
Die Antwort war ein einstimmiges Schuldig. Eine zweite Abstimmung – ob ebenfalls einstimmig, sagt die Verlautbarung nicht – sprach die Todesstrafe aus. Der Stabshauptmann Brulon hatte Sorge zu tragen, daß das Urteil binnen Tagesfrist vollstreckt werde.
Am 20. Februar 1810 vor Tagesanbruch betrat die Kommission Hofers Kerker. Sweth mußte ihn verlassen, ihm stand die Überführung nach Elba bevor. Dann wurde Hofer das Urteil verkündet.
Seine letzte Verfügung ist eine an seinen Freund Pühler in Neumarkt gerichtete Anordnung:
›Liebster Herr Bruder! Der göttliche Wille ist es gewesen, daß ich hab müssen hier in Mantua mein Zeitliches mit dem Ewigen verwechseln. Aber Gott sei Dank um seine göttliche Gnade. Mir ist es so leicht vorgekommen, als wenn ich zu was anderem ausgeführt würde. Gott wird mir auch seine Gnade verleihen, bis zum letzten Augenblick, damit ich dahin kommen kann, wo sich meine Seele mit allen Auserwählten ewig erfreuen wird, wo ich auch für alle bitten werde, besonders für die ich am meisten zu bitten schuldig bin. Alle guten Freunde und Bekannten sollen auch bitten für mich und mir aus den heißen Flammen helfen, wenn ich noch etwa in dem Fegfeuer büßen muß. Die Gottesdienste soll die liebste mein Wirtin zu St. Martin beim rosenfarbenen Blut halten lassen und bitten in beiden Pfarren. Den Freunden ist Suppe und Fleisch zu geben beim untern Wirt nebst einer Halben Wein. Das Geld, das ich bei mir gehabt habe, habe ich den Armen ausgeteilt. Im übrigen raite ab mit den Leuten so rödl als du kannst, daß ich nicht zu büßen brauche. Von der Welt lebt alle wohl, bis wir im Him-

mel zusammenkommen. Liebster Bruder, geh mir hinein und zeig die Sach dem untern Wirt an. Er wird schon Anstalt machen, und mach es sonst niemand kundbar. Alle Passeirer und Bekannten sollen mir eingedenk sein im heiligen Gebet. Liebster Herr Bruder, sag zu der Wirtin, sie soll sich nicht so bekümmern, ich werde bitten für sie bei Gott und für alle. Adie du schnöde Welt, so leicht kommt mir das Sterben vor, daß mir nicht einmal die Augen naß werden. Geschrieben um 5 Uhr in der Früh, und um 9 Uhr reis ich mit Hilf aller Heiligen zu Gott. Dein im Leben geliebter Andre Hofer am Sand. Im Namen des Herrn will ich die Reise vornehmen.‹

Um 11 Uhr betrat Hofer, geleitet von einem Grenadierbataillon, festen Schrittes die Bastei an der Porta Ceresa, ein Kruzifix in den Händen. Eine Augenbinde wies er zurück, stehend gab er selbst das Kommandowort, worauf zwölf schlecht gezielte Schüsse ihn zu Boden warfen, ein dreizehnter Gnadenschuß aus unmittelbarer Nähe ihm das Leben nahm.

Das ist die Geschichte eines Freiheitshelden, aber nicht die Geschichte eines
›Vaters‹
Tirols; und ihre Verfestigung ist der Punkt, gegen den sich die lebendigen Kräfte des Landes rühren: jetzt, nach 150 Jahren, – davon wird in dieser Arbeit noch die Rede sein.

16. Wie Kriege zu Ende gehen

Wie Kriege anfangen, wird oft beschrieben, was nach ihrem Ende kommt, weniger oft, aber es gibt zuweilen Einblicke, die wir sonst nicht bekommen. Vor mir liegt eine 1912 gedruckte Nachtragsarbeit des Historikers Josef Hirn zu seinem Hauptwerk über den tiroler Aufstand. Sie hat den Titel ›Englische Subsidien für Tirol und die Emigranten von 1809‹. Ich hatte mir für diese Arbeit zur Pflicht gemacht, sie zu lesen; aber ich las sie dann wie einen spannenden Roman. Ich würde am liebsten gleich anfangen, sie wiederzuerzählen, aber nun hat mir der Zufall in eben dem Augenblick einen Text auf den Tisch gelegt, der dazu paßt und auch zu dem

Vorangegangenen paßt: eine Merkwürdigkeit, im Herbst 1969 zum ersten Mal gedruckt aus einem Manuskript des innsbrucker Landesmuseums Ferdinandeum, das den Titel ›Charakterzüge‹ hat und Aufzeichnungen der bayrischen Polizei über tiroler Freiheitskämpfer enthält. Der Herausgeber bemerkt, es dürfte sich um eine Abschrift handeln, da das Schriftbild dem Ende des 19. Jahrhunderts angehört. Das hat mich einen Augenblick an der Authentizität zweifeln lassen. Aber nach dem Ton, der etwas bezeichnend Bayrisches, Direktes hat, von der österreichischen Nuance verschieden, glaube ich an die Abschrift aus einem Original.

Das erste Stück zu bringen, muß ich mir versagen, es wäre zu lang. Es gilt der Hauptperson: Hofer Andre vulgo Sandwirt. Einige Stellen daraus:

›hat sein Ansehen vorzüglich seinem Barte zu danken gehabt, denn er ist ein Mensch ohne Kopf und Charakter. Ihn einen gutartigen Fanatiker nennen, heißt vielleicht ihn am besten charakterisieren. Mut hat er nicht viel gezeigt, denn immer war er einige Stunden oder Meilen hinter seinen Horden. Daß aber Innsbruck nicht von den Bauern angezunden oder geplündert worden ist, hat es ihm zu verdanken.‹

Dann kommt ein uns schon bekannter

›Senn, ehemals Richter, der keinen Gott glaubt, viel Kopf aber wenig Herz hat, ein entschiedener Feind der österreichischen Regierung.‹

Man sieht, die Charakteristik stimmt zu den Zuschriften Senns. Auch die des Herrn von Trentinaglia stimmt:

›wenn für Österreich günstige Nachrichten kamen, war er froh und munter, beim Gegenteil ließ er sich krank melden.‹

Dann kommen zwei Militärs, zuerst

›Chasteler, General, war untätig und nachlässig und zwar in solchem Grad, daß er am Ende selbst die Insurgenten sich abgeneigt machte, daß sie ihn beschimpften, und in Hall sogar tätlich mißhandelten‹.

Es folgt und ist schnell charakterisiert

›Buol, General, besorgte nur den Dienst, und war zufrieden, wenn sein Flaschenkeller in einem guten Zustande war. Er lebte und webte im Weine und konnte im Rausch grob sein, wenn er Forderungen hatte‹.

Beinahe hätte ich Hormayr vergessen, der hier beschrieben wird ›Baron Hormaier kannte in seiner Wut gegen Bayern keine Grenzen, im Unglück zaghaft. Beim stärksten Hang zur Libertinage weiß er doch den frommen Christen zu spielen. Wenn er da war, verdüsterte eine inquisitorische Spionerei dem rechtlichen Mann den schönsten Tag, und Denuntiationen waren täglich in der Ordnung. Diesen Mann ganz zu charakterisieren würden mehrere Bogen nicht hinreichen.‹
Ich wünschte, mir gelängen ähnlich knappe Charakterisierungen bei den, außer Hormayr, zwei anderen Hauptpersonen dieses Kapitels. Ihre Namen sind: Johann Georg Schenacher und Josef Christian Müller. Sie waren 1809 bei dem Zug tiroler Emigranten, der dem abziehenden Militär folgte. Schenacher, ein Bauernsohn aus Zirl, hatte in seiner Jugend einen Handel mit Milchprodukten betrieben, später ein Transportunternehmen zu Wasser auf dem Inn und der Donau bis Wien. Er wird als spekulationslustig geschildert, mit Vielrednerei und Übertreibung. Das zeigt ein in bayrische Hände geratenes Briefkonzept, worin er einem wiener Geschäftsfreund unter dem 19. April 1809 mitteilt, er habe bei den Kämpfen in Innsbruck ›wie ein brüllender Löwe gefochten und sei noch ganz schwach vor übergroßer Wut‹. In Wirklichkeit war er erst fünf Tage später von einer Handelsreise aus Passau zurückgekehrt.
Hier zeige sich schon, bemerkt Josef Hirn, jener blind wagende Zug, der Schenacher später seine abenteuerliche Reise nach England habe antreten lassen. Es war Ende Juli, als die Bayern wieder gegen Tirol rückten, da entschloß sich Schenacher, das Land zu verlassen. Das Ziel seiner Reise war Totis, das Hauptquartier des Kaisers. Dort fand er den vorarlberger Milizmajor Müller vor. Dieser Müller war von den tiroler Landständen ausgeschickt worden, um Nachrichten einzuholen. Er traf den Kaiser in Komorn und durfte an der Hoftafel teilnehmen. Nach Erscheinen französischer Proskriptionslisten, auf denen auch sein Name stand, kehrte er nicht zurück, sondern ging mit dem Hof nach Totis.
Den nächsten Schritt taten die beiden schon gemeinsam: es gab im Schlepp des Hofs viele tiroler Emigranten, ihre Gegenwart war nicht bequem, ihnen sollte ein anderer Aufenthaltsort, Warasdin, angewiesen werden. Schenacher und Müller gingen nicht mit dem Zug ihrer Landsleute, sondern rüsteten sich zu einer viel weiteren

Reise. In Totis wurde von Geldmangel gesprochen, der den Widerstand in Tirol wegen der Unmöglichkeit, Kriegsmittel zu beschaffen, zum Erliegen bringen müsse. Man dachte an mögliche Geldgeber – und dachte an England.
Müller wie Schenacher behaupteten später, Urheber dieses – wie wir gehört haben, auch hormayr'schen – Gedankens gewesen zu sein. Schenacher erzählte, er sei im Juli bei Andreas Hofer gewesen, habe ihm die Absicht, nach London zu reisen, entdeckt, und sei auf ausdrücklichen Befehl Hofers zum Kaiser gewandert, die Bewilligung zur Fahrt nach England zu erhalten. Das scheint richtig zu sein: Hofer hat noch von der Reise nach England gehört, über ihr Ergebnis höchstens unmittelbar vor der Gefangennahme. Und so wurde diese Reise eingerichtet:
nicht der Kaiser sollte der Gesuchsteller sein, sondern Männer der gegen Napoleon fechtenden Gebirgsvölker. Das waren Schenacher und Müller. Sie wurden nach Budapest zum englischen Gesandten Bathurst geschickt. Er gab ihnen Empfehlungsbriefe. Von der ärarischen Kasse bekamen sie 600 Duk. Reisevorschuß. Von einem Teil des Geldes kauften sie eine Kutsche und ließen sich von einem ungarischen Schneider tiroler Nationalkostüme anfertigen.
Am 20. September begann die Reise. Schenacher und Müller fuhren über Olmütz, Troppau, Jägerndorf nach Berlin. Dort ließen sie sich von dem kaiserlichen Vollmachtsträger Wessenberg neue Pässe ausstellen. Ihnen war die Erkenntnis gekommen, daß sie mit den alten Pässen, unter denen einer noch dazu auf den ›Major Müller‹, einen von den Franzosen Geächteten, lautete, nicht weit kommen dürften. Wessenberg gab ihnen Empfehlungsbriefe an General Blücher in Kolberg und an den Admiral der englischen Flotte. Blücher sorgte für die Weiterreise. Er ließ dem Kapitän einer in der Nähe kreuzenden englischen Brigg melden, österreichische Offiziere mit wichtigen Depeschen für London sollten nach Karlskrona, der Station der britischen Ostseeflotte, gebracht werden. Auf dieses Aviso hin näherte sich das englische Fahrzeug der Küste und nahm die Reisenden auf. Die tagelange stürmische Überfahrt machte ihnen große Beschwerden. Aber in Karlskrona fanden sie wieder Mut. Müller holte seine Majorsuniform hervor, Schenacher kleidete sich ins Nationalkostüm. Sie wohnten einer Wachtparade auf dem Admiralsschiff, der durch den Tod Nelsons berühmt gewordenen ›Viktoria‹, bei und wurden vom Oberkommandieren-

den zur Tafel geladen. Ihre Gasthofrechnung beglichen freigebig die Engländer. Von Karlskrona mußten sie, um zur Überfahrt nach England zu gelangen, nach Gotaburg wandern. Dort verkauften sie ›nach einem Landweg von 2 Tagen und Nächten unter Bauernvorspann‹, wie sie schreiben, ihren budapester Reisewagen, weil das Boot für ihn zu klein war. Widrige Winde hielten das Schiff sieben Tage auf dem Meer, bis die Landung in Harwich gelang. Von dort fuhren sie mit dem Postwagen nach London. Am 25. Oktober kamen sie an.

Den ersten Besuch machten sie dem österreichischen Gesandten Starhemberg. Er belehrte sie, daß sie vor allem beim Minister des Äußern vorzusprechen hätten. Der Minister Heinrich Bathurst war der Vater des Diplomaten in Budapest. Er versprach, ihre Bitte im Staatsrat und vor dem Regenten zu vertreten; es war die Bitte um Geld, damit Tirol den Widerstand gegen den Korsen fortsetzen könne.

Sie legten der Bitte eine Denkschrift bei, in der sie alle tiroler Heldentaten erwähnten, auch die aus dem schon weit zurückliegenden spanischen Erbfolgekrieg. Sie sagten, daß sie, wenn Österreich wider Vermuten Frieden schließen sollte, auf die noch nie besiegte und großmütige englische Nation vertrauten. Sie ergingen sich in Details der Kriegshandlungen. Eine bayrische Stimme nennt ihre Darstellung ›eine bis zur Lächerlichkeit entstellte Geschichte der Vorfälle in Tirol‹. Müller ließ den erzählenden Teil der Bittschrift, vermehrt um Einzelheiten, in London als Büchlein drucken.

Im englischen Publikum fanden Müller und Schenacher zugängliche Herzen. Wo sie sich zeigten, der eine als stämmiger Gebirgsländler, der andere in der Majorsuniform, waren sie Gegenstand allgemeiner Sympathie. Die Zeitungen betrieben für sie lebhafte Werbung. In den höchsten Kreisen bezeugte man ihnen freundliche Gesinnung. Sie speisten an den Tafeln von Ministern. In Windsor waren sie einmal Gäste des Prinzregenten.

Vielleicht ist dieses Verhalten bezeichnend für die Aufnahme von Bittstellern solcher Art. Aber eine Entschließung der Regierung auf ihr Gesuch erfolgte nicht im nächsten Augenblick. Es kam zu Verhandlungen mit konkreten Vorschlägen. Schenacher und Müller versprachen ein Volksaufgebot von 60 000 Mann, bei dem allerdings jeder Gemeine einen Tagessold von 30 kr., die Chargen ent-

sprechend mehr zu erhalten hätten. Von englischer Seite wurde die Bedingung gestellt, daß
›sich diese Truppe bis Triest-Fiume ausdehne, um sich mit den dortigen Flotten der Engländer zu vereinigen und von Zeit zu Zeit mit Waffen und Munition zu versehen. Das Geld wäre über die Schweiz zu liefern. Englische Emissäre sollten sich bei den tirolischen Streitkräften aufhalten, ihnen hätte sich auch Müller im Hauptquartier anzuschließen‹.
Da kam nach London die Nachricht, daß der schönbrunner Friede geschlossen sei. Unter diesen Umständen konnte das kleine Tirol nicht in Waffen bleiben, und das Gesuch um Subsidien war gegenstandslos. Das hielten die Minister den zwei Männern entgegen. Aber Schenacher und Müller fanden sofort ein anderes Motiv. Sie schilderten die Verheerungen in ihrer Heimat. Wenn nicht zur Fortsetzung des Kampfes, möge die englische Nation zur Linderung der Not beitragen. Der Vorschlag fand Sympathie, und ihr entsprang die Entschließung des Königs, die Minister Bathurst am 11. November den Gesuchstellern übermittelte. Es hieß darin, der König könne es nicht verantworten, die Tiroler zur Abwehr der bayrischen und französischen Armeen anzueifern. Er wolle einen Beweis der Teilnahme geben. Aber die Bevölkerung von Tirol möge diesen Vorschuß nicht so auffassen, als ob er beabsichtige, die Veranlassung zu geben, den Widerstand eine Stunde länger zu leisten als ohne solche Hilfe. Nicht durch Geldmittel von außen dürfe ein Kampf dieser Art forterhalten werden, und der König hielte sich nicht für berechtigt, solche Erfordernisse zu bewilligen, wenn er nicht überzeugt wäre, daß im Lande ein unvertilgbarer Geist herrsche, dessen Beharrlichkeit eine allenfalls mögliche Hoffnung auf Erfolg unter des Himmels Beistand entspringen könne.
Die königliche Entscheidung ließ es eigentlich offen, ob die Geldbewilligung als Almosen oder als Kriegssubsidium dienen solle. Denn neben dem Rat, einen aussichtslosen Kampf aufzugeben, wird die Möglichkeit der Fortsetzung angenommen.
Die gespendete Summe war groß: 30 000 Pfund, die das Bankhaus Barring in London an Steiner & Comp. in Wien zu leiten hatte. Es kam dazu noch die Hoffnung, daß eine private Sammlung ein Subsidium in ähnlicher Höhe bringen könne. Deshalb trennten sich nun Schenacher und Müller. Schenacher sollte nach Wien, um die dort schon angewiesene Summe zu beheben. Müller sollte in Eng-

land bleiben und mit dem Ergebnis der Privatkollekte heimkehren. Ende November fuhr Schenacher ab. Er mußte die bathurstsche Erledigung im Original und die wertvolle Rimesse nach Österreich schmuggeln. Man fürchtete für seine Sicherheit und gab ihm einen ›Kabinettskurier‹ Morand bei. Am Neujahrstag 1810 traf er in Wien ein.

Einer der ersten, mit denen er zusammenkam, war Johann Wild, ein Vertrauter Andreas Hofers. Wild, der eben einen Brief des Kaisers zu Hofer bringen sollte, erfuhr von Schenachers Geld. Er sprach Schenacher an, der übergab ihm Anweisungen über 11 000 Gulden für Hofer. Es war die erste Rate, die er beim Bankhaus Steiner behob.

Am 6. Januar 1810 brach Wild mit den Schecks nach Tirol auf. In Nikolsdorf nahe der kärntnerisch-tirolischen Grenze kehrte er bei dem ihm befreundeten Wirt Grebitschitscher ein. Es war eine verhängnisvolle Rast, zu der sich Wild da entschloß, denn zwischen seiner nun verzögerten, aber immerhin möglichen Ankunft in Tirol um den 12. Januar 1810 und der Gefangennahme ›Barbones‹ lagen noch zwei Wochen, während der Wild den Sandwirt leicht erreichen und vielleicht, mit dem kaiserlichen Bescheid, zur Flucht hätte bereden können. Statt dessen blieb er in Nikolsdorf, und zwar aus Furcht, weil ihn schon am zweiten Tag der Hausherr mit der Nachricht erschreckte, die Franzosen hätten Witterung von seiner Reise und spürten ihm mit Steckbriefen nach. So reiste an seiner Stelle ein Bote, ein Fuhrknecht Grebitschitschers, ein dem Wild übrigens unbekannter Mann.

Diesem Boten gab Wild einen Brief an Hofer mit. Der Brief enthielt das kaiserliche Schreiben, dazu die nach Bozen adressierten Wechsel, die dort in Bargeld umzutauschen waren, und eine dringende Mahnung Wilds zu Flucht.

Der Bote kam durch und präsentierte die Wechsel bei den fünf Handlungshäusern, auf die sie lauteten. Aber keine der Firmen zahlte das Geld aus, da sie vermuteten, der ihnen unbekannte Bote sei unrechtmäßig in dem Besitz der Wechsel. Die Firmen korrespondierten mit Steiner & Co. in Wien und baten für künftige Fälle um Aviso. Den Boten ließen sie ohne Geld abziehen. Auf dem Rückweg gab er die Briefe für Hofer bei einem Verwandten des Wild ab, der schickte damit seinen Sohn zu Hofer auf die Hütte im Awald. Wild erzählte später, dieser Sohn habe Hofer erreicht, die Briefe über-

geben und Antworten Hofers an den Kaiser und an Erzherzog Johann entgegengenommen, er habe Hofer gerade einen Tag vor seiner Gefangennahme verlassen.
Der Bote Wilds kehrte mit dem wenig befriedigenden Ergebnis nach Nikolsdorf zurück. Wild war in diesem Augenblick in großer Aufregung: er hatte erfahren, daß den Franzosen sein Aufenthalt verraten sei. Er dachte nur an seine Rettung. Sie gelang dank Grebitschitscher, der ihn für einen seiner Angestellten ausgab, ihm einen Paß nach Klagenfurt erwirkte und ihn dahin begleitete. Dort erst dachten sie wieder an Hofer. Grebitschitscher versprach die Einlösung der Wechsel, auch wolle er Hofer, wenn er auf den Rat in Wilds Brief nach Sterzing käme, von dort, etwa in einem Fasse verborgen, über die Grenze retten. Wild, der also seinen Auftrag nicht persönlich erfüllt hatte, ging nach Wien.
Im Februar bekam Grebitschitscher in Bozen, wo er bekannt war, das Bargeld für die Wechsel. Indessen war das alles für Hofer zu spät, er war gefangen und in Mantua erschossen worden. Nach diesem Ereignis erlaubte sich Grebitschitscher Eigenmächtigkeiten mit dem Geld. Er bezahlte eigene Rechnungen und hinterlegte bei dem Verwandten Wilds, an den das Geld hätte gehen sollen, nur 4500 Gulden. Den Rest von 3000 Gulden behielt er in Verwahrung und behauptete später, ein Teil sei ihm auf der Rückreise von Bozen abhanden gekommen.
Inzwischen hatte Schenacher in Wien die Geldsache weiter betrieben. Er ließ sich dem Kaiser und Metternich vorstellen mit der Bitte um Bescheid, was mit dem Geld zu tun wäre. Metternich ließ sich auf schriftliche Erledigung nicht ein, gab aber mündliche Weisung, dieses englische Geld könne weder er noch ein anderer kaiserlicher Beamter entgegennehmen, denn Österreich stehe es nicht zu, sich mit der Sache zu befassen. Diese Zurückhaltung erklärt sich aus der für Metternich bezeichnenden raschen Wendung seiner Politik: er leitete schon damals Napoleons Vermählung mit der habsburgischen Prinzessin, der Tochter des Kaisers, ein. Daher schließlich der Schenacher erteilte Befehl: er möge sich stillhalten und nach seinem Gutbefinden die tiroler Landsleute aus dem britischen Schatz unterstützen. Außerdem legte man ihm nahe, er solle seinen Namen ändern: in ›Franz Oedlberg‹.
In der Namensänderung gehorchte Schenacher; dem Befehl, sich stillzuhalten, konnte er seiner Natur nach nicht folgen. Er erzählte

herum, welche Reichtümer er mitgebracht habe, äußerte sich auch brieflich, so in einem Brief an seinen innsbrucker Geschäftsfreund Habtmann. Von Metternich abgewiesen, betrachtete er sich als selbstherrlicher Disponent über das Geld. Das wurde bei den tiroler Emigranten in Wien schnell bekannt. Sie erwarteten, daß er die Kasse öffne.

Aber einstweilen hatte Schenacher-Oedlberg andere Sorgen. Seine Frau und fünf Kinder waren in Innsbruck. Er wollte, daß sie nach Wien kämen. Frau Schenacher schickte die Kinder voraus, sie selber aber wurde von einem bayrischen Oberfinanzrat Ritter, der die Ausführung französischer Befehle mit Argusaugen kontrollierte, in Bad Reichenhall angehalten. Von dort wurde sie als Gefangene nach München gebracht, mit ihr auch der Kaufmann Habtmann, der sie begleitete.

Bayrische Akte erzählen über die eifrige Inquisition, die der königlich bayrische Rat von Mieg an den ausgehobenen Reisenden vornehmen ließ. Dabei entstand in Mieg der Gedanke, ob nicht Bayern durch den gefangenen Kaufmann Habtmann das englische Geld in die Hand bekommen könne. Mieg schlug das dem Habtmann vor, der willigte ein, stellte eine hohe Kaution, was er tun konnte, da bei dem Geschäft auch für ihn etwas abfallen sollte, und durfte nach Wien reisen. In München fand man, die Sache ließe sich fördern, wenn man auch die Schenacherin laufen ließe, so durfte sie nach einigen Monaten unfreiwilligen Aufenthaltes in der bayrischen Residenz ihren Weg nach Österreich fortsetzen.

Inzwischen aber hatte sich in Schenachers Beziehungen zum englischen Geld mancherlei geändert. Er fuhr mit Metternichs Wissen nach Linz, angeblich weil er dort leichter Verbindung mit seiner in München gefangenen Frau haben könne. In Wirklichkeit hatte ihn ein englischer Agent, Alexander Horn, nach Linz bestellt. Diesen Agenten erwähnt auch Hormayr. Der Historiker Krones schreibt über Horn folgendes:

›den rührigsten Agenten des englischen Kabinetts spielte Johnston, dem der Benediktiner Pater Maurus von Regensburg unter dem Decknamen Chevalier Horn wichtige Dienste leistete.‹

Josef Hirn, dem ich hier folge, bemerkt dazu:

›im Schottenkloster zu St. Jakob in Regensburg lebte zu Anfang des 19. Jahrhunderts nachweislich ein P. Maurus Horn, auch ‚Horne‘ genannt‹

und schreibt weiter:

›der ‚Chevalier' bei Krones läßt schließen, daß Horn, der Mönch, das Ordenskleid mit dem weltlichen Gewand vertauschte, um sein weltliches Geschäft als Agent leichter betreiben zu können.‹
Es fällt Hirn dann auf, daß bei dem Agenten zweierlei Vornamen zu finden sind: Maurus und Alexander. Er hält dafür, daß ›Maurus‹ der Klostername gewesen sei. Für das ›Alexander‹ findet er eine Erklärung darin, daß Horn sich ein weiteres Pseudonym ›Alexander Bergström‹ beigelegt habe; er bemerkt, daß Horn vielleicht englischer Herkunft gewesen sei, es werde nämlich versichert, daß die meisten Konventualen von St. Jakob britischer Abstammung gewesen seien.

Schenacher-Oedlberg hat später behauptet, die englische Regierung habe ihn an ›Horn-Bergström‹ gewiesen. Dem widerspricht das britische Ministerium im Jahre 1816 mit einer ausdrücklichen Erklärung: Horn habe sich eigenmächtig in die Gebarung mit den Subsidien gemengt, ohne autorisiert zu sein. Diese englische Erklärung hat der österreichische Gesandte Esterhazy in London am 16. August 1816 nach Wien gegeben. Zu ergänzen ist noch, daß sich, als Schenacher aus London nach Österreich zurückgekommen war, der Geheimagent Horn mit seinem Sekretär James Kruitschank alias Chor in Prag aufhielt, als Gastfreund der Gräfin Bréchainville.

Über die Wege, wie Schenacher und Horn zusammenkamen, gibt es nur Andeutungen. Der als ›Kabinettskurier‹ bezeichnete Morand war Schenachers Begleiter auf der Fahrt von England gewesen. Auch er scheint ein Agent gewesen zu sein, und man darf vermuten, daß er unterwegs, in Prag, seinen Kollegen gleichen Geschäfts, den Agenten Horn, aufgesucht und mit Schenacher, dem Träger der englischen Wechsel, bekanntgemacht habe. Als wen er den Horn vorgestellt hat, ist unbekannt. Aber man weiß, daß sich Horn darin gefiel, vor Schenacher eine feierliche Amtsmiene anzunehmen, und sich von ihm als einen ›königlichen Gesandten‹ betiteln ließ.

In den Zusammenhang gehört folgendes: noch Ende 1810, als Schenacher von der Haftnahme seiner Frau in Bayern erfahren hatte, besuchte ihn zwar nicht Horn, aber sein Sekretär Kruitschank. Er mißbilligte die Geldsendung an Andreas Hofer. Er erklärte, so werde sie für Insurgierungszwecke genommen, und belehrte Schenacher, das Geld sei nur für Verunglückte und Auswan-

derer zu verwenden. Schenacher sagte, die Spende für Hofer sei zu dessen Rettung bestimmt gewesen. Kruitschank ließ das nicht gelten und eben deshalb beorderte er Schenacher nach Linz, zu Besprechungen mit Horn persönlich. Sie würden beide fahren, aber um Aufsehen zu vermeiden, getrennt; er, Kruitschank alias Chor, zuerst; diese Vorsicht habe Metternich selbst empfohlen.
In einem Gasthof nahe Linz wartete Schenacher auf Horn. Statt seiner kam ein Bote, Horn sei erkrankt. Der Bote überbrachte eine Einladung an Schenacher, nach Prag zu fahren.
Schenacher kam der Einladung nach. Aber sein Verkehr mit Horn in Prag wurde unerwartet gestört durch einen Befehl der wiener Staatskanzlei, der dem Herrn Oedlberg die Rückkehr nach Wien untersagte und ihm Znaim als Aufenthaltsort anwies. Das war in den Tagen, als die Verhandlungen mit Napoleon über seine Vermählung mit der habsburgischen Prinzessin abgeschlossen wurden. Unter diesen Umständen war Schenacher doppelt unbequem, denn soeben waren auch die letzten 10 000 Pfund von London beim Bankhaus Steiner angewiesen worden.
Schenacher übersiedelte nach Znaim. Er schrieb an Metternich: er ersuche um Verhaltensbefehle und unterbreite den Vorschlag, mit dem Geld die vom Krieg betroffenen Gebiete in Tirol zu beteilen, durch rechtschaffene Männer, die vor allem dafür sorgen würden, daß die Bayern nicht hinter das Geld kämen.
Schenacher – so bemerkt Hirn an dieser Stelle – werde kaum eine Antwort des Staatskanzlers erwartet haben, und sagt dann: ›er erhielt auch keine‹. Nach Hirns Auslegung der Fakten mußte sich die Angelegenheit für Metternich nun so darstellen:
noch in Prag habe Schenacher Schritte getan, die ihm versagte Bevollmächtigung seitens eines österreichischen Ministers durch eine fiktive des Alexander Horn zu ersetzen. Wer von den beiden der Urheber des unreellen Gedankens war, sei gleichgültig.
Als Tatsache fügt Hirn an, daß der Geheimagent Horn, den Schenacher in Briefen von da an gern als ›Exzellenz und Gesandten seiner Majestät des englischen Königs‹ betitelt, nun eine förmliche Autorisierung zur freien Verteilung des Geldes ausgestellt habe, aber nicht für Schenacher allein, sondern für einen Fünferausschuß, dem u. a. auch Johann Wild, der vormalige Überbringer des Briefes an Andreas Hofer, angehören solle.
Als die Sache so weit war, geschah etwas für alle Beteiligten Uner-

wartetes: Schenacher schied aus. Er tat es mit der Begründung, daß er, weil zum Exil genötigt, an der Aktion nicht mitwirken könne; er bevollmächtigte die Vier, über das noch vorhandene englische Geld zu verfügen. Bei seinem Ausscheiden legte er dem nunmehrigen Viererausschuß Rechnung: Auslagen für Andreas Hofer an Johann Wild 11 000 Gulden, Zurückzahlung des Reisevorschusses 2700 Gulden, Reisespesen 10 000 Gulden, an ausgewanderte Tiroler ›auf Weisung Horns‹ gegebene Summen 4000 Gulden, für Kuriere 1000 Gulden – und 8000 Gulden, die er selber, wie er schrieb, ›einstweilen bis auf sicheren Bescheid für seinen in Tirol erlittenen Schaden zurückbehalte‹.

An dieser Stelle unterbricht Hirn seine Aufführung von Tatsachen mit der Begründung, daß nun, wo Schenacher zurücktrete, wohl der geeigneteste Augenblick sei, zu fragen, ob für ihn wirklich, wie er sage, nichts abgefallen sei. Er fährt fort:
›die 8000 Gulden kennen wir bereits. Wenn er für seine Reisen 10 000 Gulden nahm, kam er gewiß nicht zu kurz, da für die Auslagen die britische Freigebigkeit gesorgt hat. Zu den ausgewanderten Landsleuten, unter die 4000 Gulden verteilt wurden, wird man auch Schenacher zählen dürfen. Es dürfte den Tatsachen entsprechen, daß er sich bis zu seinem Rücktritt etwa 20 000 Gulden angeeignet hat. Exzellenz Horn gab zu dieser ›edlen Art‹, wie er sich ausdrückt, seinen Segen. Trotzdem hat sich Schenachers Spekulation noch einen Regreß auf Entschädigung vorbehalten. Ähnliches taten übrigens auch die anderen Mitglieder des Viererausschusses. Indem sie einerseits Schenachers Rechnung nur ›mit Vorbehalt der hohen Genehmigung‹ entgegennahmen, erklärten sie, daß auch ihnen, als ›gleichfalls Verunglückte‹, eine ›Teilnahme an der allerhöchsten Gnade‹ zustehe.

Schenacher zeigte sich über den Vorbehalt der Vier verärgert und sandte ihnen das quittierende Dokument zurück. Es ist aber zu vermuten, daß sein Verhalten, in dem er plötzlich den ›Beleidigten‹ spielte, noch andere Gründe hat. In diesen Tagen kam der nach Bayern entsandte Kaufmann Habtmann zurück. Wenn er Vorschläge für ein Arrangement, wie das Geld den Bayern zuzuspielen sei, mitbrachte, kam er zu spät: die Disposition über das Geld war auf das Komitee der Vier übergegangen. Habtmann wie Schenacher waren ohnmächtig. Aber Schenacher redete seinen Genossen zu als wäre er ein bayrischer Agent: Bayerns König habe versprochen, von dem englischen Geld nichts zu nehmen, sein Wunsch sei, es durch ehrliche Gerichtspersonen in Tirol (das ja unter Bayerns Hoheit war) verteilen zu lassen; der gemessene Auftrag Englands und die Notlage in Tirol geböten, keine Stunde mit der Hilfe zu säumen; an Habtmann sollten umgehend 50 bis 100 000 Gulden ausgeliefert werden.

Schenachers Bemühungen waren umsonst, die Vier waren in Wien schon aktiv. Der Nachweis: Schenachers Brief ist vom 9. März; die Quittung für die erste, vom Viererausschuß gegebene Spende datierte Wien, 10. März. Auch mit Steiner & Co. war alles festgemacht: die noch vorhandenen 25 100 Pfund zur alleinigen Disposition des Komitees zu halten.

Man ließ nach Habtmanns Abreise noch einige Wochen verstreichen. Dann eröffneten die Vier die ununterbrochene Geldabgabe an die in Wien lebenden Flüchtlinge und die in Tirol lebenden, vom Krieg schwer Betroffenen.

Hirn erwähnt die erstaunlich große Zahl der aus Tirol Flüchtigen. Es gab Hunderte, die bei der Erhebung nur als gewöhnliche Sturmmänner mitgetan hatten. Hirn sieht in ihnen Leute, die von Haus aus wenig zu verlieren hatten. Auffällig findet er die Beteilung regulärer österreichischer Offiziere, auch Beamter.

Im Mai begann der Viererausschuß die regelmäßige Amtierung. Eines der Mitglieder, Riedmüller, gibt einzelne Ziffern: Hauptleute wurden mit 100 Gulden verabschiedet. Pater Haspinger, der berühmte Anführer, erhielt mehrere 100 Gulden.

Was in Wien auf diese Weise gegeben wurde, waren mehr als 50 000 Gulden. Es verblieben 24 000 Pfund. Dieser Betrag ging nach Tirol.

Für diese Hilfeleistung entwarfen die Vier ein Schema: für jedes vom Feind verbrannte Haus 50, für jede Familie, deren Ernährer gefallen war, 30, für Verwundete 15 bis 5 Gulden.

Ein Ereignis für Wien war das Erscheinen der Witwe Andreas Hofers, Frühsommer 1810. Ihre Wirtschaft war in trostloser Lage. Um Reisegeld wandte sie sich an Wild. Der wandte sich an Hormayr, der verwies ihn, was gewiß naheliegend war, auf das englische Geld, das er, Wild, für Andreas Hofer in Tirol zurückgelassen habe. Darauf ermächtigte Wild seinen in Sterzing lebenden Vater, Hofers Witwe Reisegeld zu geben. Sie erhielt von dem dort liegenden Depot die Hälfte. Zur Reise reichte es: über 2000

Gulden. In Begleitung eines alten Vertrauten ihres Hauses, Morandell, fuhr sie nach Wien. Zwei Mitglieder des Ausschusses geleiteten sie nach Laxenburg zum Kaiser. Die Auslagen für ihren Aufenthalt trug wieder – der englische Barschatz; Riedmüller stellte dafür 162 Gulden in Rechnung.

Die Unterstützung der Sandwirtin ist mit einem dunklen Punkt behaftet. Er betrifft Wild. Obgleich sein Vater ihr nur 2000 Gulden gegeben hatte, ließ sich Wild von ihr eine Quittung ausstellen, nach der sie das ganze sterzinger Depot: 4500 Gulden, bekommen habe. Man muß davon gemunkelt haben, und der Kaiser, der sich gern in solche kleineren Fragen einließ, brachte bei einer der Audienzen der Hoferin die Sprache auf die ihr durch Wild gegebene Unterstützung. Die Sandwirtin erklärte später,

›in ihrem Schrecken, und um dem Wild nicht schlecht nachzureden, habe sie es unterlassen, die Tatsachen offen darzulegen‹.

Im Sommer 1810 war der Ausschuß durch Eingriffe bedroht. Baron Reinhart, mit bayrischen Vollmachten, sekundiert von tiroler Hauptleuten, die kein Vertrauen zu den vier Männern hatten, suchte mit Hilfe einer ›Tiroler Hofkommission‹ über das Geld Verfügung zu bekommen. Aber Metternich ließ die ›Hofkommission‹ ohne Weisung. Reinhart konnte den Ausschuß nur mündlich angehen. Die Vier nahmen ihn an dieser schwachen Seite, sie verweigerten jede Auskunft ohne Aufforderung durch ein amtliches Schriftstück.

Als ich die sachliche Darstellung des Vorgangs las, war ich berührt. Ich habe mir notiert, daß die Standhaftigkeit dieser vier einfachen Männer Respekt verdient.

Aber die unsichere Lage des Ausschusses brachte doch Ablenkung in seine Arbeit. Ein Ausschußmitglied wurde zum Magistratsrat in Marburg ernannt, beschloß jedoch, vorher nach England zu gehen, um Nachschau nach dem dort weilenden Müller und den Subsidien aus privater Quelle zu halten.

Horn-Bergström war über die Zerstreuung der Ausschußmitglieder betrübt. Er erklärte ihnen, da zu seinem Bedauern ihre Privatangelegenheiten ihn ihrer weiteren Dienste beraubten, müsse nun eine neue Kommission eingesetzt werden. Aber nur zwei Mitglieder der alten Kommission waren, nach den Anfeindungen, bereit, in die neue einzutreten. Zuletzt sprang auch von den Zweien einer halb ab, und Riedmüller tat fast alles allein.

Ende September 1810 erstattete er Horn Rechnung, erhielt Dank; aber Horn befahl ihm auch, keinem Menschen Einsicht in die Rechnungen zu geben, die ein Werk der Barmherzigkeit seien, worüber keine fremde Regierung Rechnung zu fordern habe.

Ein Vierteljahr später, Februar 1811, überraschte Horn den amtierenden Riedmüller mit einer neuen Weisung:

›von heute an haben Sie bezüglich des Geldes meinem Freunde Chor (recte Kruitschank) zu gehorchen, dessen Aufenthalt Ihnen von Zeit zu Zeit mitgeteilt wird.‹

Ein zweiter Befehl Horns vom gleichen Tag:

›ich teile Ihnen mit, daß der in meinem Schreiben genannte Chor mein bisheriger Sekretär K. ist. Sie müssen die Verflechtung dieses Mannes in unser Geschäft als das heiligste Geheimnis bewahren und dürfen unter gar keinen Umständen seinen wahren Namen bekanntmachen‹.

Und sogleich, am selben 21. Februar, stellte sich Chor in seiner Funktion vor:

›ich übersende Ihnen die von Bergström ausgestellte Vollmacht. Sie werden gegen ihre Gültigkeit nichts einzuwenden haben. Ihr Schweigen darüber wird mir als Bestätigung meiner Hoffnung gelten.‹

Horn-Bergström soll damals als unbequemer englischer Agent aus den Ländern des Kaiserstaates ausgewiesen worden sein.

Chor führte sich vorteilhaft ein. Er berief sich auf den ursprünglich vollständigen Viererausschuß, dessen Mitglieder gewiß nicht zu den Ärmsten der Armen zählten, und bot ihnen als Ersatz für ihren Eifer je 2000 Gulden an. Eines der Mitglieder, Pühler, brachte es mittels chor'scher weiterer Erlässe zuletzt zum Erwerb von 12 000 Gulden.

Solcher Gebarung hat dann Bergström selbst die Krone aufgesetzt. Auch er stellte sich in die Reihe der Unterstützungsbedürftigen, als er Prag verlassen mußte. Riedmüller öffnete die Kasse und zahlte ihm 3000 Gulden aus. Er begründet die Gewährung damit, daß auch Horn ›große Verdienste‹ gehabt habe.

Der Name Horn-Bergström verschwindet nun. Auch der Ersatzmann Chor kommt kaum noch vor. Ein einziges Zeugnis von ihm, datiert vom Jahr 1813, hat sich erhalten:

›als Bevollmächtigter des Chevaliers Horn, Chargé d'affaire des englischen Königs, stelle ich Ihnen das Zeugnis aus für Ihre große

Vaterlandsliebe. Sie haben Ihre Opfer auf den Altar des Vaterlandes gelegt. Sie mußten den Kabalen diese Güter opfern. Ihre Verdienste sind dadurch nur größer geworden.‹

Dieses Lob war begleitet von einer Anweisung von je 5800 Gulden. Zuletzt Details bei der Verteilung der Gelder in Tirol. Die Bayern ließen emsig ausforschen, wieviel und unter welchen Umständen verteilt wurde. Die Anlegung von Listen der Unterstützungswürdigen beispielsweise war in den Augen des Grafen Montgelas eine Methode,

›die der revolutionären Verfassung, deren Spuren wir vertilgen wollen, den Stempel der Rechtlichkeit aufdrückt‹.

Am liebsten wäre es der bayrischen Regierung immer gewesen, wenn ihr Österreich das Geld ausgeliefert hätte. Versuche gibt es noch nach 1810. Montgelas gibt dem bayrischen Gesandten in Wien, Rechberg, entsprechende Weisungen, und Rechberg trat vor Metternich und sprach von den Befürchtungen seiner Regierung über Mißbrauch. Metternich fertigte ihn in seiner glatten diplomatischen Manier ab:

›die Gesinnungen des Kaisers seien dieselben wie die des bayrischen Königs. Auch Franz sehe ein, wie notwendig es wäre, Ordnung in die Sache zu bringen.‹

Nach einigen Wochen kam Metternich auf das Thema zurück. Er eröffnete dem Botschafter als die Meinung des Kaisers: die Würde der beiden Höfe erheische es, sich der direkten Teilnahme zu enthalten. Würde die Regierung einschreiten, laufe man Gefahr, daß eine Bank sich überhaupt weigere, Kunde von ihren Operationen zu geben.

Zuletzt kam neues Feuer in die Angelegenheit durch eine Nachricht Müllers über eine Rimesse von 10 000 Pfund. Nur eines interessiere die Engländer, wie mit den früheren Geldern gewirtschaftet worden sei. Daß jede Antwort an Müller ausblieb, machte in England stutzig. Die Erlaubnis zur Sammlung wurde zurückgezogen.

Müller hat in England keinen ungünstigen Eindruck hinterlassen. Lord Hamilton hat ihm ein ehrendes Zeugnis ausgestellt, die Regierung erkannte ihm eine Pension zu.

Wütend über Schenacher kam Müller nach Österreich. Auch der Name Horns war zu ihm gedrungen, und so sah sich Horn eines Tages vom Besuch des heimreisenden Müller in Prag überrascht.

Horn beeilte sich, Müller, der seine Legitimation in Zweifel zog, in Wien das Wasser abzugraben.

Vielleicht kam es daher, daß Müller, kaum in Wien, eine unangenehme Begegnung mit der Polizei hatte. Er mußte in seinem Absteigequartier ein paar polizeiliche Kommissare empfangen: es handle sich um eine Visitation. Man fand auch gleich etwas Bedenkliches: Müllers goldene Uhr, in der Schweiz gekauft, entbehrte der in Österreich gesetzlichen Punze. Sie wurde konfisziert, ebenso eine Reiseschatulle mit Nagelschere, Zungenschaber, Ohrlöffel und Zahnstocher. Ein Protest wurde nicht angenommen. Nach dem Weggang der Kommission entdeckte Müller, daß sie sein Bargeld mitgenommen habe. Er bekam es zurück, aber für die Prozedur der ›Mautpunzierung‹ hatte er 300 Gulden zu erlegen.

Müller bat um Untersuchung seines Verhaltens in England, er wollte eine dadurch erwirkte Ehrenerklärung. Er bekam das beste Zeugnis von den beim ›Wiener Kongreß‹ anwesenden Wellington, Castlereagh und Aberdeen. Der mit der Untersuchung betraute Hofrat Stahl beantragte, Müller sei als gerechtfertigt zu erklären, zur Genugtuung möge man ihm den Majorscharakter und eine erhöhte Pension zuerkennen. Polizeipräsident Sedlnitzky schloß sich dem Antrag mit Ausnahme des Punktes ›Gewährung einer Entlohnung‹ an.

Mit diesem Bescheid war Müller nicht zufrieden. Als in Tirol die alten Stände wiederhergestellt wurden, richtete er an den Statthalter Bissingen ein Gesuch um Erhebung in den erbländischen Adelsstand. Müller wurde bei so viel Enttäuschung zu einem Querulanten. Das Jahr 1848 bedeutete ihm das Erwachen eines Völkerfrühlings. So kam ihm zuletzt der Gedanke, sich als Kläger an die Paulskirche zu wenden. Getan hat er es nicht. 75 Jahre alt, nahm er seine Ambitionen mit ins Grab.

Besser als Müller hatte es Schenacher. Statt äußerer Ehren sicherte er sich materiellen Profit. Nach Entschädigungen durch den Fiskus wurde behauptet, sein Vermögen sei 40 000 Gulden. Es muß mehr gewesen sein, denn 1814 ersteigerte er die ansehnliche Herrschaft Artstetten um 160 000 Gulden.

Kaum war Tirol nach der Besiegung Napoleons unter Österreich, wurde die Frage nach dem englischen Geld neu gestellt. Nun konnte man auch an Schenacher heran. Die Aneignung von 4893 Pfund gab er ohneweiters zu.

Man nahm dann das Verfahren in Tirol selbst auf. Die Hauptarbeit leistete der landschaftliche Buchhalter Volie. Auch ihm wurde Schenacher verdächtig. Er hieß noch immer Herr Oedlberg, machte daraus aber bei mancher Gelegenheit das nobler klingende ›Franz von Edelberg‹. Im Dezember 1820 stellte er sich der kreisamtlichen Vorladung. Er war schwer krank. Er bot ein freiwilliges Geschenk von 2500 Gulden unter der Bedingung, daß dieser Betrag jede künftige Forderung abschneide. Sein leidender Zustand war nicht Täuschung. Vier Wochen später, Ende Januar 1821, starb er.

Eine besondere Untersuchung Volies galt den Sammelgeldern für Schwaz. Das Geld war bei Andreas Hofer in der Hofburg in zehn Fässern aufbewahrt worden. Ihr Weg ließ sich bis Sterzing verfolgen. Dort sah sie der Plattnerwirt. Er gab an, Hofer habe acht Fässer mitgenommen. Die in Sterzing gebliebenen zwei Fässer entdeckte 1810 der bayrische Oberst Berghem. Sie enthielten Schwefel, zerbrochene Säbel und 2500 Gulden in Münze. Das Geld hat Bayern 1823 zurückgegeben.

Die übrigen acht Fässer waren nach Passeier gekommen, und die Kommission verurteilte nun mehrere Kameraden des Andreas Hofer zum Ersatz. Selbst Hofers Witwe wurde zu 300 Gulden verurteilt. Die Bezahlung leistete Kaiser Franz. Durch die Untersuchung am meisten belastet war Wild. Er wurde in Haft gesetzt. Bei seiner Verteidigung knüpfte er an die in London erlassene königliche Entschließung an:

›ich kann diese Auslage um so eher für englisches Geld verrechnen, als ja der englische König dachte, durch das Geld den Krieg in Tirol zu verlängern. Die Erneuerung des Krieges ist ja auch 1813 erfolgt.‹

Wild wurde trotz dieser Einwendung verurteilt. Er ließ es auf einen förmlichen Prozeß durch alle Instanzen ankommen; auch die dritte, die oberste Justizbehörde in Wien, wies ihn ab. Aber durch ein sehr selten angewandtes Mittel, eine ›außerordentliche Nullitätsbeschwerde‹ an den Kaiser, kam er zu völliger Rechtfertigung.

Volie bemängelte alles mögliche, bis ein neuer Statthalter, Graf Wilczek, weitherziger, die Akten über die englischen Gelder schloß.

Hirn sagt, sie deckten eine Leidensgeschichte auf. Man solle Willkürlichkeiten nicht beschönigen. Aber man werde mit zweifelhaf-

ten Praktiken einzelner Männer weniger streng rechten, wenn man sich erinnere, wie es ganze Staaten damals gehalten hätten.
Diesem Schluß Hirns, wie überhaupt der anfangs so abenteuerlichen Folge der Ereignisse, haftet zuletzt etwas wie Resignation an. Ich glaube, sie ist die Grundstimmung der inzwischen metternichschen Ära: Resignation – sie drückt den Ereignissen ihren Stempel auf, und auch der Darstellung.

VIERTER TEIL

17. Umgang mit einem Sprachforscher

Nach diesem Durchblick auf historische Dinge habe ich von einem Gebiet des gegenwärtigen Lebens zu sprechen, bei dem ich – im wörtlichen Sinn – gar nicht mitreden kann: dem Gebiet der Dialekte. Anderswo aufgewachsen – und man weiß, daß der Mensch kaum etwas schwerer abstreifen kann als den Grundton, in dem er zu sprechen gelernt hat –, konnte ich da immer nur zuhören und etwas unterscheiden, das ich als Gewußtes, Gemerktes behielt, wie man sich ein Stück Übersetzung merkt.
Aber ich hatte Glück. Es war bei einem meiner letzten Aufenthalte in Südtirol; ich war in dem der Etsch südlich zukommenden Martelltal gewesen, und am Abend kam die Rede darauf, ob mir die Sprechweise der Leute nicht aufgefallen sei; sie rollten das ›r‹, sie ›scharrten‹, sie sprachen ein dem Französischen ähnliches im Gaumen gerolltes ›r‹. Als Beispiel ein Witzwort, in dem ein Marteller behauptet, das nicht zu tun, und sagt: ›Alle Marteller scharren, nur ich und mein Bruder nicht‹; bei welchem mit dem Konsonanten ›r‹ gespickten Satz sein ›Scharren‹ um so deutlicher vernehmbar wird. Wir fragten uns nach den Ursachen: wie eine solche Eigentümlichkeit sich festhält in einem bestimmten Gebiet, und sagten, daß sich das Rätoromanische (das auch dieses Gaumen-r hat) in dem abgelegenen Seitental vielleicht länger gehalten habe als im Haupttal. Mir wurde diese Vermutung später von dem südtiroler Sprachforscher Egon Kühebacher bestätigt. Ich werde noch davon berichten.
Wir kamen an dem Abend gleich auf ein viel eindrucksvolleres Beispiel: meine Verwandten lebten in dem Ort Laas; der nächste Ort etschaufwärts, nur sechs Kilometer entfernt, ist Eyrs. Meine Cousine aus Laas ist Lehrerin in Eyrs, und konnte aus täglicher Erfah-

rung sagen: dort sprechen sie anders, dort ist ein deutlicher Schnitt.
Sie nannte mir drei Wörter als Beispiel: *mähen, Stein* und *gehen*.
Sie sagte: in Laas sagt man statt mähen *mahnen*; statt Stein *stu'an* – das ist nun schwierig zu schreiben, es erforderte eigene Lautzeichen: das ›u‹ ist betont, wird zugleich kurz gesprochen. Ähnlich ist es bei dem Wort ›gehen‹, das man in Laas als *gi'en* spricht; auch hier wäre ein eigenes ›Graphem‹, ein besonderes Lautzeichen notwendig, um das Gesprochene, das ›Phonem‹, wiederzugeben.
So wie die Leute in Laas sprechen alle Leute im Vinschgau von Meran herauf. In Eyrs ändert sich das. Dort wird für ›mähen‹ nicht mehr ›mahnen‹ gesagt, sondern *majen;* für ›Stein‹ nicht mehr ›stu'an‹, sondern *sto'an* mit einem ›o‹, das an sich schon breiter wirkt; und statt dem scharfen, bis Laas gebräuchlichen ›gi'en‹ sagt man in Eyrs *ge'an*.
Mir war es später merkwürdig, daß ich in Haus und Stube der Verwandten auf diesen Dialektunterschied gestoßen war – dann nämlich, als mir in dem weit davon entfernten Ort Innichen von dem Sprachforscher Kühebacher erklärt wurde, daß dieser Unterschied eine wichtige *Sprechgrenze* in den südtirolischen Dialekten sei. Ihm war der Ort Eyrs als der scharfe Punkt dieser Grenze ein ganz geläufiger Begriff.
Und hier will ich nun von dem anfangs erwähnten ›Glück‹ sprechen – einem Zufallsglück. Ich war im selben Herbst nochmals nach Südtirol gefahren, um das Pustertal kennenzulernen, von dem ich am wenigsten wußte. Ich hatte mir vorgenommen, in einem Ort Quartier zu nehmen und von ihm aus Erkundigungen zu machen. Ich hatte mich nicht eigens vorbereitet, außer nach der Landkarte und nach flüchtig Angelesenem. Der Ort war dann Welsberg mit einem Gasthaus, in dem man für meinen Zweck: vormittags wegfahren, abends zurückkommen und Platz für Notizen zu haben, gut aufgehoben war. Für den nächsten Tag nahm ich mir einen Ausflug im Tal vor: nach Innichen, dem wegen des alten Klosters interessantesten Ort.
Ich wurde nicht enttäuscht, obwohl ich zunächst auf Überraschungen stieß. Die bis vor kurzem barocke Klosterkirche war von allen Zutaten entleert, als solle sie auf ihr ursprüngliches Skelett zurückgebracht werden: das war ein romanisches Skelett. Es gab die drei Schiffe, Säulen, Bogen, Wölbungen, den erhöhten Chor – aber alles

Umgang mit einem Sprachforscher

nur in Feldsteinen oder Ziegeln. Die Handwerker waren an der Arbeit wie sonst bei einem Bau. Aber es gab noch etwas Besonderes hinter den Stufen zum Chor: eine Unterkirche, Krypta, mit ebenfalls rohen Stein- und Ziegelsäulen zwar, aber vollständig bloßgelegt.

Es war eine Abtragung oder Restaurierung sichtlich von Grund auf. Ich fragte einen Arbeiter. Er verwies mich auf jemanden, der mir mehr sagen könne und ganz in der Nähe wohne. Er zeigte mir das Haus. Ich ging hin und klopfte an: so begann meine Bekanntschaft mit Dr. Kühebacher.

Sein Name war mir allerdings als der eines Sprachforschers bekannt, und er hatte mit der Freilegung der Klosterkirche und Krypta nebenan nichts zu tun. Das war die Sache eines anderen Mannes, der in Brixen saß, Karl Wolfsgruber, des ersten Kustos für Denkmalpflege in der Provinz Bozen. Ihn lernte ich ein paar Tage später kennen. Mit Dr. Kühebacher, der eben nur zufällig dicht an der Kirche wohnte, kam ich nun bald in ein Gespräch über Sprachsachen und Dialekte. Das war *sein* Fach.

Ich könnte erzählend fortfahren, will aber zunächst einen Gesamtabriß seiner Arbeit geben, und am besten mit seinen eigenen Worten:

›das Germanistische Institut unserer Landesuniversität arbeitet zur Zeit an einem Sprachatlas Gesamtdeutschtirols. Auf den Karten des geplanten Atlaswerkes wird nicht nur die sprachliche Struktur des Landes sichtbar; auch die Besiedlungs- und Verkehrsgeschichte, und die politische Geschichte.‹

Und weiter (das ist nun schon Einführung und Gliederung des Stoffes selbst):

›der tiroler Sprachraum hat einen östlichen und westlichen Flügel. Westlich der ungefähren Achse Innsbruck–Bozen beginnt das Übergangsgebiet zum alemannischen Sprachraum; östlich (also hier im Pustertal) haben wir den rein südbairischen Teil des Landes. Für die Bildung dieser zwei ›Mundarträume‹ waren zwei alte Klosterkulturen wichtig: Marienberg und Innichen. Innichen liegt am äußersten Ende des östlichen Landesflügels; Marienberg am äußersten Ende des westlichen Landesflügels, hart an der Schweiz.‹

Mir erschien das folgende an den Darlegungen Kühebachers interessant:

›beide Klöster waren starke Germanisierungszentren: Innichen gegen die heidnischen Slawen; Marienberg setzte das Deutschtum durch gegen das Rätoromanische, das im Westen des Landes am längsten die Amts- und Verkehrssprache war.‹

Zu diesem, allgemein so wenig bekannten Vorwiegen des Rätoromanischen im oberen Etschtal, im Vinschgau, diese Details:
›nach einer Unterlage des bozener Hofgerichtes vom Jahre 1327 sollen Bauern aus dem ladinischen Enneberg (das im Dolomitengebiet ist), die nicht deutsch verstanden, verhört werden: als Dolmetscher (die deutsch und rätoromanisch verstanden) wurden Leute aus dem Vinschgau geholt.‹

Weiter:
›vor dem Gericht Glurns im Vinschgau wird 1394 ein Streit zwischen einem Krämer aus Laatsch und einem Krämer aus Mals ausgetragen. Die Partei aus Laatsch läßt das Gericht fragen, ob die Verhandlung in ›wälscher‹ (rätoromanischer) oder in deutscher Sprache geführt werde.‹

Weiter:
›die Beisitzer aus dem Gericht Nauders und Glurns (obwohl sie so nahe dem Kloster Marienberg sind) erklären, daß man im glurnser Gericht in rätoromanischer Sprache verhandle, und daß es so bleiben solle.‹

Nach Kühebacher war
›die rätoromanische Sprache bis ins 15. Jahrhundert hinein in Glurns (Obervinschgau) allein als Gerichtssprache zugelassen‹.

Von vielen Zeugnissen nur diese. Kühebacher gibt die Zeit von 1750 als die letzte des im Vinschgau noch lebendigen Rätoromanischen vor dem völligen Erlöschen an.

Die um diese Zeit erfolgende ›Eindeutschung‹ des Obervinschgaus geht mit der Gegenreformation Hand in Hand. Im Zug dieser Gegenreformation beklagt der aus Schwaben stammende Abt Matthias Lang des zuvor herabgekommenen Stiftes Marienberg,
›daß in der Pfarre Burgeis (sie liegt unmittelbar unterhalb des Stiftes) die ›barbarisch-engadeinerische‹ Sprache überhandnehme. Die Burgeiser nähmen sich fast ausnahmslos Weiber aus Graubünden oder heiraten dorthin. Auch in der Gemeinde werde bei öffentlichen Verhandlungen fast ausnahmslos die rätoromanische Sprache gebraucht‹.

Die Maßnahmen, mit denen die Rekatholisierung und gleichzeitig Germanisierung in diesem Gebiet eingeleitet wurden, waren die:

›die Aufnahme von Dienstboten aus dem romanischen und unkatholischen Graubünden wurde den Vinschgern verboten. Auch Heiraten dorthin, oder von dorther, wurden von der Regierung verboten. Statt des einheimischen rätoromanischen burgeiser Schulmeisters bestellte der Abt einen aus seiner schwäbischen Heimat.‹

Die Bewohner des oberen Vinschgaus wurden demnach germanisiert, indem sie ›deutsch‹ wie eine richtige Schriftsprache in der Schule lernten. So verlor sich das einheimische rätoromanische Idiom.

Eines der letzten, genau datierten Beispiele dafür gibt ein Autor Rapp, Verfasser einer ›Beschreibung der Diözese Brixen‹. Er vermerkt, daß in dem Dorf Laatsch nahe Burgeis im Jahre 1603 in der Kirche die Gebetstafel ›geteutscht‹ aufgestellt wurde.

Wer den Vinschgau kennt, wird das romanische Element in Habitus, Denkart, Sinnesart deutlich spüren. Er wird es auch im Dialekt fixiert finden. Dafür ist der zu Anfang erwähnte scharfe Schnitt der ›Sprechgrenze‹ von Eyrs das Beispiel.

Das Kloster Innichen, am entgegengesetzten Ende des Landes, im Osten, hatte es mit den Slawen zu tun. Hier ist die Lautung ›ui‹ ein Zeichen für slawischen Einfluß. Der geschichtliche Vorgang war der:

im 6., 7. und 8. Jahrhundert war die Slaweneinwanderung. Sie ging über die Gegend des heutigen Innichen kaum hinaus. Ungefähr um dieselbe Zeit drangen die von Norden über die Alpen gekommenen Baiern im Pustertal vor. Nach zwei bewaffneten Auseinandersetzungen bei Lienz in den Jahren 592 und 612 drängten sie die Slawen aus dem Pustertal hinaus und legten den ›Ödlandstreifen‹ an, von dem in einem der vorigen Kapitel die Rede war.

Dem Gespräch mit Kühebacher verdanke ich eine genauere Vorstellung dieses ›Ödlandstreifens‹. Ich hatte ein Bild, als habe eine mehr oder weniger natürliche Waldzone die Baiern und Slawen geschieden. Kühebacher belehrte mich, daß der ›Ödlandstreifen‹ eine von den bairischen Einwanderern planmäßig angelegte ›tote Zone‹ war. Also: Kahlschlag des Waldes und Vernichtung der Siedlungen in einem Talstreifen von etwa 20 km Länge, dann natürlicher Nachwuchs von Wald, aber keine Besiedlung.

Der Zustand änderte sich mit der 769 erfolgten Gründung des Klo-

sters Innichen und der damit verbundenen organisierten Siedlung. Der Name Innichen kommt von einem althochdeutschen ›intihha‹, das aus einem vorgermanischen ›indica‹ stammt.
Kühebacher hat die Dialektwandlungen in diesem seinem engeren Heimatgebiet genau verfolgt und festgelegt. Es kommt z. B. im Herrschaftsgebiet von Innichen zu einer veränderten Lautung des Dialektwortes für ›Stein‹. Im rein bairischen Gebiet heißt das Dialektwort ›stoan‹. Nach Innichen tritt plötzlich als Dialektwort das fast wienerisch klingende und dort auf slawischen Zuwachs gegründete ›stan‹ auf. Die Ursachen, sagt der Wissenschaftler, können verschieden sein. Er setzt hinzu:
›im östlichen Hochpustertal kann man eine Auswirkung des slawischen Volkselementes annehmen.‹
Neu für mich war auch, wie mir Kühebacher die Faktoren, die für eine ›Sprachraumbildung‹ wichtig sind, darlegte. Er sagt:
›jede Sprache (ob Mundart, Umgangssprache, Hochsprache) hat nur dann Lebenskraft, wenn sie geistiges Eigentum einer Gemeinschaft ist.‹
Er hebt dann vor allem die Rolle der ›Verkehrsgemeinschaft‹ hervor:
›im tiroler Sprachraum haben wir kleine und kleinste Verkehrsgemeinschaften. Eine Gebirgslandschaft mit Sackgassentälern, Schluchten, Talstufen und Bergkämmen zeichnet die Lebensräume vor, und es ist erklärlich, daß die Verbreitungsgebiete sprachlicher Eigenheiten sich an die Grenzen dieser Lebensräume halten‹.
Wichtig erscheint mir dann seine Feststellung zu der später erfolgenden Kommunikation dieser anfangs kleinen Lebensräume,
›die einen Ausgleich mit sich bringt zugunsten des Lebensraumes mit ‚Mehrwert'‹,
er sagt:
›Tirol war seit 1027 ein in sich geschlossenes politisches Territorium, in dem dann der sprachliche Ausgleich zugunsten der *bairischen* Spracheigenheiten einsetzte.‹
Eine der letzten Feststellungen Kühebachers zu dem Thema hat mich wegen ihrer in Vergangenheit zurückweisenden Aspekte berührt; er kommt auf die Grenze zwischen Tirols östlich-bairischem Landesflügel und dem westlichen rätoromanisch bestimmten Landesflügel zu sprechen, und er sagt, wie in dem Kapitel über Landschaftsnamen schon erwähnt:

›sie deckt sich mit einer alten politischen Grenze. Schon die beiden römischen Provinzen Raetien und Noricum berührten sich hier‹. Daraus ließe sich schließen, daß Tirol in seiner herzförmigen Gestalt aus zwei ungleichen Hälften bestand. Die östliche, bairische Hälfte setzte sich durch, das brachte dann (als Mitursache) den Anschluß Tirols an Österreich. Wäre die westliche, romanisch bestimmte Hälfte die stärkere gewesen, so hätte aus dem Gebirgsland Tirol eine Art Schweiz werden können, oder ein mit der wirklichen Schweiz föderiertes Land. Raetien und Chur haben den kürzeren gezogen. Das blieb dann in der Geschichte Tirols ein bestimmendes Moment.

Ich möchte dem Leser nun ein Bild davon geben, wie die Arbeit eines solchen Sprachforschers vor sich geht.
Zuerst das allgemeine: das Unternehmen ›Sprachatlas‹ ist ein kostspieliges Unternehmen; es steht unter den Auspizien der Universität, wird aber aus den Mitteln einer auswärtigen deutschen Stiftung finanziert. Kühebacher hat in Bozen Arbeitsräume, die mit modernen technischen Mitteln: Magnetophonen und anderen zugehörigen Apparaten, ausgestattet sind. Er arbeitet dort zwei bis drei Tage in der Woche. Mindestens zwei Tage aber sitzt er in seinem väterlichen Haus in Innichen. Dort lernte ich ihn kennen, einen Mann um die Fünfzig, verheiratet und mit fünf Kindern; einen Typus, wie man ihn in Tirol oft findet: er könnte auch ein Geistlicher sein, ist es aber nicht; er hat Züge von diesem in Tirol häufigen Typus des geistigen Arbeiters. Er saß vor seiner alten Schreibmaschine, neben ihr brannte eine dicke Kerze, hier tippte er seine Gedanken mit diesen – anders als er sie in Bozen hat – einfachen technischen Mitteln.
Es ist eine persönliche Skizze, die ich hier gebe. Zu ihr gehört als dritter Teil auch die Arbeit ›draußen‹. Zwei bis drei Tage, je nach Wetter, ist der Forscher unterwegs: mit Block, Stift und einer festen Liste vorher aufgeschriebener Wörter. Das ist seine ›Methode‹, um die Bauern zum Sprechen zu bringen: er hat sich nach Sachgebieten Wörter zurechtgelegt. Da gibt es das ›Haus‹. Zu ihm gehören Fenster, Fensterrahmen, Balken, Türstock, First, Schwelle und anderes mehr. Der Befragte kann sich so leichter erinnern. Er wird von einem Wort zum andern, von einem Ding zum andern ›geführt‹. Auf die Art ist mehr ›Material‹ aus ihm zu gewinnen, als

wenn man ihn ohne Zusammenhang fragte: ›wie nennt ihr das hier – den First?‹ Er wird mit Hilfe der Liste genauer gefragt: ›wie nennt ihr das hier in eurem Dorf, und speziell in eurer Ortschaft; wie nannte es dein Vater, dein Großvater?‹ Das Wort, das der Befragte sagt, wird neben dem Stichwort notiert. Diese Notierung ist der schwierigste Teil, sie muß mit dem Gehör abgelauscht werden und wird in einer Schlüsselsprache von ›Graphemen‹ aufgeschrieben.

Ein ergiebiges Gebiet ist ›Stall‹ und alles, was mit Vieh zusammenhängt. Der Forscher hat fünf oder sechs Sachgruppen, mit denen er arbeitet; immer auch genau den Ort, den Punkt auf der Landkarte, festhaltend. So gewinnt er eine Vielzahl Punkte, zieht Linien und hat endlich Gebiete abgegrenzt, in denen ein bestimmter Ausdruck ausschließlich vorkommt, oder vorwiegend, oder gemischt mit einem anderen Ausdruck. So entsteht für ihn über der Landkarte, die sich für uns aus Wasser, Acker, Wald und Berg zusammensetzt, eine Landkarte der Sprache.

Das ist im groben der Vorgang der Arbeit, bei dem nun wirklich gewandert, gelaufen, bergauf, bergab und von Haus zu Haus gegangen werden muß. Es ist ein Arbeitsfeld weiter Dimension. Die Arbeit geht vom Anklopfen im abgelegenen Gehöft bis zu den modernen technischen Apparaten in der Stadt.

Unser Gespräch ging über viele Dinge an diesem Vormittag in Innichen, u. a. auch über das ›Scharren‹ der Marteller. Dazu nannte mir Kühebacher ein zweites Beispiel aus dem Pflerschtal am Brenner; auch er deutet das ›Gaumen-r‹ als Zeichen längeren Fortlebens des romanischen Idioms.

Dann wies er mich darauf hin, daß sich das altbairische Siedlungsgebiet im Pustertal auch in den Hausformen von dem durch die innicher Klosterkolonisation hinzugewonnenen Gebiet unterscheide. In dem altbairischen Gebiet findet man die Höfe mit den hohen Walmdächern. Sie waren ein Zeichen von Vornehmheit. In dem von den christianisierten und germanisierten Slawen bewohnten Gebiet fehlen diese Walmdächer, vermutlich waren sie nicht einmal gestattet: das Volk hier galt als von geringerem Rang.

Kühebacher erwähnte auch eine politische Bedeutung der innicher Kolonisation: sie sollte ursprünglich weiter nach Süden, bis nach Venezien hinein, getragen werden. Sie war der Versuch der bayrischen und deutschen Herrscher, Verbindung und Zugang zu den adriatischen Häfen zu gewinnen. Diesem Versuch trat der Patriarch von Aquileia entgegen. So ist die von Innichen ausgehende Kolonisation dann im ganzen ›steckengeblieben‹: auf dieser Seite nach Süden; aber auch im Westen stieß sie auf die bald stärkere Macht des Fürstbistums Brixen.

Ein Grund für das Steckenbleiben nach Süden hin war auch der: es waren einfach zu wenig Menschen da. Es gibt noch Ortsnamen als Zeugen solcher Vorstöße, die nicht behauptet werden konnten: ein Ort ›Prenolz‹ (ursprünglich Brennholz) nahe Belluno deutet auf eine von Innichen betriebene forstwirtschaftliche Nutzung mit gleichzeitiger Ansiedlung.

Nebenbei streiften wir Wechselfälle der damaligen Geschichte: der aktive Mann auf der bairischen Seite war Herzog Tassilo III. – Nach seinem weitgreifenden Plan wurde nicht nur Innichen, sondern im ganzen 29 Klöster gegründet, darunter auch Kremsmünster in Oberösterreich. Tassilo strebte nach einer gewissen Unabhängigkeit vom fränkischen Kaisertum. Und dieses Streben wurde so deutlich, daß er schließlich vom Kaiser (es war Karl der Große) als ›abtrünnig‹ erklärt und als Herzog von Bayern abgesetzt wurde. Nach einem Gegenzug seiner Politik erhielt er das Herzogtum ausdrücklich als ›Lehen‹ zurück. Aber es kam zu extremen Schritten. Tassilo, in dessen Unabhängigkeitsdrang sich etwas von der späteren ›ostmärkisch-österreichischen‹ Separierung andeutet, schloß ein Bündnis mit den als reichs- und christenfeindlich erachteten heidnischen Awaren. Trotz dieser Bundesgenossenschaft unterlag er dem Kaiser und wurde nun auf Lebenszeit in dem von ihm selbst gegründeten Kloster Kremsmünster gefangengesetzt. Dort starb er und, wie es heißt – nach diesem in bewachter Gefangenschaft eingezogenen Leben – im ›Rufe der Heiligkeit‹.

Wir sprachen von den weiteren Schicksalen des Klosters Innichen. Nach der Säkularisation 1803 wurde es wieder errichtet, aber in spärlicher Besetzung: ein Propst, drei Canonici und ein Cooperator waren zeitweise der ganze Klerus. Der ›Propst‹, so deutete uns Kühebacher das Wort, das ist wie bei der Obstfrucht der Kern, der im besten Teil, in der Mitte, sitzt. Merkwürdig unverändert hat sich die alte Würde in äußeren Vorschriften erhalten. So darf auch der jetzige Propst dreimal im Jahr, bei feierlichem Anlaß, in der ihm zustehenden Kleidung auftreten: zu ihr gehören außer den bischöflichen Insignien auch rote Strümpfe.

Diese Einzelheiten hat uns Kühebacher, der in Innichen aufgewachsen ist und die Dinge von Kind auf kennt, beschrieben. Ich dachte, solches miterlebte Detail auch in anderen Bezirken: dem Dialekt, der Gestik und Mimik der Einheimischen, ist ein unschätzbares Rüstzeug auf dem Weg des Gelehrten, der das Wirkliche festhalten will, und nicht bloß ein Schema.

Angeeifert von dieser Beschäftigung mit Sprachlichem machten wir uns anderntags auf den Weg zu einer Sprachinsel, von der ich wußte, daß es sie gab; aber nicht *mehr* wußte als ihre zwei Namen: deutsch *Bladen*, italienisch *Sáppada*.
Auf dem Weg waren Seitentäler, die tiefer ins Gebirge führten. Wir machten diese Abstecher: zuerst in das *Innerfeldtal*, von dem der Weg zur *Dreischusterspitze* führt. Hier herrschte, bei schon liegengebliebenem Schnee, vorwinterliche Stille in einem Kartal, das aus ebenem Sumpfboden aufsteigt. Das Vieh war abgetrieben, die Alphütten waren geschlossen.
Die nächste Abzweigung war hinter dem Ort Sexten der auch den Touristen bekannte *Fischleinboden*. Wir fuhren bis zur Hütte am Talschluß. Der Weg weiter zur Dreizinnenhütte war um diese Jahreszeit, November, die wegen des feuchten Schnees noch kein Skifahren erlaubte, auch zu Fuß kaum gangbar.
Wir kehrten auf die Hauptstraße zurück und fuhren auf ihr in Richtung Kreuzbergsattel. Hier fiel mir zum ersten Mal eine Veränderung im Landschaftscharakter auf. Dem tirolischen Grundzug ist ein slawischer beigemischt – wie ähnlich in Kärnten und der Steiermark und weiter nach Jugoslawien. Es ist eine andere Art Bergform, weichere Kontur und dichterer Wald. Der Kreuzbergsattel, nicht hoch, 1636 m, hat schon ganz diesen Charakter.
Aber nun kommt eine merkwürdige Unterbrechung: ein Stück italienisches Land, der Sprache, den Bildern der Orte und dem Landschaftsbild nach. Es *ist* auch ein rein italienisches Gebiet, es hat immer zu Venezien gehört. Es ist ein Teil des ›Cadore‹, das ist der Landschaftsname für das verzweigte Talsystem. Es beginnt im Westen hinter dem noch ampezzanischen Cortina mit San Vito di Cadore, und geht weiter zu dem Hauptort Pieve di Cadore. Es ist die Gegend, aus der Tizian stammt. Hier, wo wir fuhren, in der östlichen Hälfte des Cadore, liegt Auronzo; und der Ort, durch den wir kamen, war San Stefano di Cadore. Das Tal war der Oberlauf

Umgang mit einem Sprachforscher

des Piave, der hier aus enger Gebirgsschlucht hervorstürzt. Es hatte Bergschüttungen, Wildbachaustritte gegeben; der Stein war zur Seite geräumt, und nun wurde die Straße gesichert auf neuer Trasse gebaut. Diese Schlucht des Piave eben trennt das Cadore von dem dahinter wieder geöffneten Talgrund, auf dem die früher ganz deutsche Sprachinsel Bladen–Sáppada liegt.

Ich hatte mich gefragt, wieviel von deutscher Sprache hier noch lebendig sein würde, und hatte gedacht: nicht viel. So waren wir zuerst auf den Friedhof gegangen und hatten die Namen von den Grabsteinen gelesen.

Einige habe ich mir notiert:
Kratter Oreste, 1936–1965
Piller Rosa, gestorben am 5. 6. 1965 im 71. Lebensjahr
Hoffer Innocente, 1880–1965
Pachner Maria
Puicher 1884–1964
Boccingher Elena, 1918–1946.

Es war mir klar, daß Boccingher ursprünglich ›Botzinger‹ war, es war nur die italienische Schreibweise. Ich fand einen ähnlichen Namen:
Eccher Francesco, 1889–1937. Dieses ›Eccher‹ war früher ein ›Ecker‹ gewesen.

Man muß hierzu an das vorhin Erwähnte erinnern: dieser Ort war *immer* Italien gewesen, Venezien, ›Alt-Italien‹; er hatte nie zu Tirol gehört; jetzt ist er Teil der Provinz Belluno.

Das waren die Grabsteine. Dann gingen wir in die Bar. Und dort fanden wir doch jemanden, der uns deutsch ansprach, der es fließend sprach, und uns dann auch den Zusammenhang erklärte.

Dieser Zusammenhang war: Bladen–Sáppada hatte stets viele Leute nach auswärts geschickt; es war ein Ort, von dem Saisonarbeiter kamen und in verschiedene Gegenden gingen, auch in deutsche. Das hatte, entgegen der natürlichen Lage und der Mischung der Einwohnerschaft, bei ihnen die Kenntnis der deutschen Sprache erhalten. Eine Sprachinsel also, ursprünglich deutsch, die längst untergegangen wäre, hätte nicht die soziale Bedingung etwas von ihr fortdauern lassen. Jetzt, in unseren Tagen, waren es nicht nur Saisonarbeiter, die ihren Arbeitsplatz wechselten, sondern auch Menschen anderer Berufe: Skilehrer. Der Mann, mit dem ich sprach, war Skilehrer. Ich fragte ihn, wie viele Leute in der Bar von Hause aus noch die deutsche Sprache mitbrächten. Er schätzte. Es waren sieben Gäste da. Er sagte (und er kannte ja die Leute): Von diesen sieben zwei oder drei.

Ein schöner Ort, und ein wilder Gebirgsfluß: der Piave; ich konnte mir nicht vorstellen, daß es derselbe Fluß war, den ich in der Ebene gesehen hatte, der breite Lauf, das noch breitere Schotterbett unter den in zwei Kriegen zerstörten Brücken. Die ›Piaveschlacht‹, das ›Halt‹ am Piave – solche aus der Kindheit gezogene Erinnerungswörter gingen mir durch den Kopf.

Es dämmerte schon, als wir von Bladen–Sáppada Abschied nahmen und über den Kreuzbergsattel wieder zurück nach Innichen und ins Pustertal fuhren.

18. Vor dem Schneefall

Ich schwanke nun, ob ich bei meinen Notizen von diesem November-Aufenthalt im Pustertal fortfahren soll mit Erzählung ähnlicher Exkursionen, oder ob ich lieber mit der vorhin schon unter dem Stichwort ›Innichen‹ angedeuteten Freilegung der alten Klosterkirche hier fortfahre: das ergäbe dann einen ›Kunst-Teil‹ und wäre die Schilderung eines Besuches in Brixen mit der dabei gewonnenen Erfahrung.

Aber ich denke, ich bleibe bei meiner Natur als ›Erzähler‹ und bei der Reihenfolge, wie mir die Dinge begegneten. Meinem Plan, das Pustertal und seine Nebenlandschaften auszuforschen, lag auch eine Berechnung zugrunde: es war noch trockenes Herbstwetter, es war noch nicht der große Schneefall gewesen, der manches Jahr schon im Oktober kommt. Der Schnee lag bis auf 1800 m herunter, die Seitentäler waren bis in diese Höhe noch zu erreichen. Das mochte vielleicht nur noch ein paar Tage so sein, also nahm ich mir nun für jeden Tag eine Erkundung vor.

Das längste Seitental der Pustertal-Landschaft ist das *Ahrntal*. Es geht bei Bruneck ab und heißt in seiner ersten Breite ›*Tauferer Tal*‹. Die Straße geht neben dem Auwald am Wasser. Manchmal sahen wir Wild heraustreten. Wenig Verkehr um diese Zeit November: die ›tote Zeit‹ zwischen der zweimaligen Saison; die eine ist im Sommer, die andere, für die Skifahrer, fängt nicht vor Weihnachten an. Mir konnte das nur lieb sein. Ich sah die Gegend ohne die Schicht von ›Betrieb‹ und Fremdenverkehr, die ihr eigentliches Leben verdeckt. Wir begegneten Holzfuhrwerken oder Traktoren mit Nachspann von Wagen, auf denen Futterrüben zu den Silos gefahren wurden, oder auch den Militär-Jeeps, die Mannschaften von den tiefer im Gebirge liegenden, und wie wir später selber sahen, mit Winteranfang geräumten Stationen brachten.

Auch die folgende Begegnung wäre mir zu einer Zeit lebhafteren Verkehrs vielleicht nicht beschert gewesen. Der Ort *Sand* in Taufers, am Ende des breiten Tals, ist ein auffälliger Punkt. Zwei Schlösser oder ›Burgen‹ liegen hintereinander: das eine im Tal, das andere hoch auf dem Felsen. Ich hielt und sah, wie aus dem unteren Haus eine Beschließerin kam. Sie wollte sperren und weggehen. Nun, als ich sie fragte, ob man das Haus sehen könne, war sie freundlich bereit, es wieder zu öffnen, uns zu führen und auch zu erzählen. Dieses Schloß war regelmäßig gebaut, in drei Stockwerken: in jedem in der Mitte eine große Diele mit Truhen und Schränken, links und rechts die abgeteilten Räume. Zu ebener Erde lag die Küche nach alter tiroler Art, im oberen Stock waren Zimmer mit etwas ›offiziösem‹ Charakter, eine Bibliothek auch und, zu meiner Überraschung, eine Kapelle mit Altar und einer Orgel, die mit einem Blasbalg per Hand zu bedienen war. Im dritten Stock waren die privaten Gemächer, mit alten und neuen Möbeln in ziemlichem Durcheinander eingerichtet. Darüber aber gab es noch einen vierten Stock: einen riesigen Dachstuhl mit geschälten Fichtenstämmen darunter zum Wäscheaufhängen. In den Räumen unten waren auch Bilder gewesen; und zu ihnen gehörte die Geschichte, die unsere Führerin erzählte. Da gab es ein vergrößertes Foto aus nicht lang zurückliegender Zeit: das Porträt einer jungen Frau mit schönem Gesicht und üppigem Haar. Das war, so erfuhren wir, die letzte Besitzerin gewesen: ein Fräulein Roswitha von U., 1956 gestorben. Sie hatte hier gewohnt – in dem Salon zwischen einem Flügel und ovalen Spiegeln. Sie war, sagte unsere Führerin, ›schon immer kränklich gewesen‹. Den Besitz hatte ein entfernter Verwandter geerbt, ein Ingenieur aus Nordtirol, der nur selten kam. Die Wiesen und Äcker hatte er an Bauern verpachtet. Unsere Führerin hatte den Auftrag, das Haus in Ordnung zu halten. Sie sagte: Der Besitzer versteht nichts, er macht alles nur kaputt. Vielleicht sah das nur in ihren Augen so aus, wir konnten es nicht beurteilen. Aber es war für uns ein eigentümliches Eindringen bis zur Andeutung persönlichen Schicksals in dieses große Haus, in dem sich jetzt nichts rührte.

In das zweite, auf dem Felsen liegende Schloß von Taufers kamen wir nicht hinein. Vor seinem Tor war ein Burggraben. Auf unser Rufen hin kam Antwort, aber es waren nur Pfiffe und Stimmen von Handwerkern, die hoch oben an dem Dachstuhl arbeiteten. Später, in Brixen, erfuhren wir von dem Kustos Wolfsgruber, der über alle Gebäude dieser Art eine Landesaufsicht hatte, ausgenommen das hier, eine nicht alltägliche Geschichte: Besitzer dieses Hauses war ein Benediktinerprälat aus Österreich, der aber nicht in seiner Abtei lebte, sondern in Rom. Dort hatte er ein kirchliches Amt. Aus diesem Grund sein Ausnahmerecht, das der Kustos Wolfsgruber als Schmälerung seines Amtsbereiches empfinden mußte; er ließ es sich aber kaum anmerken. Von Rom hatte der Prälat auch Verbindungen zu amerikanischen Geldgebern, die es ihm ermöglichten, diese ›obere‹ Burg von Sand vor dem Verfall zu schützen. Daher auch die Handwerker auf dem Dach: wenn das Dach nicht ordentlich instand ist, geht der Ruin schnell ins ganze Haus.

Hinter dem Ort Sand gabelt sich das Tal, und in Richtung Nordost führt das lange innere Ahrntal. Hinter einer Schlucht liegt der Ort *Prettau*, fast 1500 m über dem Meer. Er war mir aus Büchern als eine Siedlung von Bergknappen bekannt. Ich hatte nicht erwartet, davon noch etwas am Leben zu finden. Ich wollte möglichst schnell möglichst weit nach oben, bis ans Ende des Tals. Es reicht mit seinem Karboden bis an den Fuß der Venedigergruppe, die schon zu den Tauern gehört. Die Straße führt bis zu einer Stelle des Almbodens, die ›Trinksteinhaus‹ heißt, nicht ganz 1700 m über dem Meer. Wir sahen es: ein Steinhaus, fest gebaut; sein italienischer Name steht als ›Rifugio del Sasso‹ auf der Karte. Aber ›Rifugio‹ ist es nicht mehr. Seit den Bombenanschlägen in den Sechzigerjahren und dem Sprengstoffschmuggel ist es vom Frühjahr bis zum Herbst, wie alle Häuser auf dem Grenzkamm, von Alpini besetzt. Für die Winterzeit verlassen sie das Haus. In diesem Jahr mußte es erst heute geschehen sein, wir sahen es an dem Kalenderabriß durch das Fenster neben der Tür. Vielleicht waren wir ihnen vor ein paar Stunden begegnet und hatten ihre Jeeps gesehen. Wir sahen die Abfalltonnen voll weggeworfener Konservendosen. In einem engen Kreis waren um das Haus hinter Sandsäcken Postenstände ge-

baut, rechts war die österreichische Grenze nicht weit. Über der Tür des Hauses war ein Spruch auf die Mauer gemalt: in dauerhafter Farbe und handgroßen Buchstaben – ich will damit sagen: nicht ein flüchtig hingekritzelter Spruch; er hieß:
NEC REDISO RECEDIT
Ich schrieb ihn mir auf. Aber ich konnte mir seinen Sinn nicht ganz deuten. Später brachte ich ungefähr folgenden Sinn heraus; dank einem ladinischen Ausdruck, den ich mir vor vielen Jahren notiert hatte: ›la man redosa‹ – die umgekehrte Hand:
Wenn *ich* nicht umgekehrt bin, dann ist *er* zurückgewichen.
Oder:
Wenn *ich* nicht umgekehrt bin (und mehr brauche ich gar nicht zu tun), so bedeutet das schon, daß *er* zurückgewichen ist.
Oder in ganz freier Übersetzung:
Nichts von Zurückgehen bei *mir*, zurückgewichen ist *er*.
Am Talschluß des Ahrn ist ein Übergang nach Salzburg: die Birnlücke, 2667 m über dem Meer. Links und rechts sind Bergspitzen: die Dreiherrnspitze (3489 m) und der Glockenkarkopf (2911 m). Die Dreiherrnspitze hat ihren Namen, weil hier ›dreier Herren Länder‹ zusammenstießen: Salzburg, Kärnten, Tirol. Die Glockenkarspitze bekam, nachdem sie diesen Namen schon hatte, einen zweiten Namen: ›Vetta d'Italia‹. Der Mann, der sie so nannte, war Ettore Tolomei.

Tolomeis Geschichte gehört in die Nachbarschaft des Kapitels über die Sprachgeschichte Tirols, obgleich schon Cesare Battisti ihn einen ›Narren‹ genannt hat, und ein österreichischer Autor von heute, Claus Gatterer, ihn in seinem Buch ›Im Kampf gegen Rom‹ ›einen Mann dritten Ranges‹
nennt; allerdings hinzufügt:
›er hat zuerst die nationalistische, dann die faschistische und schließlich ganz allgemein die italienische Politik in beträchtlichem Maße mitbestimmt‹.
In der Stelle bei Gatterer heißt es ergänzend:
›es ließe sich eine Geschichte des italienischen Nationalismus schreiben, ohne den Namen Tolomeis zu erwähnen; das ist in der Tat auch schon geschehen, und man entdeckt in diesen Texten keine Lücke.‹
Weiter:

›Ettore Tolomei, der unter Mussolini Senator wurde, erreichte nie nationales Format, sein Fanatismus machte ihn auch für jene, die ihn benützten, zu einem unbequemen Weggefährten.‹
Bei einem solchen Widerspruch zwischen Person und Wirken wünscht man genaueres Detail. Es ist hier:
Tolomei wurde 1885 (er war also etwa gleichen Alters wie Battisti) als Sohn eines Holzhändlers in Rovereto geboren. Aber anders als Battisti war er – nach Gatterers Schilderung
›der karrierehungrige eitle Kleinbürger aus der österreichischen Provinz, der in sich alle schlechten Eigenschaften des österreichischen Spießers vereinigte: Intoleranz, Antisemitismus und Überheblichkeit. Pfropft man auf diesen Stamm den Sprößling des italienischen Nationalismus, so entsteht etwas, das in seiner fanatischen Konsequenz teutonisch sein könnte, wäre es nicht in den Dienst Italiens gestellt gewesen.‹
Tolomei erfand im Jahre 1906 für Südtirol den Namen ›Alto Adige‹. Er gründete im selben Jahr das ›Archivio per l'Alto Adige‹. Sein Sitz ist seit 1918 das Schloß Maretsch in Bozen. Seine Aufgabe ist bis heute, die tolomeische Erfindung italienischer Namen für südtiroler Orte auszuwerten.
In dem Unternehmen Tolomeis war von Anfang an System. In seinem Tagebuch heißt es in einer Stelle vom 6. Januar 1906:
›L'oscura impresa comincia‹
– dieses ›dunkle Unternehmen‹, das damals begonnen wurde, war die Italienisierung der deutschen Namen.
In diesem Zusammenhang ist es interessant, daß Tolomei mit Hitler, lange vor Mussolinis Einschwenken in die deutsche Politik, eine Unterredung hatte: Ende September 1928, in der Nähe Münchens. Tolomei schreibt in seinen Memoiren:
›Hitler drückte sich überaus klar aus. Das deutsch-italienische Zusammengehen dürfe nicht durch die paar tausend Deutsche jenseits des Brenners behindert werden. Sie seien schon mit dem Italienertum vermischt und zur natürlichen Assimilierung durch die Italiener bestimmt.‹
Mir fiel bei diesem Bericht die Charakterisierung Tolomeis durch Claus Gatterer ein: im Grunde war Hitler, der in Braunau geborene linzer Mittelschüler, der in Wien nicht zurechtkam, in der österreichischen Armee nicht dienen wollte, daher 1914 in die deutsche eintrat, derselbe Typus.

Die Erscheinungen waren auf beiden Seiten ähnlich. Darauf weist Gatterer auch hin, als er auf das Wirken der nationalistischen italienischen Gesellschaft ›Dante Alighieri‹ zu sprechen kommt; er vergleicht sie dem ›Deutschen Schulverein Südmark‹.

Die Liste der von Tolomei mit italienischen Namen versehenen Orte ist vollständig. Sie erstreckt sich vorsorglich auch auf das Gebiet bis Salzburg. Nun wird niemand leugnen, daß es bei Salzburg Namen römischen Ursprungs gibt: Glan, Morzg; und was die südtirolischen Namen betrifft, so ist dem Autor dieser Schrift die Liebe zu den romanischen und rätischen Sprachwurzeln angeboren. Er findet nichts dabei, daß in dem Ortsnamen ›Prad‹ das lateinische ›pratum‹ steckt.

Ich komme in diesem Zusammenhang auf eine schon erwähnte und bekannte Sache: daß die ältesten Namen einer Landschaft die Flußnamen sind. In Südtirol sind die meisten nichtdeutschen Ursprungs. Daß der Eisack seinen Namen von den rätischen Isarcen hat, so wie der (oder besser, sprachrichtiger ›das‹) Vinschgau von den ihnen verwandten Venosten, weiß inzwischen jedermann. Interessant sind die Fälle, in denen Tal und Fluß verschiedene Namen haben. So heißt der Bach im langtauferer Tal ›Karlinbach‹; der Bach im vinschger Nebental von Matsch in seinem Unterlauf ›Saldurbach‹, in seinem Oberlauf hinter den Glieshöfen ›Salurnbach‹. Der Bach im Martelltal, der bei dem Ort Morter in die Etsch mündet, heißt ›Plima‹; und in dem unterhalb Merans bei Lana einmündenden Ultental heißt der Bach ›der Valschauer‹.

Es liegt nahe, daß ein Entdecker romanischer Sprachwurzeln wie Tolomei, von seiner Idee ergriffen, über ihre Grenzen hinausgeht. Fast jeder Ideen-Entdecker unterliegt dieser Versuchung; man könnte auch sagen, ohne diesen Naturdrang, alles ganz ergreifen zu wollen, kämen Ideen nicht zur Welt. Nichts wäre zu sagen, hätte Tolomei seine Übertreibungen beim Erfinden italienischer Namen für sich behalten. Durch die Gunst oder Ungunst (wie man will) der Zeitumstände kam er dazu, sein Register öffentlich zu machen – und nicht nur im ›archivio‹ in Maretsch, sondern im ganzen Land: auf den Bahnhöfen, Postämtern, Ortsschildern und in amtlichen Schriften. So kam es zu der erstaunlichen Verbreitung und zu dem Verfahren, nicht nur etwa neben den Ortsnamen Latzfons eine romanische Form zu setzen, sondern neben ›Mittewald‹ ›Mezzaselva‹ u. dgl. mehr; man braucht nur auf der Landkarte nachzusehen. Die verständlichste Art Änderung unterlief Tolomei noch bei Namen, von denen es, vermutlich wegen der Schwierigkeit, sie auszusprechen, eine zweite Lautung schon gab: so übersetzt er ›Burgstall‹ mit ›Postal‹. Für manche Ortsnamen gab es wahrscheinlich seit jeher zwei Namen, so mag ›Neumarkt‹ unterhalb Bozens für die Italiener hinter der nahen Sprachgrenze immer schon ›Egna‹ geheißen haben.

Nicht weit von diesem Neumarkt, in Glen, kaufte sich Tolomei einen Bauernhof alttirolischen Stils. Dort war er in seinen letzten Lebensjahren zu Hause. Aber ehe ich davon spreche, noch etwas von seinem Anfang. Tolomei behauptete, den von ihm ›Vetta d'Italia‹ genannten ahrntaler Berg als erster bestiegen zu haben. Das trifft nicht zu. Der Glockenkarkopf war 1895 von Fritz Kögl zum ersten Mal bestiegen worden. In den ›Mitteilungen des Deutsch-Österreichischen Alpenvereins‹ von 1896 ist die Tour ausführlich beschrieben. Tolomei ließ sich von seiner Behauptung nicht abbringen. Man versteht es, wenn man hört, was die Sache für ihn bedeutete, so daß er 1904, bevor er das alpinistische Unternehmen in Angriff nahm, in Rom Erkundigungen über den von ihm nach seinem Wunschbild als nördlichsten Punkt Italiens errechneten Berg und das dahin führende Tal einholte. Er bekam zur Antwort, ›daß kein Italiener je dieses Tal erforscht hat‹.

Aber man versteht ihn vielleicht noch besser, wenn man dazu hört, daß er, nach glaubwürdiger Mitteilung, mit seinem Pickel Initialien in den Fels des Glockenkarkopfes gehauen habe, und die Jahreszahl. Ich kannte bis vor kurzem nur diese Nachrichten über ihn. Vor wenigen Jahren sah ich in einem Buch sein Porträt. Das Buch war mir (vermutlich wegen meines Romans ›Aufschreibung aus Trient‹ und der darin ausgedrückten, wie man sie sich deutete, proitalienischen Anschauung) auf dem Wege eines münchener Verlages anonym zugeschickt worden. Es zeigte in grober Gegenüberstellung die Gestalt der tirolischen Landschaft und in ausgesuchten Beispielen ihre Verunstaltung durch die Italiener. Das letzte Bild zeigte Tolomei vor seinem Haus in Glen, wo er mit dem Blick Richtung Brenner, wie er es sich immer gewünscht hat, 1952 gestorben ist. Er trug eine Mütze über einem offenen Hemd, sein Gesicht war das eines alten Mannes – kein unsympathisches Gesicht. Ich dachte auch damals daran: an dem Nachmittag vorm Trinkstein-

haus, von dem es zu Tolomeis ›Vetta d'Italia‹ nicht mehr weit war. Aber nun Schluß mit dieser Sache, aber nicht Schluß mit diesem Tag und Ort und seinem Leben von heute:
eine unerwartete Entdeckung machten wir wenige hundert Meter weiter unten, in 1500 m Seehöhe, bei einem Gehöft, das *Kasern* heißt. Es sah wie ein Haufen Schlacke aus. Ich wollte schon vorbeifahren, als es mir doch seltsam vorkam – in dieser Höhe. Dann dachte ich: es ist ein Rest von einem Meiler. Aber nach Aussteigen und Hingehen sahen wir, daß dieser unscheinbare Haufen zu einem Bergwerk gehörte, das in Betrieb war. Ich hatte viel gelesen von den Erzfundstellen, an denen die tiroler Täler im Mittelalter so reich gewesen waren. Hier stand ich vor einer solchen, noch fündigen Stelle: einem Kupfer- und Schwefelkiesabbau. Es wurde ›Pyrit‹ gewonnen. Ein neues und modern eingerichtetes Haus war der Verarbeitungsbetrieb. Strebhölzer lagen daneben aufgeschichtet, sie dienten für den Stollen, der 1000 m waagrecht in den Berg führte. Am Ende des Stollens ging ein Schacht 90 m in die Tiefe. Auf eng gelegten Geleisen rollten die Loren aus dem Stollen, der so hoch war, daß ein Mann aufrecht darin gehen konnte. In dem Betrieb waren 34 Mann beschäftigt. Ihre Mopeds und Vespas lehnten an der Mauer des Verarbeitungshauses. Dieses Haus selbst brauchte nur einen einzigen Mann, der von einer Zelle, in der Lämpchen aufglühten, die Einrichtung bediente. Es war eine Schlämmeinrichtung – so erklärte er es uns:
die Loren bringen das Erz heraus. Es geht zweimal durch Steinmühlen. Dann kommt es, mit Wasser vermischt, zur Schlämmeinrichtung. Die ist ein Nebeneinander mehrerer Becken, in denen sich flache Schaufeln langsam drehen. Von einem Becken zum andern wird geschlämmt. Das ›Gut‹ – so sagte er –, das ist der metallreiche Teil, schwimmt oben. Es ist eine blasige, schaumige, quecksilbergrau schimmernde Masse. Sie wird fort und fort langsam gedreht und geschieden. Zuletzt kommt sie auf eine große, von innen elektrisch erhitzte Trommel. Auch hier wird sie mehrmals gedreht, bis ihr die Feuchtigkeit entzogen ist und sie sich als dünne metallisch glänzende Haut von der Trommel löst. So wird sie mit Kämmen abgescharrt und in einer nächsten Stufe der Maschine zu Staub gepreßt. Dieser Staub fällt in Säcke, die jedesmal, wenn sie ein bestimmtes Gewicht haben, von der Maschine ein Stück zur Seite gerückt werden. Der Inhalt dieser Säcke ist hier das

Endprodukt. Die Säcke werden verladen und gehen zur letzten Endbereitung, zur Metallgewinnung, nach Triest.

Die Maschine, die das ganze Haus in so vielen Teilen ausfüllte, ging leise; das Gespräch mit dem Mann war mühelos, obwohl es sich überall ohne Eingriff von Menschenhand in einem fort rührte, regte und drehte. Nur auf seine Zelle mit Lampen brauchte der Mann ein Auge zu haben: wenn dort etwas flackerte oder verlöschte, zeigte sich ihm eine Störung an.

Unterhalb Kasern, wo der Betrieb ist, liegt Prettau, der alte Bergknappenort. Dort wohnen auch heute die meisten Arbeiter. Hier erfuhren wir eine Geschichte aus einer Zeit der Unterbrechung dieser Produktion. Das war lange vor dem ersten Weltkrieg gewesen, der Erzabbau war stillgelegt, die Arbeiter waren ohne Brot. Da war der anscheinend belesene Pfarrer von Prettau auf den Gedanken gekommen, ein junges prettauer Mädchen nach England zu schicken, damit es dort klöppeln lernte. Es kam zurück und gab das Erlernte weiter.

So erhielten die prettauer Frauen, die es bald zu großer Fertigkeit darin brachten, in dieser Notzeit die Familien.

Sie gaben die Arbeit später nicht auf. So sahen wir sie auch jetzt an den Häusern in der Nachmittagssonne vor der Tür: mit dem Klöppelwanst, den gesteckten Nadeln, und immer die Augen bei der Arbeit. Das Klöppeln erlaubt kein Wegschauen wie Stricken oder Häkeln. Es muß die Augen ermüden. Wir gingen mit den Klöpplerinnen in die Stube. Sie arbeiteten zu dritt. Wir fragten: Wer nimmt es euch ab? Sie antworteten: Jeder Passant, der vorbeikommt!

Sie wollten uns mit der listigen Antwort zum Kauf ermuntern. In Wirklichkeit hatten sie Zwischenhändler als feste Abnehmer. Die Ware war nicht billig – wegen der Zeit, die dran hing. Für einen Arbeitstag rechneten sie 1000 Lire, für eine Decke von 3 m im Quadrat etwa 30 Arbeitstage, das ergab einen Preis von 30 000 Lire, 200 Mark. Das Haus, in dem die Klöpplerinnen wohnten, hieß das ›Brunnhaus‹. Auf dem Türbalken war die Jahreszahl eingeschnitten: 1627.

Auf der Fahrt hinaus sahen wir die ›Paarhöfe‹, die uns Kühebacher als bezeichnend für die altbairische Siedlungsform genannt hatte: Wohnhaus und Futterhaus getrennt. Wir sahen auch etwas von den Vorschriften für Hausbau nach den ständischen Unterschieden: das ›Bergrichterhaus‹ in St. Jakob am Ahrn hatte als Amtshaus einen höheren First als die anderen Häuser.

Ich kann aus meinen Notizen dieser Woche etwas über Touristik ziehen und wieder etwas über – Geschichte. Es waren nicht mehr viele Tage schönen Wetters. An einem fuhren wir ins Höhlensteintal nach Schluderbach. Dort stand am Hang noch immer die im ersten Weltkrieg zerschossene Ruine eines Hauses. Ich hatte sie schon in den Dreißigerjahren bei einer Fußwanderung gesehen. Nichts war verändert.
In der Luft über der Talöffnung kann man sich die Linie der Front von 1915 bis 1918 denken. Sie geht von dem Knick bei der Ruine Peutelstein oberhalb Cortinas hinüber zur Tofana. In den Felsen sind die österreichischen Kavernen, gegenüber die italienischen. Aber in Schluderbach sind Zeichen von ›Veränderung‹ durch die Jahrzehnte zu sehen. Dort steht das österreichische Sperrwerk aus der Zeit vor 1914, darüber sind die Bunker Mussolinis aus den Jahren vor 1939.
An einem noch schönen Tag fuhren wir bis an den Misurinasee. Vor zwei Jahren wurde dort eine Straße zur Auronzohütte am Fuß der ›Drei Zinnen‹ gebaut. Nun, im November, war sie gesperrt und nicht von Schnee geräumt. Wir stiegen durch Altschnee die zweieinhalb Stunden zur Hütte. Ein Monteur der Telegrafenverwaltung war da. Er kontrollierte die Leitungen vor Einbruch des Winters. Die vordere Zinne war frei von Wolken. Mit ihr ist der Name eines Bergführers verbunden: Sepp Innerkofler aus Sexten. Die ›Drei Zinnen‹ waren sein besonderes Gebiet. Er stand bald im Ruf eines Routiniers. Sein Ehrgeiz war es, auf alle *drei* Zinnen in *einem* Tag zu führen. Er war wohlhabend, auf dem Fischleinboden erbaute er ein Hotel, in seinem Heimatort Sexten eine Pesion.
1915, bei Kriegsausbruch, trat er in Sexten mit den Standschützen an, obwohl er nie Soldat gewesen war und 50 Jahre alt, Vater von sechs Kindern. Er erfand eine taktische Finte, die berühmt gewordene ›fliegende Patrouille‹. Dank seiner bergsteigerischen Fähigkeit erstieg er in ungewöhnlich kurzer Zeit die umliegenden Gipfel und zeigte sich auf ihnen, um den Italienern eine geschlossene Front vorzutäuschen. Bei einem Angriff auf den Paternkofel fand er den Tod. Es gibt eine Version, daß ein junger, an der Front neu-

er Offizier den Angriff befohlen habe, trotz Abraten Innerkoflers. Die Italiener kannten ihn und schätzten ihn. Sie bestatteten ihn auf dem Gipfel des Paternkofels.

An einem vorletzten schönen Tag fuhren wir durchs Gadertal auf das Sellajoch ins ladinische Gebiet. Diese Fahrt hat eine Vorgeschichte von einem Abend in Bruneck im Café. Bruneck, die einzige Stadt im Pustertal, ist eine Kleinstadt; aber der Besuch dort hatte auch für uns in dem ländlichen Welsberg kaum Eingewöhnte schon den Charakter ›Stadtbesuch‹ mit Warenhaus und Café – so schnell nimmt der Mensch die Nuancen des ›Gruppenverhaltens‹ an. Wir sahen in der brunecker Altstadtstraße das Geburtshaus des Michael Pacher und dann eine Gedenktafel für Hermann von Gilm. Ich mußte meine österreichische literarische Schulerinnerung aufrufen: der Nordtiroler Gilm war kurze Zeit Konzeptsbeamter auf der Bezirkshauptmannschaft in Bruneck gewesen, er war für Generationen unsterblich geworden durch das Gedicht, das anfängt: ›Stell auf den Tisch die duftenden Reseden...‹
Im Café waren wir mit einem Mann, der auf den Autobus wartete, ins Gespräch gekommen, einem kleinen Mann mit rundem Hut und pfiffigem Gesicht. Es stellte sich heraus, daß er Altertümer sammelte. Er sagte, wir sollten ihn im Gadertal besuchen, wir brauchten bloß zu fragen: Wo ist der Bäcker in Pedratsches. Jeder könne uns das Haus zeigen.
Nun kamen wir hin, vormittags, erfragten das Haus und sahen ihn eben von seiner Bäckerarbeit kommen – mit nackten Armen, weißem Schurz. Er wischte sich den Schweiß ab. Dann zeigte er uns sein kleines Museum: Hinterglasbilder, barocke Figürchen, einen gotischen Schlüssel. Jedes Stück war ausgesucht – wie er es bei den Leuten, die sein Brot aßen, entdeckt hatte. Eines besaß er schon zum zweitenmal: einen Christus, romanisch; er hatte ihn weggegeben und dann um 500 000 Lire zurückgekauft. Auch Sonderbarkeiten waren dazwischen: Spielkarten für Kapuziner. Um das verbotene Spiel zu rechtfertigen, hatten sie die Karten mit Moralmahnungen versehen. Auf der Eichel-Acht stand: ›Heut nimm an dich mit Geduld, streit wider den Zorn‹.
Dann zeigte uns der Bäcker eine Goldwaage: winzige Schälchen und Löcher in dem Holzbrett. Zuletzt öffnete er ein Futteral. Außen stand ein Spruch:

›Trau nicht, es sticht‹,
innen lag ein Messercollect, scharfe Klingen.
Auf der Weiterfahrt erfuhr ich, wie eine lange Zeit, die vergangen ist, den Ort zusammenzieht. Im Gedächtnis wird er kleiner. Ich hatte auf der Fahrt schon immer von ›Stern‹ gesprochen, dem Ort, der ladinisch ›La Villa‹ heißt. Ich hatte auch noch das Bild von vor 30 Jahren vor mir: ein viereckiges Haus am Hang und eine dazugehörige Geschichte von mittelalterlichem Totschlag. Nun war alles weiter, größer, ein gewaltiges Haus. Die Tür ging in ein Gewölbe aus Stein, die Stiege in einen Raum mit Kassettendecke. Die Besitzer waren Bauern. Die Frau erzählte und füllte meine Erinnerung auf. Da hatte es die Familie Colz gegeben und den einzelnen Mann Prack. Die Colzen haben dem Prack vorgelauert und ihn erschlagen. Prack, pracon, hieß er auch, der ›große Prack‹.
Die Geschichte von den Colzen und dem Prack ist eine seit Jahrhunderten fest erzählte Geschichte; und nun erinnerte ich mich: vor den 30 Jahren hatte ich sie in dem Buch ladinischer Sagen von Johann Baptist Alton gelesen. Es war 1881 gedruckt worden, zweispaltig, links ladinisch. Ich hatte es mir von einem Professor in Innsbruck ausgeliehen: Archangelus Lardschneider-Ciampatsch, der war Ladiner. Es gab von dem Buch nur noch wenig Exemplare, und Lardschneider hätte es mir am liebsten wieder weggenommen, als ich gesagt hatte, ich wolle in Bozen auch den Schreiber ladinischer Sagen: Karl Felix Wolff, besuchen. Das ist kein Tiroler, hatte Lardschneider gesagt, der stammt aus Troppau, was will er von uns wissen, der hat alles erfunden! – In Wirklichkeit stammte Wolff, Sohn eines in Troppau gebürtigen Offiziers, mütterlicherseits aus Südtirol. Seine Mutter Lucilla de Bufetti-Rallo war aus dem ladinischen Nonsberg. Er hatte also den direkten Zugang, den ihm Lardschneider absprach. Und ich hatte das Buch fest in der Hand. Lardschneider schrieb mir dann nach Bozen Karten, ob ich es noch hätte, und als ich nicht antwortete, drohte er mit Klagen. Aber ich hatte keine Zeit, zu antworten. Ich ging mit dem Buch im Rucksack durch die Orte und ließ mir von den Ladinern daraus vorlesen. Ich notierte mir die Aussprache. Aber mir fehlte die wissenschaftliche Ausbildung und auch die Geduld. Und wenngleich mich Wolff, als ich ihm von Lardschneider erzählte, umgekehrt fast nicht zur Tür einlassen wollte, als wäre ich ein Spion, gedungen, ihm von seinen angeblichen Erfindungen etwas ab-

zuluchsen, war ich doch selber eher ein Erfinder und war undankbar genug: als ich zurück in Innsbruck war, gab ich das Buch bei Lardschneider ab, mit einem Zettel: Dank; sprechen wollte ich ihn nicht mehr. Das fiel mir ein: Gadertal oder Abteital, und ladinisch Badía.
Ich hörte der Frau, die erzählte, nur halb zu. Diese Familie, *ihre*, war seit 1796 in dem Haus. Vorher, in der Zeit nach den Colzen und dem Pracon, war es ein Armenhaus gewesen. Diese Familie Pescosta hatte es dann gekauft. Ich erinnerte mich: der Name Pescosta war mir damals in vielen Häusern in Corvara/Collfuschg vorgekommen. Es war mir gewesen, als seien alle Leute hier miteinander verwandt. Aber damals waren es kleine Orte gewesen: eine Kirche und Steinhäuser. Seither hatte sich viel geändert: an den Sonnenhängen standen Hotels, breite Bauten, braunes Holz unter flachen Dächern. Wir sahen es, als wir die Kurven aufs Grödnerjoch fuhren.
Der Berg gegenüber hatte einen deutschen Namen; er hieß Kreuzkogel. An diesem Tag lagen alle Bergspitzen frei, auch die Marmolèda. Keine Wolke war am Himmel, als wir vom Sellajoch auf sie sahen. Ein Italiener kam mit einem Auto, er war ein Krautaufkäufer. Kraut, crauti, das fing im Vinschgau oberhalb Eyrs an. Von dort kam der Aufkäufer. Er bezahlte die Ware, dann wurde sie abgeholt; die weißbläulichen festen Köpfe auf den Lastwagen kamen in die Silos nach Pordenone.
Die Schatten waren länger, als wir von der Sella nach Gröden fuhren. Mir fiel auf, daß auf dem Wegzeiger außer dem italienischen Namen ›Corvara‹ auch ›Kurfar‹ stand. Das war ladinisch. Die Sprache setzte sich durch, auch geschrieben, ähnlich wie im Bündnerischen, in der Schweiz. In St. Ulrich, italienisch Ortisei, ladinisch Urtischej, wurden die Läden eben geschlossen. Wir fuhren in der Dämmerung auf dem schmalen Bauernweg über Kastelruth nach Völs, um dort bei dem Freund über Nacht zu bleiben. Am anderen Morgen sagte dieser einheimische Freund, der die Wetterzeichen kannte: Ich rieche den Schnee.
Er kam noch nicht an diesem Tag, erst am nächsten, und überraschte uns – dünner Flockenfall zuerst – auf dem Weg ins Antholztal. In diesem Tal, das zwischen Welsberg und Bruneck abzweigt, gab es drei Ortschaften: Niedertal, Mittertal und Obertal. Dann kam im Waldgebiet der See. Dort stand das Haus eines Mannes,

dessen Tod vor ein paar Jahren Aufsehen erregt hat: er war mit seinem Privatflugzeug bei Mailand abgestürzt. Der Verunglückte war einer der reichsten Männer Italiens, Chef des E.N.I., eines Konzerns italienischer Ölfirmen; die Leute sagten: der ›Ölkönig‹ Mattei. Das war sein Name.
Am Abend, als wir zurück waren, erzählten uns die Einheimischen von ihm. Der Grund um den See hatte einem von ihnen gehört, dem ›Told‹ aus Welsberg. Der See im Antholztal begegnete mir später nochmals in der Historie: das Fischrecht in diesem See war im Jahr 1525 Anlaß des Aufruhrs seines Pächters Päßler gegen den brixener Bischof, und des dann von Michael Gaismair organisierten Bauernaufstandes gewesen. Im Jahr 1954 hatte Ölkönig Mattei den See gekauft. Er war mit einer österreichischen Frau verheiratet. Er kam fast jedes Wochenende in seinem Flugzeug nach Toblach, fuhr dann zum Fischen an den See, ›angezogen wie ein einfacher Mann‹, sagte der Wirt. Mattei hatte sich zwei gleich aussehende Häuser an das Ufer gebaut und daneben ein Hirschgehege abzäunen lassen. Wir sahen die Hirsche, von einer kleineren Gattung, Schaufelhirsche. In den Häusern war nur in *einem* Licht: ein Fenster; ein Verwalter war da, oder vielleicht die Frau. Vor drei Jahren war das Unglück. Aus der Zeit waren wohl auch die wegen der Bombenattentäter verfügten Wegsperren – hier sichtbar als Anschläge an den Baumstämmen: ›daß das Weitergehen nur mit Passierschein gestattet sei und das Überschreiten der Grenze am Staller-Sattel verboten‹.
Nun hatten auch wir zu erzählen: keine Spur war im Schnee, nur von einer Blockhütte einmal eine Fußspur. Wir sahen nach: hier hatte jemand gerastet. Ein Stück weiter war diese Spur schon zu, und nun dringen wir im Schnee fast bis an die Grenze vor. Wir sehen eine letzte Kurve über uns und orientieren uns: dort muß er sein, der Staller-Sattel; es gibt einen ›Obersee‹, laut Karte schon auf österreichischem Gebiet. Aber dann bleiben wir im Schnee stecken. Die Straße schmal, links der Fels, rechts die Tiefe; weit unten hinter Schneefall der Antholzersee. Wir gehen ein Stück zurück und merken nun erst, wieviel Schnee da schon liegt; wir finden in einer Kurve eine bei Windschatten durch Fels freie Stelle, auf der Wenden möglich ist. Wir fahren die 500 oder 600 m im Rückwärtsgang, dann sind wir wieder flott. Ein Mann mit einer Säge springt aus dem Wald, wir nehmen ihn mit. Er klärt uns auf,

daß es zu Fuß bis zum Antholzersee noch eine gute Stunde wäre. Er hält die Säge mit den scharfen Zacken fest in der Hand und sagt: Ja, als wir ihn fragen, ob die Spur aus der Blockhütte von ihm gewesen sei. Er sagt: Ja, vom Vormittage, dort habe ich Mittag gemacht, ein bißl Wein, und dann Holz gerichtet. Er zeigt auf die Berge im Schneeschleier und nennt sie mit Namen: ›Hochgall‹, ›Wildgall‹ und erzählt, wieviel Menschen im Sommer da abstürzten. Er zeigt in Seitentäler und erzählt von den aufgelassenen Erzvorkommen in jedem dieser Täler; und mir wird klar, was ich früher nur angelesen wußte: der Erzreichtum Tirols, der überhaupt der Reichtum des Landes war.

Davon hatte mir auch mein Vetter erzählt, er kennt sogar in dem kleinen laaser Tal die Stellen, wo die ›schweren Steine‹ sind, das Erz. Er kennt den Spruch, den er als Kind von seinem Vater gehört hat; einen Spruch aus dem Suldental und aus vergangener Kriegszeit mit Münznot, und zu ihrer Steuerung territorial begrenzter Prägeerlaubnis:

›Der Wirt von Sulden
schlägt Rössli-Gulden‹

– es durfte ein Roß in die Münze geprägt sein, nicht die Krone oder der Herzogshut.

Zuletzt erzählt auch der Holzsäger von dem Mattei, wie später der Wirt in Welsberg. Von diesem Freitagabend an schneite es drei Tage. Am Samstag kam der Linienbus von Triest nach Meran nicht durch. Am Sonntag, als die Schneeräumung alarmiert war, kam er mit drei Stunden Verspätung.

Aber jemand war durchgekommen: eine Schauspieltruppe aus München. Sie spielte in dem zu drei Vierteln leeren Pfarrsaal die ›Glasmenagerie‹ von Tennessee Williams. Sie spielte geschickt, mit Zumutung schneller Verwandlung, die dem einfachen Zuschauer so leicht nicht eingehen mochte; aber spielte *auch* einfach, ohne die vielen Nuancen, als wäre die ›Glasmenagerie‹ ein Volksstück. Das trifft auch zu: dieser Kern von Substanz kam deutlich heraus. Draußen schneite es weiter. Wir sahen es an den Pelzen der hereinkommenden Besucher. Es waren teure Pelze, die Wohlhabenheit verrieten wie das Kupferdach, das sich der ›Generi misti-Ladeninhaber‹ gegenüber unserem Gasthaus auf sein Haus legen ließ. Von dem Dutzend Zuschauern kannten wir nach acht Tagen Aufenthalts in Welsberg schon ein paar: den Pfarrer, den Arzt und den

Rechtsanwalt, ein paar jüngere Leute; den Apotheker, er ist Italiener, von kleiner Figur und mit Augen blitzend wie ein Giftmischer. Als ich bei ihm ein Medikament hatte kaufen wollen, hatte er mit erhobenem Zeigefinger geantwortet: ›Das ist auf die swartze liste‹, aber er hatte es mir gegeben.
Vielleicht gehört auch dies zu einem Bild des Lebens an solch einem kleinen Ort: Welsberg hat eine starke Garnison Alpini. Sie füllen abends die ›Bar Olympic‹ gegenüber dem Gasthaus. An den Abenden, an denen sie nicht Ausgang haben, sitzen dort nur die italienischen Lehrerinnen (Lehrerin heißt ›insegnante‹ das lernte ich hier zu) und langweilen sich, bis eine von ihnen kommt, die Redegabe hat: ich beobachtete sie eine halbe Stunde, so lange brauchte sie, um ›wegzugehen‹, nachdem sie sich schon erhoben hatte. Ihr Thema war, daß es von Jahr zu Jahr weniger Kinder für die italienischen Klassen gebe; aber da helfe nichts, die Klassen müßten aufgelassen werden. Es betraf diese Lehrerin direkt: Versetzung anderswohin, für sie war hier kein Posten mehr.

Was wir aus dem Gespräch hörten, dafür hat Claus Gatterer in Text und Zahlenangaben seines ruhig unparteiischen Buches ›Im Kampf gegen Rom‹ Material gebracht. Er setzt um 1955 eine Veränderung in der Zusammensetzung der Bevölkerung Südtirols *zugunsten* der deutschen Volksgruppe an. Er schreibt:
›die den Landgemeinden unter dem Faschismus aufgepropften Italiener zogen aus, sie rissen andere, die vorwiegend ihretwegen dagewesen waren, mit. Da drei italienische Schüler schon Anspruch auf eine eigene Schulklasse haben, ergab sich erst allmählich das heute noch anhaltende Sterben von italienischen Schulklassen und Mikroschulen in den Landgemeinden. Bis 1966 wurden rund 40 italienische Schulen in Südtirol mangels Schülern geschlossen. 1967 wurden in fünf Landgemeinden die italienischen Schulen vollkommen aufgelassen. In einer als Bahnknotenpunkt stark italianisierten Gemeinde des Pustertals lebten 1953 noch mehr als 40 italienische Familien, nach Auflassung der Kleinbahn 1967 waren noch sieben Familien dort ansässig.‹
Interessant sind Gatterers Folgerungen aus dieser Entwicklung: ›die ethnische Karte Südtirols wurde auf diese Weise kompakter. 78 % der in der Provinz Bozen ansässigen Italiener lebten schon seit 1964 in den acht Gemeinden mit italienischer Mehrheit; von

diesen acht sind zwei, Bozen und Meran, Stadtgemeinden mit italienischen Mehrheiten von 78 bzw. 58 %; fünf sind Gemeinden im Einzugsgebiet der bozener Industriezone; die achte Gemeinde (63 %) ist Franzensfeste/Fortezza, der wichtige Eisenbahnknotenpunkt. Von den restlichen 103 Gemeinden der Provinz Bozen werden drei ausnahmslos und 46 zu fast 100 % von Südtirolern bewohnt.‹

Aber Gatterer fügt etwas hinzu, das die deutschen Südtiroler zweimal lesen sollten:

›diese Stärkung der Minderheit vollzog sich in der Atmosphäre einer bei ihr nahezu vollkommenen geistigen Sterilität. Als ein exzentrischer Aristokrat mit teils kommunistischer, teils faschistischer Vergangenheit 1961 die Gründung einer von der SVP (der Südtiroler Einheits-Volkspartei) unabhängigen Partei unternahm, hielten ihm die ‚Dolomiten', das Organ dieser SVP, entgegen:

‚wer eine solche Partei gründet, meint es nicht gut mit den Südtirolern, er versucht, die bitterste Wunde am Körper unseres Volkes neuerdings zum Bluten zu bringen.'‹

Gatterer kommentiert:

›politisch war dies vollkommen richtig. Aber es durfte auch sonst ‚um der Einheit willen' nichts aufgerührt werden. Die faschistische Zeit blieb ein Tabu, das ausschließlich Anklagematerial zu liefern hatte. Die nazistische Zeit blieb ein Tabu, da die Belastung einzelner Südtiroler das wertvolle Klischee, das die Südtiroler insgesamt als Opfer der Diktatoren Hitler und Mussolini präsentierte, zu zerstören geeignet war. Die Verantwortung für eigenes (politisches, menschliches, moralisches) Ungenügen wurde nach außen abgeschoben. Die Minderheit entzog sich jeder zeitgeschichtlich-kritischen Selbsterforschung. Gerade diese Selbsterforschung aber wäre die Voraussetzung auch für jedes positiv formulierte Selbstbewußtsein, das sich nicht mit dem denkfaulen und primitiven ‚ich bin anders als die Italiener, folglich bin ich Südtiroler' begnügt.‹

Was ich hier dem Buch Gatterers entnehme, habe ich auch Freunde und Bekannte beklagen hören. Von der deutschen Partei hatte es niemand für nötig gefunden, 1957, bei dem Tode Ernesta Bittantis, der Witwe des 1916 in Trient hingerichteten Cesare Battisti, eine Zeile in die Zeitung zu setzen. Dabei war Frau Bittanti, die trentiner Sozialistin, eine offene Anwältin der deutsch-südtirolischen Anliegen gewesen. Entschiedener als mancher Deutsche

war sie für eine Volksabstimmung über die Rückgabe Südtirols an Österreich. Und als diese Hoffnung schwand, trat sie für eine auf das deutsche Südtirol beschränkte Autonomie ein. Aber weder im deutsch-einheitlichen Bozen noch im christlich-demokratischen Trentino fand die Stimme Ernesta Bittantis mehr Gehör als 50 Jahre zuvor die ihres Mannes im österreichischen Reichsrat, wo er vergeblich die Autonomie für das Trentino verlangt hatte.
Unter den in Welsberg stationierten Alpini sind südtiroler Deutsche und Ladiner. Mit einigen sprach ich über den Vorfall auf der Porze-Scharte, auf der am 26. Juni des Jahres 1967 italienische Finanzieri auf eine Mine getreten und ums Leben gekommen waren. In der italienischen Presse war damals von Terroristen die Rede, österreichische Hubschrauber flogen an, und die bevollmächtigten Offiziere verlangten gegen die Zeitungsanwürfe Untersuchung an Ort und Stelle.
Nach Jahren werden erst jetzt die Gerichtsverfahren eröffnet. Inzwischen hat sich längst eine Auffassung über den Vorfall gebildet. Wir hörten sie auch von unseren Alpini –
daß auf der Porze-Scharte ein beschlagnahmtes Grenzhaus sei, ähnlich wie wir das Trinksteinhaus gesehen hatten: im Herbst vor Schnee-Einbruch wird es verlassen und vermint, mit Frühjahrsende wieder bezogen. Der Trupp, der am 26. Juni 1967 auf die Porze-Scharte kam, war nicht von denselben Leuten, die im Herbst gegangen waren; er war über die Lage der Minen nicht orientiert. Die Minen flogen in die Luft und töteten die Finanzieri.
Ohne Zweifel hätte eine gemischte Kommission den wahren Sachverhalt sofort feststellen können. Aber die österreichischen Experten wurden erst am 5. Juli zugelassen. Ihre Erklärung: es waren Attentäter. Italien genügte das, einen Anlaß zu dauernder Besetzung der Schutzhäuser zu haben. Nach Mitteilung des italienischen Alpenvereins sind sie, im ganzen 18, bis heute nicht geräumt. Bis eine Sache zum Prozeß kommt, dauert es noch länger.
An diesem Schneesonntag las ich in Welsberg, daß über einen weiter zurückliegenden Vorfall im kommenden Jahr in Perugia ein Prozeß eröffnet werde gegen den nordtiroler Fotografen Christian Kerbler, angeklagt des Mordes an dem Terroristenanführer Luis Amplatz aus Bozen.
In der Nachricht dazu hatte es im ›Corriere della Sera‹ vom 8., 9. und 10. September 1964 geheißen, daß mit dieser Sache ein öster-

reichischer Student zu tun habe: Peter Hoffmann. Er habe mit den Terroristen-Anführern Klotz und Amplatz in einer Heuhütte nahe der österreichischen Grenze übernachtet, sei aber in ein Feuergefecht mit ihnen verwickelt worden, bis er dann – so steht es im ›Corriere‹ –
›blutverschmiert sich gemeldet habe in einem Gasthaus und sich als Erschießer bezeichnet habe und nach Hinführung zur Leiche (des Amplatz) verhaftet worden sei, aber als Verhafteter aus dem Carabinieriauto gesprungen sei während des Transportes von Meran nach Bozen, indem er dem Fahrer einen Faustschlag versetzt und herausspringt‹.
Ich hatte zwei Tage später, in der Nummer vom 12. September 1964, im ›Corriere‹ gelesen,
›daß man seinen Personalien nachgeforscht habe und ihn identifiziert habe als einen Mann, der in Wirklichkeit Christian Kerbler hieße, und daß dieser Kerbler, alias Peter Hoffmann, gute Beziehungen gehabt habe zu dem erschossenen Amplatz und dem Georg Klotz‹.
Von Klotz war zu lesen, daß er, nach der Erschießung des Amplatz, selbst verwundet durch Kugeln im Arm und in der rechten Schulter, von der Holzhütte auf den Gletscher gestiegen sei, und nach Überquerung des Eises beim Abstieg auf der österreichischen Seite einem österreichischen höheren Gendarmerieoffizier begegnet sei, der ihn persönlich gekannt und ins Gefängnis nach Imst gebracht habe. Ich hatte damals gedacht: Klotz, mit den Kugeln im Fleisch, hatte es sicher nicht leicht gehabt bei seiner Gletscherwanderung. Allerdings, er war erst zwei Tage zuvor von Wien abgereist. Dort hatte er sich aufgehalten bei Auflage täglicher Meldung am zuständigen Polizeirevier, hatte aber diese Meldepflicht außer acht gelassen, als er, nach einer Fahrt mit dem Schnellzug nach Innsbruck und unbestimmbaren Vorgängen später, und verwundet, nach seinem Marsch über das Eis, einem österreichischen Gendarmerieoffizier in die Arme gelaufen war.
Es gab seit 1964 ein paarmal Nachrichten über diese Dinge. So habe ich eine Meldung aus Mailand vom 22. Februar 1966. In ihr heißt es zum Verlauf des ›zweiten südtiroler Sprengstoffprozesses‹, der damals in Mailand verhandelt wurde,
›daß am Tag zuvor ein Mann als Zeuge in Ketten vorgeführt worden sei, namens Sacchetto, der aus Padua stamme und wegen

Spionage vom Schwurgericht Vicenza zu 18 Jahren verurteilt, aber bei dieser Gelegenheit wieder vor Gericht gebracht worden sei: einer der Spione, die sich mit den Stützpunkten der Nato in Südtirol beschäftigten‹.
Weiter heißt es,
›besagter Sacchetto sei in Lienz in Osttirol von der österreichischen Polizei verhaftet worden, weil er ohne Papiere über die Grenze gegangen sei. Es werde angenommen, daß die österreichische Polizei von der italienischen Polizei auf ihn aufmerksam gemacht wurde. Er sei in Lienz zehn Tage eingesperrt gewesen. Er sei dann nach Innsbruck gebracht und auf Antrag der Italiener ausgeliefert worden.
Auf der Fahrt zum Brenner wollte er in Steinach aus dem Fenster springen. An der Grenze wurde er den Carabinieri von dem österreichischen Polizeiinspektor Reiter übergeben, demselben, der in diesem Prozeß angeklagt ist, gemeinsame Sache mit den Sprengstoffattentätern gemacht zu haben. Der Verteidiger Nikolussi-Lek machte darauf aufmerksam, daß man bei dem Zeugen Sacchetto Filmstreifen gefunden habe; Sacchetto behauptete, daß es sich um ‚touristische Aufnahmen' gehandelt habe. In Wirklichkeit waren es Aufnahmen von Nato-Stützpunkten in Südtirol‹.
In der Meldung zu dem Prozeß gegen Christian Kerbler mit dem Termin 1969 in Perugia heißt es, daß Kerbler seit seiner Flucht aus dem Auto zwischen Meran und Bozen unauffindbar sei. Dabei ist es geblieben. Es wurden mehrmals neue Termine angesetzt. Die letzte Meldung ist vom Frühjahr 1970: da wurde der Prozeß ›auf unbestimmte Zeit‹ vertagt.

Ich habe vorhin von Freunden und Bekannten gesprochen. Ein Teil des Glückszufalls, der mich bei diesem November-Aufenthalt begleitete, brachte mich mit einem Mann jüngerer Generation zusammen. Es war an dem Sonntag nach dem dreitägigen Schneefall. Für diesen Tag waren die südtiroler Gemeindewahlen ausgeschrieben. Die italienische Wahlordnung sagt, daß jeder Mann an dem Ort, an dem er ›zuständig‹ ist, seine Stimme abgeben muß. Diesen Begriff der ›Zuständigkeit‹ kennt man in Deutschland nicht. In Österreich hat man ihn nach 1945 nicht wieder eingeführt. Bis 1938 war er gültig. Er hatte substantiellen Gehalt: wer verarmte, für den mußte die Gemeinde, in der er zuständig war, sorgen. Die

Zuständigkeit richtete sich im allgemeinen nach dem Geburtsregister. In Italien wird vor allem bei den Wahlen auf sie geachtet. Längere Reisen sind die Folge. Die Kosten zahlt der Staat. Im Mai 1968, bei den Parlamentswahlen, traf ich in Südtirol einen ins Hessische ausgewanderten Verwandten; ihm, mit dem Nachweis der italienischen Staatsangehörigkeit, zahlte der Staat die Fahrt bis an die Grenze. So kam er wenigstens einmal nach Hause.

Ähnliches war der Fall – und nun bin ich wieder in Welsberg – beim Bruder des Gastwirts, bei dem wir wohnten. Er war in Brixen Lehrer an einer höheren Schule. Nun mußte er zur Wahl nach Welsberg, und das war hier der Zufall, der uns zusammenbrachte, ausführlicher und gründlicher, als hätte ich ihn aufgesucht: er war mir dem Namen nach schon bekannt als Mitherausgeber einer ein Jahr zuvor gegründeten Zeitschrift, die in Südtirol Aufsehen gemacht hatte:

›die brücke‹, eine Zeitschrift für Studenten, erscheint monatlich.

Ich kannte die ersten Hefte. Nun konnte ich mit dem Mann sprechen, der sie mit redigierte. Ich berichte hier nichts von unseren Gesprächen, merke mir aber an, wie schwer ein solcher Mann es in seiner uniform denkenden Heimat hat, wie schwer sich überhaupt eine Richtung, politisch neu zu denken, in Südtirol gegen die starr zementierte Einheitsrichtung durchsetzen kann.

Ich fragte den welsberger Mitherausgeber, ob Geld hinter der Zeitschrift sei. Er sagte: Nein, wir sind ein Team und kosten nicht viel, und wir haben, wie Sie bemerkt haben werden, auch Inserate. Was wir nicht haben, ist ein Zeichen, daß die übrige deutsch-südtirolische Presse uns bemerkt hätte. Bei ihr kommen wir nicht vor. – Totschweigen ist auch eine Methode. Das letzte Zeichen, das ich bei meiner Sammlung von Material über Südtirol von der Zeitschrift ›die brücke‹ habe, ist ein im Herbst 1969 ausgesandter hektographierter Brief mit der Mitteilung ihrer vorläufigen Einstellung und dem Zusatz, der Versuch, das politische Leben in Südtirol zu aktivieren, durch Aufforderung zur Diskussion, sei weitgehend nicht gelungen.

Auch Gatterer führt in seinem Buch in einem Kapitel ›Aufbruch zum Pluralismus‹ die Zeitschrift ›die brücke‹ an. Er bringt Beispiele aus ihr für die in Südtirol verbreitete Veralterung der Methoden, die zur Folge habe, daß wichtige und statistisch längst greifbare

Veränderungen erst mit großer Verspätung in die Gehirne der Menschen dringen.

Ursachen dieser ›Verspätung‹ sind meines Erachtens: daß die Leute an sich langsam sind, daß es ihnen gut geht, und daß sie sich selbst allzugern der Idylle, mit der sich das Land den auswärtigen Besuchern präsentiert, ergeben. Die Besucher klopfen ihnen auf die Schulter, und mit gegründetem Stolz auf die so deutlich sichtbaren Vorzüge und Schönheiten ihrer alten Heimat drehen sich die Einheimischen auf die andere Seite und schlafen weiter.

Gatterer zeigt, wie verhängnisvoll eine solche Verspätung sein kann. Er weist darauf hin, daß bei dem 1960 gegründeten ›Südtiroler Wirtschafts- und Sozialinstitut‹ sozialökonomische Analysen vorlagen, die von den Politikern vielfach ignoriert wurden. Er schreibt unter anderem:

›den sich zugunsten der deutschen Minderheit entwickelnden Trend in der Bevölkerungsbewegung erkannte man erst, als die (von solcher *wirklichen* Bewegung völlig unberührte) ›Niedergangstheorie‹ sieben Jahre lang tiefe psychologische Spuren hinterlassen hatte.‹

Er schreibt:

›man glaubte die Probleme, die von der Bevölkerungsexplosion in den agrarischen Gebieten kamen, durch den Ausbau des Fremdenverkehrs lösen zu können.‹

Wer im bozener Sender hört, wie den grödener Bauersfrauen der Ausbau von Fremdenzimmern empfohlen wird, dann kämen sie zu mehr Geld, hört es auch heute nicht anders. Mag sein, daß die Methode, sich aufs Anschauliche zu verlassen und darauf, wieviel Geld man in die Hand bekommt, neben dem Denken im ›System‹ ihre Vorteile hat. Aber Vorausblick im Kopf ist nötig. Sonst kommt es zu dem Zustand, den Gatterer in seinem Buch in diesem Satz zusammenfaßt:

›das Ausmaß der Landflucht nahm man erst wahr, als schon mehr als 10 000 Menschen die Landwirtschaft verlassen hatten, und einzelne Berghöfe – ein für Südtirol völlig neues Phänomen – abgestorben waren.‹

Von diesen Dingen will ich später noch im Zusammenhang schreiben.

19. Zugänge zur Kunst

Wer von südtiroler Kunst einen ersten Eindruck haben will, fängt am besten in Nordtirol an. Dort ist in Innsbruck neben dem ›Museum Ferdinandeum‹ das ›tiroler Volkskundemuseum‹ ein Sammelpunkt auch südtirolischer Stücke, vor allem der Volkskunst. Ich habe sie oft betrachtet: die einfachen Geräte zum Brotzerhacken oder zum ›Kardatschen‹, d. h. zum Auflockern der Wolle; die Konstruktion des ›Kraxentragers‹, eines Gerüsts, auf dem jemand mit Kopf und Schultern eine große lange, nach oben vorstehende Last fortzutragen imstande ist; die Schillerfedern der meraner ›Saltner‹, der für die Weinberge bestellten Flurhüter, vor deren buntem Kopfschmuck die Vögel fliehen; Hellebarden und Lederkleidung, und die Schnitzereien in den Stubendecken.

Eine der schönsten ist von der alten Pfarrkirche, 1525, aus Matsch, dem Hauptort dieses Seitentals der oberen Etsch. Sie hat zart eingeritzte Figuren oder Blumen in Fantasiemustern, die aus Holzfäßchen oder befußten Vasen springen. Bei einer Stube aus Burgeis von 1530 sind die Wände aus Holztafeln, die Decke hat Balken. Bei einer Bauernstube aus Kasern im Ahrntal, von dessen Besuch ich erzählt habe, hat auch die Decke, 1612 geschnitzt, der Einheitlichkeit halber, schon Felder. Die Trachtenfiguren folgen der Zeitmode, die Bauerntracht ist Nachahmung der Herrentracht, das dauert bis etwa 1850, dann ist Schluß.

Wie ich von südtiroler Kunst etwas im Norden, in Innsbruck, finde, d. h. außerhalb des Landes (›Land‹ ist – wie schon bei den Tischsitten von Andreas Hofers Bauernregierung erwähnt – ein lange gebräuchlicher Ausdruck für Südtirol, es war das ›Land‹ schlechthin), so auch im Süden, im trienter Museum. Dort hat Professor Nicolò Rasmo viele holzgeschnitzte Figuren aus Südtirol aufgestellt. Er ist der Kustos für die Provinz Trient – wie Professor Wolfsgruber aus Brixen für die Provinz Bozen.

Aber man muß aus den Museen hinausgehen und sich auf den Weg machen. Südtirol hat von Norden zwei Zugänge: über den Reschen und über den Brenner. Ich frage mich, was den Blick auf die Kunst betrifft, welchen Weg ich als ersten empfehlen soll. Ich habe den Reschen zuerst genannt, aus Gewöhnung; vielleicht hat er dieses Recht auch in der Sache, wenn man mit dem Älteren anfangen will, *vor* dem Jüngeren und Späteren.

Mir haben nicht viele Landschaften so großen Eindruck gemacht wie der Blick vom Reschen, bei St. Valentin, über die malser Heide auf den Ortler. Die graugrüne Heidestrecke hinab, von Stein durchsetzt, dahinter die wie Bleistifte oben kurz zugespitzten malser Türme, dahinter der Ortler; wegen der Perspektive aus dem Gegenhang erscheint er höher als weiter unten. Zu einem genaueren Bild gehört dann noch zwischen leuchtendem Grün der wie zu einem Kanal regulierte Etschlauf; dann die Spuren des früher unregulierten Laufes – aus solcher Vogelschau an den Kurven der übriggebliebenen Gebüsche noch kenntlich –; dann das emsig kleine Viereck des Städtchens Glurns, das mit so hohen Mauern befestigt wurde, als diese Art Befestigung eben überholt war; dann der weiße, vielfensterige Pfeiler des Klosters Marienberg; dann die ausgebleichten Zähne einer Ruine am Berghang: Lichtenberg (was die Einheimischen mit langem ›i‹ sprechen: ie); dann das weiße Dreieck des ›prader Sands‹, in dessen Schottermassen die Lastwagen kribbeln und das niemand einengt, weil der Suldenbach, dessen Auslauf es ist, jederzeit mit starkem Hochwasser kommen kann, das die Fläche ausfüllt. Am Vormittag kommt das Wasser klar, gegen Abend, nachdem die Sonne oben den Schnee zum Fließen gebracht hat, kommt es grau. Solange braucht es, bis es im Tal eintrifft. Ein ›Fuchs‹ ist ein brauner Fleck am Hang, hier hat nach einem Gewitter das Wasser ein Stück Rasen in die Tiefe gerissen.

Ich sehe die Berge an der Grenze zur Schweiz. Von ihnen hat an einem Abend in Glurns ein Gastwirt erzählt. Er ist zugleich Angestellter des über die Grenzen gehenden Naturschutzgebiets, des ›Nationalparks‹, d. h. in einer staatlichen Stellung. Er hat die Pflicht, jeden Tag seinen Rayon abzugehen und an einer vorbestimmten Stelle oben einen Zettel mit seinem Gegenmann, der aus Sulden heraufkommt, zu tauschen. An dem Abend, als er in seinem Khakihemd mit Schulterstücken am Gasthaustisch sitzt, erzählt er, wie er das letzte Mal wegen des Schneewetters entgegen der Vorschrift nach dem Zetteltausch mit nach Sulden gegangen sei, statt denselben Weg zurück; von Sulden, Autostraße und Fahrgelegenheit, war er schneller zu Hause.

Er erzählt von den Finanzieri, die da oben zu sechst ihren bequemen Blockhaus-Unterstand haben, und sobald sich das Wetter aufhellt, nach Spuren im Schnee blicken. Wenn sie Spuren sehen,

fordern sie einen Hubschrauber an. Er ist schnell da aus Meran und dirigiert die sechs aus der Hütte zu den schwarzen, im tiefen Schnee wandernden Punkten, die Schmuggler sind. Der Gastwirt rechnet uns vor, daß sich das Risiko lohnt. Bei Zigaretten ist pro Päckchen 70 Pfennig Gewinn, bei zwei Stangen sind es 14 Mark; in einen Rucksack gehen 40 Stangen, das sind 280 Mark.
Es gibt heißere Ware. Mein Vetter erzählte mir, wie er einmal von der nächtlichen Bewässerung der Wiesen (›von der Nachtrode‹) zurückkam; da sah er an der Christophoruskapelle am Dorfeingang einen Klumpen. Der Klumpen war ein Schlafsack; aus dem Schlafsack redete ihn ein Mann an, den er sofort erkannte. Er sagte, daß die Leute auf der Straße, auf die er warte, sich verspäteten, vielleicht seien sie aufgehalten worden, und nun werde es hell, er könne nicht länger bleiben, sonst würde er selber entdeckt. Dann bat er den Vetter um die Waalhaue, die zum Freihalten der Wassergraben dient; ihm bliebe nichts übrig, als die Ware zu vergraben, zwei kleine Päckchen. Er tat es und schüttelte sich vor Kälte.
Mein Vetter zeigte mir auch den Bildstock oberhalb Mals. Der war mit seinem Heiligenbild ein toter Briefkasten gewesen. Man hatte ihn entdeckt, aber die Leute nicht gefunden, die da etwas abholen sollen. Diese Ware kommt von den Häfen herauf, von Genua, und wird nach einer Landkarte, die nur den Schmugglern bekannt ist, abgelegt. Oft habe ich mir die Schmugglergeschichten aus der Zeit nach 1945 vom Jäger Luis erzählen lassen. Er war einer der Organisatoren der Trupps, die von den Schmieden im Stubai Werkzeug herüberbrachten. Einmal wurde er in Österreich erwischt und angeklagt und kam vor den Richter nach Salzburg. Aber der Richter habe den Leuten, die dabei waren, erklärt, daß sich dieser Mann wegen der Schwierigkeiten der Bauern, zu ordentlichem Werkzeug zu kommen, eher verdient gemacht habe, als daß er eine Strafe verdiene.
Dem Jäger Luis, einem Mann mit schlohweißem Scheitel, bei geregelten Zeiten längst wieder ordentlich im Geschäft als Installateur, begegne ich täglich. Er winkt mir aus seinem Auto zu.

Von den malser romanischen Türmen haben zwei unter dem Kirchendach nur eine leere Scheune. In einer einzigen Kirche: in *St. Benedikt*, sind Fresken erhalten. Sie hatte drei Apsiden, wie sie sich aus dem 8. und 9. Jahrhundert auch in der Schweiz finden: in Disentis, Mistail und vor allem in Müstair, das nicht weit hinter der Grenze liegt. Eine krasse Erwähnung von St. Benedikt ist aus dem Jahre 1638. Die Kirche wird als finster und schlecht eingedeckt beschrieben. Daraufhin vergrößerte man die Fenster und übertünchte die Wandgemälde. Die Kirche war nacheinander Depotraum, Tischlerwerkstatt; im ersten Weltkrieg diente sie als Einquartierungsraum für Truppen – dabei wurden die 1913 im Auftrag des wiener Denkmalamtes freigelegten Fresken wieder beschädigt. In der Mittelnische ist Christus zwischen zwei Engeln. Man muß lange hinsehen, bis man der Intensität der Farben: grün, blau, rot und schwarz, gewahr wird. In die linke Nische ist ein Bild des hl. Gregor gemalt, es hat dieselben großen Augen wie die Gesichter in der Prokuluskirche in Naturns – als seien die Gestalten aus einer Familie. Zwischen den Apsisnischen sind zwei Stifterfiguren. Sie sind mit allen Details in die von Notker aus St. Gallen präzise beschriebene karolingische Hoftracht gekleidet: scharlachrote Beinbinden, weißes Leinenhemd, dunkler Mantel und in der Mitte das stoffumhüllte Schwert.

Der Kunstgeschichtler kann nachweisen, daß die malser Fresken jünger sind als die in Naturns. Er erkennt an ihnen ein ›Raumgefühl und Tiefenstreben‹, das es zuvor nicht gab. Ihr geistliches Zentrum hatten die malser Kirchen in der viel größeren Klosterkirche von Müstair in Graubünden. Die Fresken von Müstair werden für die Zeit um 800 datiert. Die Kirchen waren, auch die malser Filialkirchen, bis 881 direkter Besitz des karolingischen Hauses. Von da an gehörten sie den Bischöfen von Chur.

Das Etschtal abwärts kommt der Typus der Türme zu diesen Kirchen immer wieder vor: so gleich bei der *St. Veitskirche auf dem tartscher Bühel.* In ihr steht, bei sonst ganz leerem Raum, ein Schnitzaltar des aus Memmingen stammenden Bildhauers Ivo Strigel. Er trägt eine Inschrift
›de manu magistri yvonis strigilis‹,
dazu die Jahreszahl 1514. Man mag trotzdem anzweifeln, ob Strigel selbst Hand angelegt hat. Er war um die Zeit 70 Jahre alt, und bei dem Riesenexport geschnitzter Altäre, die von der strigelschen memminger Werkstatt vor allem nach Graubünden und Tirol gingen, muß er eine Vielzahl Mitarbeiter beschäftigt haben. Die Inschrift war wohl eher eine Bekräftigung, daß er sich als Werkstatt-

vorstand als für den Entwurf und das Gesamtwerk verantwortlich bekennt.

Die Kirche auf dem tartscher Bühel ist weithin sichtbar. Andere stehen zwischen Häusern, so die *Katharinenkirche in Schluderns*; oder an entlegenem Ort wie die Kirchen in *Laatsch*, *Flutsch* und besonders die *Medarduskirche bei Tarsch*. Sie ist von außen sehenswert, ein Baukörper in der einsamen Landschaft; innen dient sie als Schuppen für landwirtschaftliche Geräte. Ähnlich war es bei der gegen Laas zu lang schon sichtbaren Kirche *St. Sisinius*. Sie hat wieder einen auffällig schönen Platz auf ihrem eigenen Hügel und hinter der offenen Anfahrtstrecke entlang dem Moos.

Ein Prachtbau romanischer Kunst muß vor den gotischen und späteren Veränderungen die *laaser Pfarrkirche* gewesen sein. Es ist an dem Turm und dem Apsidenteil der Ostwand zu sehen. Hier ist außen ein Relief von Zahnornamenten und Tiergestalten freigelegt. Ein paar Schritte weiter steht die alte *St. Marx-Kirche*. In ihr ist, wie anderswo landwirtschaftliches Gerät, die Sennerei untergebracht.

Die Kirche *St. Prokulus in Naturns* steht unscheinbar vor dem wiesen- und laubfleckigen Hang. Sie hat Fresken aus zwei Zeitaltern. Bei den späteren der Außenwand hält der Kunstgeschichtler die Zeitangabe nicht für der Rede wert. Dem Besucher geben sie trotzdem viel. Sie sind unter freiem Himmel, jetzt durch ein Vordach geschützt: sieben Quadrate nebeneinander, und stellen die sieben Schöpfungstage dar, mit fast unverblichenen Farben nach Jahrhunderten Einwirkung der Witterung.

Das Besondere in St. Prokulus sind die Fresken innen. Ich kam mit einer farbigen Abbildung hin. Aber die Farben auf dem guten Druck sind nur eine Erinnerung der wirklichen Farben auf der Wand. Der grüne Tupfen z. B. über dem Mann, der an der Mauer herabgelassen wird – früher hat man den hl. Paulus in ihm vermutet, neuerdings gibt man dem hl. Prokulus, Bischof von Verona, wieder die Ehre. Bei dieser Bestimmung war allerdings die Schwierigkeit, daß es, nach einem Heiligenlexikon von 1858, in Italien 30 unter diesem Namen bildwürdige Heilige gibt. Nach Durchprüfung kommen für Naturns zwei in Frage: einer von Bologna, und der von Verona. Er ist im 4. Jahrhundert bei der Christenverfolgung durch Diokletian in Verona gestorben, im Alter von fast 100 Jahren, und nachweislich *nicht* als Märtyrer.

Das Werk ›Acta Sanctorum‹ verweist in einem 1940 erschienenen Nachtrag auf ältere Quellen, nach ihnen
›ging Prokulus, als der Prokonsul Anulinus im Auftrag des Diokletian die Veroneser zusammenrufen ließ, um ihnen ein Märtyrerschauspiel zu bieten, zunächst aus Furcht vor den Heiden in ein nicht weit von der Stadtmauer entferntes Kloster. Dann sagte er seinen Begleitern, daß er zurück zur Stadt wolle, um mit seinen Anhängern Firmius und Rusticus den Märtyrertod zu erleiden. Aber Anulinus hält ihn für einen verrückten Greis, läßt ihn schmähen, ohrfeigen und aus der Stadt vertreiben. Während Firmius und Rusticus gemartert werden, kommt er so davon, kommt ins Heilige Land und auf der Rückreise nach Ungarn. Dort läßt er sich Bart und Haar kürzen und läßt durch Gebet eine Quelle der Erde entspringen. Die Zuschauer werden bekehrt und in dieser Quelle getauft. Prokulus benetzt seinen Bart mit dem Quellwasser und bearbeitet ihn mit einem rostigen Messer so sanft, als wäre es ein scharfes Rasiermesser – mit solchem frisch- und scharfgezogenen Zipfelbart stellt ihn das Wandbild in Naturns auch dar. Er kehrt nach Verona zurück, stirbt in Frieden und wird an den Iden des Dezember in seiner Kirche begraben‹.

Mit dieser Zeitangabe stimmt auch der Tag, an dem er gefeiert wird, der 9. Dezember, überein.

Eine Herde gelber, roter und schwarzer Kühe mit Hörnern ist in der naturnser Prokuluskirche innen über dem Eingang gemalt, dazu der schwarze Hund, der die Herde mit hängender Zunge umbellt. St. Prokulus gilt als Schutzpatron des Viehs; die zwei, in Bruchstücken erhaltenen Menschenfiguren zu beiden Seiten der Tiere könnten dem Bild eine Handlung geben: wenn man sie als die Hirten ansieht, die dem Bischof die Herde vorführen.

Auf den ersten Blick sehen die Tiere aus, als wären sie antinaturalistisch gemalt. Je länger man hinsieht, um so kleiner wird der Abstand zur wirklichen Erscheinung; das stilisiert Erscheinende tritt zurück, das Bild wird ganz Natur, in einem kaum bestimmbaren Abstand von ihr und Nähe zu ihr.

Das *Kloster Marienberg*, das hier in Naturns schon weit gegen die Schweiz zurückliegt, gibt an Kunsteindrücken weniger her als an mächtiger Größe. Nach dem reichen romanischen Portal hat die Kirche innen links, knapp vor dem Abgang zur Krypta, schmale

Streifen schöner unverbesserter Fresken. Aber in der halb vermauerten Krypta sind die meisten Wandbilder schlecht erneuert. Man darf nur auf die nicht erneuerten Stücke sehen, als wären sie für sich und vergrößert (so werden sie meist auch in den illustrierten Büchern gezeigt), um sich den Eindruck nicht zu verstören.
Interessant war mir die Bemerkung des Geistlichen, der uns in die Krypta führte. Er zeigte auf die Grabnischen in der Wand und wußte uns zu sagen, bis zu welcher Zeit nach ›alter Art‹, wie er sich ausdrückte, bestattet worden sei. Das war dann so: über die Leichen wurde ungelöschter Kalk wie aus der Kalkgrube geschüttet, er verbrannte im Nu die Körper bis auf die Knochen. Interessant war mir auch eine andere, geflüsterte Bemerkung zur Folge der Äbte, in deren Reihe von 1885 bis 1928 ein Abt Leo Maria Treuinfels war. Er war in Triest geboren und war, wie unser Begleiter uns zuraunte, aus ›kaiserlicher Familie‹.
Reicher als das Sichtbare ist in Marienberg die Erzählung seiner Geschichte. Sie beginnt wie eine Legende mit dem Grafen Ulrich von Tarasp in Graubünden, der 1150 das Kloster gründete; dann, um Baumaterial zu haben, seine eigene Burg schleifte und zusammen mit seiner Frau Uta in das Kloster trat; ihm auch allen ererbten Besitz verschrieb. Pech hatte das Kloster mit seinen weltlichen Schutzvögten aus Matsch. Das Tal von Matsch liegt dem Kloster gegenüber. Es hat hinter einer Flußgabel einen schmalen felsigen Rücken. Auf ihm standen die zwei Burgen der Matscher und eine Kapelle. Heute ist nur noch die Kapelle da, von den Burgen so gut wie nichts.
Der entlegene Platz erscheint gering. Man darf sich dadurch nicht täuschen lassen. Die Matscher waren churrätischer Uradel, gleich frei wie die Herzogshäuser der bairischen Agilolfinger und ursprünglich auch der Karolinger. Sie verheirateten sich nicht unterhalb des Grafenstandes und hatten ihre Besitzungen im Veltlin, am comer See, in Schwaben und Görz, waren also in der ›Welt‹.
Für die Leute auf ihrem Besitz sah die Welt anders aus. Das beschreibt der verstorbene Propst Josef Weingartner aus Innsbruck: ›neben dem matscher Tal liegt das Tal von Planeil (Planol)‹
(daneben das Tal *Plawenn* gehört heute noch einem Mann mit Besitz in Österreich, von ihm ist das auffällige Holzkreuz an der Straße über Mals; er hat es nach 1945 aus Traditionsvorliebe errichten lassen als Gedenkzeichen der alten Grenze des ›Ge-

richtes‹ Schlanders gegen das nordtirolische Gebiet – nun weiter bei Weingartner:

›1258 gehörte Planol den churer Bischöfen, ihr Verwalter war der Vizedom Swicker von Reichenberg, in diesem Jahr schloß er mit den Matschern einen Vertrag, der zeigt, wie sich die adeligen Herren auf Kosten des gemeinen Mannes das Dasein verschönten. Abgesehen davon, daß die Untertanen stets die Prügelknaben waren, wenn die Parteien in den Fehden darauf aus waren, der Gegenseite durch Brand, Raub und Verwüstung der Felder zu schaden – auch im Frieden lag auf ihnen kein leichtes Joch, und Verträge drehten sich nur darum, wem die Lasten zu Nutzen sein sollten, dem Vizedom oder den Vögten.‹

Weingartner bringt dazu Beispiele:

›das Strafgeld, daß der Vizedom von Leuten forderte, die außerhalb des Gotteshausverbandes heirateten, mußte er mit dem Vogt teilen, sie teilten sich die Fischerei auf den drei Reschenseen und hatten ein Vorrecht, in verschiedenen Häusern, so auch im Frauenkloster zu Müstair, Gratismähler zu beanspruchen. Diese Rechte lagen in Urkunden fest und konnten urkundlich übertragen werden.‹

Als ich das las, wurde mir klar, warum der Urkundenraub – von einem solchen Fall wird gleich die Rede sein – eine wichtige Sache war.

Aber zurück zu den matscher Vögten. Der erste, Egno, war eine ruhige Natur, auch er trat ins Kloster ein. Aber etwas dem Lande Fremdes muß dem Stift angehaftet haben. Vielleicht hing es mit dem Zuzug der Mönche aus dem Schwäbischen zusammen. Die meisten kamen aus Ottobeuren. Mag sein, daß die urrätischen Matscher das ihnen neuzeitlich Feindliche in dem Zuzug witterten. Schon Egno III. erlaubte sich Übergriffe; im Oktober 1274 raubte er das Kloster aus und schaffte die Beute in 12 großen Fuhrwerken weg. Nun wurde es in Marienberg still. Ein einziger Mönch blieb, um in Burgeis die Messe zu lesen. Weiterhin wurde es immer schlimmer. Egno III. wurde der ›Raufbold‹ genannt, sein Bruder Albero der ›Vielfraß‹. 1277 wurde Egno bei einem Tournier in Graz – wie es ausdrücklich heißt – ›meuchlings‹ ermordet. Sein Sohn Ulrich II. ermordete dann den marienberger Abt Hermann von Schönstein. Er führte ihn ins Schlinigtal, aus dem später, zur Zeit Maximilians, die bündner Krieger kamen, und ließ ihn auf

freier Wiese nahe den schliniger Almen enthaupten. Er kehrte ins Kloster zurück und nahm, was den Zeitgenossen auffiel, vor allem die Urkunden mit. Sein Klosterraub wird, so heißt es in der Chronik, als ›matscher sacco‹ in der marienberger Geschichte verzeichnet.
Nach dieser Abtermordung pilgerte Ulrich nach Avignon, um vom Papst Clemens V. Lossprechung zu bekommen. Sie wurde ihm gewährt unter der Bedingung, daß er das Kloster entschädige und barfuß, mit einem Strick um den Hals, vor die Kirchentür gehe und, während die Priester den Bußpsalm beteten, seine Schuld bekenne und sich auspeitschen lasse. Außerdem müsse er sich an einem Kreuzzug beteiligen. Das war 1308. Ulrich kümmerte sich nicht lange um das Gebot, wurde aber ein Jahr später, als er sich an der Frau seines Vetters Egno IV. vergreifen wollte, von diesem Vetter mit einem Handtuch erwürgt. Mit einem letzten Grafen Gaudens von Matsch, der an fremden Höfen erzogen worden und leichteren Sinnes war, erlosch das Geschlecht der Matscher.
Kaum waren die Marienberger diese ureingesessenen Plagegeister los, kam die Reformation mit Bauernaufruhr und Wiedertäufern. Wieder stand, hier ungezügelter als anderswo, ein Element landschaftlicher Wildheit gegen sie auf; und schon dachte der päpstliche Nuntius Johannes della Torre daran, den Konvent aufzulösen.
Aber nun, so heißt es,
›zeigte die innsbrucker Regierung Interesse; wegen der Nachbarschaft der reformierten Bündner war ihr das Kloster wichtig. Die Vertretung der Klosteransprüche gab ihr zugleich die gewünschte Handhabe, den Einfluß der churer Bischöfe auf tirolischem Boden zu schmälern‹.
Mithin kommen wir zu dem erwähnten Abt Lang aus Schwaben, der den Burgeisern und Obervinschgern das Rätoromanische austrieb.

Eine Klosterschule hatte es in Marienberg früh gegeben. Es gibt sie auch jetzt wieder – ohne Öffentlichkeitsrecht. Die Schüler müssen zu den Prüfungen nach Meran. Als ich an einem Klassenzimmer vorbeikam, wunderte ich mich über die helle Stimme innen; später erfuhr ich, daß hier, mangels Lehrkräften, eine pensionierte Lehrerin Unterricht gab.

Zugänge zur Kunst 213

Eine Tendenz zum Klosterzuzug gibt es nicht; es fehlen Mönche. Dabei ist Marienberg heute reich. Es hat in Burgeis einen neuen hellen Stall für mindestens 50 Kühe. Wir stiegen auf, als eben jener Wahlsonntag der Gemeindewahlen vorbei war, der jeden Südtiroler in seine Heimatgemeinde rief. Die Gelegenheit hatte ein weltlicher Angestellter des Klosters, der in Ulten zu Hause war, zu einer Woche Urlaub benutzt. Er war der Müller und Bäcker des ringsum begüterten Klosters. Er hatte das Brot, auch für die Schüler, für acht Tage vorgebacken.

Es gibt einige interne Gebote für die Mönche, wie wohl in allen Klöstern. Nur fallen sie in der Berglage, in der niemand dem Hause so leicht aus den Augen kommt, mehr auf. Ohne besondere Erlaubnis dürfen die Mönche nur bis zu einer nahe am Hang gelegenen Kapelle gehen, 200 Meter. Schon zu einem Besuch in Burgeis brauchen sie eine Genehmigung. Die wichtigste Person schien mir der Pater Schaffner zu sein, der die Landwirtschaft regiert. Als wir ankamen, trafen wir ihn mit seinem Knotenstock. Er wollte zu einem klostereigenen Hof, weil dort, wie er sagte, eine Kuh plötzlich umgefallen sei. Wir sahen eine Mönchszelle: nur die erste, die getäfelt war. Die anderen sind ungetäfelt. Je zwei Zellen werden von außen, vom Flur, mit Holz, auf die innen durchgehende Kachelwand geheizt.

Zuletzt wurde uns, als wäre er ein lebendiges Kuriosum, ein Geistlicher vorgeführt, der hier sein Ausgedinge hat: eine Stube voll Bücher und eine schöne Aussicht durchs Fenster. Er war ein Mann hohen Alters mit einem rätoromanischen Namen. Er hatte vor dem ersten Weltkrieg zu den Vertrauten des trentiner Bischofs Endrici gehört. Er behauptete, der (während des Kriegs nach Wien deportierte) Endrici sei zu Unrecht in dem Ruf eines Deutschengegners gewesen. Aber wie hätte er es nicht werden sollen bei mancher Behandlung? Unser alter Geistlicher erinnerte sich an den Besuch des Thronfolgers Erzherzog Franz Ferdinand in Trient. Der Thronfolger sprach ebenso gut italienisch wie deutsch. Als er die Reihe der ihm vorzustellenden Leute passierte, sprach er sie italienisch an. Als er zu Endrici kam, sprach er deutsch.

Das war lange Zeit her, und aus der dann folgenden Kriegszeit erinnern sich auch manche Leute im Vinschgau des jetzt sehr alten Geistlichen. Er war Pfarrer in Laas gewesen und war nach dem Gottesdienst den laaser Frauen bis in die Haustür nachgelaufen, damit sie ihm ihr Goldstück in die Büchse warfen – für die Kriegsanleihe; das wäre ihre Pflicht, hatte er ihnen zugerufen. 1918 verschwand er in einer Bergpfarre. Dort warfen ihm die Bauern die Fenster ein. Er erzählte in einem fort, und es kam ihm wohl manches durcheinander, es war ihm auch gleichgültig, ob wir zuhörten. Etwas bedrückt verließen wir das Haus. Ich sagte zu meinem Vetter: Weder als Schüler noch als Mönch, nicht einmal als Abt möchte ich hier länger als einen Tag sein. Der Vetter verstand mich. Bei aller Modernisierung der Landwirtschaft war hier an den Menschen etwas, das mich mißtrauisch machte gegen alles Lob der alten Zeit.

Früher war die marienberger Schule gut gewesen: als Vorschule für das meraner Gymnasium, an dem seit jeher die Prüfungen abgelegt werden mußten. Das Gymnasium in Meran wurde 1927 vom faschistischen Staat geschlossen. In einem Abschiedsheft von damals stehen Namen berühmter Schüler aus langer Zeit. Da sind unter den marienberger Stipendiaten

der spätere tiroler Landespräsident Peer aus Monteplair, 1771 bis 1825,

der Bischof von Treviso und Verona: Josef Grasser aus Glurns,

der erste Landeshauptmann von Südtirol nach 1945: Dr. Karl Erckert.

Ein Handstipendium für kürzere Zeit bekam der spätere Kanonikus Michael Gamper, der erste politische Kopf der Südtiroler in der Zeit des Faschismus, und auch nach 1945, als er aus dem deutschen Konzentrationslager zurückgekommen war.

Schüler zwar nicht Marienbergs aber Merans waren der spätere Podestà von Trient, Graf Giovanelli; der 1809 am Berg Isel gefallene Graf von Stachlburg, der 1809 ausgezeichnete Martin Teimer aus Schlanders, der Berater Andreas Hofers Graf Hendl, der 1809 hervorgetretene Josef Danej aus Schlanders, der nach 1945 zum römischen Senator gewählte Dr. Tinzl aus Schlanders, der 1923 installierte Erzbischof von Triest, Dr. Alois Fogar. Man merkt aus dieser Aufzählung von Namen einen Zusammenhang von Tradition der in der Politik tätigen Männer, wie er in einem anderen Lande nicht leicht zu finden ist. Auch das ist Tirol.

Ich ging an dem Novemberabend trotzdem lieber den Weg bergab als bergauf. Unten war Burgeis, daneben die Fürstenburg, die von Staats wegen erhalten wird und gut im Stand ist als Haus einer

Winterschule für Bauernsöhne. Die Erhaltung dieser Baudenkmäler war auch mit eine Sorge des Mannes, den ich wenige Tage später in Brixen besuchte: des bischöflichen Kanonikus und Kustoden Wolfsgruber.
Die einzige Burg, sagte er, die in Südtirol wirklich in Ordnung ist, haben Sie im Vinschgau: die Churburg mit der Sammlung von Rüstungen. Dort wird Eintritt erhoben. Die Burg gehört dem Grafen Trapp, der die halbe Zeit im Jahr hier, die halbe Zeit in Wien lebt. Ich erinnerte mich: vor zwei Jahren hatte ich ihn besucht. Er hat einen Bruder in Nordtirol, einen kunstverständigen Mann, der dort auf einem ähnlichen Posten wie Wolfsgruber in Brixen und Rasmo in Trient Landeskonservator ist.

In Wolfsgruber lernte ich einen Mann von Welt kennen, einen anderen Typus, als ihn mir Kühebacher vorgestellt hatte. Er wohnt hinter dem von ihm eingerichteten Museum in einem gotischen Haus. Aber innen ist dieses Haus, mit Vorliebe für Kunst, was an Bildern und Möbeln zu sehen ist, modern gemacht und großzügig ausgestattet. Dabei hatten die zwei Gelehrten etwas gemeinsam: sie waren klein, zierlich, schnell. Kühebacher, wenn ich ihn mit Wolfsgruber verglich, schien mir um eine Ader mehr Skepsis zu haben. Das mochte von der Beschäftigung mit der Geschichte kommen. Die bildet einen anderen Charakter aus als der Umgang mit Kunst.
Ich verdanke Wolfsgruber einen Hinweis auf eine Sache, die aufzudecken er eben im Begriff war. Wenn Sie durch Meran kommen, sagte er, versäumen Sie nicht, bei der kleinen *Mariatrostkirche in Untermais* zu halten. Sie kommen auf der Straße direkt vorbei. Dann gab er mir die Erklärung: unter einer Schicht mittelalterlicher Fresken sei dort eine Schicht zutage gekommen, die er für älter halte als die von Prokulus in Naturns. Er erklärte das so: in Prokulus merken Sie die Zwischenstationen von italienischen Schulen mit dem Bemühen, an das Antike anzuknüpfen. Sie merken, wenn man es streng mißt, daß diese Fresken von einer zweiten Garnitur Malern sind, die das Byzantinische gesehen haben und es in landeseigene Art übersetzen. In Mariatrost glaube ich an eine direkte und erste Garnitur rein byzantinischer Wirkung.
Als ich hinkam, konnte ich nicht viel sehen. Ein kleiner Streifen war freigehauen: er zeigte die Ankunft in einem Hafen, ein als hei-

lig erachteter und geschnürter, bewachter Leichnam lag in einem Schiff. Das Schiff legte nach seiner Meerfahrt an und wurde vor einem Hintergrund von Architektur von einem alten Mann mit rosigem Gesicht und weißem Haar empfangen.
Diesen Hinweis wollte mir Wolfsgruber noch gegeben haben. Dann kam er auf seine eigene Sache, die ihn schon so lange beschäftigte: Innichen; er sagte, seit 20 Jahren. Die Art, wie er mich einführte, war zugleich ein Stück Erzählung. Die Verunstaltung der innicher Kirche, sagte er, war ein Rekord, den sich Südtirol geleistet hat. Man wußte von ihr nicht viel mehr, als daß ein spätromanischer Bau dem Zeitgeschmack angepaßt worden war. Es gab allerdings Zeichnungen und Notizen eines innsbrucker Baumeisters von 1860, erstattet als Bericht an das Amt für Denkmalpflege in Wien. Darin war auch von einer Krypta die Rede. Die letzte Umgestaltung war 1848. Da hatte man, wie man jetzt weiß, diese Krypta einfach mit Bauschutt zugeschüttet und den Kirchenboden und alten Hochchor auf gleiche Ebene gebracht.
Nun begann Wolfsgrubers eigene Intention; und nun kam auch sein Spürsinn heraus. Er habe sich stets über Säulen gewundert, die als eine Art ›Säulenarkaden‹ im Friedhof standen: Säulen und Kapitäle; auch Basen, aber alles neue attische Basen – das habe ihm am meisten zu denken gegeben. Er habe sich gefragt, wo die Originalbasen seien, und sich gesagt: wenn diese Basen noch unten in der Verschüttung sind, hätte er die Grundrißfrage geklärt. So habe er vor zwei Jahren zu graben begonnen, stichprobenweise, und sei in 2,40 m Tiefe durch einen Glückszufall (denn er hätte ja auch an einem anderen Punkte nach unten stoßen können) direkt auf eine Säulenbasis gekommen. Bei dieser Probegrabung sei plötzlich das ganze ›Material‹ – so drückte er sich aus – auf einen in der Grube bohrenden Arbeiter gerutscht, und bei diesem Rutsch sei zugleich eine Treppe freigelegt worden: der Abgang zur Krypta. Er habe gebebt, ob er weitermachen könne; da habe ihm sein Kollege Rasmo Staatsmittel zur Verfügung gestellt.
Nun habe sich ihm die Frage nach den drei Apsiden gestellt: eine Vermutung zunächst, weil die neue Fassade, von außen gesehen, nicht romanisch war. Er habe festgestellt, daß drei romanische Fenster in der Mittelapsis zugemauert worden waren. An diesem Punkte habe er sich gefragt, ob er an eine Wiederherstellung der Krypta denken dürfe. Sie wäre von erster Bedeutung gewesen – von der

marienberger abgesehen, die einzige im Alpengebiet. Es war eine Frage der Finanzierung. Die Sparkasse Bozen stellte eine große Summe frei. Es gab einen Grund, die kirchlichen Stellen zu interessieren: in das Jahr 1969 fiel die 1200-Jahrfeier der Gründung Innichens. Bis dahin konnte die Arbeit fertig sein.

Wolfsgruber bat mich dann, etwas nicht zu schreiben, was er sage; ich schreibe es trotzdem: bei den örtlichen Stellen, den Innichern, fand er nur Widerstand, sie erbosten sich, daß er ihnen die vertraute Kirche wegnahm.

Inzwischen hatte die Ausgrabung begonnen. Gefunden waren: a) Tuffsteine der früheren Gewölbe, b) Reste der alten Fußböden, c) die Säulenbasen ›in loco‹, d. h. wo sie immer gewesen waren, d) Gewölbeansätze über den Säulen: man hatte seinerzeit die Gewölbe heruntergeschlagen, der Stumpf jedoch bleibt übrig; den Stumpf hatte man in die Tiefe geworfen. Diese Ansätze waren das Allerkostbarste für die Wiederherstellung, weil durch ihren Winkel und die Weiterführung als gedachte Linie das Gewölbe errechenbar war. Man hatte e) Eingänge in die Krypta festlegen können. Dabei hatte sich herausgestellt, daß die Krypta älter war als der Dom, weil Pilaster der Vierungskuppel in die Krypta hineinragten. Es sollte die Krypta des 12. Jahrhunderts hergestellt werden, der Dom war 13. Jahrhundert.

Ein Glücksfall: die Säulen waren unregelmäßig, so konnte jede Säule über der ihr angepaßten Basis an der alten Stelle aufgestellt werden. Die sechs rückwärtigen Säulen waren sehr derb, das deutete auf ihre Entstehung im 12. Jahrhundert hin. Die vorderen Säulen waren feiner, schöner, sie hatten Marmorkapitelle aus dem 10. Jahrhundert.

So waren die Säulen auf die alten Basen gestellt. Dadurch waren die Schwingungen des Gewölbes auf Zentimeter genau rekonstruierbar.

Das war der erste Teil der Arbeit. Der zweite war die Bloßlegung der drei Fenster in der Apsis, der dritte die Bloßlegung der romanischen kleinen Fenster in den Seitenapsiden.

Während Wolfsgruber erzählte, skizzierte er die Dinge auf ein Blatt. Das Querhaus: die alten Fenster waren festgestellt, die späteren gotischen Fenster wurden geöffnet.

Wolfsgruber, 20 Jahre in der Denkmalpflege, sieht darauf, daß bei Restaurierungen im Lande nichts gemacht wird, was nicht Wieder-

herstellung der alten Form wäre. Allerdings: Kompromisse muß er machen, da die Kirche nicht ein ›Museum‹ sein soll. Sie muß, wie er sich ausdrückt, ›dem Kult zugeführt werden‹. So will er in Innichen den Altar unter die Vierung stellen. Das ist eine Konzession aus kultischem Bedürfnis. Früher war hier die ›Wand‹ zwischen Klerus und Gemeinde, sie ist jetzt kein Element mehr.
Das war ein nüchterner Bericht. Aber wir konnten uns vorstellen, wie eine solche Arbeit 20 Jahre lang durch den Kopf eines Mannes ging, dessen Entdeckung sie war.
Inzwischen wartet eine neue auf ihn. Es ist die merkwürdige *St. Michaelskapelle in Neustift bei Brixen*. Sie ist ein alter Zentralbau in zwei Stockwerken, ein sechzehneckiger Bau. Die Zinnen und Türmchen, wegen der die Einheimischen den Bau die ›Engelsburg‹ nennen, sind aus dem 15. Jahrhundert. Über die Wege, auf denen der Zentralbau, der sich im westlichen Europa nie ganz hat durchsetzen können, von Osten kam, gibt es nur Vermutungen. Man mag an ein Mausoleum denken, an ein Baptisterium, oder an einen Ur-Zentralbau, der älter ist als die christliche Kultur.
Uns war der Bau bei der Einfahrt in Neustift aufgefallen. Er ist noch geschlossen. Vielleicht bringt Wolfsgruber heraus, was in ihm steckt.
Er konnte uns zuletzt noch sagen, daß das Schloß Kastelbell im Vinschgau, der Besitz eines alten gräflichen Fräuleins von Hendl, durch Eingreifen Rasmos gerettet ist; er hat ausreichend Geld bekommen, um ein neues Dach zu machen. Ich erinnerte mich, wie ich einmal bei Ankunft der Littorina (des Eisenbahn-Triebwagens), gegenüber dem Schloß gehalten hatte. Ich hatte zwei Fenster gesehen, eines leer, das andere durch Cellophan notdürftig geschützt. Durch den Riß im Cellophan hatte das Fräulein herübergespäht, ob mit der Littorina jemand gekommen sei.

Ich habe einen groben Umblick gegeben, nichts von den Fresken in *Hocheppan* gesagt, die, nach einem Ausdruck Wolfsgrubers, der mir haftengeblieben ist (als bezeichnend auch für ihn, der mit einem schnell mitgehenden Gesprächspartner rechnet),
›erste Garnitur sind, rein byzantinisch‹,
nichts von den *lichtenberger Fresken*, die am Ende der Entwicklung sind: am Ausgang des Mittelalters, und deren Gegenstände sich mit Vorgängen in Oswald von Wolkensteins Liedern berüh-

Zugänge zur Kunst

ren (auch bei den lichtenberger Fresken gibt übrigens die Geschichte ihrer Restaurierung ein Stück ›Erzählung‹ her: diese Fresken wurden 1908 abgelöst und ins innsbrucker Landesmuseum gebracht. Dort wurden sie vor kurzem wegen Schäden neu gefestigt. Dabei stellte sich heraus, daß man seinerzeit zur Abnahme eine Art Mehlkleister verwendet hatte; und so konnte man sich endlich erklären, wieso an der Ruine selbst noch blasse Spuren der abgelösten Bilder schattenhaft und geisterhaft zu sehen sind; es kam von der mangelhaften Methode der Ablösung und blieb als besonderer Reiz an dem ursprünglichen Ort; er wirkt auf uns mehr als eine gute Restaurierung, wie sie die sonst gleichwertigen und ungleich berühmteren Fresken in Schloß *Runkelstein* haben),

aber ich zähle die Lücken meines Umblicks weiter auf: er enthält nichts von dem zerteilten *sterzinger Altar* des allgäuer Schnitzers *Hans Multscher*, von dessen Arbeit alle Stücke erhalten sind, nur jedes an einem anderen Ort;

nichts überhaupt von diesem Schatz der in Tirol aufgestellten geschnitzten Altäre, die allerdings fast alle von auswärts kamen. Das hat seinen Grund: für die große Produktion war eine große Werkstatt nötig, damit die Erzeugnisse preiswürdig waren. So viel Kapital war in dem kleinen Land nicht leicht aufzubringen. Nur wenige, so *Hans Schnatterpeck* aus Meran, von dem der Hochaltar der Pfarrkirche von *Lana* ist, haben es zu einer eigenen Werkstatt gebracht. Aber auch Schnatterpecks Vater war aus Schwaben zuerst nach Sterzing gekommen und dann nach Meran übersiedelt. Es bleibt dann nur (und nun allerdings diese Werkstätten überflügelnd) der geniale brunecker *Michael Pacher*: sein früher Altar in der *grieser Pfarrkirche* (1471-75).

Nach Pachers Tod sind zwei Namen einheimischer Schnitzer mit eigener Werkstatt für noch erhaltene Arbeiten gesichert: der brixener *Hans Klocker*, von ihm stammt der 1500 aufgestellte Krippenschrein der *bozener Franziskanerkirche*; wenigstens die Hauptfiguren sind von ihm; das andere ist, wie das bei solchen Werken gewöhnlich war, Arbeit von Gesellen und Schülern. Klockner hat auch die nur noch in Fragmenten vorhandenen Altäre von *St. Leonhard in Passeier* und *Kaltern* geschaffen; auch die Hauptstücke eines Barbaraaltars aus *Montan bei Auer*, die heute im *trienter Museum* aufbewahrt werden, sind von ihm.

Die zweite einheimische Werkstatt war die des in Bozen ansässigen Meisters *Nartzis*, der den Auftrag zur Ausführung des Hochaltars für die Pfarrkirche von *Völs am Schlern* erhielt. Ein Auftrag, um den sich, nach urkundlicher Nennung, zunächst Hans Klockner bemüht hatte. Man sieht, daß es bei der Vergabe solcher Aufträge, auch wenn es Werke für die Kirche waren, Interessen und geschäftliche Entscheidung gab – wie heute. Die vielen schönen spätgotischen Altäre in den kleinen Kirchen des Landes sind, soweit nachweisbar, von schwäbischen Werkstätten, vor allem des schon genannten *Strigel* und des *Jörg Lederer* aus Kaufbeuren. Hier war in vielen Fällen der Abnehmer für den in der Werkstatt schon vorgefertigten Altar noch nicht bekannt. Ein solcher Altar war Handelsware, der Abnehmer war dann ein Käufer, dem das nach dem häufigsten Brauch dargestellte Hauptthema zusagte und nach dessen besonderen Wünschen dann die Nebenfiguren gemacht wurden.

Ich gebe hier für den Kunstfreund, der auf einer Fahrt in Südtirol ist, eine Liste solcher Werke. Er muß an den meist abgelegenen Orten dann noch immer selber nach ihnen fragen und suchen und kann dabei den Zauber der Begegnung mit oft kleinen Kunstwerken empfinden:

eine Marienkrönung in der Pfarrkirche von *Lichtenberg* im Obervinschgau kam aus Villanders und wurde 1878 in den neugotischen Hauptaltar der Kirche aufgenommen,

ein Flügelschrein mit der Muttergottes und dem Kirchenpatron steht in der Leonhardskapelle in *Laatsch* bei Burgeis,

ein Johannes-Altar mit drei Heiligenfiguren steht in *Göflan* bei Schlanders,

außen an der Westwand der *schlanderser Pfarrkirche* stehen zwei Heiligenfiguren: Stephanus und Leonhard,

zwei Figuren: der Bischof Cäsarius und Maria, stehen in einer Kapelle neben der Cäsariuskirche in *Flutsch bei Laatsch*,

in *Kortsch oberhalb Schlanders* ist ein kleiner Altar mit Maria und zwei Heiligen,

in der Martinskirche von *Taufers im Münstertal* ist ein Altarschrein mit Relieffiguren und Sprengwerk,

in der Nikolauskirche von *Tabland oberhalb Merans* steht ein Flügelschrein, der als Werk Hans Schnatterpecks gilt,

in der Magdalenenkirche in *Mareit nahe Sterzing* stehen ein Haupt-

altar und zwei Nebenaltäre tirolischer Herkunft. Sie sind vermutlich von Matheis Stöberl, einem Schüler Schnatterpecks;
von Jörg Lederer sind Altäre in *Latsch im Mittelvinschgau* und in *Meran* (in der Spitalkirche),
in *Partschins bei Meran* ist im Pfarrhaus die Gruppe einer Predella erhalten,
in dem nahegelegenen *Rabland* eine Statue der hl. Margarete.
Die Reihe ist unvollständig. Sie wäre bei einzelnen Orten durch Altarstücke, die in Museen sind, zu ergänzen. Eine Frage dazu beantwortete uns Wolfsgruber. Wir wollten wissen, wie man sagen kann, eine geschnitzte Figur komme von dort und dort her. Das war uns an den Beschriftungen im brixener Museum aufgefallen. Die Antwort war einfach:
›Figuren wandern nicht.‹ Wo sie entstehen, davon entfernen sie sich nicht weit.

Drei Dinge will ich aus meinen Notizen nachtragen: aus Burgeis stammt der zu seiner Lebenszeit berühmte und neuerdings mit Ruhm wieder aufstrahlende Barockmaler *Johann Evangelist Holzer*. Die meisten seiner Werke sind in Augsburg. Sein Vaterhaus war die burgeiser Mühle.
Zu Holzer gehören zwei Künstler: der etwas jüngere, aus der Bodenseegegend stammende *Franz Anton Maulbertsch*, von ihm sind zwar nicht in Südtirol, aber in Innsbruck die Fresken in der Hofburg; und als zweiter der bei der Schilderung des Besuches von Neustift schon angeführte *Matthäus Gündther*. Von ihm stammt ein Kuppelfresko in St. Leonhard im Gadertal.
Die zweite Notiz: wer von Schlanders talab Naturns zu fährt, sollte nicht versäumen, beim Eingang zum Martelltal zu dem Ort Morter zu fahren. Dort steht auf einem Felsen nahe der zackigen Ruine *Obermontani* die *St. Stephanskapelle* mit einem innen gut erhaltenen Freskenkranz. Der Weg geht durch einen Obstgarten mit Anpflanzung schwarzer Johannisbeeren, der Schlüssel zur Kirche muß in dem Bauernhof unten abgeholt werden.
Die dritte Notiz gilt einer Kirche im äußersten Westen Tirols nahe der Schweiz: *St. Johann in Taufers*. Sie hat Formen, die auf byzantinische Einflüsse aus dem Osten weisen. Das heute offen Sichtbare ist aus dem 13. Jahrhundert, er scheint im unteren Teil einen karolingischen Kern zu haben. Urkundlich wird der Bau 1264 ge-

nannt: als Hospiz der Johanniter; dieser Orden brachte als Baugedanken über das Meer orientalische, vor allem syrische Muster mit. Durch die Kreuzzüge und mit den Orden kamen solche Formen nach Westen, wo ihnen immer etwas Rätselhaftes blieb.

Ein Nachtrag noch aus der östlichen Hälfte des Landes: beim Eingang ins ladinische Gadertal, in *St. Lorenzen,* steht auf dem Altar der sonst fast leeren Kirche eine 1462 entstandene Madonna Michael Pachers, ein Rest seines ersten Altars. Im selben Raum steht eine Figur des Johannes Nepomuk des *Dominikus Moling.* Er ist ein ladinischer Künstler. Seine Arbeit rückt neben den früher bekannteren Werken der ebenfalls ladinischen Künstlerfamilie Vinazer immer mehr in den Vordergrund. Auf einem Dokument unterschreibt er sich mit: Domenico Molini. Die Kunstgeschichte beläßt es bei: Moling. Er wurde 1691 in Wengen als Sohn des Christian de Molin und der Maria de Terzi geboren, erhielt Unterricht in einer Bildhauerwerkstätte in Moëna, Fassatal, wofür von seinem Vater, wie ein Gerichtsakt von 1720 sagt,

›eine ziemliche Summa verspendiert‹

wurde. Er kam dann in die Welt: nach Venedig, und auf Einladung des Bildhauers Balthasar Permoser nach Dresden. Da war er schon ein erfahrener Steinbildhauer und wurde zu einem selbständigen Mitarbeiter Permosers. Nach dessen Tod näherte er sich wieder der Heimat und ist in Wengen, wo er geboren war, 1761 im Alter von 70 Jahren gestorben.

Seine früheste, uns bekannte Arbeit ist der Neptunsbrunnen von 1736 in Rovereto. Francesco Bartoli nennt ihn in seinem 1780 erschienenen Führer des Trentino, und nennt auch Moling. Er wurde wegen seiner Engelsfiguren besonders geschätzt, auch die Engel vom Hochaltar des brixener Doms, 1749, sind von ihm.

Moling hat auch in Holz gearbeitet. Von ihm gibt es in der Kirche seines Heimatdorfes Wengen Holzfiguren, sie sind polychromiert in Draperie und Körper, und sind, wie auch der Johannes Nepomuk in St. Lorenzen, Figuren in lebhafter Bewegung. Auch in dem auf kleinste Form gestellten Material: in Elfenbein, hat sich Moling versucht. Dipauli schreibt in seinen ›Nachträgen‹:

›ich besitze von Moling zwey sehr schöne Genien aus Elfenbein, die Wind blasen.‹

Ein anderer Liebhaber der molingschen Kunst, Freiherr Joseph von Spergs, hat noch zu dessen Lebzeiten Nachrichten über ihn ge-

sammelt. Sie stehen in seinem Werk ›Collectanea de artificibus tirolensibus‹, das als Manuskript im Museum Ferdinandeum in Innsbruck liegt. Spergs erwähnt darin einen Christus an der Geißelsäule von Moling,
›ungefähr 10 Daumen hoch, aus Olivenholz‹.
Möglicherweise ist diese Figur identisch mit einer, von der 1812 der Kurat Franz Pezzei aus Wengen berichtet. Er notiert,
›daß die Mesnerin in Kampill eine schöne kleine Figur des an eine Säule gebundenen Erlösers von der Hand Molings besitze‹.
Aus Enneberg stammen vier Altarstatuen Molings im brixener Museum. Enneberg und Wengen sind ladinische Pfarren im Gadertal, und Molings Johannes von St. Lorenzen steht am Eingang zu dieser ladinischen Welt.

20. Ladinisch

Ich hatte es schon einmal nicht leicht, zu einem Kapitel dieser Arbeit einen für mich richtigen Zugang zu finden; das war bei dem Thema ›erste Besiedlung‹. Der Grund war mein Gefühl persönlichen Beteiligtseins an dem ungesicherten Stoff. Daher die Neigung, die Dinge zu übertreiben oder sie sich zurechtzuschieben.
Ähnlich ergeht es mir mit dem Ladinischen. Hier kommt dazu das Geheimnisvolle in der Sache, das den Schreiber in Versuchung bringt, es zu mythisieren. Ich denke aber, ich würde ihr durch scheinbare Vertiefung etwas von ihrer wirklichen Tiefe wegnehmen. Mir war deshalb das Beispiel des Bildhauers Moling willkommen als Korrektiv:
ein Mannes ladinischer Abstammung, der durchaus ein Mann seiner Zeit war. Seine Lebensdaten zeigen, wie er zu Erfolg kam. Was ihn auszeichnete waren *Geschicklichkeit*, eine große *Begabung*, ein Springen auf *bewegte Darstellung*. Es sind Eigenschaften zweiten Ranges; man mag darin drei im Ladinischen häufige Eigenschaften entdecken, aber nichts Geheimnisvolles. Man fragt sich, wo es bei den Ladinern zu suchen wäre: in ihrer Herkunft, Sprache, langen Abgeschiedenheit, oder in der Landschaft, in der sie leben. In jedem dieser Dinge steckt bei ihnen etwas nicht ganz Erklärbares. Aber das reicht nicht aus für das Betroffensein, von

dem immer wieder bezeugt wird, daß es den Fremden berühre, ja ergreife, verwandle beim Eintritt in ihre Welt. Ich will der Ursache auf die Spur kommen. Am ehesten kann ich sie bei aufmerksamem Durchgang meiner Erfahrung finden, wenn ich jede nachgeprüft habe. Dann wird sich dem Leser etwas Reelles mitteilen.
So beginne ich mit einer Erinnerung, bei der mir das Eigentümliche, Starke der ladinischen *Sprachwelt* begegnet ist. Es war vor wenigen Jahren bei einer Zusammenkunft von Schriftstellern in Görz in Italien. Görz liegt hart an der jugoslawischen Grenze in der Landschaft Friaul. Diese Landschaft hatte in der Geschichte einmal auch den Namen ›julische Mark‹. Beide historischen Namen sind in ihrem heutigen Namen enthalten: ›Friuli Venezia Giulia‹. Das ist die offizielle Bezeichnung des Gebietes, das wie Südtirol eine eigene ›Region‹ innerhalb des italienischen Staates ist; und dieser Name war auch in der Teilnehmerliste: es gab da außer der allgemeinen italienischen Delegation auch eine ›delegazione del Friuli Venezia Giulia‹. Ich glaubte zuerst, es sei hier eine Gruppe von Schriftstellern nur lokaler Bedeutung wegen des Tagungsortes eingeladen worden. Über die wirkliche Bedeutung dieser Gruppe wurde ich mir erst klar, als sie selber zu Wort kam und es dabei zu einem kleinen Aufruhr kam. Denn als ein älterer Sprecher der Gruppe in einem Vortrag ›Die friaulisch-julische Literatur‹ von ihr wie von einer Mundartdichtung im Volkston sprach, protestierten die jungen Mitglieder seiner Delegation, stiegen aufs Podium und setzten durch, daß Proben dieser Literatur vorgetragen wurden, und angehört, anerkannt wurden als Proben vollgültiger selbständiger Literatur eigener Sprache – da erkannte ich, daß diese Proben Gedichte in ladinischer Sprache waren.
Das war für mich eine Überraschung. Ich hatte von Südtirol her ein Bild von der Verbreitung der ladinischen Sprache. Ich wußte, daß es zwei ladinische Kerngebiete gibt: die südtirolischen Dolomitentäler und die rätoromanischen Kantone in der Schweiz. Ich wußte, daß es eine dritte Landschaft gab mit Resten des Ladinischen: die Ebene von Friaul; aber ich hatte die Vorstellung von Sprachinseln, in denen wenig mehr übrig war als verstümmelte Mundart und der Name eines halb verschollenen Dialekts, er hieß ›das Furlan‹ oder ›das Furlenische‹. Ich hatte auf keiner Völker- oder Sprachenkarte davon etwas gefunden; und ich hatte nicht gewußt, daß es hier in Friaul Städte gab, in denen dieses ladinische

›Furlan‹ – neben dem Italienischen – die durchaus verbreitete Umgangssprache war; ja, daß es in dieser Sprache seit langem Ansätze einer Entwicklung zu einer literarischen Sprache gab – das erfuhr ich bei jener Tagung in Görz. Um einiges davon anzuführen: einer der friaulischen Schriftsteller berichtete in einem dann ausführlichen Referat nicht nur von der Tradition der friulischen Poesie im 19. Jahrhundert; er brachte auch Beispiele von heute: u. a. das des italienischen Schriftstellers Pier Paolo Pasolini. Dieser auch bei uns bekannte Autor ist gebürtiger Bologneser und in der italienischen Hochsprache aufgewachsen, aber seine Mutter stammt aus Friaul, und so hatte sich Pasolini in jüngsten Arbeiten dem friulischen Idiom, dieser ›Mutter‹-Sprache zugewandt und in ihr Gedichte geschrieben. Sie wurden vorgetragen. Dann kamen jüngere Schriftsteller mit ihren eigenen Gedichten. Zuletzt kam ein Wissenschaftler und gab einen Abriß über die Entwicklung dieser Sprache. Aber als ich mich später mit ihm unterhielt, erlebte ich eine neue Überraschung: er mußte mir sagen, daß er zwar imstande sei, das Friulisch-Ladinische wissenschaftlich zu erforschen, aber sprechen könne er es nicht mehr.

Ich habe von diesem Erlebnis erzählt, weil es ein Beispiel ist, das alle Merkmale enthält, die das Ladinische insgesamt kennzeichnen. Da ist zunächst der Hinweis auf seine Unterscheidung vom Italienischen: es ist nicht eine Mundart des Italienischen, sondern eine von ihm deutlich verschiedene, nach anderen Gesetzen gebildete Sprache. Dann der zweite Hinweis auf seine Verbreitung: ich habe die drei ladinischen Gebiete genannt: die rätoromanische Schweiz, die ladinischen Dolomitentäler, den Boden Friauls. Diese drei Gebiete sind voneinander getrennt, das ergibt einen dritten Hinweis auf die Vergangenheit dieser Sprache: welche Ursachen die Trennung hatte und was der ihr ursprünglich eigentümliche Zusammenhang war. Dann als vierter Gesichtspunkt: das weithin Unbekannte dieser älteren Sprachwelt, von der so wenig zu Schrift und Bewußtsein gekommen ist, daß sie auch ein Mann, der sie zu erklären imstande ist, nicht mehr als lebendige Sprache besitzt. Zuletzt als fünfter Gesichtspunkt: wie in ihr doch immer etwas zu Leben drängt und entdeckt werden will: das hatten mir die jungen Schriftsteller gezeigt, die auf die Bühne kamen, und auch Pasolinis Versuche.

Soweit das Beispiel und die fünf Gesichtspunkte. Ich will sie als

eine Art Disposition nehmen und zu jedem genauer etwas sagen. Zuerst zu dem Satz: das Ladinische sei nicht eine Mundart des Italienischen, sondern eine eigene Sprache. Ich habe diesen Satz so entschieden formuliert, weil er von mancher Seite bestritten wird. Es gibt in Italien eine Gruppe von Sprachwissenschaftlern (die Schule des Florentiners Carlo Battisti), die das Ladinische als einen Dialekt des Italienischen hinstellen will. Die Gründe dafür – das wird ihnen von anderen Forschern vorgeworfen – seien wohl außerhalb der Wissenschaft; sie hätten mit dem Bestreben zu tun, dem als Einigung der Nation geschaffenen italienischen Staat auch einen sprachgeschichtlich einheitlichen Hintergrund zu geben.
Ich glaube nicht, daß man den italienischen Forschern diese Vorwürfe machen darf, ich glaube aber auch nicht, daß sie recht haben. Sie berufen sich auf die Vielfalt und Übergänge bei den erst spät vom Schrift-Italienisch gedeckten Mundarten. Sie sehen nicht, daß diese Deckung durch die toskanische, also südlichere Schriftsprache ein *zweiter* Prozeß war, der die Ergebnisse eines *ersten* Prozesses verschlungen hat: den Stand eines in ganz Oberitalien verbreiteten Idioms, das auf eine Entwicklung zurückgeht, die von der, die das Italienische hervorgebracht hat, unabhängig und vom Nordwesten bestimmt war. Das Italienische gehört, mit dem Rumänischen, zum ostromanischen Zweig der aus dem Neulatein entstandenen Sprachen. Das Ladinische dagegen ist der Rest eines durchaus selbständigen Gliedes der westromanischen oder galloromanischen Sprachenfamilie. Es ist in Wort- und Lautbildung dem Französischen und Spanischen verwandt. Die Sprachwissenschaft kennt eine Reihe Unterschiede der Lautbildung in den westromanischen und ostromanischen Sprachen. Zwei führe ich hier an:
die verschiedene Entwicklung der Konsonanten p und k. Aus dem lateinischen Wort ›nepotem‹ – ›Neffe‹ wurde das italienische Wort ›nipote‹, das ladinische Wort ›nevos‹ und das französische ›neveu‹. Aus dem lateinischen Wort ›campus‹ wurde das italienische ›campo‹, dagegen das französische ›champ‹ und das ladinische ›tschamp‹. Ähnlich: lateinisch ›carus‹, französisch ›cher‹, ladinisch ›char‹ oder ›cher‹, italienisch ›caro‹.
Es gibt genaue Arbeiten über dieses Thema. Die ausführlichste, die ich kenne, stammt von dem schweizer Leza Uffer aus St. Gallen. Leza Uffer zeigt an Hand seines Sprachmaterials, daß es, wie er sagt, trotz erheblichen Abweichungen der rätoromanischen

Ladinisch

Mundarten untereinander, eine Einheit des rätoromanischen Idioms vom Gotthard bis nach Udine gebe: sie lasse sich ohne Schwierigkeiten feststellen, ebenso die von den italienischen Mundarten grundverschiedene Entwicklung des Rätoromanischen schlechthin.

So weit Leza Uffer in seiner Abweisung der Ansichten Carlo Battistis. Ich stimme ihm zu, sage mir aber: das sind Feststellungen der Sprachwissenschaft; und Sprache und ethnische Zugehörigkeit sind nicht dasselbe. Hier beginne ich die italienischen Forscher zu verstehen. Sie wollen eine Zusammengehörigkeit auf Dinge der Sprache gründen. Das gelingt ihnen nicht. Aber ich frage mich: haben sie es nötig? Da Sprache auch aus geschichtlich bedingten Festlegungen kommt, besagt sie nicht unbedingt etwas über ursprüngliche ethnische Zugehörigkeit. Die ›Wirklichkeit‹ ist außerhalb des Idioms.

So wurde die Sprache der Ladiner durch Eroberungszüge und Defensivzüge der römischen Herrschaft bestimmt. Ihr dabei entstandener galloromanischer Charakter wurde durch andere, germanische Eroberungszüge von der Entwicklung des Italienischen südlich des Appenin isoliert. Der mögliche substantielle Zusammenhang der galloromanischen Ladiner mit anderen mittelmeerischen Völkern wurde davon nicht berührt. Er ist aus der diesen Völkern durch Geschichte angelernten Sprache nicht zu erschließen. Das sind die Grenzen der Sprachwissenschaft. Aber auf diesen Zusammenhang will ich später noch kommen.

Einstweilen sind wir mit der Bedingung, die Leza Uffer anführt:
›vom Gotthard bis nach Udine‹,
bei dem zweiten Punkt, der für das Ladinische wichtig ist: seine Verbreitung.

Ich habe drei Gebiete genannt, drei getrennte Gebiete. Ich muß hinzufügen: früher waren sie nicht getrennt. Es ist noch nicht sehr lange her, daß zwischen zweien von ihnen: den rätoromanischen Kantonen der Schweiz und den ladinischen Gemeinden in den Dolomiten, eine Sprachbrücke bestanden hat. Von ihrer Unterbrechung habe ich schon gesprochen. Der ursprünglich zusammenhängende galloromanisch-rätische Block wurde, wie der südtiroler Schriftsteller Hubert Mumelter sagt,
›durch eine kompakte germanische Landnahme vor allem der Baiern und Alemannen‹

gesprengt, wobei, so fährt er fort,
›eine wuchtige Umprägung innerer und äußerer Lebensart und Siedlungsform erfolgte, obwohl auch die neuen Ansiedler sich der alten alpinen Wirtschaftsweise anpassen mußten.
In dem Abschnitt über das gegenreformatorische Wirken des Klosters Marienberg habe ich Zeugnisse von der dort bewußt betriebenen Absperrung von der Schweiz und Zurückdrängung des Rätoromanischen angeführt. Sie war der letzte Schritt bei der Eindeutschung des oberen Vinschgaus. Ähnliche Einwirkungen haben auch die Verbindung zwischen den Dolomitentälern und dem ladinischen Gebiet in Friaul unterbrochen. Es waren Einwirkungen des Staates, und sie kamen nicht allein von Venedig. Auch unter der österreichischen Herrschaft in Görz-Gradiska bis 1918 wurden die Bewohner Friauls von den auf Staatsdenken eingestellten österreichischen Behörden nur als ›Untertanen‹ gezählt, als, wie es in den Statistiken hieß,
›Einwohner mit italienischer Verkehrssprache‹.
Von ihrer eigenen furlenischen Sprache, die sie noch heute, insgesamt etwa 400 000, dort sprechen, kam auch in den Sprachenkarten nichts vor. Erst in unseren Tagen lebt, dank der Regionalautonomie der ›Friuli Venezia Giulia‹, etwas von dem alten ›Furlan‹ wieder auf. Ich habe davon erzählt: es ist ein Aufleben in Gedichten, ein Mitsprechen der Seele, aber kein Aufrücken zu allgemeiner Schriftsprache, wie wir es aus der Schweiz kennen.
Auch dies ist ein Punkt der Unterscheidung. In der Schweiz war im ›Freistaat Graubünden‹ (der seit 1503 ein Gebiet mit einer über die kantonale Einteilung hinausgehenden Sonderstellung war) das Rätoromanische seit je offizielle Amtssprache neben dem Deutschen. Am 20. April 1938 wurde es durch eidgenössische Abstimmung für den ganzen rätoromanischen Teil, 40 000 Einwohner, zur vierten schweizerischen Landessprache, gleichberechtigt dem Deutschen, Französischen und Italienischen, erklärt. Diese Erklärung war eine direkte Folge des Anschlusses Österreichs an Deutschland; sie war eine Antwort auf die zugleich vom faschistischen Italien propagierten Ansprüche auf den italienischsprachigen Tessin. Sie brachte die Schweiz in Schwierigkeiten wegen der nun notwendigen Errichtung eines Schulwesens mit rätoromanischer Unterrichtssprache. Eine solche einheitliche Sprache gab es nicht. Man half sich mit Festlegung auf die gebräuchlichsten romanischen Dialekte, sie

werden, auch heute noch immer mehrere, mit Unterschieden in der Rechtschreibung und Mühe zur Heranbildung einer Hochsprache, gelehrt. Der Staat Graubünden anerkennt fünf rätoromanische ›Schreibsprachen‹, sie sind noch etwas differenzierter als die drei Hauptmundarträume des Romanischen, aus denen in flüssiger Entwicklung die ›Schul- und Schreibsprachen‹ gezogen werden. Ihre Namen sind:
das Surselva (im Vorderrheingebiet)
das Grischun central (im Hinterrhein- und Albulagebiet) und
das Engiadina (im Engadin und Müstair).
In Friaul hat das ›Furlan‹ den schon angedeuteten mittleren Stand einer Umgangssprache mit nur wenigen Fixierungen in Inschriften, Zeitschriften und Formen der Literatur nicht überschritten. Aber dieser Stand des Literarischen wird gepflegt und im Bewußtsein erhalten. So erscheint in Görz eine Halbjahreszeitschrift ›Studi Goriziani‹. Sie enthält wissenschaftliche Abhandlungen über die furlenische Literatur, und Originalbeiträge. Die wissenschaftlichen Beiträge sind in italienischer Sprache geschrieben, die literarischen Beiträge in der furlanisch-rätoromanischen Sprache. Es wird auch Volkspoesie aufgegriffen und untersucht. Davon ein Beispiel:

> Lunis, martars fas la s'ciala
> Joiba e vinars fas sblancià
> Sabidin par lis veretis
> E po' miercui par sposà

In dieser Strophe im Originaltext sind die zweite und vierte Zeile mit den Akzentbetonungen am Schluß Verszeilen, die sich reimen. Die italienische Übersetzung, die nicht gereimt ist, heißt:

> Lunedì e martedì per lavare le scale
> Giovedì e venerdì per imbiancare la casa
> Sabato per acquistare le fedi
> Mercoledì finalmente per sposarsi

Der Vergleich zwischen der Übersetzung und dem Original zeigt den Unterschied zwischen der italienischen und der furlanisch-rätoromanischen Sprache. Die Strophe heißt deutsch:

Montag, Dienstag machen die Stiege
Donnerstag und Freitag weißen (tünchen) das Haus
Samstag ist für Kaufen der Eheringe
und dann Mittwoch für Heiraten.

Zuletzt vom Ladinischen in Südtirol: es sind etwa 18 000 Seelen, wie es in den Kirchenmatrikeln heißt. Es gibt kaum einen schriftlichen Niederschlag außer in Gebetbüchern und später in wissenschaftlichen Werken und Sammlungen von Sagen. Im folgenden eine Zusammenstellung von ladinischen Veröffentlichungen in Südtirol:
in den Jahren 1815 und 1865 wurden religiöse Andachtsbücher in ladinischer Sprache gedruckt veröffentlicht. Der Dekan von Enneberg Matthäus Declara gab 1879 in Brixen eine Lebensbeschreibung der heiligen Genoveva in ladinischer Sprache heraus, er schrieb auch eine Geschichte von Enneberg ladinisch, sie blieb ungedruckt. Die österreichische Schulbehörde ließ in der zweiten Hälfte des 19. Jahrhunderts eine biblische Geschichte in ladinischer Sprache in Gröden für den Schulunterricht verwenden. Die einzige einem weltlichen Gegenstand gewidmete Schrift in dieser Zeit war eine von Karl Tammers veröffentlichte Landwirtschaftslehre in ladinisch.
Der 1845 in Collfuschg geborene Johann Baptist Alton veröffentlichte zwischen 1879 und 1895 seine Sammlungen ladinischer Geschichten und Sagen, sieben Bücher. Die zwei wichtigsten sind seine ›Proverbi, Tradizioni ed Aneddoti delle Valli Ladine con versione italiana‹ (d. h. ladinischer Texte mit italienischer Übertragung), und die ›Stories e Chiantes Ladines con Vocabolario ladintalian (hier ist auch der Haupttitel ladinisch, das Wort ›talian‹ ist das ladinische Wort für ›italienisch‹).
Es ist bemerkenswert, daß dieser bedeutende und produktive ladinische Schriftsteller lange Zeit außerhalb seiner Heimat gelebt hat. Er war Gymnasiallehrer und war nach einem zweijährigen Dienst am deutschen Gymnasium in Trient sieben Jahre, von 1873 bis 1880, Lehrer am neustädter Gymnasium in Prag. 1881 gab ihm das österreichische Unterrichtsministerium einen einjährigen Studienurlaub zu einem Aufenthalt in Paris: zum Studium altfranzösischer Literatur, deren Sprache ja das Ladinische verwandt war. Nach seiner Rückkehr lehrte Alton 16 Jahre, von 1882 bis 1898, am

Piaristengymnasium im VIII. Bezirk in Wien. 1899 wurde er als Direktor an das Gymnasium in Rovereto berufen. Aber von diesem Anfang eines Wirkens in seiner Heimat schnitt ihn jäh der Tod ab. Am 4. April 1900 wurde er in seiner Wohnung in Rovereto ermordet aufgefunden. Die Tat war am Tag vorher geschehen. Ihr zweites Opfer war Altons Nichte Maria, die ihm den Haushalt führte. Der Mord erregte großes Aufsehen. Der Mörder war ein Landsmann Altons, Florian Großrubatscher. Beide hatten einander anscheinend erst in Wien kennengelernt. Zur Zeit stand Großrubatscher in Bozen in Dienst. Bei der Verhaftung gab er an, ›daß ihn sein grimmiger Haß gegen Alton, der ihn durch Offenbarung früheren Diebstahls in seiner Heimat in Verruf gebracht hatte, daß er keinen Dienst mehr finden konnte‹, zur Tat getrieben habe. Er wurde von einem Geschworenengericht in Rovereto zum Tod verurteilt und am 19. November 1900 gehängt.
Die Schriftwerdung des Ladinischen konnte durch Alton nur vorbereitet werden, nach seinem Tod fehlte ein umfassender Geist, der die Entwicklung auf ihren nächsten Schritt hätte bringen können. Die Richtung zeigt sich in einigen kleinen Veröffentlichungen an. So gab 1905 in Gröden Wilhelm Moroder eine Zeitschrift heraus: ›L'amik di Ladins‹. Hier erkennt man, in dem Wort ›L'amik‹, das Bestreben, als Voraussetzung für ›Schreiben‹ in der eigenen Sprache zu einer eigenen Rechtschreibung zu kommen. Der nach 1945 in den ladinischen Gemeinden Südtirols ladinisch erteilte Schulunterricht knüpft bei diesem Punkt wieder an.

Das Gebiet, in dem heute in Südtirol ladinisch gesprochen wird, sind die vier inneren Dolomitentäler, die um den Bergstock der Sella liegen und durch spiralig herangedrehte Gebirgspässe miteinander verbunden sind. Ihre Namen sind: Buchenstein, Gröden, Fassa und Abtei. Das Abteital heißt nach seinem Fluß ›Gader‹ auch Gadertal. Den Namen Abtei bekam es als Grundbesitz des Klosters Sonnenberg. Ladinisch heißt es entsprechend Badìa. Es hat ein Seitental: Enneberg, das auch als eigene fünfte Landschaft gezählt wird und ladinisch ›Maró‹, italienisch ›Marebbe‹ heißt.
Man hört in den Namen Unterschiede: deutsch und nichtdeutsch. Die Ursache ist: Gröden und Abtei führen ins deutsche Sprachgebiet. Das Fassatal heißt nach einer Engstelle bei Moëna Fleimstal und führt nach Süden ins Trentino. Auch Buchenstein geht nach

Süden, liegt aber eher eingekesselt als offen. Es hat drei Namen in drei Sprachen. Deutsch heißt es Buchenstein, ladinisch Fodom, italienisch Livinallongo. Über die Bedeutung der Namen konnte ich mir keine Klarheit verschaffen. Das Wort Fodom könnte von dem Verbum für ›graben‹ – ›fodire‹ kommen; in der Nähe lagen die Erzgruben auf dem Berg Fursil. Dann hätte Buchenstein nichts mit einem befestigten Platz zwischen Buchen zu tun, in dem Namen wäre dieselbe Sache: ›poch‹ – klopf an den Stein. Ich neige zu dieser ersten Deutung. Gegen sie spricht der italienische Name Livinallongo. Er heißt etwa ›lange Furche‹, ›langer Graben‹. Folgt man diesem Wort, dann hieße auch ›Fodom‹ so viel wie ›Graben‹; eine andere Deutung: Fodom von ›feudohomini‹, Untertanen Brixens. Ein gelernter Forscher könnte herausbringen, was richtig ist.
Die vier Täler sind nur in ihrer oberen Hälfte ladinisch. Das Grödnertal zeigt es am augenfälligsten: es ist in seiner unteren Hälfte von Waidbruck herauf deutsch besiedelt, dann kommt eine Schlucht mit Felsriegel und Schuttfeld, dann beginnt mit der Ortschaft Pontīves das innere Tal und streckt sich hin bis zu seinem Anfang an der Sella. Dieses innere Tal ist ladinisch. Man muß sich die frühere Abgeschlossenheit vorstellen. Ich habe den Versuch gemacht und bin, als ob es keine Straße gäbe, durch den Schluchtteil bei Pontīves gegangen; das was beinahe ein Klettern zwischen den wüsten Steinblöcken. Ich bekam einen Begriff: bei so schwieriger Strecke gab es wenig Verbindung; da konnten sich innen die Ladiner: Volk und Sprache, erhalten.
Diese Strecke schwieriger Passage gibt es, bei der ähnlichen Struktur des Gebirges, auch in den anderen ladinischen Tälern. Für das Fassatal habe ich sie schon genannt, die Engstelle bei Moëna. Buchenstein wird durch eine steile Stufe beim See von Alleghe abgeschlossen. Auch das früher ladinische Ampezzo hat seine Grenze gegen das italienischsprachige Cadore an der Engtalstrecke bei der Mündung des Flusses Boite in das Tal des Piave. Für jedes dieser Täler gilt: die Seite außen wird von Deutschen, oder wo sie nach Süden geht, von Italienern bewohnt; dann kommt die unwegsame Strecke, und hinter ihr beginnt das innere ladinische Tal.
Ich habe schon erzählt, wie ich einmal im Herbst durch diese Täler ging mit dem in Innsbruck ausgeliehenen Band der Sagensammlungen Altons. Zeigte ich ihn in meinen Quartieren vor, so war es nicht leicht, die Leute zum Vorlesen zu bringen. Sie hielten ihre

Ladinisch

Sprache für etwas Geringes und wunderten sich, daß in ihr sogar etwas gedruckt war; und dann waren es noch dazu diese Sagen und Geistergeschichten – etwas für Kinder, der Erwachsene schämt sich. Von der gleichen Erfahrung berichtet Karl Felix Wolff und sagt, wenn die von ihm notierten Sagenmotive anderen Leuten nicht begegnet seien, bedeute das nicht, daß er sie erfunden habe (das machte man ihm zum Vorwurf). Er stellt die Zurückhaltung der Einheimischen in Rechnung und erzählt anschaulich, wie schwer es für ihn gewesen sei, einen Mund zum Sprechen zu bringen, und dann nur zu einem Bruchstück, meist zu ein paar Namen – und dann Abbruch: was soll's, dieses Zeug zu erzählen. Auch Furcht: richtige Geisterfurcht, kann eine Hemmung sein. Ich blieb damals hartnäckig, zog immer wieder aus mit dem altonschen Buch; in dieser Jahreszeit November, wo die Leute unter sich sind, jedesmal für eine Woche in eines der Täler. Dann ging ich für ein paar Tage nach Bozen zurück und versuchte, meine Notizen mit dem bei Alton Gedruckten zusammenzufügen. Es war viel Arbeit und wenig Ergebnis. Ein Beispiel, das einfach ist (besonders für jemanden, der das Französische mitdenkt, und den ladinischen Text liest, als wäre er in Lautbrechung und Nasallaut französisch), will ich hier bringen, mit der deutschen Übersetzung daneben, einer absichtlich schülerhaften Übersetzung, die dichter am Original ist. Die erste Zeile heißt:

Sura dut i Ladins conten   Überall erzählen die Ladiner

ich unterbreche mich: das ladinische ›Sura dut‹ ist das französische ›surtout‹ – der aufmerksame Leser wird im folgenden ähnliche Wörter auch bei abweichender Schreibung selber finden. Also der Anfang:

Sura dut i Ladins conten	Überall erzählen die Ladiner
de Salvans e de Ganes.	von den Salvans und den Ganes.
El fòva gent salvàra,	Sie waren Waldleute,
el vivoa de salvergins,	sie lebten vom Wild,
da rajoné ne savoi asques'nia.	sprechen konnten sie fast nichts.
Su a Collfosc fòl dut	Unterhalb Collfuschg war alles
plegn de quis Salvans.	voll von diesen Salvans.
De mal ne fageovi a degun'nia.	Böses taten sie niemandem.

Na ota fòl inche te Val de Mesdi na bella jona Gana. Ella gni très fora per gi a mes Pecei.	Einmal war auch im Val de Mesdi eine schöne junge Gana. Sie kam sehr (weit) heraus um zum Haus Pecei zu gehen.

Eine Unterbrechung: ›mes‹ ist das ›Haus‹ das französische ›maison‹, im Italienischen entspricht ihm das Wort ›maso‹, mit der Bedeutung ›Gehöft‹, ›Ortschaft‹. Nun weiter, es beginnt die Verknüpfung, die Geschichte:

La Gana scomencia plege a L Patron se marida, e deventa Patrona da Pecei. Ella l'a tut solmenter a condizion, qu'el ne la toquess mai colla man redosa tel mus.	Die Gana begann dem Bauern zu gefallen er heiratete sie, und sie wurde Bäuerin in Pecei. Sie hatte ihm einzig zur Bedingung gemacht, daß er sie nie berühren dürfe mit der umgekehrten Hand im Gesicht.
Na sabda vegnel L Patron dut stanc e palsa dlongia sua fomena e la tocca con la man redosa.	An einem Samstag war der Bauer ganz müde und legte sich neben seine Frau und berührte sie mit der umgekehrten Hand.
Te quel moment se sperdela vegne dut cucena tel mus e chara plena de compassion all'om. A ne l'a mai plu oduda o podiu ciaffè.	In diesem Moment erschrak sie wurde ganz rot im Gesicht und sah voll Mitleid auf den Mann. Man hat nie mehr von ihr gehört oder sie zurückbringen (fangen) können.

Es ist schwer, die Motive in den ladinischen Sagen auseinanderzuhalten. Es gibt urrätische Motive, die einer Jägerzeit anzugehören scheinen; und späträtische, die politisch sind und von Kämpfen in Talstaaten handeln. Die allgemeinen Motive, wie sie aus den Sagen gezogen werden können, sind:
die *Nachbarschaft einer älteren Landschaft,* so in der Sage von der

Salwarja, dem Mädchen aus dem Wald: der Bauer arbeitet am Waldrand, die einsame Arbeit verändert ihn, führt ihn vom Menschlichen weg und gibt ihm eine innere Disposition — er darf das Mädchen ›Salwarja‹ sehen,

oder dasselbe Motiv mit umgekehrter Wirkung in einem Märchen von der ›*Vergißmeinnichthütte*‹: dem veränderten Menschen (seinem vom sonst Menschlichen wegführenden Wesen) erscheint das Symbol der ›Veränderung‹ nicht in der sanften Gestalt der ›Salwarja‹, sondern in der unheimlichen, ihr nicht weniger zugehörigen Seite ihrer Natur. Sie blendet den Geist des Menschen, oder wie es die Sage konkret erzählt: der vom Steinschlag getroffene Hirte wird zum ›Toren‹.

Es gibt das Motiv vom *Verschweigen des Namens* mit einem dadurch möglichen Einklang zwischen Mensch und Naturwesen; und das Motiv des diesen Einklang zerstörenden Begehrens, das immer vom Menschen ausgeht: in der Geschichte von der ›Salwarja‹ ist es die Sucht des Mannes, den Namen des Mädchens zu erfahren, und dann seine große Freude (als eine heftige, das Naturwesen vertreibende Sehnsucht) beim ›Ausrufen‹ des Namens: ›Lonka, Lonka‹ — dadurch wird die ›Salwarja‹ verscheucht.

Es gibt als Motiv das *Zurückdrängen einer älteren Bevölkerung* durch eine neue; und wie den ›Älteren‹ die Geister zu Hilfe zu kommen scheinen: beim Stehlen des Viehs und Zerstören der Wasserleitung für die Almweiden; bei Betrug und Flucht in höhere Regionen; wie sich die ›Älteren‹ aber dort oben in Gutes wirkende und begabte Wesen verwandeln; wie sie aber nun nicht mehr — nur in ›Zeichen‹ — erreicht werden können,

es gibt hier *Verbindung der Älteren* mit den Kindern, das Wissen von einem früheren ›seligen‹ Zustand — aber sofort auch die *Umkehrung* der hellen Seite; es wird gesagt, daß bei den ›Älteren‹ ein willenloser, naiver und weniger ›leidendes‹ Leben ist (ohne Herz),

es gibt die *Spaltung*: wie die Alten hilfreich ihre Dienste bieten und mißbraucht werden; oder: daß die Alten den guten Verkehr wollen, die neuen ihn scheuen; und wie der Mensch nach der *Trennung* von ihnen, denen er ursprünglich fraglos verbunden war, nun zum Gefühl erwacht: wie er ›dichtend‹ und empfindlich wird und — wahnsinnig.

Ich habe mir diese Motive notiert und u. a. auch einen ladinischen Vers:

›son de sass e no me méve	›ich bin aus Stein und rühr mich nicht
son de crépa en Marmolèdaà	ich bin aus Fels an der Marmolèda
son na fia arbandonèda	ich bin ein verlassenes Mädchen
e no se per ke reson.‹	und ich weiß nicht warum.‹

Das Wort ›se‹ heißt hier in der letzten Zeile, in der Wendung ›no se‹ dasselbe wie im Französischen das Wort ›sais‹ in der Wendung ›je ne sais pas‹; ›ich weiß nicht‹. Sonst gibt es auch im Ladinischen oft (aus Verwandtschaft mit der westromanischen Sprachbildung) die ›doppelte Verneinung‹, so bei der zuvor gebrachten Sage in der Zeile

›qu' el *ne* la toquess *mai*‹ —   ›daß er sie nie berühren dürfe‹.

Die oben angeführten Verse sind das ›Conturina-Lied‹ der in die Marmolèda gebannten Prinzessin. Es gibt die ›Soreghina-Ballade‹, das ›Arimannen-Lied‹, je eine Strophe. Die ›Arimannen‹ waren aus dem Fassatal. Dieses Tal war in geschichtlicher Zeit Grenzmark des Bistums Brixen; die von den ›Arimannen‹ besetzten Pässe waren Fedaja und Ombretta, nördlich und südlich der Marmolèda. Es gab Volksschauspiele, die das Kriegsleben zeigen, mit Vor- und Nachspielen aus vorgeschichtlichen Motiven.

Es gibt den Spruch

›Blanc de Stayles
ray de norèyes
Alba, Alba
vèjn te mes èyes.‹

›Stayles‹ sind die ›stelle alpine‹, das Edelweiß; ›norèyes‹ die Alpenrosen, ›Alba‹ ist die Morgenröte, ›vèjn te mes èyes‹ heißt ›komm in meine Augen‹.

Die *Wochentage* heißen ladinisch: ›Lunes‹ (wobei das ›s‹ mit umgekehrtem Zirkumflex geschrieben wird und wie ›sch‹ gesprochen wird, genauer wie ein zusammengezogenes ›s‹ und ›sch‹, ähnlich wie im trentinischen ›s-schi‹ für ›ja‹;

und weiter: Dienstag ›Mértes‹, Mittwoch ›Mércoi‹, Donnerstag ›Jèbia‹ (das ›Jèb‹ entspricht hier dem italienischen ›giove‹).

Ich habe die meisten Bruchstücke von Sagen, und Mitteilungen ihres Inhalts von Karl Felix Wolff, der ein Außenseiter nicht nur in seinen Theorien über die Herkunft der Rätoromanen war. Auch seine Sammlungen von Sagen haben etwas Problematisches. Er spricht selbst davon, daß es ihm auf die Hervorhebung der Stimmungswerte ankomme, er schreibt:
›die Menschen der Dolomiten sehen ihre Sprache in Gefahr, andererseits fühlen sie, daß ihre Heimat eine der schönsten des Erdkreises ist. Diese Stimmungswerte schaffen einen Gefühlsverband, den ich aus dem Erzählgut heraushörte. *Ihn* zum Ausdruck zu bringen schien mir besonders wichtig für den Wiederaufbau der zerfallenen Überlieferungen.‹
Es hat mir zu denken gegeben, daß die Sagen, die ich bei Alton fand, keine solchen Stimmungswerte hatten. Es waren, ausgenommen die Geschichten von den ›Salvans‹ und den ›Ganes‹, Sagen, wie sie überall in den Alpen erzählt werden, mit Motiven von Tieren, verborgenen Schätzen und Hexen. Auch bei Christian Schnäller und Ludwig Steub fand ich nur solche Sagen. Ich fragte mich, woher Wolff seine ins Mythische gehenden Stoffe hatte, die auf einen besonderen Sagenkreis der Ladiner schließen lassen. Seine Erklärung von Ausdeutung im Geist der Dolomitenbewohner genügte mir nicht. Woher hatte er wirklich seine Gestalten wie ›Donna Dindia‹ mit Ausdehnung der Handlung zu einer Art mutterrechtlichen Herrschaft über die Heimat der Dolomiten-Ladiner hinaus bis in die venezianische Ebene, die bei ihm ›Splanèdis‹ heißt? Wolff gibt nicht nur die Nachbarschaft eines zurückgedrängten Volkes in den ›Salvans‹ und ›Ganes‹, er zielt auf ein verschollenes Reich mit einem weit gestreckten Gebiet hoch im Gebirge. Hier würde seine Darstellung fragwürdig, wenn er nicht zugleich auch die Örtlichkeiten angäbe, die Verbindungswege auf diesen Höhen:
den ›Viàl dal pán‹, d. h. ›Brotweg‹, er ist ungefähr der dem Dolomitenwanderer von heute bekannte ›Bindelweg‹ bei der Marmolèda,
den ›Tròy payán‹, d. i. der alte ›Heidenweg‹ an den Nordhängen des Grödnertals, und
die ›Strada dei Mortsch‹, einen alten Begräbnisweg, auf dem die

Toten von Colle Santa Lucia über Andraz und das Cherz-Plateau nach Arabba getragen wurden,
auf der ›Strada de la vena‹ schließlich, der ›Erzstraße‹, wurden die Eisenerze von Fursil über den 2192 m hohen Valparolapaß zur Schmelze bei St. Kassian und zur Klingenschmiede von St. Martin in Thurn gebracht.
Diese ›Strada de la vena‹ führt durch den hochgelegenen Bezirk der ›Fanes-Alpe‹, die als weite Fläche, ungeeignet für Besiedlung, doch wie ein Ort, der früher bewohnt war, erscheint.
Hier ist der Forscher vor der Frage, ob es eine solche frühere Bewohnerschaft auf diesen Hochflächen gegeben hat. Der auf Namenserforschung ausgehende Friedrich Metz aus Freiburg/Breisgau ist der Ansicht, daß das Rätoromanentum der Dolomitentäler nur durch das Vorhandensein einer, wenn auch zahlenmäßig geringen, seßhaften Bevölkerung erklärt werden könne
– die Existenz einer solchen Höhenkultur ist aber nur durch den Nachweis vorgeschichtlicher Kult- oder Siedlungsstätten zu erbringen. Diesen Nachweis gibt der bozener Forscher Georg Innerebner. Er zählt auf – und beginnt mit einem Ort, von dem ich in einem vorigen Kapitel ein Bild gegeben habe: es sind die *Hexenstühle auf dem Puflatsch*.
Innerebner beschreibt sie:
›wenige Meter unterhalb des Puflatsch ist am Westabsturz gegen Kastelruth/St. Michael (gesprochen ›St. Michèl‹, das ist eine ›ladinische‹ Betonung) aus den senkrechten Porphyrsäulen ein Doppelsitz künstlich ausgebrochen‹,
er zählt weiter auf:
›den *Busl Selvangs*, die ‚Höhle der wilden Männer', in der Nähe von Pufels mit vorgeschichtlichen Scherbenfunden‹.
Als wichtige Stätte nennt er den *Burgstall in der Fanes*, er beschreibt ihn als einen
›in 2605 m Höhe gelegenen Ringwall‹
und sagt, er habe in zweimaligem Ansturm durch Scherbenfunde den Beweis bringen können, daß diese in einem fast kreisrunden Felsenkessel gelegene Steinwüste eine urzeitliche Siedelstätte war.
Er nennt dann eine Wallburgsiedlung 1500 m entfernt von dem Ort St. Leonhard in Abtei mit gut erkennbaren Mauerresten und der landläufigen Bezeichnung *Sotciastel* und Tonscherbenfunden;

und schließlich den Fundort auf dem *Monte Pore*, von dem der Inschriftenstein im bozener Museum stammt.

Aus dem Fassa- und Fleimstal nennt er drei Fundstätten:
die Hügelkuppe von *Santa Giuliana* oberhalb Vigo di Fassa mit Mauerzügen, Wohngruben und Scherbenfunden,
die Wallburg des *Dos Zelor*, 1800 m westlich Cavalese, mit weitgehend aufgedeckten Mauerwällen und den östlich Cavalese bei der Marienkirche gelegenen *Banco della Reson*, einen in weitem Hain aufgestellten Steintisch mit zwei ihn konzentrisch umfassenden, kreisförmigen Steinbänken, von denen Innerebner sagt, daß noch in neuerer Zeit hier die Versammlung der ›Magnifica Comunità‹ war, sie wurde von den auf diesen Bänken sitzenden ›Regolani‹ oder Richtern geleitet.

Von allen diesen Fundstätten muß ich sagen, daß, mit Ausnahme des ›Banco della Reson‹, der erste Eindruck unscheinbar ist. Auch bei ›Sent'Juliana‹ (so heißt ladinisch der Hügel von Santa Giuliana) muß man eine Weile still stehen, ehe man aus den Spuren auf dem Boden Bild und Bedeutung erkennt; je länger man bleibt, um so deutlicher und geprägter erscheinen die Orte.

Ein eher enttäuschender Zug unauffälliger Gleichförmigkeit ist das Kennzeichen der kleinen ladinischen Dörfer in den Dolomiten. Das hat seinen Grund. In den einst rätoromanischen Teilen Westtirols im Vinschgau gibt die geschlossene Siedlung mit engen Gassen und Steinhäusern das Bild einer älteren Kulturlandschaft, obwohl das Deutsche dort längst zur Volkssprache geworden ist. In den Dolomitentälern fehlt diese Prägung. Das hängt mit ihrer so viel späteren Besiedelung zusammen. Sie waren eine ›Ausbaulandschaft‹ (das ist der Fachausdruck des Gelehrten) des Hochmittelalters; und ein Rückzugsgebiet. Der Holzbau herrscht vor. Das besagt aber nichts über die Herkunft der Siedler. Sie kamen als Träger der Binnenkolonisation aus dem eisacktaler Gebiet, in dem zu der Zeit noch ladinisch gesprochen wurde. Während sich im Hauptal später das Deutsche durchsetzte, hat sich bei den Siedlern im Hochtal das Ladinische erhalten.

Das ist leicht zu erklären: in das Innere der Dolomiten führten in vor- und frühgeschichtlicher Zeit, ja bis ins Mittelalter, nur Pfade für das Weidevieh und für einen bescheidenen Transport und Verkehr: diese Abgeschlossenheit hinderte nicht das *Eindringen* in diese Rückzugsgebiete, aber sie bestimmte ihr *Stillhalten*.

Zusammenfassend kann man sagen (diese Zusammenfassung gibt Egon Kühebacher in einem Aufsatz ›Ladinisches Sprachgut in den tiroler Mundarten‹):
die Romanisierung des inneralpinen Gebietes wurde entscheidend vorangetrieben durch den starken Zustrom von Flüchtlingen. Dabei war das Alpengebiet in dieser Frühzeit eine Zufluchtstätte verschiedener zersprengter Volksstämme, die ihrer Herkunft nach Kelten, zu einem kleineren Teil auch Illyrer und Reste des noch älteren Sprachvolkes der Ligurer und Etrusker waren.
Später konnten sich bei ihrem Vorstoß in die Alpen die Baiern und Alemannen bald durchsetzen. Zwar lebten Germanen und Romanen noch einige Zeit nebeneinander, doch haben wir die letzte Erwähnung von Rätoromanen im Eisacktal gegen das Jahr 1000. An der östlichen Seite des Eisack hielt sich das Rätoromanische bis etwa 1250, im Eggental sprach man noch nach 1500 ladinisch.
Und nun hält Kühebacher einen für den dann endgültigen Stand zwischen den Völkern wichtigen Punkt fest:
bis zu dieser Zeit – schreibt er – gab die noch rätoromanische Bevölkerung überzähliges Volk zur Besiedlung der zentralladinischen Täler ab. Eine autochthone Besiedlerschicht schon seit prähistorischer Zeit dort ist durch archäologische Funde bewiesen. So konnte sich die rätoromanische Sprache und Kultur in der verkehrsentlegenen Landschaft der ›bleichen Berge‹ (Lis montes palies) bis in die Gegenwart halten.

Ich möchte diesen Blick aufs Ladinische mit einem Rückblick auf eigene Arbeit schließen. Meine Bekanntschaft mit dem Stoff hat für mich mit meinem Vater zu tun. Ich war, glaube ich, 20 Jahre alt, als mir meine Mutter eine Mappe mit seinem Nachlaß gab. Darin war ein vollständiges Manuskript, das später, nach seinem Tod, gedruckt wurde: eine wissenschaftliche Arbeit über die Terminologie des Weinbaues in Südtirol. Das andere waren Notizen zu unvollendeten Arbeiten, darunter ein Stoß Blätter, auf denen Wörter in folgender Weise standen:

	BAUM	BIENE	BRENNESSEL
Engadin:	boest	av'o	urtia
Pieve:	arbul	af	urtiga
Vigo:	alber	af	ortio

Ladinisch

Gröden:	'leis	evà	urtià
Abtei:	less	ew	ortia

Die Blätter waren der Ansatz zu einem Wörterbuch der ladinischen Sprache, wie sie, verschieden, in den Tälern gesprochen wird. Das Engadin steht als erstes. Die anderen Orte sind auf südtirolischem Boden. Pieve, von den Ladinern ›Ple‹ genannt, was zu deutsch ›Pfarre‹ heißt, ist das Dorf in Buchenstein. Vigo, dessen Name vom lateinischen ›vicus‹ kommt, ist der Hauptort des Fassatals.

Ich war das Jahr zuvor, ehe ich diese Aufzeichnungen bekam, zum ersten Mal bewußt als erwachender Mensch, der sich um seine Herkunft kümmert, in der Heimat meines Vaters gewesen. Bei einem früheren Besuch hatte ich sie als Kind gesehen. Diesmal war ich anders gekommen: ein Heranwachsender, der sich als Person zu bestimmen trachtet. Ich hatte Verwandtschaft gespürt: etwas Unbekanntes und doch mir wie längst Bekanntes zog mich an in der Landschaft, in den Gesichtern der Menschen, in ihrer Sprache. Und nun als ich zurück war, gab mir meine Mutter die Papiere des Vaters; ich sah ihn, den ich nie gesehen hatte, vor mir mit Neigung und Vorliebe für dasselbe Wesen. Da wußte ich, daß es mich etwas anging. Hier war ein Hauch, rätselhafter als Geschichte sonst, ein Sagenreich, man konnte zurückgehen wie hinter eine Wand. Aus dem Gesehenen, Geahnten und aus der Fantasie stellte sich mir ein Bild vor. Es war mein erstes Bild von der Welt der Ladiner. Aus ihm entstand dann auch meine erste Arbeit, eine Erzählung ›Das Tal von Lausa und Duron‹.

Ich spreche davon hier, weil ich mir überlege, was für mich damals an Erfahrung zur Welt der ladinischen Täler gehörte. Mein Bild von ihnen war viel weniger genau, als ich es später kennengelernt habe. Ich kannte sie auch nur von kurzem Besuch her. Wenn ich mir Rechenschaft gebe, muß ich sagen: es war mehr ein inneres gefühltes Bild als ein wirklich erfahrenes. Und vielleicht wäre es ein Bild in mir geblieben und nicht eine Erzählung geworden, wenn mich bei meinem Besuch damals nicht auch etwas bewegt hätte, das nicht Sage war, sondern Zeit und Geschichte, und das mich ebenso anging.

Ich kann es am besten an festen Wörtern zeigen. Wenn ich als Kind in der Schule zu meinem Namen hatte sagen müssen ›geboren in Bozen‹, so war das nicht der einzige Ortsname von dort, den ich gehört hatte. Mit diesem Geburtsort Bozen war ich in der oberösterreichischen Schule in Linz an der Donau aufgefallen. Dort waren auch noch die Brüder meiner Mutter, das heißt, sie kamen heim aus dem Krieg in Urlaub; und da eben hörte ich von ihnen in diesem Jahr 1917 den Namen Bozen wieder, und dann noch andere Namen: Folgaria, Val Sugana, Monte Pasubio, Monte Grappa; Namen von der Etappe und der Front, mit dieser Bedeutung prägten sie sich mir ein. Damals hörte ich auch zum ersten Mal den Namen Cesare Battisti. Mit etwas Vagem an Bedeutung: das war ein Mann von dort, der ›übergelaufen‹ war, zu den Italienern, bei ihnen mitkämpfte, gefangengenommen worden war, erkannt worden war, und den die Österreicher dann gehenkt hatten. ›Ein Verräter wird gehenkt‹ – dieses Wort ging fortan mit in dem Bild, das ich mir von meiner Heimat machte. Wenig später kam ein Wort hinzu: ›optiert‹. Es stand auf einem Zettel, auf dem meine Mutter für mich diese Erklärung abgegeben hatte; sie war notwendig geworden, weil nun, nach dem Friedensvertrag, meine Heimat nicht mehr zu Österreich, sondern zu Italien gehörte.

Das war 1920. Da konnte man es mir schon erklären. Verstanden habe ich es erst später. Und viel später erst verstanden, was mit Cesare Battisti war, und mit diesem Streit und Gegensatz zwischen Italien und Österreich. Er war nicht von heute. Seit 1918, als die Italiener über die Sprachgrenze hinausgegangen waren an die Brennergrenze, war es ein Streit gegen diese ungerecht gezogene Grenze; und seit 1923, als das faschistische Regime ein mögliches Zusammenleben unterbrochen und den Streit zu einem Kampf um das Recht auf Gebrauch der Muttersprache gemacht hatte, schien alles Unrecht auf der italienischen Seite zu sein – war es aber nicht, denn auf dieser Seite gab es Erinnerungen, die man auf österreichischer Seite vergessen hatte oder für unerheblich hielt, weil man gefangen war in einem Staatsdenken aus Legitimität gegen das Bedürfnis nach Freiheit, mit dem die Italiener ihren Staat zustande gebracht hatten. Das ging weit zurück bis zu Silvio Pellico und seinem Kerker auf dem Spielberg zu Brünn.

Für mich war es ein Hin und Her in Gedanken immerzu: es fing an, als wir 1926 zum ersten Mal nach Südtirol fuhren. Da war vor dem Haus, in dem ich geboren war, noch immer der Obststand, von dem meine Mutter sagte, daß er schon damals, 1912, dort gewesen sei; und die Besitzerin erkannte sie wieder. Sie war eine Trentinerin,

Flora, und führte das Geschäft wie in der Zeit vor dem Krieg. Aber jemand war nicht mehr da: ihr Sohn Beppo – der war gefallen. Ich dachte: auf welcher Seite – aber sagte nichts. Ich dachte manches von diesen Dingen weiter in den folgenden Jahren: der Krieg, und die Brüder meiner Mutter, und die Stellungen im Gebirge, so daß für mich dort nicht nur eine Landschaft aus Sage war, als ich hinkam und alles sehen wollte, auch die Stellungen im Gebirge. Es war für mich ein besonderer gespannter Augenblick, ich war auf alles aufmerksam, was mir begegnete. Und vielleicht bewirkt es diese Aufmerksamkeit, daß einem begegnet, was man schon mitbringt. Ich ging von Bozen durch das Eggental gegen den Karerpaß, dahinter sind die ladinischen Täler. Es war ein langer Weg, große Hitze; aber die Annäherung an den Ort belebte mich jetzt und auch später in diesen Tagen. Unterwegs an einem Steinbruch sah ich ein Auto, das eine Panne hatte. Die Leute fielen mir auf: eine junge Frau und ein Mann mit einer Beinprothese. Ich fragte, ob ich helfen könne, aber sie waren schon fertig; und als ich weiterging, dauerte es nicht lange, daß mich das Auto überholte; ich sah die beiden vorüberfahren und sah sie dann nie mehr wieder. Aber am Abend dachte ich an sie. Ich war von der Straße abgezweigt und übernachtete in einer Schutzhütte nahe bei den Stellungen aus dem Weltkrieg. Ich sah die in die Felswand gehauenen Kavernen, und abends in der Hütte stellte ich mir vor, daß der Mann und die Frau hierherkämen – der Mann mit der Prothese, der seiner Frau den Ort zeigen wollte, wo er im Krieg gelegen hatte. An den folgenden Tagen ging ich übers Gebirge und stieg dann durch ein Seitental ab; dabei kam ich durch eine von Menschen verlassene Sommeralpe, die mit ihrer Ansammlung dicht gedrängter Holzhäuser wie ein Dorf aussah. Sie machte mir von allen Orten, an die ich gekommen war, den merkwürdigsten Eindruck; und wenn ich später an meine Wanderung dachte, standen mir als erstes immer diese stummen, verlassenen Häuser vor Augen, als wären sie das deutlichste Bild meiner Heimat, wahrer als die anderen wirklichen, belebten Orte. Anderthalb Jahre später begann ich meine Geschichte zu schreiben und fing sie genau so an: mit dem Steinbruch, dem Auto, dem Mann und der Frau und mir; und setzte sie fort mit etwas, das ich mir als Begegnung mit den beiden in der Schutzhütte ausgedacht hatte, und entwickelte daraus eine Geschichte von jetzt, in der auch ein Rückblick des Mannes auf seine Kriegszeit hier vorkam. Schließlich mußte ich mir ausdenken, wie der Mann die Frau kennengelernt hatte. Und da fiel mir ein, daß ich den Rückblick des Mannes, der mir wichtig war, stärker mit der Geschichte von jetzt verknüpfen konnte, wenn die Frau hier zu Hause war und es zwischen den beiden schon im Krieg eine erste Bekanntschaft gegeben hatte – ich spann mir das aus und fing auch schon an, es zu schreiben, als ich plötzlich merkte, daß diese Ereignisse und Verknüpfungen etwas von romanhaftem Klischee und Heimatstimmung hatten, das mir unbehaglich war, weil es zu meinem inneren, ganz unromantischen Bild dieser Heimat nicht paßte – und daß es mir unmöglich war, das zu schreiben. Ich warf alles weg und wollte es schon aufgeben, die Geschichte zu schreiben. Aber ich wollte etwas Angefangenes nicht aufgeben. Ich hatte das Bild dieser Frau, die hier einheimisch war, und die ich mir erfunden hatte. Ich las eine ladinische Sage und fand in ihr einen Namen für sie.

Ich sah dann auf der Landkarte nach, welchen Weg ich damals gegangen war. Aber ich verwechselte die Namen der Täler – ich war, wie ich später feststellte, durch das Val Udaj gegangen, glaubte aber, es wäre das Durontal gewesen, behielt jetzt diesen Namen und spürte in seinem Klang etwas, das mich in Bewegung brachte. Es gab dann etwas von Zufall oder Einfluß des Gegenstandes, den man in der Hand hat: der Gegenstand war ein herausgerissenes Blatt aus einem Notizbuch meines Vaters. Ich hatte daneben die Landkarte und suchte noch nach anderen Namen und fand nahe beim Durontal den Namen einer Felsengruppe: Crepes de Lausa. Ich dachte mir die zwei Namen zusammen: Lausa und Duron, und schrieb sie auf das herausgerissene Blatt. Als ich es umdrehte, sah ich, daß auch mein Vater darauf etwas geschrieben hatte: Vormerkung eines Exzerptes aus einer Zeitschrift, Seitenangabe. Aber auch meine Mutter hatte später das Notizbuch benutzt, und auf dieser Seite hatte sie sich einen Namen notiert, den ich kannte: eines Schülers meines Vaters, der dann mit einem der Brüder meiner Mutter im Feld gewesen war – da stand sein Name und die Feldpostnummer.

Ich habe den Zettel noch heute. Er kam mir damals mit diesen Wörtern ›Lausa und Duron‹, als ich sie hingeschrieben hatte, nicht wie etwas Besonderes vor, denn ich wußte in diesem Augenblick des Aufschreibens der Namen, als käme es von ihnen, wie ich die Geschichte schreiben würde:

Ladinisch

ich ließ alles, was ich erlebt hatte auf dieser Gebirgswanderung, und was ich mir dazu ausgedacht hatte, weg. Was übrigblieb, war das nicht erlebte Bild des einheimischen Mädchens, das aufwuchs, als der Krieg hereinbrach; dazu kam das Dorf, das ich im Val Udaj gesehen hatte, als sei es verödet. Eine zweite Figur ist der Bruder des Mädchens, er gehört zur Irredenta und kämpft auf der italienischen Seite. Eine dritte Figur ist ein österreichischer Offizier, der in dieses ladinische Tal kommt, durch das der Krieg geht.

So brachte ich die Geschichte damals zu Ende: mit Namen aus der Sage, die für andere aus der Wirklichkeit standen. Aber mit dieser Wirklichkeit, sie kennenzulernen, war ich noch nicht zu Ende.

FÜNFTER TEIL

21. Am Beispiel des Martelltals

Ich will zunächst Bilder von Seitentälern der Etsch geben; die Bilder haben Ähnlichkeit miteinander, aber das liegt in der Natur des Vorganges, durch den die urtümlichen Landschaften in Kulturlandschaften verwandelt wurden. Diese beinahe mechanische Gleichförmigkeit bei Besiedlung und Nutzung, mit denen der Mensch bis an die Grenze des nicht mehr nutzbaren Landes gegangen ist, zeigt den streng angepaßten Vorgang, und: wie einförmig Menschenhand wirkt.

Ich könnte mir sogar vorstellen, daß in einer graphischen Darstellung diese gleichförmigen Elemente menschlicher Besitzergreifung durch Zeichen festgehalten wären für ›Art der Siedlung‹, ›Erzvorkommen‹, ›Stausee‹, ›Alpwirtschaft‹, ›Leistung‹. Das würde dann bei jedem Tal nicht ein Bild der Impression, aber des weitgehend gleichartigen Aufbaues ergeben: so hat der Mensch sich eingerichtet; darüber ein Zeichen für das unnutzbare Land, das er durch den Tourismus produktiv gemacht hat, es würde ein Bild seines Vordringens sein, das ja immer planmäßig mit ›Rad‹, ›Weg‹ vom Haupttal ausging.

Ich gebe zuerst das Beispiel ›Martelltal‹ aus eigener Anschauung und mit Hilfe einer Aufzeichnung von Wolfgang Istel, die aus einem Forschungsauftrag des geographischen Instituts an der Universität Köln entstand und in der Zeitschrift ›Der Schlern‹ abgedruckt wurde.

Istel beschreibt die Umrahmung des Tals, seine Ausdehnung: 25 km, und kommt gleich auf das für diese Täler Charakteristische: daß es vom oberen Ende Übergänge in andere Täler gibt: hier nach Sulden. Er berührt das Geschichtliche mit seinen Anfängen des ›Allmenderechtes‹ (der Vergabe des Besitzes durch den Grundherrn)

und dann, soweit es aus den Namen ablesbar ist, das Ethnische. Er markiert dabei die Veränderungen der ›Sprache‹ und des ›Sprechens‹ wie durch Zeichensetzung auf der Landkarte, wenn er sagt, daß für ein frühes Vordringen des Germanischen die ›Akzentrückziehung‹ ein Hinweis ist: so wurde
›Slandéres‹ zu ›Schlánders‹, ›Gefelánum‹ zu ›Göflan‹, beide mit Betonung auf der ersten Silbe.
Die ›Nichtrückziehung‹ des Akzentes war ein Beweis für längeren Bestand des Romanischen: ›Natúrns‹, ›Vezzán‹ mit Betonung der zweiten Silbe; sie war zugleich ein Beweis für friedliche Überlagerung.
Die durchweg *vor*römischen Gewässernamen sind ein Zeichen, daß das Tal in römischer Zeit nur für Sommerweide benutzt wurde: wir kennen schon den Hauptfluß im Martelltal ›Plima‹, die Nebentäler heißen ›Madritsch‹, ›Peder‹, ›Lyfi‹, ›Soy‹ und ›Flim‹.
Der Übergang zur Dauersiedlung geschah im 13. Jahrhundert, die deutschen Hofnamen sind ein Zeichen dafür, daß er von Deutschen gemacht wurde. 1288 werden als Höfe genannt: die ›Steinhöfe‹, ›Walda‹ (als im Wald gelegen), ›ze Puhel‹ (auf dem Bühel), ›Gludraereshof‹ (abgekürzt ›Gluder‹), ›Enesraer ze Tal‹ (d. h. später ›Ennetal‹ und bedeutet ›innen im Tal‹), heute heißt die Häusergruppe einfach ›Tal‹. Auch ein romanischer Hofname kommt noch vor: ›Fossalta‹ (es ist zusammengezogen aus ›fossa alta‹ – ›tiefer Graben‹, wird später abgekürzt zu ›Salt‹ und heißt heute, weil eine Heilquelle entdeckt und ein Bad eingerichtet wurde ›Bad Salt‹).
Die zu leistenden Abgaben waren hoch: 300 Graukäse pro Hof, sie wurden später durch ein ›Weisat‹ in der Bedeutung von ›Ehrenerweis‹ durch eine kleine Abgabe abgelöst, diese ging an den Landesfürsten und war in dem Fall an das Hochstift Augsburg zu leisten. Man muß sich schon für diese frühe Zeit eine genaue Gliederung und Aufzeichnung vorstellen: 1303 schloß das Tal mit dem ›Deutschen Haus‹ (dem Haus des Ritterordens) in Schlanders einen Vertrag über Lesung einer Sonntagsmesse. 1340 wird Martell als eigene Wirtschafts- und Steuergemeinde genannt.
Voraussetzung für Dauersiedlung war in allen diesen Tälern ein gesicherter Ort. Aus diesem Grund wurde in Martell die alte Ortschaft ›Tal‹, die durch Hochwasser gefährdet war, auf höheres Gelände verlegt. So kam es zu der auch heute auffälligen Merkwürdigkeit, daß die Hauptsiedlung, zu der sich der Ort auf dem gün-

stigen Platz rasch entwickelte, und die den Namen ›Tal‹ hat, auf einem hohen Platz am Berghang liegt.
Ein besonderes Gelände für Ansiedlung gewannen die Marteller auf einem Landstreifen ›Gand‹. Das Wort heißt allgemein ›steiniger Ort‹. Auch der ›Gand‹ im Martell war so. Auf ihm wurden die Bergleute angesiedelt, die ohne Grundbesitz waren und in den Erzgruben des oberen Martelltals arbeiteten. Ein düsterer Charakter, wegen des Fehlens bäuerlichen Betriebs, hat sich an dem Platz erhalten. Die Ortschaft Gand existiert noch heute, obwohl der Bergbau längst aufgehört hat.
Die Siedlungsmöglichkeiten waren auch sonst beschränkt. Orte mit Lawineneinbrüchen mußten frei bleiben. Bei solcher Beschränkung konnten nur Einzelhöfe errichtet werden. Die Besiedlung Martells ist über die vom Anfang genannten Hofstätten nicht hinausgekommen. Aber durch Realteilung (d. h. Aufteilung des Besitzes unter die Erbberechtigten) entstanden aus einem ursprünglich in *einer* Hand gehaltenen Hof mehrere Besitztümer: Hofgruppen, Ansammlungen von Häusern mit vier oder fünf selbständig wirtschaftenden Betrieben. Diese Häuseransammlungen mit unbesiedeltem Land dazwischen gehören zum Bild dieser Täler. Auch sie sind, wie alles Erscheinungsbild, ›Zeichen‹ für die aus der überall gleichförmig wirkenden ökonomischen Bedingung entstandenen Entwicklung.
In jedem Tal war die Kirche ein Zentrum siedlungsbildender Kraft. Es bildete sich eine ›Häuseragglomeration‹, wie Wolfgang Istel es nennt. Sie bestand aus dem ›Widum‹, d. h. dem Pfarrhaus; einem Gasthof, der Schule und einem Haus für die Gemeindeverwaltung. Diese Entwicklung geht bis heute weiter: ein Feuerwehrdepot und eine Carabinieristation werden errichtet. So wird diese *eine* Siedlung zum Mittelpunkt des Tals. Sie erhält ihr ›Zeichen‹: das Wort ›Gemeinde‹ von dem Rang der ansässigen Gewalten, und wird nun, aus dem Hinblicken und Hingehen, ›das Dorf‹ genannt.
Eine neueste Entwicklung kommt durch den ›Straßenzug‹. Der Ausdruck stammt aus den Mappen der Kartographen. Er kommt aus einer anderen Ordnung als aus der von Bodenbeschaffenheit, Sonnen- und Schattenhang und Quellenaufschließung bestimmten alten Siedlungsordnung. Das zeigt sich auch in der Wirklichkeit: an der im Verhältnis zur Siedlung einstweilen nur fiktiven Anwesenheit der Straße. Nach dem reinen Gesichtspunkt der Zugänglichkeit

könnten überall an ihr Häuser errichtet werden. Aber das geschieht zögernd. Trotz der im Martelltal Ende der Fünfzigerjahre errichteten Straße wohnten dort 1961 noch 64 % der Leute in den alten Einzelhöfen.

Die Siedlung des Tals hat noch eine andere, von außen kommende, und scheinbar nur in der Fiktion vorhandene Grenze: es ist die obere Siedlungsgrenze. Sie ist durch die klimatische Höhengrenze bedingt, die wieder hängt von der Lage zur Sonne und von der Gesteins- und Bodenart ab. Aber außerdem hängt die Siedlungsgrenze von der ›Massenerhebung‹ ab – das war für mich ein neuer und nachdenkenswerter Begriff. Gemeint ist die im ganzen gegebene Höhe des Gebirgsteils. Je höher das Gebirge insgesamt liegt, um so höher kann auch die Siedlung gehen. Kommt dazu ein für die Landwirtschaft günstiger Boden, kann sie außerordentlich hoch liegen. Der oberste Hof im Martelltal: Stallwies, ist 1936 m hoch über dem Meer.

Die ›touristischen Siedlungen‹, das sind die für den Fremdenverkehr erbauten Häuser, gehen darüber noch hinaus. Das ›Hotel Paradies‹ im Martelltal liegt 2160 m hoch.

Es wurde Mitte der Dreißigerjahre von einem genueser Reeder gebaut, und es gibt eine Geschichte dazu – wenigstens wird sie so kolportiert:

der Genueser habe einen auf den Tod kranken Sohn gehabt, die Krankheit: Lungenschwindsucht; um alles für ihn zu tun sei er auf diesen Gedanken gekommen, das Haus hier zu bauen mit Platz für viele Kranke, aber kurz ehe es fertig war, sei der Sohn doch gestorben; da habe der steinreiche Reeder jedes Interesse verloren, aber das Haus blieb stehen. Die Geschichte erinnert an die des Ölkönigs Mattei, aber hier war niemand, das Haus zu erhalten oder den kleinen Rest letzter Arbeiten, es zu vollenden, an ihm noch zu tun; so blieb es mit seiner vielstöckigen, im Bogen wie ein Schiffskörper geschwungenen Front mit Holzverschlägen vor den Fenstern stehen. In den letzten Kriegsmonaten 1945 diente es als Rückzugsstand deutscher Stäbe. Seither ist es unbewohnt und steht, aus der Ferne weiß leuchtend, und innen mit aller Ausstattung: Heizkörpern, die nur nicht angeschraubt sind, scheinbar fertig inmitten eines Fichten-, Zirben- und Lärchenwaldes, der immer dichter heranwächst. Die geldkräftige Brauerei Forst aus Meran will das Haus in Betrieb nehmen, verlangt aber, daß der Staat die Straße bis an den Punkt führe. Der Staat aber baut seine Straßen nach strategischen Gesichtspunkten, für ihn ist das Martelltal in einem toten Winkel. Einstweilen also hört die Straße an dem darunter liegenden Stausee auf, und nur ein schlecht befestigter Almweg geht das Stück weiter. Die letzte Brücke vorm ›Paradies‹ ist für schwere Fahrzeuge nicht passierbar.

Rechnet man die alpinen Unterkünfte zu den Dauersiedlungen, kommt man im Martell hoch. Die Zufallhütte (Rifugio Nino Corsi) liegt 2264 m hoch (›Zufall‹, mit Betonung auf der zweiten Silbe – es ist derselbe Wortstamm wie ›Cevedale‹).

In jedem Tal gibt es untergegangene Siedlungen. Die zugehörigen ›Zeichen‹ sind meist *Feuer, Wasser*. So wurde im Martell der Hof Kaltegg 1826 durch Feuer zerstört und nicht mehr aufgebaut. In jüngster Zeit wurden zwei Höfe, das ›Haslachgut‹ und der Hof ›Tasa‹, aufgelassen. Ursache war das Versiegen des Quellwassers.

Manche Höfe halten sich nur kurze Zeit. Ein Beispiel ist der Ort ›Schafwasch‹. Der Name deutet auf viehwirtschaftliche Nutzung bei gutem Quellenfluß. Der Platz wurde mit Rechnung auf die auch sonst günstige Lage zu einem Haus mit fester Wirtschaft ausgebaut. Aber eine, wie es heißt, ›Verschlechterung des Klimas‹ machte die Dauerwirtschaft unmöglich. Die Bewohner mußten sich zurückziehen. Seither ist der Platz wieder nur ›Schafwasch‹.

Man sieht an dem Beispiel, wie sich die Siedlung bis an die möglich erscheinende Grenze spannt und wie sie erst an der Reibung mit dem Unmöglichen weicht.

Die Hausform ist in allen diesen Tälern der *Paarhof*. Er ist, wie schon beim Gespräch mit Kühebacher notiert, der auch sonst allgemein tirolische Hof. Der Typus ist:

Wohnhaus und Wirtschaftshaus sind getrennt. Das Wohnhaus ist das ›Feuerhaus‹ und ist aus Stein. Die Räume sind: die Küche, das ›gute Zimmer‹, das vom Flur geheizt wird, daneben Abstellraum und Schlafkammer für die Eltern, vielleicht ein Raum mehr. Im Obergeschoß liegen Schlafkammern für Kinder und Gesinde. Steht das Haus am Hang, ist die Talseite für Werkstatt und Waschküche unterkellert.

Das Futterhaus oder Wirtschaftshaus ist aus Sicherheitsgründen vom Wohnhaus abgerückt. Es hat ein Unterwerk aus Stein und ein Oberwerk aus Holz, das durch Steinpfeiler gestützt wird. Auch das Fut-

terhaus hat einen Kellerstock. Hier sind die Ställe, in den alten Häusern halb unterirdisch, eng, ohne Licht und Luft.
Der Hauptstock des Futterhauses hat eine Einfahrt auf die Tenne in der Mitte. Rechts ist das Heu gestapelt, links das Getreide, für das immer weniger Platz gebraucht wird. Der Rückgang des Getreideanbaues zugunsten der Viehwirtschaft ist in Südtirol allgemein. Das Futterhaus hat unterm Dach eine Ablege für Geräte, sie heißt ›die Karpente‹. Das alles muß man sich nicht bloß altertümlich vorstellen; heute liegen in der Karpente auch die Winterreifen der Autos.
Das Dach muß wegen der Schneelast flach sein und aus starken Balken. Es war früher mit Schindeln gedeckt, heute sind es Ziegel oder Blech.
Diese Grundform des Paarhofes ist in den Seitentälern zuweilen des Geländes wegen anders gestellt. So gibt es bei steilem Hang eine traufseitige Form mit Wohnhaus und Futterhaus hintereinander, manchmal sind sie unter ein einziges Dach gezogen.
Nebenbauten gibt es mancherlei Art. Alt sind in den Seitentälern die Getreidemühlen nahe Bachläufen oder Bewässerungskanälen. Oft haben sie die Wasserzufuhr aus hölzernen Röhren, die auf Pfeilern gestützt frei durch die Luft gehen.
Auf allen diesen Höfen, besonders der Seitentäler, ist Kinderarbeit die Regel. Auch zu schwerer Arbeit wie Heuabschleppen werden dort Kinder gebraucht.

Die Landwirtschaft ist der Haupterwerb. Sie war früher autark. Was im Haus nötig war, wurde dort hergestellt. Heute ist die Landwirtschaft marktorientiert. Es wird mit Bargeld gerechnet und dem gebotenen Preis.
Eine Statistik der Bodennutzung zeigt, daß Acker und Garten nur 0,82 % sind. 1,46 % sind Wiese, 19,42 % Wald. Der Rest von 28,72 % wird als ›alpines Grünland‹ bewirtschaftet, als nicht gemähte, nur abgeweidete Wiese. Der dann noch größere Rest 49,58 % ist unproduktiv, ›Ödland‹.
Die Ziffern für das Martelltal sind: 118 Hektar Acker und Garten, 210 Hektar Wiese. Das ist ein Verhältnis eins zu zwei. 2793 Hektar sind Wald, 4131 Hektar alpines Grünland, und wieder die Hälfte: 7310 Hektar, Ödland.

Die Bodengestalt hat in den meisten Tälern zu einer Gruppierung

Am Beispiel des Martelltals

der Betriebe geführt. Im Martell sind vier Gruppen jeweils auf verhältnismäßig geschlossenem Boden:
die Burgaunhöfe
die Höfe von Ennewasser
die Höfe von Sonnenberg (höher gelegen als die anderen) und
die Ortschaft Gand.
Die Trennung ist durch ›Leiten‹ entstanden (ein im bairischen Mundartbereich überall gebräuchliches Wort): es sind steile Hänge, oft aus der Eiszeit stammende Moränenstufen, die hier, in hoher Lage, der Bodenverheerung ausgesetzt sind und nur Steppenvegetation haben. Dazu kommen als Trennungsstreifen die Auenwälder in den Windungen des Plima-Flusses, dazu oberhalb der Äcker die ›Bannwälder‹ als Schutz vor Lawinen.
Diese Einzelhöfe oder Hofgruppen, die nun zu mehreren auf einem größeren, durch unbesiedelte Trennstreifen umrahmten Kulturboden liegen, geben dem an sich engen Tal auf den Seitenhängen Flächen zusammenhängender freier Weite.

Die Höfe sind Familienbetriebe; sie müssen ohne Hilfskräfte auskommen – nur so sind sie rentabel. Daher sind sie in der Regel nicht größer, als eine Familie sie bewirtschaften kann. Hier eine Aufstellung der Betriebsgrößen:
mehr als 180 Besitzer haben nur bis zu *ein* Hektar Boden
48 Besitzer haben bis zu drei Hektar
36 Besitzer bis zu fünf Hektar
37 Besitzer bis zu zehn Hektar.
Das sind die meisten Betriebe. Nur 12 Besitzer haben bis zu 20 Hektar, ein einziger hat einen wirtschaftlich nutzbaren Boden von 50 Hektar.
Man sieht, daß das Tal vorzüglich Kleinbesitz von ein Hektar bis zehn Hektar hat. Das sind schon 94 % aller Betriebe.

Es wird vor allem Roggen gebaut. Die Winterroggenernte beginnt Anfang Juli, oder, je nach Witterung, in der Zeit bis Anfang August; in schlechten Lagen auch später, bis nach Mitte August.
In günstigen Lagen kann der Boden nach der Ernte bis zur nächsten Aussaat zwei Monate Ruhezeit haben. In ungünstigen Lagen drängen sich die Arbeiten zusammen: dann müssen Ernte, Düngen, Pflügen, Neueinsaat und Eggen innerhalb einer Woche geschehen.

Als Nachfrucht werden Rüben angebaut. Früher wurde auch Buchweizen gebaut. Diese Frucht ist nahezu verschwunden. Nur alle paar Jahre wird aus Tradition noch ein Acker ›Schwarzplenten‹ angebaut.
Die Gerste ist an zweiter Stelle, zur Viehzucht. Aber sie hat eine ungünstig lange Vegetationszeit bei Einsaat Ende April und Ernte spätestens Ende September.
Hafer wird wenig in niederen Lagen gebaut. Er wird für Pferde und Kühe geschrotet, für Pferde auch mit Roggen vermischt gefüttert.
Weizenfelder gibt es nur ganz wenige in unteren Lagen.
Von Hackfrüchten werden Kartoffeln auf Böden bis zu einem Viertel der Ackerfläche gebaut. Die Erträge sind mit 9 Doppelzentnern pro Hektar weit unter den Erträgen im Hauptal mit 16 Doppelzentnern. Ursache ist das Hochgebirgsklima und der schlechte Boden, auch das ›Einfeldsystem‹: dieselbe Frucht wird mehrere Jahre mit zwei- bis dreijähriger Düngung gebaut.
Als Beispiel im Vergleich zu normalen Lagen folgende Ziffern:

Roggen: im Martell 12 Doppelzentner pro Hektar, in Nordrhein-Westfalen 26 Doppelzentner.

Gerste: im Martell 13 Doppelzentner pro Hektar, in Nordrhein-Westfalen 26 Doppelzentner.

Hafer: im Martell 10 Doppelzentner pro Hektar, in Nordrhein-Westfalen 28 Doppelzentner.

Eine besondere Schwierigkeit sind die steilen Böden. Nur Längsparzellen mit Terrassen und Trockenmauern sind möglich. Sie hemmen das Abschwemmen der Erde. Früher war Pflügen parallel zum Hang üblich. Dabei wanderte der Boden jedes Jahr um eine Furchenbreite abwärts, und das mühselige ›Erdaufschinden‹ war nötig. Die Erde wurde in Körben getragen oder in dreirädrigen Karren am Seil gezogen; das bergwärts gesetzte einzelne Rad war entsprechend kleiner, das Seil lief oben über eine Rolle, am Talseil zogen Rind oder Pferd. Seit etwa 10 Jahren ist Senkrechtpflügen allgemein Brauch; zur Erdbewegung nach oben, wenn nötig, dient eine Motorwechselwinde.
Auch die ›künstliche Beregnung‹ statt der alten Art Bewässerung ist ein Fortschritt von heute. Eine Tonne, die 100 bis 200 Liter faßt,

wird an den Waal angeschlossen und kann versetzt werden. Die volle Tonne ist ohne Luftzufuhr, das ergibt bei 10 m Geländegefälle einen Druck von *einer* Atmosphäre. Er wird durch eine hinter einem Schmutzfilter aus Draht am Ausflußrohr befestigte Düse genutzt, die, mit Bewegung in sich selber, in der Luft kreist; daher ist die Beregnung intensiver, sie erspart zwei Drittel des Wassers gegenüber der alten Art.

Noch eine Veränderung ist von heute: nicht eines technischen Vorganges, aber ungleich schwerer zu verstehen: der Wirtschaft mit Profit – das Bergwiesenheu (›Bergmähder‹) bringt an Menge weniger als das Heu gewöhnlicher Wiesen, kann aber seiner Güte wegen wie Kraftfutter verwendet werden. Trotzdem ist die Ausbeute zugunsten der Weidewirtschaft zurückgegangen. Der Ausfall wird nach Vertrag oder Geldablösung von der Gemeinde ersetzt, denn es liegt im Interesse der Gemeinde, Grünland für den Weidegang zu gewinnen. Hier beginnt für mich die Schwierigkeit des Vorgangs: woher das Motiv, oder ist auch er nur ein ›Zeichen‹ eines größeren und rapid schnellen Vorgangs? 1956 hatte sich die Nutzung durch Bergwiesenheu im Martell gegen 1953 um fast zwei Drittel vermindert. Die Umwandlung der Fläche in Almweide hat den Vorzug.
Das Beispiel zeigt die zukünftige Entwicklung. Es zeigt, sie geschieht *jetzt schon*. Ein anderes Beispiel zeigt die Zukunft als Vergangenheit. Es zeigt: in den Zeitaltern ist kein Unterschied außer der ›Zeitsprache‹. Im Martell wurde 1603 über die Almnutzung und aufzurechnende Ablieferungspflicht dieser Vertrag geschlossen:
›Maximilian Hendl, Pfandinhaber der Herrschaft Kastelbell und Gerichtsherr in Schlanders, verleiht namens der landesfürstlichen Herrschaft als Grundherr im Tal Martell mit Bewilligung Seiner kaiserlichen Majestät und des Erzherzogs Maximilian den Talleuten im Martell zum ewigen Erbbaurechten nach Anleitung tirolischer Landordnung all und jede Alpen, Gemeindeweiden und Gräser, so in dem gemeinen Tal Martell liegen, worunter auch Holz begriffen ist, insoweit es zur Herstellung der Alpengebäude und Zäune, dann zur Erwärmung und Käsezubereitung nötig ist.‹
Dafür mußten jährlich am 10. Oktober, dem
›St. Gallustag in den Amtskasten von Schlanders 24 große Käse von 8 Schent Schlanderser March‹
als Zins-Entrichtung geliefert werden.

Ich habe genaue Ziffern gegeben, auch die Vorgänge, den Fortschritt so darzustellen versucht, wie ich zu Anfang sagte: in ›Zeichen‹ für das ganze und einzelne Leben. Diese Genauigkeit strebe ich an: möglichst vollständig eine Bestandsaufnahme der Formen von früher und der Veränderungen jetzt – wie für eine Landkarte, die ich nicht zeichne, sondern schreibe; und je deutlicher die Wörter, um so anschaulicher überblüht das Leben die Zeichen
– jetzt das für ›Stausee‹: die Wirtschaftsbedingungen wurden in den meisten Tälern nach dem zweiten Weltkrieg durch Errichtung solcher Seen verändert. Der Stausee im Martell (es ist der Zufritt-See) wurde 1966 fertig; er gehört zu einem System von Stauseen und Kraftwerken, die das Etschtal abwärts das Wasser nutzbar machen. Der oberste Stausee liegt am Reschen. Er ist bekannt, weil der Kirchturm des alten Dorfes Graun halb über den Wasserspiegel ragt. Bei niedrigem Wasserstand kommt der Seeboden zutage, man sieht die Spuren der Gassen und Häuser von Alt-Graun. Die Druckleitung des Reschensees führt oberhalb Schluderns, wo ein goldbronzierter Rossebändiger die zwei Montecatini-Pferde festhält, tief in den Berg; das Wasser fließt durch das unterirdische Kraftwerk wieder in die Etsch. So geht es stufenweise bis Meran.
Nun die Veränderungen ausstrahlend von diesem Hauptzeichen ›Stausee‹: der Zufritt-See hat Weidefläche verschlungen. Auf dem unter Wasser liegenden Boden wurden 200 Milchkühe, 160 Stück Galtvieh (d. s. Kälber) und 700 Schafe aufgetrieben. Aber nachdem der See gefüllt war, konnten durch Waldschlägerung bei geändertem Grundwasserspiegel neue Almböden geschaffen werden: die 1956 ausgebaute ›Enzianalm‹, auf ihr können 102 Milchkühe aufgetrieben werden; und seit 1966 die ›Lyfialm‹ für 120 Milchkühe.
Diese neuen Almen sind nicht reine Weidefläche, sie haben Waldbäume und liegen direkt an der Straße. Die Ausnutzung ist anders: durch die Straßennähe ist tägliche Milchabfuhr möglich. Die von Wald durchsetzten Wiesen erlauben einen raschen Wechsel der Weideplätze, das ist bessere Ausnutzung und erspart Wege zum Abmelkstall. Es ist im ganzen eine Rationalisierung des Almbetriebs. Die Milch wird, soweit sie nicht täglich ins Tal kommt, zu Butter und halbfettem Käse verarbeitet. Die Butter wird heute zum Teil gleich verkauft: an Gasthöfe im Tal, denen der Linienbus die Butter frisch mitbringt. Das ist ein zusätzlicher Gewinn für den Erzeuger.

Geblieben ist die jährliche Abrechnung nach Schluß der Almsaison entsprechend dem Milchanteil der Kühe. Über die Ausrechnung dieser Anteile will ich später noch etwas sagen.

Ein Problem ist die Haltung des Kleinviehs. Wegen der Besitzer, die bei wenig Wiese kein Großvieh halten können, gestattet die Forstbehörde den Weidegang mit Ziegen unter Aufsichtspflicht, ausgeübt durch ›Hirtschaften‹, die eine sehr alte Einrichtung sind. So gibt es im Martell sechs Hirtschaften mit genau eingeteiltem Weidegebiet und dem Hirten, der morgens das Vieh sammelt, es tagsüber hütet und abends heimtreibt.
Die Besitzer der Ziegen stellen dem Hirten die Ernährung und bezahlen ihn auch. Die Zeit für die Ziegenweide ist von Anfang Mai bis zum ersten Schnee.
Die Schafe gehen zu Anfang des Sommers mit den Ziegen in die ›Hirtschaften‹. Zu Anfang Juli (nach Wetter und Schneelage) werden sie frei auf die ›Schafberge‹ getrieben. Diese Schafberge reichen bis an die Vegetationsgrenze. Die Besitzer erkennen ihre Schafe an zwei Arten Zeichen: eines ist aus Farbe in die Wolle gestrichen und bezeichnet die Zugehörigkeit zur Gemeinde. Das eigentliche Besitzerzeichen wird den Schafen ins Ohr geschnitten, in jedes Ohr mit einem verschiedenen Zeichen. Das ist notwendig, weil beim Waldgang die Zeichen leicht durch Gräser ausgerissen werden. Ich gebe ein Beispiel: in das linke Ohr kommt ein Loch, in das rechte ein Halbkreis und ein Keil. Das ergibt bei Abwechslung schon mehrere Möglichkeiten der Unterscheidung. Die Zeichen werden mit Hohleisen und Messer ausgeschnitten. Mit Sommerende nach dem Schneefall oben kommen die Schafe ins Tal. Das ist meist Mitte September. Nun nehmen sie mit den Ziegen wieder am ›Hirtgang‹ teil.

Ein Zeichen für Wald müßte erkennen lassen, daß in diesen Tälern die Waldwirtschaft für den einzelnen Bauern wenig Bedeutung hat. Zwar sind 20 % der Fläche Wald, aber in der Regel ist nur ein Zehntel: 2 %, Privatwald, davon meist die Hälfte Auenwald mit Erlen. Neun Zehntel sind Gemeindewald aus historischem Recht. Der Forst wurde schon früh, 1332, zur staatlichen Domäne erklärt. Man braucht dreierlei Zeichen für Wald: das erste für Mischwald mit Fichten, er ist in allen Tälern der größte Bestand, im Martell sind es 2047 Hektar. Das zweite Zeichen für Lärchenwald, er hat 350 Hektar. Das dritte für Zirbenwald: 150 Hektar.

Das deutschgewohnte Waldbild ist selten. Das liegt an der Art der Schlägerung, einem System, das ›Plenterwald‹ heißt: auf einem Areal werden vorher bezeichnete Stämme bestimmten Alters geschlagen. Es gibt nicht den Kahlschlag und das gleichmäßige Wachstum geschlossener Waldparzellen.

Von dem geschlägerten Holz gehört ein Fünftel der Gemeinde, sie verkauft diesen Anteil und deckt damit den größeren Teil der Unkosten der Gemeindeverwaltung.

Auf ein besonderes Beispiel machte mich mein Vetter aufmerksam: reich an solchem Holz und entsprechender Kapitalreserve ist das Städtchen Glurns im oberen Vinschgau. Von seinen hohen Mauern, die zur Verteidigung bald unnütz waren, habe ich schon gesprochen. Bemerkenswert sind die inneren Zellen in dem engen Viereck, fast alle Bauerneigentum mit Grundstücken außerhalb; was hereinkommt, ist Holz, es wird in den Bogen der Laubengänge aufgeschichtet und trocknet rasch. Die alten Häuser mit Lichthöfen und ungesundem Mauerwerk ließen sich mit den technischen Mitteln von heute leicht sanieren, und es brauchte nicht einmal viel Geld, ein solches Stadthaus zu kaufen und aus ihm ein altes Haus, das mit allem Komfort neu ist, zu machen.

Eine andere Merkwürdigkeit von Glurns machte mir den Ort unheimlich. Als wir in dem Gasthaus mit dem Nationalparkwächter dort saßen, kamen nacheinander vier jüngere Leute herein, in Arbeitskleidung, und wie Betrunkene gestikulierend, und gingen wieder. Sie waren nicht betrunken, sondern taubstumm. Sie waren wie viele Leute hier miteinander verwandt, aber nur weitläufig, aus verschiedenen Familien. Der Nationalparkwächter sagte: es ist nicht eine gewöhnliche Krankheit, es vererbt sich und kommt wieder vor bei diesen Leuten. Im ganzen Ort sind es 15. Das ist eine ziemlich hohe Ziffer.

Er spielte da auf etwas an, das ihm, dem Einheimischen, bekannt war, eine Erscheinung, für die es Vergleichszahlen gab und über die zu sprechen sich nicht lohnte. Uns Fremden fiel sie auf. Aber ich muß gleich hinzufügen: daß wir ihr hier in Glurns begegneten, war Zufall; die Degeneration durch Inzucht ist in allen abgelegenen Tälern, besonders der Schweiz drüben, verbreitet. Mir ging der Gedanke nach: Altertum mit Ansehen einer Idylle, mit Lauben-

Am Beispiel des Martelltals

gängen und Verfall von Häusern, sie ließen sich reparieren. Aber dann kam dieser Zug heraus: keine Zufuhr von außen, nur immer Holzreichtum, aufgestapelt; schon das Fünftel, das der Gemeinde gehörte, war Übermaß.

Vier Fünftel, die übrigbleiben, erhalten in allen Orten nach alter Regel die Gemeindemitglieder als Brennholz. Aber nicht jedes Haus wird beteilt. Neue Häuser haben keinen Anteil. Nur die als ›Hofstätten‹ eingetragenen Häuser sind berechtigt. Die Zuteilung richtet sich nach der Anzahl der Familienmitglieder und nach dem Viehbestand – praktisch nach der Größe des Hofes.

Eine geschichtliche Merkwürdigkeit sind die alten Holzzeichen, mit denen der Besitzer den ihm zugesprochenen Baum bezeichnet. Ein laaser Steinmetz, der ähnlich wie der Bäcker von Pedratsches, von dem ich berichtet habe, ein Heimatmuseum besitzt, hat eine Aufstellung der Holzzeichen. Sie sind älter als die Steinmetzzeichen, mit deren Sammlung er ursprünglich begonnen hatte. Steinmetzzeichen gibt es erst ab 1500; bei älteren Arbeiten, z. B. dem laaser romanischen Giebel, findet man noch keine Steinmetzzeichen. Die Holzzeichen, die *der Gutweniger* gesammelt hat (das ist der Name dieses Liebhabers von Altertümern) sind ähnlich Runen. Ich führe die Namen der Besitzer an, darunter die Zeichen:

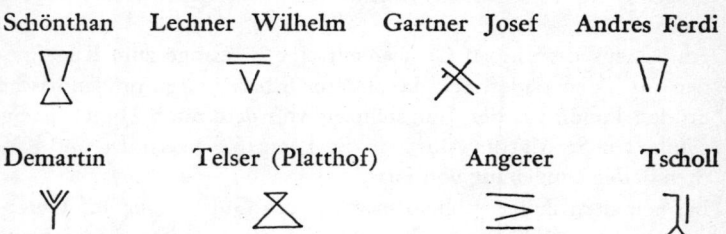

Steinmetzzeichen hat Herr Gutweniger von auswärtigen Orten: eines von der Pfarrkirche Schlanders:

zwei von der Spitalkirche in Latsch und der dortigen Pfarrkirche, es sind an beiden Kirchen diese zwei Zeichen:

ein letztes von Morter (um 1500):

Gutweniger ist einer der laaser Steinmetzen, die heute noch eine Werkstatt führen; sein Sohn, der im Winter an der Akademie in Wien lernt, arbeitet mit. Daneben hat Gutweniger auch Material für Veröffenlichungen gegeben, für eine Geschichte der Steinmetzkunst. Außerhalb dieses Gebietes hat er Stücke zum Teil hohen Alters gesammelt. Ich sah bei ihm einen Graphithafen, der als Schmelztiegel für Erz diente, aus der Zeit um 1500. Ein solcher Schmelztiegel wurde von außen befeuert, der Graphit war feuerfest, das innen geschmolzene Erz wurde herausgeschöpft, indem man mit einer doppelseitigen Zange den Kübel anhob und den Inhalt in die ›Formen‹ oder ›Barren‹ schüttete. Es wurde vor allem Blei und Silber auf die Art geschmolzen.
Ich sah dann Gefäße zum Erhitzen der Speise über offenem Herd, die frühesten aus Bronze hingen an einer Eisenkette mit Haken und ließen sich durch Nachlüpfen der Kettenglieder höher hängen.
Ich sah eine Goldwaage und einen ›Knopfmodel‹, der, mit Silber ausgegossen, verschiedene Muster zum Herstellen von Knöpfen hatte.
An Schießsachen besaß Gutweniger eine Bleizange zum Kugelgießen für Vorderlader. Sein besonderer Schatz waren prähistorische Stücke: Funde aus der Jungsteinzeit von dem alten Hügel St. Sisinius, von St. Martin, Allitz und St. Peter in Tanaas; das sind Kirchen in der Umgebung von Laas.
Bei bemalten Bauernmöbeln machte mich Gutweniger auf Unterschiede der nach Gegend gebräuchlichen Farben aufmerksam: blaugrün war die bevorzugte Farbe im Vinschgau, grün im Ultental, und ein von grün beherrschtes Blau im Schnalstal.

Ein in Tirol trotz den alten Holzzeichen ebenfalls althergebrachter Mangel darf nicht verschwiegen werden: Aufforstung ist fast unbekannt. Nur im Etschtal gibt es einen Aufforstungsplan mit Pflanzschulen. Sonst verläßt man sich auf Regenerierung durch Samen-

Am Beispiel des Martelltals

flug. Die Regionalverwaltung will dem abhelfen: sie veranstaltet jährlich im Mai ein ›Baumfest‹, zu dem die Schulkinder ausgeführt werden und jedes einen Baum zu pflanzen hat. Die Forstverwaltung betreibt einen Aufforstungsplan für den vinschger Sonnenberg, aber die Waldstücke kommen auf den wasserarmen und verbrannten Hängen schlecht hoch.

Wichtig ist für die Seitentäler die Bevölkerungsentwicklung. Eine Statistik gibt Aufschlüsse:
im Jahr 1427 gab es im Martell 50 ›Feuerstätten‹, das waren 50 bewohnte Häuser. In jedem lebten sieben bis acht Personen, das waren im ganzen 400 Personen,
im Jahr 1478 gab es Zuzug von Bergleuten aus Nordtirol: Arbeitern für ein Silberbergwerk im Martell und dazugehöriger Schmelzhütte; später, ab 1700, auch für Kupfererzschürfung und Gewinnung von Kupferkies und Bleierz. Damals wurden die Häuser in Gand gebaut. Die Bevölkerungszunahme wirkte ähnlich wie heute Zunahme durch Industrialisierung.
Die genaue Zahl war zu der Zeit, 1826, im Martell: 187 Familien mit 950 ›Seelen‹, das war doppelt soviel wie 1427.
Seit dieser Zeit, einem anderthalb Jahrhundert, ist die Bevölkerungsziffer stagnierend: 1847 bei 1000 Personen.
1936 waren es 1200 Personen. Die Zunahme war die Folge der durch die Isolierung Südtirols gehemmten Auswanderung.
Dann kamen künstliche Eingriffe. So verlor das Martell zwischen 1939 und 1943 durch das Hitler-Mussolini-Abkommen, das eine Verpflanzung der Südtiroler nach Deutschland vorsah, 290 Personen. Die meisten Abgewanderten kamen von den Höfen mit Kleinstbesitz. 10 % kehrten 1945 zurück.
Dann kam ein Stoß von Zuwachs: 1951 stieg die Bevölkerung auf 948 Personen, 1966 erreichte sie die Zahl 1000. Hier hatte die von Claus Gatterer in seinem Buch bemerkte, den südtiroler Politikern aber unbemerkt gebliebene Verdichtung der Bevölkerung eingesetzt. Sie hätte Industrialisierung nötig gemacht. Das hatte man versäumt.
Die Elektrifizierung des Tals, vor allem der Bau des Stausees, brachte nur eine vorübergehende Zunahme. Jetzt, wo die Anlagen fertig sind, brauchen sie keine Menschen. Die Einrichtung wird von Laas elektronisch betätigt, dazu genügen 12 ansässige Leute.

Der Fremdenverkehr schafft Möglichkeiten. Er hat Vorläufer. Es gab wie überall ein ›Bauernbadl‹ mit schwefelhaltigem Wasser gegen Gliederkrankheiten und Bleichsucht. Im Martell war es das ›Bad Salt‹, das frühere ›fossa alta‹; Julius Payer erwähnt es: daß er dort nach seinen Bergfahrten eine Erfrischungsstation eingelegt habe. Der Tourismus setzte mit Wintersport nach dem zweiten Weltkrieg ein. Er kam von der Kriegserfahrung des Skifahrens. Bekannt wurden die Abfahrtsrennen vom Cevedale zur Zufallhütte.
Inzwischen gibt es auch eine Sommersaison. Die Täler mit guter Sonnenlage: das Martell und besonders das langtauferer Tal, das bei Graun abzweigt, sind in dieser Entwicklung voran. Die Spitze des Fremdenbesuchs ist im August. Die Fremden haben Gasthöfe, Pensionen, auch Privatzimmer. An manchen Orten, so oberhalb Schluderns, haben die Bauern Zimmer mit allen Bequemlichkeiten ausgestattet, sie haben dann regelmäßig wiederkehrende und länger bleibende Besucher, die sich die Zeit im Tal kaum blicken lassen. Für den Bauern bedeutet das direkten Absatz der Produkte zu guten Preisen. An manchen Orten haben die Gemeinden Jugendreisen organisiert. So nimmt das Martell seit 1966 jeweils 600 Jugendliche für zwei Wochen auf, das sind allein 9000 Übernachtungen. Die meisten Besucher kommen aus Westdeutschland. Es kommen aber auch italienische Familien, besonders aus Mailand und Genua. Das alles ist Nebenerwerb für den Einheimischen.

Die Probleme der Bergbauern bleiben trotzdem als Problem der dauernd ansässigen Bevölkerung. Die Besitzer haben einen Vorteil: das Schutzrecht für die ›geschlossenen Höfe‹, d. h. Parzellen dürfen nicht verkauft werden. Hier aber gibt es Schwierigkeiten durch die Tradition in der Erbnachfolge. In Südtirol ist seit 1787 das ›Majorat‹, die Nachfolge des ältesten Sohnes, Brauch. Es steht nicht im Gesetz, wird aber gehandhabt. Die jüngeren Geschwister werden dadurch zur Auswanderung oder zur Erlernung anderer Berufe gezwungen. Diese Entwicklung durch Ansetzung von Industrie aufzufangen, wäre Sache der Region. Die Notwendigkeit wird nicht erkannt. Vor allem fehlen Möglichkeiten zur Bildung einer mittleren Schicht. Eine solche Heranbildung war den einheimischen Deutschen zur faschistischen Zeit verschlossen. Die Folgen sind: noch heute gehen die jungen Leute ungern in eine Landschaft außerhalb des Tals. Wenn sie es überhaupt verlassen, gehen sie wei-

ter weg. Dann fehlen gerade sie als Glieder für den stufenweisen Aufbau eines landeseigenen gesunden Bevölkerungsquerschnittes. Mit dem Ausweg: auf dem Hof zu bleiben, verbauen sie sich den Weg. Umgekehrt ist die Auszahlung der ›weichenden‹ Geschwister eine Belastung für den Erben, sie macht die Aufnahme von Darlehen nötig.
Saisonarbeit außerhalb des Tals hat es immer gegeben. So waren schon 1838 aus dem Martell 35 Personen in den lombardisch-venezianischen Provinzen. Ihr Geschäft war der Verkauf ausgegrabener Enzianwurzeln für die Branntweinbrennerei.
Ein Mißbrauch vergangener Zeit, weit verbreitet, war das Verdingen minderjähriger Kinder nach Schwaben zum Kühehüten. Sie verdienten außer der Kost nur, wie es in Berichten heißt, ›eine magere Kleidung‹. Mir hat ein Lehrer aus Matsch selbst erzählt, daß vor 1914 in Mals im Frühjahr solche ›Kindermärkte‹ gehalten und auch von matscher Familien beschickt wurden.
Die Heimarbeit war im Martell bei den nach Stillegung der Bergwerke brotlos gewordenen Arbeitern der Ortschaft Gand der Brauch. Es war: Binderei, Korbflechterei und das Drechseln von Holzgefäßen. Aber anders als die Spitzenklöpplerinnen aus Prettau waren die Heimarbeiter aus der Gand bei den Behörden nicht gern gesehen. Das Holz entwendeten sie aus dem Gemeindewald. Daher waren sie gezwungen, ihre Geräte nachts aus dem Tal zu schmuggeln. Bis 1900 geschah das in großem Umfang. Seither hat die verschärfte Waldaufsicht diese Ausfuhr eingedämmt.
Heute wird Saisonarbeit in dem nahe gelegenen Gebiet gesucht. Das kommt von dem Aufschwung des Obstbaus im Vinschgau. Frauen und Mädchen gehen zur Arbeit bei der Obsternte und auch zur Winterbeschäftigung in den Obstmagazinen. Etwa die Hälfte kommt aus Bauernfamilien.
Die vorher schulpflichtigen Kinder, die zu Hause bei der Feldarbeit helfen, kommen nach dem Ende der Schulpflicht meist zu einem eigenen Beruf. Auf höhere Schulen oder die Hochschule kommen sie selten. Das war früher, bei der Heranbildung zum Geistlichen, von der dann mancher absprang, öfter der Fall.
Der bessere Verdienst der Handwerker und Industriearbeiter zwingt die Landwirtschaft zu rationalisieren. Das kann nur durch Einschränkung der Arbeitskraft verschlingenden Kulturen geschehen. Hier wurde mir auch der Grund für die Umstellung der ›Bergmäh-

der‹ zu Weideland klar. Oder: aus Ackerland wird Grünland. Dabei gibt es eine Hemmung: weil diesen Äckern, die neu Grünland werden, kein Wasserrecht zusteht.
Ein Mittel dagegen ist die Rationalisierung der Bewässerung durch die erwähnten Beregnungsanlagen. Ein anderes Mittel: die Anpflanzung von Spezialkulturen. Solche waren die Plantagen schwarzer Johannisbeeren, die ich oberhalb Morter beim Aufstieg zur St. Stefanskapelle nahe der Ruine Obermontani gesehen habe. Auch Erdbeeren finden wegen der in den hohen Lagen späteren Reife im August einen guten Markt.

Ich habe mir diese Notizen aus der Anschauung gemacht und nach Gesprächen mit meinem in der Planung der Landwirtschaft erfahrenen Vetter. Die Umstände zwangen ihn zeitweise zu besonderer Aufmerksamkeit auf bestimmten Gebieten, so der Trockenlegung der ›Möser‹: Sumpfböden am alten Etschlauf, da hinein er seinen Besitz erweitert hatte mit dem Vorhaben, intensive Gemüsekultur zu betreiben, nicht nur Kraut, auch Karotten. Der Bodenpreis war verhältnismäßig niedrig; die Stadt Meran, die dieses weite Land besaß, gab es unter Auflage der Bodenverbesserung billig an Landwirte ab. So habe ich wenigstens meinen Vetter verstanden.
Es wäre interessant, einmal von dem Punkt eines solchen einzelnen Mannes aus auf die Probleme der Landwirtschaft zu sehen. Ich spreche nur in allgemeinen Ausdrücken von einer ›Entwicklung‹, wie sie sich bei Abnahme der Bergmähder zeigt. Bei meinem Vetter sieht das anders aus: er ist wochentags von dem Betrieb eingenommen, oft schon von der Nacht her durch das ›Wassern‹, die Arbeit geht bis in die Dunkelheit. Am Sonntag fährt er mit dem Traktor ›spazieren‹ – er nennt es so, fährt und steigt ab. Mir würde bei diesen Wegen nicht viel auffallen, aber er zeigt mir die weit draußen angelegten Probeäcker, Pflanzschulen vergleichbar, für verschiedene Sorten der aus Samen gezogenen Gemüse. Er kann prüfen, ob sie für den Ort gut sind, das geschieht nicht mit einem Blick auf die für meine Augen dürftigen Anlagen. Er arbeitet als einzelner, auf anderen Gebieten sind mehrere zusammen:
so zwischen Schlanders und Laas auf dem Gadrià-Schuttkegel. Die Wasserleitung, die Beregnung erlaubt, hört zur Zeit am Scheitel des Gadrià auf; die Grenze der irisierenden Wasserstaubfächer geht waagrecht oberhalb Schlanders herüber. Für die laaser Seite hat

die Leitung einstweilen zu wenig Druck. Dabei ist nicht ausgemacht, ob die Umstellung auf Beregnung purer Vorteil ist. Sie erspart Arbeitskraft; das ist das vordringliche Moment. Aber ob der Mineralgehalt, der in den alten Waalen mitfließt, hier nicht fehlt oder durch Beisatz künstlicher Mittel ersetzt werden muß, und ob das gleichwertig ist, kann erst die Erfahrung lehren – nach ein paar Jahren.
Das ist nur ein Teilgebiet landwirtschaftlicher Umstellung und der dabei zu beachtenden Momente. Ein anderes wäre die Eierproduktion und Beachtung des Qualitätsunterschiedes von Eiern, die, wie auf dem Hof meines Vetters, von Hennen mit Auslauf ins Grüne kommen, gemessen an der Qualität der Eier aus den Stinkbetonhäusern, wo wir, zwischen Meran und Bozen, die Junghühner für die Aufzucht abholen. Sie piepsen in dem Karton, in den wir Löcher gebohrt haben; sie sind dieser Legehölle, die jedes dritte Jahr nach Augias-Art mit Wasser und Säuren durchspritzt wird, entronnen. Mich interessiert das mehr als die Erkundung historischer Denkmäler. Warum sind eigentlich so viele Burgen hier? fragte mich ein tessiner Bekannter; ich werde von dem Gespräch mit ihm noch berichten. Ich verstand seine Frage erst später, sie war eher ein Seufzer über soviel historische Belastung. Aber konnte man sie nicht einfach ablegen? Mich interessiert der ökonomische Strom, der ein überschaubares Gebiet wie das deutsche Südtirol bewegt, mehr als die Denkmäler der Vergangenheit, ausgenommen die Kunstwerke und die nur scheinbar unnützen Gebirge. Ich mußte an das Wort des Herrn S. vom Marmorwerk denken: Sehen Sie hin, der ganze Berg ist durch und durch Marmor!
Ich habe mir auch die Adresse seiner ›zia‹, der Archäologin, notiert: Dr. Luisa Navena Grani, Via Valtellina 68, Milano, oder: Sopra Intendenza Antichità di Lombardia, Piazza Duomo 14, Milano.

Ich setze mein Kapitel hier nicht ohne Absicht stückweise zusammen als Notierer von Namen. Ich steuere einen bestimmten Punkt an, über den ich mir selbst erst klar werden muß. Ich könnte ihn nennen: ›Verhältnis zur Historie‹, ›Veränderung dieses Verhältnisses heute‹, ›Veränderung auch des Menschen dadurch‹. Ich kann verläßliche Auskunft nur durch Nachprüfung eigener Erfahrung geben, ich bin selber mitten in diesem Prozeß, ich brauchte die Hilfe des Lesers, der meinen Standort bestimmt, ich kann ihm nur die Daten geben. Das Ergebnis wird daher bruchstückhaft und persönlich sein.

Ich fange an: ich befinde mich in einer Welt voller historischer Figuren. Aber ich merke einen Schnitt: eines Tages bedeuten sie nichts mehr. Vorgestern waren sie noch etwas Lebendiges, gestern erschienen sie mir als etwas Willkürliches. Der Schnitt, daß ich noch an ihnen hänge, ihre Sprache noch verstehe, aber daß sie mich plötzlich nichts mehr angehen, ist von heute. So bin ich in diesen 70er-Jahren an einem Übergang, ob ich ihn schaffe; ich lege meine Vergangenheit ab. Gerade bei dieser Darstellung Tirols werde ich mir des Vorgangs bewußt, auch hier einer radikal schnellen Veränderung. Ich bin durch diese Darstellung gezwungen, Dinge aufzuzählen, aber jeder Schritt in der Aufzählung entfernt mich von ihnen: Burgen, Städtebilder – museal, ebenso Namen und Inschriften, da war ich immer aufgeweckt und merkte an meinen Lippen die Bewegung stummen Mitlesens. So in dem Gasthaus Stafler in Mauls vor einer Marmortafel für den Verlierer der Isonzoschlachten 1915 bis 1917, Cadorna. Heute rechne ich es dem Besitzer Stafler als Gutpunkt an, daß er die Tafel zu keiner Zeit entfernt hat. Sie ist erstaunlich still in den Worten, wenn man bedenkt, daß sie aus der faschistischen Zeit stammt:

>   Il Conte Luigi Cadorna
>   Maresciallo d'Italia
>   Semplice nella vita
>   Grande nel memore silenzio
>   Sereno nell' attesa cristiana
>
>   Trasse Ristoro e Conforto
>   nei suoi ultimi anni
>   Qui: Presso il Brennero sacro.

Hier merke ich schon das Verblassen zu Vergangenheit: Cadorna, für mich noch ein Begriff, aber das ändert nichts an meiner Empfindung ›Vergangenheit‹. Berührt haben mich die Worte: einfach im Leben, groß im Schweigen, heiter in christlicher Erwartung; und dann das Wort vom ›heiligen Brenner‹ in diesem Zusammenhang. Aber ich meine etwas anderes mit ›Vergangenheit‹, einen Vorgang, den ich an mir selber verzeichne: Fesselung durch Inschriften und

Denkmäler dieses Landes Tirol, und jetzt Lösung der Fesselung, ihre Aufhebung.
Bei meiner letzten Fahrt herunter war es fünf vor zwölf mittags in Trient, 3. Januar 1970, und die Kustoden des Museums wollten mich nicht mehr einlassen, ließen mich aber dann doch in den Graben hinter der Festung. Der Naturfels der Böschung war silbriger Schiefer, der Schnee drauf Natur, an den Fußstapfen sah ich, daß schon einer vor mir gegangen war und den Schnee von Cesare Battistis Grabplatte weggewischt hatte, nur von zwei Buchstaben, damit er den Namen erkennen konnte, nicht von dem ganzen Namen, der schlief unter der Natur Schnee, ich ließ ihn so. Ich dachte: der vor mir gegangen war, war ich selber.
Ich habe viel Durcheinander in meinen Notizen, eine auf Pappe von Schneewasser überronnenen, weil in ziemlicher Höhe auf der Stilfserjochstraße und vis-à-vis dem Ortler aufgezeichnet. Ich versuche sie zu entziffern:

Über Auftrag des Erzherzogs Johann von Österreich
unternahm Josef Pichler aus dem Passeyer
mit seinen Kameraden Klausner und Leitner aus dem Zillerthale
die Ersteigung des Ortler
des höchsten Gipfels der österreichischen Alpen
und erreichte von Trafoi ausgehend
als Erster am 27. September 1804
gegen Mittag glücklich die höchste Spitze des Ortler
3905 Meter über dem Adriatischen Meere.
Errichtet vom Österreichischen Alpen-Club 1884.

Dieser Spruch ist in einen schlanken Obelisken geschnitten, die Vertiefung der Buchstaben ist, als ob Glanz in sie fiele, mit Goldfarbe ausgelegt.
Ähnlich wie mit Inschriften und Denkmälern ergeht es mir mit Festungswerken. Deshalb erwähne ich hier die alten österreichischen Festungswerke in Südtirol. Sie sind wie alle Festungswerke im Nachhinein und aus Furcht errichtet, aber sie haben Stil: grauer Stein, sechseckig wie Bienenwaben, und weiße Fugen. Sie stehen bei Finstermünz und Franzensfeste, im Trentino bei Ala und in der Verona vorgelagerten Klause. Bei Finstermünz waren Tunnels nötig, sie haben in Metall aufgelegte Ziffern: 1830, 1840. Von dem

Drang der nachnapoleonischen Zeit, sich durch Festungswerke zu sichern, macht man sich kaum einen Begriff. Ich spreche nicht von dem ›Festungsviereck‹ mit Verona und Peschiera. Das erstaunlichste Stück an Festungsbau-Überfluß leistete sich in Linz an der Donau ein dort auf Altersposten gesetzter Kommandant; der Einbruch Napoleons mit der schmählichen Kapitulation des Generals Mack bei Ulm hatte in ihm ein Trauma erzeugt, ähnlich würde sich's wiederholen, so daß er das Weichbild von Linz mit 32 Festungstürmen ausstattete – nach modernster Bauweise, aber hoffnungslos unmodern schon. Der Leser wird später den südtiroler Schriftsteller Fallmerayer bei Betrachtung dieser Türme sehen, in deren einem sich der linzer Jesuitenkonvent niedergelassen hatte. Ich erinnere mich: wir gingen da hinauf zur Maiandacht, und unter Blüten schüchtern mit Mädchen in die Stadt zurück.
Aber ich habe hier von Tirol zu schreiben und nicht von Auswirkungen außerhalb der napoleonisch tirolischen Zeit. Eines fällt mir auf: wie klein waren früher die Denkmäler, wie groß sind sie heute! Der Andreas Hofer vorm meraner Bahnhof, der sich an seiner gleichsam in Erz erstarrten Fahne festhält – man meint, ihn in eine Kiste verpacken zu können. Oder Walther von der Vogelweide, von den Faschisten vom bozener Hauptplatz in einen grünlauschigen Park verbannt; oder Dante in Trient, ähnlich klein und von den trentiner Patrioten vor 1914 wegen Querelen mit der österreichischen Herrschaft von vornherein zwischen Parkbäume gesetzt – es kostete mich Mühe, mir vorzustellen, daß die Hand, mit der er nach Süden weist, einst als machtvoll ausgestreckte Hand empfunden worden war, mit provokatorischer Gebärde: dorthin blickt, unerlöste Brüder!
Vom Ende des zweiten Weltkriegs sind auf einer Marmortafel am Rand der Straße zum Reschen ein paar Namen eingeritzt worden: italienische Namen, es steht nicht dabei, ob standrechtlich erschossen; aber man kann es sich denken. Damals, wird behauptet, hätten die Südtiroler eine Chance gehabt, zu Österreich zurückzukommen; aber sie wollten es, hört man, nicht allzu schnell: in einen Staat, der vierfach besetzt war, und auch von Russen. Hinterher war es zu spät. Da gab es das pariser Abkommen, ›einen flauen Text‹, so hatte, nach seiner Meinung gefragt, ein amerikanischer Politiker sich geäußert; und Österreichs erster Außenminister war der Meinung, eine Autonomie für Bozen allein würde zu einem unaus-

weichlichen Anschlußbedürfnis an Österreich und zur Krise führen. In Deutschland rührte sich kein Blatt Südtirols wegen. Das kam von dem, was Claus Gatterer für Südtirol festgestellt hatte – es gilt ähnlich für Österreich und Deutschland: die nazistische Zeit blieb weitgehend ein Tabu, und jeder, der für Südtirol sprach, setzte sich in den Verdacht, für einen Rest aus dieser Zeit zu sprechen.

Es gibt Dinge, die wichtiger sind. Über mögliche Entwicklung hat in Bozen der Minister Mansholt vor landwirtschaftlichen Fachleuten gesprochen. Etwa so:
›ich weiß, Ihre Probleme sind schwierig. Eine Lösung sehe ich in dreifacher Anstrengung: zunächst Zusammenlegung der Betriebe zu größeren Einheiten. Dann eine Gedankenanstrengung: Reservat für strenge Forstwirtschaft. Dann überhaupt: Reservation für Fremdenverkehr, Südtirol, Erholungszentrum Europas‹.
Man müßte auf einer Landkarte feststellen, wo es schon so weit ist. Man müßte, wieder in ›Zeichen‹ festhalten, wo Ansätze solcher Entwicklung sind. Sicher nicht schematisch (und es ist so auch nicht gemeint): die Plätze für Spezialkulturen blieben ausgespart: Weinland, Obstland. Für mich hat der mansholtsche Plan trotzdem etwas Utopisches wie Kriegsplanungen: an unvorhergesehenen Punkten gibt es Stockung. Aber das wäre nicht das Schlechteste für Verzahnung von Plan und natürlichem Bedürfnis der Landschaft. Für weite Strecken ist der Plan so gut wie zu skizzieren: die Alpkultur, dafür habe ich Beispiele gebracht, ihre Rationalisierung, Erweiterung neben dem Zeichen ›Stausee‹; sie braucht dem Punkt ›Reservation als Erholungszentrum‹ nicht zu widersprechen. Die Forstkultur ist eine pustertalsche Sache, betrifft hauptsächlich diesen Landesteil. Aber Trockenlegung im Etschtal kann ich mir vorstellen, und Wahrnehmung der kleinen Möglichkeiten zu Rentabilität: Fischwasser gegen den Reschen zu, die Beerensträucherplantagen, auch Kräutersammeln.
Der Fremdenverkehr brauchte nicht unorganisch zu sein. Welche Täler sollen ihm erschlossen werden, welche nicht? Über diese Frage entscheidet die natürliche Bedingung. Einer meiner Verwandten drückte das so aus: ein Tal mit Zukunft – das Martelltal, das langtauferer Tal; die Beispiele habe ich auch hier genannt. Oder: welche Gebiete, wie der Nonsberg, erlauben überhaupt nur den in-

dividuellen Zutritt; solche Regeln spielen sich ein, nur nicht ganz von selbst.
Einiges von scheinbar untergeordneten Problemen habe ich mir notiert: die Gaststube in einem Wirtshaus, ja, 1965 haben wir sie neu gemacht. Es ist eine häßliche Neumachung scheinbarer Bodenständigkeit von geschnitzten Leuchtkörpern bis zu den glatt polierten Wandbänken, aus echtem Holz, bestes Material. Ich glaube nicht, daß man gegen diese vorgefertigte Mode etwas ausrichten kann. Da steckt zu viel Kapital drin, und mit Zwang oder Erziehung hat sich nie etwas ausrichten lassen. So habe ich ein nicht wünschenswertes Bild von ›Reservation für Fremde‹ vor mir, obwohl es an guten Beispielen nicht fehlt: manche italienischen Tankstellen sind ordentlich gebaut, und in Graubünden hat ein kleiner Betrieb eine neuartige Holzverbundbauweise entwickelt, an der man lernen könnte. Mißtrauen gegen zu ängstliche Prognosen ist angebracht: ein Weingutbesitzer bei Sigmundskron erklärte mir als Hauptbedingung des Ertrags die Stabilität des Grundwasserspiegels, ›davon leben wir hier‹. Er hatte gegen ein Projekt, das diese Bedingung vernachlässigte, eine Schrift, deutsch und italienisch, veröffentlicht; da könne ich es lesen. Aber ich hatte aus Versehen das italienische Exemplar eingesteckt, ich konnte nichts lesen. Außerdem wüteten beim Weinlesefest in Kaltern die Feriengäste, als wäre der alte Ort ein Schlachtfeld um Parkplätze – diese Stimmung!
Ich bin gegen diese Stimmung, auch gegen die Untergangsstimmung, die ich mir aus dem italienischen Exemplar der Schrift des Weingutsbesitzers dann doch übersetzte. Ich kann nicht entscheiden, ob er recht hat; er ist ein Fachmann und muß gehört werden. Und wer gegen Verflechtung von Interessen gehört werden will, muß übertreiben.
Ich bin gegen die Stimmung, auch wo sie redlich ist: in einer alten Frau, die am Wegrand mit einer Sichel Gras schneidet, jemand zu erblicken, der, was man anderswo nicht mehr kennte, die Arbeit um ihrer selbst willen tue, aus Liebe – die Frau tut es, weil sie eine Ziege hat aber keinen Streifen Wiese für Futter. Ich bin gegen die Stimmung, an den gut gedrillten Serviermädchen eines ersten Hotels blankgeputzte Gesichter gotischer Figuren zu sehen; ich verlange einen schärferen Blick für Südtirol als einen gutgemeinten Import an Stimmungsbereitschaft.
Geh hinter die Fassade deiner Stimmung in eine Kleineleutestube

über drei Stiegen mit Marmorkuchen auf dem Tisch, dort verhandelt mein Vetter mit dem Sekretär der Genossenschaft über den Krautpreis. Wie ist der Preis in diesem Jahr? Der Sekretär hatte die rotlodene Joppe ausgezogen, in der er zuvor, auf dem Festplatz, bei der Blasmusik mitgespielt hatte. Mein Vetter sagte: Komm her, komm her, jetzt ist die Zeit zum Unterschreiben! – Der Sekretär schwitzte noch immer. Du weißt ja den Preis, wie voriges Jahr der Preis – nicht so ganz! – Komm her, wie voriges Jahr der Preis! – Mein Vetter vertrug das Trinken nicht, im Auto wurde ihm schlecht. Aber bei dem Verhandeln in der Stube, bei den Kuchenkrümeln auf dem Plastiktischtuch, hatte er den Vertrag so gut wie gemacht.

Stimmung bei Überschwemmung ein paar Jahre vorher hinter den hohen Wassermauern aus Stein. Eine Frau hatte in dem mailänder Sprengstoffprozeß das bisher schärfste Wort gesprochen: Adriana Pasquali-Rachetti; die rotblonde bozener Advokatin stammt aus einer italienischen Grafenfamilie, ihr Vater war in der faschistischen Zeit Podestà. Die so germanisch anmutende Anwältin sprach gegen die Terroristen der ahrntaler Gruppe, der eine Frau angehörte: Rosa Ebner, Filialleiterin einer Lebensmittelhandlung; sie ist auf freiem Fuß. Frau Pasquali nannte sie eine Passionaria des Ahrntals, sie habe mitten im Winter auf einer roten Vespa einen Fluchtversuch über die Grenze wegen eines Terroristen auf dem Rücksitz unternommen, in rasender Fahrt von den Carabinieri verfolgt.
Ich hatte mir in Bozen ein paar Notizen gemacht zu einem Gespräch mit jenem Bekannten aus dem Tessin, einem Architekten. Das war jemand von amtswegen eingefallen: weil die gewählten Mandatare Pläne machen für den Landesteil, der sie wählt, dahin fließt auch das Geld; so hatte man einen auswärtigen Mann aus der Schweiz geholt, ein befristeter Auftrag, einen Raumordnungsplan der Provinz zu entwerfen; und der Mann hatte sich an mich gewandt mit der Frage nach der Situation und betreffs Literatur.
Er sprach gut deutsch, ich ein wenig italienisch, aber unser Gespräch litt doch an der Auszehrung der Worte bei solcher Differenz; das Konkrete wird abstrakt und verständlicher, aber ist nicht mehr die Sache.
Meine Notizen sind undeutlich. Jetzt denke ich, ich hätte dieses Kapitel für ihn geschrieben. Bei langsamem Lesen würde sich herausstellen, daß unsere Anschauungen nicht weit auseinander sind.

Z. B. Kleinindustrie in Südtirol: da hätte ich mit ihm schnell nach Schluderns fahren müssen, wo ein Unternehmer nur Türklinken, Fenstergriffe und dergleichen herstellen läßt. Die Arbeitskräfte kommen aus den Orten rundum. Etwas, das gefährlicher ist: ein Unternehmer in Eyrs plant einen ähnlichen Betrieb, er läßt 60 Einheimische im Rheinland anlernen; sie werden dann hier arbeiten – um geringeren Lohn als er draußen zahlen müßte.
Dasselbe ist bei Frauenarbeit. Ich hatte ein südtirolisches Beispiel, aus dem Ort Prad, mein Gesprächspartner eines aus dem Tessin: die Betriebe sind rentabel, weil die Frauen weniger Lohn bekommen. Mein Gesprächspartner aus dem Tessin war dafür, daß die Ausbreitung solcher Industrie unter Aufsicht bleiben müsse, auch was die Orte betrifft, an denen sie errichtet werden. Ich verstand nun besser, was er mit Raumordnung meinte. Tourismusland – er gab mir recht, da müsse man differenzieren. Man werde der Hydra nicht die Köpfe abhacken können, aber man werde beispielsweise Sperrzonen machen, in denen die Autobusse nicht beliebig ihre Menschenfracht abladen dürfen.
Einen Lieblingsgedanken hatte er aus Amerika mitgebracht. Das hatte er bei einem Besuch dort, in Kalifornien, gesehen: forschungsinduktive Industrie; Köpfe, die in schöner Landschaft arbeiten wollen. Ich dachte sofort an das Hotel Paradies im Martell, beispielsweise, aber es müßte noch mehr Orte geben, an denen sich in Südtirol, ausgespart, solche Forschungszentren errichten ließen. Ich kannte noch nicht das bis vor kurzem nur durch Seilbahnen oder Muliwege erreichbare Porphyrplateau bei Hafling oberhalb Merans. Aber als ich ein paar Wochen später dieses Plateau überquerte, in Höhenlage um 1500 zwischen dem Ort Mölten und Lafenn, fiel mir der Gedanke des Tessiners wieder ein; auch Hubschrauber könnten dort landen; er hielt es für wichtig zu sagen, daß diese forschungsinduktive Industrie Straßenbau nicht so erforderlich macht. Er hielt es weiter für wichtig, daß sich Schulen mit Lehrstellen und Instituten angliederten. Man könne dem Leben kein Haltschild machen, aber nichts eigentlich Fremdes dürfe das dort Geplante beeinträchtigen.
Wir sprachen über ›Abwanderung‹, ob man sie verhüten solle oder nicht. Das war der Punkt unseres Gesprächs, an dem, nach Schweigen, weil wir keine Antwort wußten, der Tessiner fragte: Warum sind hier so viele Burgen? Aber die Antwort auf diese Frage hatten

wir in Gedanken schon übersprungen: die Ursachen solcher Niederlassung auf Burgen waren jetzt nicht mehr von Bedeutung, auch die Bedeutung der Durchgangsarterien, wie der Paßstraßen, die geschützt werden müssen, ist im Schwinden.

Der Architekt brachte mich an Hand eines Beispiels aus dem Wallis auf die Frage, ob es sinnlos wäre, aus musealer Reaktion Bauerntum zu erhalten, das der Staat subventionieren müsse. Letztlich wäre es ohne Ertrag; und als reine Fremdenattraktion erhalten, würde es dem Sinn nach unreflektierbar.

Hier widersprach ich ihm und brachte ihm das Beispiel des Bauern Dicktl aus Asten unterhalb des Penserjochs. Ich werde davon in einem späteren Kapitel erzählen, einem Naturbeispiel, daß es Ausnahmen von aus Planung errechneter Folgerung gibt. Ich sagte, ein paar Orte so selbstverständlichen Bauernlebens wird es im Land immer geben. Ich sagte, sie sind auch wichtig für die Entfaltung eines demokratischen Bewußtseins, das ja in Tirol Tradition hat, aber dessen materielle Basis nicht verkümmern darf angesichts der großen Besitzungen in geistlicher Hand wie Marienberg und Neustift.

Ich widersprach ihm aber auch allgemein, ich sagte: es könne ein Kennzeichen des Produktiven sein, wenn etwas dem Sinn nach unreflektierbar würde. Oder noch kürzer: *produktiv wäre das dem Sinn nach Unreflektierbare.* Ich sagte ihm: zählen Sie die Wörter nach, sieben Wörter, eine Definition, was produktiv ist. Vielmehr keine Definition, denn in dem Maß, in dem eine Sache sich nicht definieren läßt, ist sie produktiv. Er fragte nach Beispielen. Ich sagte ihm drei Beispiele: Geld ist unreflektierbar und nicht definierbar; und was ein Mann ist; und was produktiv ist.

Ich hatte ein Beispiel aus der Schweiz, seinem Land, im Auge: da war mir das Inkommensurable des ›Produktiven‹ aufgegangen; es gehörte ein Plus dazu, das der Planung und Errechnung, die nicht vernachlässigt wurden, ihren Stellenwert gab.

Die Frage nach einer möglichen Integration von Tourismus und Landwirtschaft habe ich an ein paar Stellen dieses Kapitels beantwortet; ich tat es auch im Gespräch. Wir waren uns einig, daß eine pragmatische Planung nichts bringt. Sie huldigt dem Positivismus, aus Diagnosen etwas ableiten und grobe Fehler lösen zu können.

Wir kamen auf das in Südtirol heikle Gebiet der Politik. Wir tauschten ein paar Sätze aus, daß wir uns verstehen:

politische Kontraste verfälschen die Probleme. Sie verdoppeln in Südtirol den Gegensatz zwischen Stadt und Land, weil die Stadt italienisch, das Land südtirolisch ist. Die Industrialisierung war bisher italienisch, es wäre anzustreben, Deutsche ins Land zu bringen. Zum Problem ›Arbeiter in der Stadt‹ gehört ein Rassevotum: die Mehrheitspartei rekrutiert sich auf dem Land aus Deutschen; in der Stadt werden sie der Klassenpartei zugehörig, weil Zugehörigkeit zur Gewerkschaft erforderlich wird, die aber ist italienisch. In Südtirol ergibt das zwei Gefälle: von der deutschen Seite her eine politische Krise, von der italienischen her ist die Italianisierung eine Krise. Die ›zona industriale‹ ist eine schizophrene Erscheinung, solche Immissionen sind zu vermeiden. Großindustrie wäre für das Land überdimensioniert. Ihre Folgen wären bei Ermüdung Kontakt- und Affektlosigkeit und zunehmende Aggression. Die Administration von ›oben‹ müsse vermindert werden. Sie sei ohne Transparenz. Man müsse wissen, die politische Seite, gleich welche, hemmt die Planung. Die Gemeinden würden gegen zentrale Planung sein, aus Gründen der Subventionen.

So blieb unser Gespräch offen. Doch glaube ich, hätten wir nach dem jetzt zu Ende geschriebenen Kapitel eine kartographische Aufnahme vor uns, könnten wir sie mit Punkten von Übereinstimmung besetzen.

Ein paar will ich zuletzt noch skizzieren:

ein Hauptpunkt zum Thema ›Raumordnungsplan‹ wäre vorauszuschicken: er ist keine Erfindung von heute. Das Gleichförmige bei den Anfängen der Siedlung ist ein Zeichen für ein Vorgehen nach Plan. Die Urkunde für die Alpwirtschaft im Martell des Maximilian Hendl ist ein Beispiel planmäßiger Ordnung aus der mittleren Zeit.

Der Punkt ›Erholungszentrum‹: hier gibt es Abstufungen. Das kommerzielle Moment läßt sich nicht ausschalten. Es wird die großen Gasthöfe geben, in denen schubweise die Fremden sind. Manche alten Orte sind beinahe zu schade dafür. Aber der Geschäftssinn der Wirte, die ihren ›Gasthof mit Fleischhauerei‹ haben und ›Lage abseits der Durchgangsstraße‹, wird eine Zurückdrehung auf den Stand des ›idyllischen‹ Ortes nicht zulassen.

Auf der Landkarte wären die von Natur für den Fremdenverkehr entwicklungsfähigen Gebiete abzugrenzen – wie die schon genannten Täler Martell und Langtaufers. Große Gebiete sind heute schon für eine bestimmte Art Fremdenbesuchs spezialisiert, so die Seiseralp: feste Häuser, weite Parkplätze, ein System von Liften für jede Jahreszeit. Es gibt eine Kategorie leicht zugänglicher Orte mit noch eigenem dörflichen Leben, in das sich der Fremde gern mischt. Ein solcher Ort ist Prad. Ein Ort nach der Art bestimmter Gebiete im Nonsberg, die dem Durchschnittstyp nichts bieten und sich nur dem individuellen Zugang erschließen, ist unter anderen das gleich neben Prad liegende Lichtenberg. Eine Planung müßte solche Abstufungen wahrnehmen und sie fördern. Der Punkt ›Kleinindustrie‹ schon genannt, auch die Punkte ›Grundzusammenlegung‹, ›Trockenlegung‹ und ›Auffindung von Plätzen für forschungsinduktive Niederlassung‹.

22. Die Erschließung des Gebirges – Julius Payer

Bei dem vorigen Kapitel war mir aufgegangen, daß eine Arbeit wie diese einen mittelbar praktischen Zweck haben kann, damit meine ich nicht nur die aus dem Gegenwärtigen gezogenen Hinweise für eine Planung. Auch das Vergangene gibt Fingerzeige, und die Erkenntnis, daß es auf Planung beruhte, macht Mut für einen heutigen Plan. Auffällig sind Unternehmungen mit Ausnahmecharakter: ihr Entstehen, Aufblühen und plötzliches Ende. Warum Ende: aus einer oder mehreren Ursachen, oder aus der Sache selbst.

Ein Beispiel solcher Unternehmung ist aus dem *Schnalstal* zu nehmen. Seine landschaftliche Gestalt ist wie die anderer Täler, eher noch ausgeprägter: am Eingang Felsklippen, dann eine lange Schlucht, ein einzelnes Haus an walddüsterem Ort zwischen Steinblöcken. Dann kommt die Siedlung, dann, wie im Martell, der zu einem See gestaute Fluß, dann das Talende mit Weide bis an das Ödland.

Den Ausnahmecharakter im Schnalstal hat die Siedlung: der Ort *Kartaus* mit dem Rest des Kartäuserklosters Allerengelsberg, in dem nach der Ordensregel jeder Mönch in einem eigenen kleinen Haus wohnte. Der Platz war von einer Mauer eingefriedet. Heute ist er Wiese. Nur einige Zellen und ein Kreuzgang mit gotischem Gewölbe sind erhalten. Der Zugang führt durch das vor den Klosterteil gesetzte Gasthaus.

Das Kloster Kartaus wurde 1326 gegründet. Ich besitze eine Fotokopie der Gründungsurkunde. Der letzte Hochmeister des Deutschen Ritterordens, P. Marian Tumler, hat sie mir geschenkt, als er noch Archivar des Ordens in der Singergasse in Wien war. Unter den Zeugen der Klostergründung ist ein Bertold dicto Tumler. Aber eine Abstammungsreihe ergibt sich daraus nicht. Mein Großvater Johann Tumler wurde als uneheliches Kind einer Rosa Tumler, die oberhalb Schlanders auf dem Berg Zerminig in Dienst war, geboren. Auch meine Verwandtschaft mit dem P. Marian Tumler kann nur weitläufig sein. Er stammt von den göflaner Tumler ab; diese aus Göflan gegenüber Schlanders kommenden Familien sind die mehreren. Wir kommen von einer kleineren Gruppe aus Kortsch dicht bei Schlanders, und dicht auch an dem Berg, von dem mein Großvater kam. Dies nebenbei und als Erweis des Nichtzusammenhanges mit dem 1326 bei der Klostergründung im Schnalstal genannten Mann.

Bemerkenswert erscheint mir, daß am 26. Januar 1363, dem ›Tag von Bozen‹, der von Kartaus entsandte Stimmführer zu der Minderheit gehörte, die gegen den Übergang Tirols an die Habsburger stimmte. Ein Forscher behauptet allerdings das Gegenteil. Aber die meisten Gegenstimmen kamen aus dem früher zu Rätien gehörigen Landesteil.

Das Klosterleben in Allerengelsberg darf man sich trotz der Separierung der Mönche in einzelne Häuschen nicht weltfremd denken. Ich habe schon das Beispiel des Frater Thomas gebracht, der 1730 der Gemeinde Marling den Plan zur Erbauung des großen Etschwaals vorlegte; eines Baues, der dann um so viel mehr kostete, als veranschlagt worden war. Mir fällt hier im Vergleich zum vorigen Kapitel ein, daß ein Vorschlag wie dieser in seiner Anstrengung durchaus einem heute zu erstellenden Raumordnungsplan entspricht. Für einen ganzen Landesteil wurde hier auf weite Sicht Kulturboden, Arbeitsstelle und ökonomischer Ertrag geschaffen. Das Kloster Allerengelsberg war dabei mit Eigentum beteiligt, es hatte Besitzungen in der meraner Gegend; sie waren vorbildlich geführt. Aber der Kern der Klosterregel, das formal kontemplative Leben der Einsiedlermönche, widersprach den Grundsätzen der josefinischen Klosterreform. 1782 wurde das Kloster aufgehoben. Es entstand ein kleines geschlossenes Dorf. 1924 wurde es durch Brand vernichtet. Seither sind die Klosterbauten Ruine, von Wiesenwildnis umflutet. Es gibt dann noch die zweite Siedlung im Schnalstal, *Unserfrau*, 1508 m hoch, dort beginnt der *Vernagt-Stausee*. Er unterscheidet sich vom Zufrittsee, der eine hohe Betonmauer hat und Schleusen an Stahlhebern wie riesige Mäuler. Der Vernagtsee hat einen von grüner Wiese gedeckten und wenig auffälligen Damm. Auf den See folgt der Ort *Kurzras*, 2014 m, der insofern eine Besonderheit ist, als er der größte Einzelbesitz in Südtirol ist: 2000 Hektar. Aber das meiste ist Ödland, der Wiesenanteil ernährt 30 Stück Vieh und gegen 1000 Schafe. Das Haus ist von Fremden viel besucht. Auch eine Alpiniabteilung hat hier, ähnlich wie im Trinksteinhaus, ihre feste Station. Ihr vorgeschobener Posten ist das Schutzhaus ›zur schönen Aussicht‹, auf einem zweistündigen Weg über Felsplatten zu erreichen, direkt an der österreichischen Grenze. Es ist ein gewohntes Bild, wie die Alpini in weit gezogener Linie von dort kommen und bis zur nächsten Ablösung im Gras lagern.

Kurzras ist auch eine Station auf dem *Schafsommerweg*, der vom Schlandrauntal heraufkommt. Hier werden die Schafe im Frühjahr auf ihre Weideplätze im österreichischen Ötztal getrieben. Im Herbst kommen sie auf schon verschneiten Wegen zurück.

Ein anderes Detail vom Schafherdentrieb weiß ich aus einer Erzählung meiner Tante: mein Großvater, der eine Zeitlang Viehhändler war und im vorigen Jahrhundert Schafherden zwar nicht übers Gebirge aber auf der Talstraße zum Verkauf auf die Märkte führte, sei, sagte sie, stets in der Mitte der Herde gegangen. Der Grund: auf einsamen Strecken kamen räuberische Anfälle vor. Solche Strecken waren bei Finstermünz und in der Etsch-Schlucht oberhalb Kastelbell. Mein Großvater sei mit einer Pistole gegangen, aber größere Sicherheit habe ihm das Gehen in der Mitte der Herde gegeben; die Schafe hätten ihm die geringste Unruhe außen durch eine Welle aufmerksamen Zusammenrückens gemeldet. Dazu eine Bemerkung von heute, vom Gebirgsüberstieg der Schafe ins Ötztal; ähnlich rücken sie auch bei Schneefall zusammen, und oft hat es Mühe, die Herde, die sich an geschützte Stellen drängt und sich auch einschneien läßt, mit langen Stöcken unter der Schneedecke zu finden und zum Weitergang zu bringen.

Eine Anzeige von heute, auch über Leben und Schutz der Tier- und Pflanzenwelt, bekam ich an der schweizer Grenze. Dort liegt der schon erwähnte *Nationalpark*, seit 1935 gehegtes Gebiet auf schweizer und südtirolischem Boden. An seinem Rand stehen Tafeln, die das Verbotene in einfachen Bildern darstellen: das Wegwerfen von Gegenständen – hier schleudert einer seine Konservenbüchse in den Wald –; das Blumenpflücken – hier wird einer Hand der verbotenerweise gesammelte Strauß abgenommen –; dann Jagd und Fischen, das Zelten, und zuletzt der Mitgang von Hunden; auch an der Leine dürfen sie nicht in den Nationalpark. Die ansässigen Bauern sind ihm wegen Wildschadens feindlich gesinnt. Das erinnert an ein Stück Historie: an die alte Bauernfeindschaft gegen die Herrenjagd. Solche Spannungen bleiben durch Jahrhunderte gleich, nur die Form ändert sich. Als 1969 der Nationalpark bis an die Etsch ausgedehnt werden sollte, legten die Bauern Protest ein und kamen damit durch.

Eine Aufsicht des Verkehrs im Gebirge wäre früher unnötig gewesen. Die im Tal Einheimischen betrachteten es als eher feindseliges Gebiet, es wurde zur Erzschürfung begangen. Vorliebe für den Aufenthalt in der Höhe zeigten zuerst die bozener Bürger. Sie gingen auf den Berg Ritten und erbauten dort ihre Sommerfrischensiedlung, die erste im Jahre 1775. Seither ist das Leben auf dem Berg bei ihnen Tradition. Sonst wurden von den Einheimischen nur die alten Höhenwege begangen, Verbindungswege seit jeher, schon in der Vorzeit. Der höchste ging übers Stilfserjoch, er führte über die mittleren Trassen der Höhenwege hinaus ins alpine Gebiet. Die eigentliche *Erschließung der Berge* kam spät im 19. Jahrhundert. Sie war ein Zeichen für ein humanistisches hochfliegendes Denken; eine Art Idealismus drückte sich darin aus. Den Anfang machten die Engländer in der Schweiz, dann in Südtirol, und zwar auf unscheinbare Weise, als legten sie auf ihre Pioniertaten keinen besonderen Wert.
Ein Beispiel ist *John Ball*, Präsident des ›Alpine Clubs‹ in London. Er bestieg den Monte Pelmo und wurde dann der Anführer des Alpinismus in den Dolomiten, zusammen mit dem Bergführer *Luigi Rizzi*.
Dieser 1818 in Dublin geborene John Ball bestieg auch die Marmolèda zum ersten Mal auf dem niedrigeren des Doppelgipfels, der Punta di Rocca. Das Unternehmen war 1860. Von ihm wurde nach dem schweigsamen Wesen des Engländers nicht viel bekannt. Aber Ball hatte auf der Marmolèda di Rocca ein Kästchen mit einem Al-

penvereinsthermometer und einer Rolle Notizen in französischer und englischer Sprache hinterlassen.
Zu seinem Erstaunen entdeckte der nächste Besteiger *Paul Grohmann*, der bedeutende Dolomiten-Erschließer aus Wien, zwei Jahre später, 1862, dieses Kästchen – als Beweis somit der Erstbesteigung durch John Ball.
Der schwierigere Gipfel der Marmolèda ist die Punta Penia, um 3 m höher als die Punta di Rocca. Sie wurde am 28. September 1864 von Paul Grohmann mit den einheimischen Bergführern *Angelo* und *Fulgenzio Dimai* zum ersten Mal bestiegen. Zu der Zeit war die Bergsteigerei schon berühmt: ein Jahr zuvor, 1865, hatte Eduard Whymper das Matterhorn bestiegen.
Es begann eine Epoche des Alpinismus an verschiedenen Seiten der Marmolèda: nicht Erstbesteigungen, aber Leistungen gleichen Ranges, so von *Emil* und *Otto Zsigmondy*, von *Ludwig Purtscheller* und *Luigi Rizzi*.
Weitere Beispiele aus demselben Gebiet sind: am 22. August 1897 gingen die aus Agordo stammenden *Cesare Tomè*, *Santo De Toni* und *Luigi Farenzena* zum ersten Mal in die Südwand der Marmolèda. Eine neue Route der Südwand nahm als Erstbesteigung zum ersten Mal eine Frau: die Engländerin *Beatrice Tomasson* mit den Führern *Michele Bettega* und *Bartolo Zagonel*. Der schon bekannte Luigi Rizzi hatte es abgelehnt, den Führer zu machen, angeblich wegen des ihm zu niedrig erscheinenden Honorars. Hier taucht zum ersten Mal die Frage des Honorars, überhaupt des Honorarwesens, bei Bergführern auf.
Eine neue Epoche kam mit der Verwendung des Skis. Pionier war der k. k. Oberleutnant *Richard Löschner*, der am 9. März 1910 auf Skiern die Punta Rocca erreichte.

Etwas allgemein Gültiges fällt mir hier auf. Zunächst: es handelt sich um Fachgebiete; auch Alpinismus und Skifahrt sind Ausnahmeerscheinungen ähnlich dem ökonomischen Wirken der Kartäuser mit Aufblühen und Ende. Ein Gegenbeispiel macht den Unterschied klar: die Seefahrt ist eine universale Erscheinung, sportliche und fachtechnische Entwicklungen sind es nicht. Aber sie haben, wenn Zukunft in ihnen steckt, ihr eigenes Gesetz: auch aus Hemmungen ziehen sie Nutzen. So war der erste Weltkrieg für die alpine Skifahrt viel weniger eine Unterbrechung als ein fördernder

Antrieb. Kaum war er zu Ende, steckte der Südtiroler *Gunter Langes* auf der Marmolèda die ersten Slalomstrecken aus, und nach seinem ›Riesenslalom‹ 1932 wurde die Marmolèda zum ›schnellsten Skiberg der Alpen‹ erklärt. Umgekehrt hatte der Alpinismus den Höhepunkt seiner Entwicklung, der im 19. Jahrhundert war, zu dieser Zeit überschritten. Heute hat er eine stille gleichmäßige Pflege: Ausbildung von Bergführern, Rettungswesen; aber eine Erzählung von seinem Hochflug und seinen Vorkämpfern wirkt in unseren Tagen wie die Besichtigung einer inzwischen geschlossenen Abteilung eines Museums; Südtirols wegen sei sie für dieses Kapitel geöffnet:

von dem sextener *Sepp Innerkofler* war schon die Rede. Sein Vetter *Michael Innerkofler*, berühmter Erstbesteiger, wurde der ›Dolomitenkönig‹ genannt.

Sepp Innerkofler war Vater eines Gedankenfortschritts: er entdeckte den ›Weg‹ zum Gipfel als etwas Vorbedachtes, den Erfolg Entscheidendes; er war der Erfinder der ›Route‹. Er ging 1890 durch die für unersteigbar gehaltene Nordwand der ›Kleinen Zinne‹. Nach seinem Vorbild begann man überall neue Routen zu erschließen. Sein Tod im ersten Krieg, auf dem Paternkofel, wurde hier schon erwähnt.

Aus dem Fassatal stammte *Tita Piaz*. Er wurde auf eine andere Art ›Spezialist‹: er legte sich auf ein eng begrenztes Klettergebiet fest, den ›Rosengarten‹. Nicht nur, um in der Nähe zu sein, übernahm er die Bewirtschaftung der Vajolethütte. Er wollte außer der Spitzenleistung auch den Profit. In diesem Kalkül zeigt sich schon eine Entwicklung des Alpinismus auf ein Ende hin an.

Piaz war auch in anderen Gebieten. Im ›Wilden Kaiser‹ war er auf Neuroute am ›Totenkirchl‹. Italien baute nach seinen Erfahrungen ein alpines Rettungswesen auf. Aber er blieb Einzelgänger, Rebell. Die Faschisten verurteilten ihn zum Tode, kurz ehe ihr Regime zusammenbrach. Das Urteil wurde nicht vollstreckt. Piaz ging in sein Heimatdorf Pera und wurde dort 1945 Bürgermeister. Ein Bergführer aus dem Ladinischen, der erst jüngst, im November 1968, 91 Jahre alt, gestorben ist, war *Franz Kostner* aus Corvara. Er war der Sohn eines Webers am Col Alt. Damals war Corvara ein abgeschiedenes Dorf. Kostner erlernte die Tischlerei und wurde dann Bergführer. Er war es, dem Julius Payer von seinen Bergfahrten erzählte, Payer war so ein Anreger für Kostner. Er fand auch andere Förderer. Professor Merzbacher, Alpinist und Asienforscher, lud ihn ein, mit ihm als Bergführer nach Zentralasien zu gehen. Die Expedition dauerte von 1901 bis 1903, es wurde der noch unerschlossene Tien-Schan erforscht und auf 20 Gipfeln bestiegen, auch vermessen.

Eine Errungenschaft Kostners war, nach Löschners Vorstoß, die methodische Entwicklung des Skilaufs für Bergtouren. Im Krieg war Kostner 1915 Ausbilder österreichischer Skitrupps, später wurde er Lawinenreferent der Truppe. Er war Kommandant der ladinischen Standschützen aus Enneberg.

Der Fortschritt war so auf beiden Seiten der Front. Auf italienischer Seite kamen seit langem Bergführer aus Cortina: *Bettega, Santo Siorpaes, Pompanin*. Man merkt die rätoromanische Grundbevölkerung des Tals an den Namen.

Einer der jüngsten Bergführer nach 1945 ist der aus Cortina stammende *Lacedelli,* der mit einer italienischen Expedition den ›K 2‹, den zweithöchsten Berg der Welt im Himalaya, betreten hat.

Ein ganz einfacher Mann, ein Bergbauer der Bergführer wurde, war *Angelo Dibona*. Aber er wurde es nicht, wie man vermuten mag, auf eigene Faust. Er unterzog sich, wie bei den Bergführern Cortinas üblich, der regelrechten harten Schule der Bergsteigerei an den Cadinspitzen. Diese Beschränkung auf Schulen ist, nach dem auf Wirtschaftlichkeit gehenden Prinzip des Piaz, ein zweites charakteristisches Merkmal der Entwicklung des neueren Bergführerwesens. In beiden Fällen ist es Einengung nach dem Aufblühen. Ein drittes Merkmal ist nur scheinbar Erweiterung, in Wirklichkeit auch Einengung aufs Spezielle: der Wechsel auf verschiedene Schauplätze. So kam Dibona von den Dolomiten in das steiermärkische Gesäuse zur Besteigung der Ödstein-Nordkante, in das Karwendel auf die Laliderer-Nordwand, in die französische Dauphiné auf die Südabstürze des Meije. Mit dieser internationalen Einübungsweise suchten sich die Bergsteiger bald überall ihre Gebiete.

Ein viertes Merkmal bei diesem Fortschritt führt wieder in kleinen Bereich: so ist in den Dolomiten der Wettstreit zwischen den Bergführern aus Sexten und aus dem Ampezzo Tradition. Ein Beispiel:

Angelo Dibona ging ins Fischleintal, um sich die Nordwand des Einserturms anzusehen. Sepp Innerkofler erfuhr es und versprach ihm 100 Kronen, wenn er eine von ihm bei einem Aufstiegsversuch liegengelassene Seilschlinge herunterhole. Dibona brachte die Seilschlinge, aber zugleich das Gipfelbuch, und war somit der Ersteiger einer neuen Route dieses Einserturms.

Der Bergführer *Emilio Comici* war Student und kam aus Triest. Er war als Intellektueller ein neuer Typ unter den Bergführern. Er begann als Höhlenforscher im Karst in der Lehre des Österreichers *Dr. Julius Kugy*. Dann kam er in die Dolomiten und bezwang im Herbst 1933 die schwere Wand der ›Kleinen Zinne‹ auf der inzwischen berühmt gewordenen ›gelben Kante‹, einer Route mit Schwierigkeitsgrad ›6‹. Comicis nächstes, noch schwierigeres Unternehmen war die Nordwand der ›Großen Zinne‹. Sie hängt so weit über, daß eine Schnur vom Gipfel am Fuß der Wand 20 m Abstand von ihr haben würde.

Comici biwakierte bei dieser Tour zweimal, seilte sich Proviant und Material auf den Biwakplatz und war nach drei Tagen auf dem Gipfel. Das war eine neue Art Kletterei: die technische Unterstützung durch Nachfuhr per Seil.

Es kam zu einem Streit, ob das Verfahren zulässig sei. Dr. Kugys Standpunkt war, daß eine Wand nicht ›verändert‹ werden dürfe. Schon das Einschlagen von Haken erklärte er für unzulässig. Comici hatte für die Nordwand der ›Großen Zinne‹ 90 Haken eingeschlagen. Seine Ansicht setzte sich durch. Er galt als bester Kletterer der Welt, er wurde, wieder ein Spezialist, zu verschiedenen Punkten geholt: in die französischen Alpen, nach Spanien, Marokko, Griechenland.

Aber er gab einen Stützpunkt des Lebens in den Dolomiten nicht auf; mit seiner Mutter ließ er sich im grödner Tal nieder und übernahm in Wolkensein (Selva) die Stelle des Bürgermeisters. Man sieht hier eine Kombination zwischen Bergsteigerleben und bürgerlicher Stellung, ähnlich wie bei Tita Piaz und Sepp Innerkofler.

Comici gründete in Wolkenstein eine Kletterschule. An einem Herbsttag des Jahres 1941 zog er mit Angehörigen dieser Schule ins Langtal, um an einer kleinen, 30 m hohen Wand mit ihnen zu üben. Während dieser Übung riß aus unbekannten Gründen die Seilschlinge, an der sich Comici festhielt, er stürzte ab – war tot. Die Bergführer des grödner Tals, die etwas wie eine eigene ›Kaste‹ sind, Noggler, Perathoner, Senoner, gaben ihm das Geleite.

Die Entwicklung der Alpinistik mit Kommerzialisierung und Spezialistentum macht sie zu einer Erscheinung von Ausnahmecharakter, die ihre bestimmte Zeit hat. Dann folgte eine andere Art der Erschließung der Gebirge. Einem frei ungebundenen Impuls entspringen noch die Bergsteigervereinigungen: der Alpenverein und der Club Alpino Italiano. Sie sind Massenbewegungen mit Betonung des Gefühls. Dem reinen Kommerz dienen die Hotels mit gelenkten Transporten. Skilifte und dergleichen sind wieder sachlich etwas Neues. Beide Einrichtungen sind eine Verdienstquelle für die Einheimischen.

Das hatte vor hundert Jahren niemand gedacht, als ein paar Bozener 1880 auf die Idee kamen, die ›Schlernhäuser‹ zu errichten. Sie stießen auf Unverstand. Was wolle man da oben, fragten sich die Leute bei dieser Unternehmung der Sektion Bozen des Deutschen und Österreichischen Alpenvereins, die dann am 3. November 1885 formell gegründet wurde.

In die Zeit persönlich geprägter alpinistischer Unternehmung gehört das Wirken des österreichischen Bergsteigers und Alpenforschers *Julius Payer*. Er hat in den Jahren 1864 bis 1868 Erschließungsfahrten in den Ortler-, Adamello- und Presanella-Alpen unternommen. Er hat Schilderungen darüber (nicht einfach ›Berichte‹) in ›Petermanns geographischen Mitteilungen‹, veröffentlicht; das war eine literarische Leistung. Er hat auch Zeichnungen gemacht, hauptsächlich orientierungsweisende topographischer Art, aber sie haben künstlerischen Reiz. Überdies war Payer nicht reiner Alpinist, er hat stets auch Messungen vorgenommen, sie stimmen mit den heutigen ziemlich überein.

Payer wurde am 1. September 1841 in Schönau bei Teplitz geboren und wurde Berufssoldat. Er zeichnete sich im Krieg 1866 in der Schlacht bei Custozza aus und wurde bald darauf dem topographischen Büro des Generalstabs in Wien zugeteilt. Sein früherer Garnisonsort Verona hatte ihn in die Nähe der Alpen gebracht. Er finanzierte seine Unternehmungen, auch die Anschaffung der notwendigen Ausrüstung, aus eigenen Ersparnissen. Er war Erstbesteiger des Adamello und des Corno Bianco. Dann ging er in die Ortlergruppe mit der Absicht, eine Spezialkarte zu zeichnen. Er fand in dem suldener Johann Pinggera einen bergkundigen Begleiter. Mit ihm bestieg er im Sommer 1865 sechs Berggipfel, darunter den Cevedale und den Ortler. 1866 durchforschte er das trafoier Gebiet: das Ergebnis waren 13 Besteigungen mit orometrischer Untersuchung. Im südlichen Ortlergebiet bestieg er 1867 mit Pinggera 18 Gipfel. Am Schluß führte er 1868 im Auftrag des militärgeographischen Institutes in Wien eine Aufnahme der Bergumrahmung des Martelltals durch: 16 Besteigungen.

Auf den Gipfeln war Payer viele Stunden unter schwierigen Umständen: Kälte, Nebel und Sturm, ohne größere Pause tätig. So brachte er auf dem Monte Vioz sieben Stunden zu, um seinen, wie er schreibt,

›Durst nach Höhen- und Tiefenwinkeln, Höhenschichten, Terrainformen usw. zu befriedigen‹.

Weiter arbeitete und ›rayonierte‹ er

›zehn Stunden auf der inneren Pederspitze, zwölf Stunden auf der Mutspitze bei schwüler Windstille und Sonnenstich, und fünf Stunden bei heulendem Sturm und fünfzehn Grad Reaumur Kälte auf dem Monte Gabbiol, so daß die Arbeit wahrhaft zähneklappernd geschah‹.

Payer hat eine Anzahl Gipfel und Pässe benannt und seine Benennungen auch volkstümlich gemacht. Er verständigte die Führer und Wirte und gab ihnen Skizzen. Brot und Speck, Polenta, Käse und Ziegenfleisch waren auf den Bergfahrten seine Ernährung. Eine reichlich bemessene Menge guten Weins glaubte er nicht entbehren zu können, so daß er sich

›mit einem Gefühl der Verachtung daran erinnerte, daß einige Bergsteiger kalten Tee dem Genuß jeden geistigen Getränkes vorziehen‹.

Einmal stürzten Payer und Pinggera durch eine Schneewächte über 800 Fuß auf den Fornogletscher ab – ohne besonderen Schaden. 1868 fand Payer in Wien eine Einladung Petermanns zur Teilnahme an einer Polarfahrt vor. Bei der dritten solchen Fahrt entdeckte er 1872 die Inseln von ›Franz-Josefs-Land‹ auf 82 Grad nördlicher Breite. Sie sind heute sowjetischer Besitz.

Vom Anfang seiner Arbeiten schreibt Payer in einer Notiz ›Ein Augenblick des Glücks‹:

›ich war von Tione (einem Ort an der damals österreichisch-italienischen Grenze) nach Trient unterwegs, als mir ein Major ein Fäßchen heraufreichte: ‚Mit Forellen für S. Exzellenz den General von Kuhn in Trient.' – Ich möge die Güte haben, sie abzugeben.

In Cumano gab ich den Fischen Wasser, und nachmittags stand ich in Trient vor Kuhn. Er war in Hemdärmeln, ich in der abgenutzsen Kleidung à la chasseur. Das Gespräch, das folgte, war: Was machen Sie hier? – Ich reise nach Venedig und komme vom Adamellogebirge. – Was haben Sie dort gemacht? – Eine neue Karte. – Was? Eine neue Karte? Wo ist sie? – Eine Stunde darauf stand ich wieder vor Kuhn, mit der Karte. Er: Das haben Sie gemacht? Aus eigenen Mitteln? – Ja, Exzellenz. – Sind Sie so reich? – Nein, ich lebe von meiner Gage. – Wie ist das möglich? – Ich spare und esse nur Brot. – Da bewundere ich Sie und bemitleide Sie. Freilich, bei uns hat man für die Wissenschaft kein Geld. – Kuhn legte seine Hände auf meine Schultern: Wäre ich Kriegsminister, dann hätten Sie Ihre Arbeiten auf Kosten des Staates fortzusetzen.‹

Kurz darauf war Kuhn Kriegsminister, und Payer bekam drei tiroler Jäger, 1000 Gulden und einen Theodolithen. Er ging nach dem Adamello und dem Ortler und machte eine neue Karte.

In anderen Notizen schreibt Payer über seinen Führer aus Sulden:
›Pinggera ist 29 Jahre alt, stark, von sicherer Kühnheit, munter, bescheiden und wahrhaft verläßlich; gegen solche Eigenschaften kommt seine mäßige Intelligenz gar nicht in Betracht.‹

Er schreibt über die Besteigung des Ortlers:
›Nach Osten die Füße zur Sicherung in den Schneehang eingestoßen saßen wir knapp nebeneinander. Auf der Spitze selbst, die gar keine eigentliche Fläche besitzt, hätte kein Dritter Platz gefunden.‹

Weiter:
›Komischer Weise behauptete Pinggera, den mailänder Dom zu sehen. Der Kurat in Sulden hatte ihm das eingeprägt.‹

Von einer Besteigung der Königsspitze:
›Der Ausspruch Tucketts, daß die Besteigung der Königsspitze ohne zureichende Schneehülle in hohem Maß erschwert sein müsse, erfüllte sich. Bald fehlte die Schneehülle ganz. Es folgte ein Gang an der Grenze des Lebens, die Idee eines Fehltritts, und sie war überschritten. Da begann der brave Pinggera, der sonst Kühnheit bewies, zu klagen: Wird der Wind stärker, so müssen wir uns hersetzen und können hin werden. – Das Balancieren währte eine Stunde, endlich wurde der Neigungsgrad geringer, wir standen oben, starr vor Kälte, 2 $^1/_2$ Uhr, nach elfstündigem Marsch. Der Gipfel erwies sich als geräumig, die scharfe Schneide war plötzlich in

ein Plateau übergegangen. Dem Wetter war nicht zu trauen, daher wir schon nach einer Viertelstunde abstiegen. Ich beantragte eine genau südliche Richtung. Aber Pinggera sagte: Über die Felsen nicht um 100 Gulden. – Ich ging voraus. Langsam muß man den Fuß vorsetzen, das Knie darf nicht zittern, die geringste Stabilitätsverrückung kann der Führer nicht mehr abwenden. Nach ³/₄-stündigem Balancieren verließen wir die schauerliche Schneide. Bei strömendem Regen wanderten wir über den Gletscher und kamen nach 16stündigem Marsch zur Alpe Forno. Sie liegt an 7000 Fuß hoch und unendlich schön, hart daneben zieht die Vedretta herab.‹
Eine letzte Stelle von Payer noch über seine Arbeit in dem schon beschriebenen Martelltal:
›das Ortlerland lag noch einmal vor unseren Blicken, kein Schneefeld, keine Schuttrinne, die wir nicht begangen hätten. Nach dem Verlassen des Gletschers kamen wir zu den Felsufern des Grünsees. Ein Hochgebirgssee übt immer eine eigentümliche Anziehungskraft aus. Wir streckten uns am Strande hin, beobachteten die Spiegelung der Berge auf der Seefläche, den leisen Strich des Windes darüber, die zahme Brandung an der Felsumrahmung und die durch Schneefall ermattete Gestalt des Zufritt. Blumen waren auf der Erde. Eine Schar Ziegen setzte sich neben uns und sah schweigsam mit uns in das grüne Wasserbecken, bis ein großer Hund kam, sie an ihre Pflicht ,zu weiden' mahnend. Am 10. August wurde die ,untere Alpe' verlassen, um 10 Uhr kamen wir in die Ortschaft Tal im Martell. Ich empfahl mich den Vätern im Widum; und Pinggera, der weinte, wurde entlassen. Die anderen bekamen den Auftrag, mit dem Gepäck nach Bozen aufzubrechen, wohin ich heute bis Latsch vorausging, nachdem ich vorher in Salt ein Bad genommen. Am 11. August kam ich nach Bozen. Ich entließ den Träger Grießmayer nach seiner Heimat, dem Ahrntal, Haller nach Passeier, beide mit Zeugnis ihrer Tätigkeit. Über Innsbruck reiste ich nach Wien, wo mich ein Brief Dr. Petermanns zur Teilnahme an der Nordpolexpedition einlud.‹

Man kann sich Payers Persönlichkeit nach seinen Tagebuchstellen und nach bezeichnenden Details von Berichten gut vorstellen. Er verkörpert einen altösterreichischen Typus, den ich ›ärarisch‹ nennen möchte: schwärmerisches, rechtschaffenes und tüchtiges Wesen, das doch nicht ohne Beschränkung ist; ein nicht aristokratischer und eigentlich auch nicht wienerischer Typus; er war zum Teil das Rückgrat der Monarchie: hochqualifizierte Militärs und Beamte; die meisten stammten, wie Payer, aus dem Sudetenland. Sie hätten einen Typus umfassenderen Geistes als Ergänzung und Anhalt gebraucht. Es gab ihn in Österreich ungeschwächt nicht mehr. Das ist eine der Ursachen der tragischen politischen Entwicklung Österreichs. Die Gestalt Payers mit ihren Vorzügen und mit dem, was ihr fehlt, bringt mich zu dieser Betrachtung. Sie hängt auch mit Dingen zusammen, die allgemein für die tirolische Entwicklung in der Zeit vor 1914 wichtig wurden. Es war dieser Typus, der als Beamter, Offizier, Politiker vor den schwierigen Fragen der Integrierung, und unter Umständen auch der rechtzeitigen Ausgliederung der nichtdeutschen Gebiete in dem südlichen Grenzland stand.

23. Beim Birnenpflücken

Wir sind beim Birnenpflücken, das ist keine leichte Arbeit, vor allem ist es Frauenarbeit, die Cousine sagt von ihrem Bruder: Der steigt auf keinen Baum. Die Birnbäume von der Sorte ›Alexander‹ und ›Williams‹ stehen im Spalier auf der Böschung über dem Eisenbahngeleise, hier muß man die Leiter geschickt stellen, damit sie nicht abrutscht. Die Leiter hat ihr Gewicht, und wenn man sie von einem Baum zum andern schleppt, muß man sie an der richtigen Sprosse anfassen, sonst trudelt sie oben weg. Auch der Klaubsack hat sein Gewicht, und wenn er voll ist, spannen die Gurten über Brust und Rücken. Auf dem Stück freier Wiese nebenan stehen die Obstkisten, jede faßt 50 Kilo. Sie müssen an dem Tag noch gefüllt werden. Die Obstgenossenschaft hat Nachricht gegeben, daß morgen der letzte Ablieferungstag ist; dann wird die Ware ersteigert. Der Preis ist 20 Lire pro Kilo; das ist ein Schundpreis, der Konsument zahlt dann 120 Lire. Zehn Kisten in zwei Reihen und jede dreistöckig, das sind 60 Kisten; mal 50 macht 3000 Kilo, das sind dann doch 60 000 Lire, 400 Mark. Das lohnt fast nicht, rechnet man die Nebenkosten; daher auch jede Kiste, wenn sie benutzt ist, zurück muß. Die Kisten sind aus dem leichten Pappelholz, das aus Oberitalien kommt, daher dort die vielen Pappeln angepflanzt sind, schnellwüchsige Bäume, die an den Kanälen links und rechts

stehen mit Neigung nach innen, daher sich dieses Bild von dort einprägt, die Pappeln in spitzem Winkel gegeneinander gekreuzt in der Ebene zwischen Verona und Modena. Ein Geruch von Öl und die weißen Mauern der Gutshöfe mit der Aufschrift ›Bruciatore‹; das kommt von der anderen Art Obstverwertung, die der Staat eingeführt hat.
Er mischt dem Brenngut, aus dem der Schnaps gebrannt wird, etwas von den Obsttrestern bei. Dadurch garantiert er den Preis, denn er nimmt nun den Bauern von jeder Menge Obst, die sie abliefern, auch das überschüssige zu dem festen Preis ab. Das Holz, aus dem die Leitern sind, ist schwer, wie geschnitzt, es muß dauerhaft sein, Lärchenholz, die Sprossen dürfen nicht brechen. Die Nachricht von der Ablieferungsfrist ist in der alten St. Marx-Kirche angeschlagen, dorthin, in die Molkerei, kommen die Frauen jeden Abend und lesen die Anschläge. Das blaue, am Rand ausgezackte Papier, mit dem die Kisten ausgelegt werden, kostet nicht viel, aber es ist festes Papier, es liegt in großen Rollen auf der Wiese. Die Bäume am Spalier sind abgeräumt, nun kommen die, die innen stehen. Da ist die Arbeit leichter, der Klaubsack füllt sich schnell. Es gibt eine neue Art Klaubsäcke mit einer Nylonschnur und einem Loch unten, man zieht an der Schnur, und der Sack leert sich im Nu von den Birnen. Schnelligkeit zählt. Ein paar solltest du oben lassen, sage ich zu der Pflückerin, weil ich sehe, daß sie an einen ganz außen liegenden Ast nicht herankommt. Für wen? fragt sie. Für den lieben Gott, antworte ich. Sie sagt: Der Herrgott ißt keine Birnen. – Von was lebt er denn? – Von den Seelen, die er gewinnt, dem ist jede Seele lieber. – Die Pflückerin kommt mit dem schweren Sack die Sprossen herunter. Auf ihrem rotbäckigen Gesicht liegt der grüne Schein des Laubs. Sie fragt: Wie lange hast du schon den Herrgott nicht gesehen? – Sie meint: empfangen, die Kommunion. Nun ist die Cousine beim Pflücken dran. Es ist immer dieselbe Bewegung, die sie macht: eine Drehung, dann löst sich der dicke Stengel leicht. Die Cousine macht mich auf etwas aufmerksam: neben jedem Bruch, von dem eine Birne gepflückt ist, ist schon ein weicher Zweig ausgebildet, winzig die Frucht vom nächsten Jahr.
Warum ich dies alles erzähle? Weil ich denke, daß auch eine Arbeit wie Schreiben so fortgehen soll: ein Vorstoß von Frucht und Knospe, sie ist schon da. Weil ich der Cousine von Giazza erzählen

will, das denke ich schon die ganze Zeit, das kennt sie noch nicht. Giazza, was gibt's da zu erzählen? Nichts, aber ich war voriges Jahr da und ich habe es mir anders vorgestellt: Giazza, ein Tal, 60 Kilometer, ein rauschender Bach und ein dicker Wald, Engstelle, Siedlung, Stausee wieder und dahinter Almboden, das ist Giazza. Aber es war anders. Es war so, daß die Straße an der Engstelle zwischen Weinbergen in die Höhe kurvt, und daß sich die Burg, die Giazza bewehrt, stets von verschiedener Seite zeigt, und daß sie rostige Mauern hat, und Eidechsen, die in den Stein schlüpfen; denn Giazza gehört nicht mehr zu Südtirol, es ist im Gegenteil von ihm durch Gebirge getrennt. Ein Tal von Süden herauf, aber das ist das Besondere an ihm, dort wird deutsch gesprochen. Ein Stück von Verona nach Osten ist die Abzweigung, dann beginnt Giazza. Und es ist ein altertümliches Deutsch, das dort gesprochen wird, die Leute sagen: zimbrisch. Aber das ist eine Sage. Es kommt nur davon, weil Giazza noch einen anderen Namen hat; die Leute sagen: Ljetzan. Ich habe nachgedacht, ob es dasselbe Wort ist, oder ob nur der Artikel drin steckt: Giazza, Ljetzan. Und daß es zimbrisch sein soll, sagen die Leute, weil sich die Zimbern nach ihrer Schlacht mit den Römern dorthin geflüchtet hätten. In Wirklichkeit ist es eine Mundart. Die Leute sind bei ihr geblieben, weil sie ohne Verbindung waren. Sie sind eingewandert, im 11., 12. Jahrhundert. Da haben sich die Bischöfe von Verona diese Einwanderer geholt. Dann waren sie abgeschnitten. Im Norden waren die Berge, da sind sie mit ihrer Sprache stehengeblieben. Aber diese Sprache haben sie behalten, es hört sich sonderbar an, sie sagen:
›bar reidan taudsch‹.
Sie singen bei diesem ›dsch‹ ein wenig, dabei sprechen sie es ganz kurz: ›taudsch‹. Es heißt: wir reden deutsch. Das sind die Ljetzaner. Bei ihnen ist das ›b‹ nicht zu einem ›w‹ geworden. Wachs heißt bei ihnen ›bachs‹. Zu Wasser sagen sie ›bazar‹. Die Bäckerei heißt: das Haus ›un Proate‹, ›Proathaus‹, das steht so an der Mauer geschrieben. Auch für Gasthaus haben sie solch ein Wort. Mitten durch das Dorf geht ein tosender Wasserfall. Dann kommen die Bauernhäuser, sie haben dieselben niedrigen Stalltüren wie überall. Dann kommen steile Gassen, fast sind es nur Treppen. Da stehen Blumentöpfe, die Blütenblätter zittern von dem Wasserstaub, vorne sind trockene Misthaufen. Das Tal geht noch ein Stück weiter. Dort arbeitet ein Bagger. Es ist eine grauschieferige schlammi-

ge Erde am Hang. Sie bauen einen Staudamm. Da fließt das Wasser zusammen, und dazwischen weidet das Vieh. Aber sie brauchen es im Winter nicht abzutreiben. Der Schnee kommt nicht so weit herunter. Es ist nur Wald im Norden, das sind die lessinischen Alpen.

Bei einem Besuch im matscher Tal kam ich zu einem Viehabtrieb zurecht. Hier wird die Engstelle durch eine außen am Hang führende Straße überwunden, in weitem Zickzack gewinnt sie die Höhe bis zu dem Ort, in dem zu der ›Agglomeration‹ von Häusern ein neues Schulhaus gekommen ist. In vielen, vom Haupttal entfernten Orten Südtirols sind in den letzten Jahren diese modernen Schulgebäude entstanden: Flachbauten mit großen Fenstern und Räumen für verschiedene Zwecke; sie werden zu neuen Mittelpunkten der Siedlung. Man glaubt zuerst nicht, daß sie in Orten von solcher Höhe stehen, Matsch liegt 1561 m über dem Meer. Ich sah den Kindern beim Spiel zu, mir fiel ihre leichte Art Empfindungsfähigkeit und Anpassung auf. Sie kommen, immer noch fünf oder sechs in jeder Familie, aus den alten, von der Witterung braunen Holzhäusern; aber sie nehmen das neue Haus, in dem sie die Schuhe ausziehen müssen, das Bodenbelag aus Kunststoff und Ölheizung hat, als selbstverständlichen Aufenthaltsort.
Der Almabtrieb ist bei allem romantischen Ansehen ein nüchternes Geschäft. Der Tag ist festgelegt. In kleinen Gruppen kommt das Vieh die Straße heraus. Die Bekränzung der Kuh mit Grün und blauen Blumen ist ein Wertzeichen. Die Kuh mit der besten Milchleistung trägt diesen Schmuck. Der zugehörige Bursch aus Schluderns, der aussieht, als wäre er noch nicht sechzehn, trägt das Militärkoppel von seiner 14monatigen Dienstzeit bei der Artillerie in Neapel. Das Wort, das er sagt: ist: ›Alm-Wegplündern‹. Wie es geschieht, sahen wir an dem letzten Ort nach der langen Strecke: dem ›Glieshof Nr. 69‹. Hier hört die Straße auf, und die Wasserrinnsale zwischen Graspolstern gehen zurück bis ins steinige Kar. Der Glieshof ist Dauersiedlung, die Leute haben Pferd und Schlitten für den Winter, auch ein Auto, und halten im Stall ›dauerndes‹ Vieh, das bleibt. Zur Alp-Abfahrt gehört auch die Käse-Abfahrt. Alles ist schon fertig. Für den Abtransport sind zwei Traktoren da. Auf dem ersten Wagen liegt gepackt die Kleidung, auf dem zweiten, in Decken eingeschlagen, der Käse. Es sind 100 bis 150 Laib

Käse. Das Gewicht ist auf jedem angeschrieben: zwischen 7 und 11 Kilogramm. Für eine durchschnittliche Jahresabfuhr von Glies rechnet man etwa 100 Laib à 6000 Lire, das ist ein Gesamtwert von 600 000 Lire oder 4000 Mark. Der Preis (wenn man verkauft 600 Lire pro Kilogramm) wird unten in Schluderns an die Besitzer verteilt. Sie essen den meisten Käse ›selber‹, gemeint ist: als Hausbedarf; verkauft wird dann der ›Sennereikäse‹, die schlechtere Qualität. Butter machen sie auf der Alpe zu Schmalz, sie wird ›eingesotten‹, in Glies sind das etwa 600 Kilogramm, auch sie werden meist im Haus verbraucht. Butter kostet das Kilogramm 1100 Lire, 24 Liter Milch geben 1 Kilogramm Butter. Für die 600 Kilogramm wären auch das etwa 600 000 Lire, so daß ein Wert von 8000 Mark auf dem Wagen liegt. In Glies wird nur *ein* Mal geholt, oder wie die Leute sagen ›weggeplündert‹.

Anders ist es in Laas, wo das Vieh auf der schlandrauner Alp steht. Dort erfolgt die Verteilung der Menge in der Alm selbst, und auch das Quantum Butter wird vom Besitzer selbst abgeholt, in einem – das wurde mir ausdrücklich so bezeichnet – ›leinenen‹ Tuch; oder er läßt es durch einen Beauftragten abholen. Die Butter wird als ein Knollen in einer Art Kühlraum auf der Alp aufbewahrt und erst unten im Tal von jedem eingesotten.

Nach Glies kamen früher auch Jäger. Sie hatten eine Hütte, unten ein Steinsockel, oben Holz, zweistöckig, die Fensterrahmen sind geschnitzt; hier feierten sie nach der Jagd. Heute ist die Hütte verfallen, Werkstatt und Hühnerstall. Für freie Lust haben die Leute von Glies nicht viel übrig. Hier, wo das Ödland anfängt, herrscht die Arbeitswelt vor. Sie rechnen mit dem Glas Milch und halten die Küche sauber. Hinten ist der Auslauf für die Schweine, und auf dem knappen Stück Wiese am Bach, wo das Gras noch zu mähen geht, muß das Heu gewendet werden.

Die Leute von der Alpe sind anders: wilder, ungestümer, und heute genießen sie ihren Feiertag: sie haben nichts mehr vor sich als die Talfahrt auf dem Traktor auf dem von der Sonne erwärmten Hang. Sie trinken Wein und probieren ihren Käse und lassen ihn auch den Gast probieren.

Es sind fünf Leute: der erste ist der Alpmeister, er wohnt in Schluderns und kommt nur in vierzehntägigem Abstand herauf, die Milch zu ›messen‹. Das sind zum Beispiel fünf Messungen im Sommer, auch jeder Sonntag mit eingerechnet, so lange das Vieh heroben

ist. Die erste Messung ergibt sechs Liter, die zweite acht, die dritte acht, die vierte und fünfte und so weiter, die Summe ist 31 Liter, nach dem Milchmaß wird der Käse verteilt. Früher waren ›Pfund‹-Maße, nicht Kilogramm. Der Alpmeister erinnert sich: bis vor fünfzehn Jahren, er hat noch eine Pfundwaage als Instrument.
Er hat vier Alp-Boten, sie sind ständig auf der Alpe. Der oberste ist der Senner, er macht Butter und Käse. Der Untersenner ist für Käse rühren und Schweine füttern. Die zwei Hirten müsssen Vieh hüten. Der Melkstuhl, den sie haben, ist höher als sonst, weil sie auf dem Hang melken und der Boden uneben ist; zum Käserühren hat der Untersenner einen langen Stock mit einem Quirl aus starkem Draht am unteren Ende.
Die Rentabilitätsrechnung ist so: für *eine* Kuh zahlt der Bauer 18 000 Lire, und 2000 Lire für Lastautotransport und Beistellung der Leute: der ›Gehilfen‹ bis zur Almbringung des Viehs. Bei Kalkulation gleichen sich die 20 000 Lire (ca. 130 Mark) pro Vieh, die bar bezahlt werden, und der Wert der Produkte: Käse und Butter, und das gratis Futter, ungefähr aus. Als Gewinn bleiben indirekte Gewinne: die Gesundheit des Viehs auf der Alm; die Produkte, die der Bauer als Eigenbedarf verzehrt, sind von besserer Qualität; dann die Arbeitsverminderung, da das weggetriebene Vieh keine Arbeit macht.
Aber die Rechnung: daß es sich ungefähr ausgleicht, kann doch nicht ganz stimmen. Ich hörte es selbst, wie sich mein Vetter mit einem Schludernser unterhielt: wieviel zahlst du für ›oben‹; da war die Antwort: 5000, vielleicht waren noch Nebenrechnungen dabei oder Vorteile aus Leistung; merkwürdig war mir, daß die nach außen gezeigte Rechnung nie ganz mit der besonderen, wirklichen übereinstimmt; Geld wird hier zu einem ungenauen Wert.

Das langtauferer Tal bei Graun ist das dem Reschen nächste Tal in Südtirol, und es ist ein Tal speziell mit Schafbergwirtschaft. Ich fuhr hinauf mit einem Lehrer, der von der letzten Ortschaft am Talende stammt: von Melag. Der Ort hat auf der Landkarte keine Höhenbezeichnung, aber dann kommt nur noch der Talschluß bis zur Weißkugelhütte: 2557 m, dahinter ist der Hauptkamm der Alpen: Weißkugel und Vernagel, mit 3739 und 3352 m. Das langtauferer Tal hat auch ein Stück Vergangenheit. Der Lehrer erzählte mir davon: der Flußname in Langtaufers ist Karlin, auf einem alten Stich von Peter Anich ist der Karlinbach als ursprüngliche Etschquelle angegeben; möglich, daß sich durch Geländeverschiebung auf dem Reschen im Flußlauf etwas geändert hat. Der Lehrer erzählte auch von der ›Samermühle‹. Sie liegt gleich am Anfang des Tals, der Name deutet darauf hin, daß die Mühle an einem alten ›Saumweg‹ erbaut war. Solche Wege gab es, und stets auf mittlerer Höhe, der Lehrer sagt: ›bequemer‹ Höhe, und sagt: Es gab ja immer Verbindungen, auch in ältester Zeit.

Dieser letzte Satz klang wie vorgelesen. Ich habe mir das Wort auch notiert, und beim Notieren hingehört auf die Art des Sprechens und der Sätze. Sie sind nicht immer konkret, aber sie sind ohne Schmuck und in der Wortbildung wie auf Abkürzung gezogen; etwas Formelhaftes dieser greifbaren Sprache fiel mir auf. Ich habe mir später überlegt, ob das mit der papiermäßigen Anlernung des Deutschen im oberen Vinschgau zusammenhängt; sie kam von der schon erwähnten Wiederaufrichtung des Klosters Marienberg, und von jenen handfesten Verordnungen: dem Verbot von Heirat mit jemandem aus dem romanischen Graubünden, oder der Aufnahme von Dienstboten dorther. Ich stellte mir das alles noch einmal vor: dabei sprachen die Einheimischen selber romanisch; und die Kinder lernten deutsch in der Schule wie eine Fremdsprache; das war vielleicht die Ursache für jenen heute noch erkennbaren Unterschied in der ›Sprechsprache‹; für die ›Sprechgrenze‹ in dem Ort Eyrs.

Dann kommt noch ein Stück Geologie: der Endkopf. Das ist Kalkeinschuß. Darauf hatte mich der Lehrer schon unten an der Etschbrücke aufmerksam gemacht: eine andere Formation, es sind auch andere Blumen oben. Erst jetzt, als wir am Eingang zum matscher Tal direkt davor sind, merke ich, daß dieser Kalkeinschuß ein ganzer Berg ist, merke auch die deutlich andere Form einer durchgezogenen Geraden, eine Kante und Nase. Sie hat mehr ›Gesicht‹ als die viel höheren Urgesteinsberge ringsum, und nun sagt mir der Lehrer auch den Namen, den der Endkopf im Dialekt hat: Wir sagen ›der Joggl‹. Das klingt deutsch.

Hinten das Panorama auf die Weißkugel, dort ist die Grenze, eine Blendung von Eis.

Noch ein Stück Historie, weiter vorn, hoch über uns: ein Sporn aus Stein. Der Lehrer sagt: Der Leuchttum, dort haben sie mit Fahnen oder Fackeln Zeichen gegeben bis auf die andere Seite des Reschen. Eine Art Wallburg, oder so.

Ich sehe hinauf, als wir fahren, und denke: das war dann noch *vor* der Historie. Inzwischen sind wir weiter, unterhalb der Ortschaften, die mit nußbraun dunklem Holz und roten Blumen in den Fenstern und immer eng gescharten Häusern am Hang stehen: Pedroß, Kapron, Pleif. Dann kommt der letzte Ort: die fünf Höfe von Melag. Und nun lese ich doch eine Höhenangabe auf der Mauer: 1915 m.

Ich werde das Wort ›Agglomeration von Häusern‹ nicht los. Etwas davon trifft für dieses Wohnen an der Endstelle zu. So weit ist der Würfel gerollt, so viel ist gerade noch zusammengekommen. Hier ist es eine kleine Agglomeration: die ineinander geschachtelten Giebel der fünf Häuser, ein Stall, in dem ein junges Kälbchen liegt; ein Brunnen, dessen Rohr aus der Wiese kommt und unter ein Schutzdach geführt ist.

Der Brunnen, ja, der ist immer offen, sagt der Lehrer, als hätte er die Frage erwartet. Ein Steinhaufen an der windstillen Seite hinter der Stallecke, dort setze ich mich hin, während ich ihn dem Eintritt in sein Geburtshaus überlasse. Ich denke, das gehört sich so; er weiß nicht, wie er die Familie antrifft. Aber sein Bruder, der hier wohnt, ist nicht im Haus. Er kommt von einem der Giebel herunter, Kalkspritzer auf dem Hut. Sie bessern hier ein Stück Mauer aus. Die Gehilfen arbeiten weiter, als er herzutritt: derselbe Gang wie der Lehrer, auch im Gesicht ist kein Unterschied des Alters. Viel Zeit nimmt er sich nicht, weil sie fertig werden wollen, falls morgen das Wetter anders ist, das kann sein. Es gibt erstaunlich wenig zu sprechen für solch ein Wiedersehen, der Lehrer war im vorigen Jahr zum letzten Mal hier oben. Aber vielleicht ist auch ihre Art so: Langsamkeit durch Abgeschiedenheit, oder es gilt nur für den ersten Augenblick: als dann die Frauen kommen, wird mehr geredet. Das Vieh ist noch draußen, sagen sie. Der Lehrer erklärt mir: acht Stück Grasvieh sind am Hof, und sieben Kälber. Ich erfahre: zweimal wird gemäht, alles ist Wiese, bis auf ein ›Stückl‹ Hafer. Der Lehrer winkt mich nach draußen, er erklärt mir die Schafwirtschaft.

Es sind zwei Schafberge, ein vorderer und ein hinterer, und sind zwei Schäfer. Die Schafe gehen in bestimmten Revieren, vier Reviere, der Schäfer besucht abwechselnd die Reviere, erkennt die Schafe mit dem Fernglas. Die Zahl: fünfhundert von der Fraktion

Langtaufers, elfhundert von anderswo. Sie gehen in eine Höhe von etwa 2500 m, kommen bis an ca. 3000 m. Der Schäfer läßt sie ›los‹.
Ich habe mir das Wort ›los‹ unterstrichen bei der knappen dichten Erklärung, eine Pause ist ihm vorangegangen, dann eine Handbewegung, als solle sie den festen, aus dem Augenblick stiebenden Vorgang unterstreichen.
Aber nun kommt etwas Wichtiges: die Zeit. Die Schafe dürfen vom 24. Juni bis 7. September nur oberhalb einer bestimmten Grenze geweidet werden. Der Lehrer fügt hinzu: Und zwar unter Aufsicht eines Hirten. Er sieht mich an, prüfend, ob ich verstehe, warum; das ist nur ein Augenblick, dann erklärt er weiter: Weil das darunter liegende Gelände für das ›Heimvieh‹, d. i. das zum Hof gehörige Vieh, reserviert wird. Vorher, bis zum 15. Juni, dem St. Veits-Tag, dürfen sie frei gehen, ohne Hirt; für diese Zeit trifft das Wort zu: der Schäfer läßt sie los. Am 7. September werden sie in Melag zur ›Schafscheide‹ versammelt.
Ich schreibe mir den Ausdruck auf, als verstünde ich ihn und wolle ihn nur nicht vergessen; aber der Lehrer hat mein Zögern und Aufblicken bemerkt, und gibt mir nun statt des festen Wortes ›Schafscheide‹ einen Satz für den Vorgang. Er sagt mir, was dabei geschieht, mit diesen Worten:
sie werden versammelt durch Salz, auf Steinplatten fein aufgesät, auf vorher gelegte ebene Steinplatten.
Ich kann mir schon denken: ›vorher gelegt‹ heißt, daß es jedes Jahr dieselben Platten sind. Das Wort ›aufgesät‹ fällt mir auf, es ist das Sparsame drin, das stets Kontrollierte bei allen diesen Verrichtungen.
Wir sehen in die Runde. Da ist die Abflachung ›Grub‹, ein kleiner Stausee des Karlinbaches, von dem aus das Wasser unterirdisch bis zu dem Ort Graun geht, zur Speisung des Etschwerkes, zur Speisung auch des Reschensees.
Die Zeit spielt herein: so ist das Finanzwachgebäude auch hier von Militär besetzt wegen der Grenze. Auch ein Hotel ist als ›zona militare‹ besetzt, die Jeeps mit dem Kennzeichen ›E. I.‹, das ist ›Esercito Italiano‹, stehen hinter einem Drahtzaun. Der Lehrer sagt: Das ist seit drei Jahren, die Schutzhäuser wurden erst später besetzt.
Es ist wie beim Trinksteinhaus in Ahrntal; die Inschrift von dort fällt mir wieder ein: NEC REDISO RECEDIT. Es ist wie bei den

anderen Grenzstellen: eine Wache, wo die Wege aufhören. Dann kommt das Tasten der Schuhe in dem weichen Almboden, oder ein splitteriger Stein setzt sich in dem Profil der Gummisohlen fest; oben der Blick auf die Zackenlinie des Gebirges.
Später sind wir in der Stube, der Lehrer und nun doch auch sein Bruder. Ich erfahre: im ganzen waren es fünf Brüder und fünf Schwestern, und auf allen fünf Höfen in Melag waren dreißig bis vierzig Kinder.
Und nun erzählt der Lehrer genauer von dieser Sache aus der Zeit vor dem ersten Weltkrieg: früher wurden Kinder am ›Kindermarkt‹ (er sagt: ungefähr im Mai, und nicht nur in Mals, auch in Graun und Imst) ins ›Schwabenland‹ verdingt, in Memmingen ›versteigert‹, nur für einen Sommer zum Hüten und anderen landwirtschaftlichen Tätigkeiten, für drei Monate.
Die Bauernstube ist holzgetäfelt, die Bemalung mit Blumen über den Wandteilen seit 1869. Das steht auf der Inschrift:
›Johann Blaas und Katharina Black 1869‹.
Der Lehrer sagt: Das Haus steht seit 1430. Er verbessert sich: Die Kirche, das Haus ist schon älter.
Er erzählt: Vor dem Straßenbau war nur ein Feldweg, er wurde im Winter von Hof zu Hof ›vom Schnee aufgeschaufelt‹.
Ich verstehe: ›aufschaufeln‹ heißt ›öffnen‹; da gebraucht er selber das Wort: Seit zehn Jahren erst wird die Straße vom Land im Winter geöffnet.
Es ist eine Verschiebung in den Wörtern, vom Vorgang ›aufschaufeln‹ zum Tatbestand ›öffnen‹, zu dem auch eine Instanz gehört, das ›Land‹, und weiter Ziffern, Rechnen, das Datum:
der letzte Straßenausbau war 1930 durch das Militär. – Der Lehrer weiß das genau, denn der Wegmacher, der im Sommer durchgehend die Straße von Graun bis Melag unter Aufsicht hatte, war sein Vater.
Er selber ist die ersten Jahre hier in die Schule gegangen, dann nach Brixen gekommen, und davon weiß er, wie er die Straße von Mals bis hier herauf gegangen ist, sieben Stunden, auch im Winter und tiefem Schnee.

Von den kinderreichen Familien auf diesen Bergbauernhöfen in Südtirol war hier schon ein paarmal die Rede. Mein Beispiel, das ich im voraus genannt habe, in meinem Gespräch mit dem Architekten aus dem Tessin, bekam ich auf einem Hof bei der Ortschaft Asten nach einer Fahrt über das Penserjoch. Ich hatte nicht gewußt, warum der Vetter eine der 50 Kilo-Kisten mit Birnen im Auto mitnehmen wollte. Er sagte nur: Die da oben über 1800 m haben kein Obst mehr. Wir hatten in Sterzing Halt gemacht, unter dem Zwölferturm mit Uhr und Zinnen, und waren durch die Lauben mit Wirtshausschildern gegangen und weitergefahren; und hier, im sterzinger Moos mit seinem Défilé von breiten Schotterterrassen, war mir auf einmal klar geworden, warum dies ein Ort für Zusammenlauf von Massen gewesen war, auch im Krieg, ›alles Volk geschwind über den Jaufen‹, hatte es bei Andreas Hofer geheißen. Von den Tälern, aus denen sich dieses Volk saugen ließ, kamen hier an allen Seiten die Pässe herein. Auch das Penserjoch war solch ein Übergang, vom Sarntal herauf und von Bozen. Die Straße mit Schottergrund war eine Militärstraße, sie ging auf 2214 m, aber durch ein Gebirge, das grünes Land war mit Sträucherdickicht und Wiese in dieser Jahreszeit Herbst. Überall standen die Autos mit Kennzeichen aus Nordtirol. Sie gehörten den Beerenklaubern aus Innsbruck, die so ausfuhren. Dann kam nach einem steilen Abfall die Ortschaft ›Hof Asten‹ mit einem breiten Futterhaus neben der Straße und einem Besitzer Hochkofler ›vulgo Dicktl‹, zu dem die Birnen gebracht werden sollten, wegen seiner, wie ich nun sah, zwölf Kinder, davon neun Buben; und die Kiste, hätte die Mutter sie nicht schnell weggestellt, wäre im Nu leergeschmaust gewesen. Die Mutter, eine Frau von 41 Jahren – man hätte ihr die Kinder nicht angesehen. Die älteste 21, eines der Kinder war gestorben. Das jüngste lag in einem Nest aus rosa Tüchern wie eine noch nicht ganz gefestigte Schleimmasse, es sah am meisten dem Vater ähnlich, und fast schien es, als seien die Kinder von ihm, aus seinem voluminösen Körper, gekommen, wenigstens repräsentierte er das: ein beleibter aber behender Mann und ein kluger Kopf noch dazu. Er trug die sarntaler Tracht, auffällig daran war der breite Gürtel aus Pfauenfedern. Vier Handwerker machten das noch im Tal, die ›Federkielstiche‹, sagte er; das Material kommt aus Oberitalien. Aber die Tracht war bei ihm kein Zeichen für altmodisches Wesen. Abgesehen von dem geräumigen Futterhaus hatte er auch sein eigenes kleines Elektrizitätswerk; und nicht nur die Küche betrieb er elektrisch, auch der Kachelofen in der Stube wurde von Heizkörpern innen erwärmt. Er bezahlte Steuer für die elektrische Anlage, aber das war wegen der Vorgabe, daß drei Besitzer beteiligt seien, bei solchem Fall der Landwirtschaft dienenden Energie nur ein Bruchteil der Summe, die er für Fremdstrom hätte zahlen müssen. Etwas Besonderes hatte er sich für die Schwachstromladung der Hüterzäune ausgedacht: einen kleinen Dynamo, der, von einem Wasserrad bewegt, wie ein Spielzeug aussah; aber man bekam einen ganz ordentlichen Schlag, wenn man den Draht der Weidezäune berührte. Der Sinn für Schönheit fehlte ihm nicht: die Stube hatte eine Holzdecke, in der Mitte war sie ausgeschnitten für ein auf Kalk gemaltes Bild; dieses Bild, eine Arbeit aus dem Barock, hatte der ›Dicktl‹ von einer Kapelle, die abgerissen worden war, in das Haus verpflanzt. Er war übrigens ein im ganzen Land bekannter Mann, Vorstand und Ratgeber in landwirtschaftlichen Verbänden und kam oft nach Bozen. Auf der Fahrt dahin kamen wir in das Sarntal. Es trennt hier die zwei Hochgebiete dieser zentral-südtirolischen Landschaft: auf der einen Seite liegt der Ritten, auf der anderen das Plateau von Mölten. Das Sarntal hinab wird die Landschaft immer mehr zu einer Schlucht zwischen Porphyr und gewinnt den Charakter, den sie rings um Bozen hat. Es ist der Charakter einer Weinbaulandschaft, und auf der Straße nach Meran und weiter ins Überetsch liegen die berühmten Weinorte: Terlan, Girlan, Eppan, Kaltern; im Unterland Tramin, Kurtatsch und Margreid. Neumarkt hat seinen Blauburgunder, der meraner Küchelberg den ›Vernatscher‹, die tonangebende Rotweinsorte. Aus der Gegend um Bozen kommen die Sorten ›St. Justina‹, ›St. Magdalena‹, der ›Karneider‹, der ›grieser Lagreinkretzer‹, und schließlich aus Terlan und Nals der dort gezogene Weißwein. ›Kalterer‹ ist eine Markenbezeichnung für die Weine aus der Provinz Bozen, zum Unterschied von den Weinen aus dem Trentino. Der Wert der Jahresernte ist vier Milliarden Lire, das ist ein Fünftel der gesamten italienischen Weinausfuhr.

Statt mit Zahlen schließe ich dieses Kapitel mit Notizen aus einem Buch. In der Einleitung hat es Abschweifung in poetische Bilder. Da heißt es:
›neben der großartigen Umrahmung durch die Berge, die teils unmittelbar die Stadt umschließend auf breiten Sockeln sich erheben, teils in luftige Ferne gerückt morgens und abends erglühen, bestimmen das Landschaftsbild die Weingärten, die nahezu über die

ganze Talebene sich ausbreiten und an den Berglehnen rings ansteigen. Das Grünen der Reben, oder Leuchten, wie der Weinbauer es nennt, schafft alljährlich ein Bild des erwachenden Frühlings, während die Farbenpracht des Herbstlaubs die wundersamsten Stimmungen erzeugt. Die Anlage der Weingärten fällt uns Einheimischen weniger auf als den Gästen aus nördlichen Gegenden, wo gleichfalls die Rebe Früchte trägt. Sie fragen nach dem eigentümlichen Bau, und wenn sie den Namen ‚Pergeln' hören, deuten sie ihn als mit den Bergen in Zusammenhang stehend. In Wirklichkeit kommt er von ‚pergola', Laube. Diese Benennung gibt uns einen Anhaltspunkt auf die Frage nach dem Ursprung unseres Weinbaues. Er hat in unserem Teile Südeuropas ein hohes Alter. Römische Kolonisten gründeten den Kranz von Landgütern in Bozens Umgebung. So geht Eppan auf Appianum (Landgut eines Appius), Girlan auf Cornelianum (Cornelius), Missian auf Missianum (Missus) und Terlan auf Torilianum (Taurilius) zurück.‹
Mit diesem Zitat habe ich das Andenken meines Vaters geehrt, es ist aus dem Anfang seiner, nach seinem Tode gedruckten sprachforscherischen Schrift. Er geht in ihr Ausdrücke, die zum Weinbau gehören, durch. So erwähnt er, daß für den Ausdruck ›Pergeln‹ oberhalb Merans der Ausdruck ›Pataun‹ tritt, ein romanisches Wort, das mit italienisch ›pontone‹ (Brücke, Wölbung) zusammenhängt. Die Gerüsthölzer für die Weinziehung heißen ›Guntanell‹, ›Kontanelle‹. Das war die nach der Länge gelegte Stange des Rebengerüstes, das zugleich als Maß für die Rebzeile diente, von italienisch ›contare‹, ›zählen‹. In der meraner Gegend hieß die ›Guntanell‹ ›Stellaun‹, von italienisch ›stellone‹, einer Augmentativform von ›Span‹ in der Bedeutung von zu Latten gespaltenem Holz. Der Zwischenstreifen aus Rasen zwischen den Weingärten heißt im Überetsch ›Gfinnen‹, was vom lateinischen ›confinium‹, ›Grenzscheide‹ kommt. Im Eisacktal gibt es eine Weinsorte ›Elbling‹, vom lateinischen ›albuelis‹, ein weißer Wein.
Es folgt eine Aufzählung von Arbeiten. Für das Zurichten der Reben sagt man in der bozener Gegend ›firmen‹, von lateinisch ›fimare‹, ›zurechtrichten‹. In dem Mundartwort ›prôfen‹ für das Weiterziehen von Ablegern steckt das lateinische ›propagare‹, ›fortpflanzen‹. Die besonders dünnen Stäbe zum Stützen junger Reben heißen ›Manailen‹, von romanisch ›manella‹, ›Händchen‹. Die Saltner als Weingartenaufseher hatten jeder seinen ›Rigl‹, von lateinisch

›regula‹, ›abgegrenzter Bezirk‹. Die Tragbutte für die Weintrauben hat in Bozen zwei alte Benennungen: ›Zumm‹, vom lateinischen ›cymbium‹, das ein griechisches Lehnwort ist und ›kleiner Nachen‹ bedeutet. Das zweite Wort ›Gonzal‹ ist abgeleitet von ›congiale‹ zu ›congius‹, einem Flüssigkeitsmaß von drei Litern. ›Torggl‹ für Weinpresse kommt von ›torcula‹, ›torquere‹, ›drehen‹, ›pressen‹.
So geht es weiter durch viele Ausdrücke. Zu einigen fällt mir eigene Erinnerung ein. So zu ›Pataun‹ das Weingasthaus zum Patauner, an dem jeder Reisende zwischen Bozen und Meran vorbeikommt; es steht an der Straße mit offenem Garten. Das Torggelhaus steht in Bozen, die ›Haselburg‹, ein Ort, den ich durch Kunstfreunde kennenlernte, ein Stück unterhalb der Stadt schon auf der Höhe der gegenüberliegenden montiggler Seen in Richtung Kaltern.

14. Ein Band vom Herzen

Nördlich des Klosters Neustift bei Brixen liegt hinter der Höhe von Schabs und über dem Schluchteinriß des Zuflusses Rienz die Herrschaft Rodeneck. Das Schloß ist wie ein Ort, der etwas für sich bedeutet, nicht gut sichtbar, es taucht an der Straße bei der mühlbacher Klause für Augenblicke aus einem Waldstück auf.
Aber vielleicht gehört es gerade wegen dieses betonten Platzes ›für sich‹ zu den ›Kampf- und Kriegsorten‹ Tirols – oder sollte man besser sagen, zu den ›politischen‹ Orten, an die sich Dinge knüpfen, die wichtig waren für das Schicksal des Landes. Aber ebensowenig wie es heute auffällt, war den Zeitgenossen damals die Bedeutung des geschichtlichen Ereignisses bewußt: hier, vor den Mauern der Burg Rodeneck, fiel am 24. Mai 1525 die Entscheidung über den Aufstand der tiroler Bauern. Ihre Niederlage wurde besiegelt, obwohl die Bewegungen des Aufstandes dann noch lange und scheinbar erfolgreich fortdauerten. Man muß sich fragen
›wie es kam, daß der Aufstand so aufhörte, ehe er eigentlich begann‹;
diese Frage stellt sich der tschechische Historiker Josef Maček in seiner Arbeit ›Tyrolská selská válka a Michail Gaismair‹. Das Buch ist 1965 auch in deutscher Sprache erschienen.
Zur Lage: in einem vorigen Kapitel war von der großen Last, der

die tiroler Bauern durch Abgaben und Strafordnungen unterworfen waren, die Rede; die Zeugnisse aus Planeil, angeführt von Propst Weingartner, geben unverhüllt den Elendsstand. Der Zustand wurde durch Verschuldung des kaiserlichen Hofes unter Maximilian I. und Verpfändung der Einkünfte an die Handelsgesellschaften der Fugger und Hochstetter, durch Mißwirtschaft der Kirche und Ausbeutung seitens des Adels noch schlimmer. So lag eine Überlast auf den bäuerlichen Untertanen. Die Nähe der schweizer Bauern-›Demokratie‹ brachte sie in aufrührerische Stimmung. Dazu kam die Reformation mit Predigern und Druckschriften. Die in der ständischen Verfassung vorgesehenen ›Gerichte‹ waren Vertreter der Bauern und drängten umsonst auf Erleichterung. So kam es zu den ersten individuellen Erhebungen in Gestalt der ›Absage‹. Dieses Recht war im Mittelalter verbreitet, aber nur Adelige durften davon Gebrauch machen und eine ›Absage‹ aussprechen, d. h. eine Fehde ansagen. Den Bauern war es erlaubt, Waffen zu besitzen und sie mit sich zu führen. Sie gingen nun daran, auch für die Untertanen das Absagerecht durchzusetzen. Dabei wurden sie von den ›Gerichten‹ unterstützt. Das war der Anfang der bäuerlichen Erhebung.
Das größte Aufsehen machte der Absager Peter Päßler aus dem Pustertal. Seinem Vater war von dem neuen Bischof in Brixen, Sebastian Sprentz, das erbliche Amt des Fischereiaufsehers im See von Antholz entzogen worden. Päßler griff nach ergebnisloser Verhandlung zur Waffe. Andere Absager schlossen sich ihm an.
Päßlers Haufe behauptete sich im antholzer Tal gegen die bischöflichen Kriegsknechte. Erst als Päßler verwundet worden war, gelang es, ihn zu fassen – aber nicht in Antholz, sondern in Schlanders im Vinschgau, als er schon unterwegs nach Mailand war, um sich, wie in dieser Zeit der Söldnerheere üblich, einem solchen Verband, in dem Fall der französischen Söldnertruppe, anzuschließen. Er wurde in Brixen eingekerkert. Der Prozeß gegen ihn zog sich wegen zahlreicher Stimmen, die forderten, man möge ihn gegen Garantien auf freien Fuß setzen, in die Länge. Auch der Ankläger forderte neue Zeugen. Die Geschworenen fürchteten die Rache der päßlerschen Anhänger. Diese Anhänger bekräftigten durch eine symbolische Handlung Päßlers Recht: sie gingen öffentlich nach Natz, um die Weiher des Klosters Neustift auszufischen. Nach gefälltem Urteil auf Hinrichtung erließ ein Ausschuß von acht

Landgemeinden aus Brixens Umgebung Warnungen an das Gericht. Als eine Frauenabordnung, darunter Päßlers Frau, zurückgewiesen worden war, versammelten sich etwa 300 bewaffnete Bauern auf dem brixener Domplatz, verhinderten die Exekution und befreiten Päßler. Sie gingen nicht auseinander. Sie konstituierten sich mit Vertretern aus 13 Gemeinden zu einem Ausschuß. Der Pfleger von Schloß Rodeneck, Sigmund Brandisser, versuchte sie zu beschwichtigen und forderte sie auf, ihre Beschwerden vor den in Innsbruck weilenden Erzherzog Ferdinand zu bringen. Statt dessen wählten sie Bauernhauptleute und schickten sie nach Brixen. Dort wählten auch die Bürger Hauptleute. Sie öffneten den Bauern die Stadt. Das war am 9. und 10. Mai 1525. Am 12. Mai wandten sich die Aufständischen gegen das Kloster Neustift. Sie forderten 5000 Gulden Entschädigung für ertragene Lasten. Als ihnen dies abgeschlagen wurde, plünderten sie das Stift.

Die Plünderung war nicht nur Empörung. Den Aufständischen war klar, daß sie ein ganzes Gebiet in Aufruhr gesetzt hatten, demnach sie ihrer Bewegung eine Organisation geben mußten. Sie wählten durch die Vertreter der Gerichte Michael Gaismair zum Feldhauptmann, dazu einen Rat.

Gaismair stammte aus dem Dorf Tschöfs nahe Sterzing. Sein Vater war Besitzer von Silber- und Kupfergruben in den Tälern bei Sterzing. 1502 erwarb er das Recht zum Bau einer Handelsstraße über den Brenner. 1503 wurde er ›kaiserlicher Wegmeister‹ mit dem Recht, für die Instandhaltung der Straße den ›Weglohn‹ zu erheben. Der Unternehmergeist des Vaters mag den Sohn mitterzogen haben. Er schlug den sonst gewöhnlichen Weg nach oben: die geistliche Laufbahn, aus und wählte die Möglichkeit auch freier Bildung: zum Beamten.

Die bischöfliche Schule in Brixen war dafür eine gute Vorbereitung. In ihr lebte noch etwas von dem Geist des Bischofs Nikolaus von Kues. Michael Gaismair wurde, nach Abgang von der Schule, vielleicht durch Beziehungen des Vaters, Schreiber des höchsten ständischen Beamten in Tirol, des Landeshauptmanns Leonhard von Völs. Seine nächste Stelle war: Sekretär des Bischofs. Er war nicht ein vom Amt abhängiger Mann. Er hatte zu seinen Einkünften Gewinne aus Bergwerken. Aber es gibt Notizen, die Gaismairs geistige Entwicklung vor 1525 als die eines Mannes von Mitgefühl mit dem Leid der untertänigen Bauern zeigen.

> Ich leid
> und schweig
> und trag Geduld
> mit aller Unschuld

schrieb er an den Rand eines Gerichtsprotokolls, und:

> es bleibt kein Gutes unbelohnt,
> kein Übles ungerochen,

und:

> langsam geht man auch weit.

Es ist, als habe Gaismair mit der dritten Bemerkung seinen Lebensweg vorgezeichnet. Die Reformation fand bei ihm Anklang, er näherte sich den Untertanen – schließlich in direkter Verbindung mit dem Geheimbund der Bauern.
Gaismair war damals 35 Jahre alt. Seine leicht gebeugte Gestalt wird erwähnt. Sie verriete, ›daß er Tage und Nächte über Büchern und amtlichen Schriftstücken zugebracht hatte.‹ Er galt als gelehrt und beredt. Die nächsten Tage zeigten, daß er auch organisatorische Fähigkeiten besaß, um den Bauernausschuß gegen die Feudalherren und den Erzherzog zu schützen.
Der junge Erzherzog Ferdinand in Innsbruck, seit 1521 ›Gubernator‹ der deutschen Teile des Habsburgerreiches, war in einer schwierigen Lage. Er war ein außergewöhnlich gebildeter Mann und stand in Verbindung mit Erasmus von Rotterdam, der ihn ermahnte, die Reformation von einer höheren Warte zu sehen. Aber er stand auch unter dem Einfluß seiner spanischen Ratgeber, jede Regung zum Aufstand mit grausamer Härte zu unterdrücken. In diesem Augenblick war es sein erstes Interesse, zu verhindern, daß die bayrischen Herzöge, alte Rivalen der Habsburger, unter dem Vorwand, den süddeutschen Bauernaufstand niederzuwerfen, das Allgäu besetzten. Trotzdem hielt er seine Anwesenheit in Tirol für unerläßlich. Er war sich der Sympathien des untertanen Volkes bewußt als einer Hilfe, die tiroler Aufständischen zu spalten: durch Worte und kluges taktisches Verhalten.
Er rief den rodenecker Pfleger Brandisser und bot den Bauern Verhandlungen an, dem Landesherrn ihre Forderungen vorzutragen. Er schickte persönliche Kommissare zu Gaismair und erklärte seine

Bereitschaft zu Straffreiheit bei unbedingter Ruhe und Waffenstillstand. Beschwerden würden auf dem nächsten Landtag am 16. Juni verhandelt werden. Gaismair stellte sich auf diesen Punkt Verhandlung, sagte aber zugleich Brandisser, obwohl dieser der Abordnung Ferdinands angehörte, die Fehde an mit der Forderung, Rodeneck dem Bauernausschuß zu übergeben. Er sperrte den Zugang, so daß Brandisser als Gefangener auf der eigenen Burg saß. Auf die Art präzisierte Gaismair den Standpunkt der Bauern: wir stehen zum Landesfürsten, wenden uns aber gegen Prälaten, Adel und Beamte.
Die Bauern bekamen Verstärkung, der Aufstand ging über ganz Tirol. Die Gerichtsleute von Seis am Schlern besetzten die nahebei gelegene Burg Prösels, in der die Landesprivilegien, Symbol der ständischen Rechte, aufbewahrt wurden. Das gab der Erhebung den legitimen Charakter eines ständischen Widerstandskampfes. An anderen Orten, so in Neumarkt, verbrannten die Aufständischen die Urbarregister als Belege ihrer Abhängigkeit. Sie erklärten, sie hätten die Burg nicht für sich, sondern für den Erzherzog übernommen. Im Namen Ferdinands besetzten sie auch Salurn. In Bozen leisteten sie sich Übergriffe gegen die Häuser des Deutschritterordens und drangen ins jüdische Ghetto ein. Bei diesen Plünderungen traten ihnen bozener Bürger entgegen.
Ein erstes Programm verfaßten die in Meran versammelten Bauern am 15. Mai 1525. Die Artikel waren:
Aufhebung der Abgaben an die Kirche bis auf einen Zins zum Unterhalt der Pfarrer, die einzusetzen allein Recht der Kirche sein sollte,
freie Verfügung der Untertanen über Weide, Wasser, Wald und Jagd,
Aufhebung der Zölle, ausgenommen die fürstlichen,
Herstellung der Rechtssicherheit, Vereinfachung des Justizwesens
– und Verbot der Einfuhr des trienter Weins
(demnach muß hier eine alte Rivalität bestehen: auch 1968, als drei trentinischen Gemeinden das Recht zuerkannt werden sollte, ihren Wein als aus dem kalterer Gebiet stammend zu firmieren, kam es in Bozen zu einem Spottumzug, bei dem ein Faß Wasser mit der Aufschrift ›Kalterer Wein aus dem Trentino‹ auf das Pflaster ausgeleert wurde).

Die Bauern konnten die ›meraner Artikel‹ auch in Nordtirol durchsetzen. Hier aber stellte sich ihnen Ferdinand persönlich entgegen. Nahe Innsbruck kam es auf offener Straße zu dieser Begegnung zwischen dem Landesfürsten und einem Zug Bauern. Sie endete mit Ferdinands Verlangen nach schriftlicher Vorlage der Beschwerden und mit einem vorläufig nachgiebigen Bescheid. Wohlhabende Bauern halfen Ferdinand, den Aufruhr zu stillen. Auch in Südtirol neigten die Bauern zu Kompromissen. Das einzige Gebiet, in dem sie stark blieben, war Brixen.

Hier berief der Bauernausschuß einen Teillandtag nach Neustift ein, ausdrücklich ohne Wissen Ferdinands. Aber dieser schickte mit besonderer Instruktion ausgestattete Kommissare ebenso ausdrücklich zu Gaismair. Daraufhin stimmte der Teillandtag einem Waffenstillstand zu.

Gaismair war auf Ordnung bedacht. Er ließ entwendete Geldschätze sicherstellen. Später wurde ihm vorgeworfen, er habe gerade das nicht getan. Es ging dabei um 300 Gulden des brixener Prälaten und kaiserlichen Gesandten in Venedig, Dr. Georg Angerer. Nach ausdrücklichen Zeugnissen steht fest, daß Gaismair diesen Betrag wie alle beschlagnahmten Werte nur auf Ratsbeschluß freigab, und mit der direkten Bestimmung, sie zur Besoldung und Verpflegung der Kriegsknechte zu verwenden.

Gaismair verfuhr regulär auch, als sich am 24. Mai Ferdinand mit einem persönlichen Mandat an ihn wandte. Darin war dargestellt, daß bis zum nächsten Landtag Gewaltanwendung untersagt, daher auch der Angriff auf Rodeneck unzulässig sei, er richte sich nicht gegen die verhaßte Obrigkeit, sondern gegen die Autorität des Landesfürsten, er sei einzustellen, und Gaismair besonders habe Proviant an den Burggrafen Brandisser zu geben.

Gaismair fügte sich dem Befehl. Er tat es entgegen dem Druck radikaler Anhänger. Das war der Wendepunkt des Aufstandes. Es bleibt unklar, ob Gaismair Vertrauen in Ferdinand setzte und deshalb loyal bleiben wollte. Jedenfalls ging er in diesem wichtigen Fall Rodeneck von der primitiven Behauptung des Machtpunktes ab.

Ferdinand bewies schnelle Entschlußkraft. Er erledigte zunächst die allgäuische Frage im Vertrag von Füssen: als kaiserlicher Statthalter erklärte er sich mit der Aufhebung der Leibeigenschaft im Herrschaftsbereich von Augsburg einverstanden. Unter der Hand

ließ er den bayrischen Herzog wissen, daß dies ein notwendiger Kompromiß sei. Aber ihm selber lag die Notwendigkeit der Aufhebung von Mißständen wohl klarer zutage als seinen Standesgenossen. Seine Politik schuf ihm auch unter den tiroler Feudalherren Feinde. Aber sie war, bei aller Schläue der Taktik, auf weiter gesteckte Ziele gerichtet. So war er durchaus für den Weggang seines den tiroler Bauern verhaßten spanischen Ratgebers Salamanca. Aber auch hier taktierend, ließ er die Verbindung zu Salamanca nicht abreißen; er nahm ihn auch später, Ende Juli 1525, wieder auf. Seine Methode, zu beweisen, daß er für gründliche Besserung der Mißstände sei, erlaubte es ihm, für den 19. Mai einen nordtiroler Teillandtag nach Innsbruck einzuberufen. Die Forderungen der Teilnehmer mußten ihn überraschen. Sie waren:
Entzug weltlicher Macht und Regierung für jeden Geistlichen, getreue Verkündung des Evangeliums ohne seine Ausnutzung zu Aufruhr,
Machtentzug für Salamanca,
Sperre Tirols für fremdes Kriegsvolk.
Ferdinands Antwort war gemäßigt. Er stimmte den Beschwerdeartikeln zu unter der Voraussetzung, daß ein allgemeiner Aufstand unterdrückt würde, allerdings (und das war wieder Nachgiebigkeit) *nur* durch das Landesaufgebot, nicht durch fremde Kräfte.

Bei einem dann nach Meran einberufenen südtiroler Teillandtag wurde dieser Stand der Dinge mit Details, die für die Bauern nicht ungünstig waren, bestätigt. Dem hatte nun der allgemeine Landtag in Innsbruck zu folgen: am 12. Juni 1525. Zu ihm kamen allein 200 Abgeordnete der Bauern. Die kaiserliche Grußbotschaft (von Ferdinands Bruder Karl V.) gab manchem Teilnehmer erst den Blick auf die europäische Weite der Unruhe und der bäuerlichen Bewegung. Michael Gaismair war nicht bei den Verhandlungen. Er stand dem innsbrucker Landtag abwartend gegenüber. Er war ein ›gebildeter‹ Bauernführer, der zunehmend klar erkannte, daß der Bauernkrieg als Erhebung für sich in Tirol in eine Sackgasse geraten war. Es mögen ihm auch Zweifel an der Bauernsache überhaupt gekommen sein. Das bezeugt sein Versuch mit dem brixener Bischof Sebastian in eine geheime Verbindung zu treten. Je weniger er vom Landtag erhoffte, um so deutlicher zeichnen sich seine späteren, und dann so folgenschweren Absichten ab, die

Sache der tiroler Bauern nicht durch einen isolierten Aufstand, sondern durch Ausnützung außenpolitischer Verbindung zu fördern. Er wandte sich an die Schweiz und Graubünden, als der Landtag noch verhandelte. Als dann der ausdrückliche Landtagsbeschluß die Übergabe Brixens an den Erzherzog vorsah, wollte oder konnte sich Gaismair nicht länger behaupten. Er stimmte der Übergabe zu. Es gab Widerstand in Rodeneck, er zeigte noch einmal an, daß Gaismair mit der Auslieferung dieser Herrschaft in der Sache des einfachen ›Aufstandes‹, wie ihn das Bauernvolk trug, einen Fehler gemacht hatte.

Die Folgen bekam er sofort persönlich zu spüren. Er wurde durch Brandisser zur Berichterstattung beim Erzherzog über die Unzufriedenheit im rodenecker Gericht bestellt. Gaismair hatte keine Ursache, sich der Ladung zu entziehen. Er kam am 20. August nach Innsbruck, wurde ergriffen und ins Gefängnis geworfen.

Bei ihm war es Gefangennahme. Auswärts, d. h. überall in Südtirol, wo nun, nach dem Zwischenspiel erfolgreicher bäuerlicher Erhebung, die Feudalherren wieder durchgreifen konnten, war es Hinrichtung, Folterung, Fingerabschlagen, Augenausstechen, Zungeherausreißen, dutzendweise Marterung der Empörer. Von Glück konnte sagen, wer frei außer Landes gekommen war. Nach Schätzungen verbrachten allein 300 bis 400 tiroler Aufständische den Winter von 1525 auf 1526 auf dem Gebiet der Republik Venedig.

Die Republik Venedig verfolgte den tiroler Bauernkrieg von Anfang an mit besonderem Interesse. Ihr war die Empörung willkommen, da sie traditionell eine habsburgfeindliche Politik betrieb. In Cividale hatten die Flüchtlinge sogar ein eigenes Haus und erhielten Hilfe von den italienischen Bergleuten. Dabei rissen die Verbindungen zu Tirol nicht ab. So verbrachte Peter Päßler das Weihnachtsfest 1525 zusammen mit Gefährten im heimatlichen Tal Antholz. In Graubünden aber traf man Vorbereitungen, durch die bald neue Unruhe nach Tirol kommen sollte. Hier rüstete Michael Gaismair Ende 1525 und zu Beginn 1526 zu einem Angriff.

Es war Gaismair im Oktober 1525 gelungen, aus dem innsbrucker Gefängnis zu fliehen. Der ›Hofrat‹ (die von Maximilian I. begründete und nun von Erzherzog Ferdinand dirigierte oberste Justizbehörde des Landes) ließ nach ihm fahnden. Gaismair aber schickte

am 15. Oktober an die Mitglieder des Hofrates einen Protest aus Sterzing. Der Inhalt war:
Verteidigung seiner bisherigen Tätigkeit: er habe den Aufstand gezügelt und das Bistum Brixen an Ferdinands Amtsleute abgetreten,
Beanstandung des Verfahrens: nach gültigem Landesrecht dürfe niemand ohne erwiesene Schuld ins Gefängnis geworfen werden,
Berufung dabei auf die Landesprivilegien mit Verlangen, sich vor einem ordentlichen Gericht verteidigen zu können;
Drohung, sich zur Wehr zu setzen, falls sein Protest nicht berücksichtigt würde.
Der Hofrat schickte den Protest an Ferdinand und empfahl, Gaismair freies Geleit zu geben. Ferdinand gewährte das verlangte freie Geleit und befahl Bestellung eines ordentlichen Gerichtes zum 6. Februar 1526. Der Brief- und Notenwechsel war ein Scheingefecht bei Mißtrauen auf beiden Seiten. So ging Gaismair Anfang November 1525 nach Graubünden, von da nach Zürich zu Ulrich Zwingli, zu geheimen Zusammenkünften. Das Ergebnis waren: Zwinglis Plan eines Feldzugs, und Gaismairs ›Landesordnung‹.
Zwinglis Feldzugsplan war, daß ein Heer des evangelischen Bundes in Tirol eindringen und ihm zu Freiheit und eigener Regierung verhelfen solle. Gegenleistung der Tiroler wäre eine Sondersteuer an Zürich zur Unterstützung des Kampfes. Das Ergebnis sollte ein Freundschaftspakt zwischen dem evangelischen Bund und dem befreiten Tirol sein.
Das Schicksal des zwinglischen Plans war: er ließ sich nicht durchführen, weil Zwingli selbst sich in Zürich erst durchsetzen mußte – nicht gegen die katholische Richtung, aber gegen die Täuferbewegung.
Das entzog Gaismairs Plänen den Boden. Und auch er blieb nun in Zürich nicht unbehindert. Am 13. November 1525 wandte sich Erzherzog Ferdinand an den züricher Rat mit der Aufforderung, Gaismair auszuliefern. Er berief sich dabei auf die Erbverträge von 1518. Aber wegen des erzherzoglichen Geleitbriefs, der Gaismair bis zum Februar 1526 Freizügigkeit und Sicherheit gewährte, konnte Ferdinand formell auf Auslieferung nicht bestehen. Auch der innsbrucker Hofrat riet Ferdinand, nichts gegen Gaismair zu unternehmen; wenn er den Geleitbrief bei sich trüge, dann würde der Fürst gegen seine Ehre verstoßen. Ferdinand gab nicht auf. Er

schickte Boten nach Luzern, dem Sitz der schweizer ›Landsgemeinde‹, sie verlangten, daß man dem gefährlichen Rebellen in der Schweiz kein Asyl gebe. Gaismair stellte sich in Luzern. Aber wegen der Mehrheit katholischer Kantone wies ihn die ›Landsgemeinde‹ ab, und er mußte schließlich nicht nur aus Luzern, sondern auch aus Zürich fliehen. In einer Stadt, in der sich unbekannte Feinde verbergen konnten – und mit Anschlägen mußte er nun rechnen – fehlte es ihm an Sicherheit, seine Pläne zu realisieren. Er ging nach Prätigau im damaligen Freistaat Graubünden. Zu diesem Freistaat hatten sich 1503 (nach der hier schon beschriebenen Schlacht an der Calwen 1499) der Obere- oder Graue Bund, der Gotteshausbund und der Zehngerichtsbund vereinigt; sie hatten Beziehungen zu Frankreich und den übrigen antihabsburgischen Mächten angeknüpft. Der Erzherzog sah die Gebirgsgemeinden noch immer als Untertanen an, obgleich sie hartnäckig Huldigung und Zinsleistung ablehnten. Das war Gaismair bekannt. Er konnte hier auf Boden für seine Pläne hoffen. Anfang Januar 1526 mietete er in Klosters ein Haus und ließ seine Familie nachkommen. Im Februar schloß er mit dem französischen Gesandten, der damals in Chur war, ein Bündnis. Er knüpfte auch mit Venedig Beziehungen an. Mit zunehmendem Frühling sammelten sich Angehörige der ehemaligen Bauernstreitmacht um ihn. Im März gab er seine ›Landesordnung‹ heraus.

Ihr Inhalt sind (ich notiere ihn knapp aber vollständig, den Grund gebe ich zuletzt an):

einleitende Artikel mit dem Bekenntnis zur Reformation und der Definierung einer ›Obrigkeit‹, die Prälaten und Adel ausschließt; ihnen soll die Macht genommen werden,
dann
Artikel: Befestigungsanlagen und Mauern der Städte sollen niedergerissen werden. Bei Abschaffung der Privilegien solle es in Tirol nur noch Dörfer geben –
›damit kain unnderschaid der menschen alzo daz einer höcher oder pösser werden der annder sein wölle‹,
dann
Artikel über den ›Gemeinnutz‹: das untertänige Volk und die arbeitenden Menschen im Bergbau sollen den Kern und die führende Kraft der neuen Gesellschaft bilden,
dann

praktische Artikel: der Ackerboden gehöre den Untertanen, die an die Staatskasse Abgaben liefern. Die handwerkliche Produktion solle verstaatlicht, das Privateigentum abgeschafft und alles Handwerk in einer Stadt, in Trient, konzentriert werden,
dann
Artikel über den Handel: Kaufleute würden abgeschafft, um den Wucher hintanzuhalten. Zum Bezug der Güter würde ein vom Staat kontrollierter Handel eingerichtet mit der Aufgabe, die Güter zu verteilen. Die Verkäufer dürfen keinen Gewinn einrechnen, sondern den Preis nur nach den tatsächlichen Ausgaben festlegen. Sie werden aus der Staatskasse entlohnt,
dann
Artikel über den Bergbau: Bergwerke, Schmelzhütten, Erz, Silber und Kupfer müssen den Unternehmern weggenommen und unter die Obhut des Landes gestellt werden. Ein oberster ›Faktor‹ wird die Erzförderung und die Silber- und Kupferschmelze überwachen und über den Handel damit Rechenschaft ablegen. Niemand darf Erz schmelzen ohne Genehmigung des ›Faktors‹. Die Arbeiter erhalten festen Geldlohn, Entlohnung in Waren wird abgeschafft. Neue Gruben werden erschlossen, da das Land durch den Bergbau ohne Erschwernis zu bedeutenden Einkünften gelangen kann (zu dem Erweis der Wichtigkeit dieser Einkünfte eine Notiz aus Maček: von den Bruttoeinnahmen des tiroler Landeshaushaltes 1525 waren Einkünfte aus dem Bergbau 91 492 Gulden, rund 75 %; aus Zöllen 5457 Gulden, 4,5 %; aus der Saline 8100 Gulden, 7 %; so daß 82 % der Einkünfte aus dem Bergbau kamen),
dann
Artikel über das Gerichtswesen und die Landeseinteilung: die Gemeinde wählt Richter und Schöffen. Das Land wird in Viertel eingeteilt mit Vertretung der Gerichte durch gewählte Abgesandte. Die Landesviertel wählen die Landesregierung. Ihr Sitz ist Brixen, weil es nach der Vertreibung der Prälaten genügend Häuser hat,
dann ergänzend
werden Mitglieder der Landesregierung von der Bergknappengemeinde gewählt. Dazu kommen drei des Evangeliums kundige Gelehrte.
Weiter
Artikel über das Militärwesen und die Sicherheit: die Landesregierung bestellt vier Hauptleute und einen obersten Hauptmann, die

das Heer kommandieren und im Kriegsfall das Land sichern. Die Hauptleute haben für Pässe, Wege und Brücken zu sorgen und sich in allen Fragen nach der Landesregierung zu richten.
Besonders dann
Artikel über den landschaftlichen Ausbau: wegen des Mangels an Getreide und Fleisch und des ständigen Wachstums der Bergbausiedlungen sollen Sümpfe und sumpfige Wiesen im Etschtal trockengelegt werden. Demzufolge
sollen zwischen Meran und Trient aus den trockengelegten Sümpfen Weiden für Rinder und Schafe gewonnen werden,
neben Getreide sollen auf dem neugewonnenen Boden Oliven, Safran und andere Früchte gezogen werden,
für den Getreideanbau sollen auch die zwischen den Weinbergen in der Ebene gelegenen Streifen Lands benutzt werden,
durch die Trockenlegung würde eine gesündere Luft geschaffen als Vorbeugungsmittel gegen Fieber und andere Krankheiten;
außerdem
Artikel über das Zollwesen: der Einfuhrzoll wird aufgehoben, damit der staatliche Handel billige Ware anbieten kann. Ausfuhrzölle werden nur für die aus Tirol ausgeführten Waren erhoben,
dazu
Artikel über das Münzwesen: eine stabile Münze wie unter Erzherzog Sigmund wird eingeführt. Fremde Münzen werden nach Prüfung des Silbergehaltes zugelassen,
dazu
Artikel über den Austausch von Hand zu Hand: einheitliche Maße und Gewichte werden eingeführt. Der Hausiererhandel wird verboten,
dazu als Vorsorge
ein Artikel über den Staatsschatz: die Regierung hält hinreichend Bargeld für den Fall, daß fremde Truppen das Land überfallen,
über die Außenpolitik
ein Artikel: die Regierung soll eine Politik der Freundschaft und des Einvernehmens mit den Nachbarländern verfolgen,
über die Staatsbilanz
ein Artikel: Haupteinnahmequelle der Regierung sind Bergbau und der Verkauf von Silber und Kupfer. Wenn die Einnahmen die Ausgaben nicht decken, kann eine allgemeine Steuer ausgeschrieben werden

»damit ain gleichs purdt im Lanndt getragen wurdt«,
dazu kommen
Artikel über das Unterrichtswesen: es wird ohne Einfluß der Kirche eingerichtet mit der Quelle der Belehrung durch das Evangelium. Höchste Autorität für die Auslegung des Evangeliums ist die von der Landesregierung in Brixen zu errichtende Universität,
entsprechend
Artikel über die Kirche: die Gemeinde unterhält die Geistlichen aus dem von den Gläubigen eingebrachten Zehnten. Die Geistlichen sind nur Prediger. Daher wird das Meßzeremoniell untersagt, die Kapellen werden abgeschafft, und aus den Kirchen Bilder und Statuen entfernt. Kelche und kostbare Gegenstände aus der Kirche liefern die Gemeinden bei der Münze ab für Zwecke des allgemeinen Landesbedarfs,
ergänzend
Artikel über Schule und Fürsorge: die Regierung leitet das Schulwesen. Der Zehnt wird für die Armen und Kranken als Fürsorge verwandt. Die Klöster und Häuser des Deutschritterordens werden als Spitäler den Gerichten übergeben, bei Grundsatz unentgeltlicher Pflege, Verpflegung und Versorgung mit Medikamenten,
über die Gerichtsinstanzen
Artikel: das Gericht mit gewähltem Richter und Geschworenen ist die untere Instanz. Alle Streitfälle sollen möglichst in zweiter Instanz entschieden werden. Berufungsinstanz ist dann unmittelbar die Landesregierung in Brixen. Um Unbefangenheit zu gewährleisten werden die Gerichtsgefälle abgeschafft und alle mit dem Rechtsgang befaßten Personen vom Staat entlohnt.

Die hier angeführte Aufzählung mag dem Leser von heute langweilig erscheinen; für den Zeitgenossen war sie aktuell. Sie leidet selbstverständlich an der Auszehrung der Wörter wie jeder auch gegenwärtig hochfliegende Plan. Trotzdem ist manche Ähnlichkeit überraschend. Wir müssen uns dazu den Mann von damals als wörtlichen Leser vorstellen; für ihn war kein Satz leer. Deshalb habe ich abgekürzt den ganzen Inhalt der gaismair'schen Landesordnung gebracht. Zu ihrer Deutung läßt sich sagen:
sie ist das Programm einer revolutionären Umgestaltung der gesellschaftlichen Ordnung. Sie zeichnet Tirol als eine Republik mit allgemeinem Eigentum an Boden und Produktionsmitteln. Sie ist

feindlich gegen Adel und Geistlichkeit, auch stadtfeindlich: alle
Städte, ausgenommen Brixen und Trient
›sollen vom Erdboden verschwinden‹
sie ist in ihrem praktischen Programm von Melioration und Landschaftsausbau ohne Utopie ein Muster für mögliche Entwicklung.
Anregungen empfing Gaismair von Zwingli. Aber er ist radikaler.
Seine Landesordnung hängt mit dem alten Streben der Tiroler nach
einer Landesverfassung zusammen. Die gaismair'sche Landesordnung ging 1526 in Druck mit dem merkwürdigen Nachsatz, daß ihr
Urheber sie erlassen habe
›als er Fürst ward hinterm Ofen‹.
Damit ist ohne Zweifel der Ort gemeint, wo Gaismair sie geschrieben hatte: der Ort hinterm Ofen-Paß in Graubünden. Aber auch das
Utopische des Entwurfs ist angedeutet:
›als er Fürst ward‹
und der Verzicht des Autors:
›hinterm Ofen‹.
Das ist nicht mehr der Ofen-Paß, sondern im Haus zu Klosters der
Platz ›hinterm Ofen‹ – eine Art Selbstverspottung und doch begeisteten Anspruchs, als schreibe hier ein Mann wie ein Evangelist
seine Sätze.

So lege ich es mir aus. Die Witterung von Geheimnis, die Gaismair
hier umgibt, fand ich in ein paar Notizen wieder; die Sätze sind:
bald darauf kam ein Schreiben an die Flüchtlinge in Trogen (im St.
Gallischen) von einem
›Edelmann aus dem Etschland‹
und eigene Kundschafter überbrachten es,
darin wurden die Flüchtlinge ersucht, sie sollten zu ihm kommen in
das Klösterlein, eine halbe Stunde Weges von Adelsberg,
der Edelmann ließ seine Botschafter als Geiseln zurück, so entschlossen sich die Flüchtlinge Stoffl Reiter und Balthasar Sailler zu
ihm zu gehen um Bescheid. Sie wurden mit ihm eins und beschlossen, er, dessen Name ein Geheimnis bleiben solle, solle mit ihnen
nach Trogen gehen. Er ging mit. Sein persönliches Eintreten bewirkte, daß alle für seinen Anschlag waren, mit ihm ins Etschland
zu gehen als einem guten vollen Lande, da niemand wider sie, sondern jeder mit ihnen sein werde.
›Pfaff Andre‹, der vor Jahren ein Prediger zu Lüsen gewesen, war

der Mann, durch den der tiroler Edelmann mit den Flüchtlingen in Verkehr trat. Trogen wurde zum Sammelplatz bestimmt.

So viel habe ich mir notiert. Vielleicht sollte man Gaismairs Geschichte in diesem Ton weiter erzählen, nüchtern und mit allen Daten und Namen der Personen. Das wäre der Fortgang seiner Geschichte: den Amann (so nannte man den Amtmann) im Prätigau gewann Gaismair als guten Freund gegen Anschläge auf sein Leben. In einer Geheiminstruktion vom Februar 1526 empfahl Ferdinand, sich Gaismairs um jeden Preis zu versichern, damals nennt man zum ersten Mal Beträge: 300 Gulden, die der kaiserliche Statthalter jedem in Aussicht stellte, der Gaismair ergreifen oder töten würde. Im Auftrag der innsbrucker Regierung dingen die Amtleute an der Grenze Spione und schicken sie nach Graubünden. Mitglieder des Hofrats schlagen vor, einen Ansässigen für den Mord an Gaismair zu dingen. Aber dann muß der Hofrat an Ferdinand schreiben, man könne gegen Gaismair nicht vorgehen, da er sich in Graubünden
›sovil eingeliebt hat‹.
Der ›schwäbische Bund‹ unterstützte Ferdinand und drang bei der ›Landsgemeinde‹ durch. Sie beschloß im April 1526, Gaismair festzunehmen: er habe bei dem Aufstand in Tirol 300 Gulden (man stützte sich da auf die von Dr. Angerer erhobene Klage) geraubt, wofür er nun in der Schweiz Söldner anwerbe. So war Gaismair in der Schweiz geächtet.
Der Beschluß war in dem halb selbständigen Graubünden nicht ohneweiteres durchzusetzen. Daher ging der Burggraf der vorarlbergischen Stadt Feldkirch, Ulrich von Schlandersberg, nach Klosters. Er fand das Haus Gaismairs hinterm Dorf am Schlappinbach und verlangte vom Amann die Auslieferung. Der Amann gab Bescheid: er könne ohne die Geschworenen nicht entscheiden; und bei Auslieferung wolle er erst sehen, wie der Burggraf Gaismair aus dem Lande schaffe. Der bewaffnete Zug des Ulrich von Schlandersberg wurde von der Bevölkerung bedroht, er hätte es nicht wagen dürfen, mit Gaismair aufzubrechen.
Gegen die Nachstellungen mußte sich Gaismair schützen; er hatte eine bewaffnete Wache. Im Frühjahr 1526 kamen tiroler Flüchtlinge aus Venedig; sein Haus wurde zu einem Hauptquartier für Boten und Pläne. In Tirol wurden Waffen öffentlich von den Unter-

tanen getragen. Das Land war in Unruhe. Gaismairs Vorhaben wurden präziser. Die Venezianer leiteten eine Truppenbewegung zur tiroler Grenze zu der Zeit ein, als man seinen Einfall im Vinschgau erwartete, zugleich ein Losschlagen der pinzgauer Bauern in Salzburg. Gaismair hatte mit ihnen Kontakt; er wollte nun zuerst dort eingreifen. Er hatte 600 Mann. Anfang Mai zog er über die Gebirgspässe nach Osten.
Das sind die Stationen seines Wegs: er teilte seine Anhänger in Gruppen. Mitte Mai tauchte er mit einer solchen nahe Sterzing auf. Wenige Tage später traf er sich mit Peter Päßler in dessen Heimatgebiet Antholz. Nachdem er das Pfitscherjoch, Höhe 2448 m, überquert hatte, stieg er ins Zillertal ab. Von da ging er über den Gerlos-Paß nach Salzburg. Dort machte man ihn zum Hauptmann des Bauernheeres. So erschien er am 3. Juni 1526 mit 5000 Mann vor Radstadt. In der Nacht zum 4. Juni setzte er sein Heer auf die Stadtmauern an. Der Angriff endete mit einer Niederlage. Gaismair schlug einen Stillstand vor, um die radstädter Bürger zu Verbündeten zu gewinnen. Der Versuch führte zu nichts. Inzwischen war der Hauptmann des ›schwäbischen Bunds‹, Philipp Stumpf, im Salzburgischen eingerückt. Gaismairs Abteilungen schlugen ihn am Paß Mandling zurück. Da kam die Nachricht, daß eine Übermacht von 18 schwäbischen Söldnerfähnlein das Bauernlager des Peter Päßler bei Zell am See gestürmt und die Bauern auseinandergejagt habe. Nun verließ auch Gaismair sein Lager in Altenmarkt und zog in die Berge in Richtung St. Johann in Tirol. Er konnte die Ordnung aufrechterhalten, er ging mit 2000 Mann.
Gaismair war noch nicht ohne Hoffnung. Er hatte seine Verbindungen mit Venedig, auch mit Frankreich; und als der französische König Franz I. nach seiner Niederlage bei Pavia den Kampf gegen Habsburg wieder aufnahm, schloß Venedig mit ihm am 22. Mai 1526 den Bündnisvertrag von *Cognac*.
Das bedeutete noch nicht unmittelbares Eingreifen, aber es war für Gaismair die Erfüllung eines alten Wunschtraums: endlich konnte er sich auf militärische Aktionen einer Koalition stützen. Er war überzeugt, daß es nun nützlich wäre, den Einfall in Tirol zu versuchen. Er überschritt mit seinen 2000 Mann die Tauernpässe und kam direkt vor Lienz. Die Stadt ließ ihn nach Vereinbarung ein. Er setzte alles daran, schnell Brixen zu erreichen. Er sandte Emissäre in die Dörfer. Seine Hoffnung war, daß ihm die Untertanen in Mas-

sen zulaufen würden. Sie erfüllte sich nicht. Die Landbevölkerung nahm ihn auf, zögerte aber, sich ihm mit der Waffe beizustellen. Auch im Gericht Rodeneck, auf seinem alten Platz, empfingen ihn die Landbewohner als Brüder, weigerten sich aber, gemeinsam mit ihm zu kämpfen. Es war bald klar, daß die Hoffnung auf allgemeinen Aufstand gescheitert war. Gaismair trat in der Gebirgsgemeinde Lüsen vor das Heer und machte zwei Vorschläge: in Richtung Bozen zu gehen oder sich auf das Gebiet von Venedig zurückzuziehen. Das Heer war dafür, nach Venedig zu ziehen; es war erbittert über das passive Verhalten der Bauern, das aber die Folge der vorangegangenen Verfolgungen war, und der Zerschlagung der geheimen Verbindungen, und der von Innsbruck inzwischen geleisteten Aufrüstung der Burgen. Gaismair setzte seine Hoffnung auf die gegen Habsburg gerichtete cognacer Liga. Die innsbrucker Regierung brachte ihn wegen dieser Verbindung in den Ruf des Landesverräters. Die Spekulation auf das patriotische Empfinden der Tiroler verfing. Gaismair kam, nach Verlusten, mit 1500 Mann über das Abteital nach Agordo und Venedig. Das war am 12. Juli 1526. Was Gaismair erstrebte, war eine Vereinbarung mit der venezianischen Regierung über ein gemeinsames Vorgehen. Die Verhandlungen waren geheim. Schon am 11. August stand Gaismairs Heer in Kämpfen vor Cremona, ungefähr 1100 Mann. Bei der Kapitulation des kaiserlichen Heeres im September konnte er nicht mehr zugegen sein. Er war erkrankt.

Soviel bis zu diesem Punkt. Natürlich ließe sich die Geschichte auch anders erzählen: mit Ansammlung der Details oder Anhäufung der wirklichen Momente und Wendungen, etwa der stampfenden Gier des Georg von Frundsberg, der hinter Gaismair her war; oder in den Worten der Protokolle von Gaismairs Verhandlungen mit dem Dogen; oder den zurückgelegten Strecken in der Sumpfhitze vor Cremona; und den Zählungen: Sold, Verpflegung; und den Möglichkeiten des Feldzugs überhaupt als Motiv: den Aussichten, die Gaismair hatte.
Ich führe etwas davon an. Zuerst ein Gedicht:

> Ein haubtmann heißt Setzenwein
> er sprach zum bauern an der gemain:
> die maur laßt sich nit umbstoßen...

> das thet die paurn verdrießen
> die pauren gaben im den lon
> desgleichen dem profosen schon:
> es galt ir beder leben.

Das zeitgenössische Lied bezieht sich auf einen Hauptmann Setzenwein, der die salzburgischen Bauern schlecht geführt habe, weshalb Gaismair an seine Stelle gerückt sei, während man ihn, Setzenwein, habe Spießruten laufen lassen.
Es ist gewiß, daß der Mißerfolg bei Radstadt auch Unwillen über Gaismair hat laut werden lassen. Hier denkt man voraus an das Jahr 1809, als die tiroler Bauern bei Unternehmungen im Salzburgischen, ja überhaupt bei Versuchen, den Aufstand gegen Napoleon in Nachbarländer zu tragen, ähnlich unglücklich waren, als hätte die antäische Kraft des Heimatbodens sie verlassen; sie stellte sich wieder ein, als sie ihren Fuß auf ihm hatten. Woher aber sollte Gaismair diese Kraft haben? Er war ein geistiger Mann. Wie sollte er sie behalten mit seinem Hirn und Nerv als ›Edelmann aus Tirol‹, wenn er nun ins Exil ging?
Aber dieses ›Exil‹ war wohl von Anfang an in ihm gewesen. Daher auch dieses Schemenhafte seines Zugs durch die Gebirge. Für ihn war es keine große Veränderung. ›Exil‹ ist ein Wort für ›Heimat im Geist‹, und das hat Gaismair früh gespürt: bei seinen Randnotizen auf den brixener Gerichtsakten, bei seiner Austeilung des neustifter Geldes, von dem er niemandem etwas schuldig blieb; in seiner Zeichnung Tirols als eines Landes, in dem jeder Ackerstreifen bebaut war: Weinstock, Getreidestreifen, Ölbaum; und der Erfindung Trients als Handwerksplatz; und der Erzadern im Gebirge; und der politischen Rechnung: Venedig und die Schweiz.
Was diese Rechnung betrifft, so stand sie bei Venedig fest: eine Haßrechnung. Schon 1514 hatte der venezianische ›Rat der Zehn‹ den Vorschlag unterstützt, Kaiser Maximilian zu vergiften; wer mit der Absicht kam, die Habsburger zu bekriegen, war willkommen. Aber das Gebirge war ein schwieriges Terrain. Zur selben Zeit, als Gaismair in Venedig verhandelte, saßen seine Leute noch an der Grenze im Agordo; und hinter der Grenze, im ladinischen Buchenstein, saß Georg von Frundsberg und ließ es darauf ankommen, einen Boten in das venezianische Belluno zu schicken mit dem Verlangen nach Durchzug für seine Söldner. Sie wollten die Aufrührer

verfolgen und in Stücke hauen. Das hieß in dem damaligen Italienisch
›fusseno taiati a pezi da quelli li siguitavanno‹,
und wörtlich diesen Satz notierte der Schreiber des Protokolls, als der ›Rat der Zehn‹ gerade dabei war, auseinanderzugehen und der Eilbote aus Belluno eintraf mit beschwörenden Worten seines Hauptmanns, ob er es wagen dürfe, die gefürchteten Frundsberger abzuweisen. Die Antwort der Signoria, die auf der Stelle wieder zusammentrat, enthielt eine indirekte Drohung:
die Bauern hätten nur die Absicht, auf dem Weg nach Graubünden das venezianische Gebiet zu passieren, übrigens würde man sie veranlassen, von der Grenze abzuziehen und nach Brescia zu gehen,
welche Drohung sofort einen Bericht nach Innsbruck auslöste:
wie Gaysmayr gen Pressa (Brescia) sei,
was nur bedeuten könne, daß er in Dienste des Papstes treten wolle (der Mitglied der cognacer Liga war), worauf der innsbrucker Hofrat von Ferdinand verlangte, beim Papst zu protestieren angesichts der Verbrechen, die Gaismair an der Kirche begangen habe.
So sieht man Gaismair weiterziehen an Orte, in denen er nicht war – außer in der Einbildungskraft seiner Verfolger. Auch der habsburgische Gesandte in Venedig, der brixener Dr. Angerer, dem er angeblich die 300 Gulden genommen hatte, sah ihn schon im Sold des Papstes. Dabei mußte er wissen, daß man in Venedig Mörder gegen Gaismair gedungen hatte; die Instruktion dazu und das inzwischen erhöhte Kopfgeld von 1000 Gulden hatte Angerer erhalten.
In Wirklichkeit lag Gaismair in heftigem Fieber vor Cremona. Seine Bauern begannen ihre Waffen für Lebensunterhalt zu verkaufen. Die venezianischen Befehlshaber ließen ihn aus Furcht, das Heer würde ohne ihn zerfallen, erst weg, als aus Venedig Geld für die Söldner gekommen war. Der Generalbevollmächtigte Pietro Pesaro schrieb am 10. September 1526, man habe mit allen Kriegsknechten Schwierigkeiten,
›ma di quelli lanzionech del capitano Gosmaier è ben servito‹.
Dieser gute Ruf wich nicht von Gaismair, bis er nach ehrenvollem Empfang in Brescia und Behandlung durch einen Arzt wiederhergestellt war. Das war am 2. November 1526.
Folgten wir nun den Protokollen von Venedig, so hätten wir am 6. November den Besuch des Bischofs von Bayeux als Gesandten

des französischen Königs zu verzeichnen. Der König Franz I. ließ wissen, er halte es nicht für angebracht, Gaismair zu unterstützen, damit er einen neuen Bauernkrieg in Deutschland auslöse. Der würde, auf dem Weg über die Schweiz, auch die elsässischen Bauern wieder aufrühren. Es sei richtig, Gaismair in Italien zu benutzen.

Die Signoria entschied sich für den mächtigeren Partner Frankreich. Sie distanzierte sich von Gaismair nicht ohne Bedauern und auch etwas voreilig: sie bekam von ihm Informationen über Schritte des Papstes, die auf ein Geheimabkommen mit den Habsburgern zielten. Sie schlug einen Mittelweg ein: sie hielt ihn als Hauptmann bei seiner Truppe in Verona fest, dort konnte er eine dauernde Spannung in den tirolischen Grenzgebieten schaffen. Das entfremdete ihn den Tirolern. Vielleicht war es ihm recht, daß er dann mit dem vorrückenden venezianischen Heer in die Toskana geschickt wurde. Wir wissen nicht, wie es ihm dort ging. Untätig lag er, entfernt von seinen Absichten, in dem fremden Land; und nun begannen die ›Zählungen‹: im Mai standen nach den venezianischen Soldlisten 1571 Söldner unter Gaismair im Feld. Er war in Umbrien, am 26. Juli, als die Signoria ihren endgültigen Bescheid bekanntgab, ihm keine Unterstützung für den Einfall in Tirol zu gewähren. Am 20. August 1527 entband sie den Feldhauptmann der venezianischen Armee Gaismair seiner Pflichten als Befehlshaber und gestattete ihm, nach Padua zu gehen, um dort seine verschleppte Krankheit zu heilen.

Es begannen neue ›Zählungen‹ – aber nun war es Gaismair, der nicht völlig aus den Diensten Venedigs ausscheiden wollte und es unternahm, für die Armee der Signoria Söldner zu gewinnen: in der Schweiz und den Alpenländern. Im Herbst 1527 gingen ehemalige Bauernhauptleute an den Bodensee und suchten Bewaffnete für einen Obristen, der gut bezahlen würde. Die Bauern müßten Adlige und Geistliche totschlagen, das war die Hauptbedingung der Werber. Gemeinsam mit ihnen gingen Prediger. Von dem Denken der einfachen Aufständischen gibt eine Nachricht vom 15. September 1527 Kenntnis. Es ist die Aussage zweier tiroler Spione, die in Italien Gaismair ergreifen sollten. Um leichter über die Grenze zu kommen, gaben sie sich als Anhänger aus, die in sein Heer treten wollten. Auf venezianischem Gebiet stießen sie auf eine ›Räuberschar‹ (das war eine versprengte Schar Aufständischer, die sich nun vom Straßenraub ernährte, und von denen es zu der Zeit viele in den tirolischen Grenzgebieten gab), man führte sie vor den Hauptmann. Auf die Angabe, sie wollten zu Gaismair, erklärten die ›Räuberrebellen‹, ebenfalls zu seinem Heer zu gehören, und fragten, ob sie wüßten, wofür Gaismair kämpfe. Die Spione waren keiner Antwort fähig. Darauf begannen die ›Räuberrebellen‹, ihnen die ›Landesordnung‹ zu erklären; Gaismair habe 28 Artikel aufgestellt, nach denen Tirol regiert werden solle. Die Spione hörten so viel Neues, daß sie es in ihrer Beschränktheit nicht auffassen konnten. Sie konnten sich später nur erinnern, daß die Untertanen von Abgaben frei sein, und ihnen freie Jagd und andere Freiheiten gewährt sein sollten. Das war alles, was sie von der ›Landesordnung‹ wußten. Doch die Bruchteile lassen erkennen, daß die ›Räuberrebellen‹ Gaismairs ›Landesordnung‹ genau kannten – als ihre Hoffnung und ihr Programm.

Gaismair scheint damals mit diesen Abteilungen feste Verbindung hergestellt zu haben. Anfang 1528 war er an der tiroler Grenze im Val Camonica, dann in Venzone, dann in Friaul bei 700 ehemaligen Aufständischen. Die Regierung Venedigs hatte ihre Nützlichkeit inzwischen erkannt und hatte diese Söldnerabteilungen an die tirolische Grenze gelegt und hielt sie in Bereitschaft.

Gaismair war zu der Zeit ohne Einkünfte. Er ging deshalb nach Venedig und trat (nach einer am 6. Februar gegebenen Nachricht eines Kundschafters der tiroler Regierung) Anfang Januar 1528 im Rat vor den Dogen. Er berief sich auf Versprechen und forderte aus Staatsmitteln eine Provision. Er wurde wohlwollend angehört wegen seiner Verdienste. So entschieden die Räte schon am 16. Januar, ihm als Hauptmann eine regelmäßige Provision: 300 Gulden jährlich, in acht Raten, auszuzahlen. Dazu gab man ihm eine Unterstützung zur Haltung von vier Pferden. Nach der Eintragung im Archiv stimmten für Gaismair 177 Mitglieder des Rates – bei 17 Stimmenthaltungen und nur zwei Gegenstimmen. Die Auszahlung ging durch die Kammer in Padua. Verpflichtungen wurden Gaismair nicht auferlegt. Der Rat ließ nur hoffen, er möge nach seiner Genesung zum Heer zurückkehren, das er in Ordnung übergeben habe; man erwarte auch, daß er in Zukunft Söldner für die Armee anwerben werde; er selbst versprach diese Hilfe.

Gaismair reiste in der Zeit auf den Ruf des Dogen öfter nach Venedig. Man darf annehmen, daß über den Eintritt von Schweizern in venezianische Dienste verhandelt wurde. Vom 14. Mai 1528 haben wir ein Zeugnis, daß Gaismair selbst im Prätigau war. Die von ihm geworbenen Söldner wurden in Vicenza einquartiert. Er blieb bis zum Sommer und hatte eine Korrespondenz mit Zwingli über die Zusammenarbeit Zürichs mit Venedig. Im Herbst kehrte er nach Padua zurück, war aber im Frühjahr 1529 wieder in der Schweiz, diesmal bei Zwingli selbst. 1530 wiederholte er die Reise, und die Stadt Zürich verlieh ihm das Bürgerrecht. Das schuf ihm in Venedig Schwierigkeiten wegen Verdachtes der Ketzerei. Er wurde angewiesen, in Padua zu bleiben.

Sein Haus war auf dem Prato della Valle, der heute ein Hain mit Wasserlauf und einem Kranz von Bäumen ist; damals war er ein Viehmarkt. Gaismair hatte Knechte und eine Anzahl Pferde. Es gibt Berichte, daß er stets nur auf einem türkischen Rappenhengst ausgeritten sei, seine Begleiter auf Schimmeln. Bekannt ist, daß er 300 Schafe und Ziegen, 50 Kühe und 20 Pferde hielt. Die Berichte übertreiben. Aber er lebte in der Achtung Paduas: ein großgewachsener, hagerer und bärtiger Mann, der sich nach italienischer Mode kleidete und eine Goldkette und einen Silberdolch trug. Regelmäßige Boten berichteten ihm von Tirol. Dort hatte man öffentlich bekanntgegeben, daß auf seinen Kopf 1000 Gulden in bar und eine lebenslängliche jährliche Rente von 500 Gulden ausgesetzt seien.

Als es am 15. April 1532 in Padua regnete, wurde Gaismair am frühen Morgen durch Pochen aufgescheucht. Er fragte, wer herein wolle. Auf der Treppe begegnete er dem ihm gut bekannten Pferdehändler Cavalcatore, der von neuem Zaumzeug für die Pferde sprach. Im Stall waren zwei Unbekannte, die Cavalcatore als Händler vorstellte; und Gaismairs Knecht, der ausmistete. Cavalcatore trug ihm auf, Salz zu holen, und schickte ihn, als er schnell zurück war, noch einmal weg, das Salz klein zu hauen. Kaum war der Knecht aus dem Stall, stürzten sich die Fremden auf Gaismair, warfen ihn zu Boden; und Cavalcatore stach auf ihn los, 42 Stiche, bis er tot war. Auch den Knecht, als er zurückkam, erstachen die Mörder; auch einen Maler, der Gaismairs Gast war und sie anhielt, stachen sie nieder. Draußen standen Bewaffnete mit Pferden. Die Mörder verschwanden spurlos.

Sie kamen um ihr Geld, obwohl sich Ferdinand, der inzwischen, 1526, durch Heirat auch König von Böhmen und Ungarn geworden war, nachdrücklich dafür einsetzte: in Briefen an den Hofrat in

Innsbruck. Der Hofrat verweigerte die Auszahlung und teilte mit, die Mörder hätten die Tat nicht aus Sehnsucht nach der Ruhe im Lande, sondern aus Geldgier begangen.

Man muß sich hier einen Augenblick mit Ferdinands Stellung in der Sache beschäftigen. Auch Josef Maček tut es in seiner auf Quellen gestützten Studie über Gaismair. Dazu eine Zwischenbemerkung: mancher Leser hat sich vielleicht gefragt, wieso ausgerechnet ein tschechischer Autor auf den tirolischen Gegenstand kam. Die Erklärung ist: wichtige Dokumente über den tiroler Bauernkrieg liegen in einem Archiv von Dečin in der Tschechoslowakei. Maček hat sie dort entdeckt und zusammen mit Dokumenten aus Venedig und aus dem von Karl Wolfsgruber geleiteten fürstbischöflichen Archiv in Brixen benutzt. Mačeks Arbeit ist die erste stichhaltige Arbeit über den tiroler Bauernkrieg überhaupt, man kann sagen: er hat ein Stück tiroler Geschichte, von dem es im öffentlichen Bewußtsein nur vage Vorstellungen gab, erschlossen. Zu Ferdinand nun sagt Maček:
›er wollte endlich einen Schlußstrich unter ein unrühmliches Kapitel seines Lebens gezogen wissen.‹
Es ist eine Bemerkung in dem Sinn, daß Ferdinand daran gelegen war, die weit zurückliegende Sache zu bereinigen, um sie hinter sich zu bringen: nach außen, aber auch in seiner eigenen Person.
Ich habe mir dazu drei Umstände notiert. Der erste: Ferdinand war ein sehr junger Mensch, als er sich vor den Volksaufruhr in Tirol gestellt sah. Der zweite: er war nicht ein simpler Machtmensch, das bezeugt seine Verbindung mit Erasmus von Rotterdam; er verhielt sich auch anders als die Fürsten in den Nachbarländern, die den Aufruhr in ihrem Haus einfach niederschlugen. Der dritte: Ferdinand war noch dazu fremd in Tirol, und es war die erste Station der ihm schon fest vorgezeichneten Laufbahn: der Regierung der deutschen Hälfte des habsburgischen Reichs, aus dessen spanischer Hälfte er kam. Zu so verzweigter Politik, zu dem Jungsein und Fremdsein kam nun bei Ferdinand, so läßt es sich denken, dazu, daß er in Michael Gaismair einen Gegner mit Verstand hatte. Er mag von dem geistigen Stoff, der in Gaismair war, etwas gespürt haben: umsomehr mußte ihn die Gegnerschaft treffen in seiner eigenen, noch bildsamen Natur, und bei dieser ersten politischen Handlung, die ihm abverlangt wurde. So erkläre ich mir seine Hart-

näckigkeit und Besessenheit bei der Verfolgung Gaismairs. Ich deute sie mir als Zeichen persönlicher Betroffenheit noch des später erwachsenen Mannes, der längst in großen politischen Verhältnissen war, der aber einmal anders berührt worden war: durch Erasmus, durch die Gedanken der Reformation, und bei diesem Gaismair durch einen Stich von Geist, der verletzt.
So viel zu Ferdinand, als der Gegner nicht mehr am Leben war.

Die Nachricht von Gaismairs Tod verbreitete sich schnell, noch am gleichen Tag wurde die Signoria unterrichtet. Lange lag Gaismairs Leichnam in seinem Haus in Padua. Die Geistlichkeit lehnte es ab, ihn als einen Ketzer zu bestatten. Erst als sich die Witwe an die Signoria wandte, wurde der Leichnam beigesetzt.
Gaismairs Sohn Michael ging mit der Mutter nach Zürich. Zürcher Bürger wurden bei der innsbrucker Regierung vorstellig, dem Sohn die Erzgruben zurückzugeben, die man beschlagnahmt hatte.
Innsbruck lehnte es ab, den *Rebellen und offenen Feind des Vaterlandes* auf diese Weise zu rehabilitieren.
Die stete Wiederholung dieser Formel erklärt, warum in Tirol bei Gaismair niemand anknüpfen konnte. Der Umstand, daß er den Kampf von Italien her führen wollte, erklärt nur zum Teil die Gegenformel von *Thron und Altar* (das ist die Treue zum habsburgischen Haus und zur gegenreformatorischen Kirche), die dann in Tirol aufkam und für das tirolische Denken maßgebend wurde. Aber sie enthält als Formel auch diesen Zuschuß von Heimatfront gegen das Italienische. So kommt es nach der Niederlage der Bauern zur Bereitschaft des Landes, der ihm geistlich und weltlich eingepredigten Autorität zu folgen. Das Ergebnis war die geistige Umbildung Tirols in diese Richtung und sein Stehenbleiben dabei.
Maček kennzeichnet diese Situation am Schluß seiner Arbeit mit ein wenig zu sehr plakativ aufgesetzten Worten:
›die feudalklerikale Reaktion stempelte Gaismair zum Landesverräter. Solange die Habsburger herrschten und die katholische Kirche entscheidenden Einfluß hatte, war in Tirol jedes Wort der Anerkennung und des Lobes für den Revolutionär verboten‹.
Mich stört hier der Ton, nicht der Inhalt. Aber darf man sich am Ton stören, wenn er in einem Text von heute zur Sache so ist wie in einer Zuschrift, die in der bozener Zeitung ›die brücke‹ abgedruckt ist. Der Sprung zur Tagespolemik mag befremden, aber sie ist be-

zeichnend für die Spannung, mit der zur Zeit das Problem in Südtirol aufgegriffen wird. Die Zuschrift ist ein Brief eines Herrn von U. aus Brixen an eine ›Michael Gaismair-Bewegung‹ in Bozen, 20. Februar 1969.
Aus dem Brief:
›zuerst zum Namen Ihrer Bewegung: können uns die Herren vielleicht sagen, wie sie auf ihn verfallen sind? Unseres Wissens strebte Michael Gaismair erst an zweiter Stelle soziale Reformen an. Wie so viele politische Schwärmer verfiel er aber sehr bald der rohen Gewalt. Daß dieser Mann, nach gelungener Flucht, von Venedig sich so bezahlen ließ, daß er als reicher Gutsbesitzer bei Padua leben konnte, schließt sein Bild gewiß nicht schön ab. Wir glauben, bevor man sich einen Namen zulegt, sollte man sich über dessen Aussagewert klar sein.
Wurde schon einmal jemand gezwungen, an den Andreas Hofer-Gedenkfeiern teilzunehmen? Ist es erlaubt, die sehr geehrten Herren der ›Michael Gaismair-Bewegung‹ zu fragen, wo und wann Andreas Hofer sich nicht für das Volk eingesetzt hat? Im Gegenteil, der ›gute‹ Kaiser Franz wollte von den Aufständischen nichts wissen.‹
Aus der Antwort:
›Liebe Kollegen, wir glauben um den Aussagewert des Namens Gaismair Bescheid zu wissen und gebrauchen ihn ohne Absicht, daraus einen Mythos zu machen, wie es seit Jahrzehnten mit Andreas Hofer geschieht. Daß eine brutale Gewalt in Südtirol auch heute durch Presse, geplante Volksverdummung und hinterwäldlerische Landespolitik ausgeübt wird, erfährt jeder, der es wagt, nicht systemkonforme Gedanken zu äußern. Wenn das am brixener Lyzeum noch nicht bemerkt wurde, können wir das nur bedauern.‹
Der Briefwechsel wird augenscheinlich zwischen Gymnasiallehrern geführt. Ich habe die Zitate gebracht, um zu zeigen, wie provinziell-verbissen die Standpunkte verfochten werden, so daß fast jeder Satz die Sache schief beleuchtet; wie merkwürdig es aber ist, daß ein so abgelegener Gegenstand der Historie mit Tageswut vorgebracht wird. Ich weiß aus Erfahrung anderswoher, daß es in jedem Teil Österreichs einen, dem hier ausgetragenen scheinbar ähnlichen lokalhistorischen Standpunkt gibt, der Niederlagen betrauert. Das ist eine Erscheinung der österreichischen Geschichte über-

haupt; es gibt kaum eine Provinz, deren eigener Heimatwert nicht in Verlust gesetzt wurde wegen der Bedürfnisse der, wie es scheinen mußte, übermütigen Reichsgeschichte. Dieser Gegensatz zwischen Heimat und großem Staat liegt in Österreichs Natur, das ein Gebilde anderen Ranges war als ein auf Heimat oder Nation gegründeter Staat.

Aber für den Fall Gaismairs trifft das nicht zu. Er ist nicht einfach eine unterdrückte provinzielle Gestalt, und die Gegenreformation in Tirol mit Habsburg auf dem Thron ist nicht einfach eine bösartige Manipulation mit dem Bergvolk. Ich möchte den Vorgang mit eigenen Worten sagen:

er entsprach auch einem Grundzug im Denken des Volkes. Wie sich die Bauern Tirols bei ihrer Empörung gegen den Adel nicht gegen die Autorität des Landesherrn empört hatten, sondern an ihn glaubten, so fanden sie nun, nach Niederschlagung des Aufstandes, dieselbe, ihrer Tagesmühsal entrückte Autorität in der Dynastie. Sie war in ihren Gedanken ein festes Haus, zusammen mit der Kirche ein vollständiges Haus, zusammen mit der bilderreichen Sprache dieser Kirche ein Haus fast wie eigener Sprache für das von Natur aufs Anschauliche gerichtete Denken. Es war für einen Tiroler fortan schwer, diese Bindung abzustreifen. Er wurde abhängig, wo er glaubte, anhänglich zu sein. Der Nenner dieser Abhängigkeit wurde immer einfacher ein Heimatgeist. Er blieb kraftvoll, aber blieb zurück.

Von Gaismair ist heute in Tirol wieder die Rede. Es gibt Auseinandersetzungen in anderem Ton als in den zitierten Briefen. Sie sind so, als hätte ein Gespräch immerfort stattgefunden; aber erst jetzt sind die Stimmen zu hören. Der Grund ist, daß Tirol im Nerv getroffen wurde, schon 1918; aber dann kam die erstickende Decke des Faschismus und die Gleichmachung auf Volkstum, sie ließ Auseinandersetzung nicht zu. Jetzt wird sie nachgeholt. Ich habe mir dazu notiert:

ich habe das tatsächliche Leben der Leute, die ein bißchen Schule, oder was man ›Bildung‹ nennt, haben, auch auf dem Lande viel freier gefunden als es nach der noch eingehaltenen Bindung an die Kirche erscheint. Die Leute ohne ›Bildung‹ sind ungekränkt. Sie sind wegen der technischen Mittel, die sie beherrschen, ihrer selbst sicherer als früher. Es existiert Respekt vor dem ›Intellektuellen‹

unter diesen einfachen Leuten. So sind die gesellschaftlichen Verhältnisse natürlicher als es nach dem äußeren Apparat einer scheinbar an die Kirche gebundenen Welt mit anhängigen Vereinen aussieht.

Die Öffnung dieser Welt kommt bei der älteren Generation von der Erfahrung des Krieges, bei der jüngeren von der Erfahrung mit den Italienern, die ohne den Druck des Faschismus freier agieren als früher. Sie kommt insgesamt von der größeren Freiheit des deutschen Volksteils. Je geringer die Pressung von außen, um so geringer der Zwang zur starren Einheitlichkeit; das ist vor allem bei den jungen Leuten zu spüren. Sie sind dabei nicht weniger ›deutsch‹. Nur werfen sie die Blicke freier rundum, ohne die angeerbte Ausrichtung, die ein Instrument auch der Kirche war. Nicht mit ihr sein, hieß in Tirol durch Generationen, nicht deutsch sein. Dieses singulare Ander-Schnur-Gehen ist vorbei. Es kam in Tirol von den schmerzvollen Volksniederlagen. Am tiefsten ging die von 1809. Nicht umsonst die Verfestigung allen Andenkens an diesen Freiheitskampf, und die Verfestigung auch aller Institutionen, die dem verletzten Körper Schutz zu geben schienen. Diese tapfere Flucht in den Schutz der Tradition war eine Flucht aus Not. Mir kam's bei meinem letzten Besuch in Südtirol manchmal so vor, als könne jetzt, in unserer Zeit, dem Land, wie es im Märchen heißt, ›ein Band vom Herzen‹ springen; das wären dann aber auch die in früherer Geschichte geschmiedeten Bänder, so daß eben jetzt auch wieder von dieser früheren Geschichte die Rede ist, auch von der Sache mit Gaismair; er ist eine der eingeschmiedeten unbesprochenen Gestalten Tirols.

Ich habe von ihm nur ein unvollkommenes Bild gegeben. Vor allem fehlt der zeitgenössische Hintergrund der Ereignisse anderswo. Er kann hier nicht gegeben werden. Versuche ich aber, das Bild Gaismairs zu ergänzen und mir über die Bedeutung seiner Person klar zu werden, erscheinen mir zwei Punkte wichtig:
der erste: gewiß war der ›Bauernkrieg‹ verloren, in Tirol wie überall in Deutschland. Aber Gaismair hatte mehr gewollt als die einfache Erhebung für Abschaffung der Unterdrückung, und er ist auch über die Programme, die von anderen deutschen Bauernbewegungen aufgestellt wurden, hinausgegangen. Er hatte in seiner ›Landesordnung‹ ein *geistiges* Konzept entworfen, folgerichtig und

vollständig – und anschaulich doch auch ein Konzept für die innere Ordnung Tirols;
der zweite Punkt: er hatte in seinen außenpolitischen Verbindungen mehr gesucht als bloßen Gewinn durch Teilnahme an einer für seine Pläne augenblicklich günstigen Koalition. Seine Absicht, Tirol zu reformieren und es als Glied zu der damals zusammenwachsenden eidgenössischen Konföderation zu stellen, hätte Tirol zu einer Autonomie in der Nachbarschaft dieser Alpenrepublik gebracht. Sie hätte den Zusammenhang mit dem habsburgischen Österreich weniger starr gemacht und Tirol eine eigene Stellung gegeben. Sie hätte dem Land vielleicht die Situation von 1809 erspart, und auch die des ersten Weltkriegs 1915–1918 mit ihrer Zuspitzung bis zur Teilung.
Statt dessen hat Tirol an einer anderen schicksalsschweren Geschichte teilgenommen. Die Zeichnung durch die Gestalten der großen europäischen, auf Hochrüstung zielenden, und mit der Rüstung vergangener Jahrhunderte behangenen Reiche ist ihm aufgeprägt worden. Es hat sein Schicksal mit dem der alten Länder Frankreich und Deutsches Reich geteilt, und mit dem des jungen Staates Italien; es hat die Grenzen und Kriege zwischen diesen Mächten in sein ›Land im Gebirge‹ bekommen, es war im Fluß der Welt.
Es ist für uns kaum anders vorzustellen außer als Möglichkeit an dem Punkt des Michael Gaismair und seiner Konzeption für Tirol; oder als Aufhebung des Gegensatzes der zwei Richtungen heute. Das wollte ich sagen: Tirol braucht nicht an seine Geschichte von vorgestern anzuknüpfen, es knüpft an seine Geschichte von morgen an, so wie ich es sich heute einrichten sehe.

SECHSTER TEIL

25. Ein Buch ›Abrogans‹

Wenn man von den Anfängen der Literatur eines Landes spricht, kommt man auf die Anfänge von Besiedlung und Gründung der ersten Orte; das beweist nur, daß Literatur eine ›erste Sache‹ ist: überall, wo der Mensch für sein Leben zu Form kommt, gibt es auch Literatur. Diese Anwesenheit von Literatur im Augenblick der Kulturgründung zeigt ihren ersten Rang als Lebensäußerung an. Daß dies am Beispiel Südtirols so deutlich ist, hat mich doch überrascht.

Ich habe in früheren Kapiteln einen Blick auf die Vorgänge am Anfang Südtirols zu geben versucht und bin auf den Namen *Arbeo* gestoßen; dieser Name steht auch als Hauptname über einer ersten südtirolischen literarischen Epoche; und man muß gleich hinzufügen, daß sie über Südtirol hinaus einen weiteren Raum betrifft, einen, wie der tiroler Germanist Bernhard Wurzer sagt, ›langobardisch-bairischen Kulturkreis mit den drei Zentren Freising–Salzburg–Pavia‹,

aber ein Kern in diesem Kreis ist Südtirol.

Arbeo ist uns begegnet als Zeuge, Zeitgenosse, der noch im 8. Jahrhundert das ›castrum Maiense‹ in Meran, die von den Römern befestigte Zollstation, gesehen hat – sie war so lange erhalten geblieben. Er ist uns wieder begegnet als Bischof von Freising, Vorgänger des Bischofs Atto von Freising, der aus Innichen kam; und wir haben Arbeo ›berühmt‹ genannt: das hängt schon mit seiner literarischen Bedeutung zusammen. Sie war übrigens lange Zeit kaum erkannt. Arbeo galt als Mann mittlerer Bedeutung, Verfasser eines Werkes, das in der Fachwissenschaft den Namen ›keronischer Glossar‹ hatte. Der Germanist Baesecke hat ihn hervorgehoben. Aber erst jüngste Forschungen, vor allem des innsbrucker Professors Karl Kurt Klein, haben ihn in seinem Rang als erste Person in der literarischen Entwicklung der Epoche entdeckt. Die grundlegende Arbeit Kleins dazu ist 1954 unter dem Titel ›Die Anfänge des deutschen Schrifttums – Vorkarlisches Schrifttum im deutschen Südostraum‹ erschienen. Das Wort ›vorkarlisch‹ mag manchem Leser neu sein, es heißt ›vorkarolingisch‹ oder ›vor Karl dem Großen entstanden‹. Das war die Literatur dieser bislang wenig beachteten Zeit.

Arbeo war Südtiroler. Er stammte aus Meran, genauer aus dem Ort an jenem ›castrum Maiense‹: aus Mais bei Meran. Er wurde 724 geboren, als der Ort unter bairischer Herrschaft stand; man kann also sagen, er wurde als ›Baier‹ geboren. Aber schon ein Jahr später, 725, kam das Gebiet unter langobardische Staatshoheit und blieb so, allerdings nur kurz: bis 732, als es die Baiern zum zweiten Mal und für dauernd ergriffen. Zu der Zeit war Arbeo acht Jahre alt. Aber die langobardischen Einflüsse müssen während der sich nun festigenden bairischen Herrschaft weiter bis herauf in die Gegend gereicht haben. Von Arbeo wenigstens ist uns bekannt, daß er an der langobardischen Hofschule des Königs Ratchis in Pavia studierte oder in dem ebenfalls langobardischen Kloster Bobbio. Dieses Kloster war durch seine Bibliothek berühmt. In ihm waren die von den Ostgoten geretteten arianischen Schriften aufbewahrt. Es mag zutreffen, was Bernhard Wurzer sagt: daß Arbeo dort eine ›besondere Bildungsatmosphäre‹ vorfand, die einer ›langobardisch-italienischen Kultur‹; und man kann sich vorstellen, daß er von ihr in seinen Jünglingsjahren entscheidend mitgeprägt wurde. Im Jahr 763, also 39 Jahre alt, kam er in eine abrupt andere Atmosphäre: ihm wurde die Leitung des Klosters Scharnitz an der tirolisch-bayrischen Grenze übertragen. Der Ort mag ihm karg vorgekommen sein nach den langen italienischen Jahren, er blieb auch nicht lange dort. Schon ein Jahr später, 764, übernahm er das Bistum Freising bei München. Wir haben Nachweise, daß er die Schulen und die Verwaltung in Freising nach dem Vorbild seiner langobardischen Erfahrung einrichtete. Wichtiger für uns ist hier seine bald rege literarische Verbindung zu seinem Diözesannachbarn, dem Bischof Virgil in Salzburg. Virgil, dessen Lebensdaten 710–784 sind, stammte aus Irland. Zur Zeit als Arbeo mit ihm in Verbindung kam, war Virgil 54 Jahre alt.

Ein Buch ›Abrogans‹

Aber eine zweite von Italien nachwirkende Verbindung ist bei Arbeo nicht ausgeschlossen. Er könnte in den Jahren dort mit dem großen langobardischen Gelehrten und Dichter Paulus Diaconus zusammengetroffen sein. Durch diese Verbindung konnte Arbeo unmittelbar an die Antike anknüpfen, und nicht nur an die römische: das war ein Einstrom von Welt, zu der das spätere ›karlische‹ Schrifttum keinen direkten Zugang mehr hatte. Man muß sich dazu klarmachen, daß die Langobarden in Italien Nachbarn des von Byzanz regierten oströmischen ›Exarchates‹ waren, Nachbarn einer späthellenischen Kultur; erst dann kann man etwas von der Weite dieses Einstroms bei Arbeo ahnen.

Seine literarischen Werke waren zunächst zwei Heiligenleben: eine ›Vita Corbiniani‹, 770; Korbinian war der erste Bischof von Freising und Arbeos Vorgänger. Dann eine ›Vita Haimhrammi‹, Lebensbeschreibung dieses Bischofs von Regensburg, entstanden 772.
Die ›Vita Corbiniani‹ ist dem Bischof Virgil von Salzburg gewidmet. Von ihm kamen Ratschläge und Einflüsse irischer Art. Es waren auch hier Einflüsse aus weit zurückgehender Überlieferung.
So sehen wir bei Arbeo gleich zwei Traditionen mitwirken: von Pavia die langobardisch-antike; und von Virgil die irische. Beide bestimmten ihn bei der Niederschrift des ›deutschen Abrogans‹, früher ›keronischer Glossar‹ genannt. Er ist (nach Bernhard Wurzer) ›das erste deutsche Buch‹. Er ist ein alphabetisch geordnetes deutschlateinisches Wörterbuch; und das Wort ›Abrogans‹ (von ›abrogare‹, zu deutsch ›angleichen‹, ›aufheben‹, besonders in der Bedeutung ›Aufhebung der Gesetze‹) war das erste Wort in diesem Wörterverzeichnis, daher der jetzt gebräuchliche Name für das ganze Buch. Ich frage mich, ob dieser Name in dieser Bedeutung ›Angleichung‹, ›Aufhebung der Gesetze‹ hier bei diesem Schritt vom Lateinischen ins Deutsche eine symbolische Bedeutung haben könne.
Die konkrete Absicht, mit der Arbeo sein Buch schrieb: der ›Abrogans‹ sollte ein Werk sein, durch das eine ›lingua inculta atque inconsueta‹, eine ›kulturlose und in sich unzusammenhängende Sprache‹ wie das bisher schriftlose Deutsch auf die ›Ebene der Schrifttümlichkeit‹ (ein Ausdruck von Bernhard Wurzer) gebracht wurde, um sie ›kulturfähig‹ zu machen. Er ist das Hauptwerk der – wie Karl Kurt Klein sie nennt – ›vorkarlischen‹ Literatur. Der Gedan-

ke, deutsche Wörter zusammenhängend zu schreiben (Wörter aus der Umgangssprache, und auch selbst gefundene Wörter) ist bei Arbeo durch seine langobardische Vorbildung entstanden — auch durch ›Vorbilder‹ wie die langobardischen Gesetzestexte.

Wir haben von einer möglichen persönlichen Verbindung zwischen Arbeo und Paulus Diaconus gesprochen. Dieser Diaconus, Sohn eines Langobarden Warnefried, hat in lateinischer Sprache eine ›Historia Langobardorum‹ geschrieben; sie ist sein Hauptwerk. Sie ist aber nicht nur eine Geschichte der Langobarden. Diaconus hat in sein Buch auch die langobardischen Sagen aufgenommen. In ihrem ursprünglichen Text: langobardisch, hatten diese Sagen eine feste, dichterisch geprägte Form. Paulus Diaconus löste diese Form bei seiner Übersetzung ins Lateinische auf; er schrieb Prosa. ›Er rettete so‹, wie Bernhard Wurzer sagt, ›bei Zerstörung der Form, Inhalt und Stoff der langobardischen Heldendichtung‹.

Dieser Reichtum an Stoffen ist dann, in der lateinischen Übersetzung, auf den Handelswegen zwischen Süden und Norden, aus Pavia über die Alpen gekommen; Karl Kurt Klein schreibt: ›über Freising — Salzburg in den binnendeutschen Raum‹.

Klein legt diesem regen Austausch zwischen Italien und dem südlichen Deutschland besondere Bedeutung bei als dem wichtigsten Strom realer und geistiger Verbindung damals. So hat es, nach ihm, in dieser Zeit der ›vorkarlischen‹ Literatur ein großes Dreieck von Literatur gegeben, das langobardisch-bairisch geprägt war. In der Mitte dieses Dreiecks war Südtirol. Einer der Eckpunkte war Freising mit dem aus Südtirol stammenden Arbeo.

Man sieht, worauf Klein hinaus will: Arbeo, in Meran geboren, nach Pavia gegangen, von da nach Freising, hatte dort seinen ›Abrogans‹ geschrieben. Das Buch wäre dann das Hauptdenkmal einer in diesem langobardisch-bairischen Dreieck lebendigen Literatur, die ›vorkarlisch‹ war und von der man so lange nichts wußte; und sein Verfasser Arbeo wäre der Hauptname dieser Literatur.

So habe ich die These von Karl Kurt Klein verstanden. Sie ist in seinem Werk und auch in der Darstellung durch Bernhard Wurzer vielfach belegt.

Wenn mich etwas zögern läßt, nachdem ich sie kennengelernt habe, ist es die Zentrierung auf Südtirol als das in der Mitte des Dreiecks gelegene Land; und noch einmal Verstärkung dieser Zentrierung durch die Gestalt des Arbeo, der aus ihm stammt — mit anderen

Worten: Zentrierung auf etwas Heimatliches in der Perspektive. Was mich daran stört, liegt auch manchmal im Tonfall, in Wörtern ›Ebene der Schrifttümlichkeit‹ und ›binnendeutscher Raum‹. Ich frage mich: vielleicht sind in der Dreiecksthese ›Freising – Salzburg – Pavia‹ die Konturen stärker gezogen als sie in Wirklichkeit sind. Es muß nicht so sein. Und Karl Kurt Klein selbst schreibt an einer Stelle etwas Einschränkendes:
›sicherlich hat das in der Abgeschlossenheit seiner Hochtäler rückständige Bauernland Zeiten der literarischen Zurückgebliebenheit erlebt, der Provinzialkunst ... zu zeiten aber hat Tirol als Land des großen, auch geistigen Durchgangsverkehrs an der Spitze von Entwicklungen gesamtdeutschen Ausmaßes gestanden.‹
Vielleicht versteht man aus diesem Zitat, was mir an der Perspektive bei Klein unangemessen erscheint: sie gibt zu viel, das reicht für Literatur nicht aus. In jeder Literatur ist mehr als in ihrer Nachzeichnung durch Bedingungen, auch in diesem Fall, durch ein Dreieck, das auf der Spitze von Pavia steht: mit Arbeo und dem ›Abrogans‹.

Ich möchte mir das Problem, um das es Klein geht: seine Entdeckung einer ›vorkarlischen‹ Epoche, klarer machen. Mir kommt dabei die Erinnerung an ein Buch zu Hilfe, das nach Ende des zweiten Krieges, um 1950, erschienen ist. Sein Verfasser war der belgische Diplomat Henri Pirenne, sein Buch hieß deutsch ›Der Aufgang des Abendlands‹. Es wurde wenig bekannt; aber ich habe immer wieder Leute getroffen, deren Urteil ich achtete, und die es kannten und schätzten.
Es war eine Untersuchung der von Klein ›vorkarlisch‹ genannten Zeit, aber von Belgien aus, das ja die Wiege des Frankenreiches war; und mit Daten der Wirtschaftsgeschichte der Gebiete, in die das weströmische Reich auseinandergefallen war und die dann von den Franken zu einem ›Reich‹ wieder zusammengefügt wurden. Der landläufigen Meinung, das Ende Westroms habe das Ende der ›alten Welt‹ bedeutet, widersprach Pirenne. Er legte dar, daß diese ›alte Welt‹ das Ende Westroms kräftig überlebt habe und daß ihr der Todesstoß nicht von den dann entstandenen germanischen Reichen versetzt worden sei, auch nicht von dem sich konstituierenden Frankenreich im allgemeinen, sondern durch die Machtergreifung der Karolinger in diesem Reich. Solange das Frankenreich unter

den Merowingern gewesen sei, dieser bekanntlich so zügellos ausschweifenden Familie, habe sich im Wirtschaftsgefüge der ehemals weströmischen Welt kaum etwas geändert; erst als deren Hausmeier aus dem Ardennerwald, die Karolinger, sich auf den Thron setzten, sei es damit jäh zu Ende gewesen.

Pirenne bringt dazu Details aus Rechnungslegungen belgischer Klöster: bis zu den Karolingern gab es Ausgabeposten für Wein, Öl und andere aus dem Mittelmeer über Marseille importierte Güter; mit der karolingischen Herrschaft war das abgeschnitten, es gab noch Met, Honig und Flachs. Pirenne will damit sagen, daß die Verbindung mit der ehemals römischen antiken Welt keineswegs mit deren politischem Zerfall aufgehört habe; auch kulturell nicht. Erst mit den Karolingern kam die Umstellung auf Autarkie: wirtschaftlich, und das hatte auch für die Kultur Folgen.

Das Bild bei Pirenne hat Ähnlichkeit mit dem Bild langobardisch-bairischer Verbindungen bei Karl Kurt Klein. Es hat hier wie dort eine andere Form der Übernahme der antiken Welt und Anpassung der germanischen Völker gegeben als später bei den karolingischen Franken. Man kann vielleicht sagen, daß in dieser ›vorkarlischen‹ Zeit ein Keim zu einer Synthese war, die eine andere Art ›Abendland‹ erzeugt hätte als es dann im karolingischen Reich und seinen Nachfolgern hervorgebracht wurde.

Pirenne überspannt seine Theorie nicht. Er sagt nur, daß etwas von der antiken Welt, mit einem Einfließen in die neue germanische Welt, länger fortgedauert habe als man gemeinhin annimmt; und daß der ›Aufgang des Abendlandes‹, wie wir es kennen, erst mit dem Schnitt durch Karl den Großen begann.

Ich erinnere an den gegen Karl so widerspenstigen Bayernherzog Tassilo. Auch in seinem von den Franken noch nicht ganz abhängigen Baiernreich war mehr lebendige Verbindung zum Süden als bei dem Einheitsmacher Karl, der ihn ins Kloster sperrte. Man kann also sehr wohl eine ›vorkarlische‹ Epoche entdecken – auch mit politischen Möglichkeiten. Wenn sie, wie Karl Kurt Klein darlegt, in der Literatur war, gab es sie auch in der Kunst. Vielleicht sind die Fresken in der Mariatrostkirche in Meran, die Karl Wolfsgruber als von ›erster Hand‹, d. h. byzantinischer Hand, gemacht nennt, in diesem antik-langobardisch-bairischen Kreis. Dann wäre es also wieder, wie bei Arbeo, Meran und das Südtirol von damals: ein wichtiger Punkt.

Ein Buch ›Abrogans‹

Zu Arbeos Werk mit seinen Verbindungen und seiner Stellung gehört ein Anteil großer Welt. In einer bescheidenen Heimatwelt ist man bei einem zweiten literarischen Werk aus Südtirol, das wegen seiner poetischen Kraft über das Provinzielle hinaus beachtet wird. Der Verfasser heißt *Heinrich von Burgeis*. Das ist kein Adelsname, sondern ein Vorname und der Ort der Herkunft. Auch Heinrich von Burgeis war ein Mann geistlichen Standes. Viel mehr wissen wir von ihm nicht. Der innsbrucker Professor Eugen Thurnher hat in einer eigenen Darstellung gezeigt, wie durch Zusammentragen von Material und mit einer Methode, die man ›Ortung‹ nennen möchte, dann doch aus dürftigen Anhaltspunkten ein ziemlich genaues Bild entsteht. Der erste Anhaltspunkt ›Burgeis‹ gibt nicht viel her. Er könnte den Forscher eher auf eine falsche Spur bringen, indem er ihn versucht, einen Geistlichen aus Burgeis mit dem darüberliegenden Benediktinerstift Marienberg in Verbindung zu bringen. Aber Heinrich von Burgeis hat sein Werk *der sele rat* deutsch geschrieben; und in Burgeis wurde zur Zeit seiner Entstehung, Anfang 14. Jahrhundert, noch romanisch gesprochen. Auch die volkstümliche Art und Betonung der geistlichen Armut bei Heinrich von Burgeis widerspricht der Lebensart der Benediktiner.

Das Buch ›der sele rat‹ ist ein Beichtspiegel, poetisch gefaßt; die Beichte war bei einem jüngeren Orden, den Franziskanern, wichtig. Thurnher schließt daraus, daß Heinrich von Burgeis Franziskaner war; er wird darin durch die Form des Namens bei dem Autor bestärkt, sie war bei den Franziskanern üblich: der Vorname und der Ort der Herkunft. Eine Einzelheit kommt dazu: Heinrich von Burgeis nennt sich, wie bei mittelalterlichen Gedichten Brauch, am Schluß selbst; der Schluß heißt:

> ›Hie endet sich der selen rat;
> Also haist dicz puechlein.
> Wer es hor oder les, der gedenckh mein!
> Des pit ich *prueder Hainrich von Purgews*...‹

Er nennt sich ›Bruder‹, auch das ist bei den Franziskanern üblich.

Eugen Thurnher untersucht nun, an welchem Ort Heinrich von Burgeis gelebt und das Gedicht verfaßt haben könnte. Er geht die südtirolischen Niederlassungen der Franziskaner durch: da kämen Brixen oder Bozen in Frage. An beiden Orten wird um die Zeit ein Franziskanerbruder Heinrich genannt, so daß ein früherer Forscher, Oswald Zingerle, zu der Annahme kam, der Dichter sei in Brixen gewesen. Thurnher widerlegt diese Annahme mit einem für die Achtsamkeit bei solcher Nachforschung bezeichnenden Detail. Er führt zunächst an, daß durch Beschluß der Lateransynode 1215 den Gläubigen auferlegt worden sei, bei dem Ortspfarrer zu beichten; von diesem streng gehandhabten Erlaß gab es nur für die Franziskaner eine Ausnahme: ihnen war freies Beichthören erlaubt. Diese von den weltlichen Geistlichen ungern gesehene Freiheit hatte zu Auseinandersetzungen zwischen ihnen und dem Orden geführt. Dabei hatte der Weltklerus vorübergehend Erfolg: 1301 schränkte Papst Bonifaz VIII. das Vorrecht der Franziskaner ein; er machte den Gläubigen zur Pflicht, mindestens die Osterbeichte beim Ortspfarrer abzulegen. Aber schon 1304 hob sein Nachfolger, Benedikt XI., die Einschränkung auf.

Nun entdeckt Thurnher in Heinrichs Gedicht eine Stelle, in der er zwar energisch das Recht auf freie Beichte verficht, dem Gläubigen aber empfiehlt, wenigstens Ostern beim Ortspfarrer zu beichten. Daraus zieht Thurnher die Datierung des Werkes: es müsse zwischen 1301 und 1304 entstanden sein.

Er zieht andere Textstellen heran, zeitgeschichtliche Zeugnisse zu ihnen, so über die Ausdehnung des bozener Franziskanerklosters auf Wein- und Obstland. Dazu finden sich Entsprechungen in Heinrichs Werk. Sie erlauben, es als ziemlich wahrscheinlich zu sagen, daß er zu der Zeit in diesem bozener Kloster war.

Er hat das Gedicht augenscheinlich in Auftrag geschrieben. Der großzügige Schriftspiegel, die nicht sparsame Ausstattung lassen auf einen weltlichen Auftraggeber schließen.

Für mich war dieses Glied-an-Glied-Setzen einzelner Beweisstücke interessant. So lassen sich Person und Werk, für die wir zunächst keine Hinweise haben, dann doch verhältnismäßig genau bestimmen.

Es ist eine einzige Handschrift erhalten. Auffällig ist für Thurnher der häufige Besitzerwechsel als Zeichen, daß die Schrift begehrt war. Die Besitzernamen stehen auf dem Vorblatt oder auf aufgeklebtem Wappenblatt. Letzter Besitzer war 1800 die brixener Seminarbibliothek; dort fand sie 1880 Oswald Zingerle.

Das Gedicht ›der sele rat‹ des Heinrich von Burgeis ist nicht ein Werk ohne Vergleich. Es gehört zu einer ganzen Gattung zeitgenössischer Literatur: der allegorischen Darstellung des Bußsakramentes. Die Schreiber folgen der Praxis der Beichthörenden, daß Reue, Beichte und Buße drei feste Teile des Sakramentes seien. Hinter dieser Praxis steht eine theologische Literatur, deren System von Hildebert von Tours begründet und von Petrus Lombardus durchgesetzt worden war. In Frankreich gibt es dramatische Darstellungen des Gegenstandes. Heinrich von Burgeis erzählt ihn mit dramatischen Akzenten.

Zu den festen Elementen dieser Literatur gehört die Personifikation: der Tugend, des Lasters sowie andere Figuren, die der Seele auf dem Bußweg Anstoß geben. Die letzte Station ist, ebenfalls nach Tradition, das Gericht über die Seele. Heinrich von Burgeis hält sich durchaus an dieses Schema: Lebenspilgerschaft und Gericht. Er gibt kein Stück eigener Erfindung dazu. Aber Originalität, wie wir sie heute verstehen, darf, nach Thurnher, bei einem solchen Werk kein Kriterium sein. Auch daß Heinrich den theologisch beschriebenen Weg als Handlung allegorischer Figuren darstellt, ist noch nicht originär. Die Figuren sind immer ähnlich: Frau Gottesfurcht, Frau Reue, Frau Beichte, Frau Buße. Dann erscheint der Tod. Mit ihm beginnt nach dem Lebensweg der zweite Teil: das Gericht mit Engel und Teufel, mit der ›Frau Gewissen‹, und zuletzt dem Erzengel Michael als Fürsprech der Seele. Die Zeugen, die sie belasten, sind die Arten der Sünde, die sieben Todsünden vor allem; bei Heinrich von Burgeis gibt es noch eine achte: die ›tristitia‹, die verzweifelnde Traurigkeit. Das fällt auf, es wäre eine, seiner vermutlich rätoromanischen Herkunft nicht fremde Seelenstimmung.

Seine eigentliche Arbeit als Schriftsteller aber ist, daß er die Sünden darstellt, wie sie im täglichen Leben vorkommen, bei den gewöhnlichen Verrichtungen, z. B. beim Käsemachen, Viehhüten, Weintrinken. Hier wird er landschaftlich und zeitgeschichtlich anschaulich, und hier zeigt sich auch seine Darstellungskraft. Es ist eine Kraft zur Darstellung äußerer Situationen und auch psychischen Verhaltens. Das ist die künstlerische Darstellung des Vorgangs, zu ihr treibt es den Autor, sonst wäre er keiner. Bei Heinrich von Burgeis wirkt dieser Antrieb so entschieden, daß er auch die Szene des Gerichts: das Spiel der Waagschalen, die das Urteil über die Seele anzeigen, zu einer anschaulichen Handlung macht. Die Teufel schleppen die Belastungsstücke als wirkliche Gegenstände heran. Sie tun es auf Kommando des Oberteufels. Er ruft ihnen zu:

›Wol her, wol her, gesellen mein,
Treibt zue ros, Schaf und swein,
Die gense, die hennen, die jaget her zue,
Die geisse, dew chelber, die grosse chue!‹

Sie alle werden auf die Waagschale gelegt. Für diese Heranbringung der Gegenstände, überhaupt für die Erzählung von Wirklichkeit an Stelle der Allegorie, gibt es in der zeitgenössischen Literatur ähnlichen Vorwurfs kein Beispiel als das des Heinrich von Burgeis. Das unterscheidet sein Werk von der Gattung und macht ihn zu einem Autor, d. i. zu einem Mann, der aus vorgegebenem Stoff etwas Eigenes, Persönliches geschaffen hat: Heinrich von Burgeis. Sein Beichtspiegel wird zu einem poetischen Stück, das den Leser direkt angeht und so auch von Leser zu Leser geht, als ›der sele rat‹, bis in unsere Zeit.

Ich schreibe diesen Satz nicht aus der hohlen Hand, ich kann mit ihm auf ehrliche Rechnung einlösen, was ich zu Anfang dieser Arbeit versprochen und von Fall zu Fall zu erfüllen mich bemüht habe: das Allgemeine der Sache darzulegen – nicht ohne das anschaulich Erfahrene, wo es erlebt und ich betroffen war. Aber diesmal trug ich nichts da*zu* dabei. Ich hatte das Kapitel über Heinrich von Burgeis schon fertig geschrieben ohne eigentlich betroffen gewesen zu sein; und ich verdanke diese Vertiefung einem Gespräch. Es war eine angeheiratete Verwandte, eine noch junge Frau mit Besitz, die scheinbar nur Arbeit kennt; und mit nüchternem Verstand auch. Aber jedes Mal, wenn sie mich trifft, spricht sie mit mir wie eine ›Frau Gewissen‹, und für sie ist das keine Allegorie.

Sie kommt in diesen Erzählungen von Erlebtem ein paarmal vor, so beim Birnenpflücken, als sie mir sagt: dem Herrgott ist jede Seele lieber. Ich sagte ihr, das hätte ich aufgeschrieben, und las es ihr vor. Sie sagte: Schreib mich nicht auf, aber glaubst du es: Seele, und hast du ein Gewissen, Franz. – Sie zählte es mir auf: der Tod kommt bestimmt, und dann: werden wir uns sehen, und wo werde ich dich sehen?

Das war mehr als äußere Erfahrung und Erlebniszusatz zu einer Betrachtung über ein Stück Literatur. Ich denke erst jetzt, daß ich der Frau von dem Gedicht des Heinrich von Burgeis hätte erzählen können, und daß ich von ihr lebendig höre, was dort geschrieben war; und daß es für mich ein Beweis von Spur der Literatur war, wie ihr Stoff fortwirkt: auch hier das Produktive unreflektiert.

Aber sie hätte mich nicht verstanden, ich hätte ihr auch nichts Neues gesagt. Sie wußte es, dieselben Stationen, dieselben Kräfte, die den Menschen ziehen. Nur die ›tristitia‹ kam bei ihr nicht vor, diese Figur schlüpfte nicht zwischen ihren Lippen heraus. Die Frau und ich waren wie zwei Gegner, die miteinander reden, die Stimmen knarren, und ich unbekehrt, aber betroffen. Ihre Augen funkelten wie Steine, schöne Augen, ich sagte es ihr, dachte aber dabei an die Augen der mir blutsverwandten Cousinen, deren Augen ohne Funkeln strahlten, schwer, groß, traurig, mir schöner.

Ich fragte die Frau um die Namen der Kühe im Stall, sie sagte mir ein paar, die ich noch nicht kannte, plötzlich wurde sie witzig: Dir darf man nichts sagen, du schreibst alles auf.

Ich sagte: Ich weiß auch, was man mir nicht sagt. Sie fragte: Und schreibst es auf?

Ich schreibe es hier auf: ›der sele rat‹ des Heinrich von Burgeis, und was ich davon erlebt habe nicht weit von Burgeis. Ich drehte mich zu der Frau um, da sah ich sie schon wieder auf dem Acker, gebückt unterm Kopftuch, fest, klein.

26. Zweimal ein Adeliger aus Tirol

Würden wir von einem Lebenslauf eines Mannes aus vergangener Zeit hören, so würde er im allgemeinen unser Interesse doch nur finden, wenn der Mann in seiner Zeit als ›historische Persönlichkeit‹ bestimmend hervorgetreten war; oder wenn von seinem Leben ein bezeichnendes Licht auf die Zeit fällt; oder, das wäre der dritte Fall: wenn wir selber zu diesem Mann als etwa einem Verwandten eine persönliche Beziehung haben.

An Beispielen läßt sich das leichter sagen.

Beispiel für den Fall eins wäre Andreas Hofer. Wegen der Rolle,

die er gespielt hat, werden auch unbedeutende Vorkommnisse in seinem Leben bemerkenswert.
Beispiele für den Fall zwei wären der in einem vorangegangenen Kapitel über 1809 genannte österreichische Intendant für Tirol Hormayr, oder der Kaufmann Schenacher mit seiner Reise nach England wegen Geld. Aus beiden Randfiguren gewinnt man Einblick in die Zeit: bei Hormayr in das mittlere intriguierende Beamtenwesen, er steht für einen Typ von damals; bei Schenacher in die Sphäre von Kundschaftern und Geheimagenten, die man bei einer so aufrechten Sache wie dem tiroler Befreiungskrieg nicht vermutet, die es aber in jeder Phase der Geschichte gibt.
Ein Beispiel für den dritten Fall habe ich selber zur Hand: es war mein tirolischer Großvater, Johann Tumler, 1841 in Schlanders geboren, der 1859, beim Krieg gegen das mit Napoleon III. verbündete Italien, bei den mobilisierten tiroler Standschützen war und davon eine Medaille aufbewahrt hat; auf seinem Partezettel aus dem Jahr 1913, seinem Todesjahr, ist sie verzeichnet:
›Besitzer der Erinnerungsmedaille für Tiroler Landesverteidiger vom Jahre 1859‹.
Ich habe diese Medaille noch vor mir aus der Hinterlassenschaft meines Vaters: vorn mit dem Kopf des Kaisers Franz Josef, hinten mit dem Doppeladler, darüber das zu einem Dreieck geknüpfte rotweiße (aus diesen Landesfarben Tirols bestehende) Band.
Ich erlaube mir nun eine Erfindung: ich könnte mir vorstellen, mein Großvater, der als 18jähriger Landesschütze am 24. Juni 1859 die Schlacht bei Solferino südlich des Gardasees mitgemacht hat, hätte von dieser Zeit Notizen hinterlassen über das Ereignis oder das Land oder für ihn ungewöhnliche Erfahrungen – so könnte das für mich interessant sein, aber kaum für jemand andern, jedenfalls wäre es nicht ein Stoff, der über das Persönliche hinaus festgehalten zu werden verdient.
Nun bringe ich einen Lebenslauf, der ein Beispiel wie dieses dritte ist:
der Sohn eines tiroler Adeligen, Ende des 14. Jahrhunderts geboren, fühlt sich von seinem älteren Bruder im Erbschaftsanspruch benachteiligt, das ist Grund genug für ihn, früh das Haus zu verlassen, schon als 16jähriger entläuft er in die Welt, bringt sich als Pferdeknecht, Koch, Ruderer durch, dann als Spielmann im Troß eines Heeres, büßt dabei ein Auge ein, aber kommt so durch halb

Europa. Als er zweiundzwanzig ist und sein Vater stirbt, kehrt er zurück und kümmert sich um sein Erbteil. Eben zu der Zeit rebellieren die tiroler Adeligen gegen den Landesfürsten, der, dem Zug der Zeit folgend, auf Zentralisierung aus ist und ihnen die alten Vorrechte durch Vertrag oder mit Gewalt nehmen will. Der Landesfürst heißt Friedrich II., auch ›Friedrich mit der leeren Tasche‹ genannt, und ist Habsburger; die Adeligen heißen Rottenburger, Starkenberger und ähnlich. Es sind 69 Familien, die sich zu einem Bund zusammenschließen. Der Mann, den wir im Auge haben, gehört dazu. Er bleibt in Tirol; er interessiert sich weiter für sein Erbteil; und mit nicht ganz einwandfreien Mitteln zwingt er den älteren Bruder zur Anerkennung seines Anspruchs. Seither hat er eigenes Einkommen, ja, man kann ihn, nach den Begriffen der Zeit, ›reich‹ nennen. Sofort läßt er sich, kaum 30 Jahre alt, am Dom zu Brixen, an der Außenwand, einen Denkstein setzen: er zeigt ihn in Lebensgröße, stutzerhaft gekleidet nach der neuesten Mode. Wegen seiner Teilnahme an dem Bund der Adeligen ist er dem Landesherrn mißliebig geworden. Ein persönlicher Grund verstärkt die Abneigung. Der noch junge Mann hatte ein Liebesverhältnis mit einer verheirateten Frau während Fortdauer ihrer Ehe mit einem viel älteren Mann. Aber nun läßt die Geliebte den Liebhaber im Stich und freundet sich mit dem Landesfürsten Friedrich an. Der private Konflikt kommt unversehens in die Sphäre der Politik, als 1414 das Konzil zu Konstanz einberufen wird. Der erste Mann bei dem Konzil ist der ungarische König (und präsumptive Kaiser) Sigismund. Der tiroler Landesfürst Herzog Friedrich erscheint mit einer großen Zahl Edelleuten auf dem Konzil. Einer unter ihnen ist jener, dessen Geschichte wir hier erzählen. Er tritt nicht besonders hervor – außer durch seinen Übergang zur Partei des Königs Sigismund, der ihn gegen Entlohnung, 300 ungarische rote Gulden jährlich, in Dienst nimmt. Es fällt deshalb nicht auf, daß er im März 1415 nicht mehr im Gefolge des tiroler Herzogs Friedrich ist, mit dem er einen Monat zuvor gekommen war.

Dieser Herzog hilft nun bei dem Konzil, auf dem drei Päpste einander Konkurrenz machen, einem von ihnen, Johannes XXIII., zur heimlichen Flucht aus der Stadt. Unser Adeliger aus Tirol, immer noch nur einer unter vielen der großen Gesellschaft, tut da schon nicht mehr mit. Er fährt wenig später als Teilnehmer einer

Gesandtschaft seines neuen Herrn, des Königs Sigismund, über England und Spanien nach Portugal. Die Gesandtschaft ist nicht klein, also war es keine ungewöhnliche Reise. Der Teilnehmer berichtet später, daß er im August dieses Jahres 1415 an der Eroberung der maurischen Küstenstadt Ceuta auf seiten der Portugiesen teilgenommen habe. Dann sei er ausersehen worden, die Siegesnachricht zu König Sigismund nach Perpignan zu bringen. In der dort versammelten höfischen Gesellschaft habe ihn die Königin Eleonore von Aragonien empfangen; und die junge Königinwitwe Margarete habe ihm den Greifenorden überreicht. Bald aber habe er sich gelangweilt bei den Verhandlungen über den Rückritt des zweiten Papstes Benedikt XIII., den er den ›eingebildeten Papst‹ nennt. Nach Abschluß der Sache geht es auf der Rückreise über Paris. Es ist die Zeit kurz vor dem Auftreten des Mädchens Jeanne d'Arc aus Domrémy, die dann als ›Jungfrau von Orléans‹ ins Licht der Geschichte tritt.

In diesem Licht bewegt sich der tiroler Adelige keineswegs; er ist während politischer Verhandlungen mit Konferenzarbeiten beschäftigt. Ganz plötzlich reist er ab. Ursache ist die Flucht seines Landesfürsten Friedrich II. aus Konstanz, dieser war dort wegen seiner Beihilfe bei der Flucht des Mitpapstes Johannes XXIII. als Geisel in Haft gehalten worden.

Nun ist er selber geflohen, und König Sigismund verhängt über ihn die ›Reichsacht‹. Das bedeutet als Erklärung nicht viel. Aber wegen der Verhältnisse in Tirol wird für den Herzog Friedrich die ›Acht‹ zu einer schwerwiegenden Sache: nun haben die Adeligen, die ungesetzlich gegen ihn nur revoltiert haben, einen Rechtsgrund, sich nicht mehr an ihn gebunden zu fühlen. Mehr als 400 Adelige geben diese Erklärung ab und bereiten sich auf ihren kriegerischen feudalen Aufstand gegen den Landesherrn vor. Auch die benachbarten schweizer Eidgenossen werden gedrängt, in Tirol bewaffnet gegen Friedrich II. einzugreifen. Sie tun es ungern; die Parteinahme für den tiroler Adel liegt ihnen nicht. Aber im Fall, daß sie neutral blieben, bedroht sie das Konzil mit dem Bann. Bei diesen Zurüstungen für Aufstand und Krieg von außen erkennt Herzog Friedrich, daß er sich in solcher Lage nicht halten kann. Er stellt sich dem Konzil und erklärt, er sei bereit, um Verzeihung zu bitten.

König Sigismund ließ sich, wie der Historiker Egger schreibt,

›hinreißen, Friedrich aufs tiefste zu demütigen und dem Haus Österreich einen Tag der Schmach zu bereiten, wie es noch keinen erlebt‹.

Das sah praktisch so aus: Friedrich mußte vor der Vollversammlung des Konzils erscheinen, dreimal an der Tür niederknien, um Barmherzigkeit des Königs bitten und schwören, alle seine Länder dem König zu übergeben und als Geisel zu bleiben, bis der geflohene Papst zurück sei; geschehe es nicht, sollte sein Gebiet dem König ganz verfallen sein. Nach Verlesung dieses Spruches habe sich, wird berichtet, Sigismund an die Gesandten Italiens gewandt und ihnen gesagt: ›Sehet, was ein König der Deutschen vermag!‹

Man kann sich vorstellen, daß angesichts solcher Ereignisse die Rolle des einen tiroler Adeligen unbedeutend war.
Trotzdem werden alle diese Dinge hier nur seinetwegen erzählt – das wird sich am Schluß der Erzählung herausstellen – und nicht etwa Sigismunds oder Friedrichs wegen, obwohl immerfort von ihnen die Rede ist.
Die Sache geht so weiter: in Tirol sollen Friedrichs dort regierende Beamte abgesetzt werden, dazu werden tiroler Adelige, auch der eine unter ihnen, von Sigismund delegiert. Dem Adel paßte der Auftrag. Aber unerwarteter Weise hielten die Städte und Bauern an Friedrich fest. Die Adeligen rückten von Graubünden auf ihre Burgen in Tirol ein, zugleich marschierte der bayrische Herzog in Nordtirol ein. Von Südosten durch die Dolomitentäler rückten die Fürsten von Görz ein. Die sigismundschen Anhänger teilten Tirol schon unter sich auf. Es gab auswärts genug machtlustige Anhänger, die nur darauf warteten, Tirol zu zerstückeln und zu fressen.
Aber die Dinge gingen nicht nach Sigismunds Wunsch. Herzog Friedrich II. organisierte umsichtig seinen Widerstand. Er stützte sich auf die ›Landstände‹, die in Tirol als Rest einer demokratischen Landesverfassung immer wichtig waren; mit ihrer Hilfe eroberte er die Burgen einiger Adeliger. Ein inzwischen neuer Papst, Martin V., ein geborener Fürst Colonna, stand ihm wohlwollend bei. Manche Adelige distanzierten sich von Sigismunds radikalem Vorgehen aus Furcht, er könne eines Tages auch mit ihnen so verfahren.

Dem König Sigismund entging der unsichere Punkt seiner Politik nicht. Er lenkte ein zu einem Kompromiß mit Friedrich. Der Inhalt war: Friedrich wurde vom König in seinem Besitz bestätigt, allerdings mußte er ihm dafür 70 000 Gulden zahlen. Er mußte auch die aufständischen tiroler Adeligen amnestieren.

Der eine von ihnen war, als man schon ahnen konnte, daß es Ausgleich geben werde, nach Hause zurückgekehrt. Auf der Rückreise hatte er in Konstanz geheiratet. Seine Frau war eine geborene Margarete von Schwangau. Aber bald nach seiner Rückkehr verstrickte er sich in ein besonderes Verhängnis: er folgte im Herbst 1421 einer vorgeblichen Einladung seiner früheren Geliebten zu einem heimlichen Stelldichein. Wir wissen, daß die Geliebte längst die Freundin des Herzogs war. Möglicherweise war sie unbeteiligt und ihr Name wurde mißbraucht – von dem alten persönlichen Feind Herzog Friedrich, der wieder obenauf war und den Rivalen von früher in diesen Hinterhalt lockte. Er bediente sich dabei der Verwandten der Frau, mit denen der Mann Besitzstreit hatte, so daß es aussehen konnte, als hätten nur sie mit der Sache zu tun, und nicht der Herzog. In manchen Berichten heißt es, die ehemalige Geliebte sei dabei gewesen, ihre Begleiter hätten den getäuschten Mann überwältigt. Es ist nicht erwiesen. Einige Umstände sprechen zu ihren Ungunsten: mit Einverständnis des Herzogs wurde der Gefangene in das Schloß Forst bei Meran gesperrt; in diesem Schloß war der Vater jener vor Jahren geliebten Frau ›Pfleger‹, d. i. Verwalter.

Die Dinge gehen noch schlimmer weiter: Freunde des Gefangenen bringen eine Bürgschaft von 6000 Dukaten. Der Herzog gibt ihn befristet frei. Er soll Gelegenheit haben, sich mit den Verwandten der ihm nun so feindlich gesinnten Frau in dem Besitzstreit zu einigen. Es kommt zu keiner Einigung. Der auf Zeit freigesetzte Mann kehrt in die Gefangenschaft zurück. Herzog Friedrich behält die Bürgschaft und behält auch den Mann.

Das geht dem älteren Bruder des Gehetzten, der ihm früher wegen Erbstreites nicht freund war, zu weit. Als Adeliger kann er auch dem Herzog die Fehde ansagen. Er nimmt Anhänger des Herzogs gefangen. Es gibt noch mehr Feindseligkeiten. Der Krieg zwischen Familien droht, bei ausgedehnter Verwandtschaft der Beteiligten, zu einem Bürgerkrieg zwischen Adeligen untereinander, mit dem Herzog als Partei, zu werden.

In diesem Augenblick greift aus weit entferntem Ort: aus Preßburg, König Sigismund ein. Der Streit der Adeligen ist ihm nicht gelegen. Er läßt wissen, daß der Gefangene von früher her sein Diener sei, der Herzog habe von ihm nichts zu fordern. Füge er sich nicht, so hätten der Gefangene und seine Anhänger dasselbe Recht gegen ihn: zu kriegerischen Handlungen. Das war wieder Drohung mit der Reichsacht. Die Anweisung, sich für einen Einmarsch in Tirol bereitzuhalten, ließ der König an den Herzog von Mailand, an die Schweizer und an den bayrischen Herzog gehen.

Die wirklichen Ursachen des scheinbar so persönlichen Streites waren noch immer die gleichen gesellschaftlichen: ein Kampf in der sozialpolitischen Struktur des Landes zwischen dem Fürsten und der widerspenstigen Adelsgesellschaft. Nun, da Friedrich nicht nachgab, wurde der Streit zum Bürgerkrieg. Friedrich belagerte die Burgen der Adeligen, er griff auch zum Mittel der Politik: in einer Modifizierung der Landesverfassung machte er den Städten Zugeständnisse, mit ihrer Hilfe setzte er im November 1423 die Auflösung des Adelsbundes rechtmäßig durch.

Die Macht des entfernten Königs war in Tirol zu schwach. Sigismund schloß daher mit Friedrich 1425 in Preßburg einen nun endgültigen Vergleich. Er enthielt einen Artikel über den noch immer in Schloß Forst gefangenen Mann. Für ihn wurde ein Gerichtstermin in Bozen festgesetzt. Der mißtrauische Mann wollte sich dem Termin durch Flucht entziehen, wurde aufgegriffen, und nun kam es auch zwischen ihm und dem Herzog zu einem Vergleich. Es war ein, bei Forderungen der Nebenbeteiligten, komplizierter Schriftsatz mit Entschädigungen, aber dem nun endlich freien Mann blieb sein Eigentum: die Burg, auf der er geboren war.

Der so zu Ende gebrachte Fall war einer unter vielen: ein Beispiel für den Prozeß der Veränderung der Gesellschaft.

Trotzdem muß dieser eine Mann über besondere Verbindungen verfügt haben. Es gibt Andeutungen dafür von später: 1428 war er auf einer Reise zum kölner Erzbischof Dietrich von Mörs und zum Herzog Adolf von Jülich und Berg: der eine war Statthalter der geheimen Feme in Westfalen, der andere ›Stuhlherr‹ westfälischer Freigerichte. Über die Feme und ihre Teilhaberschaft in der Gesellschaft so weit voneinander entfernter Länder gibt es nur unsichere Nachrichten. Es gibt Titel: ›freyer schepf‹.

Der 1428 ins Rheinland reisende Mann war ein solcher ›freyer schepf‹.
Woher ist nur zum Teil bekannt. Der Historiker Mayr schreibt: ›die Feme war geheim, die Verhandlungen und der Briefwechsel. Der Schöffe mußte sich bei Aufnahme verpflichten, das Geheime zu bewahren, auf Verrat stand Todesstrafe.‹
Der tiroler Adelige kam nicht zur Ruhe. Er wurde in einen Streit mit dem brixener Bischof Ulrich Putsch verwickelt. König Sigismund ließ ihn auch in dieser Sache nicht fallen. 1431 zog er ihn mit in einen Feldzug gegen die Hussiten in Böhmen, bei dem das Heer des Königs kläglich auseinanderlief. Nach dieser letzten Fahrt ging der Mann nicht mehr außer Landes. Er wurde Pfleger auf der Burg Neuhaus im Pustertal. Sein alter Gegner Herzog Friedrich war 1439 gestorben. Er wurde als einer der fünf Vertrauensleute berufen, um das Erbe des Herzogs für seinen noch unmündigen Sohn zu verwalten. Als der 1440 zum Kaiser gewählte Habsburger Friedrich (als Kaiser Friedrich III., und Vater Maximilians I.) dem ihm verwandten Mündel das Eigentum nicht geben wollte, sondern es mit dem Ziel noch engerer Bindung Tirols an Österreich zurückhielt, riefen die fünf Vertrauensleute in Meran einen Landtag zusammen. Er beschloß, Tirol gegen einen Einfall des Kaisers zu verteidigen. Der tiroler Adelige mit dem Sitz nun im Pustertal hatte nach dem Verteidigungsplan die mühlbacher Klause zu besetzen. Wie so oft in der Geschichte Tirols sollte dieser Ort ein Kriegsort werden. Der Mann war 63 Jahre alt. Der Krieg brach aus. Er stand in der mühlbacher Klause. Seine Frau Margarete, mit der er sieben Kinder hatte, schrieb ihm dahin einen Brief:
›etliche zu Kastelrut‹
hätten über ihn geredet und geschimpft. Weiter:
›und so bitte ich euch, herzliebster Herr, euch in allen Dingen vorzusehen, daß euch keine Schmach noch Schande widerfahre. Traut dem Gufidauner nicht! Denn er, der Tunner und Herr Tiebold sind ein Ding. Weiter lasse ich euch wissen, wie man geredet hat (denn ihr habt leider der Schindeln zu viel auf dem Dach): wäre das nicht der Fall, so wollte man wohl noch einen Ausweg treffen, daß ihr die Leute bei einer Gleichheit bleiben ließet.‹
Dann bittet ihn die Frau, zu ihm kommen zu dürfen:
›Das will ich immer um euch verdienen. Ich will nun einmal ohne euch nicht sein, es sei hier oder anderswo.‹

Ehe der Krieg zu Ende war, ist der Mann gestorben. Am 2. 8. 1445.
Man sieht, die Geschichte endet wie eine Familiengeschichte, hier
mit den so vertraulichen, von herzlichem Gefühl getragenen Worten der Frau. Sie war auch in früheren Stadien nicht mehr als eine
persönliche Geschichte: in dem zwar eigenartigen, aber doch nur
auf Leidenschaft gestimmten Verhältnis zu der anderen, schon verheirateten Frau, und dann ihrer vorgeblichen Intrige. Auch hier
mischten sich, wenn man von dem Herzog absieht, der aber auch
nur die Rolle des eifersüchtigen Liebhabers hat, die Verwandten
ein: mit Ansprüchen auf Besitz, und vielleicht wegen Wahrung der
Ehre des Namens; auch hier blieb es eine Familiengeschichte.
Und das eben meinte ich anfangs, als ich sagte, daß sie ein Beispiel
für diesen dritten Fall ist: gewiß von anderer Dimension als die Geschichte meines Großvaters mit seiner Medaille, aber von derselben Art: für die Familie, die Verwandtschaft, für die Nachkommen
interessant, *nur* für sie. Was an Zeitgeschichte dabei abfällt: mit
Blicken auf das Konzil von Konstanz und die gesellschaftlichen Veränderungen, die Stellung des Adels betreffend, ist eindrucksvoll,
aber nur scheinbar anderer Natur. Ich könnte mir vorstellen, daß
auch mein Großvater, ein einfacher Mann aus Tirol, in seinem Dienst
in einem nach feudalen Wertmaßstäben geführten Heer etwas von
sozialen Spannungen erlebt hat; und die italienischen Dörfer zwischen Etsch und Mincio waren für ihn genauso Fremde und eine
andere Welt wie für den Mann aus der ritterlichen Familie Portugal und das maurische Ceuta.
Ich will damit sagen, daß die Geschichte niemanden etwas angeht,
außer er habe persönliche Beziehungen zu ihr.
Und nun will ich sagen, worauf es mir bei dieser ganzen Darlegung
ankommt: hätte der Mann aus dieser Rittergeschichte zwischen 1400
und 1440 Herr von Starkenberg oder Rottenburg geheißen, wüßten wir heute nichts von ihr.
Sie wird erzählt, kommentiert, bedacht und ist uns nur bekannt,
weil ihre Hauptperson der Ritter Oswald von Wolkenstein war, der
Gedichte geschrieben hat. Wegen seiner Gedichte kennen wir auch
seine Lebensgeschichte.
Man versteht – und versteht auch nicht, warum ein besonderes
Moment in das Leben eines Mannes kommt, der Kunst hervorbringt.
Es ist etwas außerhalb der Heimat oder des privaten Lebenslaufes.
Tirol ist ein Gegenstand für sich. Aber das Tirolische in den Ge-

dichten des Oswald von Wolkenstein könnte genauso gut spanisch oder texanisch sein, sie wären um nichts weniger Dichtung.
Das bei dem Beispiel des Oswald von Wolkenstein zu sagen, ist wichtig. Seine Gedichte enthalten so viel heimatliche Färbung bis zur Nennung der Namen und Orte; sie lassen sich ohne diese Färbung nicht charakterisieren. Nur muß man den Unterschied scharf machen: das bedeutet nicht, daß sie ›Heimatkunst‹ sind (etwas, das es in Wahrheit nicht gibt). Sie sind ›Kunst‹, das macht sie bedeutend.

Aber nun muß ich die Sache umkehren und sagen: das Besondere in Oswalds Gedichten, ihr Unterschied gegenüber den Gedichten des hohen Minnesangs, ist eben dieses Persönliche, auch Heimatliche, und direkt tirolisch Erblickte; oder noch enger gefaßt: von der Alpe bei Seis aus Erblickte, oder von Kastelruth auf den Fluß Eisack: sie kommen in einem Beispiel vor, das ich gleich anführen werde. Aber auch der Mensch wird bei Oswald so persönlich erblickt. In einem Gedicht des Walther von der Vogelweide wird die Frau von Kopf bis Fuß vollständig beschrieben, die Farben sind dem Bild naturähnlich aufgemalt, trotzdem ist sie keine wirkliche Frau. Auch in der Landschaft fehlt nichts bei Walther, sie stimmt in allen Details:

> ›Sô die bluomen ûz dem grase dringent,
> sam si lachen gegen der spilden sunnen,
> in einem meien an dem morgen vruo,
> Und diu kleinen vogelîn wol singent.‹

Trotzdem ist es keine wirkliche Landschaft. Es ist, indem Walther dann fragt, was sich da vergleichen ließe, ein Vergleich:
›Ez ist wol halp ein himelrîche.‹
Bei Oswald ist die Landschaft kein Vergleich, sondern der wirkliche Ort dieser wirklichen Empfindung:

> ›Zergangen ist meins herzen we,
> seid das nu fliessen will der snee
> ab Seuser alpen und aus Flack,
> hort ich den Mosmair sagen.
> Erwachet sind der erden tünst,

> des meren sich die wasser rünst
> von Castellrut in den Isack,
> das will mir wol behagen.
> Ich hör die voglin gros und klain
> in meinem wald umb Hauenstein
> die musick brechen in der kel,
> durch scharpfe nötlin schellen.
> Auf dem ‚ut' hoch in das ‚la'
> und hrab zu tal schon auf das ‚fa'
> durch manig süsse stimm so hel;
> des freut eu, güt gesellen!‹

Ich habe die Namen der Notentöne unter Anführungszeichen gesetzt, bei Oswald brauchen sie keine Anführungszeichen, es sind die wirklichen Töne.

Die Frau ist bei Oswald so vollständig wie bei Walther, aber sie ist eine wirkliche Frau; und wäre sie nicht vollständig beschrieben, wäre sie auch wirklich:

> ›Raucha, steudli,
> lupf dich, kreudli!
> in das bädli,
> Ösli, Gredli!
> Plümen plüde
> wendt uns müde,
> laubes decke
> rauch bestecke! Metzli,
> Pring den buttern,
> lass uns kuttern!
> wascha, maidli,
> mir das schaidli!
> reib mich, knäblin,
> umb das näblin!
> hilfst du mir,
> leicht vach ich dir das retzli.‹

Das ist der Unterschied: zwischen dem Bild der Frau (und sofort auch Vergleich) bei Walther, wo
›ir wangen wurden rot

same diu rose da sie bi der liljen stat‹,
und der wirklichen Frau bei Oswald, der Lilien nicht braucht, damit er sie der Rose vergleicht, weil er sie ohne Vergleich in seinen Wörtern hat und nennt:
›Gredli!‹
und somit sagt: es ist *eine* wirkliche Frau. Der Unterschied ist also nicht nur der zwischen Bild und Wirklichkeit, sondern auch der zwischen Typus und Person. Wegen dieses Unterschieds muß auch der Mann, der das Gedicht schreibt, eine ›Person‹ sein, er:
›Ösli‹.
Ich bin nicht der Meinung, daß man sich hier eine Theorie machen soll: von Entwicklung der Literatur aus Formen gebundener Welt zu solchen einer freien, so daß man dann, je nach Einstellung, von Fortschritt oder Verfall sprechen könnte; ich glaube überhaupt, man dürfe Literatur nicht in Vergleich mit historischen Entwicklungen bringen, so nahe das liegen mag: Hochmittelalter und dann Spätmittelalter; ich glaube, daß es ganz einfach diese zwei Arten Dichtung gibt – und auch hier das Produktive unreflektiert: ein Mann wie Oswald war von Natur so, und stets übervoll von Formen, auch Formeln, von Sprache bis zu dem Tag, von dem es heißt:
am 2. August 1445 wird er als tot erwähnt.

Ich bin hier wieder am Ende seiner vorhin ohne Namen erzählten Lebensgeschichte. Ich müßte sie nun noch einmal und *mit* seinem Namen erzählen. Aber es ist dann nicht einfach eine mit seinem Namen versehene Geschichte, die bei Weglassung des Namens unwichtig wäre. Er hat auf diese Art Gedichte geschrieben, das ist auch seine Lebensgeschichte:
Oswald von Wolkenstein, 1377 in Südtirol geboren, zweiter Sohn des Friedrich von Wolkenstein und jüngerer Bruder des Michael von Wolkenstein, dem er, als er nach dem Tod des Vaters 1399 zurückkam, in einem Streit mit Einbruchsdiebstahl das Erbteil abkämpfte, bis er es schließlich hatte, 1407.
Dann kam seine große Liebe zu Sabina, geborener Jäger von Tisens, verheirateter Hausmann, mit deren Vater schon Oswalds Vater Streit um Besitz gehabt hatte. Als der viel ältere Mann der Sabina 1409 starb, ging Oswalds Liebe zu ihr weiter, obwohl sie inzwischen die Freundin des Herzogs Friedrich mit der leeren Tasche geworden war. Auch der Streit mit den Jägerschen wegen Besitz ging

weiter, und nun mischen sich der Besitzstreit und die Liebesgeschichte, als die Jägerschen 1421 Oswald durch mindestens Mißbrauch des Namens der Geliebten in einen Hinterhalt lockten und ihn, vermutlich im Einverständnis mit dem Herzog Friedrich, auf ihrem Schloß Forst bei Meran in den Kerker warfen.

Aber zu dieser Zeit hatte Oswalds Lebensgeschichte längst auch ihren politischen Teil: er hatte begonnen, als er 1406 dem Bund der tiroler Adeligen gegen den Herzog Friedrich beitrat. 1406 hieß er der ›Elefantenbund‹, 1407 der ›Falkenbund‹. Die Bünde wurden durch König Sigmund von Ungarn aus dem luxemburgischen Hause unterstützt: Sigmund rivalisierte mit den Habsburgern um die Herrschaft in Tirol. Das war sein Interesse in der Sache. Das Interesse der Adeligen war, die veraltete Herrschaftsform des freien Adels gegen die neue Gesellschaftsform eines vom Landesfürsten abhängigen Adels zu erhalten. Sie hatte auch einen Akzent von Erhaltung Tirols als eines freien ›Landes im Gebirge‹ gegen das Österreichertum der Habsburger.

Der politische Teil in Oswalds Lebensgeschichte wird durch den persönlichen Teil mitbestimmt: er geht auf dem Konzil in Konstanz sicherlich auch wegen seiner unglücklichen Affaire mit Sabina aus dem Gefolge Friedrichs zur Partei des Königs Sigmund über. Er unterstützt auch in Tirol nach seiner Rückkehr Sigmund gegen Friedrich, das endet mit seiner Gefangennahme zum Vorteil Friedrichs durch den Vater der Sabina Jäger und seiner Festsetzung in Schloß Forst bei Meran.

Seine politische Geschichte wird nun zu einem Stück tirolischer Geschichte: als seine Anhänger Bürgschaft für ihn geben, er mit den Jägerschen zu keinem Vergleich kommt, ihn Friedrich daraufhin 1422 wieder gefangensetzt, nun aber die Adeligen seinetwegen gegen Friedrich eingreifen.

Das ist das Stück tiroler Geschichte, zu dem Oswald nur der Anlaß ist: der Bürgerkrieg 1423, aber dann Vergleich zwischen Sigmund und Friedrich, der sich als Landesfürst durchgesetzt hat. Der Adelsbund wird aufgelöst, die ›Fronde‹ ist unterlegen.

Es kommen nach dem Ende dieser gesellschaftsändernden Hauptgeschichte, die ganz Tirol betrifft, bei Oswald noch Anhängsel politischer Geschichte: 1428 seine Reise zu den Häuptern der ›Feme‹ nach Westfalen; die Fäden zur ›Feme‹ hatte er vermutlich früh geknüpft: 1401 durch einen scharfen Gegner des Herzogs Friedrich,

den rheinischen Pfalzgrafen Ludwig III., den er in diesem Jahr als ›Junker Oswald‹ bei einem erfolglosen Feldzug in Italien begleitet hatte.
Zuletzt kommt der würdige Schluß seiner politischen Laufbahn: als er, einer der fünf Vormünder des unmündigen Sohns des verstorbenen Herzogs Friedrich, dessen Erbe bedroht sieht und mithilft, Tirol gegen den Bedroher Kaiser Friedrich III. zu rüsten. Während dieser Zurüstung erkrankt er auf seinem Posten in der mühlbacher Klause und stirbt in Meran. Der Leser hat es schon aus der ersten Erzählung der Lebensgeschichte erfahren: 1445, am 2. August.

Mir knüpft sich an diesem Punkt manches aus der tiroler Geschichte zusammen, ich schreibe es auf wie auf eine Tafel:
weit zurück das Jahr 769, als Tirol bayrisch wurde, in Bozen von dem Langobardenkönig Desiderius dem Herzog Tassilo übergeben
dann der andere ›Tag von Bozen‹ 1363, als es habsburgisch wurde
dann die eben an Hand des Oswald von Wolkenstein erzählte Kriegszeit der ›Fronde‹ 1406–1427, mit Umformung der Adelsgesellschaft
dann im selben Jahrhundert noch unter Kaiser Maximilian dessen Kriege gegen Graubünden wegen Tirols Verbindung zur Schweiz mit der Schlacht an der Calwen/Chèlavena und folgend Zurückdrängung der Habsburger von der Schweiz
dann wenige Jahrzehnte später 1525 Aufstand und Niederlage Michael Gaismairs und folgend Abdrängung Tirols von der schweizer Seite und Neubefestigung der Habsburger
dann Stillstand Tirols mit Verwicklung in habsburgische Kriege: den spanischen Erbfolgekrieg 1703
dann Erhebung Tirols für Österreich 1809
dann Wendung Tirols gegen Italien auf seiten Österreichs mit Angriff, Verteidigung, Niederlage von 1848, 1859, 1866 bis 1918 und jetzt.
Man könnte aus diesem Spiegel geschichtlicher Daten die Grundbewegung tirolischer Geschichte ziehen: danach wäre Tirol wegen seiner rätischen Substanz ein Land eigener Bewegung, das aber dann wegen des Hereingriffs der Baiern in die Alpen in diese andere bayrische Bewegung kommt, die bald, wegen Absonderung

Österreichs von Bayern, zu einer Streitbewegung zwischen diesen Mächten wird, wobei sich Tirol für Österreich gegen Bayern erklärt. So gibt es in seiner Geschichte diese drei Bewegungen: eine auf den ursprünglich rätischen Charakter zielende Richtung, dann auf seiten Österreichs die Abwehr Bayerns, und die Richtung gegen Italien. Zuletzt das Ende: praktisch eine Zurückführung auf den Stand *vor* 769.
Das wäre eine Formel für die Geschichte Tirols. Aber das hier ist ein Kapitel Literatur, mit ihr setze ich fort.

27. Ein Hütbub aus Brixen
für Walter Höllerer

Im Jahre 1790 wurde bei Tschötsch oberhalb Brixens als Sohn eines Kleinbauern (in anderen Berichten heißt es, eines Tagelöhners) Jakob Philipp Fallmerayer geboren, er habe dort die Kinderjahre als ›Hütbub‹ verbracht. Ein Darsteller seines Lebens, Herbert Seidler, schreibt dazu:
›dem armen Kleinbauernsohn prägte sich beim Viehhüten die ganze Schönheit seiner Heimat ein. Über den Kastanienhainen der tschötscher Heide leuchten von Norden die zillertaler Gletscher herüber, und im Süden schiebt sich der machtvolle Stock des Schlern hervor. Er konnte die Schönheit und Größe seiner Heimatlandschaft nie vergessen. Immer wieder sprach er von ihr, auch in fernen Ländern tauchten ihre Bilder auf. Denn sein Leben führte ihn weit umher.‹
Ich will mir den Vorgang nach dem, was ich vom Viehhüten der Kinder im Dorf meiner südtiroler Verwandten gesehen habe, deutlich vorstellen. Da bekommt er andere Nuancen. Zunächst: nicht nur arme Kinder werden zum Hüten gebraucht. Es ist bei jedem Hof so, daß das Viehhüten die erste Arbeit der Kinder ist, die für schwerere Hilfsarbeiten in der Landwirtschaft noch zu schwach sind.
Dann: es geht nicht das ganze Jahr hindurch. Es ist eine Beschäftigung im Herbst, wenn das Vieh von der Alpe zurück ist, und ehe auf die im Sommer gemähten Wiesen der Schnee kommt; und eine Arbeit im Frühjahr, solang das Vieh noch im Tal ist. Es wird auch

bei schlechtem Wetter gehütet. Und meist ist es so, daß die Kinder, wenn der Schulunterricht zu Ende ist, gleich zum Hüten hinaus müssen: das sind dann zwei oder drei Stunden bis zur Dämmerung, oder bis von einem Fabrikbetrieb die Sirene pfeift – eine abgemessene Zeit; das wissen sie vorher. Es ist eine Arbeit, vor der sie sich, zu Anfang, wenn sie hinaus sollen, scheuen und sich gern verdrücken; sie maulen herum. Aber wenn sie einmal dabei sind, ist es ›ihre‹ Zeit, bei der sie von den Erwachsenen entfernt und selbständig sind und ihr eigenes Reich von Erfahrungen haben, von denen der Erwachsene nichts weiß.

Das stimmt zu dem oben Gesagten: es ist eine Zeit stummer Eindrücke auch der Landschaft, nur ist es nicht einfach so, daß sich ›Schönheit‹ einprägt. Es gehört dazu, daß die Kinder ihren Proviant mithaben und ihn an einer bestimmten geschützten Stelle ablegen; dann daß sie für den Aufenthalt im Freien und für die Witterung ausgerüstet sind: mit Strickweste und Windjacke; auch das ist ein manchmal unter einem Baum oder einem Stein abgelegtes Bündel.

Dann haben sie ihre Heimlichkeiten: ein Feuer wird angeschürt, es ist eine Kühnheit ›Zünd den Haufen an!‹ – dann sehen sie die freie Flamme am Tag, spüren die Hitze im Gesicht und schüren weiter. Oder sie haben aus Steinen und Blech eine Feuerstelle gebaut. Zu den Heimlichkeiten gehören auch ihre Gespräche; oder der Abstand zu dem Kind, das in der Nachbarschaft hütet, und Annäherung.

Was ich damit sagen will: es ist nicht Einprägung, wie wenn jemand stehenbleibt, sich umsieht und weitergeht. Es wird bei dem Aufenthalt, von dem die Kinder nicht weglaufen können, mehr von der Person ergriffen als durch einen Augen-Eindruck. Das kann man dann wohl Einprägung nennen, aber nicht von Schönheit, sondern *ohne* solchen Akzent, dafür von Einzelheiten, die sich verändern und einen Vorgang anzeigen: hier und da bewegt sich ein Mensch oder ein Fahrzeug; und von Einzelheiten, die sich nicht verändern.

So möchte ich es mir auch bei dem Hütbub Fallmerayer vorstellen: gestalthafte Einprägung, und davon findet sich auch in seinen später geschriebenen Landschaftsbildern fremder Orte etwas wieder: sie sind nie Impressionen, sondern Bilder der Struktur, genau und voll Erinnerung auch des zur Zeit nicht Sichtbaren. Damit ist nicht alles über Fallmerayers Darstellungskunst gesagt, aber ein ihr wesentlicher Zug aufgezeigt; und er mag wohl mit der Sehweise zusammenhängen, die er früh bei den Hützeiten gelernt hat. Nüchternheit gehört dazu, und eine unaufdringliche Ordnung der Eindrücke; und eine Ergriffenheit über den Augenblick hinaus. Diese drei Eigenschaften sind die Grundlage einer dann geistigen Durchdringung.

Im Jahr 1803, 13 Jahre alt, kam Fallmerayer, dessen Name übrigens romanischen Ursprungs ist (er geht auf ›Valmarei‹, ›Val Maria‹ zurück), in die brixener Domschule. Wohlwollende Geistliche brachten ihn, von dem sie sich etwas versprachen ›zu künftigem Nutzen der Kirche‹, wie es in der Empfehlung heißt, dort als Chorknaben unter.

Daß diese Jahre eine Kriegszeit waren mit Durchzug fremder Heere und Volksaufstand, davon findet sich in Fallmerayers Entwicklung kein Niederschlag außer von dem, was ihn direkt anging. Man kann sich denken, daß das Feste seiner Natur, das sich in der isolierten Stellung seiner Zeit als Hütbub ausgebildet hatte, sich auch in dieser Schulzeit bewährte: er war ein heranreifender Mensch, der sich nicht leicht ›von sich selbst‹ ablenken ließ und auch den Zeitereignissen und dem Milieu nur soviel Einfluß gestattete, als ihm für Körper, Seele und Geist zuträglich war; der dann aber aus Instinkt entschlossen und lautlos handelte: im Jahre 1809, in seinem 19. Lebensjahr, floh er heimlich aus Brixen und schlug sich durch das von Krieg aufgerührte Land nach Salzburg durch.

Dort, an einem Ort, der zur Zeit zwar bayrisch war, aber vom Krieg nicht unmittelbar berührt wurde, setzte er seine Studien fort. Er dachte damals noch daran, Geistlicher zu werden, Benediktiner in dem Stift Kremsmünster. Das wäre kein ungewöhnlicher Weg für einen begabten jungen Tiroler gewesen. Es war sogar der häufige Anfang bei einem geistig Strebenden bäuerlicher Herkunft, und blieb auch später, bis 1914, der normale Weg: Studium, gefördert durch Stipendien, mit dem Ziel des geistlichen Berufs.

Aber ebenso häufig gab es auch diese Wendung: daß sich bei einem solchen Begabten, dem zunächst die Richtung auf den Geistlichen die einzig vorstellbare war, durch Berührung mit der Universitätswelt Erweiterung anbahnte. Das konnte von bestimmter

vorstechender Begabung etwa für Sprachen kommen, oder durch Änderung der Gesinnung, durch Abkehr von der geistlich gebundenen Welt.
Bei Fallmerayer kam es zu dieser Abkehr, und insofern ist sein Weg, ist auch die Wendung zu einer weltlichen, wissenschaftlichen Ausbildung typisch. Ich führe das hier ausdrücklich an, um es hervorzuheben: in der Schicht der tiroler ›Studierten‹, die aus einfachen Verhältnissen kamen, ohne Mittel von zu Hause, nur durch ihre Begabung sich einen Namen machten, gab es immer wieder den ähnlichen Anfang und die ähnliche Wendung.
Typisch sind auch die Stationen dieses Weges und wie rasch ihn die so Voranstrebenden zurücklegten; wie früh, in jungen Jahren schon, sie hervortraten. Eine unverbrauchte Kraft, Zähigkeit, meldet sich hier an. Ebenso aber auch die nichtbürgerliche, nicht durch ständische Befangenheit oder Verfeinerung schon geschwächte Unvoreingenommenheit des Denkens bei diesen ersten, aus dem Rohstoff des Volkes aufsteigenden Söhnen.
Als besondere tirolische Eigenschaft mag hier zu bedenken sein, daß das einfache bäuerliche Volk, auch die ›Armut‹ (wie es Josef Maček in seiner Studie über Michael Gaismair nennt) in Tirol selbstbewußt war, nicht geduckt oder vorsichtig nach oben schielend, wie man es von anderen österreichischen Ländern her kennt. Das kommt vielleicht daher, daß es in Tirol nie Leibeigenschaft gab; oder es hängt mit dem Charakter zusammen, den das ›Land im Gebirge‹ prägt; die Anlage zu Freiheit war stets in ihm.
Alle diese Eigenschaften: Kraft zu raschem Fortschreiten, Nichtbürgerlichkeit, selbstbewußter Verstand, Unabhängigkeit, Freiheit, finden sich bei Fallmerayer. Er kam Ende 1812 an die Universität Landshut, studierte dort Sprachen, ein paar Militärjahre führten ihn mit der bayrischen Infanterie nach Frankreich, er arbeitete auch in dieser Zeit an seiner Weiterbildung. 1818 wurde er Gymnasiallehrer in Augsburg, 1821 in Landshut. Dort schrieb er schon mit 37 Jahren sein erstes Buch, die ›Geschichte des Kaisertums Trapezunt‹. Er erhielt einen dänischen Preis dafür, der ihm Reisen nach Wien und Venedig erlaubte.
Die Richtung seiner weiteren Arbeit, ja seines Lebenswerkes, war durch diese erste Veröffentlichung bestimmt: sein Blick war aufs Morgenland gelenkt. 1830, 40 Jahre alt, veröffentlichte er den ersten Band seiner ›Geschichte der Halbinsel Morea‹. In dem Buch

über Trapezunt war er am kleinasiatischen Ufer des Schwarzen Meers gewesen, nun, mit Morea, war er in Griechenland, in dessen südlichem Teil, auf der Halbinsel Peloponnes. Dieses Buch erschien in dem Jahr, in dem, nach einem fast 10jährigen Krieg, Griechenland als von der Türkei unabhängig erklärt wurde.
Zu seiner ersten Reise dorthin erhielt er 1831–1834 einen dreijährigen Urlaub. Er kam dabei noch über Griechenland hinaus. Als Begleiter des russischen Feldmarschalls Graf Ostermann-Tolstoi war er in Ägypten, Palästina, Kleinasien, auf Zypern und Rhodos, in Konstantinopel und zuletzt noch in Italien. Als er zurückkam, war er 44 Jahre alt.
Es ist nun bezeichnend, daß es in seinen Biographien – und ich beziehe mich auf eine tirolische, Anfang 1961 erschienene Biographie – einfach heißt:
›Er trat als Gymnasiallehrer in den Ruhestand.‹
In Wirklichkeit fand er seine Lehrstelle in Landshut besetzt und wurde mit der Erklärung empfangen, ein Mann, der so große Reisen gemacht und auch Verschiedenes geschrieben habe, sei als Lehrer nicht mehr am Platze, er könne an der Akademie Abhandlungen verfassen und Vorträge halten, so viel und so oft es ihm beliebe. Dasselbe hätte Fallmerayer auch in Tirol passieren können; und es gibt Beispiele, daß es passiert ist, bis ins 20. Jahrhundert hinein. In Bayern wurde Fallmerayer ein Jahr später wenigstens tatsächlich Mitglied der bayerischen Akademie der Wissenschaften in München. Er veröffentlichte in diesem Jahr 1836 den zweiten Teil seiner Geschichte Moreas. Aber man hatte wohl gemerkt, daß er in seiner Darstellung von Byzantinismus und Tyrannentum in der Historie auf die überall gleiche Natur der Machthaber und auf Erscheinungen der eigenen Zeit anspielte.
Als er 1836 in München öffentliche Vorlesungen über Universalgeschichte ankündigte, wurden sie nur für das ›höhere Publikum‹ erlaubt, Universitätsstudenten aber streng verboten. Seine Einzeluntersuchungen zur mittelalterlichen Geschichte Griechenlands und zur byzantinischen Geschichte wurden in den Schriften der Akademie gedruckt. Auch für den bayerischen Kronprinzen (den späteren König Max II.) arbeitete Fallmerayer geschichtliche Darstellungen aus. Als er aber nach Rückkehr von weiteren Reisen in den Orient 1843 in einer öffentlichen Sitzung der münchener Akademie der Wissenschaften über seine morgenländischen Erinnerungen einen

Vortrag zu halten wünschte, ließ ihn König Ludwig I. nicht zu Wort kommen. Der Grund war, daß Fallmerayer bei seinen Forschungen über die Abstammung der jetzigen Griechen zu dem Ergebnis gekommen war, der ursprünglich hellenische Anteil sei in Europa weitgehend ausgerottet, auch in der christlichen Bevölkerung des heutigen Griechenland gebe es keinen ungemischt hellenischen Teil. Damit, so machte man Fallmerayer zum Vorwurf, habe er den Kredit der griechischen Freiheitsbewegung zerstört.
Die hier angeführten Schlüsse hatte Fallmerayer bei seinen Reisen Ende der 30er Jahre gezogen. In diese Zeit fällt auch eine wichtige Wendung in seiner schriftstellerischen Arbeit. Es war 1839: der Beginn seiner Mitarbeit an der ›Augsburger Allgemeinen Zeitung‹. Sie war damals die bedeutendste süddeutsche Zeitung, wie überhaupt Augsburg in diesem Jahrzehnt ein Strahlpunkt geistigen Lebens wurde, vor allem durch diese Zeitung, und vor allem auch für die von Tirol ausgehenden geistigen Regungen.

Nicht nur Fallmerayer war in Augsburg zu finden. Auch ein anderer Südtiroler, Beda Weber, der zwar Geistlicher geworden war und es blieb, der aber sonst wie ein etwas jüngerer Bruder Fallmerayers aus demselben Land wirkt, veröffentlichte wichtige Arbeiten in Augsburg. Sie gehen mehr ins Politisch-Literarische. Beda Weber war aktiver, während Fallmerayer bei der Wissenschaft blieb, aber gerade in dieser Begrenzung auch mehr bei der Literatur als Weber, der bei aller Aktualität und Einmischung ins Zeitwichtige in der Qualität über das Provinzielle nie ganz hinauskam. In diesem Punkt der Qualität liegt er weit hinter Fallmerayer. Dessen Arbeiten haben in einem unabhängigen Sinn als Stücke der Literatur Bestand. Sie gehören zur deutschen Nationalliteratur.
Dabei scheinen sie auf den ersten Blick die Form nicht zu halten. Sie sind – besonders die späteren und literarisch wichtigen, den Autor unverwechselbar kennzeichnenden Arbeiten – aus verschiedenen Aufsätzen zusammengestellt, die Fallmerayer während der folgenden Jahre und zwischen mehreren Orientreisen für die ›Augsburger Allgemeine Zeitung‹ schrieb. Es sind zwei Bände ›Fragmente aus dem Orient‹, 1845 erschienen. Das Fragmentarische, das der Titel ausdrückt, ist in Wirklichkeit eine Erweiterung der Gattung des auf Eindrücken fußenden wissenschaftlichen Aufsatzes eben in Richtung der literarischen Gestaltung; kein Verlust,

sondern Ausdehnung auf eine neue von Fallmerayer erfundene Gattung. Sie zielt auf den Essay, aber geht darüber hinaus auf eine offene, zugleich verbindliche Darstellung, auf eine Art Beschwörung des Gegenstandes. Das ist der Fortschritt in der Literatur, den Fallmerayer macht und der seinen Arbeiten ihre Bedeutung gibt.
Während seiner dritten Orientreise, bei einem Aufenthalt im März 1848 in Smyrna, rief ihn überraschend ein Dekret der bayerischen Regierung zurück; er war zum Nachfolger von Görres an der münchener Universität ernannt.
Aber er kam nicht auf die Lehrkanzel. Bei seiner Rückkehr nach München erwartete ihn die Nachricht, daß er als Abgeordneter auf den Reichstag zu Frankfurt zu gehen habe. Ebenso übrigens kam auch Beda Weber, von der Stadt Meran delegiert, als Abgeordneter nach Frankfurt. Er trat auf dem Reichstag hervor. Fallmerayer hielt sich zurück.
Aber anders als Weber zog er nach der Auflösung des Parlaments in Frankfurt mit dem Rumpfparlament nach Stuttgart. Als auch dieser Rest der Nationalversammlung am 18. Juni 1849 aufgelöst wurde, war Fallmerayer krank und in seiner sonst so standhaften Natur geschwächt. Das Erlebte hatte seinen Teil dazu beigetragen. Er ging nach St. Gallen in die Schweiz. Die bayerische Regierung ließ einen Steckbrief hinter ihm hergehen. Eine Professur in Zürich lehnte er ab. Nach neun Monaten, als das Amnestiegesetz erlassen war, konnte er nach München zurückkehren. Seiner Stellung als Professor war er durch königliches Dekret enthoben. Es blieb ihm seine Verbindung mit der Akademie. Nach einem heftigen Streit mit einem ultramontanen Mitglied zog er sich auch da immer mehr zurück. Er machte nur noch kleinere Reisen in die Bodenseegegend und in die Schweiz. Seine südtiroler Heimat sah er 1851 das letzte Mal. Da war er 61 Jahre alt. Er schrieb noch Zeitungsartikel, widmete sich aber vor allem der Sammlung wissenschaftlichen Materials und bereitete die Herausgabe seiner Schriften vor. Im Jahre 1861 starb er in München, im Alter von 71 Jahren, allgemein bekannt und geachtet, aber doch einsam.
Fallmerayers Arbeiten auch aus dem letzten Lebensjahrzehnt sind umfangreich: 26 exakte wissenschaftliche Buchbesprechungen in den ›Gelehrten Anzeigen‹, der münchener Akademie, dazu vier große Abhandlungen: die erste eine Veröffentlichung von Doku-

menten zur Geschichte Trapezunts, die zweite eine Denkschrift über Golgatha und das Heilige Grab, die dritte eine Arbeit über das Tote Meer, die vierte eine große Schrift in zwei Teilen über das albanesische Element in Griechenland. Mit Ausnahme der ersten Veröffentlichung sind diese Arbeiten nach 1850 entstanden. Dazu kommen die noch nie gesichteten Briefe und Tagebücher, die im Museum Ferdinandeum in Innsbruck aufbewahrt werden. Zusammen mit den zuvor erschienenen Büchern haben wir in Fallmayers Werk ein reiches Lebenswerk von großer Intensität vor uns. Das ist das Entscheidende: die Masse der Produktion, dabei ein neuer historischer Blick mit Voraussicht; und der Fortschritt in der Form: die Öffnung des Essays als literarische Gattung. Diesen Schritt hat Fallmerayer im 19. Jahrhundert nicht allein, aber ganz selbständig gemacht.
Ich habe mir dazu ein paar Absätze notiert, zuerst aus der Beschreibung von ›Tempe‹, entnommen den ›Fragmenten aus dem Orient‹. Fallmerayer verzichtet nicht auf traditionelle rhetorische Mittel, um dem Leser den Gegenstand interessant zu machen:
›Was ist Tempe?‹
fragt er zu Anfang, und bringt dann Vergleiche, um zu sagen, was es nicht ist, aber doch schon, in der Annäherung, was es *auch* ist. Er gibt dann ein Bild wie eine anschauliche Definition:
›ein Felsentor ohne Decke, die Wolken schauen hinein und die Sonne, wenn sie durch die Mittagslinie von Thessalien geht.‹
Die Definition ist eine geistige Festlegung des Bildes, auch das Wort ›Ringbecken‹, gebraucht für die Umgebung des Ortes, geht auf Struktur. Dazu kommt in der sinnlichen Beschreibung die sachkundige nachprüfbare Angabe:
›der ebenen fetterdigen Gartenmulde‹ oder der
›reichen Gabe an Schlamm‹.
Fallmerayer selbst spricht von
›Gesetzen der natürlichen Ökonomie‹,
die das Landschaftsbild bestimmen, von der Funktion der Teile. Aber zu diesem Entwurf, der die Landschaft wie eine große Maschine sieht, kommt dann überraschend das sinnliche Detail, so wie Fallmerayer selbst vor ihm ist:
›überrascht: der Peneios, nichts verkündet die Nähe der Wassermasse, so schleicht sie ohne Geräusch durchs Gebüsch‹.
Seine Aufzählung der Flora in einem anderen Stück ›Die Lage Je-

rusalems‹ erinnert an eine Aufzählung aus dem heimatlichen brixener Becken, auch hier
›drängen sich die Terebinthe, die Granate, der gelbe Jasmin, die Esche, die Steinlinde, Ilex, die immergrüne Eiche, der Kermes, der wilde Ölbaum, besonders Lorbeer in ungewöhnlicher Fülle, Clematis, umschlungenes Schattendach, duftendes Gebüsch, Geniste, hoher Rosmarin, Fluß und Straße füllen häufig die ganze Sohle – aber man denke sich nicht etwa einen wild und schluchtig von Bergen eingeengten Tiefriß wie den wilden Kuntersweg in Tirol‹.
Hier ist die Anspielung auf die Heimat direkt. Und weiter:
›das Tal war aber für Krieg von jeher ebenso geeignet wie für das Sichelspiel des Schnitters.‹
Das ist noch einmal Tirol.
Ich wollte hier aber nicht das Heimatliche in einem vergleichbaren Bild anzeigen, sondern eher die heimatliche Kraft des Schreibers, eine Landschaft mit geistiger Spannung zu geben: ihre Struktur wie die eines Modells, der Stoff direkt benannt, die Namen aufgezählt, und in dieser immer scharf kontrollierten Fügung den Gegenstand wie mit hochgespanntem Strom geladen vorzustellen; aber tiefgefühlt: Fallmerayer berührt ihn, er empfängt den Schlag, geht hinein in seine Melancholie.
Mir erscheint diese schwer beschreibbare Fähigkeit, einer Landschaft nüchtern, aber erfüllt zu begegnen, eine aus südtirolischer Erbschaft gezogene Kraft. Die von Sage erfüllte Natur anzublikken, ohne von der Sage zu sprechen, die Historie als Natur zu empfinden, in Abstand von Empfindung, ist ein Teil dieser Kraft.
Und es ist doch immer dieses Heimweh im Motiv:
›der Quellenreichtum ausgetrocknet, die Grasmatte versengt, selbst die Fruchterde mit Fett und Pflanzenkeim weggeschwemmt, das verdorrte Gestein, das Knochenwerk des Urbodens – so vergesse ich doch nie die schattigen Tiefgründe, die Nußbäume, die Öl- und Feigengärten und das traubenvolle Geranke der Hügel, hier ergötzen sogar einzelne Gruppen mit strauchartig wuchernden Reben, besonders auf der Ostseite, den müden Blick.‹
Fallmerayers Landschaftsbilder gehören zu einem Gedankengebäude. Damit hat er in der wissenschaftlichen Welt Aufsehen erregt: vor allem durch seine These von der stark slawisch bestimmten heutigen griechischen Welt. Sie ist nur ein Teil seiner umfassenden Geschichtsauffassung von Gegensatz des Morgenlandes und

Abendlandes; von Byzanz, er sieht es in Kiew fortgesetzt, er geht von einem Fall östlicher Geschichte zur Grundbewegung, die das geschichtliche Leben bestimmt.

Zu Fallmerayers Schreibkunst der Öffnung des Essays gehört auch die Leichtigkeit, mit der er von einem scheinbar zufälligen Gedankeneinfall zu anschaulichen Eindrücken und zu zeitkritischen Perspektiven übergeht. Hier ein Beispiel – ›Wasserfahrt von Regensburg nach Trapezunt‹:

›die eleganten Hofgelehrten im Hauptquartier Mark Aurels klagten zu ihrer Zeit über die langen bretternen Gesichter der Donauanwohner von Lorch bis Vindobona. Was würden die Verzärtelten heute sagen? Oberösterreich ist wie ein herrlicher englischer Park und gerade das gemeine Volk von ausgezeichneter Wohlgestalt. Das frische Blut der Jugend beider Geschlechter muß jeden Fremdling überraschen, während es in Europa Länder gibt, wo die besser genährten höheren Klassen nicht feiner aussehen als Zigeuner und Bärentreiber. Dazu rechne man noch den milden Sinn und die Rechtlichkeit, wovon ich Proben erfuhr, und man wird begreifen, daß ich den Unfall wenig bedauerte, der mich in diesem schönen Teile des glücklich regierten Österreichs einige Tage zurückgehalten hat. Daß ich einen der 32 Festungstürme, dann die ‚frommen Jesuitenväter‘ in ihrer Einöde auf dem Freienberge, ebenso den Waldhügel über dem Kalvarienberge und den Pöstlingberg über der Donau besuchte, um das Panorama einer unvergleichlich schönen Landschaft zu betrachten, versteht sich. Man hat seit Napoleons Fall und der Herrschaft der liberalen Ideen in Europa das aristokratische Österreich in abweichendem Sinn beurteilt, aber die Kritik beginnt zu verstummen, ja ins Gegenteil umzuschlagen, weil im Grund der Erfolg die inappelable Instanz allen menschlichen Sinnens bildet. Heute, wo in Europa ein Volk das andere mißt und genau berechnet, wie weit Kraft und Wille reichen, darf sich Österreich rühmen, seiner Schweigsamkeit ungeachtet, in Künsten des Friedens wie des Krieges mit den gewecktesten Nationen des Okzidents auf gleicher Höhe zu sein.‹

Die schlechten Erfahrungen Fallmerayers mit den landshuter Schulbehörden, den Druck der Zensur als Druck auf die Person, hier eines Gelehrten, habe ich vorhin angeführt als Beispiel für die Praxis der vormärzlichen Staaten, wenn sie nach innen ging, gegen

Ein Hütbub aus Brixen

den Untertan. Das ist wichtig, weil später von der nach außen gerichteten Praxis die Rede sein muß: gegen fremdsprachige Gelehrte und Dichter wie Silvio Pellico. Da war der Knebel dicker, die Faust schwerer, die Ketten lagen den Gefangenen um Hände und Füße. Aber man wird sich dann erinnern müssen, daß das System im ganzen so war, nach außen und innen, und daß es in allen deutschen Staaten vor 1848 dasselbe System war: einer Luft, die dem freien Mann das Atmen schwer machte und von der die Obrigkeit glaubte, sie sei dem Untertanen bekömmlich; und es nicht einmal glaubte, sondern mit Generationen knifflig erzogener Beamter so handhabte – aus Gewöhnung an polizeiliches Regiment, dem jedes Blatt Papier verdächtig war; wenn schon geschrieben, dann besser nicht gedruckt; und wenn gedruckt, dann besser kassiert.

Davon bekam in Österreich auch der Landsmann Fallmerayers, Beda Weber, etwas zu spüren. ›Beda‹ war sein Name als Mönch. Geboren wurde er als Johann Chrysanth Weber 1798 in Lienz. Er war acht Jahre jünger als Fallmerayer. Wie dieser Hütbub gewesen war, erlernte er das Schusterhandwerk. Wie Fallmerayer wurde er von Geistlichen gefördert. Ein Pater Clemens nahm sich seiner an und brachte ihn ans Franziskanergymnasium nach Bozen. Aber hier ist schon ein Unterschied zu Fallmerayer: in seiner Freizeit unterrichtete der junge Weber die Söhne des Barons Josef von Giovanelli, der uns aus den Freiheitskriegen als regulierendes Element in der Bauernregierung Andreas Hofers bekannt ist. Fallmerayer können wir uns als Hauslehrer in einer Familie bürgerlichen Patriziats nicht vorstellen, er hatte sich in derselben Lage unabhängig von Verbindungen gemacht und nach Salzburg geschlagen. Von Weber heißt es ausdrücklich, daß ihn auch fortan Freundschaft mit den Giovanellis verband.

Einen Ruck zu ganz eigenem Weg muß er 1817 zu machen versucht haben: nach Abschluß der bozener Zeit meldete er sich in Bruneck zum Eintritt in das Kapuzinerkloster; die Kapuziner waren kein angesehener Orden, sondern einer der Armut. Der Biograph schreibt, er sei
›zu einem übereilten und nicht lange währenden Eintritt verleitet gewesen‹.

Dem folgt ein Besuch im Elternhaus und ein Aufenthalt in Bozen, vermutlich mit Abreden von radikalen Entschlüssen durch die Eltern wie durch die Giovanellis; und nun bat Weber um Aufnahme

in das Benediktinerstift Marienberg im Vinschgau. Das war 1820, Weber war 22 Jahre alt. Die Sache ging schnell: im Juli war Weber in Marienberg angekommen, im Oktober wurde er eingekleidet und erhielt den Ordensnamen ›Beda‹. Der Entschluß geschah, schreibt der Biograph,
›aufgrund innerer Berufung, aber auch angesichts des hohen Ansehens des Klosters‹.
Das Stift Marienberg schickte den neu gewonnenen Mann zum Studium der Theologie und zur Vorbereitung auf das Gymnasiallehramt nach Innsbruck. Das war wieder der in Tirol gewöhnliche Weg für junge Leute aus armem Haus. Fallmerayer hatte ihn ausgeschlagen, Beda Weber ging ihn weiter. Der Biograph schreibt: ›mit dem Josefinismus (d. i. der aufklärerischen Richtung) der innsbrucker Theologieprofessoren stand Beda auf Kriegsfuß; weniger kritisch ist sein Urteil über den Zustand der philosophischen Fakultät, auf der er wieder zu den Vorzugsschülern gehörte.‹
Zusammen mit einem anderen Marienberger, Pius Zingerle, der später als Orientalist hervortrat, machte er die Prüfung. Die beiden werden als
›zwei hoffnungsvolle Stiftsindividuen‹
beschrieben; bei Beda Weber heißt es:
›reiches Wissen in den historischen und philosophischen Fächern. Überschwang der Phantasie vor logisch-strengem Denken, und überstürzende Hast‹.
Es war nicht diese Hast, wegen der sich Beda Weber später immer weiter von der Klosterzelle entfernte, so daß er schließlich Stadtpfarrer in Frankfurt am Main wurde; es war ein langer Weg in der Zeit.

Einstweilen blieb er in Tirol. Er kam ans brixener Priesterseminar. 1824 erteilte ihm der brixener Fürstbischof die Priesterweihe. Es war noch immer derselbe Fürstbischof Karl Graf Lodron, der es schon zu der bayerischen Zeit gewesen war und der sich den Bayern versöhnlich gezeigt hatte, so daß er nicht außer Landes gewiesen worden war wie der trienter und der churer Bischof.
Man sieht an dem Beispiel, wie sich Personen am Ort behaupten: da war in Brixen in diesem Jahre 1824 die Bayernherrschaft, aber auch der Aufstand von 1809 nur wie ein Zwischenspiel, weit zurückliegend, das die rechtmäßige kaiserliche Herrschaft unterbro-

chen hatte. So sicher fühlte sie selbst sich allerdings nicht; und es ist bezeichnend, daß dem Erzherzog Johann, der bei dem Aufstand 1809 (und darin war revolutionärer Geist gewesen, ›Insurrektion‹) eine so große Rolle gespielt hatte, das Betreten Tirols von Metternich noch immer ausdrücklich untersagt war; erst 1833 durfte er zum ersten Mal dahin reisen.

In welcher Perspektive sich dem jungen Beda Weber Vergangenheit und die von ihr noch nicht gestillte Gegenwart zeigten, wissen wir nicht. Ihn nahm auch das Stift in Beschlag. Für ein Jahr war er Hilfspriester in Burgeis, dann Professor am meraner Stiftsgymnasium, dazwischen auf Predigtreisen – auch in Verona; dort predigte er italienisch. Nach 13 Jahren Lehrtätigkeit in Meran wurde er 1839 für zwei Jahre zurück in die Seelsorge versetzt, nach St. Martin im Passeier. Die Unterbrechung wurde für ihn wichtig: hier hatte er Zeit zu eigenen Studien und Niederschriften.

Einen Ansporn geselliger Art dazu hatte er schon in Meran gefunden; und hier wird bei ihm auch etwas von der Stimmung der Vormärzzeit deutlich: von Zensur und Abschließung flüchtete sich die Generation in ein geistigfreies Streben von ›Poetenclubs‹; auch Beda Weber und seine Freunde gründeten einen literarischen Verein.

Es war zur selben Zeit, 1830, da Fallmerayer allerdings auf seine erste Orientreise ging und zwei Bücher schon geschrieben hatte, als dieser meraner literarische Verein einen Almanach ›Alpenblumen‹ herausbrachte. Von Beda Weber waren darin Gedichte und ein Beitrag in Prosa aus heimatlichem Stoff ›Hocheppan, Phantasien eines Wanderers‹.

Sein Schaffen blieb weiter in diesem Umkreis. 1846 erschien eine Erzählung ›Der Tod eines Dorfkaplans in den tiroler Alpen‹. Sie wurde zuerst, neben anderen Arbeiten Webers, in der ›Augsburger Postzeitung‹ gedruckt, dann als Buch. Von einer Berührung zwischen Fallmerayer und Weber ist nichts bekannt.

Zu einem Zusammenstoß mit der Zensur kam es bei Beda Weber nicht wegen dieser literarischen Arbeiten, sondern erst bei seinen geistlichen Schriften. Er hatte eine Arbeit über ›Johannes Chrysostomus‹ fertig; er beschäftigte sich mit ihm als Staatsphilosophen und Geschichtstheologen. Die bischöfliche Zensur gab ihr placet, die weltliche Zensur verlangte Streichung der Vorrede.

Mit einem zweiten und wichtigen Werk hatte Beda Weber noch größere Schwierigkeiten. Er war nach Reisen im Trentino und Aufenthalt in Rovereto in die dortige ›Accademia degli Agiati‹ aufgenommen worden. In der Bibliothek der Akademie war er auf 12 Quartbände der Bernardina Floriana, mit Klosternamen ›Giovanna Maria della Croce‹, gestoßen. Er übersetzte diese Aufzeichnungen, die aus dem 17. Jahrhundert waren, und bearbeitete sie. Bei dem Versuch, das Werk zu veröffentlichen, erhob die Zensur Einspruch. Weber beugte sich nicht ganz der Auflage von Streichungen. Um Eingriffen der Zensur aus dem Weg zu gehen, ließ er das Werk 1846 im Verlag Manz in Regensburg erscheinen. Aber nun erboste sich die wiener Zensurbehörde, weil sie in der wegen ihrer Hinderungstaktik schließlich im Ausland erfolgten Drucklegung eine Zensurübertretung erblickte. Die Wirkung ließ sich nicht verhindern. Das Buch machte in Italien Aufsehen, und bald erschien eine ungekürzte italienische Übersetzung in Rovereto, unter dem Schutz der ›Accademia degli Agiati‹.

Andere Schriften Webers mußten nicht weniger gefährlich erscheinen. Die Untersuchung über Giovanna hatte ihn zu einer gründlichen Untersuchung der religiösen Bewegung im Tirol des 16. und 17. Jahrhunderts gebracht. Er schrieb ein Buch ›Tirol und die Reformation in historischen Bildern und Fragmenten‹. Es fällt auf, daß Beda Weber hier mit dem Wort ›Fragmente‹ an Fallmerayer anzuknüpfen scheint. Sein Buch aber sollte, nur nach einem äußeren Gesichtspunkt fragmentarisch (und nicht wie bei Fallmerayer bewußt als Überschreitung der Gattung) in diesem ersten veröffentlichten Teil ein Bild der Sittenverwilderung in der Zeit vor der Reformation geben, es sollte der Vorläufer eines umfassenden Bandes ›Reformationsversuche in Tirol‹ sein. Es enthielt unbekanntes oder unbeachtetes Material.

Dieses Buch nun erregte großes Aufsehen in Tirol. Auch die Zensur meldete sich, jedoch zu spät.

Einen großen Fund machte Beda Weber im heimatlichen Land. Er entdeckte auf Schloß Obermontani (bei Morter, am Eingang zum Martelltal) eine Nibelungenhandschrift und eine Titurelhandschrift. Die Nibelungenhandschrift liegt in Berlin.

In Zusammenhang mit dieser Entdeckung sind wohl Arbeiten Beda Webers über Kunstwerke in der Nähe des Ortes entstanden, so ein Aufsatz über die ›Gemälde von St. Stephan bei Obermontani‹, es ist die abgelegene Kirche, deren Platz mit dem Aufstieg zu ihr in einem früheren Kapitel hier beschrieben ist.

Der Aufsatz Beda Webers ist in der Zeitung ›Tiroler Bote‹ gedruckt. Weber plante damals, 1838, die Herausgabe einer ›Zeitschrift für tiroler Geschichte‹.
Wegen der Zensur kam es nicht zur Gründung. Beda Weber war auch der erste, der sich mit Oswald von Wolkenstein beschäftigte. Seine Ausgabe der Gedichte Wolkensteins mit zugehörigen Studien erschien 1849. Die Kritik heute sagt,
›daß Beda die Quellen äußerst frei und phantasievoll auslegte, daß er die Angaben romanhaft ausschmückt, daß er aber nie grundlos zitiert‹
und weiter:
›das Neue, das er mit einem Wurf der bis dahin unsicheren Oswaldforschung zuführte, ist weit mehr, als seitdem dazugekommen‹.
Hier ist hinzuzufügen, daß Beda Weber kein zünftiger Historiker war, daß er aber in diesem Fach anregend auf das geistige Tirol gewirkt hat. 1838 veröffentlichte er ein dreibändiges Werk ›Das Land Tirol, ein Handbuch für Reisende‹, mit dem Untertitel ›Geschrieben ist es nicht für Fußgänger oder Bergsteiger, sondern für Kutschen- und Omnibusreisende‹. Durch dieses Buch wurde er zum Begründer der landeskundlichen Literatur.

Beda Weber war zu Ostern 1848 in Riva am Gardasee, als ihn der Ruf der Stadt Meran erreichte, als ihr Abgeordneter zur Frankfurter Nationalversammlung zu gehen. Die Reise dahin war für ihn der Abschied von Tirol.
Zunächst sah es nicht so aus. Er sandte Berichte an den ›Tiroler Boten‹, er wirkte in der Versammlung selbst bei der Frage des ›Niederlassungsrechtes‹ mit. Das war eine Frage von Zuständigkeit der Behörden, wir würden heute sagen: von Geltendmachung auch eines Rechtes auf Autonomie. Damals ging es um Autonomie für das italienischsprachige Trentino. Beda Weber widersetzte sich den Ansprüchen der die Mehrheit repräsentierenden trentinischen Abgeordneten, er reiste sogar schnell hin und brachte eine mit Unterschriften versehene Protestation einzelner Trentiner gegen eine Abtrennung von Tirol mit nach Frankfurt.
Das war der Anfang von Problemen, die uns heute noch beschäftigen. Beda Weber war bald anders interessiert. Den Frankfurtern lag daran, ihn zum Stadtpfarrer zu gewinnen. Er wurde es, unter

Zuspruch des limburger Bischofs und mit Zustimmung des marienberger Abtes 1849; und er blieb es fast 10 Jahre bis zu seinem Tod, 1858.

Seine literarischen Absichten setzte er in der Zeit fort und ging dabei nicht fern von früheren Absichten: er war schon immer auf Gründung von Zeitschriften aus gewesen. In Frankfurt gründete er ein ›Katholisches Kirchenblatt‹ und eine Tageszeitung ›Deutschland‹. An ähnlichen Gründungen hatte er in Tirol teilgenommen. Er ist der erste Anreger eines allgemein südtirolischen, nicht bloß katholischen Zeitschriftenwesens. Die Entwicklung auf diesem Gebiet war lebhaft; die Kräfte der Heimatforschung, historischen Forschung, strömten ihr zu; und ›Heimat‹ war hier um so weniger ein enger Begriff, je mehr sich das ganze Land als gestalthafte Erscheinung verstand; dazu trug die Grenzlage bei.

Dieser Reichtum der Entwicklung wäre aber nicht ohne die von überall her fließenden Quellen lokaler Erforschung möglich gewesen: Lehrer, Pfarrer, Landärzte, Angehörige aller mittleren Stände schrieben in der zweiten Hälfte des 19. Jahrhunderts in Tirol heimatkundliche Bücher oder trugen Artikel bei, Meinung und Gegenmeinung. Man muß die Jahrgänge einer solchen Landeszeitschrift, wie sie dann später, seit 1920, die Zeitschrift ›Der Schlern‹ wurde, durchblättern: mit Zuschriften, Widerlegungen, Umwendung des Themas, Befassung mit dem entlegensten Gegenstand: da gibt es eine ganze Serie von Beiträgen über den russischen Grafen Ostermann-Tolstoi, in dessen Begleitung Fallmerayer gewesen war; oder Flurnamenforschung bei heftiger Auseinandersetzung, was nun die richtige Deutung sei; oder Aufzeichnung von Volksbräuchen, Sagen. Sieht man die vielen Namen von Beteiligten, Hauptautoren, Gelehrten, Beiträgern auch von Poesie, bekommt man einen Blick auf dieses letzte Stück literarischer Entwicklung in Südtirol.

Ehe ich ihn zu geben versuche, will ich einen anderen Punkt, der nahe liegt, aufgreifen: bei den hier angeführten Beispielen südtirolischer Literatur kamen, angefangen von Arbeo und Heinrich von Burgeis, die geistlichen Orden vor. Auch bei Fallmerayer und Beda Weber kommen sie vor: ein erwogener Beitritt, oder ein voreilig getaner oder dann vollzogener Schritt. Die Literatur hat sich exklaustriert, auch das Land. Das Ordensleben aber ist ein wichtiger Zug in seinem Bild.

SIEBTER TEIL

28. Ein Kardinal und eine Äbtissin

Die ältesten Gründungen kennen wir: Innichen und Marienberg; es sind Klöster der *Benediktiner*. Auch von ihrer frühen Abzweigung, den *Augustiner Chorherren*, kennen wir die Hauptniederlassung, das Kloster Neustift bei Brixen. Eine zweite war St. Michael an der Etsch, im Unterland; oder wie es, wegen dieser Lage, mit schon italienischer Betonung, überall in Südtirol heißt: Sankt Michel, mit Betonung auf der zweiten Silbe.
Es wurde 1145 von dem trienter Fürstbischof Altmann gegründet und war lange Zeit ein bescheidenes Kloster; die Güter wurden häufig von der Etsch überschwemmt. Zur Aufbesserung übergab ihm der trienter Fürstbischof Heinrich III. 1317 das ›Klösterle St. Florian‹ mit Gütern in Kaltern, d. h. er löste, da die Erstbesitzer Widerstand leisteten, dieses ›Klösterle‹ auf. Dazu gab der Landesfürst die – wie es in der Beschreibung heißt – ›gute‹ Pfarre Salurn, auf deren Erträgnisse aber schon ältere Patronatsberechtigte Anspruch erhoben. Erst als Kaiser Maximilian das Recht bestätigte, konnten die St. Micheler Chorherren Salurn übernehmen. Die Zeit, in der sie es bloß nominell besaßen, mit Hin und Her der praktischen Ausbeutung, dauerte ziemlich lang. Das Beispiel St. Michel ist klein, aber es zeigt mit der langwierigen Durchsetzung und hartnäckigen Anfechtung der Ansprüche den auch bei großen Klostergründungen entscheidenden und dort oft verwickelten Punkt: die materielle Besitzfrage.
Ein zweiter Punkt macht St. Michel für uns interessant: seine Grenzlage an der Scheide deutsch-italienisch. Wie war der Übergang zwischen zwei Sprachen wirklich, diese Frage hat mich oft beschäftigt; und am Gampenjoch wohnte ich in dem letzten deutschen Haus; es lag isoliert, ein Stück ab von der letzten deutschen

Ortschaft, aber die Bewohner, der Bäcker und seine Tochter, waren Deutsche, nur sprachen sie auch italienisch; und der nächste Ort, wieder nach Abstand: Fondo, war völlig italienisch in Bauweise und Einwohnern.
In St. Michel nun läßt sich die Scheidung als Bewegung in der Geschichte verfolgen. Die ersten Chorherren waren deutscher Herkunft. Während der Reformation ging der deutsche Nachwuchs zurück, dafür traten Italiener ein. Zugleich verschob sich auch außerhalb des Klosters die Sprachgrenze allmählich von Lavis bis Salurn – das war um ungefähr acht Kilometer –; so war St. Michel schließlich von italienischen Einwohnern umgeben. Die Veränderung im Kloster war für die Veränderung draußen entscheidend, aber es war nicht allein die Wirkung der Reformation, auch die Disziplin der Chorherren verfiel. Das Kloster wäre aufgelöst worden, wenn sich die Insassen nicht zu einer Reform verpflichtet hätten.
Der Prälat Anton Quetta de Liliis aus Trient führte sie mit großer Energie durch. Das war Energie von italienischer Seite. Quetta de Liliis baute die Stiftskirche neu. Für die fünf Altäre wurde Marmor aus Siena geliefert. Ein einheimischer Maler, der Weltpriester Alberti aus Tesero im Fleimstal, malte die Altarbilder. Der Herkunft nach war er von der Grenze ladinisch-italienisch, ausgebildet wurde er in Venedig und Rom.
Dann folgte in St. Michel die für alle tirolischen Klöster schlimme Zeit; aber es wäre zu einfach, sie napoleonisch zu nennen, sie war allgemein die Zeitrichtung. Schon Kaiser Josef II. wollte St. Michel aufheben, das konnte verhindert werden. Wenig später plünderten die im Trentino vordringenden französischen Truppen das Kloster, das Ergebnis war dasselbe wie Aufhebung. Mit der Zeit wurde das Kloster ein gewohnter Platz, es mit Militär zu belegen. Schließlich verfügten die Bayern die von Josef II. zurückgestellte Auflösung. Daß der Vorgang im Sinn der Zeit war, gleichgültig wer ihn machte, zeigt das Verhalten der Chorherren: ohne jeden Versuch, den Ort zu behaupten, zogen sie sich, als wäre dies nur natürlich, an ihre Heimatorte zurück, indes der von den Bayern eingesetzte Verwalter Tartarotti das Klostergut nach Inventur versteigern ließ: für 436 007 Gulden; auch die Bibliothek verkaufte er in Wagenladungen als Makulatur.
1815, nach Napoleons Ende, kehrte sich die Zeitrichtung nur scheinbar um. Zwar stellte Kaiser Franz I. auf Betreiben der tirolischen

Stände die großen aufgelösten Klöster wieder her. Die kleineren
aber ließ man seitab, so auch St. Michel wegen angeblich schlechter Finanzlage; die Regierung übergab es dem Religionsfonds in
Innsbruck, der die Güter verpachtete. Die Einkünfte waren gering,
die Erhaltung der Gebäude erschien unmöglich, bis endlich 1874
die Provinz Trient den Besitz kaufte, um eine landwirtschaftliche
Schule einzurichten, mit Zubauten, aber auch Erhaltung der alten
Klostergebäude.
Das ist die Geschichte von St. Michel im Unterland, an der deutschitalienischen Sprachgrenze: Vergangenheit, auch diese Grenze verwischt. Nur in dem Hauptkloster Neustift begegnete mir der Name
wieder, in der Bibliothek, als mir der Pater, der mir die Handschriften zeigte, auch St. Michel als einen früher zugehörigen Ort nannte.

Kräftig ist in Südtirol der *Deutsche Orden*, er ist wie eine eigene
Staatsmacht mit planmäßig angelegten Standorten. Man muß dabei bedenken, daß die ›Ballei an der Etsch und im Gebirge‹ (das
war ihr vollständiger Name) nur der letzte Rest nach einer langen
Geschichte ist. Der Orden ist noch immer derselbe aus dem einst
Preußen hervorging. 1918 verlor er seine Besitzungen in Böhmen
und Siebenbürgen. Heute gehört ihm, außer Grundeigentum in
Österreich, das Ordenshaus in der Singergasse in Wien — dort ist
die Bibliothek —; und das gut ausgestattete Haupthaus in Lana
unterhalb Merans.
Für den Plan der Deutschordens-Niederlassungen in Südtirol war
maßgebend, daß durch sie die Straßen an den Gebirgspässen gesichert werden sollten: für die Italienzüge der deutschen Kaiser,
und um den Reisenden überhaupt Hospiz und Herberge zu geben.
So war ein Ordenszentrum in Sterzing. Es war die erste Station
im Süden jenseits des Brenners, es lag am Fuße der Straße über
den Jaufenpaß und der bis in die jüngste Zeit nur als Saumweg geführten Straße über das Penserjoch (über den Jaufen kam man nach
Meran, über das Penserjoch nach Bozen). Entsprechend waren auf
der anderen Seite dieser Pässe die Pfarren von St. Martin im Passeier Richtung Meran und von Sarnthein Richtung Bozen im Besitz des Ordens. Das ›Spital‹ in Sterzing dient noch heute als städtisches Pfründnerhaus, darin ist eine Spur der früheren Aufgabe als
Hospiz zu finden.

Die Hauptstraße nach Süden ging im Mittelalter bei der Stadt Klausen vom Eisacktal ab und führte über den Berg Ritten nach Bozen. Entsprechend lagen die Stationen des Ordens: eine in Klausen, eine zweite größere in Lengmoos auf dem Scheitelpunkt der rittner Straße. An der Kirche in Lengmoos, die auch heute gut instand gehalten wird, kann man den Typus der überall ähnlichen Ordenskirchen studieren: das Innere wirkt geistlich-militärisch, mit Schmuck durch Wappenschilder, Fahnen und Kriegstrophäen. So karg die Ausstattung ist, die Besitzungen waren groß: allein zur Komturei Lengmoos gehörten 146 Bauernhöfe. Aber den Hauptertrag brachten die Weingüter um Meran. Sie sind noch heute der ergiebige Besitz des Hauses in Lana.

Der Niederlassung in Schlanders sind wir schon in der Schilderung des Martelltals begegnet: bei jenem Vertrag, in dem sich der Orden verpflichtete, gegen Abgabe einen Geistlichen zum Messelesen im ›Tal‹ zu stellen. Schlanders hat bis heute das ›Spital‹ des Ordens (es ist Armenhaus), die Spitalskirche und das große ›Deutschhaus‹ mit Innenhof, Arkaden und Treppen. Es war die erste Versorgungsstation auf der Südseite nach dem Weg vom Reschen herunter, dort stand, am Übergang nach Norden, das ›Spital‹ in St. Valentin auf der Heide. Diese Häuser dienen längst einem anderen Zweck. Nur Lana ist als wirtschaftliches Zentrum und als Residenz des Ordens geblieben.

Die Deutschordenshäuser verloren in Südtirol nie ganz den Charakter einer fremden Zwecken dienenden Besatzung. Eigenständig im Land waren nur die Benediktinerklöster. Auch die Niederlassungen der *Franziskaner* waren Stützpunkte einer von außen gelenkten Macht. Was sie vom Deutschorden unterschied, war, daß sie sich mit dem Volk einließen, so wurden sie einheimisch.

Dabei blieben Organisationsfragen auch für die Franziskaner stets wichtig: Fragen der Zugehörigkeit zu welchem auswärtigen Zentrum. Das kam von einer zweiten Eigentümlichkeit der Franziskaner: von dem bei ihnen nie ruhenden Bedürfnis nach Abspaltung von Teilorden mit jeweils strengerer Regel.

Die ersten südtirolischen Niederlassungen der Franziskaner sind: 1221 Bozen, 1245 Brixen, 1309 Meran. Diese Klöster gehörten zur Ordensprovinz der Mark Treviso (im Venezianischen). 1250 wurde eine österreichische Ordensprovinz errichtet. Im selben Jahr erbau-

ten die bozener Franziskaner eine flach gedeckte Predigtkirche. Später bekamen sie von der Adelsfamilie der Rottenburger Gartenland geschenkt. Auf diesen landwirtschaftlichen Ausbau mit verschiedenen Arbeitsverrichtungen spielt Heinrich von Burgeis in seinem Buch ›der sele rat‹ an.
Die Erweiterung zu Besitz brachte den Orden in einen Gegensatz zur ursprünglichen franziskanischen Armut. Das führte zu einer Reformströmung und Teilung. Die Ordensangehörigen, die im Zug der Zeit bei Besitz blieben, waren die gewöhnlichen Angehörigen des Konvents, sie nannten sich ›Conventualen‹. Die Anhänger der strengeren Regel hießen ›Observanten‹. Die Teilung wurde 1517 durch einen Erlaß des Papstes Leo X. rechtskräftig. Praktisch war das so, daß aus dem bozener Konvent die Mönche, die ›Conventualen‹ bleiben wollten, ausziehen mußten. Sie gingen nach Meran. Die organisatorische Regelung traf dann 1580 Erzherzog Ferdinand: die von ihm neu gegründete tiroler Franziskanerprovinz mit dem Zentrum Schwaz war den Observanten vorbehalten, dagegen blieb Meran bei der alten österreichischen Conventualenprovinz.
Aus der Einführung einer noch strengeren Regel entwickelte sich dann ab 1528 der Orden der *Kapuziner*. Sie hatten ihre erste Niederlassung in Südtirol 1603 in Brixen, und konstituierten sich 1605 als eigene Provinz. Ihr Hauptanliegen war die Predigt an Orten, wo keine Klöster waren. So wurden sie als Prediger für bestimmte Gelegenheiten gesucht: Fastenprediger und Volksmissionare. Auch als Feldprediger und zum Teil hohe Berater der Regierung traten sie auf. Das blieb eine Ausnahme. Doch ist hier des Kapuzinerpaters Haspinger zu gedenken und seiner Rolle im Aufstand 1809. Er hatte sie dank Volkstümlichkeit. Diese Volkstümlichkeit machte seinen Orden in Tirol einheimisch. ›Die Kapuziner und die anderen Pater sollen sie uns lassen‹, war der Wunsch Andreas Hofers bei seiner Abdankung.
1813 konnten die Kapuziner wie die Franziskaner nach Tirol zurückkehren. Die Franziskaner gründeten ihr Gymnasium in Bozen neu. Aber die liberale Regierung in Wien mit ihrer Neigung, das Schulwesen einheitlich zu machen, verstaatlichte das Gymnasium. Die Franziskaner setzten ihre Tätigkeit in provisorischen Räumen fort; 1882 gründeten sie ein privates Gymnasium, für das sie dann später auch das Recht zu öffentlichen Prüfungen bekamen.
So hatte jeder Orden seine Eigentümlichkeit und sein besonderes

Schicksal. Ein tirolisch historischer Zwischenfall aus der Ordensgeschichte sei hier am Schluß dargestellt: er ist merkwürdig, weil er ein Frauenkloster betraf, und weil in ihn der berühmte, von auswärts stammende Bischof Nikolaus Kusanus verwickelt wurde.
Das Kloster hieß Sonnenburg. Es liegt kurz vor Bruneck am Eingang zum Gadertal auf einem von allen Seiten freien auffälligen Hügel. Der Platz ist alt besiedelt. Funde aus vorgeschichtlicher Zeit sind da, auch aus der Römerzeit. Der Besucher wird von dem Ort angezogen und will dann kaum glauben, daß er an ihm nichts als ein paar Bauernhäuser findet, die sich in den alten Mauern eingenistet haben. Er kann dann ins Freie gehen, auf Stein und trockenem Gras ruhen. So machte ich es bei meinem ersten Besuch mit kaum zwanzig Jahren, lag hoch über dem raschen Flußlauf – und man kennt dieses Gefühl: ein Platz will einen nicht weglassen, als wohnte etwas an ihm, obgleich ich nicht ausdrücklich an das hier vergangene Leben dachte.
Sonnenburg ist ein Ort, der nach Fehlen von Zeugnissen vorher plötzlich in die Geschichte tritt: 1018 durch Schenkung an den Frauenorden der Benediktinerinnen. Besitz wird dazu geschenkt: die Höfe Alfarai, Collaz, Tru, Rü, Cosell d'Antermoia, Sarsei, Creppa und andere. Hier fallen die ladinischen Namen auf.
Mit dem Besitz wurden Rechte auf Vogtei, d. i. Aufsicht über das Kloster, verliehen; sie waren von Anfang an ein Streitgegenstand zwischen den brixener und den trienter Bischöfen. Das Kloster sah die Streitigkeiten als Übergriff an und wandte sich an Kaiser und Papst um Schutz. Es erhielt auch Schutzbriefe, kam aber bei der Mittlerstellung, die den ringsum ansässigen Adeligen eingeräumt war, nicht zur Ruhe. Wie immer ging es dabei um Besitz. Bald aber ging es, da die Besitzausübung bei den Nonnen weltliche Lebensgewohnheiten hatte aufkommen lassen, um diese Gewohnheiten; und hier war der Punkt, an dem Nikolaus von Kues eingriff, als er in Brixen auf den bischöflichen Thron kam. Er war als Reformator zugunsten strenger Ordensregel bekannt. Sogleich nahm er Anstoß an der Gepflogenheit der Nonnen, ihre Verwandten, Gerichtstage, Hochzeiten und Bäder zu besuchen; sie behaupteten dazu, sie hätten die strenge Klausur nicht gelobt. Der Streit war zunächst gegenseitige Belauerung; erst als es um den Besitz der großen, zwischen Enneberg und dem pragser Wildsee gelegenen Alpe Grünwald ging, brach er in Form von Parteinahme für die unmit-

telbar Beteiligten aus. Das waren auf der einen Seite die Einwohner des ladinischen Tals Enneberg, auf der anderen die sonnenburger Nonnen. Die Enneberger hatten einen sonnenburgischen Amtmann tätlich angegriffen, die Nonnen wandten sich an den tiroler Herzog Sigmund um Beistand. Er lud die Enneberger vor, sie kamen nicht, sondern riefen den Bischof an. Nikolaus Kusanus erschien in Sonnenburg, forderte von den Nonnen strenge Klausur. Sie sagten, er habe kein Recht im Kloster und verwiesen ihn an den Herzog. Nikolaus Kusanus wandte sich an den Papst, er erschien ein zweites Mal und ließ den Nonnen einen Brief in lateinischer Sprache vorlesen, verweigerte ihnen aber eine Übersetzung, worauf die Nonnen seine Visitation ablehnten, er aber umgekehrt ihre Äbtissin Verena als abgesetzt und exkommuniziert erklärte.

Das hatte ein förmliches Ritual zur Folge: der Pfarrer von St. Lorenzen mußte jeden Sonntag die Glocken in dauerndes Geläute setzen, mit brennenden Kerzen samt dem Volk zur Kirchentür gehen und die Kerzen gegen das Kloster hinwerfen.

Auf diese Zeremonie antworteten die Nonnen, indem sie einen Trupp Soldaten anwarben, worauf der Bischof dem Papst erklärte, er fühle sich wegen der Nonnen und ihrer Unterstützung durch den Herzog in Brixen nicht mehr sicher, und sich auf Schloß Andraz in Buchenstein zurückzog. Die Nonnen benützten die Soldaten, um bei den enneberger Bauern den Zehent einzutreiben; die Bauern getrauten sich wegen des Bischofs nur nachts zu gehen, dabei überraschte sie der bischöfliche Richter Gabriel von Prack auf einem felsigen Gelände, das ›Crep de Santa Grazia‹ hieß; er ließ, entgegen diesem Namen, 50 Bauern niedermachen, dann besetzte er Sonnenburg und vertrieb die Nonnen. Nun griff Herzog Sigmund ein, holte Nikolaus Kusanus aus Andraz und setzte ihn im Schloß Bruneck gefangen. Kusanus unterschrieb eine Kapitulation, widerrief sie aber nach Freilassung und reiste zum Papst. Auf der Weiterreise nach Livorno (über Einladung des Papstes zum Auslaufen der zu einem Kreuzzug gerüsteten päpstlichen Flotte) starb er, kurz hinter Rom, in Todi.

Der Streit der brixener Bischöfe mit den Nonnen zog sich bis zu seinem unrühmlichen Ende hin, als nämlich Josef II. das Kloster aufhob, den Nonnen das Schloß Jöchelsturm bei Sterzing als Unterkunft gab; dort verschied im Juli 1789 die letzte Äbtissin Frau Katharina von Rohrbiß.

1789 war in Frankreich Revolution. So überschneiden sich die Zeiten. Für Nikolaus Kusanus hatte 1450, mehr als 300 Jahre zuvor, die Ernennung zum brixener Bischof nicht viel Gutes gebracht. Das Domkapitel betrachtete sie als Eingriff des Papstes, und erst nach einer in bar bezahlten Entschädigung wurde Nikolaus als Bischof anerkannt. Wenig später begann sein Konflikt mit der sonnenburger Äbtissin Verena.

Er geriet in ihn als ein Mann von außen mit geistigen Interessen wie in einen abgelegenen Handel zwischen störrisch bäurischen Leuten. Er muß ihm lästig gewesen sein. Aber er hatte ihn durch seinen Reformeifer selbst heraufbeschworen, und hier, in dem Gebirgsland, kam er davon nicht los; er hatte wie auf Kernholz gebissen. Die Sympathien des Lesers seiner Geschichte schwanken zwischen der Anteilnahme an dem geistigen Mann und der gefühlten Teilhaberschaft an der bedrängten Landesnatur. Hätte Kusanus sich mit ihr nicht eingelassen, wäre er seinen hohen Weg weitergegangen. Eine große Strecke hatte er schon hinter sich.

Er war mit dem Namen Nikolaus Krebs 1401 in dem Ort Kues an der Mosel als Sohn eines wohlhabenden Schiffers und Weingutbesitzers geboren. Von dem Ort Kues nahm er dann den Namen, als er wegen eines angeblich unverständigen Vaters zu einem Grafen von Manderscheid ging, und von ihm bei Studien in Heidelberg, Padua und Köln gefördert wurde. Er wurde Geistlicher, aber vor allem Diplomat. Von Manderscheid wurde er ans basler Konzil geschickt. Dort war er zunächst bei der Partei, die eine Superiorität des Konzils gegen die Suprematie des Papstes behauptete, dann ging er zur Papstpartei über mit einem Streben nach Einigung, das er 1433 in einer Schrift ›De concordantia catholica‹ verfocht. Der Papst nahm ihn mit nach Bologna zu Verhandlungen mit den Griechen wegen Wiedervereinigung der Kirchen, mit diesem Auftrag reiste er 1437 nach Konstantinopel.

Auf dieser Reise erweiterten sich seine Anschauungen zu der einer allgemeinen ›coincidentia oppositorum‹, das war ein geistig begriffener Zusammenfall der Gegensätze derart, daß Gott in seinem Wesen nicht erkannt, sondern nur vergleichsweise, durch Analogie, erfaßt werden könne. Kusanus war der geeignete Mann für Verhandlungen. Als er 1448 als Legat ein Konkordat mit dem Reich zustande brachte, erhob ihn der Papst zum Kardinal und belohnte ihn mit der Ernennung zum Bischof von Brixen. Hier kam

Kusanus dann auf den traurigen unversöhnlichen Grund der Welt, während er selber alles in Bewegung sah: die Erde nicht als zentralen Mittelpunkt, sondern als Planet unter Planeten; die Geschichte nicht als eine unanzweifelbare Sache, sondern kritisch zu bedenken; er arbeitete an einer Verbesserung des Kalenders und entwarf eine Karte Zentraleuropas in korrektem geometrischem Netz. Daß ihm auf einem Punkt dieser Karte widerstritten wurde, setzt ihn nicht ins Unrecht. Er lebte in einer Zeit der Auflösung, des Übergangs, und trug an ihrem alten und neuen Teil.
Ein Haus für Studien in Brixen ist nach ihm genannt: cusanische Akademie. Es hat Wohnquartiere und einen großen Raum in der Mitte, der für verschiedene Zwecke benutzt werden soll. Als ich es sah, kam ich von dem Mann, der das Haus so geplant hatte: dem Kunstforscher Wolfsgruber. Er hatte es sich als Haus für die Bedürfnisse der Zeit ausgedacht. Bei dem Besuch hatte er auch von einer anderen, neu von ihm übernommenen Aufgabe gesprochen: der Herausgeberschaft der Zeitschrift ›Der Schlern‹. Er hatte über einen Mangel an Mitarbeitern geklagt, das liege am Wegsterben der älteren Generation, und an dem nicht mehr gleich starken Interesse der Nachwachsenden. Ich erzählte von dem Gespräch und hörte, daß der Mangel zum Teil auch von der Zurückhaltung unkirchlich denkender Kreise komme. Ich stand wieder vor der Frage des ›Konfessionalismus‹, der für Südtirol nach 1945 zu einem Problem geworden ist. Die Kirche, heißt es, sei voll tätig, mit mehr Mitteln als früher; aber sie sei tätig auf nicht so vielen offenen Wegen, als sie selber wünschen müsse.
Zu dem nun letzten Stück Literatur, an Hand dieser Zeitschrift ›Schlern‹ kann ich nur wenig sagen. Das meiste ist gesagt durch den Hinweis auf die vielfältigen Beiträge. Ich stelle mir dazu vor, an wie vielen Orten Südtirols diese Hefte gesammelt sind. Nicht nur der Lehrer oder der sonst durch Schulbildung zum Lesen erzogene Mann hat sie. Ich selber habe sie vollzählig gesehen bei Leuten, wo ich es nicht vermutet hätte. Hier fiel mir auch die große Zahl fortsetzungsweise gedruckter Arbeiten auf. Ein Forscher wie Karl Felix Wolff mit seinen langen Aufsätzen war anderswo nicht zu denken. Die Möglichkeit zu breiter Darstellung hat sich übrigens auch die südtiroler Tagespresse erhalten. Vermutlich ist diese Gepflogenheit, dem großen Feuilleton Raum zu geben, eine Gewohnheit aus der Zeit vor 1914; da war das üblich.

Von den Schreibern aus der Gegenwart: von Erzählungen vor allem, zähle ich einen, der über den Grund des reich blühenden, aber nur landeswichtigen Schreibens hinausgeht als Figur der Literatur: Hubert Mumelter. An ihm ist mir aufgefallen: er schreibt deutsch, aber er empfindet rätoromanisch, ladinisch. Das ist bei Mumelter nicht etwas im Stoff, oder in der Beziehung nur des Themas. Es ist etwas von Beziehung der Sprache hinter der Sprache.
Bei den Italienern gibt es einen Autor mit ähnlicher Nähe und Ferne der Heimat: Dino Buzzati. Wenigstens als er zu schreiben anfing, war das deutlich. In seinem Roman ›Die Festung‹ oder ›Il deserto dei barbari‹ berührt er sich darin mit Mumelter. Es ist eine Berührung ohne historischen Stoff, oder bei historisch gleichgültigem Stoff. Darin drückt sich etwas von der südtirolischen Landesnatur aus: unbegangenes Gebiet und Straßen, die aufhören, Straßen über Pässe hinweg, und Wechselpunkte zwischen Norden und Süden.

29. Landkarte, Straßen und Pässe

Wer die Landkarte eines Gebietes lange vor sich hat, mit ihr arbeitet, dem stellt sich aus einem Zusammenschwingen der Einzelheiten zuletzt ein Bild mit Zügen eines Porträts wie einer Person vor. So sehe ich Südtirol vor mir: ein Land voll Gebirge, mit Durchzügen von Straßen, und mit ›Engstellen‹, ›Klausen‹, die das Revier der Täler abteilen.
Die Straßen von Norden, Brenner und Reschen, haben verschiedenen Charakter. Die Brennerstraße ist der direkte, politische, deutsche Weg. Sie war der Weg für die 66 Römerzüge der deutschen Kaiser. Der erste war 962 mit Otto I., der größte 1158 der Friedrich Barbarossas mit 100 000 Mann Fußtruppen und 15 000 Reitern. Die Strecke mußte in sicherer Hand sein. Dem diente die Verleihung des Durchzugsgebietes an geistliche Fürstentümer: an Trient 1004, an Brixen 1027.
Die Trasse war schon von den Römern festgelegt worden, sie wurde von den Baiern nicht verändert. Sie wurde, wie vorhin bei der Aufzählung der Deutschordens-Stationen dargelegt, bis Klausen im Eisacktal geführt, dann wegen der Unwegsamkeit der Schlucht über den Ritten nach Bozen. Erst 1314 öffnete der bozener Kauf-

Landkarte, Straßen und Pässe

mann Heinrich Kunter die Eisackschlucht durch eine Straße, die nach ihm Kuntersweg genannt wurde. Sie war auch anfangs nur ein ›Weg‹, durch Saumtiere zu begehen. Ab 1470 konnte sie befahren werden. 1840 wurde sie auf eine neue, die heutige Trasse gelegt. Vorher war das wegen der Führung der Brücken nicht möglich gewesen. 1300 wurde die Eisackbrücke in Bozen aus Holz gebaut. 1500 wurden in Bozen und Brixen Brücken aus Stein errichtet. Zur Pflege setzte Maximilian I. 1508 einen ›Bereiter für Wege und Straßen‹ ein, 1514 zwei solche ›Bereiter‹. 1767 wurden vier ›Weginspektoren‹ für Abschnitte der Straße bestellt.

Die Erhaltung war Arbeitsleistung der Gemeindeangehörigen. An verschiedenen Stellen wurden Straßenzölle erhoben. Zollstätte für ›großen‹ und ›kleinen‹ Zoll war Bozen. Zollstätten für ›kleinen‹ Zoll waren in Kollmann, Klausen, Brixen, Mauls und Sterzing. Die Zölle wurden im Hinblick auf die Konkurrenz anderer Verkehrswege festgelegt. So wurde 1656 zwischen Österreich und Venedig eine Herabsetzung der Zölle um ein Viertel vereinbart, weil sich wegen der Höhe dieser Zölle der Handel von der Etsch-Brenner-Linie abwandte und die graubündner Straßen bevorzugte. Kaiser Karl VI. mußte den Tirolern vertraglich versprechen, den Verkehr über Chiavenna und die bündner Pässe zu unterbinden und ihn auf die tiroler Straßen zu lenken. Als Österreich den Handel über Triest 1720 zu fördern begann, erklärte die tiroler ›Landschaft‹ der kaiserlichen Regierung, daß dadurch ›der Transit durch Tirol und die bozener Märkte geradezu ruiniert werde‹.

Nun einige Angaben zur Frequenz der Brennerstraße. 1300 wurden auf ihr jährlich 3000 Tonnen befördert, das entspricht 300 Eisenbahnwaggons, wenn man den Waggon zu 10 Tonnen rechnet.

1430 waren es 3600 Tonnen. So stieg es stetig an bis 1850: 60 000 Tonnen, das waren 6000 Waggons; und 1907, bei Einrechnung der Bahntransporte, die auf der 1867 eröffneten Brennerbahn liefen, 85 000 Tonnen.

Für das Mittelalter muß man in Frachtwagen zu drei Tonnen rechnen. Das wären 1300 1000 Wagen gewesen, 1850 20 000 Wagen.

Die Autobahn, von der jetzt, 1970, Teilstrecken fertig sind, wird den Verkehr erleichtern. Auf lange Sicht sind Tunnelbauten geplant, mit niedrig angesetztem Durchstich.

Der ›obere Weg‹ vom Reschen hat von vornherein andere Zusammenhänge als die Brennerlinie. Die Straße führt in eine eigene südtirolische Landschaft, dann gehen von ihr gleich zu Beginn Verzweigungen in verschiedene Richtung: über den Ofenpaß und den Flüela in die Schweiz und über das Stilfserjoch nach Italien.

Die Stilfserjochstraße, deren Serpentinen wie ein gebrochener Faden auf dem Hang liegen, ist ein kühner Bau vom Anfang des 19. Jahrhunderts. Vorher gab es einen Saumweg. Nach den napoleonischen Kriegen hatte Österreich militärische Gründe, eine Straße hinüber in das damals österreichische Mailand zu bauen. 1820 wurde mit dem Bau begonnen – unter der Leitung des aus Brescia stammenden Ingenieurs Donegani. 1825 war die Straße fertig.

Sie sollte wenigstens fünf Meter breit sein, die größte Steigung nicht über zehn Prozent hinausgehen. Deshalb mußte, wie es in dem Baubericht heißt,

›zu einer künstlichen Längenentwicklung mit Kehrenanordnungen geschritten werden‹.

Die Ausrechnung dieser Trassenführung war das neue bei der Leistung des Ingenieurs Donegani. Er stellte den nur empirisch betriebenen Straßenbau auf eine wissenschaftliche Grundlage.

Die Zahlen sind: auf 28 km Nordrampe 48 Kehren, auf 22 km Südrampe 34 Kehren. Der Scheitelpunkt auf der Paßhöhe liegt 2757 m hoch. Es wurden Galerien angelegt, dadurch konnten im Winter Straßenstücke schneefrei gehalten werden. Man ging davon aus, daß die Straße im Winter offengehalten werden müsse. Das geschah auch bis 1859. Damals, als Österreich die Lombardei verlor und der strategische Zweck wegfiel, wurden die Winterarbeiten an der Straße eingestellt. Seither ist sie im Winter, meist von Oktober bis Mai, geschlossen.

Am Bau arbeiteten 2000 Arbeiter fünf Jahre. Das ist eine erstaunlich kurze Zeit. Für eine Straße in solcher Höhe und Länge würde man auch heute, mit modernen Baumaschinen, fünf Jahre brauchen.

Wegen der zunehmenden politischen Spannung zwischen Österreich und Italien nach 1900 wurde die Stilfserjochstraße militärisch wieder wichtig. Sie wurde verbessert, die Kehren wurden erweitert, so daß auch große Wagen ohne doppeltes Wenden über sie hinwegkamen.

Seit die so verbesserte Straße nach 1945 dem Fremdenverkehr und Durchzugsverkehr nach Mailand dienen kann, haben sich die alten Einrichtungen an ihr neu belebt. An ihrer Abzweigung in Spondinig stehen noch aus früherer Zeit die grauen Steinhäuser der Pferdeställe, an denen der Vorspann verstärkt wurde. Später, bis in die dreißiger Jahre, war bei geringem Verkehr das zugehörige ›Hotel Post‹ vernachlässigt und verödet. Heute steht es neu geputzt da, mit Türmchen und Erkern ein typischer Bau des 19. Jahrhunderts, der in seiner ›old fashioned‹ Art dem Geschmack unserer Zeit wieder entspricht.

Früher führte eine Allee hoher unbeschnittener Pappeln in zwei Reihen von Spondinig quer durch den prader Sand, man fuhr unter ihrem Laubdach wie in einem grünen Tunnel. Sie ist leider einseitig abgehauen. Als eigenartig, deutlicher als bei anderen Gebirgsstraßen, empfand ich es immer, wie schnell man auf der Stilfserjochstraße aus dem ganz ebenen Tal ins Hochgebirge kommt: bei der Gabelung von Gomagoi in das innere Sulden, oder auf der Haupt-Trasse über Trafoi an den Abgrund der Schotterkare gegenüber dem Ortler, aus dessen Felsenspalten zu Mittag die Schneelawinen sprühen; der Schall kommt laut herüber. Das Franz Josefs-Haus und die anderen Häuser auf dem Paß sind heute Ausgangspunkt zu Skifahrten auf dem Livrioglescher; auf seiner Moräne ist eine besonders von Mailändern vielbesuchte Unterkunft errichtet.

Die Aussicht von dem hohen Punkt gibt Einblick in den ›Verkehrskreisel‹ der Alpenpässe hier. Nach Südwesten geht es ins Veltlin, aus der Schweiz kommt der Umbrailpaß (früher auch ›Wormserjoch‹ genannt, über dieses Joch führte der ›Wormsersteig‹ ins ›Bormio‹; alle drei Namen sind Erinnerung an die im Mittelalter wichtige Verbindung zwischen Mailand und Worms am Rhein).

So rasch wie in die einsame Bergwelt geht es wieder ins Tal nach Prad hinaus, das als Zeichen seines Namens noch die weite Wiese für den Viehmarkt hat. Von Prad ist ein Stück neuer Straße in die Etschau gebaut. Wo sie aufhört, liegt Lichtenberg, das Dorf, die Kirche, die Ruine mit dem matten Abdruck der Fresken auf den Mauern. Ich war an einem Nachmittag im September dort, gegenüber lag unter klarem Himmel der trockene graubraune Hang des vinschger Sonnenbergs mit der Churburg, deren Mauern dieselbe

Farbe hatten, so daß sich die Burg nur mit den Schattenstrichen der Gesimse abhob; sie waren wie mit Bleistift auf einen scheinbar durchsichtigen Grund gezeichnet. Es war windstill und warm. Auf der Kirchenmauer saß ein junger Mann mit bis auf Fingernagellänge geschnittenem schwarzem Haar und las in einem Buch mit Paragraphen für das ›studio legale‹. Er war aus Rom, er bereitete sich auf seine Prüfungen vor. Ein Gespräch als Unterbrechung war ihm willkommen, und nun zog er Steine, die er gesammelt hatte, aus der Tasche: Quarz, Onyx, er war auch im laaser Marmorbruch gewesen.

Unser Gespräch war, wie oft, wenn man nicht alle Wörter der anderen Sprache beherrscht, eindringlich. Nun jubelte er auf, als sein alter Vater über den Hügel kam. Er hatte eine Kapelle besucht und ging an einem Alpenstock, der mit Blechschildchen als Erinnerungszeichen besetzt war. Der Sohn stellte mich ihm vor: einem ›professore‹ und Rechtsgelehrten. Nun kam auch die Mutter in einem Spitzenkleid und unter einem Sonnenschirm. Die Familie hatte Jahr für Jahr ihr stilles Sommerquartier in dem abgelegenen Lichtenberg.

Warum mich die Begegnung berührt hat – ich weiß es nicht; sie ging mir noch nach, als ich unten auf der neuen Straße fuhr. Wen konnte ich noch besuchen: einen Mann in Prad, der erst 1961 aus russischer Kriegsgefangenschaft gekommen, dessen Frau Lehrerin war. Bei diesen Leuten war ich die Woche zuvor mit meinem Vetter gewesen. Der Mann hatte sich nach der Rückkehr schwer eingelebt, nun war er Vertreter der Feuerversicherung für den Bezirk, der Vetter hatte die Police bei ihm erneuern lassen. Ich war eine Weile in dem Haus, an dem der auch kunstfertige Mann die Vierecke Kalkwand an den Fenstern mit einem Ornament bemalt hatte. Es sah aus wie Blumen, die es in Wirklichkeit nicht gibt. Er sagte: Nein, nicht Blumen, es sind ausgedachte Figuren, bei jeder denke ich mir etwas.

Ich war auf der Wiese, als er mir nachwinkte. Es kam wieder die halbseitig stehende Pappelallee, an ihrem Ende das ›Hotel Post‹. An dieser Einmündung der Stilfserjochstraße in die Hauptstraße vom Reschen schnurrten die Autos vorüber. Knapp hinter Spondinig wußte ich am Hang eine Stelle, an der noch in den dreißiger Jahren ein kleiner Soldatenfriedhof aus dem Ersten Weltkrieg gewesen war. Inzwischen sind die kleinen Friedhöfe aufgelassen, an

ihrer Stelle ist oberhalb Mals auf der Heide das ›ossario‹, ein Rundbau, errichtet worden; innen an der Mauer stehen die Namen. Die Kirche St. Sisinius taucht auf. Wie viele Kilometer sind es noch bis Meran, wie viele nach Bozen, die Straße hat einen mächtigen Sog nach Süden, Gefälle, Kurven, die Engstelle bei Forst mit der Brauerei und dem Schloß, dem Gefängnisort des Oswald von Wolkenstein. Gegenüber Schloß Tirol, darunter die Brunnenburg mit einem Anbau, in dem ein Mann von Weltruhm wohnt: Ezra Pound. Dann ist es eine Straße zwischen Obstgärten, dann geht es durch die bozener Industriezone, in der 20 000 Menschen arbeiten: eine neue italienische Stadt am Rand der alten.
Hierher fließt auch der elektrische Strom aus den Kraftwerken des Vinschgaus. Es sind sechs: Langtaufers, Glurns, Laas, Kastelbell, Schnals, Naturns; sie erzeugen für 988 Millionen Kilowattstunden Strom und haben mit ihren vier Speichern: Langtaufers, Reschensee, Zufrittsee im Martell und Vernagtsee im Schnalstal ein Gesamtfassungsvermögen von 150 Millionen Kubikmetern.
Dann kommen hinter Bozen und dem Rauch der Industriezone Kasernen, die Höfe mit dem rötlichen Sand von dem Porphyrgestein auf dem Hang. Die Straße geht breit, aber noch breiter schneidet die Autobahn jetzt das Tal. Von dem früheren Buckel an der Sprachgrenze hinter Salurn ist auf ihr nichts zu merken, ohne Steigung geht sie in dem Gelände der Weingärten, Maisfelder und Maulbeerbäume vorüber. Im Rückspiegel ist die hohe Kante der Gebirge, mit denen Tirol nach diesem Süden blickt, zu sehen.

Alle diese Straßen: die Stilfserjochstraße und die über den Reschen und die Brennerstraße wurden zu jeder Zeit vom Handel benutzt, aber zu allererst als Klammern der Politik gebaut: für das Festhalten von Provinzen, raschen Durchzug von Heeren, schnellen Übergang in zu behauptendes Terrain, für Staatsmacht und Krieg.
Das trifft auch für eine südtiroler Hauptstraße zu, die vergleichsweise neu ist, 1909 gebaut: die Dolomitenstraße. Sie wurde von Österreich aus militärischen Gründen gebaut, mit Vorblick auf einen möglichen Krieg mit Italien, wie er wenige Jahre später gekommen ist.
Sie hat zwei Bogen: den einen vom Eisack durch das grödner Tal über den Paß der Sella, den anderen von Bozen und dem Eggental über den Karerpaß ins Fassatal, und von dort über das Pordojjoch

in die Tiefe von Buchenstein und weiter über den Falzaregopaß nach Cortina d'Ampezzo.

Dort kommt die Straße aus dem Pustertal dazu: nach ihrer Abzweigung bei Franzensfeste und der Durchkletterung der mühlbacher Klause geht sie stufenweise durchs Pustertal bis auf das toblacher Feld. Sie hat zuvor eine Abzweigung, die durch das Gadertal über Corvara/Collfuschg und über das grödner Joch auch von dieser Seite auf den Paß der Sella führt.

Erst vom toblacher Feld an ist sie die eigentliche ›Dolomitenstraße‹ auf diesem Zweig. Sie zwängt sich nach Süden ein: über Schluderbach und ›ins Gemärk‹ an die Ecke von Peutelstein und kommt hinter diesem Knick nach Cortina. So ist die Runde der drei heranführenden Zweige in Cortina geschlossen.

Im Krieg blieb sie es nicht. Die Ecke von Peutelstein war die Stelle, bis zu der 1915 die Österreicher zurückgingen, als sie, gleich zu Kriegsbeginn, Cortina und das Ampezzo räumten.

30. Erinnerung der Gegenwart

Ich bin bei dem letzten Kapitel: Weltkrieg. Er hat für Tirol eine lange Vorgeschichte, die bis ins 19. Jahrhundert geht: das langsame Zurückweichen der österreichischen Macht in Oberitalien und das Streben nach Einigung Italiens: das ›risorgimento‹. Den Weg dieser italienischen Bewegung hat der österreichische Publizist Claus Gatterer in einer ausführlichen Studie dargestellt. Für das Merkmal ›Freiheit‹ des ›risorgimento‹ steht der Name des in dem Kapitel über Fallmerayer wegen Beengung jeder Freiheit im Vormärz schon genannten italienischen Dichters Silvio Pellico. Er war 1820 unter der Anklage, zu den ›carbonari‹ zu gehören, verhaftet, wegen Teilnahme an dieser geheimen Gesellschaft zum Tod verurteilt, dann zu Kerkerstrafe auf dem Spielberg bei Brünn begnadigt worden. 1830 wurde er entlassen. 1833 erschien sein Buch ›Le mie prigioni‹, ›Meine Gefängnisse‹, in Paris. Von Lombardo-Venetien zählt Gatterer zehn Hinrichtungen italienischer Patrioten in den Jahren 1852 bis 1854 allein in Mantua auf. In Verona sah ich an einem Haus am Eingang der via Mazzini von der Arena rechts eine Tafel für die 25jährige Carlotta Aschieri, in diesen Jahren hinge-

richtet, wie es heißt, ›als Opfer einer moribunden Tyrannei‹. Das waren Aspekte des ›risorgimento‹. Claus Gatterer bringt Zeugnisse bis herauf ins Jahr 1915 – so eine von Cesare Battisti am 1. Januar 1915 gegebene Antwort mit seiner Ansicht über eine von Italien zu erstrebenden Grenze:
›was Südtirol anlangt, bin ich der Meinung, daß man heute ohne weiteres die napoleonische Grenze (das war eine Grenze bei Klausen des von Napoleon gegründeten kurzlebigen ›Königreiches Italien‹) vertreten könne. Ob es klug wäre, die Grenze weiter nach Norden vorzuschieben, wage ich zu bezweifeln. Militärisch gesehen ist die Brennergrenze unüberwindlich, die napoleonische Grenze eher schwach, die reine Sprachgrenze bei Salurn recht gut. Falls man nach Südtirol hineingehen sollte, so müßte man die Verteidigung des Territoriums, Bozen preisgebend, an dieser inneren Grenze aufbauen.‹
Das war eine Stimme unmittelbar vor Ausbruch des Konflikts. Man hatte ihn auf österreichischer Seite vorausgesehen. Es ist bekannt, daß der österreichische Generalstabschef Conrad von Hötzendorf auf Grund einer rein militärischen Rechnung 1909 einen Präventivkrieg gegen Italien vorschlug. Er wurde abgewiesen. Es wurde ihm gestattet, bestimmte Vorkehrungen zu treffen. Dazu gehörte die Fertigstellung der Dolomitenstraße in diesem Jahr und die Neuaufrüstung veralteter Grenzbefestigungen bei Moëna, in Buchenstein, an der Sperre Peutelstein, und an allen wichtigen Stellen des Fassaneralpenkammes mit stützpunktweisen Befestigungen in schwierigem Hochgebirge am Contrinhaus, der Marmolèda, am Fedajapaß und am Sasso di Mezzodí.
Dem Kriegseintritt Italiens gingen geheime Verhandlungen voraus: Österreich erklärte sich bereit, das Trentino abzutreten, die Grenze bei Görz auf den Isonzo zurückzunehmen und in der Verwaltung der Stadt Triest Zugeständnisse zu machen. Die italienische Regierung erhielt im Geheimvertrag von London am 26. April 1915 größere Konzessionen, obwohl sie dabei im eigenen Lager auf Widerspruch stieß; so richtete der Exaußenminister Tittoni, der bei den Verhandlungen mitwirkte, ein Memorandum an das italienische Außenministerium, in dem er u. a. die territorialen Forderungen als zu weitgehend bezeichnete:
›sie gingen zu weit, weil sie die Grenze bis zum Brenner vorschoben und damit von Deutschen bewohnte Gebiete einschlössen. Dies

müßte einen neuen, umgekehrten Irredentismus zur Folge haben.‹
Während dieser Auseinandersetzungen mag die italienische Armee selber den Ausschlag gegeben haben, da ihr Generalstabschef Cadorna mit westlichen Generalstäben Besprechungen schon führte, als in der römischen Kammer noch Meinungsverschiedenheiten ausgetragen wurden. So erklärte Italien schließlich am 23. Mai 1915 Österreich den Krieg.

Die Konzeption Cadornas war: Beschränkung gegen Tirol. Dort sollte mit starken Kräften angegriffen und vor allem mit Artillerie die österreichische Befestigung niedergehalten werden. Den Durchbruch mit der italienischen Hauptmacht wollte Cadorna in Friaul über den Isonzo hin führen – mit dem Ziel eines Einbruchs in Laibach und Kärnten.

So war Tirol von Anfang an wieder in der Lage eines ›Landeskrieges‹ mit Verteidigung der Grenzen. Da die aktiven tiroler Regimenter bei der österreichischen Armee in Galizien standen, war auch die erste Verteidigung gleichförmig wie früher, ja man berief sogar diese Gleichförmigkeit, indem man sich bei der Mobilmachung ausdrücklich auf die maximilianische Wehrverfassung im Landlibell von 1511 bezog. Nun galt der darin vorgesehene ›große Zuzug‹, dessen Ausführungsbestimmungen erst in der tiroler Schießstandordnung von 1913 neu festgesetzt worden waren. Danach war an jedem Ort mit zwanzig Schützen, die sich freiwillig in die Rolle eintrugen, also ›einrollieren‹ ließen, ein Schießstand zu errichten. Diese ›einrollierten‹ Schützen bildeten dann eigene Schützenkompanien, die sich Offiziere und Chargen selbst wählten.

Nach der so geführten Zählung gab es in Tirol bei Kriegsausbruch, nach Abzug der aktiven Jahrgänge, rund 15 000 einrollierte Schützen. Davon meldeten sich in der ersten Kriegswoche über 12 000, darunter 1500 zwischen 65 und 70 Jahren. Die von ihnen gewählten Vorgesetzten wurden von der Militärbehörde geprüft und vom Kaiser bestätigt. Diese Standschützenoffiziere hatten den Charakter von Landsturmoffizieren, trugen die Distinktionen und bezogen entsprechende Gebühren.

Schon am 19. Mai war der Befehl zur Alarmierung Tirols gegeben worden. Die Standschützen, eingekleidet und bewaffnet, standen am Tag der Kriegserklärung in den zugewiesenen Abschnitten der tiroler Front vom Ortler bis zu den karnischen Alpen. Es waren

insgesamt 51 Standschützenbataillone. Sie blieben unentbehrlich
auch, als vom Herbst 1915 an die aktiven tiroler Truppenteile aus
den übrigen Fronten herausgelöst und, wie es auch hier in der amtlichen Regelung wieder heißt
›im Sinne des Landlibells von Kaiser Maximilian zur Verteidigung
der engeren Heimat eingesetzt wurden‹.
Außer der Rückverlegung der Front im Ampezzo wurden kleinere
Gebiete von den Österreichern aufgegeben: im Etschtal die Grenzfestung Ala, so daß die Linie zwischen Mori und Rovereto verlief;
dann das neu errichtete Festungswerk auf dem Berg ›Zugna Torta‹ bis zur Hochfläche von Folgaria und der Talsohle des Val Sugana. In den Dolomiten ging die Kampflinie vom Pordojjoch bis
zum Col di Lana und zum österreichischen Sperrwerk Tre Sassi
am Falzaregopaß, dann weiter über die Tofana ins Fanestal, und
ostwärts über das Plateau der ›Drei Zinnen‹ zum Kreuzbergsattel.
Diese Linie im Hochgebirge hielt im Frühjahr und Sommer 1915
allen Angriffen stand.
Im Westen, am Stilfserjoch, war in der Frontlinie eine Merkwürdigkeit: österreichische und italienische Soldaten lagen auf Sichtweite einander gegenüber, ohne daß ein Schuß fallen konnte, da
zwischen den Stellungen ein Zwickel schweizer Gebietes war. Der
dahinter liegende Monte Scorluzzo, schon auf italienischem Boden,
wurde im Juni 1915 durch den aus Neumarkt bei Bozen stammenden Gendarmerieleutnant Steiner im Handstreich genommen, dadurch wurde die Ortlerfront stabilisiert. Auf dem Ortler war ein
ständig besetzter Artilleriebeobachtungsstand, zeitweise auch eine
Gebirgskanone.
In diesen Gletschergebieten begann der unterirdische Krieg. So
trieben die Italiener im Adamellogebirge sechs Meter tief im Eis
einen fünf Kilometer langen Stollen mit 25 Stegen bis zum Lobbiapaß; der Stollen war elektrisch beleuchtet. In diesem Gebiet machten die Italiener auch den einzigen auf Skiern unternommenen
Sturmangriff des Ersten Weltkrieges: eine Alpini-Kompanie raste
in Schußfahrt gegen die österreichischen Stellungen im Eis, sie
wurde trotz Todesmut der Angreifer abgeschlagen.
In der Marmolèda bauten die Österreicher ein Netz von Eisstollen,
in dem eine ganze Kompanie Platz hatte. In diesem Gebiet kam es
im Winter 1916/17 zur größten Naturkatastrophe des Krieges:
durch Lawinen im Lager Gran Poz kamen 300 österreichische Sol-

daten ums Leben, auf italienischer Seite riß die Lawine 200 Mann mit.

Der schwere Punkt des Dolomitenkrieges wurde der Col di Lana. Die Italiener setzten innerhalb weniger Monate anderthalb Armeekorps ein: unter Artillerieangriffen und mit unter Todesverachtung in immer neuen Wellen gegen die Bergkuppe anrennenden Alpini. Sie nannten den Berg ›Col di sangue‹, ›Blutberg‹. Sie trieben eine Sappe in 20 Meter Tiefe bis unter den Gipfel. Dort hörten die Österreicher die Bohrgeräusche. Am 17. April 1916 sprengten die Italiener die Westkuppe: etwa 10 000 m³ Gestein, mit 5024 kg Sprenggelatine. Ein großer Teil der österreichischen Verteidiger wurde getötet. Nach zehn Monaten Angriffs konnten die Italiener den Col di Lana besetzen. Sie hatten ungeheure Verluste: gegen 20 000 Tote. Zuletzt stellte sich heraus, daß der Besitz des Berges bedeutungslos war: die österreichische Piaveoffensive im Herbst 1917 zwang die Italiener, die Dolomitenstellung zu räumen.

Zu gegenseitiger Sprengung der Stellungen kam es nördlich des Col di Lana an der Tofana. Dort sprengten die Österreicher am 22. Mai 1917 das Felsband am Berg Lagazuoi mit einer 24 000-kg-Ladung. Einen Monat später, am 20. Juni 1917, sprengten die Italiener mit 33 000 kg die Kuppe des kleinen Lagazuoi. Sie hatten dazu einen 1100 m langen Stollen vorgetrieben.

Bei diesem Vortreiben konnte zuweilen die Richtung nicht genau gehalten werden. So kamen die Italiener an nicht vorgesehener Stelle plötzlich ans Licht. Die Österreicher gegenüber warfen Handgranaten in das Loch. Die Handgranaten wurden zurückgeworfen. Über Nacht war die Stelle mit Zement verschlossen. In der anderen Nacht hörten die Österreicher wieder das Bohren im Fels. So erzählte es mir einer der Teilnehmer.

Auf der Tofana verloren die Italiener einen ihrer besten Anführer: den Alpinigeneral Cantore. Unter ihm hatte die italienische Armee den behutsamen Vormarsch in das von Österreich geräumte unterste Etschtal angetreten. Beim Tod Cantores gab es ungeklärte Umstände. Nach Zeugenaussagen wurde der Tote mit einem Geschoß: Einschuß im Rücken, aufgefunden.

Der Durchbruch nach Schluderbach, italienisch Carbonin, der im Höhlensteintal unter den ›Drei Zinnen‹ liegenden Stellung, blieb den Italienern versagt. Sie konnten den Sperriegel der Monte

Piano-Platte, die von den Österreichern besetzt war, nicht ausheben.
Diese Monte Piano-Platte war ein das Gebiet beherrschender Punkt. Sie war schon auf italienischem Boden und hatte deshalb zu Kriegsbeginn von den Österreichern bei der Vorbereitung der Verteidigung nicht in den Plan gezogen werden können. Aber am 7. Juni 1915 gelang es einer Gruppe Landesschützen, sich auf der Kuppe festzusetzen. Nachschub, Holz, auch Trinkwasser mußte aus dem Tal heraufgetragen werden. Monatelang lag der Monte Piano unter schwerem Artilleriefeuer, darunter 28 cm-Küstenhaubitzen, die von den Italienern eigens an den Misurina-See gebracht worden waren. Der Monte Piano hielt stand, damit war den Italienern der Eingang ins Pustertal verschlossen.
Ein anderer Zugang zum Pustertal war bei Sexten. Die Grenze ging hier über die ›Drei Zinnen‹. In diesem Abschnitt fiel am 4. Juli 1915 Sepp Innerkofler. Die Verteidigung blieb fest, obwohl italienische Artillerie ins Pustertal schoß: nach Sexten, das in Brand geschossen wurde, und nach Innichen.

Dem italienischen Hauptziel: dem Durchbruch am Isonzo, war Cadorna in diesen Jahren trotz mörderischen Schlachten nicht näher gekommen. Sie werden in der Kriegsgeschichte aufgezählt: die erste Isonzoschlacht mit Beginn am 23. Juni 1915 und mit 180 000 Mann, die zweite Isonzoschlacht vom 18. Juli 1915 mit einer viertel Million Mann; von daher bekam der Berg Podgora den Namen ›Monte Calvario‹ bei den italienischen Soldaten, sie konnten den Monte San Michele im Sturm erobern. Die dritte Isonzoschlacht vom 18. Oktober 1915 änderte nichts, die italienischen Verluste werden auf 150 000 geschätzt. Die vierte Isonzoschlacht mit Beginn am 10. November 1915 brachte der Stadt Görz schweren Beschuß. Die Kämpfe endeten bei eingebrochenem Winter. Auch die fünfte Isonzoschlacht im März 1916 war ohne Entscheidung.
Inzwischen hatten die Österreicher eine Offensive im Gebirge vorbereitet. Sie begann am 15. Mai 1916 und kam bis zu einem Durchbruch auf der Hochfläche von Asiago. Die Zahl der italienischen Gefangenen war 30 000. Der Durchbruch zur Ebene gelang nicht, weil wegen der Offensive der russischen Armee in Galizien unter General Brussilow Truppen abgezogen werden mußten. Die österreichischen Truppen mußten schon erobertes Terrain aufgeben

und sich auf neue feste Stellungen vor den Bergen ›Pasubio‹ und ›Zugna Torta‹ zurückziehen.

Als Erfolg der Unternehmung blieb, daß den Italienern der direkte Zugang nach Rovereto und Trient verschlossen war. Dagegen konnten die Österreicher bei der folgenden sechsten Isonzoschlacht am 6. August 1916 die Stellung nicht halten. Am 9. August eroberten die Italiener die Stadt Görz. Auch das Plateau dahinter, am Berg Doberdò, mußten die Österreicher aufgeben.

In der siebenten Isonzoschlacht vom 14. September 1916 an und in der nach kurzem Abflauen der Kämpfe im Oktober beginnenden achten Isonzoschlacht blieben die Stellungen unverändert. Auch die Ende Oktober 1916 eingeleitete neunte Isonzoschlacht brachte den Italienern bei fürchterlichen Verlusten auf beiden Seiten nur geringen Geländegewinn.

Die österreichische Isonzofront wurde im Jahre 1917 gehalten – auch in der zehnten Isonzoschlacht Mai/Juni. Die Italiener kämpften um die Berge Monte Santo und Monte San Gabriele. In der elften Isonzoschlacht vom 17. August bis 12. September 1917 verloren die Österreicher den Monte San Gabriele, eroberten ihn wieder und konnten auch den Sperriegel vor dem nur 20 km entfernten Triest bis zum Erstarren der Front nach der vernichtenden Materialschlacht halten. Hunderttausende italienischer Soldaten waren hier gefallen; zu ihrem Andenken wurde das Heldendenkmal von Redipuglia errichtet.

Ende Oktober 1917 kam es zu einer für Italien beklemmenden Wende an der Isonzofront. Deutsche und österreichische Truppen setzten zu einem Durchstoß bei Flitsch und Tolmein an. In zwei Monaten waren die Angriffsvorbereitungen, darunter die Heranführung von Material auf 100 000 Eisenbahnwaggons, abgeschlossen. Am 24. Oktober 1917 begann diese zwölfte Isonzoschlacht nach einer neuen Kampf-Idee als ›Talstoß‹, die italienischen Bergstellungen wurden zum Teil umgangen, im ganzen überflügelt; um drei Uhr nachmittags desselben Tages hatten die Angreifer den Ort Karfreit, italienisch Caporetto, erreicht. Nun war die ganze Front in Bewegung. Die italienischen Armeen fluteten aufgelöst zurück: über den hochgehenden Isonzo, dann nach Räumung von Görz und Udine über den Tagliamento bei Codroipo. Die österreichischen Truppen erreichten am 8. November Vittorio Veneto, am 10. November am Oberlauf des Piave den Ort Longarone.

Die Katastrophe der zwölften Isonzoschlacht hatte das italienische Heer tief erschüttert. Sie war mehr als einfach eine Niederlage und als ein später zurechtgemachtes Bild wahrhaben will. Das wird erst heute entdeckt, auch auf der italienischen Seite. Auf der österreichischen hat jüngst Claus Gatterer in einer Arbeit nach bisher unveröffentlichten Zeugnissen das wirkliche Bild gegeben: der Vorgang war Zerfall und Revolution in der hinter dem Heer stehenden sozialen Struktur Italiens, das blieb unbesprochen, als an der Oberfläche der militärische Apparat wieder repariert war. Das Unbesprochene wirkte in der Tiefe als versäumte Revolution, daran hat sich bis heute, nach Umschlag in den Faschismus und seinem Ende, nicht viel geändert. So habe ich Gatterers Deutung verstanden. Die Aktionen damals waren nur Oberfläche: der Generalstabschef Cadorna wurde abgelöst, an seine Stelle trat der General Armando Diaz. Er griff zu äußersten Mitteln: Erschießungen, Dezimierung der zurückflutenden Truppe halfen das Heer an den Brückenköpfen des Piave zum Stehen zu bringen.

Die südtiroler Gebirgsfront war bei diesen Bewegungen Hinterland geworden, die Italiener räumten die Stellungen, die Österreicher kamen über Asiago hinaus bis an den Monte Grappa.

Im Jahre 1918 bereiteten die Österreicher eine Offensive am Piave vor. Die italienische Stellung lag bei dem Ort Bassano südlich des Monte Grappa. Dieser nur 500 m lange Felsrücken, mit höchstem Punkt 1758 m über dem Meer, war von den Italienern mit sechs Kilometern Stollen und Ausschußmöglichkeiten für 70 Maschinengewehre und 100 Geschütze, mit Trinkwasserreserven und Motorenanlagen für Scheinwerferstellungen zu einer Festung ausgebaut worden. Sie wurde von den Italienern tapfer verteidigt.

Die Österreicher waren bei ihrer Offensive über den Piave gekommen. Ein Wettersturz mit Hochwasser machte den Nachschub unmöglich und zwang sie am 20. Juni zum Rückzug über den Fluß. Diesmal war die Niederlage bei Österreich, ihre Folge war der Rücktritt des Oberbefehlshabers Conrad von Hötzendorf. Auch andere Generale baten um Enthebung. Die Stimmung der Truppe verschlechterte sich, es begann eine Auflösung – anders als die italienische, sie kam von den verschiedenen Nationen. Am Gebirgsrand wurde um die hochgelegenen Bergstellungen gekämpft. Eine war der Monte Pasubio oberhalb Rovereto, eine andere die schon seit Kriegsbeginn umkämpfte Bergfestung Zugna Torta.

Diese zwei Berge, die hauptsächlich von tiroler Truppen, und hier stets von denselben Truppenteilen, angegriffen wurden, bekamen für die Österreicher ähnliche Bedeutung wie für die Italiener der Col di Lana und der Monte Grappa. Der Pasubio wurde zum ›col di sangue‹, zum ›Blutberg‹ der österreichischen Kaiserjägerdivision; die Zugna Torta zum Berg einer anderen, wegen ihrer Tapferkeit an dieser Stelle namentlich ausgezeichneten Truppe: der ›Kaiserschützen‹.

Um diese und andere Berge an der tirolisch-italienischen Front wurde fast wie um ›Personen‹ gekämpft. Auch die eingesetzten Truppenteile kamen in diesen Rang von vergleichsweise ›Personen‹. Wie der Pasubio die Kaiserjäger hatte, und die Zugna Torta die Kaiserschützen, so lag an einem Berg bei Asiago, dem Monte Cimone, das oberösterreichische Regiment Nr. 14, mit dem populären Beinamen ›Hessen‹; der Name kam daher, weil der Großherzog von Hessen der nominelle Regimentsinhaber war.

Auf der italienischen Seite war es nicht anders. Da waren es die Nummern und Namen bestimmter Alpini-Regimenter und die zugehörigen Bergnamen nicht nur des Col di Lana und Monte Grappa. Es kamen die Namen von der Isonzofront dazu: Monte San Gabriele und Monte San Michele, und es kam auch ein Schicksalsname dazu nicht eines Berges, sondern einer Brücke: der Brücke von Bassano über die Brenta am Fuß des Monte Grappa. ›Il ponte del Bassano‹, das ist eine alte Holzbrücke, rotes Holz, ein Dach darüber, und die Pfeiler aus Holz, unten mit Steinen ausgefüllt, spitz wie der Bug von Schiffen in dem graugrünen Gebirgswasser der Brenta. Die Brücke ist in allen Teilen erneuert und so auch heute zu sehen in der alten Gestalt. Im Weltkrieg war die ›rote Brücke von Bassano‹ die letzte Station für die Alpini, die über sie hinweg in die Gebirgsstellungen zogen. Alles: die Namen der Berge, sind Namen von Tod auf beiden Seiten.

Auf dem Monte Pasubio gab es eine ›italienische Platte‹ und eine ›österreichische Platte‹. Sie waren durch einen 150 m breiten Graben getrennt, über den hinweg die Alpini immer wieder vorgingen. Nach dem Winter 1917/1918 wurden von den Gegnern Stollen für Sprengung vorgetrieben. Den Österreichern gelang es, den Italienern knapp zuvorzukommen und am 13. März 1918 die italienische Pasubioplatte mit einer Ladung von 55 Tonnen zu sprengen. Es war die größte Sprengung des Krieges.

Sie konnte den Gang der Kämpfe nicht mehr beeinflussen. Die Auflösung Österreichs in der Heimat, mit dem Streben nach nationaler Selbständigkeit der Völker, vertiefte die Auflösungserscheinungen in der Armee. Ende Oktober 1918 kamen die Italiener bei einer Offensive unter Armando Diaz über den Piave und bis Vittorio Veneto. Die nichtdeutschen Teile der österreichischen Armee weigerten sich, weiter zu kämpfen. Der Oberkommandierende der Armee, General Weber, erhielt am 28. Oktober 1918 den telegraphischen Befehl Kaiser Karls, in direkten Verhandlungen mit dem italienischen Oberkommando sofort einen Waffenstillstand abzuschließen.

Hier gibt es nun die Legende, daß die Italiener sich an die in den Verhandlungen vereinbarte Zeit nicht gehalten hätten und über den Stillstand hinaus in kriegerischer Handlung vorgegangen seien, um Gefangene zu machen. Dazu schreibt ein Teilnehmer, Universitätsprofessor DDr. Oswald Gschließer, als Augenzeuge:

›die acht Bataillone tiroler Kaiserjäger marschierten in guter Ordnung, als die Nachricht kam, daß in Carbonare, vier Kilometer vorn, die Italiener stünden und den Zug nicht passieren ließen. Man hätte den Widerstand wahrscheinlich brechen können, aber kein Kommandant nahm es auf sich, durch Feindseligkeiten dem Waffenstillstand zuwider zu handeln.

Die italienischen Offiziere erklärten, von einem Waffenstillstand nichts zu wissen. Das, so stellte sich später heraus, stimmte: der Waffenstillstand wurde erst am 3. November nachmittags, mit Wirkung vom 4. November, drei Uhr nachmittags, in der Villa Giusti bei Padua unterzeichnet.

Das haben wir aber erst nach unserer Heimkehr aus der Kriegsgefangenschaft erfahren, ebenso, daß das k. u. k. Armeeoberkommando zugleich mit der in der Nacht vom 2. auf 3. erfolgten Bekanntgabe der Annahme der Waffenstillstandsbedingungen, um jedes weitere Blutvergießen zu vermeiden, einseitig die Einstellung der Feindseligkeiten den Truppen befohlen hatte.‹

Aus dieser Darstellung, die Gschließer fünfzig Jahre nach Kriegsende, November 1968, in einer bozener Zeitung veröffentlicht hat, geht hervor, daß die gegen Italien immer wieder vorgebrachte Anschuldigung, es hätte bei der Inkraftsetzung des Waffenstillstandes mit falschen, verschobenen Terminen gearbeitet, um Gewinne zu erzielen oder Gefangene zu machen, zu Unrecht erhoben wurde.

Das Motiv des österreichischen Entschlusses, die Feindseligkeiten einseitig einzustellen, um Blutvergießen zu vermeiden, ist menschlich und moralisch gerechtfertigt. Aber die Folge dieser einseitigen Festlegung war, daß die österreichischen Armeeteile auf dem Rückzug nicht frei zur Abrüstung gehen konnten, sondern in Gefangenschaft gesetzt wurden. Es waren, nach Gschließer ›über 350 000 Mann, auf deren Gefangennahme Italien nicht vorbereitet war. Die Offiziere wurden in der Nähe Veronas in halbverfallenen Fabriken oder Kastellen notdürftig untergebracht und verpflegt, während die Mannschaft wochenlang in Freilagern hungerte, fror und zum Teil auch erfror. Es wurden allein auf dem Kriegerfriedhof bei der einst altösterreichischen Bastei San Procolo in Verona an 2000 österreichische Kriegsgefangene beerdigt‹.

Ich frage mich, wie ein Kind, das damals in Südtirol heranwuchs, diese Zeit des Zusammenbruchs und Kriegsendes erlebt hat. Mein Vetter, der in dem Alter war, 1911 geboren, erinnert sich an eine Schranke am Ortsausgang, und an einen Mann, den er auch von heute noch kennt, nur als jetzt sehr alten Mann, damals mochte er gegen die 30 gewesen sein, heute ist er um die 80, und der dort Kontrolle machte: die ohne Befehl gelassenen und zurückflutenden österreichischen Soldaten zeigten ihre Papiere vor, dann durften sie passieren.

Er erinnert sich undeutlich an das Einrücken der Italiener, aber dann lebhaft an einzelne Figuren und Episoden. In das Haus der Familie kam die Ortskommandantur: Unteroffiziere und ein Feldwebel. Sie begnügten sich mit der Kammer zwischen Küche und Wohnzimmer, dieses Zimmer (das ›gute Zimmer‹ mit der alten Täfelung) ließen sie frei. Eine wichtige Figur war ein Koch. Der Vetter erinnert sich halb noch an den Namen: Giancarlo oder so ähnlich, er brachte die Eßgeschirre mit der Verpflegung. In der Kommandantur aßen sie nicht alles auf. Und nun kommt das Komische, über das der Vetter lachen muß. Etwas blieb übrig, Reis oder Nudeln, und sie wollten es uns Kindern geben. Aber da war die ›Mamma‹ ganz dagegen. Erst als sie es heimlich den Hennen hinausgetragen hatte und die Hennen es gefressen hatten und nicht tot umfielen, durften auch die Kinder etwas essen.

Ich dachte, wie ein Kind dann weiter groß wird und was es wahrnimmt. 1923 kamen die Faschisten, da ist es zwölf Jahre alt. Zehn

Jahre später ist es zweiundzwanzig und kein Kind mehr, war schon beim Militär in Bari und Brindisi bei der Fliegertruppe. Es hatte noch die deutsche Schule; die haben, nach dem faschistischen Verbot, die jüngeren Geschwister nicht mehr. Sie lernen heimlich deutsch, abends in einem Nachbarhaus wird unterrichtet, aber es steht unter Strafe. In einem Zimmer im oberen Stock wohnt der Gemeindesekretär, er heißt Vinazzer, ein Ladiner. Er weiß von dem heimlichen Deutschunterricht im Nachbarhaus, das läßt sich schon wegen der Kinder Reden nicht verbergen, und er ist italienischer Beamter. Er tut, als höre er nichts, dabei könnte ihn die Nichtanzeige den Posten kosten.

Das Beispiel: diese Beschäftigung, bei der Gemeinde zu arbeiten, erscheint auch dem jungen Einheimischen als eine Aussicht für Beruf. Er bewirbt sich, wird angenommen. Als Beamter in der Heimatgemeinde lebt er sich ein, zweisprachig, mit Kenntnis der Einwohner und ihrer Anliegen. Er ist ihre Hilfe gegen die Behörden von oben. Wenn sie ihn auf dem Gemeindeamt nicht antreffen, kommen sie ins Haus mit Papieren, die er ihnen übersetzt, mit Schriftstücken, die er ihnen aufsetzt.

Ich denke: so ist es bis heute, nur daß der Vetter jetzt die Brille nimmt, wenn er ein Papier liest. Was dazwischen war, geht mit hinein in diese Geschichte: der zweite Weltkrieg, das Auswanderungsabkommen zwischen Hitler und Mussolini. Da wurde er zum deutschen Militär eingezogen mit Dienst als Dolmetsch bei italienischen Truppen, kam plötzlich herum in der Welt, nach Belgrad, Athen, er wußte nicht, wie.

Daheim war Bergsteigen und Skifahren. Er kennt alle Bergspitzen bis hinüber zum Ortler. Kriegsende 1945, da wurde er Bürgermeister und war dann bei den Leuten, die 1948 bei der Gründung der ›Region‹ als Vertrauensleute gewählt wurden. Er weiß nicht mehr alle Gewählten, die dabei waren, gegen dreißig an der Zahl. Aber vor kurzem war eine Zusammenkunft, eine Feier zum zwanzigjährigen Bestand der ›Region‹. Da waren nur noch siebzehn der Gründungsmitglieder am Leben.

Er legte sein Hauptaugenmerk auf die Landwirtschaft, und da hatte er für ein paar Jahre einen interessanten Auftrag: von den landwirtschaftlichen Betrieben in bestimmter Größe und Lage jeweils in einer Gemeinde den am besten geführten Betrieb herauszufinden und danach eine Statistik mit Vergleichen und Möglichkeiten der Entwicklung für andere Betriebe zu führen. Das war eine Tätigkeit für Samstag und Sonntag, dabei kam er im ganzen Land herum und kennt die Anwesen und Besitzer ziemlich genau.

Der Auftrag ist längst abgeschlossen, aber er kam von ähnlicher Arbeit nicht los, als dann Anfang der 6oer Jahre in ein paar Köpfen der Gedanke entstand, über die Gemeinde hinaus in einem vom Staat unabhängigen Verband zu wirken. Zu ihm schlossen sich frei gewählte Räte zusammen und nannten ihn ›Talgemeinschaft Vinschgau‹. Sie hatten gemeinsame Interessen erkannt und beschlossen, sie wahrzunehmen. Das sollte die Aufgabe der politischen Vertreter nicht herabmindern sondern durch Rückhalt bei der Wählerschaft stärken.

So kam es zur Bildung dieser eigenartigen, weil außerhalb der Ämtereinteilung Rat gebenden Versammlung. Sie erhielt ihre Verfassung durch Dekret des Regionalausschusses, d. h. der Behörde, bestätigt, dazu ihre Satzungen vom 19. Januar 1963 mit dem ersten Artikel:

›die Gemeinden Partschins, Plaus, Naturns, Schnals, Kastelbell-Tschars, Latsch, Martell, Schlanders, Laas, Prad am Stilfserjoch, Stilfs, Schluderns, Graun, Taufers im Münstertal und Mals vereinigen sich zur Bildung der Talgemeinschaft Vinschgau.‹

Es fällt auf, daß die Gemeinden nicht nach dem Alphabet, sondern nach ihrer geographischen Lage von Meran herauf aufgezählt sind, das spricht für das Organische der Einrichtung. Ihre Aufgabe ist es

›die der kulturellen, sozialen und wirtschaftlichen Entwicklung dienenden Initiativen zu fördern und zu koordinieren, damit sie durch ein organisches, zeitlich abgestuftes Programm verwirklicht werden‹.

Im einzelnen sind die Aufgaben nüchtern und begrenzt. Zu ihnen gehört die Erstellung des neuen Krankenhauses im Hauptort des Gebietes Schlanders. Oder geschlossene Wahrnehmung der Interessen in einem bestimmten Fall. Ein solcher Fall war der schon erwähnte Streit um die Grenzen des Naturschutzparkes, der sich, nach Auffassung der Talgemeinschaft, zu weit ins landwirtschaftliche Gebiet auszudehnen strebte.

Dazu kommen die Verkehrsprobleme: die Eisenbahn ab Meran, die keinen Anschluß an internationale Verbindungen hat, ist in

Gefahr, aufgelassen zu werden. Das wäre ein Schaden für die Wirtschaft, für schon bestehende Industrie und Ansiedlung neuer Industrie; der Wagenpark muß modernisiert, die Fahrzeiten müssen verkürzt werden.

Ausbau der Straßen: mit bestimmtem Nachdruck müssen bei den Behörden die Projekte für Umfahrungsstraßen durchgesetzt werden, oft auch gegen die Gemeinde, die es betrifft und die im Geschäftsgang Verluste befürchtet.

Ein großer Plan: der Durchstich des Stilfserjochs zur Verbesserung der Verbindung mit Oberitalien. Ein sechs Kilometer langer Tunnel in 1670 m Höhe geführt, wäre möglich; er würde 1300 m Steigung ersparen. Die Talgemeinschaft ist nicht unmittelbarer Träger des geplanten Durchstichs, wird ihn aber mit den Kräften ihrer Gemeinden unterstützen. Sie führt Beschlüsse der Behörden herbei, das geht Zug um Zug: so hat nach dieser Anregung der Regionalausschuß Anfang 1970 den Ankauf von Aktien der ›Splügen- und Stilfserjoch-Tunnel AG‹ um 8,7 Millionen Lire beschlossen, das sind als erste Zahlung drei Zehntel des insgesamt beschlossenen Aktienerwerbs von 30 Millionen Lire.

Dann Bonifizierung: das Tal hat weite Sumpfgelände, dank der heutigen Technik können sie trockengelegt und landwirtschaftlich intensiv genutzt werden. Ein Konsortium der Talgemeinschaft hat die Aufgabe, zunächst zwischen Partschins und Mals 7794 Hektar urbar zu machen. Diese Aufgabe ist der Talgemeinschaft durch Gesetz übertragen. Das Beispiel soll Detail und Modus ihrer Arbeit zeigen. Die Folge: freie Initiative, dann gesetzliche Autorisierung halte ich für gut, sie gibt Spielraum.

Die Talgemeinschaft vertritt die kulturellen Interessen gegenüber den zuständigen Behörden: sie sorgt für Errichtung von Pflichtmittelschulen als Ausgangspunkt für Weiterbildung. Der Gemeinde Schlanders wurde auferlegt, alles Nötige für Errichtung eines wissenschaftlichen Lyzeums zu tun, die Räume wurden bereitgestellt, 1966 konnte die erste Klasse eröffnet werden.

Die größte Aufgabe ist, die Abwanderung von Arbeitskräften zu verhindern. Die Talgemeinschaft läßt dieses Problem, das ich gesprächsweise mit dem tessiner Raumordnungsplaner erörtert hatte, nicht offen, sie fordert die radikale Lösung durch planmäßige Errichtung von Spezialindustrien; zwei Beispiele solcher Errichtung in rein landwirtschaftlicher Gegend habe ich erwähnt: einen Manu-

fakturbetrieb in Prad und das Unternehmen für Metallbeschläge in Schluderns.
Eine letzte Aufgabe ist die Flurbereinigung gegen die Aufsplitterung der Besitze: durch Vereinbarung sollen Grundstücke so zusammengelegt werden, daß geschlossene landwirtschaftliche Betriebe entstehen.
Bei diesem Programm denke ich unwillkürlich an die ›Landesordnung‹ des tiroler Bauernführers Michael Gaismair. Etwas von ihr wird hier verwirklicht – dem Inhalt nach, aber auch im formalen Sinn. Man braucht nicht so weit zu gehen wie ein Autor in der Studentenzeitschrift ›die brücke‹, der sich über die ›Versteinerung‹ der südtiroler Gesellschaft beklagt und schreibt:
›sie ist historisch durch die konterrevolutionäre Zerschlagung der tiroler Bauernrevolution durch Habsburg, und durch deren ideologische Verinnerlichung in der gegenreformatorischen Gehirnwäsche‹
– das sind Wörter aus dem Vokabular der Zeit. Zieht man dieses Pointierte ab, so kann man in der Gründung einer ›Talgemeinschaft‹ sehr wohl Zeichen für eine Auflösung der beklagten Versteinerung erblicken, Auflösung auch der durch Politik und Kriegsnachhall verhärteten nationalen Fronten. Ich meine das so: die Kriegserinnerungen werden abgebaut, wie in Wirklichkeit auch die Grenzbefestigungen abgebaut werden; der weiche bildungsfähige Kern des Landes regt sich nach der einseitigen Ausrichtung selbsttätig, er greift sogar über den Rahmen der Regionalautonomie hinaus – und das wäre der Sinn dieser Autonomie, daß sie in den Gebieten in den Alpen Möglichkeit freier Entfaltung gibt: ein Kranz solcher Landschaften vom Stilfserjoch bis Friaul würde von eigenem Leben erfüllt und würde die politische Grenze zu einem Faden machen, der nicht wichtiger ist als eine Verkehrsregelung. Genau besehen sind wir in diesem Stand schon heute. Nur ist noch der Abbau gegenseitigen Mißtrauens nötig.

Dieses Mißtrauen ist von gestern und ist verständlich. Ich habe die Geschichte meines anderen Vetters nicht erzählt, er ist wie der eine Jahrgang 1911, aber er kam in diese politische Geschichte im Südtirol der 60er Jahre als Teilnehmer des ›B.A.S.‹, so nannte sich mit Anklang an Algerien und Cypern der ›Befreiungs-Ausschuß Südtirol‹, der mit Sprengstoff- und Terroranschlägen agierte: zu-

erst auf Sachen, dann auf Personen. Bei diesem zweiten Teil war mein Vetter schon in Haft, 1961. Er war dann mit angeklagt im ersten mailänder Sprengstoffprozeß 1964, wurde zu neuneinhalb Jahren verurteilt, nach insgesamt sechs Jahren, August 1967 entlassen, und ist wieder zu Hause. Ich traf ihn das letzte Mal, als er zufällig ins Gasthaus kam.
Draußen stand sein Auto. Er kam von einem Grenzort, an dem er mit einem Trupp Hilfskräften die Ortsbeleuchtung neu einrichtet. Er erzählte nicht viel von der Gefangenschaft. Einem Freund, der mit mir war, und der ihn fragte, weil er sich ein Bild machen wollte, sagte er ein wenig mehr: von der ersten Zeit wollen wir nicht reden, da kam man sich nicht mehr wie ein Mensch vor. Und von später: da haben wir darauf gesehen, daß wir uns gegenseitig unterstützten, z. B. einen, der psychisch nicht mehr durchhalten konnte, daß wir ihm Halt gaben durch Ordnung: wir hatten weiß gedeckt, hatten unseren Tisch, aßen zusammen, hatten auch unsere eigene Küche. Wir hatten Hilfe an der Frau des Gefängnisdirektors, einer Schweizerin, ihr verdanken wir zum Teil diese Erleichterung, bei der wir uns dann allerdings selber festhalten mußten, ja, durch Ordnung, auch durch Arbeit.
Das ist die menschliche Seite. Die politische Seite entstand durch Aktivität auf Grund von Publikationen: durch verspätetes Nachwirken von Formulierungen, die zur Zeit, als sie ausgesprochen wurden, richtig waren, dann aber nicht mehr.
Hierher gehört das Wort vom ›Todesmarsch‹ 1953 des Kanonikus Michael Gamper, er schrieb:
›es ist ein Todesmarsch, auf dem wir Südtiroler uns seit 1945 befinden, wenn nicht in letzter Stunde Rettung kommt.‹
Ich habe Michael Gamper gekannt und ihn in jenen Jahren auch besucht, in den Ernst seiner Worte ist kein Zweifel zu setzen; er war der Meinung, Rom werde die Autonomie erst geben, wenn die Italiener die Mehrheit hätten, und dann werde man machtlos sein. Auch Claus Gatterer bezeugt, daß Gamper nicht ein Mann des oberflächlichen Alarms war, für die Zeit damals gab ihm die Bevölkerungsentwicklung in Richtung auf eine italienische Mehrheit recht; aber Gatterer schreibt, daß sich die Entwicklung dann umgekehrt habe zugunsten der Südtiroler. Er belegt das mit Zahlen und schreibt:
›die Reexpansion der Minderheit bahnte sich zu einer Zeit an, da

die südtiroler politischen Führer vollkommen im Bann der Todesmarschparole standen‹
– und in dieser Zeit kam es zu den ersten Bombenexplosionen. Die Reaktion darauf ging sogar den Italienern zu weit: der ›Alto Adige‹, ihre Tageszeitung in Bozen, verurteilt die Aufführung italienischer Nationalisten, die nun in Bozen jeden angerempelt hätten, der nach ein Uhr nachts auf der Straße gewesen sei, auch zwei Druckereiarbeiter der Zeitung nach der Nachtschicht.
Eine Reaktion auf die Anschläge war, daß in Österreich vormals nazistische Kreise die Südtirolfrage wieder ›entdeckten‹. Eine andere Reaktion war, daß die Anschläge wegen des plötzlich akuten Problems auch die Politiker zu Gesprächen geneigt machten, oder wie der Italiener Piccardi sagt:
›sie haben die italienische Regierung aus einem Tiefschlaf aufgeschreckt, der anders als durch Tritolladungen offenbar nicht zu unterbrechen war.‹
Claus Gatterer schreibt dazu:
›damit ist alles gesagt. Es wäre sinnlos zu leugnen, daß es (auch) die Attentate waren, die Rom vom Ernst der Situation überzeugten und die zur Schaffung der Neunzehnerkommission führten (einer Rat gebenden Kommission zur Erstellung eines befriedigenden Autonomiestatuts)‹
er schreibt aber weiter:
›es wäre indes eine gefährliche Vereinfachung, wollte man diese Kommission und die Konzessionsbereitschaft Italiens ausschließlich als Ergebnis der Attentate betrachten.‹
Das hoffnungsvolle Ergebnis – erzielt zwischen zwei Männern, bei denen Mißtrauen nicht vorherrschte – waren die Verhandlungen zwischen Saragat und Kreisky im September 1964. Das heute vorliegende ›Paket‹ (ein Bündel von Konzessionen an die Südtiroler) ist demgegenüber ein Rückschritt. Ich habe meine Ansicht dazu vor einigen Jahren in einem Zeitungsaufsatz niedergelegt.

Voraussetzung für das Verständnis ist die Kenntnis der Vorgeschichte des Problems ›Autonomie‹: sie war in einem Anhang zum italienischen Friedensvertrag 1946 als Zusatzabkommen zwischen Italien und Österreich (sogenanntes ›pariser Abkommen‹ zwischen De Gasperi und dem damaligen österreichischen Außenminister Gruber) festgelegt worden.

Nicht festgelegt waren darin die Grenzen des autonomen Gebietes, aber es gibt zahlreiche Zeugnisse, daß nach dem Sinn des Abkommens eine Autonomie für den deutschsprachigen Teil des alten Südtirols, für die Provinz Bozen, geschaffen werden sollte. An der versäumten Nichtfestlegung war zum Teil die fragwürdige Haltung des österreichischen Verhandlungspartners schuld. Der Vorgang ist kompliziert, das Ergebnis war, daß die italienische Seite die Autonomie als für die Provinzen Trient und Bozen zusammen gedacht erklärte; und nachdem sie eine beiläufige Zustimmung der südtiroler politischen Vertreter vorweisen konnte, begann, die Autonomie nach diesem Konzept einzurichten. Auf die Weise war ihr in dem so entstandenen Gesamtgebiet der ›Region‹ die Mehrheit sicher. Es muß hervorgehoben werden, daß die trentiner Sozialisten dieser Auslegung der Autonomie nicht folgten. Sowohl die Witwe Cesare Battistis, Ernesta Bittanti, wie ihr Sohn Gigino (Luglio) Battisti, damals Bürgermeister von Trient, waren gegen die Zusammenlegung des Trentinos mit Bozen; sie befürchteten, wie Gigino Battisti schrieb,

›daß in einer gemeinsamen Verwaltung mit italienischer Mehrheit sich zum Schaden des deutschsprachigen Teils die gleiche wirtschaftliche und politische Unterdrückung wiederholen könnte, die auf dem Trentino lastete, als dieses ein Teil Österreichs war‹.

Aber es blieb bei dieser Regelung, die sich von der Absicht, wegen der man eine Autonomie hatte einrichten wollen, weit entfernte. Offen geblieben waren in dem Vertrag zwischen Gruber und De Gasperi auch die ›ausführenden Bestimmungen‹. Sie sollten in Verhandlungen zwischen Österreichern und Italienern festgemacht werden. Diese Verhandlungen führten zu nichts. Italien verzögerte die Durchführung der Autonomie. Österreich reichte bei der UNO dagegen die Klage ein. Es kam zur Resolution der UNO-Generalversammlung vom 31. Oktober 1960, in der Italien und Österreich dringend empfohlen wurde,

›die Verhandlungen mit dem Ziel wiederaufzunehmen, eine Lösung der Differenzen hinsichtlich der Durchführung des Abkommens vom 5. September 1946 zu finden‹.

Die Folge dieses Beschlusses waren dann eben jene Verhandlungen, die auf österreichischer Seite von dem damaligen Außenminister Kreisky geführt wurden. Sie begannen Ende 1960 mit einer Begegnung zwischen Kreisky und dem italienischen Außenmini-

ster Segni in Paris. Sie wurden unterbrochen und weitergeführt. Dann kam die Unterbrechung durch die Welle der Sprengstoffanschläge im Jahr 1961. Die Verhandlungen wurden wieder aufgenommen, als in Italien Saragat, der jetzige Staatspräsident, Außenminister war. Und hier kam es im Herbst 1964 zu dem erwähnten hoffnungsvollen Ergebnis zweiseitiger Gespräche. Aber die Hoffnung hielt nicht vor – aus Gründen, die ich im folgenden darlegen werde. Es kam zu Stagnation. Zu dieser Zeit schrieb ich meinen Zeitungsaufsatz. So viel zur Vorgeschichte des Problems.
Es war für mich interessant, daß mir der Aufsatz damals von zwei deutschen Redaktionen (der ›Frankfurter Allgemeinen Zeitung‹ und der ›Süddeutschen Zeitung‹) mit dem Hinweis auf die heiklen Aspekte der Frage, deren Behandlung man lieber den für das Ressort zuständigen Redakteuren überlassen wolle, zurückgegeben wurde; im zweiten Fall auch mit dem Hinweis auf das Heikle des Themas in bezug auf den Leserkreis der Zeitung. Ein österreichisches Blatt, die ›Kärntner Tageszeitung‹, fand ihre Leserschaft nicht so empfindlich und hat die Zuschrift gedruckt. Ich gebe sie hier abgekürzt wieder, weil ihre Voraussetzungen sich seit damals kaum geändert haben:
›Saragat und Kreisky hatten einen zur Unterschrift nahezu reifen Entwurf ausgearbeitet. In diesem Entwurf waren die materiellen Rechte der Südtiroler weitgehend gesichert, er war von Vernunft diktiert und von dem Bedürfnis nach einem freiheitlichen Stand der Völker, über das begrenzte Gebiet hinaus.
Innenpolitische Rücksichten, so das Kalkül auf bevorstehende Wahlen, hemmten dann auf beiden Seiten die Entwicklung.
Das Ergebnis war dann ein neuer Entwurf, der einen Rückschritt von Freiheitlichkeit zu Etatismus und Pragmatismus darstellt. Ich halte das für bedenklich nicht nur Südtirols wegen.
Meine Gedanken dazu sind:
dieses Abkommen, würde es perfekt, würde den wirklichen Fortschritt verhindern, der in den Gesprächen zwischen Saragat und Kreisky schon konzipiert war,
es würde dem Land nicht den Frieden geben. Meine Ansicht ist: dieser Friede kann nur aus einem Zusammenleben der beiden Völker kommen, bei reeller und gesicherter Autonomie des Gebietes unter italienischer Staatshoheit.
Saragat und Kreisky wollten dauerhafte Bedingungen für ein sol-

ches Zusammenleben der Deutschen und Italiener in Südtirol schaffen. Dazu gehört auch die Möglichkeit, in Streitfällen eine internationale Instanz anzurufen, die wirksam eingreifen könne. In dem neuen Entwurf scheint dieser Punkt praktisch fallengelassen worden zu sein. Die österreichischen und italienischen Verhandlungspartner, die nach dem ›pariser Abkommen‹ dafür verantwortlich sind, zu sorgen, daß eine Grundlage für Zusammenleben hergestellt wird, haben diese Verantwortung den lokalen südtiroler Politikern zugeschoben, indem sie ihnen mehr oder weniger feste Abmachungen vorlegen, mit der Aufforderung, sie anzunehmen oder abzulehnen. Auch untadelige Politiker werden in dieser Situation überfordert. Sie müssen mit den lokalen Strömungen rechnen, mit einer durch Einengung und jahrelange Reibung übertriebenen Mentalität. Es gibt in Südtirol diese zwei Gegenpole: ein durchaus nüchternes Denken, das bei Fleiß und Begabung aufs Reelle gerichtet ist und sich – bei allem Abstand von den Italienern – von einem gemeinsamen Leben nicht abkehrt. Es gibt umgekehrt eine Art Stillstand des Denkens, hervorgerufen durch ausgeprägten Eigensinn (nicht im schlechten Sinn des Wortes) und verstärkt durch das Ausgeschlossensein von freier Zirkulation, das wieder etwas wie ‚Selbsteinschluß' mit sich bringt – oder dann auch den Versuch gewaltsamen Ausbrechens.
Es ist kein Zeichen von Schwäche, wenn es den einheimischen Politikern schwerfällt, eine vernünftige Lösung durchzusetzen. Sie müßten Hilfe von außen bekommen durch politische Kräfte, die ihre Verantwortung nicht abgeben. Saragat und Kreisky hatten das nicht getan. Sie waren großgeworden in der Vorliebe für Freiheit. Ohne diese Vorliebe, mit der Neigung zu Reduktion des Problems, kann eine Lösung nicht gefunden werden.‹
Soweit der Aufsatz von 1964. Er enthält dieses Wort ›Vorliebe für Freiheit‹, das mir bei dieser ganzen Niederschrift als kennzeichnend für die tirolische Landesnatur erschienen war. ›Vorliebe‹ ist kein rohes Behaupten, sondern eine lang gegründete Neigung, es ist, auch im aktuellen Sinn, ein Wort für Tirol. Überprüfe ich meinen Aufsatz nach bald sieben Jahren, kann ich ihn für heute stehen lassen. Die innenpolitischen Rücksichten, die ein Abkommen hemmen oder fördern, sind geblieben. Die innere Bedingung für Zusammenleben hat sich gebessert, die Lage sich entspannt. Der Versuch einer pragmatischen Lösung bleibt ein schlechter Ver-

such – auch in dieser, im Verhältnis zur großen Politik kleinen Sache.
Ich möchte das ausdrücklich sagen. Ich möchte aber nun die Entwicklung der letzten sieben Jahre darstellen, vor allem für den deutschen Leser, der durch die deutsche Presse kaum unterrichtet worden ist (ausgenommen die ›Frankfurter Allgemeine Zeitung‹, deren römischer Korrespondent von jeder Phase des Südtirolproblems ausgezeichnet und ausführlich berichtet hat). Die Entwicklung dieser Jahre ging in Richtung auf eine solche pragmatische Lösung, aber ihre Initiatoren waren nicht ganz darin befangen, das zeigt sich jetzt am Schluß.
Die einzelnen Stationen: das war die Geschichte des sogenannten ›Pakets‹. Österreichische und italienische Stellen hatten es ausgehandelt: statt einer Lösung im ganzen (das wäre die Schaffung einer eigenen Region Bozen gewesen) einzelne und genau detaillierte Zugeständnisse. Sie legten es den südtiroler politischen Vertretern vor. Die stimmten darüber ab; das war im Herbst 1969 in Meran und ergab eine Mehrheit ›Ja‹ gegen eine auffallend große Zahl ›Nein‹-Stimmen. Die meraner Abstimmung war schon Teil eines als ›Operationskalender‹ bezeichneten Verfahrens, darin war genau festgelegt, in welcher Reihenfolge von Instanzen und Regierungsstellen das Paket weiter zu behandeln war, ein Zeitplan auch; die für die österreichische Seite entscheidende Stellungnahme war die Vorlage des Pakets durch die Regierung im Parlament, im österreichischen Nationalrat, zur Abstimmung; sie war für den 19. Dezember 1969 vorgesehen. Aus einem Kommentar der bozener Zeitung ›Dolomiten‹ vom 11./12. Oktober 1969 war ersichtlich, daß *nach* dieser entscheidenden Abstimmung alle weiteren Stationen des ›Operationskalenders‹ für Österreich nur formeller Art sein würden, keine Änderung mehr des Votums.
Ich muß nun von mir selber sprechen, ich kann damit an der Sache etwas Wichtiges klarmachen. Als ich mir die Bedeutung der Abstimmung im österreichischen Nationalrat vor Augen führte, wollte ich nicht schweigen, sondern mich als Österreicher, geborener Südtiroler und in dieser Sache engagierter Schriftsteller melden; ich tat es in einem Telegramm an den österreichischen Bundeskanzler am 11. Dezember 1969 mit, um die Vorstellung der Person am Anfang, hier abgekürzten Wortlaut:
›... protestiere ich gegen die für den 19. Dezember beabsichtigte

Vorlage des Südtirol-Paketes im österreichischen Nationalrat unter gleichzeitiger Preisgabe des der Republik Österreich in einem internationalen Vertrag eingeräumten Rechts, über die freie, auch kulturell freie Entwicklung der Deutschen in Südtirol zu wachen, welches Recht zugleich eine Pflicht ist, die von der Republik den Südtirolern gegenüber übernommen wurde.
Ich finde das Paket und seine Bestimmungen im einzelnen gut, ich finde überhaupt eine freundschaftliche Regelung zwischen Italien und Österreich in dieser Sache gut, begrüße den Fortschritt in der Sache, bin aber der Ansicht, daß für beide Teile die Möglichkeit gegeben sein muß, im Falle nicht absehbarer politischer Entwicklungen eine internationale Instanz anzurufen, die anders als der Gerichtshof in Den Haag wirksam eingreifen kann.‹
Ich bekam auf dieses Telegramm einen Brief des österreichischen Bundeskanzlers Klaus vom 14. Januar 1970, der in meinen Augen etwas für Südtirol und für den Standpunkt der österreichischen Regierung in dieser Frage sehr Wichtiges enthält – nämlich in der von Klaus zitierten Erklärung, die er vor dem österreichischen Nationalrat abgegeben hatte. Hier die Erklärung:
›Auch nach der Durchführung der in der italienischen Regierungserklärung vom 3. Dezember angekündigten Maßnahmen bleibt das Pariser Abkommen die Rechtsgrundlage für den den Südtirolern als Minderheit zu gewährenden Schutz. Das sogenannte Paket stellt daher auch keine einschränkende Interpretation des Pariser Abkommen dar, dessen Rechte und Zielsetzungen in vollem Umfang aufrecht und unverzichtbar bleiben. Auf dieses Abkommen wird sich daher auch weiterhin die Schutzfunktion Österreichs stützen, die wahrzunehmen wir immer als unsere heilige Pflicht erachten.‹
Ich habe eine pragmatische Lösung als schlecht bezeichnet, aber ich habe von dem Teil Nichtbefangenheit darin gesprochen, den die österreichische Regierung entgegen ihr gemachten Vorwürfen gezeigt hat; diese Nichtbefangenheit ist in der zitierten Erklärung, ich muß das Wort ›Preisgabe‹ zurücknehmen.
Man muß sich dabei allerdings über den nur bedingten Wert dieser Erklärung im klaren sein: sie ist, wie alle im Rahmen des ›Operationskalenders‹ abgegebenen Erklärungen, nur eine *einseitige* Absichts- und Willenserklärung, die der andere Partner – wenn man diesen Vergleich gebrauchen will – nicht zu hören braucht. Auf

diese einigermaßen groteske Interpretation der einzelnen Akte des ›Operationskalenders‹ hatte man sich geeinigt, nachdem ein Mehr an Übereinstimmung nicht zu erzielen gewesen war, und ein Fortschritt in der Sache dann überhaupt nicht erreicht hätte werden können. In der Praxis erweist sich das Verfahren als weniger grotesk und durchaus praktikabel. Das sieht dann so aus: der ›Operationskalender‹ sieht bestimmte Verbesserungen der Autonomie vor. Die italienische Seite gibt dazu eine (einseitige) Erklärung ab, daß es sich um innenpolitische Maßnahmen handle; die österreichische Seite nimmt diese Verbesserungen zur Kenntnis mit der Maßgabe, daß es sich um Durchführung von Teilen des internationalen, außenpolitischen Abkommens von 1946 handle. Sie kann dabei ein Präjudiz in Anspruch nehmen, daß auch laut dem ›Operationskalender‹ die endgültige ›Streitbeilegungserklärung‹ seitens Österreichs vor den ›Vereinten Nationen‹ erst *nach* Erfüllung aller vorgesehenen Autonomiebestimmungen abzugeben sei.

Die hier geübte Praxis hat Ähnlichkeit mit dem heute üblich gewordenen Verfahren, dem Partner einen zusätzlichen Brief zu übergeben, den dieser stillschweigend entgegennimmt.

Zu der oben angeführten Erklärung des österreichischen Bundeskanzlers hier noch ein Nachtrag, der einer positiven Beurteilung gleichkommt und sie festhält: ich sprach mit einem deutsch-römischen Juristen vom Staatsfach über den Rechtspunkt; er machte mir den Unterschied zwischen einer ›lex anterior‹ und einer ›lex posterior‹ klar; die ›lex anterior‹, das ist das pariser Abkommen, wird *nicht* aufgehoben, sie bleibt der Grund der Sache, auch der Bezugspunkt bei Streit; er fand diese Darlegung in der Erklärung von Klaus nach Staatsrecht völlig korrekt und überzeugend.

So wäre der nun erreichte Stand skizziert. Im Detail wird es Widersprüche, verschiedene Auslegungen, Auseinandersetzungen geben. Aber das gibt es in jeder politischen Sache. Entscheidend ist die Klarstellung, daß die Schutzfunktion Österreichs aufgrund des pariser Abkommens als der ›lex anterior‹ bestehen bleibt, unabhängig von dem Paketabkommen. Bei seiner Durchführung wird man sehen, auf welcher Seite mehr Einsicht ist.

Im Herbst 1968 waren es fünfzig Jahre, seit Südtirol bei Italien ist, fünfzig Jahre auch, seit der Krieg zu Ende ist. Seit fünfzig Jahren werden statt der Stellungen von damals die Straßen befahren und

begangen. Es ist nicht zu viel, wenn man sie sich als von Norden nach Süden, mit allen ihren Verzweigungen, belebt denkt.
Mit dieser Vorstellung schließe ich mein Buch über Südtirol. Ich habe es aus Aufzeichnungen von Aufenthalt und Besuch zusammengetragen und war beim Aufschreiben oft über die Landkarte gebeugt, sie hat mir die Gestalten lebendig gemacht: den Vetter im blauen Schurz, die anderen Verwandten, die Gespräche in der Stube, wie nach dem Rhythmus der Arbeit für sie Zeit war, mit Erinnerung an Fahrten, mitgebrachte Dinge, Funde, Steine, das gepreßte Edelweiß. Es kam alles Mögliche zur Sprache aus plötzlichem Einfall: Mundart, Siedlung und: dahin müssen wir auch noch. Oder aus Büchern und Kalendern: Vergangenheit.
Manchmal hatte ich meinen Platz vis-à-vis dem Haus an der Mauer eines Gasthofs, auf der eine Sonnenuhr war; und an einem Tischchen aus Kunststoff, mit dem ich der Sonne nachrückte. Nur für Stunden war in dem Dorf, das so tief im Gebirge liegt, auf der Mauer Sonne und warf der Stab der Sonnenuhr seinen Schatten, er wanderte über das Mittagszeichen hinaus – ein kurzer Tag; aber er war jeden Tag wieder da. Dann fuhr der Autobus vor, und die Leute stiegen ein; dann kam die Ziegenherde ins Dorf, wenn drunten an der Etschbrücke von der Littorina der Signalhammer anschlug; dann kam die Gasse herauf der Traktor mit den scharfen, kleinen, an den Haltestäben weit auseinander gesetzten Scheinwerfern, dahinter der Ladewagen auf Gummireifen mit den gelb und blau lackierten Metallspangen seines Gerüsts. Blütenblatt oder Herbstblatt wehten durchs Dorf, oder im Sommer die staubige Löwenzahnkugel und Flugwolle der Pappel, im Herbst auch früh die Schneeflocke, dann war Abend.
Mir lebt noch etwas nach von den Bildern: so der Mann vor der Ruine Lichtenberg mit dem Buch des ›studio legale‹; oder das rasche Kurven die Höhe nach Schlanders hinunter zum Tierarzt, von dem noch etwas geholt werden mußte; oder in der Stube das Gesicht der Nichte, dreizehnjährig, wie sie in der Dämmerung, ohne das Licht anzuknipsen, im Lexikon liest, Zeile für Zeile, als wäre es ein gewöhnliches Buch, und sich dabei immerfort an dem schwarzen glatten Haar dreht; und die noch nicht weiß, wie sie von daheim wegkommen soll, und in welchem Beruf –
und etwas anderes auch lebt mir nach von einem Augenblick dieser Tage: im Schnee das Echowort von der Wand der Sella.

NOTIZEN AM SCHLUSS

Als ich mit dieser Arbeit fertig war und sie einem Freund gezeigt hatte, machte er mich auf ein noch besonderes Strukturelement der südtirolischen Landschaft, von dem ich ihm zu wenig gesprochen hatte, aufmerksam; auf ein von ihm selbst mehr geahntes als vorausgewußtes, aber eben darum mit der Ungeduld des Voranspürenden erstrebtes: es war in Brixen, als wir im Tal saßen und dieser Freund durchaus auf die umliegenden Höhen wollte; hier muß noch etwas sein, ein Blick von oben – es ließ ihm keine Ruhe. Wir hatten das Auto und waren schnell auf diesem ›Oben‹, und mit einigem Instinkt für Terrain auch auf den richtigen Abzweigungen: Feldwegen; keiner versprach etwas Besonderes auf der einerlei gewellten Hochfläche zwischen Kiefernbeständen und Einsättigungen von Sumpfgrund, aber schließlich führte uns der eingeschlagene Weg auf ein Ziel: ein Dorf unter einem freiliegenden Felskern, auf ihm eine Kirche mit verschlossener Tür, hinter ihr ein Unkrauthang, auf dem zwei Jungen ihr Eis lutschten, und ringsum weite Sicht.
Das Dorf hieß Viums, den Namen sagte uns einer der Jungen. Er zählte dann auch die Namen der anderen Dörfer auf dem Gegenhang auf: Meransen, Spinges, Vals, Terenten – jedes in derselben schwebenden mittleren Lage; und vorn die Burg, von der wir nun erst entdeckten, daß unser Standort durch einen Schluchtriß von ihr getrennt war, hieß – Rodeneck. Das war also dieses Rodeneck aus dem tiroler Bauernkrieg von 1525 mit der zugehörigen ›Agglomeration‹ von Häusern; und durch die Schlucht, die uns von ihr schied, zwängte sich die Rienz als der Abfluß des Pustertals; und an der abgeeckten Stelle, die sie in diese Richtung brachte, lag als Sperriegel nicht bloß für den Wasserlauf die mühlbacher Klause.

Mein Freund hing dem Panorama der mittleren Siedlungen nach. Sie waren für ihn der Ort eines eigenen, vom Tal nicht gesichteten Lebens. Das waren sie für mich auch, nur begriff ich sie als Teil eines der Stadt Brixen doch zugehörigen Lebens: hier waren die ›Gerichte‹, die Zuzugsorte der Bauern, die sich zu Zeiten des Michael Gaismair des im Tal liegenden Klosters Neustift und der Stadt Brixen selbst bemächtigt hatten; hier war auch das Reservoir der Kräfte, die der bayrische Kommissar Hofstetten wegen ihrer Teilnahme an den ihn an heidnische Bräuche erinnernden Bittgängen zu Sühnegeldern verurteilt hatte; hier waren auch die Orte, die nach Napoleons Absicht im Kriegsjahr 1809 als warnendes Zeichen ›in Flammen aufzugehen‹ hatten.

Das Widerspiel zwischen der Bischofstadt und der sie einkränzenden bäuerlichen Landschaft leuchtete mir ein, auch ihre Abgeschiedenheit zu friedlichen Zeiten. Nur ging sie nicht so weit, wie mein Freund an dem sonnenstillen Mittag unter dem Kirchfelsen vermutete: er fragte nach Gelegenheit zu Quartier an dem Ort, der, so schien es ihm, ungestörten Auslauf bot. Bis jetzt ist noch nichts, wird aber bald fertig! – Wir sahen das schon Fertige: einen Trakt mit Terrasse und Sonneliegeseite, einen Vorschub von Veranda. Und in vierzehn Tagen, erfuhren wir, würden die ersten Gäste erwartet, nach auch fertiger Liste.

Die scharfsichtige Frau des Freundes hatte inzwischen ein zweites Zeichen für Veränderung bemerkt: hinter einer Hügelwelle ragten in regelmäßigen Abständen als dünne schwarze Stäbe Stahlmasten auf, sie trugen oben Schirme wie Halterungen für Beleuchtung. Ich dachte an einen Übungsplatz für Militär, zu solchem Zweck war die weiträumige Ebene über Schabs bequem; mir fielen auch die Relaisstationen für Fernsehen ein, sie müssen in dem gebirgigen Land an jedem Talknick aufgestellt werden, damit sie das Programm in freier Richtung ausstrahlen können. Aber auf dem Rückweg nach Brixen kamen wir an der Anlage vorüber, die massiver war: fugenlose Betonplatten mit Falzung an den Nahtstellen schirmten den Blick nach innen ab, auch gab es kein Tor, nichts als die Leuchtteller auf den Masten.

Was war das bei Schabs, fragte ich abends meinen Vetter. Er konnte mir sagen, was jedes Kind im Land wußte: dieser von Menschen nicht bewohnte und nur nachts in scharfem Licht stehende Bezirk war eine der Flugwarnstationen der Nato, die es in halb Europa

gab, ohne Bedienung von Hand, daher auch keine Tür und kein Emblem.
Mein Freund kam etwas ernüchterter nach Brixen zurück. Er hatte den Fortschritt gesehen, auf den an dem abgeschiedenen Ort zu stoßen er nicht gefaßt gewesen war.

Ich spürte der von ihm gestellten Frage nach der Bedeutung des landschaftlichen Hintergrunds der Mittelgebirgsteile in Südtirol weiter nach. Manche Namen habe ich schon genannt und auch ihre Zuordnung: das von Bozen aus früh erschlossene rittener Gebiet, oder wie sich Meran seine landschaftliche Umrahmung geschaffen hat, auch sie entzieht sich dem Blick vom Tal; erst wer beim Schloß Forst auf dem Riegel zum Vinschgau steht, überblickt diese reich besetzte mittlere Lage, angefangen von Dorf und Schloß Tirol bis nach Mais und der jenseits der Passer hochzinnigen Burg Schenna.
Ein Unterschied war dabei immer: Meran war von Anfang bäuerlicher, ein Verteilerplatz für Waren in weiteres, auch ärmeres Hinterland; Bozen wurde früh kaufmannslustiger, das gezählte Geld regierte, und nicht das Wappen darauf. Das war auch ein Zug von Gewöhnlichkeit. Aber er hätte sich so deutlich nicht ausgeprägt, wäre nun nicht in Meran von außen her ein anderer und nichtbäuerlicher Zug, der mit Ort und Hinterland nichts zu tun hatte, hinzugekommen: als sich im Jahr 1845, nach lange gehaltenem Exil, Erzherzog Johann auf die Burg Schenna setzte, kamen nach ihm die Könige von Belgien, Preußen, Württemberg zu Besuch; Meran erhielt eine Kurordnung und wurde von einem Leben überflutet, über dessen gleichzeitige Vervielfältigung an nicht wenigen Orten in der zweiten Hälfte des 19. Jahrhunderts wir staunen; denn es gab diese ›Gegenwart von Residenz‹ auch anderwärts, in Gmunden von den hannöverschen Königen, in Bad Ischl von Kaiser Franz Josef.
Meran bekam durch diese Anwesenheit von Hofstaat und auswärtiger Gesellschaft einen Zuschlag von Weltluft, und etwas davon ist ihm bis heute geblieben: bei Abhaltung von Pferderennen, Kongressen und hochqualifizierten künstlerischen Darbietungen.
Man spürt diese Weltluft am deutlichsten in der Zeit ihrer Abwesenheit: in den toten Zeiten mit verödetem Bahnhofsvorplatz, heruntergelassenen Rolläden der Villen und einer unnütz laut rauschenden Passer hinter den Schaum-Monumenten von Casino und Theater. Bozen hat seine Handwerkergassen, da wird

der Anschlagton der Sensenklingen geprüft; da ist weniger deutlich auch der Abschlag der früheren Gesellschaft, der sich in Meran geisterhaft noch bewegt. Ein Tonfall von Residenz ist hier immer noch zu hören: am meraner Postschalter oder an der Gepäckaufgabe. In Bozen gab es einen ähnlichen Tonfall, nur bürgerlich, lange Zeit im Café Kusseth an dem schmalen Pflasterdurchgang zwischen Kirche und innerer Stadt. Die Kübelbäume ließen kaum Platz für die weißgestrichenen gußeisernen Tische, aber hinter ihrer Laubwand flüsterte es altösterreichisch beim Bestellen des Cafés, beim Ablegen der Zeitungen. Manchmal kam ein Kugelstoß von dem grünen Samttisch des Spielzimmers nebenan. Dort hingen an einer mit Mahagoniholz ausgekleideten Boiserie auch die Zeitungswälder für die unsichtbaren Leser im Hauptraum.
Im ganzen konnte sich Bozen eine solche Atmosphäre nicht schaffen. Es hatte nicht die feste Niederlassung der zugehörigen Gesellschaft. Dieser Umstand ließ sich auch nicht aufholen als es die größere Stadt war. Ein Beispiel sind die ›Höhenwege‹ der beiden Städte. Der erste entstand in Meran, es war der meraner Kurarzt Tappeiner, der diesen, nach ihm auch benannten, Lustanstieg mit Laub und zierlichem Drahtgerüst in den Schattenhang über der Passer einhauen ließ. Bozen wetteiferte mit dem ›Tappeinerweg‹, und es hatte bald auch mit der ›Oswaldpromenade‹ die weitläufigere Anlage. Aber es hatte sich mit dieser Bedingung, die fast jeder Erweiterung eigen ist, auch einen Mißstand geschaffen. Vielleicht gehört er zur bozener Natur. Mir lag sie nahe: die nicht verleugnete Öde, mir jedenfalls hat kein Stück der mit Hinweisschildern ›zur Oswaldpromenade‹ versehenen Strecke, die den meisten Leuten langweilig ist, mehr Atem verschafft: Aufgehen zu Schönheit als diese schnurgerade Dammbreite über dem Talferfluß: die ›Wassermauer‹ heißt sie, und in der Tiefe des meist trockenen Flußbettes wird der Porphyrschotter durch Siebe gerüttelt, an seinem Ende geht ein mechanisches Summen durch die Luft, das ist ein Beisatz von Nüchternheit, das Geräusch der Spinnerei, die noch heute, wenn man klingelt, an einem hochgezogenen Laden die Ware ›ab Fabrik‹ verkauft. Hinter dem Summtonvorhang erst tauchen die Ruinen auf: Runkelstein, Ried, und das bleiche, wie zu Knochen zerfressene Schloß Rafenstein. Hier ist das letzte Hinweisschild zu den Kehren der Promenade. Allmählich bleibt das Summen der Fabrik hinter dem Schnarren der Zikaden zurück, und nun, mit dem Blick auf

die hell gesprenkelten Laubdächer der Edelkastanien, hat auch die Oswaldpromenade diesen Reiz von Zunder und Staub.

Aber ein anderer Mißstand dringt mit der Erweiterung ein: es gibt Verzweigungen der Promenade zu höheren Lagen, Abkürzungen zu Weinbergen, die gedüngt werden müssen, zu Kellern und Weinschenken, und von ihnen kommt das Schmutzige, Angefaulte auf den ordentlichen Weg. Es gehört zu aller Wein- Landwirtschaft: ein klebriger Geruch, Belag. Er geht in Bozen mit in die Stadt, in die Höfe der großen Abfüllfirmen: im November bindet ihn der Nebel in die Spinnennetze der entlaubten Weinstöcke. Ein abgelegener Weg hat mich in Bozen immer auf den Kalvarienberg bei Virgl geführt, dort roch es nach diesem Fauldunst, roch aber auch nach Holz, dort waren Vipern und hatten Zigeuner ihr Lager, und meist auch ein grasendes Pferd auf dem Rasen. Auf der grieser Seite endlich war die Wassermauer eine wirkliche Mauer wie früher die bozener auch: für das Gehen eines Mannes eben breit genug, Steinwerk über dem Flußbett, ohne Aufschönung.

Ein letzter Teil südtirolischer Mittelgebirgslandschaft geht von Meran bis Bozen an der Seite des Etschtals, und das will sagen: in seiner ganzen Länge, zwei Tagemärsche. Er ist im Gegensatz zur brixener und meraner Umgebung, die politisch und landschaftlich an die Stadt gebunden sind, und zum Unterschied vom Ritten, der eine Station von Bozen ist, ein eigentlich abgeschiedenes Stück. Seit kurzem gibt es einen Straßenanstich von Terlan aus, sonst nur Anstiege auf Fußpfaden oder per Seilbahn. Wer vom Tal hinaufsieht, erblickt nichts als die graublinde Flanke von Buschwald und felsigem Vorstoß. Auch wer mit der Gondelkabine der Seilbahn kommt, muß sich zunächst orientieren: er steigt an einer Rampe aus, die ›Hafling‹ heißt, aber diesen Ort Hafling gibt es nicht – außer in verstreuten Höfen, Hafling ist ein Name für das ganze Gebiet, in dem sich der Besucher nun mit Wegmarken zurechtfinden muß. Sie sind für ihn gemacht, aber ohne Spürsinn käme er nicht voran auf ihren Verwinkelungen, bald muß er einen Schluchtgraben durchsteigen, bald kann er einen umgehen, indem er sich auf gleicher Höhe hält: es ist diese Höhe zwischen 1200 und 1500 Metern des ganzen Plateaus. Grasschnitt wenig, und wenn, nur auf Zwickeln eines Hangs; und Leben überhaupt nur bei aufgerissenen Scheunentoren, und dann nur das sanfte übermütige Spielen der rauh-

flaumigen haflinger Füllen, sie treten beinahe lautlos auf den Rasen, schnuppern und sind wieder verschwunden. Zwei Stunden solchen Wegs, dann ein Ort: Vöran, mit einem spitzen Kirchturm, dessen Silhouette wie aus Pappe geschnitten ist. Allmählich wird die Landschaft deutlicher: Ringe aus Porphyr liegen in Schichten übereinander, bilden ein Felsgebäude, das den Weg zum Ausweichen zwingt. Es ist dasselbe harte Material, das dann, an der Oberfläche verwittert, den Weg säumt, oder ihn über schräge Platten, als seien sie für ihn gelegt, führt. So kommt auch der Ort Mölten, oder, wie mir der Pfarrer dort erklärte:
Der Ort ist immer auf Stein gebaut, auch die einzelnen Häuser, wie Sie bemerken, auf festem Stein; was dann ringsum ist: Mulde, Wiese, gehört für die Wirtschaft.
In diesem Pfarrer lernte ich keinen besonderen Mann kennen. Das Besondere ist nur, daß ich an ihm das Ähnliche, das ich aus dem Land wiederholt kenne, wiederfinde. Es hat bei ihm seine Nuance, das ist der Faden seiner Erzählung: vor Zeiten als junger Geistlicher war er drüben in Lengmoos auf dem Ritten, dort gab es von der Deutschordenskomturei her eine Bibliothek; das Haus war verfallen. Er fand sich in der Gelegenheit, als besseres Haus zur Unterbringung die Räume des in Dorf Tirol betriebenen geistlichen Gymnasiums anzubieten, dort lehrte er Geschichte und Kunstgeschichte. Nun wurde ihm die Überführung der Bibliothek anvertraut – und nun gab es für ihn kein Ende in der Geschichte: zwar längst in Ruhestand war er noch immer mit der Katalogisierung der Bücher beschäftigt, mit einem ›Sich Festlesen‹ auch, wie er freimütig eingestand, aber das war nun seine Arbeit, mit einer Erholung nur in den Sommermonaten. Da lebte er in Mölten bei der ihm verwandten Gastwirtin, aß bei ihr, wohnte aber nebenan bei seiner Cousine, Lehrerin, die sich hier ein eigenes Haus erbaut hatte, auch auf ›festem Stein‹. Und sonst machte es ihm ein Vergnügen, die wenigen Fremden, die durchkämen, zu unterrichten.
Ich nahm an seinem Bericht vor allem das Gerüst seiner Erzählung wahr. Ich nahm weniger das einzelne wahr, das ja ähnlich immer erzählt wurde: von erster Besiedelung, Frage nach dem Ursprung des Ortsnamens, Hinweis auf die Altfreiheitlichkeit der tirolischen Verfassung, deren niedere Streitfälle von Bauern mit eigenem Wappen geführt wurden, vor dem Ort ›Schranne‹, was wohl ›Schranke‹ hieß, und in Mölten noch heute so heißt. Ich achtete keine Einzel-

heit gering an der Erzählung, auch nicht ihr Sagenhaftes; aber was mich bewegte, war die Häufigkeit des Falles in diesem Lande: wie solch ein Mann so zu sprechen anfängt. Ich dachte an den alten Pater im Kloster Marienberg, und an den und jenen noch. Ich fragte mich, ob die Lebensumstände hier, mehr als in anderen Ländern, solche Erzählernaturen hervorbringen, oder ob das Medium in der Anlage der Leute allgemeiner und dichter ist. Ich kann mir nur diesen Grund denken: eine dichtere Präsenz des Körpers Tirol, der diese Geister reden läßt, ohne daß sie provinziell werden.

Mit dieser Lehre brach ich auf. Ein erstes Ziel für den Tag war schon zu erblicken: die Kirche Lafenn, auf einer Höhe von mehr als 1500. Dort fing die zweite Hälfte des Weges an, die mir der Geistliche schon beschrieben hatte als ein ›einfach Hinabgehen zwischen den Lärchenwäldern‹ des ›Salten‹, und von der ich dies Wort auch gelesen hatte. Es war nun tatsächlich so: Wiesen, auf denen zum Teil noch gemäht und mit Ladewagen abgefahren wurde, dazwischen aber blumiges Naturreich unter Lärchenbäumen. Eine Ausnahme auch hier: ein halbfertiger halbverrotteter Bau; ich erfuhr später, daß er militärisch war, aus der deutschen Zeit, eine angefangene Stelle für Fliegerbeobachtung. Kaum ein Mensch auch auf dieser Strecke, nur zuletzt ein Gedränge auf den Treppenabsätzen zur Seilbahn Jenesien.

Das an den Vortagen begangene Gebiet sah ich dann am dritten Tag von einem anderen Ort gegenüber, als ich aufs Gampenjoch fuhr. In der Vertiefung dieser Auffahrt entrollte sich mir noch einmal die drüben im ganzen doch einförmige Strecke, die aussah, als wäre sie aus einem stehengebliebenen Weltalter, und als wäre es gleichgültig, ob sie mit ihrem Rand an Meer oder festes Terrain stieße. So ähnlich sieht es wohl auch die Geologie, und der Blick auf das Schwemmland der Etsch verstärkte mir den Eindruck. Zugleich aber sah ich seine Endpunkte Meran und Bozen als Ansammlung von Lichtern, und hier nun verbot ich mir, Zusammenhänge herzustellen außer dem, der sie in der Sache sind: Küstenorte am Rand einer Weinbaulandschaft, die von der Porphyrflanke, die sie begleitet, angeheizt wird. Das Bild eines ›Riffs an der Passer‹, befestigt von den Römern, ›castrum maiense‹, aber von Natur schon Riff, hatte sich mir bei Meran immer wieder eingestellt; bei Bozen mehr das eines Deltas, in dem aus breit zusammenströmenden Schotterbetten bei niedrig geführten Brücken die Kirchtürme süd-

wärts im Meer versinken. Da ist Aquileia nicht weit. Da gehen auch Städte über die Landschaft, an die sie gelehnt sind, hinaus. Sie sind Orte von Befeuerung für Seefahrt, unabhängig von den Landesprodukten. Das gilt auch für Tirol. Herzmanowsky-Orlando mag das gefühlt haben, als er sich an der Etsch unterhalb Merans eine Station für seetüchtige Schiffe ausdachte. Er hat sie ausführlich beschrieben, mit Linienkursen, als einen für das Land gegen terrestrische Verschränkung notwendigen Punkt.
Ich dachte daran, als ich an dem Abend auf das Gampenjoch gekommen war und hinter dem letzten deutschen Ort St. Felix, weil dort in den Gasthäusern kein Platz mehr gewesen war, ein Stück weiter in mein Quartier Bäckerei kam, in dieses letzte deutsche Haus, und nicht für Fremde, sondern nur die Bar über der Backstube, und droben ein einziges Zimmer, ein Spiegel und ein Bett ohne Bezug. Ich legte mich unter die kratzige Decke und sah in dem Spalt zwischen den Fensterläden Lichter flimmern, sie schwammen herzu und ich richtete mich auf, es ihnen mitzuteilen, ich wüßte es schon, so redete ich zu mir selbst: Fondo, alles schon italienisch. Ich habe von dem Haus erzählt: wirklich Grenze zwischen den Sprachen, aber ich konnte lange nicht schlafen in dieser Nacht, immer wieder sah ich zu den Lichtern hinüber, daß mir kein Augenblick von ihnen entginge, und von mir, wie sie drüben waren und ich hier, und dann schlief ich ruhig an diesem Ort wie lange an keinem.

Befragt nach Reiseeindrücken antwortete der Mann, daß ihm eine ungemütliche Figur am meisten zu schaffen mache in Gedanken; aufgestanden um halb sechs und schon fertig, sei er auf die Straße gegangen, und weil im Hause noch niemand auf gewesen sei, auch ein Stück die Straße hinunter, da habe er einen anderen Mann überholt, einen Krauskopf mit über die Schulter geworfenem Rock und dunkler Gesichtsfarbe, weißen Augäpfeln, ein junges Gesicht, einen auffälligen Mann fremden Ansehens wie Mischblut. Er habe sich gewundert: so früh auf und wohin, und woher schon so früh. An der Abzweigung zum Bahnhof, wo die eingekrusteten Spuren der Traktoren das Feld vor der Rampe umgepflügt hatten zwischen den stehengebliebenen Lachen, habe er den Mann dann passieren lassen; in den Lachen der weiße Blitz der Morgensonne, die Krusten bröckelig, das Weiß aus den Augäpfeln des Mannes habe zu ihm herübergegrüßt während er weitergegangen sei, nicht schnell, nicht langsam – aber woher. So sei er dann zurückgekommen ins Haus, und noch immer niemand wach dort. Dann – Ungeduld: ich hüpfte in der Dorfstraße wie ein Vogel, der von einem Platz auf den andern tritt, der Mann ging ruhig voran. Ich dachte, wer das sein könne, rechnete die Jahre zurück, kam auf das Kriegsende 45, das konnte stimmen, das Kind eines fremden Soldaten.

Der Mann ging so ruhig, daß er mich später dann noch einmal einholte, später: das war, als ich vorgelaufen war zur Bar meines Vetters Friedrich, einen Café dort schnell zu trinken – schnell nur aus Ungeduld wegen der fliehenden Zeit, die ich nicht anders hinbringen konnte als durch Warten, weil ich meinen zweiten Vetter mitnehmen wollte, der aber, weil an dem Sonntag Wahltag war, zuerst noch wählen mußte; das ging in der Regel nicht vor acht, da wurde das Wahllokal geöffnet. Mein Vetter hatte es schon durch Absprache am Vorabend dahin gebracht, daß man ihn *vor* der Zeit einließe, die Stimme abzugeben; du wirst sehen, sagte er, um sieben sind wir fertig.

Ich kannte schon dieses Hinzögern, dunkler Anzug, Schlips, dann die Kleidung getauscht, zuletzt noch die Cousine mit einem Korb Äpfel, die sie aber erst im Keller aussuchen mußte; und dann noch die anderen Frühaufsteher mit einem Café an der Bar drüben; so schnell wollen Sie uns verlassen, sagte die Wirtin; ja, jetzt schnell, antwortete ich, und nun war es so weit: Anhalten an der Ausfahrt vorm gepflasterten Marktplatz, dann die Straße hinauf, ein Zug. Die Häuser gesehen, begrüßt, inzwischen war die Sonne höher gestiegen, die in Kurven und Schwingungen führende Straße war von ihrem Licht hell. Die Dornensträucher, Sanddorn, Silberdistel begrüßt auf dem bröckeligen Hang; dann Erleichterung, Blick auf die Uhr, wenig Verspätung. Dann Notierung von Erinnerung, aber ohne Worte: das hier war das erste gerade Stück, blaue Asphaltdecke, das hier die Kurve, Baustelle, scharfes Bremsen, sonst wirbelte der Mehlstaub von dem Schotter; dann wieder gerade Strecke und erste Schilder, das Gehänge von Weidenzweigen eingetaucht in die grüne vollgelaufene Flut; dann wieder am Hang hin die Straße, und weit vorne auf ihr ein Mensch, der sich bewegte, dann war er näher, sah sich um, es war der Krauskopf von der ersten Tagesfrühe. Kein Erkennen lag auf seinen hellen Lippen in der dunklen Gesichtshaut, so weit war er schon gekommen, war auch schon vorüber, als mich der Vetter fragte: Hast du den

gesehen? – Ja, der ist mir heute früh schon aufgefallen im Dorf, sagte ich. – Da wird er grade raus sein, sagte der Vetter, pünktlich um sechs, da muß er raus. Und ich kenne ihn schon lange, als er noch klein war, ein Kind, dann größer wurde, er geht immer hin und her.
Befragt, was mir den größten Eindruck an der Geschichte machte, bin ich noch zu früh gefragt: es war dieses Hin und Her.
Das andere mußte ich mir nur anschaulich vorstellen, obwohl es für mich genug Neuigkeit enthielt. Ich hatte nicht gewußt, daß ein solcher herumziehender Mensch auch sein Recht hatte. Das Recht war, abends nach dem Glockenläuten in der Ortsgemeinde, in der er gerade war, ein Quartier im Armenhaus zu bekommen, ein Bett zum Liegen, das war sein Recht. Mit dem Morgenläuten mußte er es räumen, und da war der Ortspolizist auch pünktlich. Dann stand er früher als die meisten Leute sonst auf der Straße. Leckte sich die Lippen, weil in der Jahreszeit die Sonne auf sie fiel. Erkannte auch Leute, die Milchträgerinnen, ging aber weiter. Und wovon lebt er? Da hat er schon seine Häuser, wo sie ihn kennen und er sich zum Halbmittag einfindet oder zur Mittagsuppe, und er kommt auch nicht oft. Daß ihn jemand ohne Brot wegschickt, erlebt er kaum. Er ist auch nicht wie ein Bettler, nein, er muß nur darauf achten, daß er abends, ehe in einem Ort das Armenhaus schließt, zur Zeit da ist, damit er sein Lager bekommt.
Ich sagte mir, daß ich mir die Neuigkeit nun doch noch anschaulicher vorstellen mußte: wenn es auch ein Recht war, aber dann die Umstände, Wort und Schritt. Aber er spricht nie ein Wort, sagte dann der Vetter, und das Merkwürdige ist, daß er auch darüber nicht spricht, warum er immer dieselbe Strecke geht: dieses Hin und Her.
Er erklärte es mir: er geht hinauf bis an den Reschen zum Zollhaus, dort an der Grenze kehrt er um und geht zurück durch alle Gemeinden, die zur Provinz gehören (ich verstand, zur Provinz Bozen), geht bis zur letzten Gemeinde an der Grenze zum Trentino, dort kehrt er wieder um. Es liegt nicht an seinen Papieren, die sind in Ordnung. Vielleicht liegt es daran, daß es für ihn doch eine weite Strecke ist, für ihn weit genug zu Übersicht und Umkehren, auch zu Abzweigung und Abwechslung, und immer mit dem Recht, sich hinzulegen, weiterzugehen, und Hin und Her. Du siehst ja, wie er schon vorangekommen ist heute.

Ich sah es, wie er nun schon hinten ging, mit diesem Hin und Her und dem Recht.

Hast du den gesehen, der da hinein ist? – Ich hatte ihn gesehen trotz der Dämmerung, aber erst auf die Anrede hin die zwei Holzstöcke statt der Beine unter den Hosen, und wie schnell sie auf den Stufen und an der Tür waren, der dünn hängende Rucksack, und die Bitte um Einlaß in den hellen Spalt, und: ich arbeite auch; ein Augenblick und es war vorüber, Abendläuten, aber für die heraußen, wo die Würste im Schaufenster hingen und die Ladentür klingelte, war es noch nicht Abend.

Ich habe mir das notiert, und dazu: warum zieht es mich immer hinaus auf die Straße, wo ein Stück Leben ist: Autos, die parken, und in der Zeile der Häuser die Geschäfte, man kann immer noch einkaufen, sie haben keine feste Sperrstunde. Wir waren an dem Abend von meinem Vaterhaus gekommen, vor der Haustür aus weißen und grauen Marmorsteinen eine Art Mosaik im Halbkreis gelegt, und die grauen Steine in einer Anordnung, daß man aus ihnen die Anfangsbuchstaben und die Jahreszahl lesen konnte: 1906; und von meinem Vetter wußte ich, damals, nach dem Brand, hatten sie das Haus neu gebaut. Dann ein Erdweg die Scheune entlang, und am Torbogen des Hofs der Weinstock, ein dicker Krüppelstamm, ausgehöhlt, bloß noch Rinde fast wie Papier, aber durch ihn ernährte er das weitverzweigte sprossende, grünende, fruchttragende und welkende Laubdach, tritt unter seinen Schatten, bist du zu Hause. Zum ersten Mal hatte ich mir vorstellen können, wie mein Vater jeden Tag von hier weggegangen war – einfach gegangen, die Gasse hinunter, an der Spitalkirche und dem Deutschordensspital vorbei, das jetzt Armenhaus war. Da hatte uns der Mann mit den Holzstockbeinen erschreckt, Fetzen um die Stöcke gewickelt, und behend. Da hatte ich zum ersten Mal auch etwas Ungesagtes von meinem Vater verstanden: Bleib nicht, geh hinaus auf die Straße, geh weiter hinaus, komm zurück, aber geh wieder hinaus; und immer so: Nichtbleiben, Hinausgehen, da kommst du zu Leben. Geh, geh; wenn du gehst und sprichst, schneiden deine Wörter die Luft entzwei, und so weit die Luft von Wörtern durchschnitten ist, ist der Mensch gekommen. Die Müdigkeit hält dich nicht auf, Krankheit hemmt dich nicht, und so weit deine Wörter schneiden, bist du voran. Geh nicht schön, wisch dir den Rotz ab, eines Tages bist du in Rom. Schau dir den Fluß an, graues Gebirgswasser, aber es ist Wasser wie zerriebener Stein. Geh, bis dir die Meereswelle den Fuß leckt, den Sand durchfeuchtet, geh zu Schiff, dann ist das Land ein gefurchtes Terrain, wo du nicht mehr wohnst. Das Land ist voll Namen, aber du hast deinen Weg von den Kursen, Leuchtfeuern, die Türme wie ein Pilz aus Kalk, das Feuer ein Stern, der sich dreht.

So hatte ich es mir notiert, als Schluß meiner Arbeit über Südtirol. Aber nun, nach einem Besuch dort um eine Jahreszeit später, und mit der schon fertigen Arbeit, merke ich, daß eine solche Arbeit nie ›fertig‹ wird. Ich hatte ein paar Wege gemacht, in den Bildern kam etwas hinzu. So von der Seiseralp: mein Freund dort zeigte mir das ›Heubad‹ als eine Besonderheit der Gegend. Die heilkräftigen Gräser und Blumen der hochgelegenen Wiesen werden zu einer Kur, ähnlich einer Sauna, verwendet; in dem gepreßten Heustock, der Hitze entwickelt, sitzen die bis auf den Kopf begrabenen Heilungsuchenden; es ist ein sonderbarer Anblick, sechs oder mehr solcher einheimischer Köpfe, die man sonst über ihren Körpern sieht, nun über dem die starken Dünste aussendenden gemeinsamen Körper aus Heu zu sehen, wie sie schwitzen, miteinander sprechen, halb betäubt.

Oder von einer Wiederholung des Besuchs im Martelltal: das Hotel Paradies steht noch immer verschlossen da, die Straße ist nicht weitergekommen. Das liegt nicht, wie früher, am Staat, der an dieser Straße kein militärisches Interesse habe. Sie zu bauen wäre jetzt Sache der heimatlichen Region, aber sie hat an zu vielen Orten, von denen Steuergelder kommen, Straßen zu bauen; so geht es nur langsam; und die Brauerei Forst, die das Paradies schon gekauft hat, kann warten. Sie wollte sich mit dem Kauf auch nur das Anrecht auf den Platz sichern, sie will dann das nie bewohnte Paradies ganz abreißen, und ein von Grund auf neues bauen. Und etwas zweites, nicht Nachrechenbares: ich sah auf der hohen Felstalstrecke unter dem Eis des Cevedale anders als bei meinem ersten Besuch in den Jahren zuvor die Vielfarbigkeit des fast überall zu kristallinischer Bildung entwickelten Gesteins. In diesem Reich farbiger Steine zu gehen, gab mir eine Ahnung, was der Mensch dort sucht. Er wird immer etwas Neues in dieser Landschaft suchen und entdecken, und er wird, wie es hier in der Beschreibung nicht zu Ende gekommen ist, auch in der Wirklichkeit vor dem immer unerschlossenen Wunder ihrer Natur stehen und ergriffen werden.

Zuletzt aber noch etwas von dem Haus, aus dem mein Vater weggegangen war. Ein gewöhnliches Haus, wäre nicht seine Lage besonders gewesen, und das dachte ich schon oft: in seinem kleinen Bild habe ich etwas von dem Bild des ganzen Landes. Es liegt am Ausgang der Schlucht, wo der Schlandraunbach ins Freie tritt, und hart an der Mauer, die gegen seine Hochwasser, um den Ort zu schützen, bis in die Obstgründe hinaus geführt ist; die Mauer ist höher als das Haus und ist aus demselben grauen dichten Stein, mit dem die Wildnisschlucht den Platz überschattet.

Aber besonders ist auch noch ein anderes Merkmal von Grenze: das Haus schneidet die Linie, unterhalb der noch Wein wächst, so daß zu dem Besitz zwei Weingärten gehören, sie sind mit ein paar anderen die letzten im Tal: zwei oberste Terrassen auf dem Hang, und eine geräumig mit Platz für einen Edelkastanienbaum, auch einem der letzten im Tal, mit denen dieser Wuchs dann aufhört; und deshalb auffällig – eine üppig grüne Laubkugel vor der kahlen Felswand. Aber sonst nichts von Schönheit an dem Ort: unterhalb der Weinbergterrassen und auf der anderen Seite der hohen Wasserschutzmauer liegt der ›Sand‹, trockene Schotterstreifen mit ungenutzten Weidenbäumen, in deren Blättern etwas vom Ölbaum heraufschimmert, und dazwischen Rinnsale, aufgefüllt nur bei Hochwasser. Aber auch diese unfruchtbare Sandstrecke, die jeder Schluchtbach vor sich hat, gehört zum Bild des Landes wie die Grenze des Weinstocks und der südlichen Pflanzen vor dem hoch aufsteigenden Stein des Gebirges.

ZEITTAFEL
bis 1945

um 2000 v. Chr.	am Ende der Jungsteinzeit Eindringen der Ligurer in Südtirol. In der Bronzezeit Paßbegehungen der Ligurer über Reschen- und Ofenpaß und Handel mit den ihnen dort benachbarten und verwandten Rudusken
um 1000 v. Chr.	zu Anfang der Hallstattzeit Eindringen der Illyrer
um 500 v. Chr.	in der La Tène-Zeit Durchsetzung der illyrischen Grundbevölkerung durch Zuströmen keltischer und etruskischer Einwanderer
25 v. Chr.	zur Zeit des Augustus Unterwerfung der Alpen-Illyrer durch Publius Silius Nerva. Zu den unterworfenen Stämmen gehören auch die im oberen Etschtal ansässigen Venosten, die Landschaft ›Vinschgau‹ hat ihren heutigen Namen von dem damals unterworfenen Stamm
16. v. Chr.	wurde die Unterwerfung durch den Feldzug des Drusus und Tiberius vollendet und das Land einem römischen Verwaltungsgebiet, der Provinz Raetia eingefügt
46 n. Chr.	Erbauung der Via Claudia Augusta durch Kaiser Claudius. Ihr Verlauf: vom Po durch das Suganatal nach Trient, von dort durch das Etschtal über den Reschen nach Augsburg. Ihre wichtigste Station in Südtirol: die ›statio Maiensi quadragesimo Galliarum‹, später als befestigter Platz ›castrum Maiense‹ genannt, heute der Ort Obermais auf dem Boden Merans

Zeittafel

539 n. Chr.	der ostgotisch-byzantinische Krieg: er wird von den aus Norden gekommenen Franken zur Besetzung ganz Südtirols und der oberitalienischen Ebene in Venetien benützt. Die bei Kriegsende siegreichen Byzantiner konnten den Franken die besetzten Gebiete wieder abnehmen – mit Ausnahme des Vinschgaus oberhalb Merans; dieser noch immer von Venosten bewohnte Teil blieb unter der Herrschaft der Franken
568 n. Chr.	Besetzung Oberitaliens durch die von Osten nach Venetien eingedrungenen Langobarden
575 n. Chr.	Vorstoß eines fränkischen Herzogs Chramnichis aus dem Vinschgau bis nach Trient und in das Suganatal
590 n. Chr.	Niederlage des Chramnichis und Vernichtung seiner Truppe durch die Langobarden bei Salurnis, dem Ort der später festen Sprachgrenze
592 und 612	erstes Auftreten der Baiern in Südtirol. Bewaffnete Auseinandersetzungen zwischen Baiern und Slawen bei Lienz. Die von Norden durch das Pustertal gekommenen Baiern drängen die von Osten aus Kärnten vorgedrungenen slawischen Karantanen zurück. Anlegung eines ›Ödlandstreifens‹ als Grenzzone durch die Baiern, d. i. einer ›toten Zone‹ mit Kahlschlag und Vernichtung der Siedlungen auf 20 km Länge im oberen Pustertal und Quellgebiet der Drau bei Toblach
710	weiteres Auftreten der Baiern in Südtirol: sie besetzen vom Vinschgau her das ›castrum Maiense‹ – Meran. Hier wird 724 der spätere Bischof von Freising, Arbeo, geboren, der nach jahrelanger Ausbildung am langobardischen Hof in Pavia ab 764 an seinem Amtssitz Freising zu einem wichtigen Mittler zwischen italienisch langobardischer und bairisch deutscher Kultur wird
769	wird die bairische Besetzung Merans durch Staatsvertrag legitimiert: König Desiderius der Langobarden tritt das Gebiet von Meran und Bozen seinem Schwiegersohn, dem bairischen Herzog Tassilo III., ab. Im selben Jahr

769	Schenkung des Gebietes von Innichen, einem Teil des ›Ödlandstreifens‹, durch Tassilo an die Mönche von Scharnitz mit der Auflage, in Innichen ein Kloster zu gründen. In der Folge wird Innichen dem Bistum Freising unterstellt und wird zu einem Zentrum der Christianisierung und Germanisierung der Slawen in den Ostalpen
881	werden am Rand der Westalpen die aus der irischen Mission entstandenen Kirchen von Müstair im schweizerischen Graubünden und die dazugehörigen Filialkirchen in Mals im südtirolischen Vinschgau, die bis dahin direkter Besitz des karolingischen Hauses waren, den Bischöfen von Chur unterstellt – so entsteht im Westen Tirols ein zweites geistliches Machtzentrum mit noch lange vorherrschender rätoromanischer Volkssprache
962	beginnt sich die Mitte Tirols politisch durchzusetzen. Ursache sind die Römerzüge der deutschen Kaiser: der erste 962 des Kaisers Otto I. der größte
1158	der Römerzug Friedrich Barbarossas mit 100 000 Mann und 15 000 Reitern. Als Stützpunkte für diese politischen Unternehmungen werden zwecks Ausschaltung dynastischer Interessen geistliche Fürstentümer errichtet; daher schon
1004	Gründung des Fürstbistums Trient (Bistum seit 381)
1027	Gründung des Fürstbistums Brixen (Bistum 571 in Säben, 901 Brixen). Den Bischöfen werden Adelige als Schutzvögte beigestellt. Sie streben nach Selbständigkeit. Ein erstes Zeichen davon ist
1282	ein angeblich mündlich vom Bischof aus Chur dem Grafen Meinhard von Tirol erteiltes eigenes ›Tiroler Landrecht‹, nach dem Meinhard nicht mehr nur Schutzvogt des Bischofs, sondern eigener Herr wäre. Nach schriftlicher Beibringung im Mai 1282 entscheidet auf dem ›Tag zu Ulm‹ König Rudolf von Habsburg zugunsten Meinhards, der somit durch seine Rechtslegung an diesem Tag Tirol in den Rang eines souveränen Landes gebracht hat
1363	kommt diese politische Entwicklung zu einem Abschluß. Die tirolischen Stände wählen, da sie aus

dem eigenen Hause außer der regierungsunfähigen Margareta Maultasch keinen Nachfolger haben, am 26. Januar 1363, dem ›Tag von Bozen‹, den in Wien residierenden Herzog Rudolf IV. von Habsburg zum Landesherrn. Das bedeutet fortan die enge politische Bindung Tirols an Österreich

1406–1427 Aufstand der ›Fronde‹: ein Bürgerkrieg des bis dahin unabhängigen Adels gegen den bei zunehmender Zentralgewalt die Macht an sich ziehenden Landesherrn. Wichtige Ereignisse sind

1406–1407 die Gründung von Adelsbünden: des ›Elefantenbundes‹ und ›Falkenbundes‹ gegen den Landesfürsten Herzog Friedrich ›mit der leeren Tasche‹; dann

1415 die Reichsacht über Herzog Friedrich, ausgesprochen durch König Sigmund wegen Zwischenfällen beim Konzil von Konstanz, somit Rechtsgrundlage für die Aktionen des Adels und Bürgerkrieg; dann, nach Kompromiß,

1423 die Auflösung der Adelsbünde und Durchsetzung der landesfürstlichen Zentralmacht. In diese Epoche fällt

1377–1445 der Lebenslauf des Minnesingers Oswald von Wolkenstein mit politischer Verstrickung in die ›Fronde‹, und

1448 die Wahl des Nikolaus Kusanus (1401–1464) zum Fürstbischof von Brixen mit Verstrickung ebenfalls in Landeswirren

1478 ein Höhepunkt in der Entdeckung reicher Erzvorkommen, als Folge Zuwachs an Bevölkerung ›so im Martelltal durch Zuzug von Bergleuten Verdoppelung von 500 auf 1000 Seelen‹

1499 aufgrund der habsburgischen Herrschaft hat Tirol die Funktion eines Bindegliedes zwischen Österreich und dem habsburgischen Besitz in der Schweiz. Die Folge ist Rüstung für Auseinandersetzung. Die Entscheidung ist am 25. Mai 1499 die Schlacht an der Calwen im oberen Vinschgau mit einer Niederlage der von Kaiser Maximilian I. entsandten Armee durch das graubündnerische Volksaufgebot. Das Ergebnis ist für Österreich der schließliche Verlust der habsburgischen Besitzungen in der Schweiz. Es ist für die Schweiz ein entscheidender Schritt in der Trennung vom Reich, dieser Schritt ist

1503 die Konstituierung des ›Freistaates Graubünden‹ als eines unabhängigen mit der Schweiz verbündeten Landes. Das Ergebnis für Tirol ist

1511 das ›Landlibell‹ des Kaisers Maximilian I., das die Tiroler, bei Entbindung von Kriegsdienst außerhalb des Landes, verpflichtet, zur Verteidigung Tirols ›Aufgebote‹ bis zu 20 000 Mann, notfalls zusätzlich den ›Landsturm‹ aufzustellen. Diese Wehrverfassung, die noch 1915 bei Ausbruch des Krieges Österreichs mit Italien als gültig in Kraft gesetzt wird, bedeutet bei ihrer Gründung, 1511, zunächst die Zerreißung einer ursprünglichen, westtirolisch-rätischen Zusammengehörigkeit. Von ihr lebt noch etwas auf in dem wenige Jahre später ausbrechenden tiroler Bauernkrieg, vor allem in den von seinem Anführer Michael Gaismair verfolgten außenpolitischen Verbindungen

der ›tiroler Bauernkrieg‹ beginnt am
9. Mai 1525 Erhebung der Bauern in Brixen nach Befreiung eines zum Tod verurteilten ›Rebellen‹ Peter Päßler. Es folgen am

10. Mai 1525 die Wahl des Michael Gaismair, früherem bischöflichen Sekretär, zum Hauptmann der Bauern; am

12. Mai 1525 Plünderung des Klosters Neustift durch die Aufständischen und Besetzung der Adelsburgen bei ausdrücklicher Erklärung, sie geschähe ›im Namen des Herzogs‹ als dem rechtmäßigen Landesherrn. Demzufolge ab

24. Mai 1525 eine Phase von Verhandlungen: der Landesherr Tirols, Erzherzog Ferdinand, zeigt sich kompromißbereit auch noch, als am

12. Juni 1525 ein Landtag in Innsbruck die Forderungen der Bauern behandelt. Als aber auf Landtagsbeschluß Gaismair das Gebiet von Brixen, die Machtbasis der Bauern, dem Erzherzog übergibt, folgt mit

20. August 1525 eine Phase der Unterdrückung: Gaismair wird ge-

	fangengesetzt, die Erhebung niedergeschlagen, und von
1525-1526	verbringen 400 Bauernflüchtlinge in Venetien den Winter
im Oktober 1525	flieht Gaismair nach Graubünden und zu Ulrich Zwingli
im Februar 1526	schließt er ein Bündnis mit dem französischen Gesandten in Chur und knüpft mit Venedig Beziehungen an
im März 1526	gibt er in Klosters seine ›Tiroler Landesordnung‹ heraus
im April 1526	nimmt er Kontakt mit den aufständischen Bauern in Salzburg auf
Anfang Mai 1526	geht er mit seiner Truppe durch Südtirol nach Salzburg und wird zum Hauptmann des Bauernheeres ernannt. Am
22. Mai 1526	schließt der französische König Franz I. mit Venedig den Bündnisvertrag von Cognac, das ist ein politischer Erfolg auch für Gaismair. Aber am
4. Juni 1526	wird das Bauernheer in Radstadt zurückgeschlagen und ihr Lager von Truppen des ›Schwäbischen Bundes‹ gestürmt. Gaismair zieht sich mit 2000 Mann nach Tirol zurück. Aber in Südtirol findet er keine Anhänger. Die Folge ist am
12. Juli 1526	Gaismairs Übertritt nach Venedig. Nach geheimen Verhandlungen wird er Bundesgenosse der Republik, schon am
11. August 1526	stehen 1100 Mann Gaismairs vor Cremona im Kampf mit der kaiserlichen Armee. Gaismair erkrankt. Nach Genesung
am 2. Nov. 1526	wird er mit seiner Truppe in Verona stationiert. Aber
am 6. Nov. 1526	interveniert der französische Bundesgenosse in Venedig, Gaismair sei von der Möglichkeit, einen Bauernaufstand in Tirol zu entfesseln, der auf das Elsaß übergreifen könne, fernzuhalten. Venedig verhält sich entsprechend:

am 26. Juli 1527	ist Gaismair mit seinen Söldnern in Umbrien
am 20. August 1527	entbindet ihn die Signoria seiner Pflichten als Feldhauptmann und weist ihm Padua als Aufenthaltsort an
im Herbst 1527	beginnt ein neuer Abschnitt in Gaismairs politischem Leben: er wirbt für Venedig Söldner an. Seine Beauftragten gehen bis an den Bodensee. Was er eigentlich will, zeigen seine folgenden Unternehmungen:
im Winter 1527/1528	stellt er Verbindung zwischen versprengten Gruppen früherer Aufständischer her: so an der tiroler Grenze im Val Camonica, dann in Friaul – er ist stets in Grenzlandschaften zu finden, sie werden sein Lebensfeld
Anfang Januar 1528	nimmt ihn Venedig dabei wieder in Dienst. Nach Protokoll
vom 16. Januar 1528	stimmen 177 Räte der Signoria für Gaismair – bei 17 Stimmenthaltungen und zwei Gegenstimmen
vom 14. Mai 1528	ist ein Zeugnis, daß Gaismair selbst im Prätigau war und eine Korrespondenz mit Zwingli über die Zusammenarbeit Zürichs mit Venedig hatte
vom Frühjahr 1529	eine Nachricht über eine zweite Reise in die Schweiz, diesmal zu Zwingli selbst
von 1530	über eine Wiederholung der Reise, dabei verlieh ihm die Stadt Zürich das Bürgerrecht
am 15. April 1532	Ermordung Gaismairs in Padua. In Tirol waren auf seinen Kopf 1000 Gulden in bar und eine lebenslängliche jährliche Rente von 500 Gulden ausgesetzt
1603	werden allgemein Almnutzungsverträge zwischen Grundherren und Benützern geschlossen. Als Beispiel ein Vertrag zwischen Maximilian Graf Hendl vom Schloß Kastelbell und den Einwohnern des Martelltals aus diesem Jahre. Bemerkenswert ist die förmliche und genaue Aufzählung aller Rechtstitel zu diesem Dokument, aber dann die nicht weniger genaue und durchaus moderne, an den Frühkapitalismus erinnernde Aufführung der erteilten Rechte und der Ablieferungspflichten

1703	im spanischen Erbfolgekrieg am 2. Juli Einrücken der Bayern unter Kurfürst Max Emanuel nach Innsbruck. Bemerkenswert hier, daß die autorisierten Landesbehörden ohne Widerstand kapitulieren, während am 27. Juli eine spontane Bauernerhebung mit Einschließung der Bayern in der Schlucht von Pontlatz, dann Einrücken der Bauern in Innsbruck und Flucht der Bayern über den Scharnitzpaß zur Landesbefreiung führt
1730	werden Bewässerungsanlagen planmäßig ausgebaut. Als Beispiel der Plan eines Laienbruders Thomas aus dem Kartäuserkloster Schnals, für die Gemeinde Marling einen großen, aus der Etsch abgeleiteten Waal zu errichten, der von dem Ort Töll oberhalb Merans nach Marling und zu einem Weingut der Kartäuser in Gratsch führen sollte. Bemerkenswert dabei der großzügige, über örtliche Interessen hinausgehende Entwurf, der einen ausgeprägten Sinn für vorausschauende Planung zeigt, so daß dieser Waalbau noch heute allen Ansprüchen genügt. Bemerkenswert aber auch hier das frühkapitalistische Element: der Voranschlag für den Bau war 12 000 Gulden, Baubeginn im Jahre 1737, bei der Fertigstellung waren die Baukosten auf 100 000 Gulden gewachsen. Ein anderes Beispiel für den beweglichen Unternehmergeist auch der lokalen Behörden jener Zeit:
1737	wurde ein im Jahre 1333 schon vorhandener ›Plarserwaal‹, der in diesem frühen Jahr bereits bis zu dem Ort Algund oberhalb Merans erweitert worden war, noch einmal weiter ausgebaut bis zu dem oben genannten Weingut Gratsch
1775	die ersten ›Sommerfrische‹-Häuser der Bozener auf dem Ritten
1782	Klosteraufhebungen, auch Aufhebung des Klosters Allerengelsberg in Schnals der Kartäuser als Niederlassung eines der Regel nach ›beschaulichen‹, daher nach dem Schema der Aufklärung unnützen Ordens, während die Kartäuser, wie das oben angeführte Beispiel zeigt, in Wirklichkeit sehr tatkräftig waren
1796/1797	der erste Koalitionskrieg: Einrücken der Franzosen

	von Italien herauf, Abwehrgefechte bei Bozen, Abwehr bei Brixen, ein Gefecht bei Spinges nördlich Brixens, dabei das ›Heldenmädchen von Spinges‹, eine Bauernmagd, gerühmt wegen ihrer Tapferkeit bei der Verteidigung des Ortes
1799	der zweite Koalitionskrieg: Einmarsch französischer Truppen von der Schweiz her, im Februar Gefecht auf der Calwen bei Glurns mit Niederlage der Österreicher, dann Stillstand des Krieges und Waffenstillstand von Steyr am Neujahrstag 1801
1801	Entdeckung der Gesteinsart Dolomit durch den französischen Offizier Déodat Gratet de Dolomieu, Benennung des Gesteins als ›Dolomie‹ durch den Geologen de Saussure aus Genf, bald Verbreitung des Namens als Landschaftsname ›Dolomiten‹
1804	am 27. September Erstbesteigung des Ortlers, der damals noch ›Ortles‹ hieß, durch Josef Pichler aus Passeier und seine Kameraden Klausner und Leitner aus dem Zillertale (im Auftrag des Erzherzogs Johann von Österreich)
1805	der dritte Koalitionskrieg: zum ersten Mal Aufgebot der tiroler Schützen durch Erzherzog Johann, aber nach Niederlage des österreichischen Generals von Mack bei Ulm Befehl zur Abrüstung. Am Paß Strub an der salzburgischen Grenze Gefechte zwischen nicht rechtzeitig genug unterrichteten Schützen und den anrückenden Franzosen und Bayern; am 5. November Einzug des über Scharnitz gekommenen französischen Generals Ney in Innsbruck
	am 26. Dezember 1805 Friede zu Preßburg: Abtretung Tirols an Bayern
ab 1806	bayrische Besetzung Tirols. Aber schon
1807	Errichtung erster österreichischer Spionagedienste in Tirol durch den kaiserlichen Statthalter Aichold in Salzburg und den Polizeidirektor Pausinger in Klagenfurt im Mai 1807 Projekte für geheime österreichische Waffendepots in abgelegenen tiroler Gegenden das ganze Jahr 1807 hindurch ›Kirchenkonflikt‹ in Tirol: nach dem Verbot der Christnachtsmette 1806

und zunehmendem Widerstand der Bischöfe gegen den bayrischen Anspruch, die Besetzung der Pfarreien dem Staat vorzubehalten, kommt es am 24. Oktober 1807 zur ›Bischofsdeportation‹: der trienter Bischof Emanuel Graf Thun wird an die salzburgische Grenze gestellt, der churische Bischof Rudolf Graf Buol-Schauenstein nach Chur verwiesen. Der brixener Bischof Karl Graf Lodron wird einer Aufsicht an seinem Amtssitz unterworfen. Bemerkenswert für die Adelsverflechtung, daß zur selben Zeit ein Graf Lodron bayrischer Kreiskommissar in Innsbruck war

1808

am 1. Mai Einführung der bayrischen Verfassung in Tirol als einer zentralistischen Verfassung gegen die Kautelen des preßburger Friedens, in dem sich Bayern zur Erhaltung der tirolischen ständischen Verfassung verpflichtet hat

im Juli über österreichischen Auftrag ausgedehnte Spionagereisen des gebürtigen Tirolers Johann Türk und der kaiserlichen Offiziere Stephan und Bianchi in Tirol

am 8. August Vortrag des ersten österreichischen Ministers Graf Stadion bei Kaiser Franz über Kriegsvorbereitungen in Tirol. Dabei ausdrücklich Aufnahme des Punktes einer Mitwirkung einheimischer Tiroler durch einen Aufstand. Dem folgend vorbereitende Besprechungen für einen tiroler Volksaufstand. Beteiligt sind der österreichische Erzherzog Johann, der aus Tirol stammende kaiserliche Beamte in Wien, Freiherr von Hormayr, der ebenfalls durch tirolische Herkunft bestimmte Tabakverleger Martin Teimer aus Klagenfurt und der in bayrischem Beamtendienst stehende tirolische Baron Reinhart

dazu indirekte Mitwirkung durch den Herausgeber Dipauli einer in Tirol erscheinenden Zeitschrift ›Der Sammler‹

1809

am 16. Januar Ankunft einer Deputation tirolischer Vertrauensleute in Wien, unter ihnen Andreas Hofer, Sandwirt in Passeier. Die Reise wurde im Hause des Freiherrn von Eyrl in Frangart in Südtirol vorbereitet. Sie wurde vom österreichischen Staat finanziert. Die Abgesandten führen Gespräche mit Hormayr und werden von Erzherzog Johann im Amalientrakt der Hofburg empfangen. Drei Mal

Gespräche mit dem Erzherzog. Es wird ein System der Aufwiegelung entworfen, bei dem jedem Beteiligten nur zwei weitere Mitwisser bekannt sind. Insgesamt sind in Tirol zuletzt 200 solche direkte Beteiligte. Als konkrete Vorbereitung werden festgesetzt: Anlegung von Depots für Pulver, Waffen und Lebensmittel. Am 22. Januar Rückreise der Delegierten nach Tirol

ein anderer Impuls ist im Februar die bozener ›Casinoaffaire‹. Das bozener ›Casino‹, ein Verein österreichisch gesinnter Bürger, brüskiert bei einem angesagten Besuch den für das Gebiet Brixen/Bozen eingesetzten bayrischen Kommissar Graf Aretin. Der in Innsbruck eingesetzte Kommissar Graf Lodron verhindert aus Furcht vor weitreichenden Folgen die von Aretin schon verfügte Auflösung des ›Casinos‹

am 8. Februar 1809 Einführung der Konskription durch die Bayern in Tirol, d. h. der Aushebung von Rekruten. Damit tritt an Stelle einer Bewegung in der Gesellschaft wie der ›Casinoaffaire‹ eine Bewegung im Volk. Dazu

am 21. Februar in Schlanders gerichtliche Hinterlegung eines Protestes von Vertretern aus 15 vinschgauischen Gemeinden gegen die Konskription mit Berufung auf die Zusicherungen des preßburger Friedens

am 13. März bewaffneter Widerstand der Einheimischen gegen die Aushebung im ladinischen Predazzo/Fleimstal und in Axams bei Innsbruck. Daraufhin von bayrischer Seite Einstellung der Konskription. Trotzdem

am 26. März nächtlicher Überfall bewaffneter Trupps auf die königlich bayrische Pulvermühle in Achenrain/Inntal und Wegführung der Pulvervorräte. Der Termin für den Aufstand: ursprünglich 12. März, wird auf den 8. April festgesetzt

8. April 1809 Kriegserklärung Österreichs an Frankreich und Erhebung der Bauern in Tirol. Beginn des Volkskriegs

11. April 1809 Vorrücken österreichischer Truppen unter General Chasteler an die mühlbacher Klause. Gefangennahme bayrischer Soldaten bei St. Lorenzen im Pustertal durch Kommandos der Bauern. Rückzug der bayrischen Truppen unter Feldmarschalleutnant Wrede nach Innsbruck. Kampfloser Marsch französischer Truppen aus Italien unter General Bisson auf demselben Wege

Zeittafel

12. April 1809	um 5 Uhr Angriff der Bauern auf Innsbruck, um 10 Uhr Eroberung der Stadt. Kapitulation der Bayern und Franzosen in Innsbruck, bewirkt durch den auf tirolischer Seite selbständig handelnden Martin Teimer
18. April 1809	Deportationen bayrischer Beamter durch den zum österreichischen Intendanten für Tirol bestellten Hormayr auf Befehl des französischen Vizekönigs in Italien, Eugen Beauharnais, Vorrücken französischer Truppen unter dem General Baraguay d'Hilliers aus Italien nach Trient. Aber auf Nachricht einer Niederlage des Vizekönigs – durch Erzherzog Carl bei Sacile am 16. April – Rückzug der Franzosen, und am
27. April 1809	Nachrücken der Österreicher unter Chasteler an die tirolisch-italienische Grenze. Vollendung der ersten Befreiung Tirols
Ende April 1809	Niederlagen der Truppen Erzherzog Carls in Bayern durch Napoleon und Rückzug der Österreicher in Richtung Wien
4. Mai 1809	Vormarsch der französischen Division Rusca aus Italien nach Trient. Auf Befehl Napoleons Angriff bayrischer und französischer Truppen auf Nordtirol unter dem französischen General Lefebre und den bayrischen Generalen Wrede und Deroy
16. Mai 1809	Niederbrennung der Stadt Schwaz durch diese Truppen
16. Mai 1809	Kampfaufruf Andreas Hofers aus Kaltern, aber auf der österreichischen Seite keine Unterstützung: am
18. Mai 1809	Rückzug Chastelers aus Tirol und Zurücklassung nur einer Division unter dem General Buol am Brenner daher am
19. Mai 1809	Kapitulation der tiroler Bauerntruppen durch Martin Teimer und Einmarsch der Bayern und Franzosen in Innsbruck dann plötzlicher Abzug Lefebres und der Franzosen. der Grund: eine Ordre Napoleons aus Schönbrunn: Abberufung Lefebres und Wredes. Die Ursache: Uneinigkeit zwischen dem Franzosen Lefebre und dem Bayern Wrede. Die Folge: Zurücklassung allein einer schwachen bayrischen Division unter dem General Deroy in Innsbruck. Die Folge bei den Tirolern: am

20. Mai 1809	Vermittlung von Hofers Adjutanten Eisenstecken führt zu Verständigung zwischen Hofer und Buol über gemeinsames Vorgehen aber getrennten Oberbefehl über die Bauerntruppen und das reguläre Militär. Am
25. Mai 1809	Angriff auf Innsbruck ohne Entscheidung. Bis zum
28. Mai 1809	Wiederholung der Angriffe ebenso ohne Entscheidung. In der Nacht zum
29. Mai 1809	heimlicher Abzug der Bayern unter Deroy, am Morgen Einzug Andreas Hofers und der Österreicher in Innsbruck. Die Zusammensetzung der Streitkräfte: 12 000 Bauern und 1300 Mann österreichisches Militär. Am
2. Juni 1809	Übertritt der Division Deroy nach Bayern, somit zweite Befreiung Tirols
	mit einhergegangen waren Ereignisse außerhalb: am
25. Mai 1809	Sieg Erzherzog Carls über Napoleon in der Schlacht bei Aspern. Am
29. Mai 1809	das ›Wolkersdorfer Billett‹ des Kaisers Franz, darin er erklärt, nie mehr in eine Trennung Tirols von Österreich einzuwilligen. Aber nun folgt am
6. Juli 1809	Niederlage Erzherzog Carls in der Schlacht bei Wagram, und am
12. Juli 1809	Waffenstillstand von Znaim zwischen Österreich und Frankreich mit seiner Bedingung der Räumung Tirols durch Österreich. Hinauszögerung dieser Räumung durch Österreich. Bei völlig anderer Disposition Napoleons am
20. Juli 1809	die napoleonische allgemeine Angriffsordre gegen Tirol an Lefebre, der es von Norden, an Rusca, der es von Kärnten, und an die italienische Armee, die es von Süden her zu besetzen habe. Am
1. August 1809	Einmarsch Lefebres in Innsbruck. Aber am selben Tag Niederlage Ruscas an der lienzer Klause, die von Bauern gesperrt ist, und nach hohen Verlusten Rückzug Ruscas nach Kärnten. Weiter am
3. August 1809	Einschließung des unter französischer Führung von

Innsbruck über den Brenner im südtirolischen Eisacktal vorrückenden sächsischen Korps ebenfalls durch Bauerntruppen in der Schlucht von Mittewald zwischen Sterzing und Franzensfeste, die seither ›Sachsenklemme‹ genannt wird. Am

9. August 1809 Versuch Lefebres, die Sachsen freizukämpfen, aber am

10. August 1809 Lefebres Rückzug nach Innsbruck wegen der Nachricht von der Einschließung auch eines anderen, in Richtung Reschen mit dem Ziel Südtirol entsandten Korps an der Brücke von Pontlatz hinter Landeck. Nach Lefebres Ankunft in Innsbruck am

13. August 1809 Entscheidungsschlacht zwischen den vom Berg Isel herabstürmenden Bauern und der französisch-bayrischen Besatzung der Stadt, Dauer zwölf Stunden. Nach Anzeichen drohender Sperrung des letzten freien Landesausganges durchs Unterinntal am

14. August 1809 Lefebres Rückzug aus Tirol und Einzug der Bauern in Innsbruck als der dritten Befreiung des Landes. Am

15. August 1809 Beginn der Bauernherrschaft in Tirol als einer von Österreich wegen des Waffenstillstandsvertrages nicht gedeckten Machtausübung
die wichtigsten Helfer Andreas Hofers bei den Kampfhandlungen waren gewesen: sein Adjutant Major Eisenstecken, sein Berater Graf Hendl, die Bauernführer Josef Speckbacher aus Hall in Nordtirol, Peter Mayr, der ›Wirt an der Mahr‹ aus dem südtirolischen Eisacktal, und der Kapuzinerprediger Pater Haspinger
seine Helfer bei der nun nötigen Verwaltung des Landes waren: der Student Kajetan Sweth aus Graz als Amtsschreiber, und der aus Bozen herbeigerufene Josef von Giovanelli ›der Jüngere‹, der allerdings eine einschränkende Verwahrung machte: seine Amtsführung sei eine gegen Anarchie notwendige Stelle ausgeübt im Namen des Landes und nicht ein Regierungsersatz im Namen des Kaisers.
Einflüsse in dieser Richtung kamen von Wien. So schon am

14. August 1809 die Entsendung des früheren Unterintendanten für Tirol, Roschmann, mit einer kaiserlichen Ehrenkette

	für Hofer, mit 3000 Gulden zu seiner Verfügung und einer Ernennungsurkunde Roschmanns zum ›Armeekommissar für Tirol‹. Hofers Dankschreiben mit einer Bitte um Anweisung für weiteres Verhalten kam an das kaiserliche Hoflager in Czakathurn im Augenblick der kaiserlichen Zustimmung zu der am
14. Oktober 1809	Vereinbarung des Friedens von Schönbrunn. Er bringt am
21. Oktober 1809	das Ende von Hofers Herrschaft in Innsbruck. Die militärischen Ereignisse sind zugleich politische Ereignisse: am
24. Oktober 1809	Einmarsch der bayrischen Divisionen ›Wrede‹ und ›Kronprinz‹ in Innsbruck, dazu einer französischen Abteilung unter dem General Drouet. Aber nur Drouet hat auch politische Vollmachten. Ein von ihm an Hofer gerichteter Aufruf, sich zu ergeben, ist ohne Erfolg. Hofer hat sein Quartier in Schönberg an der Straße gegen den Brenner. Ein Abgesandter Erzherzog Johanns bringt an Roschmann den Befehl, das Land zu verlassen, und an Hofer den Rat, den Widerstand einzustellen. Das Ergebnis: am
31. Oktober 1809	nimmt Roschmann Extrapost in die Schweiz. Das ist das Ende einer autorisierten Einwirkung Österreichs auf die Tiroler das Ergebnis bei Hofer ist Friedensbereitschaft, er entschließt sich, den bayrischen Kronprinzen aufzusuchen. Da setzen Gegenwirkungen vor allem Haspingers ein: Überredung, den Volkskrieg fortzuführen und zunächst das Quartier tiefer ins Gebirge, nach Matrei am Brenner, zu verlegen. Dann Vorbereitung zu militärischer Auseinandersetzung. So kommt es am
1. November 1809	zu einer diesmal von den Bauerntruppen übereilt eröffneten Wiederholung der Schlacht am Berg Isel, die Bayern zerstören durch Kanonade die Schanzwerke, nach zwei Stunden flüchten die Bauern. In der Nacht zum
2. November 1809	wird ein gefangengenommener französischer Ordonnanzoffizier zu Hofer gebracht; die von ihm mitgeführte Korrespondenz wird von dem Priester Danej

übersetzt, Danej rät zu einem Kapitulationsangebot direkt an den französischen Vizekönig Eugen Beauharnais. Er verfaßt den Text, Hofer unterschreibt. Seine zwei Abgesandten: Danej und ein Schützenmajor Sieberer, gehen mit dem Brief nach Kärnten. Dort werden sie am

4. November 1809 von dem französischen General Rusca empfangen, dann in Villach von Eugen Beauharnais, er fragt sie um die Wünsche der Tiroler, entläßt sie mit Pässen und einem Gruß an Hofer – wie es heißt – ›den braven Mann‹. Aber am

5. November 1809 hat Hofer unter dem Einfluß der Kriegspartei im eigenen Lager umgeschwenkt und neue Aufrufe erlassen. Erst ein Gespräch mit Danej und Sieberer in Sterzing bringt ihn zu Friedensbereitschaft zurück, und am

9. November 1809 geht er, nach Abschied von den Kriegsgefährten, über den Jaufen nach Passeier in sein Wirtshaus ›am Sand‹

11. November 1809 eine Proklamation des Generals Baraguay d'Hilliers, des in Bozen residierenden Oberkommandierenden der französischen Truppen in Südtirol: er verspricht im allgemeinen Nachsicht, befiehlt aber Ablieferung der Waffen und kündigt an, daß jeder, der nach fünf Tagen mit Waffen getroffen werde, zu erschießen sei. Diese Drohung gilt vor allem den Anhängern des von Anfang des tiroler Aufstandes mitwirkenden Kolb, der sich mit seiner Truppe dem aus dem Pustertal heranziehenden General Rusca in der mühlbacher Klause entgegenstellt. Am

15. November 1809 gibt es erste Anzeichen einer Änderung der napoleonischen Politik gegenüber Bayern: der hohe bayrische Beamte, Graf Thürheim, kommt nach Innsbruck, um eine Wiederinbesitznahme Tirols durch Bayern vorzubereiten. Der in Innsbruck kommandierende französische General Drouet verhält sich reserviert. Thürheim reist nach Mailand, um den französischen Vizekönig Beauharnais zu sprechen. Aber Beauharnais läßt ihn warten und erteilt ihm erst ein halbes Jahr später, im Mai 1810, die Antwort, Südtirol sei nicht mehr ein Land, auf das Bayern Anspruch habe

Ende November 1809 kommt es zu neuer Unruhe in Südtirol. Kolb erzielt wegen der Schlüsselstellung der mühlbacher Klause, die er neu erobert hat, Erfolge: mit 1800 Mann beherrscht er das Gebiet um Brixen und das Pustertal bis Bruneck. Erst durch den Einfluß der Geistlichkeit, die zu einer Niederlegung der Waffen bei dann verheißener Amnestie rät, verliert er Anhänger. Mitte Dezember gibt er auf und rettet sich unter Hinterlassung von Schriften, in denen, wie es heißt, hochstehende Personen bloßgestellt seien, in die Berge

um dieselbe Zeit schwenkt auch Andreas Hofer noch einmal zu Krieg um. Er erläßt einen ›Aufruf an die Geistlichen und Vorsteher im Vinschgau‹ und beruft sich auf den Wunsch fast aller ›Gerichte‹ (das sind etwa die Kreishauptstädte) Tirols, den Kampf wieder aufzunehmen

die Unruhe erfaßt vor allem den Vinschgau und das Passeiertal. Am

13. November 1809 schickt Baraguay d'Hilliers den General Rusca nach Meran. Mit 1000 Mann geht Rusca weiter nach Passeier, wird aber zurückgeschlagen. Ähnlich ergeht es ihm bei einem Vorstoß in den Vinschgau, hier muß er noch vor Abend umkehren

in der Folge werden im Vinschgau die früheren Friedensgesandten Hofers, Danej und Sieberer, von den aufständischen Bauern gefangengenommen und vor Hofer nach Passeier gebracht. Er läßt sie als Hochverräter einkerkern

der Aufruhr im Passeier dehnt sich bis vor Meran und Schloß Tirol aus. Hofer rückt mit seinem Hauptquartier in den Schildhof Saltaus dicht bei Meran. Der Höhepunkt dieser Phase des Aufstandes ist weiter innen in Passeier, nahe der Heimat Hofers. Dort kommt es in St. Leonhard in Passeier zu Häuserkämpfen und zuletzt zu einer Einschließung von 1200 französischen Soldaten in der Kirche und im Ortsfriedhof. Da sie vermißt werden und von ihnen keine Nachricht kommt, wird der französische Divisionschef Barbou mit seiner Truppe über den Jaufen nach Passeier geschickt. Bei seinem Auftreten zerstreuen sich die Aufständischen, und niemand ist zu fassen. Außer den eingeschlossenen Franzosen haben ihm noch zwei Gefangene ihr Leben zu verdanken: die von Hofer schon zum Tod verurteilten Danej und Sieberer werden aus ihrem Kerker in St. Martin in Passeier befreit das Ende des Aufstandes ist in den einzelnen Tälern Südtirols verschieden, und auch vom Zufall bestimmt:

im Vinschgau bringt der wieder befreite Danej in seinem Heimatort Schlanders eine Unterwerfungserklärung zustande, so bleibt der Vinschgau von Racheaktionen verschont,

im Pustertal dagegen geht der General Broussier nach einer für den Fall stattgehabten Aufstandes festgelegten militärischen Rechnung mit Bluturteilen vor: erst als 25, zum Teil beliebig aufgegriffene Männer hingerichtet sind, hält er das Tal für eine unblutige militärische Besetzung für geeignet

auch im Schicksal der Anführer spielt der Zufall eine Rolle: vielen, so Haspinger und Speckbacher, gelingt die Flucht nach Österreich. Tragisch ist das Geschick des Mahrwirtes Peter Mayr. Er wird in seinem Versteck aufgespürt und vor ein Kriegsgericht gestellt. Angesehene Leute wollen ihm helfen, auch Baraguay d'Hilliers, der im Hause der Giovanelli verkehrt, erklärt sich dazu bereit: Peter Mayr brauche bloß sein Geständnis zu widerrufen und zu erklären, er habe die Befehle zur Einstellung des Aufstandes nicht gekannt. Peter Mayr will sich nicht mit einer Lüge helfen, er bleibt bei seiner Aussage, daß er die Befehle gekannt, aber nicht geglaubt habe. Am

20. Februar 1810   wird Peter Mayr auf der bozener Tuchbleiche hingerichtet

das Schicksal Andreas Hofers ist bekannt. Er unterhält bis zuletzt, auch von seinem Versteck aus, Korrespondenz mit Österreich. Er wird in diesem Versteck von seinem Landsmann Franz Raffl entdeckt, den Franzosen angezeigt und von ihnen gefangengenommen. Das ist am

28. Januar 1810   – am 29. Januar wird er nach Bozen gebracht und dann in die Festung Mantua geschafft. Am

19. Februar 1810   tritt das Kriegsgericht über ihn zusammen, am

20. Februar 1810   wird er auf der Bastei der Porta Ceresa in Mantua erschossen

Nachzutragen bleibt, daß Metternich dem Erzherzog Johann das Betreten Tirols verbot; erst im Jahre

	1833 durfte er dahin reisen. 1845 ließ er sich in Schenna bei Meran nieder
im 19. Jahrhundert	wurde Südtirol von den österreichisch-italienischen Kriegen nur berührt. Aber es war das Nachbarland des Hauptkriegsschauplatzes, der aus natürlichen Bedingungen künstlich geschaffen worden war: nach
1815	errichteten die Österreicher das ›Festungsviereck‹ Verona – Peschiera – Mantua – Legnago, das bei den folgenden Kriegen wie ein ausgestecktes Feld die entscheidenden Auseinandersetzungen in sein Gebiet zog
	Südtirol war auch ein Platz für militärische Vorbereitung: eine solche war mit Baubeginn
1820	die Errichtung der Stilfserjochstraße als Verbindung zur damals noch österreichischen Lombardei
	der erste Krieg im Festungsviereck war
1848	nach dem Einmarsch des italienischen Königs Albert von Sardinien in die Lombardei der Feldzug der österreichischen Truppen unter Radetzky mit dem Sieg der Österreicher in der Schlacht bei Custozza, dann
1849	Sieg bei Novara und der grausamen Niederschlagung eines Volksaufstandes in dem Südtirol nahen *Brescia* durch den österreichischen General Haynau, schließlich die Wiederbesetzung Venedigs durch österreichische Truppen nach einer dort vorübergehenden Ausrufung der alten Republik
1859	wurde der zwischen dem vorangegangenen Krieg von 1848 und dem dann folgenden von 1866 eigentliche ›italienische Befreiungskrieg‹ des Jahrhunderts von italienischer Seite bewußt herbeigeführt durch eine Initiative des italienischen Ministers Cavour bei dem ihm zustimmenden französischen Kaiser Napoleon III.: nach einem provozierten Aufstand in Modena und einem folgenden österreichischen Ultimatum von drei Tagen, dann Einmarsch, kam es zu einem Feldzug der verbündeten französischen und italienischen Truppen gegen die Österreicher mit den französisch-italienischen Siegen von Magenta und Solferino, und

der Abtretung der Lombardei durch Österreich an Italien
eine Nebenfolge für Südtirol: die bis dahin auch im Winter offengehaltene Stilserjochstraße wurde, weil militärisch unwichtig geworden, vernachlässigt und im Winter geschlossen

1866   war der dritte österreichisch-italienische Krieg mit Bundesgenossenschaft zwischen Italien und Preußen. Vorangegangen war 1860 der Anfang der Einigung Italiens durch Volksabstimmungen und durch die von der Politik des italienischen Königshauses unabhängigen Unternehmungen Garibaldis. Nach Garibaldis entscheidenden Erfolgen, aber seinem dann freiwilligen Zurücktreten wird 1861 Viktor Emanuel II. zum König von Italien ausgerufen, 1862 aber Garibaldi von königlichen Truppen gehindert, Rom zu besetzen
die Ereignisse von 1866 sind militärische Niederlagen Italiens, aber politischer Erfolg. Die Niederlagen sind eine zweite Schlacht bei Custozza mit österreichischem Sieg, und die Seeschlacht bei Lissa mit Sieg des österreichischen Admirals Tegetthof. Aber aufgrund der preußischen Siege über Österreich endet der Krieg für Italien mit der Abtretung Venedigs durch Österreich

die drei österreichisch-italienischen Kriege enden nicht mit Entspannung, sondern mit vermehrter Spannung an der nun von Oberitalien in die Alpen und an Südtirol gerückten Grenze
der Schluß der Epoche ist – obzwar im 20. Jahrhundert, doch zur Entwicklung im 19. Jahrhundert gehörend – wie ihr Anfang: Festungsbau und Straßenbau

1909   wird der österreichische Generalstabschef Conrad von Hötzendorf mit seiner Forderung eines Präventivkrieges gegen Italien abgewiesen, aber es wird ihm die Verstärkung einer Festungslinie an der italienischen Grenze gestattet

1912   baut er auch eine strategische Straße: die das zwischen Bozen und Cortina zu verteidigende Gebirge umfassende ›Dolomitenstraße‹

1915	im ersten Weltkrieg geheime Verhandlungen zwischen Österreich und Italien über Konzessionen Österreichs, um Italien vom Kriegseintritt auf Seite der Alliierten abzuhalten. Aber am
26. April 1915	Geheimvertrag von London zwischen Italien und den Alliierten mit größeren Konzessionen, u. a. der Zusage der Unterstützung, daß Italien die Brennergrenze bekommen werde. Noch während dieser Verhandlungen am
23. April 1915	Kriegserklärung Italiens an Österreich. Der italienische Generalstabschef: Cadorna. Seine Konzeption: beschränkte Angriffe gegen Tirol, Hauptangriff in Friaul mit dem Ziel eines Durchbruches am Isonzo. Auf österreichischer Seite am
19. Mai 1915	Alarmierung Tirols, d. h. Aufgebot der nach Abzug der Kriegsjahrgänge in der Heimat verbliebenen Standschützen. Ihre Zahl: über 12 000. Legitimierung ihres Aufgebots durch Berufung auf das im Jahre 1511 erlassene ›Landlibell‹ des Kaisers Maximilian. Taktische Maßnahmen Österreichs: Aufgabe des Ampezzotals und kleiner Teile des südlichen Etschtals
Anfang Juni 1915	Handstreiche österreichischer Trupps zur Gewinnung taktisch wichtiger, auf italienischem Boden liegender Punkte: so des Monte Scorluzzo im Ortlergebiet und des Monte Piano am Zugang zum Pustertal. Auf beiden Seiten Einführung taktischer Neuerungen im Gebirgskrieg: so der Bau unterirdischer Stollen im Gletschereis, Sturmangriffe auf Skiern, Stollen auch im Fels mit dem Ziel der Sprengung gegnerischer Stellungen. Ein Höhepunkt dieser Taktik am
17. April 1916	Sprengung der österreichischen Stellung am Cól di Lana durch die Italiener. Die Verluste der Italiener am Col di Lana bei vorangegangenen Sturmangriffen: 20 000 Mann. Andere Sprengungen am
22. Mai 1917	der italienischen Stellung am Berg Lagazuoi durch die Österreicher, am
20. Juni 1917	der österreichischen Stellung am kleinen Lagazuoi durch die Italiener. Als Besonderheit des Gebirgs-

krieges der Tod bekannter und bei benachbartem Wohnsitz auf beiden Seiten geschätzter Bergsteiger: so am

4. Juli 1915   der Tod des Bergführers Sepp Innerkofler auf den ›Drei Zinnen‹

an der Isonzofront

23. Juni 1915   Beginn der ersten Isonzoschlacht mit 180 000 Mann auf der Seite der italienischen Angreifer, am

18. Juli 1915   der zweiten Isonzoschlacht mit 250 000 Mann, Eroberung des Monte San Michele durch die Italiener, am

18. Oktober 1915   der dritten Isonzoschlacht ohne Ergebnis mit 150 000 Mann italienischer Verluste, am

10. November 1915   der vierten Isonzoschlacht mit Beschuß der Stadt Görz durch die Italiener und Ende bei Wintereinbruch

März 1916   der fünften Isonzoschlacht ohne Entscheidung

an der Gebirgsfront in Südtirol

15. Mai 1916   Offensive der Österreicher und Durchbruch bei Asiago mit 30 000 italienischen Gefangenen. Abbruch der Offensive wegen Abzugs von Truppen nach Galizien zur Verstärkung der Front gegen die Offensive des russischen Generals Brussilow, Rückzug der Österreicher bei Asiago auf Stellungen vor den Bergen Pasubio und Zugna Torta südöstlich Rovereto

an der Isonzofront

6. August 1916   sechste Isonzoschlacht mit der Eroberung der Stadt Görz durch die Italiener am 9. August

14. September 1916   siebente Isonzoschlacht, und nach kurzem Abflauen

Oktober 1916   achte Isonzoschlacht mit nach beiden Schlachten unveränderten Stellungen

Ende Oktober 1916   neunte Isonzoschlacht mit größten Verlusten auf beiden Seiten und geringem Geländegewinn der Italiener

Mai/Juni 1917	zehnte Isonzoschlacht mit italienischen Angriffen auf den Monte Santo und Monte San Gabriele und Standhalten der österreichischen Front
17. August 1917	Beginn der elften Isonzoschlacht mit Eroberung des Monte San Gabriele durch die Italiener, und Wiedereroberung durch die Österreicher, und Ende am 12. September durch Erstarren der Front nach dem Tod Hunderttausender italienischer Soldaten
24. Oktober 1917	zwölfte Isonzoschlacht als Offensive der Österreicher mit deutscher Unterstützung und neuer Taktik als Talstoß bei Umgehung der italienischen Bergstellungen und Durchbruch der italienischen Front bei Flitsch/Tolmein und Karfreit (italienisch Caporetto) am selben Tage. Dann Auflösung und Rückflut der italienischen Armeen über den Isonzo, und nach Räumung von Görz und Udine über den Tagliamento. Vordringen der Österreicher bis an den Piave
Mai 1918	österreichische Offensive am Piave, aber Standhalten der italienischen Verteidiger auf dem Monte Grappa oberhalb Bassano. Am
20. Juni 1918	nach Wettersturz mit Hochwasser des Piave Rückzug der Österreicher über den Fluß. Wie nach dem Durchbruch von Karfreit der italienische Generalstabschef Cadorna entlassen und durch den General Armando Diaz ersetzt worden war, so wurde nach der Niederlage der Österreicher am Piave der Generalstabschef Conrad von Hötzendorf entlassen. Beginnende Auflösung der österreichischen Armee ausgenommen in den Bergstellungen der Kaiserjäger am Monte Pasubio und der Kaiserschützen auf der Zugna Torta. In diesen Stellungen am
13. März 1918	Sprengung des von den Italienern besetzten Teils der Pasubioplatte durch die Österreicher mit 55 Tonnen Sprengstoff – der größten, im Weltkrieg verwendeten Ladung. Aber nach zunehmenden Auflösungserscheinungen in der Armee, zum Teil bewirkt durch das Streben der verschiedenen Nationalitäten nach Selbständigkeit
Ende Oktober 1918	Befehl des österreichischen Kaisers Karl zu Verhandlungen mit dem italienischen Oberkommando über den Abschluß eines Waffenstillstandes. Am

Zeittafel

3. November 1918	nachmittags Unterzeichnung des Waffenstillstandsvertrages in der Villa Giusti bei Padua, am
4. November 1918	Inkraftsetzung des Waffenstillstandes mit Gefangennahme von über 350 000 österreichischen Soldaten
12. November 1918	Ausrufung der Republik Österreich, in der Folge Vorrücken der Italiener an den Brenner und Abtretung Südtirols durch Österreich an Italien
nach 1918	zunächst gemäßigte italienische Verwaltung und – wie stets nach politisch-militärischen Umwälzungen, ein ›leerer Raum‹ bei noch nicht festgelegter Entwicklung – und auf tirolischer Seite das Wiederauftauchen einer alten politischen Konzeption: am
4. Mai 1919	ein Beschluß der tiroler Landesversammlung in Innsbruck, ›der Friedenskonferenz in Paris zur Kenntnis zu bringen, daß Tirol entschlossen sei, das deutsche und italienische Landesgebiet bis zur salurner Klause als neutralen ›Freistaat Tirol‹ auszurufen, falls nur dadurch die Einheit dieser Gebiete erhalten werden könne‹ auf italienischer Seite nach dem Vorstoß des chauvinistischen Ettore Tolomei, der Aufschriften mit italianisierten Ortsnamen hatten anbringen lassen, im
Juni 1919	italienische Regierungsverordnung zur Wiederherstellung der deutschen Ortsnamen, und Durchführung durch Einheiten der italienischen Armee auf südtirolischer Seite als Aktion in der römischen Deputiertenkammer am
16. Juli 1919	Petition von 172 deutschen und ladinischen Gemeinden auf Zuerkennung des Selbstbestimmungsrechtes, dazu am
27. September 1919	italienische Regierungserklärung durch Außenminister Tittoni mit Abweisung aller Entnationalisierungsbestrebungen, dagegen am
14. April 1921	faschistischer Überfall durch nach Südtirol entsandte ›Squadristi‹, Angehöriger paramilitärischer faschistischer Trupps, auf einen Trachtenumzug in Bozen. Wenig später, am

15. Mai 1921	Parlamentswahlen, in Südtirol noch ohne italienische Partei wegen nicht genügender Zahl ansässiger Italiener; das Ergebnis: 36 500 Stimmen für den ›Deutschen Verband‹, 3890 Stimmen für die (deutschen) Sozialdemokraten. Dem folgend am
21. Juni 1921	erste Parlamentssitzung mit Rechtsverwahrung der südtiroler Abgeordneten gegen den Anschluß an Italien
	im Jahre 1922 nach den lokalen gewaltsamen Machtergreifungen der Faschisten in den alten italienischen Provinzen ihr massiver Vorstoß nach Südtirol: am
1. September 1922	Übergabe eines faschistischen Forderungsprogramms mit u. a. Forderung nach Rücktritt des deutschen Bürgermeisters von Bozen, Dr. Perathoner, und mit ultimativer Frist bis 30. September. Am
17. Oktober 1922	gewaltsame Besetzung der Ämter in Trient durch die von Mussolini aus Mailand entsandten Faschisten und Absetzung der regulären Beamten in Trient, am
28. Oktober 1922	Vorgabe einer Waffensuche am Brenner und nach Eintreffen der Faschisten in Bozen Zurückziehung der Ordre und am
30. Oktober 1922	Machtübernahme durch die Faschisten in Bozen. Ihre Maßnahmen: nach Zuwarten am
7. August 1924	Verbot des Namens Tirol bei Strafandrohung von vier Wochen Haft. Am
3. September 1924	Auflösung des südtiroler Alpenvereins. Am
23. Oktober 1924	Einführung der italienischen Amtssprache. Am
24. Oktober 1924	Einführung der italienischen Unterrichtssprache. Am
28. Oktober 1924	Vorschrift des Gebrauchs der italienischen Sprache in allen der Öffentlichkeit zugänglichen Verlautbarungen wie Wegmarkierungen, Postkarten etc.
	die weitere Entwicklung: im
November 1925	Verbot des deutschen Privatunterrichts. Im

Zeittafel

Frühjahr 1926	Absetzung der frei gewählten Bürgermeister, an ihrer Stelle Ernennung von Amtsbürgermeistern (Podestà)
Juni 1926	Gesetz der Namensreinigung, d. h. Herstellung einer italienischen Form bei Familiennamen mit romanischer Sprachwurzel, z. B. statt ›Roschatt‹ ›Rossatti‹
November 1927	Verbot deutscher Grabinschriften

Italianisierung der Wirtschaft:

1929	Abschaffung des tirolischen ›Höferechtes‹, das bei Verbot der Erbteilung den ›geschlossenen Hof‹ zur Erhaltung rentabler landwirtschaftlicher Betriebe schützte; durch Wegfall dieses Schutzes Schaffung unrentabler kreditbedürftiger Kleinstbetriebe; dazu
1931	Gründung der ›Ente nazionale per le tre Venezie‹ mit freizügiger Kreditvergabe, aber Einzugsrecht des Besitzes nach zwei Jahren; die Folge: daß die ›Ente nazionale‹ bis 1939 in Südtirol 350 Bauernhöfe ursprünglich deutschen Eigentums in italienischen Besitz brachte

1936	Gründung der Industriezone in Bozen als Mittel zur Ansiedlung italienischer Bevölkerung
	die Zahlen: Bozen im Jahre 1910: 28 200 Einwohner
	               davon 1 600 Italiener
	Bozen im Jahre 1939: 67 500 Einwohner
	               davon 48 000 Italiener
	die Folge: Schaffung einer italienischen Mehrheit in Bozen

das Hitler-Mussolini-Abkommen über die Aussiedlung der Südtiroler:

23. Juni 1939	als ›Berliner Vereinbarung‹ abgeschlossen
21. Oktober 1939	Ergänzung durch eine in Rom unterzeichnete deutsch-italienische Regierungskonvention. Diese sieht vor bis:
31. Dezember 1939	Option aller in Südtirol Geborenen entweder für Italien mit dem Recht, in Südtirol zu bleiben, aber dem Verlust jedes Rechtes, das aus der deutschen Volkszugehörigkeit des Optanten hätte abgeleitet werden können

oder Option für Deutschland mit dem Verlust des Rechtes, in Südtirol zu bleiben, und dem Einverständnis mit deutschen Maßnahmen zur Entfernung aus dem Lande und Ansiedlung in von Deutschland zu bestimmenden Gebieten
oder die ›graue Option‹: sie war möglich durch einen Passus des Abkommens: ›wer in dem Vertragsgebiet lebt und die italienische Staatsbürgerschaft besitzt, *sich aber als zum deutschen Volke gehörig betrachtet,* muß sich bis zum 31. Dezember 1939 entscheiden...‹ Außerdem gab es ab

August 1941

die Möglichkeit zur ›Rückoption‹ formell vorgesehen ›aus Gründen der Menschlichkeit‹, in Wirklichkeit auf Drängen der Italiener, und ein unwilliger Kompromiß bei den Deutschen wegen ihrer mit dem Kriegsverlauf zunehmenden Schwierigkeit, ein Optionsgebiet zu finden

Es optierten:
für Deutschland . . 185 365 (69,4 %) Einwohner
für Italien . . . . 38 247 (14,3 %) Einwohner
graue Option
für Italien . . . . 43 626 (16,3) % Einwohner
Rückoptionen: 50 000

tatsächlich Ausgesiedelte: rund 74 000, hauptsächlich aus ›gehobenen‹ Berufen: Arbeiter, Angestellte, Beamte. Die Folge: soziale Rückentwicklung der Südtiroler zu einer fast ausschließlich agrarischen Gesellschaft, da nur die Bauern, schon bei der Schätzung ihres Besitzes, eine hinhaltende Taktik üben konnten. Mit der Verschlechterung der Kriegslage für Deutschland und Italien wurde die Aussiedlung eingestellt. Schließlich nach Kriegsende durch österreichisch-italienische Vereinbarung am

5. Februar 1948

Revision der Optionen. Bis zum

31. August 1956

Wiederverleihung der italienischen Staatsbürgerschaft an 201 599 Deutschlandoptanten, davon
an 156 621 nicht Abgewanderte und
an 44 684 Abgewanderte, von diesen kehren nur 17 000 tatsächlich zurück

CHRONIK DER JÜNGSTEN ENTWICKLUNG
seit 1945

Südtirols Situation nach 1945 war zunächst eine andere als 1918: damals war nur den Nachfolgestaaten der österreichisch-ungarischen Monarchie die Anerkennung einer internationalen Garantie zum Schutz ihrer Minderheiten auferlegt worden, Italien war davon frei geblieben; anders nach 1945: hier wurde beim Abschluß des Friedensvertrages zwischen Italien und den Alliierten ausdrücklich ein Zusatzabkommen über die deutsche Minderheit in Südtirol als zum Vertragswerk mit zugehörig verlangt. So entstand am

5. September 1946 das ›Pariser Abkommen‹ nach Verhandlungen zwischen den damaligen Außenministern Österreichs und Italiens, Gruber und De Gasperi, und Anhörung südtiroler Politiker

sein Wortlaut:
1. Den deutschsprachigen Einwohnern der Provinz Bozen und der benachbarten zweisprachigen Ortschaften der Provinz Trient wird volle Gleichberechtigung mit den italienischsprachigen Einwohnern im Rahmen besonderer Maßnahmen zum Schutze des Volkscharakters sowie der kulturellen und wirtschaftlichen Entwicklung des deutschsprachigen Bevölkerungsteiles gewährt werden.
In Übereinstimmung mit schon getroffenen oder in Vorbereitung befindlichen gesetzgeberischen Maßnahmen wird den Staatsbürgern deutscher Sprache insbesondere folgendes gewährt werden:
   a) Volks- und Mittelschulunterricht in der Muttersprache.
   b) Gleichstellung der deutschen und italienischen Sprache in den öffentlichen Ämtern und in amt-

lichen Urkunden sowie bei den zweisprachigen Ortsbezeichnungen.

c) das Recht, die italianisierten Familiennamen wiederherzustellen.

d) Gleichberechtigung hinsichtlich der Einstellung in öffentliche Ämter, um ein angemessenes Verhältnis der Stellenverteilung zwischen den beiden Volksgruppen zu erzielen.

2. Der Bevölkerung der oben erwähnten Gebiete wird die Ausübung der autonomen regionalen Gesetzgebungs- und Vollzugsgewalt gewährt werden. Der Rahmen für die Anwendung dieser Autonomiemaßnahmen wird in Beratung auch mit einheimischen deutschsprachigen Repräsentanten festgelegt werden.

3. In der Absicht gutnachbarliche Beziehungen zwischen Österreich und Italien herzustellen, verpflichtet sich die italienische Regierung, in Beratung mit der österreichischen Regierung binnen einem Jahr nach Unterzeichnung dieses Vertrages

a) in einem Geist der Billigkeit und Weitherzigkeit die Frage der Staatsbürgerschaftsoptionen, die sich aus dem Hitler-Mussolini-Abkommen von 1939 ergeben, zu revidieren;

b) zu einem Abkommen zur wechselseitigen Anerkennung der Gültigkeit gewisser akademischer Grade und Universitätsdiplome zu gelangen;

c) ein Abkommen für den freien Personen- und Güterverkehr zwischen Nord- und Osttirol auszuarbeiten;

d) besondere Vereinbarungen zur Erleichterung eines erweiterten Grenzverkehrs und eines örtlichen Austausches gewisser Mengen charakteristischer Erzeugnisse und Güter zwischen Österreich und Italien zu schließen.

nach der Unterzeichnung des Abkommens am

7. September 1946 eine Erklärung De Gasperis:
›Der Inhalt des Artikels 2 ist natürlich allgemein gehalten. Es ist nützlich, hier anzumerken, daß die Frage, ob die Region nur das Alto Adige umfassen oder auf die gesamte Venezia Tridentina ausgedehnt werden soll, offen bleibt. Die Regierung verpflichtet sich, zu dieser Frage auch die Vertrauensleute der deutschsprachigen Bevölkerung zu hören.‹
Daraufhin am

Chronik

451

10. September 1946	ein Brief der südtiroler Vertreter Guggenberg und Volgger an De Gasperi: ›wir fühlen uns verpflichtet, unsere lebhafte Überraschung über Ihre Erklärung, wonach die Frage der Begrenzung des autonomen Territoriums Südtirols offengeblieben sei, zum Ausdruck zu bringen. Sollte diese Behauptung bestätigt werden, so haben Sie mit einem offiziellen Protest und einer energischen Reaktion Südtirols zu rechnen.‹ Dazu am
18. September 1946	Vorlage eines Berichtes durch die sowjetische Delegation bei der Debatte über Artikel 10 des italienischen Friedensvertrages: ›es hat den Anschein, als solle das Abkommen vom 5. September 1946 nicht auf breiter demokratischer Basis in Kraft gesetzt werden. Die Frage der Grenzen des autonomen Territoriums bleibt offen, woraus wenig erwünschte, sogar schädliche Illusionen entstehen könnten.‹
Ende September 1946	auf Verlangen des südtiroler Vertreters Guggenberg eine schriftliche Erklärung des österreichischen Außenministers Gruber: ›.. De Gasperi ... könne uns versichern, daß eine Erweiterung der Autonomiegrenzen gegen den Willen der südtiroler Bevölkerung keinesfalls in Frage käme. Ich erklärte darauf De Gasperi: jede Lösung mit freier Zustimmung der Südtiroler werde auch in Österreich gutgeheißen werden. Wir müßten aber trotzdem verlangen, daß der Wortlaut so gefaßt werde, daß eben die Ausdehnung dieser Autonomiegrenzen einer Zustimmung der Südtiroler bedürfe.‹ anderthalb Jahre später bei einer Aussprache Grubers mit den Südtirolern Amonn und Tinzl am
3. Januar 1948	Grubers Erklärung, er rate, auf die Forderung nach einer Landesautonomie für Südtirol allein zu verzichten und sich mit einem Kompromiß zufriedenzugeben in dem Sinne, daß man die Regionalautonomie annehme, sich aber gleichzeitig um möglichst weitgehende Kompetenzen des Landes innerhalb dieser Regionalautonomie bemühen sollte Motive für Grubers Verhalten zeigt bei einem schon zurückliegenden Gespräch vom
Januar 1946	eine Darlegung Grubers für den italienischen Missionschef in Wien, Maurilio Coppini:

je größere Freiheiten man den Südtirolern einräume, desto mehr würden sie diese gebrauchen, um schließlich im Namen der Freiheit die Vereinigung mit Österreich zu verlangen – dies wäre unvermeidlich. Würde Italien dann die Freiheiten beschränken, so werde es notwendig sein, diese immer mehr einzuengen und eine neue Unterdrückungspolitik wie in faschistischer Zeit zu installieren. Dies alles würde wiederum ernste Auswirkungen auf die österreichische Politik haben und die Freundschaft mit Italien gefährden

die weitere Entwicklung: am

28. Januar 1948   Zustimmung der südtiroler Vertreter Amonn und Guggenberg zu einem von ihnen verbesserten Entwurf einer gemeinsamen Regionalautonomie Bozen/Trient auf Empfehlung auch des österreichischen Botschafters in Rom, Schwarzenberg

28. Oktober 1953   Veröffentlichung des südtiroler Politikers Kanonikus Michael Gamper über die fortdauernde Zuwanderung von Italienern in Südtirol. Die Zahlen: von 1946 bis 1952 eine Zuwanderung von 60 000 Italienern. Der Kernsatz Gampers: ›Es ist ein Todesmarsch, auf dem wir Südtiroler uns seit 1945 befinden, wenn nicht noch in letzter Stunde Rettung kommt.‹

der Aufsatz Gampers bringt eine neue Periode in der Nachkriegsentwicklung Südtirols. Ihr Kennzeichen ist: zunehmende Unzufriedenheit in Südtirol wegen der Nichterfüllung des Autonomiestatutes. Ein zweites Kennzeichen ist eine Art Verstörung, zuletzt eine Art Schizophrenie in der Wahrnehmung politischer Vorgänge und der eigenen politischen Aktivität
drei Entwicklungen laufen nebeneinander:
die erste: die Entwicklung zum Terror aus der ›Todesmarschparole‹ und ihrem negativen Befund der Bevölkerungsentwicklung
die zweite: die in Wirklichkeit schon positive (aber schizophren nicht beachtete) Bevölkerungsentwicklung
die dritte: die Entwicklung der Verhandlungen über das Autonomiestatut

15. Februar 1954	Aussprache südtiroler Parlamentarier auf Einladung mit dem rechts gerichteten italienischen Ministerpräsidenten Scelba
9. April 1954	Übergabe eines dabei von Scelba angeregten Memorandums, von dem man sich zu der Zeit wegen der italienischen Autonomieforderung für Triest bei der ähnlichen Forderung Südtirols Erfolg verspricht. Daher auch am
31. Juli 1954	Einschaltung Österreichs: Note des österreichischen Außenministers Figl, der das Memorandum urgiert
	Ergebnis: das Gegenteil, vermutlich aus Indignierung wegen der ›ausländischen‹ Einmischung, sogar Schikane: am
10. Februar 1955	Erneuerung des faschistischen Verbotes, den Kindern nichtitalienische Taufnamen zu geben. Als Protest gegen diese Entwicklung am
6. Mai 1955	Rücktritt des am meisten radikalen deutschen Mitgliedes der Regionalregierung in Trient, Dr. Hans Dietl
5. August 1956	neue Bemühung Österreichs: Außenministertreffen Figl/Martino in Brixen. Aufforderung Martinos, schriftliche Vorschläge einzureichen. Am
8. Oktober 1956	österreichisches Memorandum mit vier Punkten: territoriale Begrenzung der autonomen Region Gleichstellung der deutschen Sprache Gleichberechtigung bei Besetzung der Ämter Maßnahmen gegen Zuwanderung
noch 1956	erste Bombenanschläge in Südtirol
1957–1959	Verschärfung der Lage. Am
20. September 1957	Verbot einer Wahlkundgebung der ›Südtiroler Volkspartei‹ in Bozen. Am
17. November 1957	Ersatzkundgebung in Sigmundskron mit 35 000 Teilnehmern
2. Februar 1958	Vorlage eines den italienischen Vorstellungen angepaßten Autonomieentwurfs durch die Abgeordneten

	Tinzl und Ebner im römischen Parlament. Nach einem Jahr Nichtbehandlung
4. Februar 1959	Rückzug der Südtiroler aus der Regionalregierung bei vorheriger Absprache dieses Schritts mit der österreichischen Regierung. Nach diesem Abbruch
1959	vor der Generalversammlung der UNO durch den österreichischen Außenminister Dr. Bruno Kreisky Beschwerde über die Nichterfüllung des Gruber–De Gasperi-Abkommens durch Italien
31. Oktober 1960	Beschluß der UNO-Generalversammlung mit der dringenden Empfehlung an Italien und Österreich, ›die Verhandlungen mit dem Ziel wiederaufzunehmen, eine Lösung der Differenzen hinsichtlich der Durchführung des Abkommens vom 5. September 1946 zu finden.‹
Dezember 1960	Beginn italienisch-österreichischer Verhandlungen durch die Außenminister Kreisky und Segni in Paris. Segnis Standpunkt: die UNO-Resolution habe die südtiroler Kontroverse zu einer internationalen Rechtssache gemacht, daher Italien nur den Internationalen Gerichtshof in Den Haag als Schiedsinstanz anerkennen werde
Januar 1961	auf italienische Anregung Aussprache zwischen dem Obmann der ›Südtiroler Volkspartei‹, Dr. Silvius Magnago, und dem stellvertretenden Ministerpräsidenten Fanfani: italienischerseits mit der Absicht, den inneritalienischen Charakter der Streitfrage zu betonen, und mit dem Ziel, den Südtirolern nahezulegen, von der Forderung nach einer eigenen Region Bozen gegen Zugeständnisse in der Landesverwaltung abzugehen
27. Januar 1961	zweite Verhandlungen gemäß der UNO-Empfehlung durch die Minister Kreisky und Segni in Mailand, dann Einsetzen der Terrorwelle nach ausgedehntem Plan: am
31. Januar 1961	Anschläge gegen das Montecatini-Kraftwerk in Waidbruck und das Wohnhaus Ettore Tolomeis in Glen. Von da an Serien von Sprengstoffanschlägen jeweils zum Zeitpunkt österreichisch-italienischer Verhandlungen, so im

Chronik

April 1961	vier Anschläge vor den Außenministerverhandlungen in Klagenfurt (24.–25. Mai). Als Höhepunkt am
12. Juni 1961	(in der Nacht zum ›Herz-Jesu-Sonntag‹, dem Erinnerungstag des ›Verlöbnisses zum Herzen Jesu‹ durch Andreas Hofer vor der Berg Isel-Schlacht; in Tirol als religiös-patriotischer Tag stets von besonderer Bedeutung) 15 Anschläge und Sprengung von 70 Hochspannungsmasten zum Beginn der für den 13. Juni angesetzten Gespräche österreichischer und italienischer Experten in Zürich; während der Dauer dieser Gespräche bis zum
17. Juni 1961	acht weitere Anschläge
24. Juni 1961	ergebnisloses Außenministertreffen in Zürich, darauf am
4. Juli 1961	österreichische Note mit dem Vorschlag der Einsetzung einer siebenköpfigen gemischten Kommission zur Klärung. Von Italien keine Antwort wegen grundsätzlicher Ablehnung jeder Bekräftigung der Internationalität des Problems. In Südtirol am
7. Juli 1961	eine Serie von 10 Anschlägen. Bei nachfolgenden Verhandlungen zwischen der ›Südtiroler Volkspartei‹ und der italienischen Regierung eine Anregung des südtiroler Abgeordneten Dr. Riz, eine inneritalienische Kommission zu schaffen, aufgrund dieser Anregung am
1. September 1961	Einsetzung einer ›Neunzehnerkommission‹ durch die italienische Regierung. Die Zusammensetzung: sieben deutschsprachige Südtiroler, ein Ladiner, elf Italiener. Nach der Herkunft: von den 19 Mitgliedern 14 aus der Region. Die Zielsetzung: eine Analyse des südtiroler Problems
	gleichlaufend umfangreiche Polizeiaktionen, so am
16. Juli 1961	Haussuchung beim Generalsekretär der ›Südtiroler Volkspartei‹, Hans Stanek, in Brixen; das gefundene Belastungsmaterial war, wie später aus Prozeßaussagen hervorging, durch Polizeiagenten in die Wohnung geschmuggelt worden
ab Sommer 1961	umfassende Aktionen von Gegenterror durch italienische Spezialpolizeitruppen, dabei Umstellung gan-

	zer Dörfer und Austreibung der Bevölkerung für die Dauer der Durchsuchungen
im Herbst 1961	nach Zerschlagung der autochthonen Terrorgruppen des B. A. S. (Befreiungs-Ausschuß Südtirol) unter dem Kaufmann Josef Kerschbaumer erste Terrorexpeditionen nationalistischer Studentengruppen aus dem in Nordtirol durch den Universitätsassistenten Dr. Norbert Burger zusammengefaßten Kreis. Ebenso
im Herbst 1961	44 Gerichtsklagen südtiroler Häftlinge wegen Folterung durch Polizeikräfte. Anerkennung von 33 Klagen durch das Gericht, darüber am
4. August 1963	der ›Carabinieriprozeß‹ in Trient mit Freispruch der angeklagten Carabinieri. Im Frühjahr danach, am
10. April 1964	abschließender Bericht der ›Neunzehnerkommission‹ mit zahlreichen Beanstandungen der italienischen Praxis in der Handhabung der Autonomie. Am
16. Juli 1964	Urteil im ›ersten mailänder Sprengstoffprozeß‹ gegen 67 Anwesende und 16 in Österreich flüchtige Angeklagte. Faire Prozeßführung durch den Vorsitzenden Gustavo Simonetti. Hohe Strafen, aber unter dem beantragten Maß. Der Prozeß als eigentliche Auseinandersetzung zwischen den angeklagten Südtirolern und dem als Kläger auftretenden, aber wegen seines Versagens in Südtirol mitangeklagten Staat. Als Nachspiel am
6. September 1964	Feuergefecht zwischen Terroristenführern und möglicherweise auf sie angesetzten Agenten im Gebiet des Passeiertales nahe der österreichischen Grenze. Die Beteiligten: der B. A. S.-Führer Luis Amplatz – tot, der Schützenmajor und B. A. S.-Hauptführer Georg Klotz verwundet über die Grenze entkommen, der Nordtiroler Christian Kerbler, mit falschem Namen Peter Hofmann, beim Transport durch die Carabinieri entflohen und seither nicht auffindbar. Zur selben Zeit am
7. September 1964	Abschluß von Verhandlungen zwischen dem österreichischen Außenminister Kreisky und dem damaligen italienischen Außenminister Saragat in Genf mit Hoffnung auf Lösung

Chronik

1965	Berichte über Weiterführung von Verhandlungen, österreichischerseits angesichts bevorstehender Neuwahlen auch durch Vertreter der christlich-demokratischen ›Österreichischen Volkspartei‹. So im
August 1965	Besprechungen zwischen dem von der ›Österreichischen Volkspartei‹ als Kanzlerkandidaten vorgesehenen Dr. Josef Klaus und dem italienischen Ministerpräsidenten Moro; der Gegenstand war die Frage der ›internationalen Garantie‹, für deren Durchführung nach dem Entwurf Saragat–Kreisky ein fünfköpfiges Schiedsgremium zu schaffen gewesen wäre, welche Konzession nun dem italienischen Gesprächspartner Moro als zu weitgehend erschien, so daß er sich, mit Berufung auf frühere italienische Darlegung, nur mit der Möglichkeit, den Internationalen Gerichtshof in Den Haag anzurufen, einverstanden erklärte. Schwierigkeiten für den Fortgang der Verhandlungen durch eine neue Terrorwelle:
Anfang September 1965	drei Feuerüberfälle auf italienisches Militär und Polizei mit zwei Todesopfern im grenznahen Ahrntal
Anfang Oktober 1965	ein halbstündiges Feuergefecht zwischen italienischen Alpini und einer Terroristengruppe im oberen Pflerschtal. Am
16. Oktober 1965	vor einem österreichischen Gericht in Graz Prozeß gegen Dr. Norbert Burger und Angehörige seiner Gruppe wegen Verbrechens nach dem Sprengstoffgesetz: Freispruch der Angeklagten. Im
November 1965	in Graz Prozeß gegen den Österreicher Josef Felder wegen eines am 24. Oktober 1964 verübten Anschlages auf den Brenner-Expreß. Das Urteil: 12 Monate Gefängnis
26. November 1965	Versuch eines Giftmordanschlages auf den in Innsbruck in Haft sitzenden Franz Kerbler, Bruder des Christian Kerbler
4. Februar 1966	Verhaftung des Georg Klotz in Innsbruck wegen Verstoßes gegen die Auflage, sich in Österreich politisch nicht zu betätigen. Klotz hatte im Sender ›Radio Freies Tirol‹, einem beweglichen Geheimsender der Terroristen, gesprochen. Der Sender hatte am 17. Januar 1966 mit einer Wiederaufnahme des Terrors

	gedroht, falls bis zum 1. Juni 1966 keine ›europäische‹ Lösung der Südtirolfrage geschaffen sei
20. April 1966	Urteilsverkündigung in dem am 17. Januar 1966 eröffneten ›zweiten mailänder Prozeß‹ gegen 58 Angeklagte, Österreicher und Deutsche, von denen nur 10 im Gerichtssaal sind; die andern sind flüchtig der allgemeine Anklagepunkt: ›auf dem Gebiet der Bundesrepublik und der Schweiz Taten begangen zu haben, die darauf gerichtet waren, die Provinz Bozen der österreichischen Souveränität zu unterstellen‹ einzelne Anklagepunkte: Anschläge auf die Bahnhöfe Verona, Trient, Mailand und Genua, bei dem Anschlag in Verona am 22. Oktober 1962 wurde ein Bahnangestellter getötet Hauptangeklagter der Musikprofessor Dr. Günter Andergassen, andere Angeklagte mit Verbindungen über Tirol hinaus, vermutlich auch zu Geheimdiensten. Das Urteil über Andergassen: 30 Jahre Freiheitsentzug
29. April 1966	Prozeß gegen den südtiroler Abgeordneten Dr. Hans Dietl in Mailand, Freispruch von der Anklage des Verbrechens des Anschlags auf die Integrität des Staates, ›weil es diese Tat nicht gab‹, und von dem Verbrechen der politischen Verschwörung durch Bandenbildung, ›weil er die Tat nicht begangen hat‹
27. Mai 1966	verschärfte Überwachung der österreichischen Grenze durch Abteilungen des italienischen Heeres und der Polizei, um das Eindringen von Terroristen zu verhindern
13. August 1966	Beginn einer neuen Terrorwelle:

	13. August 1966	Anschlag auf die Brennerstrecke beim Bahnhof Mauls
	20. August 1966	Anschlag in Wien auf das Büro der Fluggesellschaft ›Alitalia‹
	28. August 1966	Feuergefecht am Reschenpaß zwischen italienischen Carabinieri und mit Maschinengewehren und Handgranaten bewaffneten ›Extremisten‹
	29. August 1966	Sprengstoffanschlag auf eine Hochspannungsleitung bei Bozen
	9. September 1966	Anschlag auf eine Unterkunft der Finanzpolizei am Steinjoch

	nahe dem Brenner. Zwei Finanzieri, darunter ein Südtiroler getötet
13. September 1966	Feuergefecht zwischen Carabinieri und Terroristen bei der Vittorio Veneto-Hütte über dem Ahrntal
16. September 1966	Bombenlegung an einer Carabinierikaserne in Blumau bei Bozen
22. September 1966	Beschluß des italienischen Parlaments trotz der Anschläge der Regierung Moros Vollmacht zur Fortführung der Verhandlungen mit Österreich über Südtirol zu geben dazu Wiederholung der Erklärung durch Moro, daß Italien jede internationale Überwachung des Abkommens außer durch den Gerichtshof in Den Haag ablehne
6. Oktober 1966	Überreichung italienischer Noten in Bonn und Wien mit der Bitte, Italien bei der Verhinderung von Vorbereitungen für Terroranschläge in Südtirol von deutschem oder österreichischem Gebiet aus behilflich zu sein
20. Oktober 1966	Unterredung des Obmanns der ›Südtiroler Volkspartei‹, Dr. Magnago, mit dem italienischen Ministerpräsidenten Moro zwecks Präzisierung bisher ungenauer Zusagen Italiens zur Verbesserung des Autonomiestatuts
21. November 1966	Bekanntmachung einer Verzögerung dieser Verhandlungen. Begründung: das Ausbleiben einer am 20. Oktober verabredeten schriftlichen Darlegung Magnagos der für die südtiroler Vertreter im Vertragsentwurf noch offenen Punkte
17. Dezember 1966	vier Sprengstoffanschläge in Bozen, Bruneck und im Ahrntal: in Bruneck auf zwei italienische Lokale, im Ahrntal auf einen Hochspannungsmast. Vorangegangen waren am 24. Oktober und 30. November Anschläge auf von Italienern geführte Gaststätten, und am 2. Dezember ein Anschlag auf das Alpini-Denkmal in Bruneck
23. Januar 1967	Zusammentreffen Magnagos auf persönliche Einla-

dung mit Moro zur Klärung der offenen Punkte im Vertragsentwurf, darauf am

24. Januar 1967 — Rücktritt des stellvertretenden Vorsitzenden der ›Südtiroler Volkspartei‹, Dr. Hans Dietl, mit der Begründung, er sei von dem Vorsitzenden Magnago über das bevorstehende Gespräch mit Moro nicht unterrichtet worden

30. Januar 1967 — Erklärung Dr. Kreiskys, nun sozialistischen Oppositionsführers in Wien, gegen die von der österreichischen Regierung akzeptierte Reduzierung der Garantie für das südtiroler Abkommen auf die Anrufung des Gerichtshofs in Den Haag.

15. Februar 1967 — ungenügende schriftliche Antwort Moros auf die von Magnago zum Vertragstext gestellten Fragen, Klärung nur zweier von insgesamt 14 Fragen

28. Februar 1967 — vier Sprengstoffattentate in Südtirol, u. a. auf das Legionskommando der Carabinieri in Bozen

1. März 1967 — neuerliche Verhaftung des Georg Klotz in Absam bei Innsbruck durch die österreichische Polizei unter der Beschuldigung, durch Weitergabe von Sprengstoff an einem Anschlag in Südtirol indirekt beteiligt gewesen zu sein

16. März 1967 — vier Festnahmen in Südtirol, darunter einer Frau, angeblich aufgrund belastender Aussage eines engen Mitarbeiters Dr. Burgers, Peter Kienesberger

23. März 1967 — als wichtige politische Vorentscheidung Annahme des von der Regierung Moro mit letzten Verbesserungen angebotenen Südtirolkompromisses, des sogenannten ›Paketes‹, durch den Landesausschuß der ›Südtiroler Volkspartei‹ in Bozen. Das Stimmenverhältnis: 29 Ja, 24 Nein. Grund dieser knappen Mehrheit: das Fehlen einer festgelegten internationalen Verankerung, als deren Gegner insbesondere das italienische Außenministerium gilt, und um die sich zu bemühen, die österreichische Regierung lebhaft aufgefordert wird, da sonst der nächste für Südtirol vorgesehene Schritt: die Zustimmung der Landesversammlung der ›Südtiroler Volkspartei‹ zu dem ›Ja‹ ihres Landesausschusses in Frage gestellt sei

31. Mai 1967 — Wiederaufrollung des in Graz am 25. Oktober 1965

mit einem Freispruch beendeten Prozesses gegen Dr. Norbert Burger und Genossen vor einem Geschworenengericht in Linz
als Beispiel für den Modus in einem solchen Prozeß: die Verteidigung beruft sich auf das Gesetz, nach dem Hochverrat nicht verfolgt werden dürfe. Der Staatsanwalt beruft sich auf das Sprengstoffgesetz, das Leben und Eigentum ausdrücklich ›aller‹ Personen schütze, und interpretiert es dahin, daß daher auch die Terroranschläge in Italien unter das Gesetz fielen
oder: der Einbruch in Bauhütten im Ötztal wird von der Verteidigung, da er der Beschaffung von Sprengstoff galt, als Teil einer nicht verfolgbaren Hochverratshandlung bezeichnet, von der Staatsanwaltschaft dagegen separiert als Einbruchdiebstahl bewertet. Der Prozeß endet mit Freispruch, die Presse kommentiert, die österreichische Öffentlichkeit hätte angesichts der in Südtirol herrschenden Verhältnisse mit diesem Urteil gerechnet

26. Juni 1967   Minenexplosion bei Öffnung einer im Herbst verlassenen und verminten Militär-Unterkunft an der Cima Vallone im Cadore mit vier Todesopfern unter den italienischen Soldaten. Scharfer italienischer Protest, in dem Österreich verantwortlich gemacht wird, zugleich Sanktion durch ein Veto gegen Österreichs Assoziierung mit der Montanunion

11. Juli 1967   Entsendung zweier österreichischer Gebirgsjägerbataillone an die italienische Grenze zur Absicherung gegen Terroristen. Ausweisung des Georg Klotz aus Tirol mit der Auflage, sich in Wien oder Niederösterreich niederzulassen

12. Juli 1967   Kabinettsrat in Rom mit Billigung der Politik gegenüber Wien, aber geteilter Meinung über die Südtirolfrage, von der behauptet wird, sie sei ein inneritalienisches Problem, während andrerseits nicht geleugnet wird, daß es durch die Erwähnung im italienischen Friedensvertrag internationalen Charakter habe. Die Sozialisten verlangen, daß das südtiroler ›Paket‹ sofort, ohne Rücksicht auf Wien, in Kraft gesetzt werde. Die Liberalen verlangen die Veröffentlichung des ›Pakets‹, dessen Inhalt bis jetzt aufgrund österreichisch-italienischer Absprachen geheimgehalten worden war

13. Juli 1967	der christlich-demokratische italienischsprachige Abgeordnete Berloffa aus der Provinz Bozen warnt vor einem einseitigen Vorgehen Italiens in der Frage des ›Pakets‹, weil dadurch das Ergebnis der jahrelang auf Rechtsbasis geleisteten Arbeit verloren gehe der sozialistische Finanzminister Preti spricht für Aufrechterhaltung der Zugeständnisse an die Südtiroler, aber gegen Hinauszögerung des Vertragsabschlusses wegen der Frage der internationalen Verankerung; auf diese Bedingung sei Italien 1946 nur eingegangen, weil es besiegt worden sei; unter anderen Umständen hätte keine italienische Regierung und kein italienisches Parlament sie gebilligt Verhinderung eines Sprengstoffattentates auf dem Bahnhof in Franzensfeste
17. Juli 1967	ein Interview des ›Spiegel‹ mit Dr. Norbert Burger, darin Burger Zweifel äußert, ob die an die italienische Grenze beorderten Soldaten Österreichs wirklich auf südtiroler Flüchtlinge schießen würden
18. Juli 1967	Bericht aus Südtirol von Bruno Frei in der in Wien erscheinenden kommunistischen Zeitschrift ›Die Weltbühne‹. Frei notiert in seinem Bericht vom 4. Juli: Beschießung einer österreichischen Grenzpatrouille durch italienische Maschinengewehrtrupps; er zitiert aus der ›Frankfurter Allgemeinen Zeitung‹ ›erste Anzeichen eines Guerillakrieges‹; er kritisiert die Tatsache einer Diskussion im österreichischen Fernsehen zwischen Mitgliedern des Burger-Kreises und dem früheren österreichischen Außenminister Kreisky. Am
19. Juli 1967	Reise des italienischen sozialistischen Fraktionsvorsitzenden Ferri nach Wien zu Gesprächen mit Dr. Kreisky, und des christlich-demokratischen Abgeordneten Bettiol zu dem der ›Österreichischen Volkspartei‹ angehörenden jetzigen österreichischen Außenminister Dr. Lujo Toncic, um die italienische Absicht zu unterstreichen, entweder die Verhandlungen mit Österreich abzubrechen und das ›Paket‹ allein mit südtiroler Vertretern fertigzustellen, oder Österreich zu einer raschen Entscheidung, das ›Paket‹ anzunehmen, zu bringen – beides würde bedeuten, daß das ›Paket‹ ohne die vom südtiroler Parteiausschuß und der österreichischen Regierung geforderte internationale Verankerung in Kraft tritt; die Alternative dazu wäre, daß dasselbe geschieht, nur ohne Zustimmung der anderen Seite. Am

Chronik 463

20. Juli 1967 eine Meldung aus Wien, daß die Staatsanwaltschaft Innsbruck am 19. Juli 1967 einen Haftbefehl gegen Dr. Norbert Burger erwirkt habe, da der Satz Burgers in dem ›Spiegel‹-Interview: ›Terroraktionen in Südtirol sind heute notwendiger denn je‹ ein Ermittlungsverfahren gegen Burger wegen des Verdachts der Verletzung des Sprengstoffgesetzes ausgelöst habe; der Polizei sei es jedoch noch nicht gelungen, Burger zu finden. Weiter:
auf Verlangen der ›Sozialistischen Partei Österreichs‹ sei die südtiroler Frage auf die Tagesordnung der nächsten Sitzung des Verteidigungsrates gesetzt worden, da nach Auffassung der Sozialisten der Einsatz des Bundesheers zur Verhinderung einer von österreichischem Boden ausgehenden Terroristentätigkeit in Südtirol verfassungswidrig sei

21. Juli 1967 italienische Schritte in Bonn und Wien wegen des ›Spiegel‹-Interviews mit Burger
energische Beschwerde Wiens wegen der Beschießung österreichischer Grenzbeamter und Verlangen nach sofortiger Wiederherstellung ›normaler Zustände‹ an der Grenze zur Vermeidung einer ernsten Situation mit unvorhersehbaren Konsequenzen. Am

22. Juli 1967 eine vorläufige Stellungnahme des italienischen Außenministeriums, daß es sich um Schüsse italienischer Polizeibeamter gegen Wilderer gehandelt habe, möglicherweise über die Grenze hinweg
am selben Tag eine grundsätzliche italienische Note, daß der Friede in Südtirol ausschließlich durch Terroristen verletzt werde, die dank der Toleranz der österreichischen Behörden ihre Anschläge jenseits der Grenze vorbereiten könnten. Am

23. Juli 1967 Schüsse bei der Flomspitze, als vier Unbekannte an einen Hochspannungsmast gingen und einer von ihnen, bei Anruf durch die italienischen Posten, das Feuer eröffnete und einen der Posten traf. Am

24. Juli 1967 Eröffnung der Aussprache über Südtirol und das Verhältnis zu Österreich in der italienischen Kammer. Als erster sprach der neofaschistische Abgeordnete Almirante, er verlangte
Abbruch der Verhandlungen mit Österreich
Abberufung des Botschafters Italiens von Wien
Ausrufung des Ausnahmezustandes in Südtirol und

Auslieferung der Terroristen durch Österreich

Almirante legte dann ein Paket auf den Tisch, das, nach seiner Angabe, das bisher geheimgehaltene ›Paket‹ der Zugeständnisse an Südtirol in deutscher Sprache war. Aber er beschränkte sich darauf, statt daraus zu zitieren, es dem Präsidenten der Kammer zu überreichen. Er behauptete, dieses von Ministerpräsident Moro den Österreichern angebotene ›Paket‹ gewähre, was De Gasperi 1946 zurückgewiesen habe

der monarchistische Abgeordnete Corvelli fragte daraufhin nach dem Inhalt des ›Pakets‹. Der Kammerpräsident stellte ihm anheim, Almirantes Dokument einzusehen, obwohl er für die Echtheit nicht bürgen könne; darauf Zwischenruf Moros: ›apokryph‹, und Wortmeldung des Abgeordneten Luzzatto von den ›Sozialistischen Proletariern‹, der eine Nummer der in Bozen erscheinenden Zeitung ›Alto Adige‹ vorzeigte und bemerkte, schon im März sei dieser Text des ›Pakets‹ in italienischer Sprache in diesem Blatt veröffentlicht worden, und Almirante habe nichts anderes getan, als eine deutsche Version des Zeitungsartikels vorzulegen

durch Luzzattos Dazwischentritt konnte es Moro vermeiden, auf Almirante einzugehen, der ihn offensichtlich mit seinem Auftritt zur Bekanntgabe des ›Paketes‹ hatte zwingen wollen. Nach Moros Absicht, der sich auf eine allgemeine Darstellung beschränkte, soll, in Übereinstimmung mit der Auffassung der österreichischen Regierung, der Augenblick der vollständigen ›Eröffnung‹ des ›Paketes‹ mit der gleichzeitigen Enderklärung Österreichs vor den Vereinten Nationen zusammenfallen, daß die Streitfrage beigelegt sei

Außenminister Fanfani erklärte abschließend als Grundsatz seiner Politik, daß, nach dem italienischen Standpunkt, das ›Paket‹ von dem Abkommen zwischen Gruber und De Gasperi völlig zu trennen sei, weil jede andere Lösung zu dem absurden Zustand einer ausländischen Kontrolle oder Verwaltung in Halbpacht über einen Teil des Staatsgebietes führen würde

Dr. Silvius Magnago, der als Zuhörer bei der Sitzung war, hatte am

28. Juli 1967   (nach anderen Angaben eine Woche vorher) ein Treffen mit dem österreichischen Außenminister Toncic in Bregenz, bei dem Toncic und Magnago übereinstimmend feststellten, daß bei dem gegenwärtigen politischen Klima in Italien für die nächste Zeit keine Chance für einen Fortschritt zu einer Südtirollösung zu erwarten sei. Die vorgesehenen Besprechungen wurden daher auf den Herbst verschoben

eine Zwischenbilanz

8. März 1969 nach mehr als anderthalb Jahren Stillstand Zeichen einer Wiederaufnahme der Verhandlungen

von den Voraussetzungen spricht der italienische Außenminister Pietro Nenni im römischen Senat:
einem verbesserten Klima zwischen Italien und Österreich
dem fast gänzlichen Aufhören der Terroristentätigkeit
von den Schwierigkeiten spricht er bei der Darlegung der italienischen Position:
Italien hält das Gruber–De Gasperi-Abkommen von 1946 für erfüllt
es beabsichtigt nicht, internationale Verpflichtungen einzugehen, die über dieses Abkommen hinausgehen
Maßnahmen Italiens zur Erweiterung der gesetzgeberischen Kompetenz der Provinz Bozen haben nach italienischer Auffassung innenpolitischen Charakter

dagegen die Position Österreichs:
das Abkommen von 1946 ist nicht erfüllt
daher gehören Verbesserungen der südtiroler Autonomie zu diesem Abkommen von 1946 als Teile der darin bezeichneten ›in Vorbereitung befindlichen Maßnahmen‹ und müssen international zwischen Österreich und Italien festgelegt werden
eine Analyse dieser österreichischen Grundposition war 1967 von dem früheren Außenminister Kreisky gegeben worden:
Kreisky geht davon aus, daß – nach dem Wortlaut des Abkommens von 1946 – ›der Rahmen für die Anwendung der Autonomiemaßnahmen in Beratung auch mit einheimischen deutschen Repräsentanten festgelegt wird‹
er präzisiert diesen Satz: die Südtiroler haben über den materiellen Inhalt des ›Lösungspakets‹ zu entscheiden, also auch für Österreich verbindlich festzustellen, ob die angebotenen sachlichen Regelungen ihren Bedürfnissen entsprechen

er unterscheidet dann: dagegen fällt das Problem einer internationalen Verankerung dieser Abkommen primär in die Kompetenz der österreichischen Außenpolitik

er gibt die Begründung dafür: Österreich ist der Partner Italiens im Abkommen von 1946. Es hat durch die Resolution der Vereinten Nationen ausdrücklich die Verhandlungslegitimation zum Schutze der Interessen der deutschsprachigen Südtiroler erhalten

er zieht daraus eine Folgerung: durch diese Legitimation ergibt sich automatisch eine österreichische Mitverantwortung für die von Italien den Südtirolern angebotene Regelung. Österreich kann sich aus dieser Verantwortung gar nicht selbst entlassen, es kann sie auch nicht den Südtirolern aufbürden, sondern muß darauf bestehen, daß eine internationale Instanz geschaffen werde, an die sich die Südtiroler wenden könnten, falls Italien seine Zusage nicht einhält

soweit Kreisky. Bei dem Widerstand der italienischen Regierung gegen seine Konzeption glauben seine Nachfolger in der österreichischen Regierung durch eine andere Methode zu einer Einigung zu kommen. Sie geben dem materiellen ›Paket‹ einen ›Operationskalender‹ bei:

dieser ›Operationskalender‹ enthält einseitige, aber miteinander abgestimmte Handlungen und Erklärungen der beiden Parteien

dazu noch einen Vertrag über die Möglichkeit, in Streitfällen den Internationalen Gerichtshof in Den Haag anrufen zu können

das ›Paket‹ enthält die von Italien zu gewährenden Verbesserungen in mehr als 100 Einzelpositionen

der ›Operationskalender‹ bezeichnet die Stationen, die dieses ›Paket‹ zu durchlaufen hat. Über deren Reihenfolge sind sich Wien und Rom noch nicht einig:

die italienische Regierung wünscht als erstes den Vertrag über den Internationalen Gerichtshof und will dadurch festlegen, daß dieser Vertrag nur für das Abkommen von 1946 gelten dürfe, und daß die ›Verbesserungen‹ eine freiwillige Leistung Italiens seien und daher nicht einklagbar

die österreichische Regierung will den Vertrag an einem späteren Platz, damit die ›Verbesserungen‹ vorangehen können; kämen sie nachher, so wären sie, auch bei einem Vertrauensvorschuß der Österreicher, mit einem Faktor von Unsicherheit belastet: sie müssen vom römischen Parlament gebilligt, es müssen Durchführungsbestimmungen erlassen werden. Aber Österreich hat außerdem eine Sicherung, seit im

März 1969 eine Erklärung des neuen österreichischen Außenministers Waldheim besagt, daß die ohne Zweifel als letzter wichtiger Punkt des ›Operationskalenders‹ vorgesehene, sogenannte ›Streitbeilegungserklärung‹ vor der UNO von der österreichischen Regierung erst abgegeben werden könne, wenn die ›Verbesserungen‹ verwirklicht seien. Das nächste Datum ist bei diesen Verhandlungen der

11. Oktober 1969 mit der Veröffentlichung des Ergebnisses: der Einigung zwischen Italien und Österreich über die Aufeinanderfolge der in 18 Punkten aufgeführten einzelnen Schritte im

Operationskalender

1. Paraphierung des Vertrages zur Abänderung des Art. 27 a des Europäischen Übereinkommens zur friedlichen Beilegung von Streitigkeiten in den Beziehungen zwischen Österreich und Italien
2. Abänderung des Art. 18 des ›Regolamento‹ zum Text der Gesetze über die öffentliche Sicherheit sowie Zuerkennung der Rechtspersönlichkeit an den Südtiroler Kriegsopfer- und Frontkämpferverband und an den Südtiroler Alpenverein
3. *Erklärung des italienischen Ministerpräsidenten vor dem Parlament mit zustimmendem Beschluß*
4. *Erklärung des österreichischen Bundeskanzlers vor dem Nationalrat mit zustimmendem Beschluß*
5. Einsetzung des italienischen Komitees zur Vorbereitung der Maßnahmen für Südtirol
6. Mündliche Erklärungen des österreichischen und des italienischen Delegierten vor der Generalversammlung der Vereinten Nationen
7. Erstes Votum über das italienische Verfassungsgesetz in Kammer und Senat
8. Unterzeichnung des unter 1. erwähnten Vertrages
9. Parlamentarische Verabschiedung des unter 1. erwähnten Vertrages und gleichzeitig endgültige Verabschiedung des italienischen Verfassungsgesetzes

10. Verabschiedung der einfachen italienischen Gesetze
11. Erlassung der Durchführungsbestimmungen zum italienischen Verfassungsgesetz
12. Veröffentlichung des Dekretes betreffend den *Übergang der Ämter und des Personals von der Region auf die Provinz entsprechend den neuen Kompetenzen der Provinz*
13. Abgabe der österreichischen Schlußerklärung innerhalb von 50 Tagen nach Erlassung der letzten Durchführungsbestimmungen und Austausch der Ratifizierungsurkunden des unter 1. erwähnten Vertrages am Tage vor Ablaufen dieser Frist (der Lauf dieser Frist würde bis zur Veröffentlichung des unter 12. erwähnten Dekrets gehemmt werden, falls das Dekret nicht innerhalb von 30 Tagen ab Erlassung der letzten Durchführungsbestimmung zum Verfassungsgesetz ergangen ist
14. Italienische Verbalnote, welche die österreichische Schlußerklärung zur Kenntnis nimmt
15. *Notifizierung der Streitbeendigung an den Generalsekretär der Vereinten Nationen* seitens der österreichischen und der italienischen Regierung
16. Notifizierung des unter 1. erwähnten Vertrages an den Kanzler des *Internationalen Gerichtshofes* seitens der österreichischen und italienischen Regierung
17. Notifizierung des unter 1. erwähnten Vertrages an den Generalsekretär des Europarates seitens der österreichischen und italienischen Regierung
18. Allfälliger Abschluß eines österreichisch-italienischen Vertrages betreffend die freundschaftliche Zusammenarbeit

Mitte November 1969	Beschlußfassung der ›Südtiroler Volkspartei‹ mit allerdings nur geringer Mehrheit für das Abkommen
3. Dezember 1969	zustimmender Beschluß des italienischen Parlaments
15. Dezember 1969	zustimmender Beschluß des österreichischen Nationalrats. Bei der Sitzung verlas der österreichische Bundeskanzler Dr. Josef Klaus die folgende Erklärung: ›Auch nach der Durchführung der in der italienischen Regierungserklärung vom 3. Dezember angekündigten Maßnahmen bleibt das Pariser Abkommen die Rechtsgrundlage für den den Südtirolern als

Minderheit zu gewährenden Schutz. Das sogenannte Paket stellt daher auch keine einschränkende Interpretation des Pariser Abkommens dar, dessen Rechte und Zielsetzungen in vollem Umfang aufrecht und unverzichtbar bleiben. Auf dieses Abkommen wird sich daher auch weiterhin die Schutzfunktion Österreichs stützen, die wahrzunehmen wir immer als unsere heilige Pflicht erachten.‹

man wird sich hier allerdings erinnern müssen, daß es sich bei dieser Erklärung – wie bei allen, nach dem Verfahren des ›Operationskalenders‹ abgegebenen Erklärungen – um eine einseitige Erklärung handelt, die den Verhandlungspartner nicht mitzubestimmen braucht

einige Daten sind nachzutragen: von Aktionen, die im ›Operationskalender‹ nicht vorkommen, aber kaum ohne Zusammenhang mit Anlauf dieses Kalenders sind. Am

14. August 1968 wurde der Südtiroler Georg Klotz, gegen den von italienischen Gerichten mehrfach wegen Terrorismus in Abwesenheit verhandelt worden war, von der österreichischen Polizei in Wien verhaftet: unter dem Verdacht, an einem Sprengstoffanschlag bei Brixen in der Nacht vom 10. zum 11. August beteiligt gewesen zu sein, oder an den Vorbereitungen dazu teilgenommen zu haben. Mit Klotz wurden unter dem gleichen Verdacht vier weitere Männer verhaftet

Klotz wurde von einem Schöffengericht wegen Verstoßes gegen das österreichische Sprengstoffgesetz zu 15 Monaten verurteilt

in seinem, einem Präzedenzfall schaffenden Urteil verwarf das Gericht den Einwand der Verteidigung, daß Terroranschläge in Südtirol als politische nichtkriminelle Vergehen anzusehen seien und daher vor ein Schwurgericht gebracht werden sollten. Schwurgerichtsverhandlungen gegen Südtirol-Attentäter hatten in Österreich meist mit Freispruch geendet. Am

4. Juni 1970 wurde der 41jährige südtiroler Extremist Dr. Norbert Burger von der fünften Strafkammer des Landgerichtes München I freigesprochen. Mit dem Urteil entsprach das Gericht den Anträgen von Staatsanwalt und Verteidigung. Burger war auf einer Fahrt auf der Abkürzungsstraße zwischen Tirol und Salzburg, die bei Reichenhall über bayrisches Gebiet führt, verhaftet und später gegen Kaution auf freien Fuß gesetzt worden. Der Freispruch bezog sich auf alle fünf Anklagepunkte: Beteiligung an einer kriminellen Vereinigung als Rädelsführer, Verabredung und Vorbereitung von Sprengstoffverbrechen in drei Fällen und Verstoß gegen das Waffengesetz. In Italien war Burger in Abwesenheit zu lebenslänglich Zuchthaus verurteilt worden. Abschließend ein Datum zur allgemeinen Richtung des Fortgangs der Ereignisse: am

10. August 1970 — Regierungserklärung des neuen italienischen Ministerpräsidenten Colombo. Er behandelt die Südtirolfrage im innenpolitischen Teil seiner Erklärung, was der beharrlichen Tendenz Italiens, sie als eine italienische Angelegenheit zu sehen, entspricht; er fordert aber das Parlament auf, die für das ›Paket‹ nötigen Gesetzesänderungen nach einer ›Prozedur der Dringlichkeit‹ vorzunehmen, was als Zeichen der Entschlossenheit und Beständigkeit in der Absicht, das Abkommen zu einem Instrument einer dauernden friedlichen Regelung zu machen, gelten kann

22. Januar und 22. Juli 1971 — Die italienische Kammer billigt in erster und zweiter Lesung das Verfassungsgesetz über das neue Autonomiestatut für Südtirol. Von den drei Abgeordneten der SVP im Parlament stimmen zwei für, der Abgeordnete Hans Dietl gegen das Statut.

16./17. Juli 1971 — wird in Rom ein Abkommen zwischen Österreich und Italien unterzeichnet, demzufolge alle Streitigkeiten zwischen beiden Ländern (Südtirol) auf friedlichem Weg gelöst werden sollen.

1. August 1972 — Hans Dietl, der gegen das Statut gestimmt hat und im Oktober 1971 aus der SVP ausgeschlossen worden ist, gründet eine neue Organisation, den »Wahlverband der Unabhängigen«.

8. August 1975 — Der südtiroler Senator Dr. Peter Brugger wendet sich scharf gegen eine mögliche Volksfrontregierung in Rom: In einem solchen Fall könnten sich die Südtiroler auf das Selbstbestimmungsrecht berufen. »Das Ergebnis«, so Brugger, »wäre ein voraussichtlicher Anschluß an Österreich.« Dazu meint der Tiroler Landeshauptmann Eduard Wallnöfer: »Solche Überlegungen hab' ich schon lang gehabt, ich hab's mir gedacht, und der Brugger hat's halt ausgesprochen.« Silvius Magnago, Obmann der SVP, erklärt dagegen, daß über diese Frage in der SVP weder diskutiert noch gar ein Beschluß gefaßt worden sei.

27. Februar 1976	Bundeskanzler Bruno Kreisky und der südtiroler Landeshauptmann Silvius Magnago kommen zu einem Gespräch über Südtirol in Wien zusammen, in dem Magnago seine Besorgnis über Verzögerungen im »Operationskalender« (s. S. 467) zum Ausdruck bringt. Bundeskanzler Kreisky verspricht, daß die österreichische Regierung in Rom auf die Erfüllung des »Operationskalenders« dringen wird. Außerdem will Wien der italienischen Regierung vorschlagen, daß bis zur Lösung des Proporzproblems keine Italiener mehr in Staatsstellen in Südtirol aufgenommen werden.
24. Februar 1976	Die beiden deutschsprachigen Linksparteien Südtirols, die »Sozialdemokratische Partei Südtirols« und die »Soziale Fortschrittspartei Südtirols«, schließen sich zu einem Bündnis zusammen. Die von Hans Dietl gegründete »Sozialdemokratische Partei« verfügte bisher über zwei Sitze im Landtag, die »Soziale Fortschrittspartei« über ein Mandat.
5.–7. Mai 1977	Der österreichische Außenminister Willibald Pahr berät in Rom offene Fragen im Zusammenhang mit Südtirol.
16. Mai 1977	Die SVP will der Regierung ihre Unterstützung in der Kammer entziehen, wenn diese sich weiterhin auf den »compromesso storico« zubewegt.
25. August 1977	Ministerpräsident Giulio Andreotti besucht bei einem Kuraufenthalt in Meran südtiroler Parlamentarier. Gesprächsthemen sind vor allem Probleme der Zweisprachigkeit und die Durchführung von bereits im »Paket« beschlossenen Maßnahmen.
19. November 1978	Die Wahlen für den südtiroler und den trienter Landtag (und damit für das Regionalparlament Trentino/Südtirol) bringen folgende Ergebnisse:

Südtirol:	1973 % / Sitze	1978 % / Sitze	Veränderung gegenüber 1973
SVP	56,42 / 20	61,27 / 21	+ 4,87
SPS	5,14 / 2	2,22 / 1	− 2,92
SFP	1,71 / 1	0,77 / −	− 0,94
PDU	1,12 / −	1,32 / 1	+ 0,20
DC	14,08 / 5	10,80 / 4	− 3,28
PCI	5,69 / 2	7,03 / 3	+ 1,34
PSI	5,64 / 2	3,35 / 1	− 2,25
MSI	4,02 / 1	2,92 / 1	− 1,10
PSDI	3,44 / 1	2,30 / 1	− 1,14
PLI	1,20 / −	1,10 / −	− 0,10
NL/NS	− / −	3,66 / 1	−
PPTT	− / −	0,85 / −	−

Trient:	1978 % / Sitze	1973 % / Sitze
DC	49,1 / 18	55,3 / 21
PCI	10,7 / 4	9,2 / 3
PSI	9,1 / 3	10,9 / 4
MSI	1,8 / 1	2,3 / 1
PSDI	3,0 / 1	5,9 / 2
PLI	1,8 / 1	2,2 / 1
PRI	3,5 / 1	3,9 / 1
PPTT	13,1 / 5	9,0 / 3
NS	4,4 / 1	− / −

Im Vorfeld der Wahlen hatte es scharfe Auseinandersetzungen um die Zweisprachigkeit und den Stellenproporz gegeben. So hatte die neofaschistische MSI den Antrag gestellt, die Gleichberechtigung der deutschen Sprache wieder abzuschaffen, während SPI und Kommunisten gefordert hatten, daß die Zweisprachigkeit nicht mehr absolute Bedingung für die Aufnahme in den öffentlichen Dienst Südtirols sein solle. Gegen diese Bestrebungen hatte sich die SVP gewandt und erklärt, sie werde Abstriche an den heutigen Zweisprachigkeits- und Proporzbestimmungen niemals hinnehmen.

20. November 1980 Unbekannte Attentäter sprengen bei Gargazon einen Hochspannungsmast in die Luft, wodurch es zu einem Stromausfall im Raum Bozen kommt. Die Täter hinterlassen Flugblätter, in denen das Selbstbestimmungsrecht für Südtirol gefordert wird.

21. November 1980	Zum erstenmal seit 56 Jahren wird mit dem SVP-Kandidaten Franz Alber ein deutschsprachiger Bürgermeister in Meran gewählt. Gemäß einer Vereinbarung mit PSI und DC wird er jedoch nur die Hälfte der Legislaturperiode im Amt bleiben und danach einem Italiener Platz machen.
10.–25. Oktober 1981	Aus der Volkszählung läßt sich eine Zunahme der deutschsprachigen Bevölkerungsgruppe um 3,4 % und der ladinischen Volksgruppe um 0,5 % ersehen. Die Deutschen stellen mit 280 000 Menschen rund 66,4 % der Einwohner Südtirols, die Italiener 29,4 % (135 000) und die Ladiner 4,2 % (12 000) der Bevölkerung.

REGISTER

Abrogans s. Arbeo
Absandwaal 53
Abteital 231
Achenrain 96, 436
Adamello 17, 30, 283
Aetetus (röm. Zöllner) 60, 63
Ahrntal 182, 184 f.
Alcaini (österr. General) 77
Alemannen 227, 240
Alemannisch s. Sprache
Algund 52
Allemann, Fritz René (schweiz. Journ.) 39–42
Allerengelsberg 275 f.
Allitz 55 f.
Alton, Johann Baptist (tirol. Schriftsteller) 193, 230–233, 237
Ambras 84–86
Amplatz, Luis (Terror.-Anführer) 199 f.
Andechs, Graf v. 71
Annasäule 76
Anras 68
Antholztal 195
Anulinus (röm. Prokonsul) 209
Aquileia 179, 416
Arbeo, Bischof v. Freising 63, 329 bis 335, 368
Arco, Max Graf (bayer. Hofkommissar) 84 f., 91–94, 132 f.

Aretin, Georg v. (bayer. Kreiskommissar) 92, 95, 98 f, 103
Arimannen-Lied 236
Arnim, Bettina v. 118
Aspern 124
Atto (Bischof v. Freising) 67
Augustus 62
Autonomie 12, 400 f.
Avignatal 40
Awaren 67, 179
Axam 96, 110

Baiern 67 f., 175–177, 240
Ball, John (Präsid. d. »Alpine Club«, London) 278 f.
Baraguay d' Hilliers (franz. General) 114 f., 141–143, 146, 148
Barbou (franz. Divisionschef) 146
Basel, Friede v. B. 41
–, Konzil zu B. 376
Bassevi (Verteidiger Hofers) 151
Bathurst, Heinrich (engl. Minister) 156
Battisti, Carlo (ital. Sprachwissenschaftler) 226 f.
Battisti, Cesare (trentinischer Politiker) 185 f., 198, 242, 385
Bauernkrieg s. Kriege
Beauharnais, Eugen (ital. Vizekg.) 114, 138, 140 f., 143, 150

Bellegarde (österr. Befehlsh.) 77 f.
Belluno 181
Benedikt, St. 206 f.
Benediktiner 369, 372
Bergell 62
Bewässerung 44, 51–56, 254 f
Birnlücke 185
Bischof v. Brixen 40, 71, 83, 376
– v. Chur 40 f., 71, 207 s. a. Buol-Schauenstein
– v. Trient 40, 71, 83
Bisson (franz. General) 105, 109, 111, 115
Bobbio, Kloster 330
Boè 31
Bozen 11 f., 18, 20, 30, 33 f., 47–49, 92, 114, 198, 401, 411–413
Brandis, Graf (österr. Gouverneur) 84 f.
Brandisser, Sigmund (tirol. Burggraf) 302–305, 307
Brenner 10 f., 13 f., 17, 19, 34 f., 47 f., 120, 130, 204, 242, 266
Brennerstraße 72, 378–380, 383
Brixen 34, 47–49, 179, 307
Broussier (franz. General) 146
Bruneck 13, 182, 192
Buchenstein 61, 231 f., 241
Bünden 41
Bündner 39–42
Buol (österr. General) 118, 120 f., 125–127, 153
Buol-Schauenstein, Graf Karl Rudolf (Bischof v. Chur) 82, 93 f
Burgeis 274
–, s. Heinrich v. B.
Burggrafenamt 33, 52
Burgstall 238
Buzzati, Dino (ital. Schriftst.) 378

Cadore 180 f.
Cadorna, Luigi Conte (ital. Generalstabchef) 266, 386, 389, 391

Cäsariuskirche 220
Calwen 39–42
–, Schlacht a. d. Calwen s. Kriege
Candido, San 67 (s. a. Innichen)
Cantore (ital. General) 388
Carl, Erzherzog 108, 113, 116f, 123 bis 125
Carneri (bayer. Polizeidir.) 84
Casatihütte 35, 75
Caterina, St. 35, 75
Cavalese 96
Cevedale 19, 31, 35, 50, 75, 262
Chasteler, Marquis v. (österr. General) 101, 104, 108 f., 113–115, 117–122, 153
Chèlavena s. Calwen
Chramnichis (fränk. Herzog) 64 f.
Chur 39, 63, 83, 177
Cismon 31
Claudius (röm. Kaiser) 59, 63
Colz (tirol. Familie) 193 f.
Comici, Emilio (ital. Bergführer) 282
Como 62
Conturina-Lied 236
Corbinian, St. 69
Crassus (röm. Konsul) 62

Danej, Josef (tirol. Priester) 111 f., 130, 138, 140–143, 146 f., 214
Deroy (franz. General) 117, 121 f., 128, 133
Desiderius (Langobardenkg.) 65, 67
Dessolle (franz. General) 77
Deutsche Orden 371 f
Diaconus, Paulus (langobard. Dichter u. Gelehrter) 331 f
Dianaaltar 60, 63
Diaz, Armando (ital. General) 391, 393
Dibona, Angelo (ital. Bergführer) 281 f.

Dio Cassius (griech. Histor.) 62
Diokletian 208 f.
Dipauli, Andreas (Herausg. einer Zeitschr.) 99, 101, 112, 128, 222
Dörferberg 27
Dolomieu, Déodat Gratet de 17
Dolomit 17, 28
Dolomiten 17-19, 28, 30-32, 61, 231, 278
Dolomitenstraße 383
Drautal 67
Dreiherrnspitze 185
Dreikirchen 29
Drouet d'Erlon (franz. Stabschef) 132, 138-143
Drusus (röm. Feldh.) 63

Eggental 243
Egger, Joseph (tirol. Histor.) 342 f
Egno (Vogt v. Matsch) 211
Eisack 187
Eisacktal 29, 34, 47-49, 176, 240, 299
Eisenstecken, Major (Adjutant Hofers) 121, 123, 137
Eiszeit 20, 28, 47 f, 253
Elisabeth, Erzherzogin (Frau v. Johann) 84
Endrici (trentin. Bischof) 213
Engadin 47, 241
Enneberg 174, 223, 231, 375
Enzenberg, Moriz Graf 115
Epplen (bayer. Oberst) 131
Erasmus v. Rotterdam 322 f
Ertel, Dominik (österr. Oberstleutn.) 122 f
Etrusker 59-61, 240
Etsch 13, 20, 30, 33, 35, 49, 53-55, 247
Etschland 12
Etschtal 27, 33, 47, 49, 52, 56, 62, 64, 66, 145, 207, 256, 260, 269
Etschwaal 54

Euganeer 60
Eyrs 51, 171 f, 175, 293

Fallmerayer, Jakob Philipp (tirol. Schriftst.) 268, 353-368
Fassatal 231 f, 239
Fedaja 236
Ferdinand, Erzherzog 303-309, 314, 321-323, 373
Fischleinboden 180, 191
Fleimstal 96, 231, 239
Flora 47-51
Forcherwaal 52
Fosseswaal 55
Franken 64 f
Franz, Kaiser 84 f
Franz I. (franz. Kg.) 315, 319
Franzensfeste 129
Franziskaner 335 f, 372 f
Franziskanerkirche 219
Freiheitskriege s. Kriege
Friaul 12, 64, 225, 228 f
-, Regione Friuli-Venezia Giulia 12, 228
Friedrich II., Herzog (tirol. Landesfürst) 14, 341-346, 350-352
Friedrich III., Kaiser 346, 352
Frundsberg, Georg v. (dt. Landsknechtsführer) 316, 318
Fürstenburg 214 f
Furlan s. Sprache

Gadrià 53, 264
Gaismair, Michael (Führer d. Bauernaufst.) 148, 195, 303, 305 f, 308, 314 f, 322-327, 352, 398
-, Bündnis mit Venedig 316-321
-, Ermordung 321
-, Gefangennahme 307
-, Herkunft 302
-, Landesordnung 309-313
-, Programm d. Aufständischen 304
Gambeli (ital. Sprachforscher) 13

Gampenjoch 30
Gamper, Michael (Kanonikus) 399
Gams, Helmut (Naturforscher) 47 f
Gand 249, 261, 263
Gargazon 33
Gatterer, Claus (österr. Schriftst.) 185–187, 197 f, 202 f, 261, 268, 384 f, 391, 399 f
Gegenreformation 174, 325
Germanen 61–63, 173–175, 227, 240
Gertraud, St. 35
Giazza 289
Gilm, Hermann v. (österr. Dichter) 192
Giovanelli (boz. Familie) 92, 98 f, 101, 103, 112, 114, 134–136, 138, 146, 363
Glan 187
Glen 188
Glies 291
Glockenkarkopf 185, 188
Glurns 40, 205, 258
Göflan 20
Goethe, Johann Wolfgang v. 118
Goldrain 52
Gossensaß 48
Grafbach 52
Gratsch 52
Graubünden 39 f, 83, 228 f, 307–309
Graun 256, 262
Grieser Pfarrkirche 219
Gröden 231 f
Grödnerjoch 31
Grohmann, Paul (österr. Bergsteiger) 279
Gündther, Matthäus (Maler) 90, 221
Guggenberg, Bartlmä (tirol. Postmeister) 109

Habsberg, Ulrich v. 40
Habsburger 40, 72 f, 91, 323, 325, 351 f

Hafling 272, 413
Hager, Hubert s. Schlern (boz. Zeitschrift)
Hall 122
Haspinger, Joachim (tirol. Pater) 129, 139 f, 143, 147, 164, 373
Hauenstein 31
Heinrich, König (v. Böhmen) 14
Heinrich v. Burgeis (tirol. Dichter) 335–339, 368, 373
Hendl, Maximilian Graf (Berater Hofers) 121, 214
Herder, v. (bayer. Forstkommissar) 92
Heuberger, Richard (österr. Forscher) 62–64
Hexenstühle 29, 238
Hirn, Josef (österr. Histor.) 79, 82, 92, 98, 115, 121, 126, 147, 152 bis 170
Hitto, Bischof v. Freising 67
Höhlensteintal 191
Hötzendorf, Conrad v. (österr. Generalstabschef) 385
Hofer, Andreas (tirol. Freiheitsheld) 14, 79, 94, 119, 122–128, 130–133, 135–147, 149, 151, 153 bis 170, 204, 339, 373
–, Aufrufe 120, 129
–, Brief a. d. Kaiser 134
–, Gefangennahme 150
–, wird z. Führer der Bauern 115 bis 117
–, Innsbruck 110, 121
–, Iselberg 132
–, Rückzug 148
–, Sachsenklemme 130–131
–, Tod 152
Hofstätten, Johann v. (bayer. Kommissar) 93–95, 98 f, 113, 410
Holzer, Johann Evangelist (österr. Maler) 221
Hormayr, Josef Freiherr v. (österr.

Intendant f. Tirol) 98 f, 101 f, 104, 108 f, 113-115, 120, 123 f, 126, 135, 154, 160, 164, 340
Horn, Alexander (engl. Agent) 160 bis 163, 165-168
Hühnerwand 52
Huter, Franz (österr. Gelehrter) 66 bis 72

Illyrer 59-61, 240
Inn 131
Innereber, Georg (boz. Forscher) 60, 238 f
Innerkofler, Michael (tirol. Bergsteiger) 280
Innerhofler, Sepp (tirol. Bergführer) 191 f, 280 f, 389
Innichen 66-72, 172 f, 175-180, 217, 369
Innsbruck 76, 96, 110, 119, 121, 153, 204
Inntal 96, 120
Iselberg 121, 123, 132, 138
Isonzo 389 f
Istel, Wolfgang (dt. Forscher) 247 bis 249

Jaufen 142, 146
Jennewand 24 f
Johann, Erzherzog 80, 99, 101-104, 108 f, 112, 115, 120, 122, 124-127, 135-139, 147, 159, 365, 411
Johann, St. 221
Josef II., Kaiser 370, 375
Judikarien 19
Jugoslawien 12
Julische Mark 12, 224

Kärnten 180, 185
Kästenwaal 53
Kalterer See 33
Kamnuner 62
Kandl 53 f

Kandlwaal 53
Kapuziner 373
Karantanen 67 f
Karl d. Große 179, 334
Karl VI., Kaiser 379
Karlin 292 f
Karlinbach 293, 295
Karolinger 50, 61, 207, 333 f
Karlskrona 155 f
Kartaus 275 f
Kastelbell 56 f, 218
Kastelruth 29
Kelten 59, 240
Khuen, Graf (österr. Offizier) 114
Klaus, Josef (ehem. österr. Bundeskanzler) 405
Klausen 378
Klein, Karl Kurt (österr. Forscher) 330-334
Klima 46-51
Klobenstein 29
Klocker, Hans (tirol. Schnitzer) 219 f
Klotz, Georg (tirol. Terroristenanführer) 200
Knesevich (österr. General) 77
Kögl, Fritz (österr. Bergsteiger) 188
Königsspitze 31, 285 f
Kolb, Johann v. (tirol. Aufständischer) 109 f, 126, 136, 139, 141 bis 143, 146-148
Korbinian, Bischof v. Freising 331
Kortsch 49
Kostner, Franz (tirol. Bergführer) 280 f
Kramer, Hans (österr. Historiker) 39 f, 42, 77
Kreisky, Bruno (österr. Bundeskanzler) 401-403
Kreuzbergsattel 180, 182
Kriege 9, 11, 36, 65
-, Krieg v. 1407 14

–, Bauernkriege 300–327
–, Calwen, Schlacht a. d. C. 39–41, 352
–, Freiheitskriege 14, 79, 107–170
–, Napoleon. Kriege 76–78
–, Spanischer Erbfolgekrieg 76
–, 1. Weltkrieg 35 f, 54, 384–394
Kühebacher, Egon (tirol. Sprachforscher) 171–180, 190, 215, 240
Kunst (allg.) 86–90, 204–223
–, s. einzelne Kirchen!
Kunter, Heinrich (boz. Kaufmann) 378 f
Kurzras 277
Kusanus, Nikolaus (dt. Bischof v. Brixen, Philosoph) 302, 374–377

Laas 20 f, 25, 50, 53, 171 f, 260, 264, 291
Laatsch 42, 175
Ladinerwaal 55
Ladinisch s. Sprache
Lagazuoi-Platte 31
Lana 371 f
Landeck 76, 94, 131
Lang, Mathias (Abt d. Stifts Marienberg) 174, 212
Langkofel 31
Langobarden 64 f, 145, 330–332
Langtauferer Tal 35, 187, 262, 269, 292
Lardschneider-Ciampatsch, Archangelus (tirol. Gelehrter) 193 f
Latsch 56 f
Latzfons 187
Lavis 66
Lecourbe (franz. General) 77
Lederer, Jörg (dt. Schnitzer) 221
Lefebre (franz. Marschall) 117 bis 119, 127–133
Leiningen, Graf (österr. Oberstleutnant) 117, 120, 122

Lemoine (franz. General) 105, 109 f, 114
Lengmoos 29, 372, 414
Leo X., Papst 373
Leonhard, St. 14, 144, 219 f., 238
Leonhardikapelle 42
Lichtenberg 275, 381
Lichtenthurn, Josef v. (Friedensbote v. Johann) 138 f
Lienzer Klause 128, 131
Ligurer 59–61, 240
Literatur 329–339
Lodron, Karl Franz Graf (Fürstbischof von Brixen) 94, 364
Lodron, Maximilian Graf (bayer. Kreiskommissar) 92, 96, 98, 113
Lorenzen, St. 117, 222

Maček, Josef (tschech. Histor.) 300, 322 f
Magdalenenkirche 220
Mais 145
Mals 50, 263
Malser Heide 55, 205
Mansholt (niederl. Politiker) 269
Mantua 150–152
Maretsch 186 f
Maria, St. in der Schmelz 74
Mariatrostkirche 215
Marienberg 173 f, 205, 209–214, 228, 273, 335, 364
Marling 51 f, 276
Marlingerwaal 54
Marmolèda 31, 236 f, 278–280, **387**
Marmor 20–25, 38
Marschall, Peter de Berdat (österr. General) 113, 117, 119
Martell 36
Martelltal 27, 35, 74 f, 171, 187, 247–275
Martin, St. 14, 17, 95, 371
Matrei 139 f
Matsch 39, 54, 204, 290

Matscher Tal 35, 290, 293
Maulbertsch, Franz Anton (dt. Maler) 221
Mauls 19
Maultasch, Margareta 72
Max Emanuel (bayer. Kurfürst) 76
Maximilian, Kaiser 39–41, 74 f
Max Josef, König 84–86, 140
Mayr, Peter (tirol. Wirt) 94, 129, 141 f, 146
Medarduskirche 208
Meinhard II., Graf v. Tirol 71 f
Melag 292, 294–296
Mendel 30 f, 49
Meran 14, 19 f, 25, 33, 41, 47, 49, 51, 55, 65, 145, 198, 411–413
Metamorphose 18, 20
Metternich, Josef Fürst 137, 159 f, 162, 165
Metz, Friedrich (schweiz. Sprachforscher) 13, 238
Michael, St. 369–371
Misurinasee 191
Mölten 414
Moëna 231 f
Moling, Dominikus (tirol. Bildhauer) 222 f
Montgelas, Maximilian Graf (bayer. Minister) 82 f, 91, 95, 97, 112, 167
Moreau (franz. General) 147
Morter 221
Morzg 187
Mühlbacher Klause 109, 113, 142, 147, 176
Müller, Josef Christian (tirol. Bürger) 154–158, 165, 167 f
Müstair 207
Mutscher, Hans (bayer. Schnitzer) 219
Mumelter, Hubert (tirol. Schriftst.) 378
Museum Ferdinandeum 204, 223

Mussolini, Benito 39, 186, 191
–, M.-Hitler-Abkommen 261

Napoleon 83, 105, 116 f, 123, 125 bis 127, 135, 138, 142 f, 150, 159, 162, 168, 268, 385
Nartzis (tirol. Schnitzer) 220
Nationalpark 277 f
Naturns 50, 56 f, 61, 207–209
Nauders 34
Nerva, Publius Silius 62
Neumarkt 188
Neustift 86–90, 273, 300–302, 369, 371
Ney (franz. Marschall) 80, 84
Niederjoch 52
Nikolauskirche 220
Nikolsdorf 158 f
Nördersberg 55 f
Nonsberg 19, 30, 62, 269
Noricum 34, 177

Obermais 63
Oechsli (schweiz. Histor.) 116
Ötztal 17, 35
Ötztaler Alpen 13, 28, 50
Ofenpaß 59
Ombretta 236
Ortler 13, 20, 28, 31, 35, 50, 205
Ostgoten 63 f
Oswald v. Wolkenstein (österr. Dichter) 31, 218, 340–351, 367, 383
Otto L., Kaiser 69
Ottokar (bömischer König) 71

Pacher, Michael (tirol. Schnitzer) 192, 219, 222
Päßler, Peter (tirol. Bauernführer) 195, 301 f, 307, 315
Partschins 57, 60
Pasolini, Pier Paolo (ital. Schriftst.) 225

Pasquali-Rachetti, Adriana (tirol. Advokatin) 271
Passeir 14
Passeirtal 33
Pasubio, Monte 391 f
Payer, Julius (österr. Forscher u. Bergstg.) 262, 280, 283–287
Peio 75
Pellico, Silvio (ital. Dichter) 363, 384
Penserjoch 297
Pescosta (tirol. Familie) 194
Peutelstein 191
Pflertschtal 178
Piaz, Tita (tirol. Bergstg.) 280–282
Pieve 180–182, 232, 241
Pieve di Cadore 180
Pinggera, Johann (Begleiter v. Payer) 283–286
Pirene s. Brenner
Pirenne, Henri (belg. Diplomat u. Schriftst.) 333 f
Pirkheimer, Willibald (nürnberg. Humanist) 41
Planeiltal 35, 210 f
Plarserwaal 52
Plattkofel 31
Plaus 56
Plenterwald 258
Plima 248, 253
Pontíves 232
Pontlatz 131 f
Pontlatzbrücke 76
Pore, Monte 61, 239
Prack s. Colz
Prad 275
Presanella 17, 30
Preßburg (Friede zu Pr.) 80, 95
Prettau 184, 190, 263
Prösels 304
Prokulus, Bischof von Verona 208 f
Prokuluskirche 50, 61, 207–209, 215
Puflatsch 29, 32, 238

Pustertal 19, 34, 69, 146 f, 178, 192, 384

Radetzky, Josef Graf (österr. Feldmarschall) 78
Räter 59, 62
Rätia 34, 63, 177
Rätoromanisch 116, 228, 238
–, s. Sprache
Raffl, Franz (tirol. Bürger) 149 f
Rattenberg 76, 122, 138
Recht, Adelsrecht 14
–, Wasserrecht 43, 55
Reformation 212, 303
Reschen 13 f, 33–35, 38, 59, 204 f, 256, 268, 380, 383
Reschenscheideck s. Reschen
Riedmüller, Josef (österr. Beamter) 164–166
Ritten 278, 413
Rittnerhorn 29
Rizzi, Luigi (ital. Bergführer) 287 f
Road 44, 51, 55
Rodeneck 300, 302–305, 316, 409
Römer 51, 53, 59–64, 145, 177, 227, 292, 329, 378
Rombo, Passo del R. 16
Roscher, Johann (bayer. Kaufmann) 84
Roschmann, Anton (österr. Armeekommissar) 136–139
Rosengarten 31
Rouyer (franz. Division) 129 f
Rudolf v. Habsburg 71 f
Rudusken 59
Runkelstein 219
Rusca (franz. Division) 117, 128, 135, 138, 141, 143–145

Sachsenklemme 48, 130 f
Salt, Bad 262
Salurn 64, 304
Salzburg 185

Register

Sand 183 f
Santnerspitzen 31
Saragat (ital. Politiker) 402 f
Sarcatal 62
Sarntal 34, 297 f
Schabs 113
Schafwasch 251
Scharnitz 67, 330
Schenacher, Johann Georg (tirol. Kaufmann) 154–164, 166–169, 340
Schgums 20
Schildhof 14 f
Schlanders 41, 47, 49, 51, 53, 55 f, 95, 146, 264, 372
Schlern 29, 31
Schlern (Boz. Zeitschrift) 48, 62
Schlinig 40
Schlinigerberg 40
Schluderbach 191
Schluderns 256, 262, 291
Schmidt (österr. General) 126 f
Schnals 51 f
Schnalstal 35, 52, 260, 275, 277
Schnatterpeck, Hans (tirol. Schnitzer) 219–221
Schneeberg 39
Schwaz 118
Segni (ital. Politiker) 402
Seis 32
Seiseralpe 29, 275, 420
Sella 31, 192, 231 f
Senn, Johann Michael (tirol. Richter) 83, 116, 123 f, 153
Sexten 180, 191
Sforza, Franz (Herzog von Mailand) 39
–, Maria (Tochter d. Franz) 39
Sieberer, Jakob (tirol. Major) 141 bis 146
Sigismund (ungar. König) 341 bis 346, 351
Sigmund (tirol. Herzog) 375

Sigmundskron 49
Sill 34
Sisinius, St. 38. 50, 208, 383
Slawen 66–70, 174–176, 178
Sonnenberg 52, 56, 261
Sonnenburg 375
Soreghina-Ballade 236
Speckbacher, Josef (tirol. Freiheitskämpfer) 104, 123, 129 f, 138, 141
Spinges 76
Sprache 12, 21, 65 f, 171–182, 299 f, 331–333
–, Alemannisch 173
–, Deutsch 11 f, 175 f, 181 f, 231, 239, 289, 331–333
–, Französisch 226
–, Furlan 224 f, 228 f
–, Italienisch 11, 30, 225–229
–, Ladinisch 194, 223–245
–, Lateinisch 62
–, Rätoromanisch 171, 174, 176, 226–229
–, Rumänisch 226
–, Spanisch 226
Stadion, Philipp Graf (österr. Minister) 85, 100, 102, 124
Steingaden 51
Steinzeit 59, 61, 260
Stephanskapelle St. 221
Sterzing 17, 34, 48, 110, 129, 371
Sterzinger Becken 48
Sterzinger Moos 34, 129, 297
Stilfserjoch 39, 278, 380–383, 397
Straß 113
Strigel, Ivo (bayer. Bildhauer) 207
Stubaital 35
Stumpf, Philipp (Hauptmann d. Schwäb. Bundes) 315
Suldenbach 205
Suldental 20, 35
Sweth, Kajetan (Sekretär Hofers) 133, 148, 150 f

Tabland 54
Tanaas 27
Tartsch 38, 50 f
Tartscher Bühel 77
Tassilo III. (Bayernherzog) 65, 67 bis 69, 179, 334
Tauferer Tal 182 f
Teimer, Martin (tirol. Freiheitskämpfer) 101, 104, 111, 117 f, 122 f, 214
Thalguter, Peter (tirol. Hauptmann) 134
Thomas, Frater 51, 276
Thürheim, Graf (bayer. Beamter) 142 f
Thun, Emanuel Graf (Fürstbischof von Trient) 94
Thurner, Eugen(österr. Forscher) 335–337
Tiberius 63
Timmelsjoch 14–16
Töll 20, 33, 49, 51
Tofana 31, 191
Tolomei, Ettore (ital. Politiker) 185–189
Tonalepaß 19 f, 30
Torresanelli, Josef (bayer. Richter) 96
Totis 154 f
Tragwaal 52–54
Trentinaglia X. (bayer. Gubernialrat) 100, 118, 153
Trentino 12, 17, 19 f, 30, 64, 96, 114, 385
–, Region Trentino-Tiroler Etschland 12
Trient 12, 14, 401
Triest 23
Trinksteinhaus 184, 189
Trogen 313 f
Troger, Paul (tirol. Maler) 90
Tropäum Alpinum 59, 62, 145
Tscharserwaal 53 f

Tschött 36, 51
Tyrrhener 60

Überetsch 33, 298
Uffer, Leza (schweiz. Sprachforscher) 226 f
Ulerich (Graf von Ulten) 51
Ulrich II. (Vogt v. Matsch) 211 f
Ultental 35, 187, 260
Unserfrau 277
Unterland 33, 49
Uttenheim, Meister v. 89

Vahrn 129
Val Camonica 62
Val del Forno 75
Val dello Mur 75
Val di Sole 19, 30
Val Sugana 63 f
Val Udaj 244 f
Valentin, St. 205
Veitskirche, St. 207 f
Veltlin 39, 62
Venedig 316 f, 320 f
Venedigergruppe 13, 184
Veneter 60
Venetien 64, 180 f
Venezia Guilia 12
Venosten 51, 59, 61 f, 64, 145, 187
Vernagel 292
Vernagt-Stausee 277
Verona 50
Viareggio 24
Vigo 241
Vinschgau 33 f, 39 f, 42, 49–52, 55 f, 64, 143–146, 174 f, 187, 239, 260, 396
Virgil, Bischof i. Salzburg 330 f
Völs 29
Vöran 414
Volano 115
Vorarlberg 125

Waal 44–46, 51–55, 255, 265
Wagram 124
Walther von der Vogelweide 384 f
Weber, Beda (tirol. Geistlicher u. Schriftst.) 358 f, 363–368
Weile 44, 55 f
Weiler Kalch 131
Weingartner, Josef (österr. Propst) 210 f
Weißkofel s. Weißkugel
Weißkugel 35, 292 f
Welsberg 69, 113, 197, 199, 202
Welschtirol 11
Welsperg, Johann Graf (bayer. Kreiskommissar) 92, 96
Wengen 223
Wiesenwaal 54
Wild, Johann (Vertrauter Hofers) 158 f, 162–165, 169
Wipptal 34

Wittelsbacher 72
Wörgl 117
Wolff, Karl Felix (tirol. Forscher) 60, 193, 233, 237, 377
Wolfsgruber, Karl (tirol. Kunstforscher) 173, 184, 215–218, 221, 322, 377
Wrede (bayer. Feldmarschalleutnant) 97 f, 109 f, 117–119, 138 f
Wurzer, Bernhard (tirol. Germanist) 329–332

Zaalwaal 55
Zillertaler Alpen 13, 31
Zingerle, Ignaz (bayer. Schriftsteller) 336
Znaim 125 f
Zufallhütte 251, 262
Zufrittsee 256, 277
Zwingli, Uhrich 308, 313, 321

Piper Panoramen der Welt

Rolf Ackermann
8mal Sardinien
224 Seiten mit 16 Fotos. Serie Piper 5109

Fritz René Allemann
26mal die Schweiz
Panorama einer Konföderation.
619 Seiten mit 17 Fotos. Serie Piper 5106

Harald R. Bilger
111mal Südafrika
Überarb. Auflage. 377 Seiten mit 35 Fotos. Serie Piper 5102

Fritz Böhm
6mal Prag
280 Seiten mit 25 Fotos von Werner Neumeister.
Serie Piper 5119

Raymond Cartier
50mal Amerika
Übersetzt aus dem Französischen von Leonore Schlaich/Max Harriès Kester.
519 Seiten mit 31 Fotos. Serie Piper 5101

Rudolph Chimelli
9mal Moskau
231 Seiten mit 19 Fotos. Serie Piper 5113

Gerhard Dambmann
25mal Japan
Weltmacht als Einzelgänger.
335 Seiten mit 22 Fotos. Serie Piper 5104

Piper

Piper Panoramen der Welt

Willy Guggenheim
30mal Israel
Überarb. und aktualisierte Neuausgabe.
461 Seiten mit 30 Fotos. Serie Piper 5108

Erich Helmensdorfer
54mal Ägypten
Erweiterte und aktualisierte Auflage.
326 Seiten mit 28 Fotos. Serie Piper 5115

Gebhard Hielscher
38mal Korea
505 Seiten mit 13 Fotos. Serie Piper 5125

Arnold Hottinger
7mal Naher Osten
Überarb. und aktualisierte Neuausgabe.
417 Seiten mit 16 Fotos. Serie Piper 5127

Toni Kienlechner
12mal Italien
458 Seiten mit 17 Fotos. Serie Piper 5110

Catherine Krahmer / Josef Müller-Marein
21mal Frankreich
442 Seiten mit 22 Abbildungen. Serie Piper 5103

Rudolf Walter Leonhardt
77mal England
Panorama einer Insel.
442 Seiten mit 33 Fotos. Serie Piper 5112

Eka von Merveldt
4mal Florenz
Überarbeitete Neuausgabe.
383 Seiten mit 20 Fotos. Serie Piper 5130

PIPER

Piper Panoramen der Welt

James Morris
3mal Venedig
Aus dem Englischen von Hermann Stiehl und Christian Röthlingshöfer.
365 Seiten mit 21 Fotos. Serie Piper 5136

Rüdiger Siebert
5mal Indonesien
Annäherung an einen Archipel.
531 Seiten mit 32 Fotos. Serie Piper 5116

Rüdiger Siebert
3mal Philippinen
Das andere Asien. 394 Seiten mit 30 Fotos.
Serie Piper 5131

Klaus Viedebantt
30mal Australien
Überarb. und aktualisierte Neuausgabe.
358 Seiten mit 29 Fotos. Serie Piper 5126

Günter C. Vieten
30mal Holland
219 Seiten mit 18 Fotos. Serie Piper 5138

P<small>IPER</small>